C000154402

ISBN 978-0-364-86182-0
PIBN 11279591

Bibliothek

der

Neuesten Weltkunde.

Geschichtliche Uebersicht der denkwürdigsten Erscheinungen bei allen Völkern
der Erde, ihrem literarischen, politischen
und sittlichen Leben.

Herausgegeben

von Malten.

Neunter Theil.

Aarau 1830.
Bei Heinrich Remigius Sauerländer.

Streifereien am Hudson.

Die Hauptabsicht meines Ausfluges auf dem Hudson war, die Militärschule von Westpoint zu besuchen. Je weiter wir vordrangen, einen um so größern und prachtvollern Karakter gewann die Szene um uns her. Die glänzendste Beschreibung würde doch nur einen unvollständigen Begriff von der Schönheit der Landschaften von diesem Theil des Flusses geben.

Majestätische Felsen umschlossen das westliche Ufer. Ihre mit Gebüsch gekrönten Gipfel stellten sich in den seltsamsten und malerischsten Formen dar. An ihrem Fuße bemerkt man hier und da eine arme, aber reinliche Hütte, umringt von Gärten, oder unter Laubbäumen halb verborgen.

Auf der andern Seite des Flusses ist das Land wohl bebaut, obgleich sein Anblick im Allgemeinen noch ziemlich wild ist. Weiterhin ruhet der Blick auf einem Dorfe, auf Meiereien und Landhäusern, deren lachendes Aeussere auffallend mit den steilen Felsen am entgegengesetzten Ufer kontrastirt.

Die zahlreichen Schlangenwendungen des Stroms verändern die Szne beinahe in jedem Augenblicke, und zeigen bald düstere, mit alten Vertheidigungswerken gekrönte Felsparthien, bald offene Gegenden, bald Wälder oder Triften von zahlreichen Heerden bedeckt.

Mitten in dieser schönen Landschaft erblickt man
die Militärschule von Westpoint. Man konnte nicht
leicht einen günstigern Punkt zur Erreichung des vor-
gesteckten Zweckes wählen. Die Gebäude befinden sich
auf einer hohen, auf beiden Seiten vom Flusse be-
spülten Ebene. Die Kasernen, die Akademie, und
eine Menge anderer Gebäude, geben dem Ganzen den
Anschein eines Dorfes. Es gibt in Amerika keine
andere Anstalt dieser Art. Sie wird von der Zentral-
Regierung allein erhalten. Ihr Zweck besteht nicht
allein darin, Jünglinge für den Militärdienst zu bilden, sondern auch den Geschmack der wissenschaftlichen
Kenntnisse in den verschiedenen Theilen der Union zu
verbreiten, nebenbei auch einen Begriff von der militärischen Disziplin zu geben, was um so wichtiger in
einem Lande ist, das nur Bürgermilizen hat, und
dessen eigentliche stehende Armee nicht 6000 Mann
übersteigt.

Ich habe die Schule von Westpoint mit der größten
Aufmerksamkeit besucht, und mich überzeugt, daß sie
im Ganzen, wie in allen ihren Einzelnheiten, mit
Umsicht geleitet wird. Disziplin, Ordnung, Reinlichkeit lassen nichts zu wünschen übrig. Bei allem
dem darf man vielleicht besorgen, daß das Resultat
nicht ganz dem beabsichtigten Zwecke entspreche; denn
es scheint unmöglich, daß ein vereinzelter Punkt in
militärischer Hinsicht für die ganze Union genügend
sein könne.

Es befinden sich jetzt 250 Zöglinge in dieser Anstalt. Man wird zwischen 14 und 17 Jahren in dieselbe aufgenommen. Der Studienkurs dauert vier
Jahre. Nach dieser Zeit werden die Schüler streng

geprüft. Diejenigen, welche wirkliche Kenntnisse haben, werden als Offiziere in der Armee angestellt. Die andern, welche ihre Zeit übel angewendet, werden fortgeschickt, und können nie eine von der Zentral=Regierung ausgehende Anstellung erhalten. Die Ernennungen hängen von dem Präsidenten der vereinigten Staaten ab.

Das Studium der Mathematik ist bis jetzt mit dem meisten Erfolg kultivirt worden. Ausserdem werden jedoch die übrigen Zweige der militärischen Wissenschaft eben so wenig vernachlässigt. Man beschäftigt sich auch mit der Astronomie; da es aber in den vereinigten Staaten nur eine Sternwarte gibt, sind die Fortschritte der Zöglinge in diesem Fache sehr beschränkt. Sie erhalten auch Unterricht in der französischen Sprache, weniger um sie geläufig zu reden, als um die in derselben geschriebenen guten militärischen Werke lesen zu können. Es gibt auch Privatkurse der Mineralogie und der schönen Literatur.

Polizei und Disziplin der Militärschule von Westpoint sind sehr strenge. Die Zöglinge ziehen auf die Wache, und verrichten den Militärdienst, wie in einer Garnison. Die geringsten Fehler werden in ein von dem Gouverneur gehaltenes Register eingeschrieben, und ihnen täglich, wöchentlich, monatlich in Anrechnung gebracht.

Nach dem Register von 1826 waren von 250 Zöglingen nur sechs von dieser Einschreibung frei geblieben. Ein einziger hatte im Laufe des Jahrs 621 Fehler begangen. Die größte Zahl der Uebrigen war mit 100 bis 120 notirt.

Ich wohnte ihren Exerzitien bei. Die Infanterie

Manövres wurden mit großer Präzision ausgeführt; die der Artillerie dagegen ließen noch viel zu wünschen übrig. Ich bemerkte bei diesen Jünglingen nicht die kriegerische Haltung jener in den europäischen Militärschulen. Die meisten hielten den Nacken gebeugt, was ihnen ein nicht angenehmes Ansehen gab. Ueberhaupt ist das ein Verstoß gegen den Schönheitsbegriff, welcher in Nordamerika beinahe allgemein zu sein scheint.

Wir bestiegen, nach unserm Besuche zu Westpoint, ein eben so zierliches als bequemes Dampfschiff, und legten in sechs Stunden die Strecke von 59 Meilen (19½ Stunden) bis Cats-Kill zurück, obgleich wir an mehrern Orten verweilten, um Reisende auszuschiffen oder aufzunehmen.

Zu Cats-Kill bestiegen wir ein Stage, oder einen Postwagen. Er hatte drei Sitze im Innern und lederne Vorhänge auf beiden Seiten, die man nach Willkühr auf- oder zuziehen kann. Diese Art zu reisen ist im Sommer sehr angenehm, während man im Winter vom Frost viel zu leiden haben muß.

Cats-Kill ist eine hübsche Stadt. Sie hat zwei schöne Kirchen, und eine lange Straße, die auf beiden Seiten mit schönen Kaufläden geschmückt ist. Man sieht in derselben sehr viele Stages, Hackney-Coaches (Miethskutschen) und Herrschafts-Equipagen, mit einem Worte, den Luxus und die Bewegung einer reichen und handeltreibenden Stadt.

Am nächsten Morgen besuchten wir die Berge am rechten Hudson-Ufer. Der High-Peak, der höchste von ihnen, erhebt sich bis auf 3720 Fuß über die Meeresfläche. Schon zu Pine-Orchard (Tannengarten) hatten wir eine sehr reizende Aussicht. Zu unsern Füßen lag das reiche Hudsonthal. In der Ferne schlängelte der schöne Fluß durch die üppige Landschaft, hier und da von grünen Inseln getheilt. Dieser Punkt ist das Lieblings-Stelldichein der Bewohner von Albany und Neu-York, welche die meisten ihrer Lustparthien dahin richten. Eine Gesellschaft hat ein prächtiges Gasthaus am Rande des malerischen Abgrundes, 600 Fuß über dem Flusse, erbauen lassen.

Wir blieben hier über Nacht, begaben uns sodann zu den Wasserfällen von Cauters-Kill, und kehrten durch das Clonethal, welches diese Gebirgskette durchschneidet, nach Pine-Ochard zurück. Diese Gegend ist noch viel abwechselnder und malerischer als die, welche wir Tags zuvor gesehen.

Bei unserer Ankunft zu Cats-Kill, am andern Tage, hörten wir Trommelgerassel, und sahen eine Menge Soldaten, mit wehenden Fahnen, in den Straßen. Ich erstaunte nicht wenig; denn solch ein kriegerischer Anblick war in Amerika für mich etwas ganz Neues. Ich erfuhr, daß es gerade die Zeit sei, wo die Miliz sich in den Waffen zu üben pflegt. Indessen hatte der Anblick dieser Truppen nichts besonders Kriegerisches. Sie liefen unordentlich durch einander, ohne auf das Kommando ihrer Offiziere besonders zu achten.

Bei Tische fanden sich mehrere derselben ein. Ich glaubte mich mit ihnen unterhalten zu können; aber vergeblich. Sie speiseten mit so großer Hast, daß es unmöglich war, ihnen mehr als eine kurze Antwort abzugewinnen. Ich blieb endlich allein mit einem Manne, der, als er bemerkte, ich sei ein Fremder, sich mir zuvorkommend näherte, und mir alle Mit-

theilungen gewährte, die ich nur irgend wünschen
konnte.

Nach den von Watterson im J. 1819 zu Washington herausgegebenen Tabellen belief sich die Stärke
der Miliz der vereinigten Staaten auf 1,114,000 Mann.
Die Bevölkerung des ganzen Landes wurde, mit Einschluß von 1½ Millionen Sklaven, auf 12,348,400
Seelen angeschlagen. Also bildet die Miliz den zehnten Theil der Gesammtbevölkerung.

Die Zahl und die Zeit der zur Uebung dieser
Truppen bestimmten Versammlungen ist nicht in allen
Staaten dieselbe; gewöhnlich aber gibt es deren sechs,
und jede derselben dauert vier Tage hinter einander.
Die Regierung liefert für 8 Dollare (20 rhein. Gulden) jedem Soldaten ein Gewehr, ausgenommen wenn
er im regelmäßigen Dienst ist, wo er alsdann besoldet wird.

In den meisten Staaten werden die Stabsoffiziere
der Miliz von der Zentral-Regierung, und mit Zustimmung des Senats, ernannt. Die Hauptleute und
die übrigen Offiziere dagegen werden von ihren Kompagnien gewählt.

Alle Straßen und Wirthshäuser von Cats-Kill
waren von Soldaten angefüllt. Es war vorauszusehen, daß es am Abend sehr laut hergehen würde.
Wir beschlossen deshalb die Stadt zu verlassen, sobald
die große Hitze sich gelegt. Fünf Meilen weit folgten
wir dem Ufer des Flusses. Das Land war stets bevölkert und sehr wohlhabend. Wir kamen durch eine
fast ununterbrochene Reihe von Dörfern, Landhäusern und Meiereien, deren Anblick etwas sehr Heiteres
und Erfreuliches hatte.

Am 5. Juni Morgens kamen wir nach Albany.
Diese Stadt ist der Regierungssitz des Staats-Neu-
York. Sie ist volkreich, und erlangt von Tag zu Tag
eine immer größere Wichtigkeit.

Seit durch Fultons Genie der Hudson sich mit
Dampfschiffen bedeckt, hat der Handel von Albany
eine große Ausdehnung gewonnen. Diese Stadt bildet einen natürlichen Stapelplatz zwischen Neu-York
und Montreal. Sie hat eine große Zahl Fabriken
und Manufakturen, Eisenhammer, Bierbrauereien
u. s. w. und über 13,000 Einwohner. Die holländische Bauart sehr vieler Häuser deutet ihren Ursprung
an. Im alten Stadttheile findet man nur enge
Straßen, während die in der Neustadt breit und luf-
tig sind. Der Regierungspalast, die Bank und mehrere Kirchen verdienen gesehen zu werden.

Die Reise von Albany nach New-York wurde ehemals beinahe als gefahrvoll, und auf jeden Fall als
sehr beschwerlich betrachtet. Man macht sie jetzt in
weniger als dreißig Stunden, und manchmal selbst in
zwölf Stunden. Die Entfernung beträgt 145 Meilen
(48 Stunden).

Wenn der alte Henrich Hudson, der Gründer dieser Kolonie, aus seinem Grabe erstehen, und unser
leichtes Fahrzeug wie ein Vogel die Fluth durchschneiden sehen könnte, er würde schwören, es sei der wirkliche holländische Schnellläufer, von dem er so oft
reden gehört. Und wenn man ihm bemerkbar machte,
daß das Schiff, welches er vor Augen hat, weder
Segel noch Ruder habe, daß es die Insel Manathon
oder New-York Abends zuvor verlassen, der alte See-
mann würde glauben, man verspotte ihn.

Das ganze Land diesseits und jenseits Albany gewinnt unermeßliche Vortheile durch diese Schifffahrt.
Eine große Zahl Städte und Dörfer, wie Stony-
Point, West-Point, Sparta, Fishill, Werburgh und
viele andere, erheben sich auf beiten Ufern des großen
Stroms, von dem aus tausend Fahrzeuge nach den
entferntesten Weltgegenden segeln.

May kennt den Namen des Mannes nicht, der
zuerst den Gedanken gehabt, die Gewässer des Eriesee mit denen des Hudson zu verbinden. Aber der
Name des Bürgers, der sein Vermögen auf das Spiel
gestellt, um ein so gewagtes Unternehmen in Ausführung zu bringen, ist Jedermann bekannt. Clinton
ist es, dem man dies Riesenwerk verdankt, welches
lange als unausführbar betrachtet wurde, und dessen
Erfolg jetzt ausser allem Zweifel ist.

Nach einem mehrtägigen Aufenthalt zu Albany
unternahmen wir einen Ausflug nach dem Staate
Massachuffet, von dem ein Theil sehr fruchtbar ist.
Der Weg führt über eine Gebirgskette. Auf beiden
Seiten sieht man schöne Dörfer und Baumgärten.
Alles ist wohl unterhalten, und verkündet einen beständig steigenden Wohlstand. Diese Reise würde für
uns viele Annehmlichkeit gehabt haben, wären Hitze
und Staub nicht äusserst beschwerlich gewesen.

Wir besuchten auch eine Kolonie Zitterer am Le-
bunon. Sie bilden dort eine wenig zahlreiche Gemeinde. Männer und Frauen leben getrennt; aber
ausserdem ist Alles bei ihnen gemeinschaftlich, so daß
es weder Reiche noch Arme gibt. Die Zitterer sind
sehr gutmüthig, einfach und gewerbsam. Sie treiben
einen bedeutenden Handel mit Neu-York und Albany.

Ihre Dörfer sind sehr schön. Aber nirgends habe ich
befremdendere Frömmigkeits-Uebungen gesehen, als
bei ihnen. Ihr Kultus besteht vorzüglich in der Arbeit und im Tanz. Sie treten mit ernstem Anstand
in den Tempel. Die Männer begeben sich auf die
eine Seite, und die Frauen auf die andere. Ihre
Kleidung besteht aus grobem Stoff, ist jedoch sehr
reinlich. Ist die Versammlung vollständig, so beginnt man die Psalmen zu singen. Sodann legen die
Männer ihre Oberkleider ab, stellen sich in Reihe
und Glied, und machen die seltsamsten Sprünge, die
man sich denken kann. Es ist unmöglich, etwas Ko-
mischeres zu sehen.

Von Albany wendeten wir uns gegen die westlichen Staaten, in der Absicht, uns in gerader Richtung zum Niagarafall zu begeben. Aber der Wunsch,
zugleich den Eriekanal zu sehen, ließ uns einen Umweg machen.

Wir mietheten einen eigenen Wagen, Extra genannt, für welchen wir von Albany bis zum Niagara
115 Dollare (287½ rhein. Gulden) bezahlten. Die
Entfernung beträgt 324 Meilen (106 Stunden). Auf
solche Weise reiseten wir sehr angenehm.

Am Abend des ersten Tages kamen wir nach Se-
benactady, das in gerader Richtung nur sechstehalb
Stunden von Albany entfernt ist Aber da wir den
Verbindungskanal zwischen dem Erie- und dem Cham-
plainsee besuchen wollten, hatten wir wenigstens doppelt so viel.

Am nächsten Morgen setzten wir über den Fluß,
und kamen nach Troy (Troja), einer großen und schönen Stadt, die bedeutenden Handel mit Neu-York

treibt. Der Hudson ist bis hierher mit Goeletten
schiffbar. Troy ist von Hügeln umgeben, von welchen der höchste der Berg Ida genannt wird. Wir
besuchten hier eine von einem reichen Bürger gestiftete Schule, und mehrere andere Anstalten, welche
dieser Stadt zur besondern Ehre gereichen.

Den 19. Juni erreichten wir das Dorf Syrakus,
welches von dem Eriekanal durchschnitten wird. Die
Strecke von siebenzehn Stunden, welche wir bis hierher zurückgelegt, hatte uns einen hinlänglichen Begriff von den Fortschritten des Ackerbaues in diesem
Lande gegeben. Die undurchdringlichen Wälder waren verschwunden, und durch lachende Dörfer, wohl-
kultivirte Felder und üppige Wälder ersetzt. Zu Syrakus war Alles Leben und Bewegung. Die Häuser
waren schön und bequem eingerichtet, die Straßen
breit und regelmäßig. Von meinem Fenster sah ich
das Gewimmel in ihnen, und den Kanal mit schnellen
Paketbooten bedeckt, die kaum seine Oberfläche zu berühren schienen.

Am nächsten Morgen befanden wir uns mitten
unter dem Indierstamme Oneida, der rings von der
Zivilisation umschlossen, auf einer kleinen Landstrecke
vereinzelt lebte, und der seinen alten Sitten und Gebräuchen noch getreu geblieben war. Männer und
Weiber waren in lange Decken gehüllt, die ihnen von
der Schulter bis zum Knie reichten. Sie trugen auf-
serdem noch lederne Kamaschen und Mokassinen oder
Indianerschuhe. Ihre Haare waren mit Oel, und
ihre magern Gesichter mit verschiedenen Farben beschmiert. Sie warfen düstere Blicke auf uns, und
wir waren froh, uns wieder von ihnen zu entfernen.

Gleich darauf fuhren wir wohl eine Stunde weit durch einen finstern Wald, dessen Bäume so alt zu sein schienen als die Erde, welche sie trug. In jedem Augenblicke sahn wir umgestürzte Stämme, welche sogleich von tausend verschiedenartigen Pflanzen bedeckt wurden.

Jenseits dem Walde überraschte uns der Anblick einer sehr freundlichen Gegend, mit Dörfern und blendenden Kirchthürmen geschmückt. Die meisten Häuser, welche wir bis dahin gesehen, waren aus Brettern gebaut und mit Rinde benagelt. Andere waren nur aus rohen Baumstämmen zusammengefügt.

Nichts ist weniger unsern europäischen Dörfern ähnlich, als diese in den Wäldern zerstreuten Wohnungen. Von Zeit zu Zeit sahen wir dann wieder die reizendsten Landhäuser, die wie durch einen Zauberschlag mitten in diese Einöden geschleudert zu sein schienen. Sie waren immer von sehr schönen Gärten und Fruchtbäumen umgeben. Wir sahen solche Villas oft genug in der Nähe der Hütte eines Wilden. Ganze Dörfer, wie das von Whiterborough, bestehen aus den niedlichsten Landhäusern, von denen man sich recht heimathlich angezogen fühlt.

Das Dorf Utika nimmt einen ausgezeichneten Rang ein auf der Leiter der amerikanischen Zivilisation. Es hat mehrere Kirchen, ein Kollegium für den Unterricht der höhern Wissenschaften und mehrere andere Anstalten.

Wir verließen Syrakus den 22. Juni, und wendeten uns gegen Auburn. Dies Land, obgleich erst seit Kurzem bewohnt, ist dennoch gut gebaut und ziemlich stark bevölkert. Ueberall erheben sich neue Dör-

fer, überall ſieht man bauen und ſchaffen, eine Bewegung, ein Leben, von dem man in Europa keinen
Begriff hat.

Ich fragte meinen Führer um den Namen eines
unter meinen Augen entſtehenden Dörfer.

— Kamilla, entgegnete er.

Und dies große Gebäude?

— Das Kollegium.

Und jenes große ſteinerne Haus?

— Eine Wollentuch-Manufaktur.

Ein Brite hätte ſich nach Alt-England verſetzt
glauben können. Aber hundert Schritte weiterhin,
und Alles gewann eine andere Geſtalt. Man war
wieder in die Tiefe der Urwälder verſenkt, und an
den Grenzen der ziviliſirten Welt.

Den 27. kamen wir nach Canandaiqua, im Mittelpunkte der Grafſchaft Ontario. Ich bemerkte eine
ſchöne Meierei vor dem Dorfe. Man ſagte mir, daß
ſie einem Mann gehöre, welcher ſich vor dreißig Jahren zuerſt in dieſer Gegend niedergelaſſen, als Alles
noch finſterer Wald war.

Er war damals arm, und hatte mit großen Schwierigkeiten zu kämpfen. Aber ſeine Beharrlichkeit und
ſeine Induſtrie ließen ihn ſie überſteigen, und in wenigen Jahren erwarb er ſich ein bedeutendes Vermögen. Er lebte noch jetzt, und war von Kindern
und Enkeln umringt, immer thätig, unermüdlich, vom
Morgen bis zum Abend mit der Verbeſſerung ſeiner
Güter beſchäftigt. Endlich, als ihm nichts Neues
mehr zu ſchaffen übrig blieb, trat er die Meierei ſeinen Kindern ab, wanderte in einem Alter von ſechs-
zig Jahren mit ſeiner Frau, einem Zug Ochſen und

einigem Geräth nach Westen, um auf dem Gebiet von
Michigan neue Ländereien urbar zu machen, und das-
selbe Leben wieder zu beginnen, wie vor dreißig
Jahren.

Sitten und Gebräuche in Mexiko.

Denkt man nach über die ungeheure Thätigkeit
der periodischen Presse, über die beständig steigende
Ausdehnung des Buchhandels, möchte man in Versuchung gerathen, zu glauben, daß bald alle Wort-
und Ideen-Zusammenstellungen erschöpft sein werden,
und daß es bald an Gegenständen gebrechen wird, die
man beschreiben könnte.

Aber eine solche Voraussetzung beruhet nur auf
einer sehr oberflächlichen Ansicht der Dinge. Denn
selbst wenn die große politische Weltmaschine plötzlich
in ihrem Gange gehemmt würde, um Jahrhunderte
unbeweglich zu bleiben, würde man doch, in Ermangelung von Gegenwart und Zukunft, noch den Schatz
der Vergangenheit heben.

Gibt es ein einziges Land in Europa, dessen Geschichte, durch die Nachforschungen der Gelehrten,
schon definitiv festgestellt ist? Bedarf man nicht überall
neuer Andeutungen, um Licht zu verbreiten in der
Nacht der Jahrhunderte? Und bringt man weit hinaus in das Alterthum, wie vermehren sich da die
Zweifel bei jedem Schritte! Nicht mehr Tage oder
Jahre, nein ganze Jahrhunderte verbergen sich hinter dem Schleier der Hieroglyphen. Wer weiß, wie
weit die Grenzen der Zeit zurückgedrängt werden können durch die gelehrte Hand, welche einst dieses

Schleier vollkommen heben wird? Verläßt man endlich die Kontinente unserer Erdhälfte, um die neue
Welt zu betreten, wie viele neue Nationen, Sitten
und Sprachen findet man da nicht?

Mancherlei wichtige Mittheilungen über den trans-
atlantischen Erdtheil finden wir in dem neuesten
Werke Beltrami's, betitelt: „Mexiko." Der Verfasser hat darin alle die Bemerkungen und Notizen
zusammengetragen, welche er auf einer Reise durch
dieses merkwürdige Land gesammelt. Er beschreibt
beinahe Schritt, vor Schritt was er gesehen, gehört,
entdeckt. Geschichtliche und politische Bruchstücke reihen sich in diesem Werke an religiöse, moralische und
wissenschaftliche Abhandlungen. Vielleicht möchte man
wünschen, daß er das Alles mehr geordnet hatte, obgleich das Ganze dadurch an Mannichfaltigkeit gewinnt.

Obgleich Beltrami die Geschichte nur als Reisender betrachtet, gibt er doch interessante Andeutungen über Iturbide, Guerrero, Vittoria, und über
alle die großen Namen, welche in der mexikanischen
Revolution figuriren. Er hat lange genug unter diesen Völkern gelebt und mit ihren Sitten sich vertraut
gemacht, um ziemlich genau den Karakter und die
Politik der Häuptlinge, welche sich immer der Menge
anneigen müssen, um sie desto besser zu unterjochen,
würdigen zu können. Die Revolution an und für sich
selbst war durchaus national.

„Die Tirannei der spanischen Regierung, sagt er,
hat die Mexikaner allein zum Aufstand bewegt. Die
beleidigende Unmäßlichkeit, die despotischen Betrügereien der weißen Kaste, ihr unersättlicher Geiz haben
den Grund gelegt zu der allgemeinen Umwälzung in

diesem Lande. . . : "Die Mexikaner dürfen sich rühmen, zu ihrer Befreiung keiner andern Energie, keiner Hilfe bedurft zu haben, als der ihrigen."

Zwei Ursachen trugen dazu bei, der mexikanischen Revolution einen furchtbaren Karakter zu verleihen: eine unbesiegbare Rachsucht, verbunden mit einer, durch einen langen Despotismus veranlaßten Entartung.

Obwohl in mehrfacher Hinsicht die Mexikaner den Spaniern überlegen sind, darf man sich doch nicht einbilden, daß dies Volk die Institutionen begreift, von denen es regiert wird. Es muß erst mit ihrem Sinne vertraut werden, und so zu sagen in Familie mit ihnen leben, um sich unter ihrem Einflusse zu bilden, zu veredeln, die alten Eindrücke und Flecken der Knechtschaft zu vertilgen.

Es gibt in Mexiko noch drei große und mächtige Agenten der Unruhe, nämlich: die Spanier, die Mönche und den Jesuitismus. Es läßt sich leicht nach den Ereignissen prophezeien; demungeachtet möchte man vorausseßen, daß von so vielen ungünstigen Erinnerungen umringt, die Spanier nicht gefährlich sein könnten. Die Mexikaner sind zu aufrichtig gegen ihre Feinde, als daß in diesem Lande ihnen noch die mindeste Hoffnung irgend eines Erfolgs bleiben könnte.

Mit den Mönchen dagegen und mit dem Jesuitismus verhält es sich anders. Der beste Beweis von ihren Hoffnungen für die Zukunft besteht darin, daß sie mexikanisch geworden, nachdem Mexiko aufgehört, spanisch zu sein. —

Die Jesuiten haben sich freilich ein wenig zurückgezogen; aber überall, wo sie auf solche Weise sich

ehrwürdigen Väter eine junge Camerieta, die bezahlt wird, um ihnen alle möglichen Dienste zu erweisen. Auch die Pfarrer haben eine oder zwei So-
brinas (Nichten), mit denen sie wie Paschas von zwei
Roßschweifen leben.

Beltrami wohnte bei einem Dorfpfarrer, der in
aller Form verheirathet war, und mehrere Kinder
hatte, die er selbst erzog. Als er seines Gastes Verwunderung bemerkte, sagte er ganz unbefangen, „daß,
da die Ehe der Geistlichen in der heiligen Schrift nirgends verboten sei, er es nicht nur für erlaubt, sondern selbst für pflichtgemäß gehalten, eine Frau zu
nehmen, ohne die Religion in irgend etwas zu verletzen.“ — Dieser Priester war ohne Zweifel der am
wenigsten schuldige von allen; auch fanden seine
Pfarrgenossen an seinem Betragen nicht das Mindeste
auszusetzen.

Es ist in Mexiko gar nichts Seltenes, die Mönche
in ihrer Ordenstracht oder in weltlicher Kleidung
auf öffentlichen Bällen tanzen zu sehen, und zwar
unter dem Vorwand, durch ihre Gegenwart Skandal
zu verhindern. Zu diesen mannichfachen Lastern gesellt sich bei der mexikanischen Geistlichkeit noch eines,
welches auch in Europa sehr häufig ist, nämlich eine
unersättliche Habgier. Für Geld thun die Priester
dort Alles. Sie treiben einen empörenden Ablaß-
handel; verweigern die Beerdigungen, welche nicht
genügend bezahlt werden, diktiren Testamente am Lager der Sterbenden, verschlingen das Vermögen ganzer Familien, und bringen sie dadurch an den Bet-
telstab.

Damit eine so sehr verdorbene Geistlichkeit in einem

Lande bestehen könne, muß das Volk im höchsten
Grade beschränkt, bigott und abergläubig sein. Und
in der That verhält es sich also in Mexiko. Die tausend lächerlichen Traditionen und fanatischen Gebräuche, welche die Geistlichkeit gelehrt und erhalten,
und an welchen man mit unerschütterlichem Eifer
hängt, übersteigen allen Glauben.

Zu Pueblo Viejo ist ein Kruzifix, dessen Fest den
25. Mai jedes Jahres mit großem Pomp gefeiert
wird. Es wurde, der Sage nach, von Barbaresken-
Seeräubern aus einer Stadt in Spanien entführt
(man begreift nicht zu welchem Zwecke). Aber unterweges erhob es sich aus den Händen der Ungläubigen, und flog in gerader Richtung nach Amerika,
wo es sich von Weißen nicht wollte ergreifen lassen,
und wo die Indier allein es zum Stehen bringen
konnten.

Seit jener Zeit öffnet die Christusfigur an diesem
Kreuze am Festtage die Augen zum Gedächtniß jener
wunderbaren Ankunft.

An einem andern Orte ist ein Antoniusbild aus
einer Kapelle entschlüpft, die ihm nicht gefiel, und
hat sich eine andere Wohnung in der Stadt gewählt,
weshalb man ein großes Fest begeht, zum Gedächtniß
der Desertion des heiligen Antonius.

Es scheint überhaupt, daß in Mexiko die Heiligen-
bilder eine große Neigung zum Nomadenleben haben.
Es vergeht nicht ein Jahr, wo nicht mehrere Ma-
donnen Reißaus nehmen, bald um sich eine neue
Kirche oder Kapelle zu wählen, bald um Minen anzudeuten. Diese letzten Wunder ereignen sich seit Langem nicht mehr, indem es geschehen, daß eine Ma-

donna die Indier in den April geschickt, wonach diese
alles Vertrauen zu der Wunderkraft der Bilder, in
Hinsicht auf die im Schooße der Erde enthaltenen
Reichthümer, verloren. Dagegen glauben sie jetzt an
Wünschelruthen fremder Abenteurer, so oft sie auch
von ihnen getäuscht worden.

Die religiösen Zeremonien haben noch das ganze
Gepräge heidnischer Mysterien, und die Abgeschmacktheit derselben geht oft so weit, daß selbst die Pfarrer
sich schämen, thätigen Antheil daran zu nehmen. Sie
sehen sich jedoch genöthigt, dem Volke diese lächerlichen Maskeraden zu lassen, indem es die Religion
nicht auf eine andere Weise zu begreifen im Stande
ist. Zu Zalaya unter andern wurden am heiligen
Weihnachts-Abend (la noche buena) in einer nächt-
lichen Prozession die fünfzehn Mysterien in natura dargestellt. Es erscheint auch ein Gekreuzigter nackt an
dem Kruzifix, die Arme festgebunden, statt von Nägeln durchbohrt, und mit einem Vorsprung, auf welchem die Füße ruhen. Longin versetzt ihm einen
Lanzenstich in eine mit Blut angefüllte Blase, hinter
welcher ein Stück Eisenblech befestigt ist, um jede
zufällige Verwundung zu vermeiden.

Die Schauspieler, welche in allen diesen Szenen
figuriren, sind auf eine Menge große Wagen vertheilt,
denen sich noch neun andere Darstellungen anschließen,
wie die der Zeit, des irdischen Paradieses, der Arche
Noah zc. zc., was im Ganzen vierundzwanzig mit
seltsamen Masken und prächtigen Vermummungen bedeckte Fuhrwerke macht.

Mit einer so ausserordentlichen Entwickelung der
religiösen Ideen ist es unmöglich, daß nicht Alles

eine mystische Form annehme. Aus diesem Grunde
auch sind die Kirchen und Kapellen mit Bildhauereien
und Malereien überladen. Man bemerkt in ihnen
neben wirklichen Meisterstücken Werke von sehr schlech-
tem Geschmack, wie z. B. das Gemälde eines halb
todten Mannes, dem St. Peter, seiner Sünden wegen, den Eintritt ins Paradies versagt, und den der
Teufel vergebens in die Hölle zu zerren sucht, eines
Skapuliers U. l. F. von Karmel wegen, das die Eigenschaft hat, alle Dämonen im Respekt zu halten.

Man erräth leicht, welches, bei einem so nahe
mit der Barbarei verwandten Zustande, die Sitten
der Mexikaner sein können. Sie haben demungeachtet
einen ganz eigenthümlichen Karakter, sie sind nämlich
besser und schlechter als bei einem Volke, das nicht
von einer zugleich höflichen und verdorbenen Nation
unterjocht worden.

Es gibt in Mexiko so viele Diebe, daß der Eigenthümer, welcher ein Pferd verkauft, ihm ein Zeichen
aufdrückt, um das Recht sich zu sichern, alle diejenigen wiedernehmen zu können, von denen er beweisen kann, daß sie ihm gehören, und die dies Zeichen
nicht haben.

Neben diesem auf das Aeufferste getriebenen Mißtrauen im Handel, bemerkt man ein fast blindes Vertrauen in diejenigen, welche als Mittelsmänner auftreten, und die, behauptet man, nie einer Parteilichkeit oder einer Untreue sich schuldig gemacht.

Die beliebtesten Schauspiele, nach den abergläubigen Maskeraden, sind die Hahnen- und Stierge-
fechte. Mehrere Städte haben auch Theater. Die

Leidenschaft des Spiels ist allgemein, und die Frauen
vorzüglich überlassen sich ihm ohne alle Scheu.

Ueberhaupt ist ihr Lebenswandel nicht sehr regelmäßig. Aber selbst diejenigen, deren Betragen am
ausschweifendsten ist, bewahren immer eine gewisse
äussere Würde, und wissen sich durch imposante Manieren Achtung zu verschaffen. Die beste Gesellschaft
besteht aus den Kreolinnen.

„Sie besitzen viele Grazie, sagt Beltrami, selbst
in ihrem Ciupar (während sie rauchen). Von Zeit
zu Zeit nähern sie sich gegenseitig mit ihrem Cigar-
rito, um ihn anzuzünden. Ich habe sie nie geistrei-
cher gesehen, als wenn sie rauchten. Das Feuer ihrer
Augen scheint mit dem ihrer Zigarren zu erlöschen.
Macht man einer Dame den Hof, und will man sie
recht angenehm und selbst rührend sehen, muß man
sie einladen zu ciupar."

Beltrami hat mehrere geographische Irthümer über
Mexiko berichtigt. Er hat auch seltene Mineralien
gesammelt, und eine durchaus neue flora mexicana
verfaßt. Ein besonders interessanter Theil seines Werkes ist auch der, in welchem er sich mit den Alterthümern des von ihm bereiseten Landes beschäftigt.

Ueber den berühmten Montezuma, seine Pracht
und seinen Despotismus theilt es manches Beachtungswerthe mit. Den alten Kroniken zufolge hatte dieser
Monarch einen Palast, der tausend Zimmer enthielt,
nebst mehrern Sälen, von denen einer dreitausend Personen in sich aufnehmen konnte. Alle diese Gemächer
waren mit Zedern und Zipressenholz ausgelegt. In
großen Menagerien befanden sich viele vierfüßige
Thiere, Vögel und kriechendes Gewürm. Eine Menge

Aerzte und Apotheker wachten über die Gesundheit dieser Thiere, welche selbst ihre Geburtshelfer hatten. Neben dieser Thier - Menagerie hatte Montezuma noch eine andere, in welcher sich die seltsamsten menschlichen Krüppel und Mißgeburten befanden.

Begebenheiten auf Neu - Seeland im Jahr 1829.

Neu - Seeland besteht aus zwei großen Inseln deren Umfang denen Großbritanniens gleich kommt. Sie gehören zu Australien, das von den Geographen als ein fünfter Welttheil betrachtet wird. Man kann diesen letztern in drei Theile scheiden: den östlichen Archipel, den man ehemals zu Asien rechnete; die große Insel Neuholland, nebst dem Anhang von Van Diemensland, und die tausend Inseln Polynesiens, unter denen sich auch Neu - Seeland befindet. Aus nachfolgender Mittheilung eines englischen Seeoffiziers kann man entnehmen, wie groß noch die Barbarei der Bewohner dieser Inseln ist. Sie steht in einem auffallenden Kontrast mit den Fortschritten, welche die Eingebornen der Sandwich - Inseln, Otahaiti's und einiger andern Inselgruppen, in den Künsten der Zivilisation gemacht haben. Am 17. November 1828 — sagt der gedachte Offizier — verließ ich Sydney auf dem Brick Hawes von 110 Tonnen Last und 14 Matrosen, unter Befehl des Kapitäns John James, der noch zwölf Matrosen mitnahm, welche theils auf den Inseln der Gegenfüßler, theils zu Bunro ausgeschifft werden sollten.

IX. 1830.   2

Wir gingen von dort nach Neu-Seeland unter Segel, berührten die Inselbucht im Dezember, um Holz und Wasser einzuladen, und wendeten uns nach Ostkap, das noch ungefähr 500 Meilen (170 Stunden) entfernt war. Kurz vor unserm Aufbruche erschienen die Eingebornen in großer Zahl, und kaum hatten sie unsere Schwäche bemerkt, so stimmten sie ihren Kriegsgesang an, und rüsteten sich zum Angriff.

Entschlossen, uns bis aufs Aeußerste zu vertheidigen, eilten wir zu den Waffen, und richteten unsere Kanone gegen den Feind, der, als er diese Vorbereitungen bemerkte, über Hals und Kopf entfloh. Einige Meilen weiter hin, in der Plentybucht, deren Bewohner ebenfalls sehr kriegerisch sind, waren wir beständig auf unserer Hut, um allen Feindseligkeiten zuvorzukommen, was uns auch so wohl gelang, daß wir im Tauschhandel große Vortheile gewannen.

Den lebhaftesten Verkehr hatten wir zu Towronga, dessen Umgebungen sehr reizend sind. Wir gingen dort, der wilden Schweinsjagd wegen, vor Anker. Aber der Erfolg entsprach unsern Erwartungen nicht, und um noch mehr Lebensmittel zu erhalten, beschloß der Kapitän, eine Barke nach dem 50 Meilen (17 Stunden) entfernten Walkitanna zu schicken, wo man deren im Ueberfluß finden sollte.

Ich erhielt den Oberbefehl dieser Barke. Nach einer vierundzwanzigstündigen Schifffahrt erreichten wir eine kleine Bucht, in welche sich ein Fluß ergießt, und an der das Dorf oder der Pah Walkitanna liegt. Dieser Pah, wie alle übrigen, die ich in Neu-Seeland gesehen, krönt den Gipfel eines steilen Spitzhügels, und wird von einem Erdwall umschlossen.

Man kann nur auf einem schmalen Fußwege, der sich durch Gesträpp und über nackte Felsen hinanschlängelt, zu dieser Höhe gelangen.

Die Eingebornen begrüßten uns mit dem Geschrei „Heromoni!“ welches so viel bedeutet, als „Kommet hierher!“ Unser Dollmetscher benachrichtigte sie von der Absicht unsers Besuchs, worüber sie eine große Freude äußerten. Sie führten uns zur Wohnung ihres Vorstehers, die aus hölzernen Pfählen erbauet, und mit Schilf gedeckt war. Man konnte in dieser Hütte nicht aufrecht stehen. Ringsum war eine Gallerie, mit roh geschnitzten und roth bemalten Figuren verziert, wodurch der Rang des Bewohners angedeutet wurde. Jene Figuren waren die Bilder seiner Vorfahren und seiner Familie.

Die Hütten der übrigen Insulaner waren sehr elend und auf ein Haar unsern Schweinställen ähnlich. Gewöhnlich schläft die Familie unter freiem Himmel, und die Witterung muß sehr strenge sein, um sie zu nöthigen, ein Obdach zu suchen. Die Neu-Seeländer schlafen sitzend, mit unterschlagenen Beinen; nur wenige strecken sich der Länge nach aus.

Der Vorsteher, mit dem wir unterhandeln sollten, hieß Enataro oder Eidechse. Er war groß, stark, wohlgebaut und von imposantem Aeußern. Sein ganzer Körper war tatowirt. Er saß vor seiner Thür, mit einer schönen Matte über den Schultern. Sein Gesicht war mit Oel und Ocher beschmiert, und seine Haare waren auf dem Scheitel zusammengeschlagen.

Er zeigte uns eine große Menge schöner Schweine, die er uns verkaufen wollte. Aber unsere Barke war zu klein, um sie einzuschiffen, und da der Vorsteher

äusserte, daß er mit einem benachbarten Stamme im
Krieg begriffen sei, und sie deshalb nicht nach dem
Brick treiben lassen könne, entschlossen wir uns, nach
demselben zurückzukehren. Leider hatten wir starken
Gegenwind, und kamen nicht von der Stelle. Meiner mit dem Kapitän getroffenen Verabredung zufolge,
wollte ich über Land den Dollmetscher zu ihm schicken.
Aber weder dieser, noch mein Matrose, wollten sich
den Gefahren einer solchen Wanderung aussetzen. Es
blieb mir also nichts anderes übrig, als sie selbst zu
unternehmen, und ich machte mich am andern Morgen,
bei Tagesanbruch, mit einem Führer auf den Weg.

Das Land war gebirgig, und von zahlreichen Bä-
chen durchschnitten, denen wir oft stundenweit ent-
lang schreiten maßten, bevor wir eine Stelle fanden,
wo wir sie durchwaten konnten. Dadurch wurde unser Weg sehr verlängert. Auf dieser ganzen Strecke
bemerkte ich vielen wilden Flachs längs den Strömen, und einige kultivirte Landstriche, auf denen
Kohl, Kartoffeln, Möhren, Rüben und Wassermelo-
nen gebauet wurden. Auch sah ich einige Pfirsich-
und Orangenbäume. Die auffallendsten Bäume sind
der Kaikaterre und der Kowry. Sie sind sehr hoch,
haben keine Zweige, sondern nur eine Krone, und
sind ganz vortrefflich zu Masten geeignet. Der erstere
wächst besonders an sumpfigen, der andere an sandi-
gen Stellen. Dieser letztere hat schönes Laub, und
erzeugt sehr viel Harz.

Ein großer Theil unsers Weges führte uns durch
sandige Gegenden, wodurch die Reise sehr beschwerlich wurde. Endlich nach einem Marsche von zwei
Tagen und Nächten erreichten wir das Schiff. Ich

gab meinem Führer zwei Tomahafs und ein wenig
Schießpulver, wodurch er sehr befriedigt zu sein schien.
„ Der Kapitän lichtete sogleich die Anker, und wir
kamen in der folgenden Nacht nach Walkitanna. Die
Eingebornen schienen über diese Ankunft sehr erfreut,
besuchten uns in großen Barken, und brachten uns
mehr Schweine, als wir kaufen mochten. Auch Enararo behandelte uns mit anscheinender Herzlichkeit,
und, nachdem wir unsern Handel zu gegenseitiger Befriedigung abgeschlossen, begaben wir uns nach Towronga, wo wir alles Fleisch einpöckelten und in Fäs-
ser schlugen.

Dieser erste günstige Erfolg veranlaßte uns, abermals nach Walkitanna aufzubrechen, wo wir am
Sonntag, den 1. März 1829, ankamen. Das Wetter
war sehr schön. Wir gingen zwischen dem Eilande
Maltora und der Hauptinsel vor Anker. Sogleich erschienen die Eingebornen in großer Zahl, und wir
kauften zwanzig Schweine von ihnen.

Am nächsten Morgen wurde ein Offizier und acht
Mann ans Land geschickt, um die Schweine zu schlachten, und sie an einer in der Nähe befindlichen heißen
Quelle zuzubereiten. Um 1 Uhr Nachmittags begab
sich der Kapitän ebenfalls ans Land, und ließ mich
nebst drei Matrosen auf dem Schiffe, auf welchem
sich auch Enararo, in Begleitung von zwölf Männern, eingefunden.

Ich bemerkte, daß sie heftig von dem Kibbuki
(dem Fahrzeuge) sprachen, weshalb ich irgend einen
Verrath vermuthete, und meinen Leuten befahl, auf
ihrer Hut zu sein. Aber diese wollten meiner Voraussetzung keinen Glauben beimessen, und wurden die

Opfer ihrer Nachläßigkeit. Enararo und seine Begleiter erschossen sie, und schnitten ihnen die Köpfe ab. Ich erklimmte den Maßbaum, und erhielt einen Schuß in den Arm, der mir den Knochen zerschlug.

Während dem begannen die Wilden ihren Kriegstanz, begleitet mit furchtbarem Geheul, wonach sie das Schiff plünderten. Bei dieser Gelegenheit bemerkte ich, daß mehrere von ihnen die Autorität ihres Vorstehers verkannten, und sich lieber umbringen, als ihre Beute fahren ließen. Sie füllten in großer Eile ihre Boote an, bemächtigten sich sodann meiner, und schleppten mich mit sich fort. Einige ihrer Boote, die zu schwer beladen waren, strandeten, und die darin enthaltenen Waffen und Munitionen wurden von den Fluthen verschlungen.

Ich konnte nicht erfahren, welches das Schicksal des Kapitäns und seiner Matrosen gewesen; aber ich dürfte vermuthen, daß sie ebenfalls ermordet worden. Bei unserer Ankunft auf dem Lande umringten uns die Weiber singend und tanzend, und äußerten durch die seltsamsten Bewegungen eine ausgelassene Freude. Bald nachher wurde ein großes Feuer angezündet, um welches sich die Menge drängte. Sie stritten mit großer Heftigkeit über eine Sache, von welcher ich bald unterrichtet wurde. Es handelte sich nämlich darum, ob man mich todtschlagen und aufspeisen, oder ob man mich leben lassen solle. Der Ausspruch des Anführers entschied für das letztere, und zwar aus dem Grunde, weil er hoffte, daß man meine Person gegen ein Gewehr auslösen werde.

Man brachte mich in des Vorstehers Hütte, wo ich Gott für meine wunderbare Erhaltung dankte.

Die beiden ersten Nächte konnte ich keinen Augenblick schlafen, so groß waren die Schmerzen, welche ich in meinem Arm verspürte. Mein Gewimmer erregte den Zorn meines Wirths. Er stieß mich zur Hütte hinaus, und sich schleppte mich bis zu einem in der Nähe befindlichen Schoppen.

Niemand dachte daran, mir irgend einen Beistand zu gewähren. Endlich fand ich ein Stück Leder, welches ich auf die Wunde preßte, ohne das darin befindliche Blei herausziehen zu können. Ich wusch sie mehrmals in dem nahen Bache, wobei man mich jedoch nie aus den Augen verlor. Die Kugel war durch den Knochen gegangen, und auf der andern Seite desselben im Fleische stecken geblieben.

Am zweiten Tage meiner Gefangenschaft erschien eine Goelette in der Bucht, und bemühte sich, den Brick mit sich fortzuführen. Ich bat die Wilden, mich an Bord zu bringen, und versprach ihnen alle Entschädigung, die sie nur wünschen konnten. Aber sie blieben taub gegen meine Bitten. Man kann sich meinen Schmerz denken, als ich die beiden Fahrzeuge, von denen ich allein eine nahe Rettung erwarten durfte, sich entfernen sah.

Am andern Morgen brachte mir einer der Eingebornen den Kopf eines meiner unglücklichen Gefährten, des Otahaiters, der mit vieler Sorgfalt einbalsamirt und tatowirt war. Sie bewahren auf diese Weise eine große Menge Köpfe, und treiben selbst Handel damit. Ich bebte bei dem Gedanken, daß über kurz oder lang mein armes Haupt auch ein ähnliches Schicksal haben könne.

Am Morgen des vierten Tages meiner Gefangen-

schaft erschrack ich nicht wenig, als ich die Wilden
sich abermals um die Hütte ihres Vorstehers versam-
meln sah. Sie bemerkten meine Angst, und unterrichteten mich, daß es keinesweges auf mein Leben
abgesehen sei, sondern daß man von Seiten des großen
Stammes von Towronga einen Angriff zu befürchten habe.

Bald nachher erschien Enararo, mit dem Sextan-
ten des Kapitäns in den Händen. Er gebot mir, die
Sonne zu beobachten, und ihm zu sagen, ob man
wirklich einen Angriff zu besorgen habe. Ich befand
mich in einer sehr kritischen Lage. Die Ablehnung
seines Verlangens hätte mir nur verderblich werden
können, und prophezeihete ich, so konnte nur ein
günstiger Zufall mich retten. Indessen durfte ich voraussetzen, daß die Nachricht von der Plünderung unsers Schiffes die Habgier der benachbarten Stämme
gereizt, weshalb ich ein Buch verlangte, und auf-
merksam darin zu lesen schien. Endlich sagte ich:

„Ja, der Stamm von Towronga nähert sich dem
Deinigen mit feindseligen Absichten."

— Und wann wird er uns angreifen? fragte der
Voreher. In der äußersten Verlegenheit entgegnete
ich: „Morgen früh."

Diese Antwort schien ihn zu befriedigen, und er
traf die nothwendigen Vorsichtsmaßregeln zu einem
hartnäckigen Widerstande. Er ließ am Fuße des Dorfes, gegen den Fluß, einen vier Fuß hohen Erdwall
erbauen, hinter welchen unsere Kanone aufgestellt
wurde. Die ganze Nacht hindurch ließ er dabei
Wache halten.

Mit Tagesanbruch vernahm ich mehrere Flintenschusse. Enararo stürzte in die Hütte, und rief, daß, wie ich es verkündet, die von Towronga wirklich erschienen seien. Sein Vertrauen auf meine Prophezeihungen war nun grenzenlos. Er bat mich, ihm zu sagen, ob er siegen werde. Ich bejahete dies, wodurch er und seine Krieger von neuem Eifer beseelt wurden.

Der Feind war an der andern Seite des Stroms, und begrüßte die diesseitige Verschanzung mit einem heftigen Gewehrfeuer. Man entfernte mich von dem Schlachtfelde, damit ich keiner Gefahr ausgesetzt sei. Bald nachher vernahm ich Kanonendonner und gleich darauf ein gewaltiges Siegesgeschrei, denn die von Towronga hatten die Flucht ergriffen, und mehrere Todte zurückgelassen. Enararo und die Angesehensten des Stammes naheten sich mir mit großen Ehrenbezeugungen, und gaben mir den Namen Atua, oder Gott.

Man schnitt den verwundeten und gefangenen Feinden die Köpfe ab, reinigte das Innere der Körper, briet sie, und verschlang sie sodann mit großer Gier. Das Wohlbehagen, mit welchem Männer und Weiber dies entsetzliche Mahl hielten, ließ mich erkennen, daß sie dem Menschenfleisch vor jeder andern Speise den Vorzug geben.

Die Menschenköpfe, welche sie als Siegeszeichen aufbewahren, werden auf folgende Weise zubereitet. Man trennt sie vom Rumpf, schneidet alle untern Theile ab, umwickelt sie mit Blättern, und thut sie in einen steinernen mit Rasen bedeckten Ofen, der nur mäßig gewärmt wird, so daß die Hitze nach und

nach alle Feuchtigkeit verzehrt und die Köpfe vollkommen dörrt, ohne sie jedoch einzuschrumpfen.

Der Gebrauch, auf solche Weise die Köpfe aufzubewahren, ist allgemein in Neu-Seeland. Nach beendigtem Kriege werden die Häupter der Gefallenen
ihrem Stamme und ihren Familien zurückgegeben.
Doch werden sie oft auch an Europäer verkauft.

Die meisten Neu-Seeländer, welche ich gesehen,
waren groß und wohlgebaut. Sie sind lebhaft und
unermüdlich. Ihre Haut ist braun, ihr Haar schwarz
und oft gelockt; ihre Zähne sind weiß und regelmäßig.
Sie scheiden sich in zwei Klassen: die Rongatidas
oder Vorsteher, nebst ihrer Familie und ihren Verwandten, und die Kubis oder Sklaven, die beinahe
durchgängig schwarz und klein sind, und von einer andern Race zu sein scheinen.

Vor der Tatowirung sind ihre Züge angenehm,
und manchmal ausgezeichnet schön. Aber sobald ein
Jüngling zwanzig Jahre alt wird, muß er sich dieser schmerzlichen Operation unterziehen, welche auf
folgende Weise vollstreckt wird. Der zu Tatowirende
legt seinen Kopf auf die Knie eines Andern, welcher
ihm mit einer kleinen Scheere von Fischknochen die
seinem Stamme eigenthümlichen Linien ins Gesicht
gräbt. Diese Schnitte werden sodann mit einer Koh-
lensalbe eingerieben. Der dadurch entstehenden Ent-
zündung wegen, dauert diese mehrmals erneuerte Marter einige Monate lang. Auch die Weiber lassen sich
tatowiren; aber ihre Schnitte im Gesicht sind weder
so tief, noch so nahe aneinander, als die der Männer.

Die Kleidung dieser Insulaner besteht in zwei lei-
nenen Matten, die sehr künstlich von den Frauen ge-

flochten werden. Die eine derselben werfen sie über
die Schultern, die andere befestigen sie um die Hüften. Bei übelm Wetter hüllen sie den ganzen Körper
in eine große Matte.

Ihre Haare beschmieren sie mit Oel, und schlagen
sie in einem Büschel auf dem Scheitel zusammen.
Sie durchflechten sie gewöhnlich mit langen Federn.
Vor einer Schlacht reiben sie sich den ganzen Körper
mit Oel und rothem Ocher. Den Kindern beiderlei Geschlechts werden die Ohrläppchen durchbohrt, und immer größere Stückchen Holz dadurch gesteckt. Denn
je größer solche Löcher sind, für desto schöner wird
es gehalten. Die höhern Klassen tragen einen seltenen Fischzahn darin, was die Kukis sich nicht erlauben dürfen. Um den Hals tragen sie eine unförmlich
geschnitzte Figur von grünem Talk, worauf sie sich
nicht wenig einbilden, und die vom Vater auf den
Sohn übergebt.

Die Kleidung der Frauen unterscheidet sich in
nichts von jener der Männer. Ihr Benehmen ist im
Allgemeinen sehr bescheiden, und ihre Gesichtsfarbe
ist die der Italienerinnen. Sie sind schön gebaut,
bezeugen eine große Unterwerfung gegen ihre Männer, und lieben ihre Kinder über Alles.

Indessen gibt es einen Gebrauch, der am auffallendsten die Barbarei dieses Volkes bezeugt. Wenn
eine Mutter mehr Mädchen als Knaben gebiert, so
tödtet sie gleich nach der Geburt das Kind, indem sie
ihm die Finger in die Schläfe drückt.

Ein Mann kann mehrere Frauen haben. Aber
nur eine derselben wird als eigentliche Hausfrau betrachtet; die Uebrigen werden als Mägde behandelt.

Die Kinder der ersten sind allein die rechtmäßigen Stammhalter, die der andern gehören zu einer untergeordneten Klasse. Bei dem Tode des Gatten erhängt sich die Hausfrau gewöhnlich, und dies Begehen wird als eine heilige Handlung betrachtet.

Am 9. März erfuhr ich zu meiner größten Freude, daß ich ausgelöset werden solle. Unser Kapitän hatte sich nämlich mit der Schaluppe gerettet, und als er erfuhr, daß ich noch am Leben sei, beschloß er mich zu befreien. Durch einen glücklichen Zufall begegnete er der Goelette Neu-Seeland, unter Befehl des Kapitäns Clarke, die von Sydney kam, und an deren Bord er und die Seinigen aufgenommen wurden.

Die Goelette begab sich nach Towrongo, von wo der Kapitän zwei Anführer mit Gewehren nach Walkitanna schickte, um mich loszukaufen. Sie langten am 9. März an. Ich brach sogleich auf mit ihnen. Meine Schwäche machte die Reise sehr beschwerlich, obgleich ich des Weges bereits kundig war. Nur mit Mühe überschritt ich das Gebirg. Von Zeit zu Zeit gruben meine Führer Löcher in den Sand, um mir eine Art Lager zu machen, bis der Frost mich nöthigte, weiter zu schreiten. Endlich nach drei Tagen und drei Nächten erreichten wir Towronga, wo ich das unaussprechliche Vergnügen hatte, den Kapitän und meine Gefährten wieder zu finden.

Am 15. März waren wir in der Inselbucht, und am 17. ging ich mit der Goelette nach Sydney, wo wir den 25. anlangten, und wo das Blei mir aus dem Arm geschnitten wurde, nachdem ich dreiundzwanzig Tage lang ohne alle ärztliche Hilfe geblieben

wär. Zum Seedienst ferner untauglich erachtet, kehrte
ich nach England zurück, und erreichte es, nach einer
fünftehalbmonatlichen Ueberfahrt.

Merkwürdige Rechtshändel in Frankreich.

Man weiß, daß im direkten Widerspruche mit dem
Gesetze, durch welches alle Mönchsklöster für immer
aufgehoben wurden, es zu Marseille eine Familie Kapuziner, größtentheils Fremde, gibt. Man erinnert
sich auch, daß unter dem Ministerium Martignac
diese von Villèle und Konsorten geduldete Klike aufgelöset wurde. Einige Mitglieder derselben entfernten sich. Aber die meisten blieben, und zeigten sich
nur etwas seltener in den Straßen mit ihrem Bettel-
sack. Uebrigens behielten sie ihre Verbindung und
ihre Tracht.

Verbalprozesse wurden aufgenommen, gerichtliche
Instruktionen wurden eingeleitet, und es war vorauszusehen, daß, dem Buchstaben des Gesetzes zufolge,
die Kapuziner-Familie genöthigt sein werde, Gehorsam zu leisten; als das Ministerium Polignac am 8.
August v. J. die Szene betrat.

Der Politik Loyola's und Eskobars zufolge, ging
man leise und behutsam zu Werke. Die Instruktion
gegen die Kapuziner wurde fortgesetzt, aber so zögernd,
so schonend gegen die schmutzigen Väter, daß Jedermann das Ende von dem Allem errathen konnte. Die
Kapuziner sammelten sich wieder, erschienen aufs neu
eben so ungewaschen, so ekelhaft, so zudringlich in
den Straßen, als früherhin. Ihre Unverschamtheit
ging selbst so weit, daß sie diejenigen Häuser, wo sie

entweder keine oder nur schmale Almosen hatten erpressen können, mit einem Kreuze bezeichneten, wahrscheinlich (wenigstens in ihrem blinden Eifer) zu einer
neuen Bluthochzeit.

Dieser Zustand war sehr traurig, und gewissermaßen unleidlich. Denn sobald die Gesetze angerufen
werden von der Autorität, und mißkannt oder ver-
spottet von denen, auf welche man sie in Anwendung
bringt, ist es zur Erhaltung des öffentlichen Friedens
erforderlich, schnell zu entscheiden, ob diese Gesetze
abgeschafft sind, oder ob sie noch fortbestehen.

In dem letzten Falle erfordert es die gesunde Vernunft, daß das Gesetz vollstreckt werde. In dem ersten müssen die Angeklagten ohne Weiteres aller Verfolgung enthoben werden. Aber unter einer Verwaltung, die mit sich selbst nicht einig ist, oder vielmehr,
die noch nicht Alles zu thun wagt, was sie thun
möchte, darf man auf Festigkeit, auf rasche Entscheidung nicht rechnen. In Folge dieses schwankenden
Systems hat sich zu Marseille eine Szene ereignet,
welche einer besondern Aufmerksamkeit würdig ist.

Am Sonntag, den 13. Juni d. J., sollte die große
Prozession des Frohnleichnamsfestes Statt finden. Alle
Zivil- und Militärbehörden waren dazu eingeladen.
Sie versammelten sich in der Kirche de la Major.
Auch die Kapuziner fanden sich ein, in der Tracht
ihres Ordens. Der königliche Prokurator Tazil be-
sprach sich zuerst mit dem Präfekten und dem Maire,
ließ sodann ihren Vorsteher, den Pater Eugen rufen,
und lud ihn ein, sich bei der Prozession nicht zu zeigen.

Dieser Aufforderung ungeachtet, schlossen die Kapuziner sich mit ihren Stangen, Fahnen, Kreuzen

und Laternen dem Zuge an, auf der einen Seite von der Kongregation der Brüder der christlichen Lehre, auf der andern vom Pöbel gedeckt.

Als der königliche Prokurator diese Disposition bemerkte, schickte er den Polizeikommissär Panon und zwei Gerichtsweibel zu den Kapuzinern, mit dem Befehl, sich sogleich von der Prozession zurückzuziehen. Sie entgegneten, „daß sie von dem Bischof eingeladen worden, der Prozession beizuwohnen, daß sie nur seine Autorität anzuerkennen gesonnen seien, und daß sie also von keiner andern irgend einen Befehl zu erhalten hätten."

Durch dies Intermezzo wurde die Prozession einige Zeit unterbrochen, was bei den Frömmlern und den Betschwestern einen großen Skandal und allgemeines Murren erregte. Der Generalvikar Tempier, unter einem Traghimmel einherschreitend, schwang das Rauchfaß mit Ungestüm, und ließ den königlichen Prokurator rufen, um ihn zur Rede zu stellen. Dieser erklärte, daß entweder die Kapuziner sich zurückziehen müßten, oder daß er mit seinen Substituten sich entfernen werde.

Der Generalvikar erklärte, daß die Kapuziner ausdrücklich von dem Bischof eingeladen worden, der Prozession beizuwohnen, und daß sie so lange zu bleiben hätten, bis dieser Prälat, der allein darüber zu bestimmen habe, ihnen befehle, sich zu entfernen.

Der königliche Prokurator nahm nun seine Zuflucht zu dem Präfekten, als der ersten Magistratsperson des Departements. Aber dieser entgegnete, „daß Jeder thun könne, was er wolle, und daß wenn der königliche Prokurator es für gemessen erachte, die Prozession zu verlassen, man ihn nicht zurückhalten könne." Dieser Insinuation zufolge, entfernte er sich sogleich mit seinen Substituten, während der Präfekt, der Maire, und alle übrigen Zivil- und Militärbehörden blieben.

Am andern Tage erhielten fünf Kapuziner die Einladung, vor dem Verhörrichter zu erscheinen, um Rede und Antwort zu geben über ihr Begehen, und über ihren Ungehorsam gegen die Organe des Gesetzes. Man versichert, daß zu gleicher Zeit der Bischof von Marseille sein Kapitel zusammenberufen, und daß die Kapuziner abermals eingeladen worden, der Prozession am 18. Juni beizuwohnen. — Ohne Zweifel wird nun auch dieser Kampf der geistlichen Autorität gegen die Gesetze des Landes und die öffentliche Gewalt aufhören. Aber schon sein alleiniges Bestehen war ein drohender Fingerzeig für das, was man von solchen Menschen und ihren Grundsätzen zu erwarten hätte, wenn ihr Einfluß mächtig bliebe.

––––

Einer der neuesten Rechtshändel, welcher eine große Sensation erregte, war der, die Ermordung des geistreichen Schriftstellers Paul Ludwig Courrier betreffend. Sonderbar genug war der eigentliche Mörder bereits früher vor Gericht erschienen, und freigesprochen worden, weil es damals gegen ihn an überzeugenden Beweisen fehlte. Durch jenen Ausspruch seines Lebens gesichert, trat Fremont jetzt nur als Zeuge auf, um gegen diejenigen auszusagen, welche gegenwärtig gewesen bei dem Morde, ohne thätlichen Antheil daran genommen zu haben, und die nun zu lebenslänglicher Galeerenstrafe verurtheilt werden konnten.

Als zweiter Hauptzeuge erschien eine Bauerndirne, die ihres übeln Lebenswandels wegen berüchtigt, mit einem ihrer Liebhaber ganz nahe bei dem Orte versteckt gewesen, wo der Mord verübt worden. Von Entsetzen gefesselt, hatte sie lange geschwiegen, und nur ein abergläubiger Schreck hatte sie vermögen können zu gestehen, was sie wußte.

Am 9. Juni d. J., um eilf Uhr Vormittags, wurden die drei Angeklagten, Peter Dubois, Franz Arrault und Martin Boutet, dem Kriminalgerichte zu Tours vorgestellt. Umsonst suchte man in ihren Gesichtszügen einige jener Karaktere, welche große Verbrecher verrathen. Der allgemeine Ausdruck ihrer Gesichter ist vielmehr ruhig und sanft. Peter Dubois ist ein schöner Mann. Die beiden andern haben ein etwas stumpfsinniges Ansehen. Es sind zwei vollkommen rohe Bauern, wie es in Frankreich noch sechszehn oder zwanzig Millionen gibt, unwissend im höchsten Grade, und von einer Beschränktheit, die allen Glauben übersteigt. Zwischen einem solchen Menschen und einem Thiere konstituiren nur die Sprache, Aberglauben und Bosheit allein einen gewissen Unterschied.

Der Gerichtsschreiber las zuerst die Entscheidung des Anklagegerichts, durch welches die Wittwe Courier (welche ebenfalls angeklagt worden) von allen Beschuldigungen freigesprochen, die drei andern dagegen den Assisen überantwortet wurden. Er theilte sodann die Anklageakte mit, der wir einige der Hauptpunkte entnehmen wollen.

Peter Dubois, Bruder von Symphorien (der seitdem gestorben ist), hatte sich mehrmals mit großer Erbitterung gegen Courrier geäussert. Das Gerücht ging selbst, daß er und sein Bruder mit der Frau Courrier in verbrecherischem Umgang gestanden, und daß diese sie aufgefordert, ihren Mann bei Seite zu schaffen, oder wenigstens, daß sie selbst diesen Entschluß gefaßt. Sie gesellten sich noch einige Personen bei, die ebenfalls mit Courrier unzufrieden waren.

Es war am 10. April 1825, als sie ihren Vorsatz in Ausführung brachten. Nach der Aussage der Maria Grivault weiß man darüber Folgendes: Sie war in Gesellschaft eines Jünglings in dem Walde von Larçay, im Gebüsch verborgen. Auf einmal vernahm sie die Stimmen mehrerer Personen, die heftig mit einander sprachen. Bald sah sie Courrier erscheinen, begleitet von Symphorien Dubois, dessen Bruder Peter, Fremont, der ein Gewehr hatte, Boutet, Arrault, und einem alten Mann, den sie später als den Vater der Dubois bezeichnete.

In der Gegend, le Chêne-Pendu genannt, ergriff Symphorien Courriers Fuß, und warf ihn auf den Bauch zu Boden. Dieser schrie: „Ich bin verloren!" Sogleich richtete Fremont sein Gewehr gegen ihn, durchschoß ihm die rechte Seite, und tödtete ihn auf der Stelle. Symphorien wendete den Ermordeten um, und Fremont durchsuchte die Taschen desselben. Sodann entfernten sie sich in verschiedenen Richtungen.

Diese Erklärung der Grivault veranlaßte eine andere nicht minder wichtige, obgleich sie nicht ganz so vollständig und aufrichtig war, nämlich die des Waldwächters Fremont. Er sagte aus, daß er am

10. April 1825, im Walde einen Schuß gehört, daß er in der Richtung desselben fortgeschritten sei, und daß er endlich seinen Herrn todt auf der Erde ausgestreckt gefunden habe.

Später gestand er, daß Symphorien Dubois ihm im Walde begegnet sei, und ihn gefragt habe, ob sein Gewehr geladen sei. Auf die bejahende Antwort habe dieser ihm das Gewehr wie zum Spaß abgenommen, und ihn zu erschießen gedrohet, wenn er nicht thue, was er ihm befehle. „Du mußt Courrier todtschießen," sagte er, „es muß ein Ende haben." Er habe ihn nun mit sich fortgezogen, und ihm mehrmals wiederholt, daß er Courrier todtschießen müsse. Bald nachher sei dieser gekommen. Symphorien habe ihm das Bein ergriffen und ihn zu Boden geworfen, wonach er ihm zugerufen, „Schieß jetzt, oder wir machen dir den Garaus!," wonach er geschossen, und sich auf der Stelle entfernt habe. Er sagte auch, daß Peter Dubois, Boutet, und Arrault bei dieser Szene gegenwärtig gewesen. Diese läugneten geradezu die geringste Kenntniß von diesem Ereignisse zu haben. Sie bemüheten sich zu beweisen, daß sie an demselben Tage sich an ganz andern Orten befunden hatten. Die Angeklagten wurden mit Fremont und der Grivault konfrontirt, und von diesen erkannt. Demungeachtet läugneten sie beharrlich, und wollten nichts zugestehen. Auch bei Vorlesung der Anklageakte war keine Bewegung an ihnen zu bemerken.

Bei Aufrufung der Zeugen antwortete die Frau Courrier nicht. Man erfuhr, daß sie sich aus Frankreich entfernt habe, und daß sie gegenwärtig in der Schweiz oder in Italien sei.

Von allen Aussagen waren die der Grivault die
wichtigsten und interessantesten. Sie erklärt, ihres
Standes eine Schäferin zu sein. Ihr verbranntes
Gesicht, ihre mit Schuppen bedeckten Hände, und der
elende Zustand ihrer Kleider machen sie zu einem vollkommenen Gegenstück der zierlichen Schäferinnen Flo-
rians. Sie ist mit einem Worte eine häßliche Vieh-
magd, die keine besondere Veranlassung zu haben
scheint, die Oeffentlichkeit ihrer Aussagen zu scheuen:
- „Ich erkläre, sagt sie, den verstorbenen Herrn
Courrier durch Fremont und den verstorbenen Symphorien Dubois ermorden gesehen zu haben. Der verstorbene Phorien hat den verstorbenen Herrn Courrier
am Bein ergriffen. Fremont hat sogleich auf ihn geschossen und ihn getödtet. Phorien hat nun Courrier
umgewendet, und Fremont hat ihn durchsucht. Peter Dubois, Arrault und Boutet waren als Zeugen
dabei. Nachher haben sie sich zerstreut.“

Sie wiederholt diese Aussage sehr umständlich und
in allen Einzelnheiten auf die verschiedenen an sie
gerichteten Fragen. Die Ursache, aus welcher sie endlich verrathen, daß sie Zeugin des Mordes gewesen,
war folgende: Eines Tages während der letzten Wein-
lese (1829), als sie zu Tartres, in der Gemeinde Vé-
rez, arbeitete, schickte ihr Herr sie nach dem Chêne-
Pendu, um Gerste zu holen. Sie war zu Pferde.
Als sie an die Stelle kam, wo Courrier ermordet
worden, und wo man seitdem ein Denkmal errichtet
hat, sprang ihr Pferd so heftig bei Seite, daß sie
beinahe herabgestürzt wäre. Nach der Rückkehr sagte
sie zu ihrem Herrn: „Mein Pferd hat sich im Walde
gescheut, und ich habe einen eben so großen Schreck

gehabt, als an dem Tage, wo ich Herrn Courrier habe umbringen sehen." Sie theilte ihm nun den ganzen Hergang der Sache mit, und auf solche Weise wurde die Gerechtigkeit davon unterrichtet.

Als ihren Gesellschafter im Gebüsch, während der Mordszene, nannte die Grivault einen jungen Mann, Namens Veillaud, der damals Stallknecht war, seitdem aber das Schuhmacherhandwerk ergriffen und sich verheirathet hat.

Dieser schwört Stein und Bein, daß er nie in einem vertrauten Verhältniß mit der Grivault gestanden, daß er nie mit ihr im Gehölz gewesen, und daß er nicht die mindeste Kenntniß von der Ermordung Courriers habe. Aller Einredungen des Präsidenten, der Geschwornen und der Advokaten ungeachtet, beharrt er immer auf dieser Aussage.

Selbst als man erfuhr, daß die Grivault zum Beweise ihrer genauen Bekanntschaft mit Veillaud gesagt, daß dieser eine starke Narbe auf dem rechten Schenkel habe," und nach vorgenommener Untersuchung von Seiten zweier Aerzte, man diese Narbe wirklich bei Veillaud auf der bezeichneten Stelle fand, läugnete er hartnäckig, im Walde gewesen zu sein, und Courriers Ermordung gesehen zu haben. Nicht die rührendsten Vorstellungen des Advokaten der Kinder des Ermordeten, nicht die Drohungen des General-Prokurators und des Präsidenten, konnten ihn zum Geständniß bewegen.

Auch Frémont veränderte sein Aussage-System in keinem Punkte. Er wiederholte Alles, was er gesagt, mehr als zehn Mal mit denselben Worten, Redewendungen, Geberden und Betonungen. Er schien im Vor-

aus ganz von dem durchdrungen zu sein, was er sagen
wollte, und wodurch er am wenigsten sich zu kompromittiren hoffen durfte. Der Zustand, in welchem dieser Elende sich befand, war wirklich entsetzlich. Von
Furcht, und vielleicht auch von Reue gequält, war
er mehr einem Skelette ähnlich, als einem lebendigen
Menschen. Seit drei Tagen hatte er nichts genossen,
und während den öffentlichen Verhandlungen fiel er
aus einer Ohnmacht in die andere. Er schien immer
noch zu besorgen, daß er sein Verbrechen, wo nicht
auf dem Schaffot, doch zeitlebens auf den Galeeren
werde abbüßen müssen.

Einen großen Eindruck machte die Rede Barthe's,
Advokaten der Kinder Courriers. Nicht weniger durch-
greifend war die Darstellung des königlichen Prokurators
de Chancel, der auf strenge Ahndung eines Verbrechens
drang, das lange Zeit ein allgemeines Entsetzen und
eine furchtbare Reizung der Gemüther veranlaßt hatte.
Dieser Prozeß hatte fünf Tage gedauert. Die
gegen die Angeklagten aufgestellten Beschuldigungen
waren sehr unbestimmt, und konnten auf keinen Fall
zu einer Kapital-Verurtheilung Veranlassung geben.
Die Geschwornen beriethen sich nur eine halbe Stunde
lang, und erklärten Peter Dubois nicht schuldig,
mit Gleichheit der Stimmen (sechs gegen sechs), Ma-
rault und Boutet würden einstimmig für nicht schuldig erklärt. Demzufolge wurden alle drei Angeklagten unmittelbar in Freiheit gesetzt.

Nach Beendigung der Audienz wurde Fremont von
Seiten der Zivilparthei (der Kinder Courriers) eine
Vorladung zugestellt, um sich zu einer Summe von
30,000 Franken Schadenersatz verurtheilt zu sehen.

Man behauptet, daß eine Person von hohem Stande
dem Mörder Fremont den Vorschlag gemacht, sich in
ein Trappistenkloster zu begeben, daß dieser jedoch solch
Anerbieten abgelehnt habe.

Vor ungefähr anderthalb Jahren, während der
kältesten Jahreszeit, erschien die Wittwe Longagne,
glühend von Liebe und brennend von Eifersucht, vor Gericht, um sich über Mißhandlungen und Beschimpfungen von Seiten ihrer Nebenbuhlerin, Virginia Desfour, zu beschweren. Diese letztere wurde zu fünf Franken Buße verurtheilt.

Seitdem haben noch zwei Winter ihren Schnee
auf das Haupt der mehr als sechszigjährigen Wittwe
gestreut, ohne jedoch die Glut ihres Herzens gemildert, oder ihr ein Körnchen Weisheit zugewendet zu
haben, und abermals behelligte sie die Gerechtigkeit
mit den Klagen ihrer Liebe und Eifersucht.

Die Wittwe Longagne hat immer noch ein lebhaftes Auge (denn sie ist einäugig), und dies zorn-
entbrannte Auge, während alle übrigen Züge ihres
Gesichts anbeweglich bleiben, dies Auge ist unaufhörlich gegen ihre Nebenbuhlerin Virginia gerichtet. Nur
von Zeit zu Zeit nimmt es eine schräge Richtung,
um sich mit komischer Zärtlichkeit auf den Gegenstand
eines so beharrlichen Gefühls, auf den jungen Bar-
rière zu heften, der in großer Verlegenheit zu sein
scheint.

„Worüber beschweren Sie sich?“ fragt der Präsident die Klägerin.

Die Wittwe Longagne, mit einem schweren Seufzer und auf Virginie blickend: Dies Frauenzimmer

hat es sich zur Aufgabe gemacht, mich unaufhörlich zu beschimpfen. Sie nennt mich bald eine alte Verliebte, bald eine alte Närrin, bald eine junge Prima Donna (jeune première).

„Hat sie sich keiner andern beschimpfenden Ausdrücke bedient?"

— Sie nennt mich manchmal auch Püppchen, oder Kanaille, oder.... und das Alles eines jungen Menschen wegen, den ich ehemals genährt und gepflegt habe.... Sie hat ihn mir schändlicherweise entführt.

Präsident zu dem Zeugen Trott: Was wissen Sie?

Der Zeuge. Ich ging also die Treppe hinunter, eine Treppe, die keine von den bequemsten Treppen ist.

Präs. Kommen Sie zur Sache.

Zeuge. Lassen Sie mich nur erst die Treppe hinunter gehen. Ich sage also, daß die Treppe nicht zu den bequemsten gehört....

Präs. Haben Sie Beschimpfungen oder so etwas gehört?

Zeuge. Nachdem ich also die Treppe hinunter war, die, wie ich die Ehre gehabt habe Ihnen zu sagen, keine der bequemsten ist....

Präs. Zur Sache.

Zeuge. Also unten an der Treppe habe ich nichts gehört, nichts gesehen, nichts....

Präs. zu Virginia Desfour. Haben Sie der Wittwe Longagne die Namen ertheilt, welche sie angegeben?

„Im Gegentheil, Herr Präsident, die Wittwe Longagne hat mich beschimpft, nicht ich sie. Ich will mich nämlich mit einem jungen Menschen verhei-

rathen, auf den sie Ansprüche macht, ich weiß nicht,
mit welchem Rechte. Sie sagt mir hunderttausend
Abscheulichkeiten nach, wie z. B. daß ich 62 Jahre
alt sei, daß ich nur noch 8 Jahre zu leben habe, und
noch viel mehr andere Lügen. Ich will, daß das ein
Ende habe, und daß eine von uns beiden guillotinirt
werde, denn für uns beide ist die Erde zu klein.
Alles was sie sagt, ist aus Rache und Eifersucht.«

Die Wittwe Longagne, mit einem Blick der Verachtung: Ich eifersüchtig? Nein, so arg ist es nicht.
Ich eifersüchtig über eine solche Fratze?

Bei diesen Worten wendet sie ihr vor Aerger
grüngelb gewordenes Gesicht mit einem höhnischen
Lächeln gegen die Versammlung, die in ein lautes
Gelächter ausbricht, während Virginia, die sich für
schön hält, und die wenigstens erträglich ist, die Augen schamhaft niederschlägt.

Präs. Wittwe Longagne, bedienen Sie sich schick-
licherer Ausdrücke.

„Soll ich sagen, sie sei schön wie ein Bild?“

Präs. Man muß vor der Gerechtigkeit die ihr
schuldige Achtung nicht verletzen.

Virginia Desfony wurde ohne Kosten von der
Klage freigesprochen.

———

In der Nacht vom 11. zum 12. Dezember v. J.
starb Maria Aladenise, in dem Weiler Roulets,
eines plötzlichen Todes. Verheirathet seit einem Jahre
mit Andreas Joly, und kaum neunzehn Jahre alt,
war diese Frau von starker Konstitution, und sehr
gesund. Ihrem Tode war nicht die mindeste Unpäß-

lichkeit vorangegangen. Schon wollte man sie beerdigen, als die Obrigkeit dazwischen trat.

Die Eheleute hatten nicht zum besten mit einander gelebt. Die Brutalität des Mannes, die Klagen und der Leichtsinn der Frau hatten ihr trauriges Verhältniß bald allgemein bekannt gemacht. Der Verdacht eines gewaltsamen Todes begründete sich darauf. Der Leichnam wurde geöffnet, und man entdeckte, daß man sich nicht geirrt. Die Resultate einer chemischen Prüfung ergaben eine ziemliche Menge Arsenik, welche man im Magen gefunden.

Es ergab sich später während der Untersuchung, daß schon im November Joly den Versuch gemacht, seine Frau zu vergiften. Er brachte ihr den Arsenik in einem Getränk bei, welches sie jedoch sogleich wieder ausspie, so daß die Wirkung desselben keine besonders gefährlichen Folgen hatte.

Sie befand sich wieder ziemlich wohl, als ihr am 9. Dezember Abends eine im Voraus bereitete Suppe gereicht wurde, von welcher sie allein aß. Gleich darauf befand sie sich sehr übel. Ihr Kopf wurde schwer. Ein schrecklicher Frost bewegte ihre Glieder. Sie spie und würgte aus allen Kräften. Aber ihr Leiden verminderte sich nicht. Die Getränke, welche man ihr reichte, vermehrten ihre Schmerzen und veranlaßten neue heftige Erbrechungen. Endlich in der folgenden Nacht verschied sie. Ihr Mann hatte sie schon am Tage verlassen, und nur ihre Schwiegermutter war an ihrem Lager geblieben, um sie zu pflegen.

Vor ihrer Verheirathung hatte Maria Aladenise einen ziemlich leichtsinnigen Lebenswandel geführt;

aber sie hatte ihr Vergehen schwer gebüßt. Ihr Mann
ersparte ihr weder Beschimpfungen noch Mißhandlungen jeder Art. Einmal während der Nacht war sie genöthigt, im Hemde aus ihrem Hause zu entfliehen, verfolgt von ihrem Mann, der vor Wuth schäumte. Die
Unglückliche hatte den Mund zerrissen, und war am
ganzen Leibe mit blauen Flecken bedeckt. Mehrmals,
wenn ihr Mann sie am Tage bedrohet hatte, wagte
sie es nicht, über Nacht bei ihm zu bleiben, und verbarg sich, selbst bei der strengsten Jahreszeit, in
einem Stall, oder bat ihre Nachbarn, ihr zu erlauben, auf einem Stuhl den nächsten Morgen zu erwarten.

Joly's Mutter, Maria Chabenat, war ihres
bösen Karakters wegen bekannt. Gewöhnlich half sie
ihrem Sohn, die Schwiegertochter mißhandeln. Sie
war unaufhörlich bemühet, Haß und Zorn zwischen
den Gatten zu nähren, und ergoß sich öffentlich in
den abscheulichsten Beschuldigungen gegen die unglückliche Frau.

Joly hatte mehrmals geäussert, daß er nur nach
dem Tode seiner Frau glücklich sein könne. Er hatte
selbst seine Wünsche in dieser Hinsicht einer Frau
mitgetheilt, um deren Tochter er sich schon früher
beworben, und die er alsdann zur Gattin erhalten zu
können glaubte. Er hatte zu mehrern seiner Verwandten gesagt, „daß er wohl hundert Sous für ein
wenig Arsenik geben würde."

Am Abend des 9. Dezb., als Joly's Frau die ver-
giftete Suppe genoß, weigerte sich ihr Mann, dieselbe mit ihr zu theilen, unter dem Vorwande, daß
er keinen Hunger habe. Ein Kind bezeugte dies.

Bald nachher begab Joly sich zu einem Nachbar, und aß bei demselben mit vielem Appetit, während in seinem Hause das Gift operirte, und seine unglückliche Gattin die ersten Martern, welche es veranlaßte, verspürte.

Maria Chabenat war in beständigem Widerspruch mit sich selbst. · Zuerst behauptete sie, die Suppe, das Zuckerwasser, und andere Speisen und Getränke für ihre· Schwiegertochter selbst bereitet zu haben, später läugnete sie das Alles hartnäckig, und sagte, daß ihr Sohn allein seine Frau gepflegt.

Dieser hatte die Nacht, während welcher seine Gattin verschied, bei einem Nachbar zugebracht, und ganz ruhig geschlafen. Am Morgen kam er schluchzend wieder zu demselben, und benachrichtigte ihn von dem traurigen Ereignisse. Sodann traf er ganz ruhig alle Anstalten zur Beerdigung.

Als die Obrigkeit diese verhinderte, und der Arzt erschien, um den Leichnam zu untersuchen, richtete Joly mehrmals die Frage an ihn: „Wird man uns diesen plötzlichen Todesfall nicht zur Last legen?" Mutter und Sohn waren bei der Sezirung gegenwärtig, und als das Gift in dem Magen der Verstorbenen entdeckt wurde, rief ihre Schwiegermutter: „Man kann nachsuchen bei uns, man wird kein Rattengift finden."

Joly entfernte sich. Ein Gendarme wurde ihm nachgeschickt, um ihn zu verhaften. Kaum erblickte er denselben, so entfloh er aus allen Kräften, und diese Flucht zeugte gegen ihn.

Vor Gericht schien Joly sehr unruhig. Er neigte sich oft gegen seinen Vertheidiger, und ließ seine Au-

gen unstät über die zahlreiche Versammlung umher-
irren. Sein Prozeß wurde vor dem Kriminalgericht
zu Châteauroux, im Indre-Departement, verhandelt.
Seine beinahe siebenzigjährige Mutter murmelte einige
unverständliche Phrasen. Man vermuthete, daß sie
Gebete thersage. Ihr Gesicht ist hart aber ausdrucks-
voll; ihr Aug noch sehr lebhaft.

Der Magen der Verstorbenen befand sich in einem
Gefäße voll Weingeist auf dem Bureau.

Nach der Vorlesung der Anklageakte ließ der Präsident die Mutter abtreten, und befragte den Sohn
über die Vergiftung seiner Frau. Dieser beantwortete alle an ihn gerichtete Fragen mit den Worten:
„Ich habe das Unheil nicht angestellt. "

Nachdem Joly auf Begehren des Präsidenten sich
entfernt hatte, wurde seine Mutter vorgerufen. Sie
erklärte auf die meisten Fragen, „daß sie unschuldig
sei, daß sie nichts Uebles gethan, und daß sie die
franche Marguerite (offene Wahrheit) sage. "

Joly und seine Mutter Maria Chabenat wurden
durch das einfache Stimmenmehr der Geschwornen
für schuldig erklärt. Das Gericht stimmte in Hinsicht der Mutter der Minderheit bei. Demzufolge
wurde sie freigesprochen. In Hinsicht auf den Sohn
erklärte es sich einstimmig für die Mehrheit, und dieser wurde zum Tode verurtheilt. Als Joly diesen
Ausspruch vernahm, schrie er: „Ich bin fälschlich
verdammt. Ich glaubte, es gebe eine Gerechtigkeit;
aber es gibt keine. "

Die Verminderung des Gold- und Silber-Ertrags der amerikanischen Minen.

Der Ertrag der Gold- und Silberminen Europa's verminderte sich bedeutend bald nach Entdeckung Amerika's. Die Menge des edeln Metalls, welche schon um diese Zeit im Umlauf war, vermehrte sich nicht viel nach der Eroberung Mexiko's i. J. 1529, und selbst nicht nach der Peru's, im J. 1533. Erst nach Entdeckung der Minen Potosi's, im J. 1545, und deren von Veta Madre de Guanaxuato, im J. 1556, verbreiteten sich die Schätze der neuen Welt in der alten auf eine wirklich bemerkbare Weise.

Diese Wirkung wurde zuerst in England fühlbar durch das plötzliche Steigen verschiedener Kaufmannswaaren. Gegen Mitte des 17. Jahrhunderts war der verhältnißmäßige Werth der edeln Metalle auf das Viertel dessen vor Entdeckung Amerika's gesunken; dagegen hatte der Werth der meisten Verbrauchs-Artikel sich vervierfacht.

Ein gelehrter Reisender schlägt die Schätze, welche zwischen 1546 und 1600 jährlich nach Europa gebracht wurden, auf 11 Millionen Piaster (27 ½ Millionen rhein. Gulden) an, und zwischen 1600 und 1700 jährlich auf 16 Millionen Piaster (40 Millionen rhein. Gl.). Diese Summe vermehrte sich mit jedem Jahre, und stieg zwischen 1700 und 1750 jährlich auf 22 ½ Mill. Piaster (57 Mill. rhein. Gl.). Sie ist seitdem, durch die Entdeckung der Minen von Gualcoya, in Peru, und von Catorce in Mexiko, noch

höher gestiegen, dergestalt, daß man von 1751 bis
1800 die jährliche Gold- und Silber-Einfuhr aus
Amerika in Europa auf 35 Mill. Piaster (97 ½ Mill.
rhein. Gl.) anschlug.

In den ersten zehn Jahren dieses Jahrhunderts
schätzte man den jährlichen Ertrag der Minen, halb-
offiziellen Angaben zufolge, folgendermaßen:

Mexiko . . .	23,000,000 Piaster	(58 ½ Mill. rh. Gl.)
Peru	6,240,000 ,	(15,600,000 ,)
Buenos-Ayres	4,850,000 ,	(12,125,000 ,)
Chili	2,060,000 ,	(5,150,000 ,)
Neu-Granada	2,990,000 ,	(7,475,000 ,)
Brasilien . . .	4,360,000 ,	(10,900,000 ,)
Im Ganzen:	43,500,000 ,	(109,750,000 ,)

Während dieser Zeit wurden jährlich in Mexiko
nicht weniger als 22,564,722 Piaster (56,411,805 rh.
Gl.) gemünzt. Der Gesammtertrag der mexikanischen
Minen belief sich 1810 auf 27 Mill. Piaster (67 ½
Mill. rh. Gl.), und der aller Minen der neuen Welt
auf 47 Mill. (117 ½ Mill. rh. Gl.)

Seit dem Ausbruche der Insurrektion in dem spanischen Amerika ist die Ausbeutung der Minen sehr
vernachläßigt worden. Den Angaben Wards zufolge,
lieferten die sechs Provinzialmünzen Mexiko's von
1811 bis 1826 eine Totalsumme von 168,297,400
Piaster, und in den Jahren 1827 und 1828, 11,702,600
Im Ganzen in achtzehn Jahren: 180,000,000
also im Durchschnitt 10 Millionen Piaster (25 Mill.
rhein. Gl.) jährlich.

Dazu kommt noch eine Million Piaster, welche
nicht einregistrirt worden, so daß der Gesammt-Er-
trag der mexikanischen Minen während dieser Zeit

sich auf 11 Millionen Piaster (27 ½ Millionen rhein. Gl.) beläuft.

Nach dem Anschlage Jakobs war während derselben Epoche der jährliche Ertrag aller übrigen Minen Amerika's folgender:

Peru . . . . 2,000,000 Piaster (5,000,000 rh. Gl.)
Buenos-Ayres 1,500,000   "   (3,750,000   "   )
Chili 800,000   "   (2,000,000 .   "   )
Neu-Granada 2,000,000   "   (5,000,000   "   )
Brasilien . . 1,736,000   "   (4,340,000   "   )
Im Ganzen: 8,036,000   "   (20,090 000.   "   )

Bürgerkriege und die Ausfüllung der Minen durch Wasser, haben zu dieser Verminderung das meiste beigetragen. Zu La Paz und Potosi wurde 1811 keine einzige der dortigen Minen ausgebeutet, und die Bevölkerung dieser letztern Stadt, welche vor der Insurrektion sich auf 130,000 Seelen belief, war 1826 bis auf 9000 gesunken.

Aehnliche Ursachen haben auch ähnliche Resultate in Chili veranlaßt. Nur in Neu-Granada hat sich der Ertrag wieder gehoben. Er erreichte 1822 die Summe von 1,270,000 Piastern. In Brasilien dagegen hat er sich sehr vermindert, und überstieg in 19 Jahren jährlich im Durchschnitt nicht 1,240,000 Piaster.

Der Werth des jährlichen Gold- und Silber-Ertrags in Europa und in Nordasien belief sich zu Anfang dieses Jahrhunderts auf ungefähr 4 Millionen Piaster (10 Mill. rh. Gl.). Mit Ausnahme einer Vermehrung von 6000 Mark Silber in den Minen des sächsischen Erzgebirges, hat, seit 1810, nur der Ertrag der russischen Minen bedeutend zugenommen.

Bis zu diesem Jahre gewann man im Ural jährlich
20 Pud Gold, von 1818 bis 1823 jährlich 50 Pud,
und von 1824 bis 1829 jährlich über 250 Pud. Der
Gesammtbetrag aller russischen Minen belief sich von
1704 bis 1829 auf 1726½ Pud Gold, und 61,000 Pud
Silber. Er stieg in dem Jahre 1828 auf 318 Pud
Gold und 1093 Pud Silber. Der Gesammtwerth des
Gold- und Silberertrags der russischen Minen mag
sich jetzt jährlich auf 5 Millionen Piaster (12 ½ Mill.
rh. Gl.) belaufen, folglich auf ein Drittel des Ertrags der amerikanischen Minen, was um so bedeutender ist, da Rußland ausschließlich diesen Vortheil
gewinnt.

Crawford schätzt, daß Borneo, Sumatra und der
Ueberrest des orientalischen Archipels jährlich ungefähr
2,980,000 Piaster (7,450,000 rh. Gl.) Gold geben,
so wie Senegambien, Guinea und überhaupt die
Küste Afrika's 1 Million Piaster (2 ½ Mill. rh. Gl.).
Es gibt keine zuverlässige Angabe in dieser Hinsicht
über das Innere Afrika's, über Zentral-Asien, Ton-
kin, China und Japan. —

Oberflächlich kann man die Gesammtmasse des jährlichen Gold- und Silber-Ertrags auf der ganzen Erde
folgendergestalt anschlagen:

	Vor 1810.	Seit 1810.
Europa und Nordasien	4,000,000 Piast.	5,000,000
Oestlicher Archipel	2,980,000	2,980,000
Afrika	1,000,000	1,000,000
Amerika	47,000,000	15,000,000
Im Ganzen:	54,980,000	23,980,000

Die jährliche Verminderung beläuft sich also seit
1810 auf 31 Millionen Piaster (77 ½ Mill. rh. Gl.),

oder im Ganzen, während den letzten 19 Jahren, auf
die ungeheure Summe von 589 Millionen Piaster
(1472 ½ Mill. rhein. Gl.).

Selbst wenn die Bedürfnisse, stationär geblieben
wären, hätte eine so beträchtliche Verminderung den
verhältnißmäßigen Werth der edeln Metalle in einem
noch stärkern Grade anregen müssen, als irgend eine
der Begebenheiten, welche auf die Entdeckung der
neuen Welt gefolgt sind. Aber die rasche Zunahme
während dieser Periode der beiden großen Verschlin-
ger der edeln Metalle, des Luxus und des Handels,
ist nicht minder beachtungswerth, als die Verminderung des Ertrags der Minen.

Ein Blick auf die Aus- und Einfuhr der verschiedenen Völker der zivilisirten Welt, während den letzten
zwanzig Jahren, kann uns von der ausserordentlichen
Zunahme überzeugen, die in der Handelsthätigkeit
von Nation zu Nation Statt gefunden, so wie in
den schweigenden Fortschritten des innern Handels,
die, obgleich weniger auffallend, dennoch nicht minder reell sind.

Vergleicht man die Masse der jetzt im Umlauf befindlichen Waaren mit der jener vor zwanzig Jahren,
und den Eifer, mit welchem der Handel und die
Künste der Zivilisation übereinstimmend darauf hinstreben, neue Märkte zu gewinnen, so wird man sich
leicht überzeugen, daß es einer Vermehrung von zehn
Prozent wenigstens in der Menge des gemünzten Geldes bedurfte.

Der gelehrte Oekonomist Storch schätzte im J.
1815 die Summe dieses letztern in Europa auf 1320
Millionen Piaster (3300 Millionen rhein. Gulden).

Es ist sehr wahrscheinlich, daß sie jetzt bis auf 1600 Millionen Piaster (4000 Millonen rhein. Gl.) steigt. Europa's Bevölkerung belief sich im ersten Jahre auf 190 Millionen Seelen, und jetzt auf 210 Millionen. Bemerkt zu werden verdient noch, daß während dieser ganzen Zeit ungeheure Summen von Indien verschlungen worden sind.

Aber die eben angedeuteten Ursachen sind nur die gewöhnlichen und so zu sagen die natürlichen Ursachen des immer größern Bedürfnisses der edeln Metalle. Eine ausserordentliche und plötzliche Ursache hat seit 1815 dies Bedürfniß in einem noch größern Maße vermehrt. Diese Ursache besteht in dem Bedürfnisse von Metallgeld, welches die Regierungen haben, um das von ihnen ausgegebene Papier zurückzukaufen. Eine solche Operation hat gewissermaßen gleichzeitig in England, Oesterreich, Rußland, Schweden und Norwegen, Dänemark und den vereinigten Staaten Nordamerika's sich ereignet. Sie hat nicht weniger als 325 Millionen Piaster (812½ Millionen rhein. Gulden) erfordert; nämlich Großbritannien 125 Millionen, Oesterreich 150 Millionen, Rußland 35 Millionen, Dänemark 10 Millionen, Schweden und Norwegen 5 Millionen. Man kennt nicht genau die Summe, welche in diesem Betrachte in den vereinigten Staaten erforderlich gewesen.

Die Zunahme des Gold- und Silber-Verbrauchs zur Verfertigung des Geschirrs, der Uhren u. f. w. ist ebenfalls sehr beträchtlich gewesen. Ein französischer Oekonomist schätzte im J 1819 den Verbrauch in dieser Hinsicht, in Frankreich allein, auf 30 Millionen Franken. Nach Humboldt würde er viermal mehr für ganz Europa betragen. Nur allein zu Paris wird, den statistischen Nachforschungen Chabrols zufolge, jährlich für 14,553,000 Franken Gold und Silber verbraucht. Es werden jährlich mehr als 400,000 goldene Uhren in Frankreich verfertigt, und zu Genf über 50,000. Der jährliche Goldverbrauch in England kann auf nicht weniger als 24 Millionen Piaster (60 Millionen rhein. Gulden) angeschlagen werden. Er mag sich zu Genf, Augsburg, Berlin, Leipzig, Wien, Padua u. s. w. auf wenigstens 11 Millionen Piaster (27½ Millionen rhein. Gl.) belaufen.

Suchen wir jetzt zu bestimmen, in welchem Verhältnisse das Bedürfniß und die Lieferung der edeln Metalle in den letzten zwanzig Jahren gestanden. Wir haben gesehen, daß während dieser Zeit die mittlere jährliche Lieferung 23,980,000 Piaster gewesen, was für neunzehn Jahre eine Summe von 454,620,000 Piaster (1,136,550,000 rhein. Gl.) gibt. Das Bedürfniß kann folgendermaßen angeschlagen werden:

Nimmt man an, daß das im Umlauf befindliche Geld auf die Summe von 3000 Millionen Piaster (7500 Millionen rhein. Gl.) steigt, und schätzt man den jährlichen Verlust davon, durch den Wucher, durch Einschmelzungen, Schiffbrüche und andere Ursachen, auf Zwei vom Tausend, so ergibt sich für die neunzehn Jahre ein Gesammtverlust von 114 Millionen Piaster (285 Millionen rhein. Gulden).

Schätzen wir die absolute Masse des gemünzten Geldes, welches seit 1810 notwendig geworden, auf sechs Prozent der bereits vorhandenen Masse, so macht das eine Summe von 180 Mill. Piaster (450 Mill. rhein. Gulden).

Die im Umlauf veranlaßte Lücke, durch die Zurück-
ziehung des Papiergeldes seit 1815, muß ausgefüllt
werden durch eine Summe von 300 Millionen Piaster
(750 Mill. rhein. Gulden).

Der jährliche Verbrauch der edeln Metalle in den
Manufakturen und Werkstätten kann auf nicht weniger als 30 Millionen Piaster geschätzt werden, was
für neunzehn Jahre 570 Mill. Piaster (1425 Mill.
rhein. Gl.) gibt.

Folglich hat das Bedürfniß seit 1810 betragen:

$$1164 \text{ Mill. P. } (2910 \text{ Mill. rh. Gl.})$$

und der Minenertrag 454,020,000 (1136,550,000)

Also Defizit : 709,380,000 (1773,450,000)

Hätte dagegen keine Verminderung in dem Ertrag
der amerikanischen Minen Statt gefunden, würde sich
ihre Lieferung in den letzten neunzehn Jahren auf
1,053,620,000 Piaster (2,634,050,000 rhein. Gl.) belaufen, und das Bedürfniß vollkommen befriedigt haben, seiner ausserordentlichen Zunahme und der Zurück-
ziehung des Papiergeldes ungeachtet.

Stellen wir noch einige Betrachtungen auf.

Der vor 1492 existirende Gold- und Silberwerth
überstieg nicht 2000 Mill. Piaster (5000 Mill. rh. Gl.)

Dazu kamen seitdem:

1) Der Ertrag der amerikanischen Minen,

von 1492 bis 1803 . , . 5766 Mill. Piaster;

von 1804 bis 1810 . . . 329   „   „

von 1811 bis 1829 . . . 435   „   „

2) Der Ertrag der europäischen und
nordasiatischen Minen von 1492
bis 1825 628   „   „

großen Grundsätze des politischen Rechts bedürfe, welche die Basis der Staaten, wie den Wohlstand der Völker sichern. Es hatte zugleich auch die große Wahrheit erkannt, „daß die gesetzgebende Macht immer reiner ist, je näher sie sich ihrer Quelle befindet." Und diese Quelle ist das Volk. Es hatte erkannt, daß Unterdrückung der Nation ihr ihre ursprünglichen Rechte, die der Selbsterhaltung, wiedergibt; daß der Vertrag zwischen ihr und dem Monarchen gegenseitige Verpflichtungen und „Rechte" enthält; daß die Uebertretung oder Verletzung dieses Vertrags, von Seite des Fürsten, die Nation aller ihrer Pflichten entbindet, und ihr die Rechte der Souverainität wiedergibt.

Vor 1789 wurden alle diese Grundsätze als Majestätsverbrechen betrachtet. Man verfolgte, verbannte, ermordete die Menschen, welche sie verkündeten. Man wollte ein stummes, dummes Volk, gleich einer Heerde Schöpfe, das man zur Frohn oder Schlachtbank führen, oder an fremde Würger und Seelenkäufer öffentlich versteigern könnte. Das war der Zustand der Gesellschaft vor der Revolution von 1789.

So scheußlicher Knechtschaft endlich müde, erhob sich Frankreich, zuerst ziemlich gelassen, dann schäumend vor Wuth, als man von Innen und Außen ihm neue Fesseln anlegen wollte. Es zersprengte sie, und die Bruchstücke flogen von einem Ende Europa's zum andern.

Gegenwärtig sind die Umstände nicht ganz dieselben. Die jesuitische Folter, in welche die letzte Regierung Frankreich gespannt, war nicht von Eisen, sondern von Thon. Ein Faustschlag war genügend, sie in Stücke zu sprengen. Frankreich hatte keine Feudalität mehr zu bekämpfen, keine tief gewurzelte, einflußreiche Geistlichkeit, keine eiserne Anhänglichkeit an alte Sitten und Gebräuche.

Der römische Katholizismus hat sich in den letzten Jahren, mit Hilfe der Jesuiten, selbst untergraben. Der Katholizismus, zu welchem, nach der Erklärung der Deputirtenkammer, sich äußerlich noch die Mehrheit der Franzosen bekannte, ist einer nahen Umgestaltung nahe.

Die Feinde der Ruhe Frankreichs sind, wie wir bereits vor einigen Monaten gesagt (man sehe zweiter Theil, Seite 184 u. f. des laufenden Jahrgangs dieses Werkes), nur etwa 30,000 Jesuiten und etwa 30,000 Höflinge und Höflingslakeien, von denen (wie wir sehr genau vorausgesagt) in der Stunde der Gefahr mehr als zwei Drittel die Fahne des Unsinns verlassen haben, um zu der der Vernunft zu schwören. *) Und in der That, was waren die kleinlichen Umtriebe dieser Verworfenen gegen das entscheidende V e t o der ganzen Nation? —

Die Freiheit öffnet allen menschlichen Reizungen und Leidenschaften einen weiten Tummelplatz. Sie stählt die Kraft, sie lenkt den Willen, sie erweckt den rühmlichen Ehrgeiz. Große Revolutionen fordern große Menschen. Aber um sie zu erzeugen, muß der Urquell r e i n sein, aus dem sie entsprungen.

---

*) Man denke nur an den Schwur Beirpers, Amy's, Lazardière's und all der andern Menschen dieses Gelichters, welche die eifrigsten Vertheidiger des Absolutismus und Ultramontanismus waren.

Und die Revolution von 1789 war nicht rein. Sie
besudelte den Born, der sie erzeugte hatte. Leidenschaft verdrängte die Vernunft, Mord trat an die
Stelle der Gerechtigkeit, Sklaverei beendete das Werk
der Abscheulichkeit. Sie erzeugte Menschen, wie Marat, Robespierre, Cadoudal, Dumouriez, Pichegru,
Bonaparte, Polignac, alle mehr oder weniger des
Fluches der Menschheit würdig, weil sie ihre Tirannen, ihre Henker waren. Lafayette gehört ihr nicht;
er ist der Sohn der amerikanischen Revolution. Ludwigs XVI blutiges Haupt rollte über die Szene, und
die Welt erbebte.....

Welche Verschiedenheit jetzt! Ein Fürst, nicht
mehr oder minder schuldlos als sein unglücklicher
Bruder, bricht seinen Schwur, verletzt sein feierliches
Versprechen, tritt das Grundgesetz des Staats mit
Füßen, und entsagt somit allen Rechten, die er auf
die Souverainität des Landes hat. Die Nation erkennt das, und einstimmig versichert sie sich ihres
Rechtes der Souverainität wieder, die sie auf ein
anderes Haupt überträgt.

Und das Alles wird ohne gewaltsame Bewegung,
ohne Zwist, ohne Kabale, ohne Blutvergießen vollbracht. Denn das Blut, welches der Despot bei
Uebertretung der Gesetze vergossen, lastet nicht auf
dem Gewissen der Nation.

Und diese letztere, wie groß, wie edel, wie ver-
nünftig zeigt sie sich! Weit entfernt, die Hand anzulegen an den meineidigen Monarchen, ihm Rechenschaft abzufordern für das vergossene Blut und für
die vergeudeten Millionen, begnügt sie sich, ihn aus

ihrer Mitte zu entfernen, damit das Entſetzen ſeiner
Gegenwart nicht den Zorn der Familien der gemor-
deten Opfer aufrege, und ſie zu unbedachter Rache
reize. Mit Schätzen begabt verläßt er einen Boden,
den er zum Heile Frankreichs und ſeiner Seele nie
hätte betreten ſollen.

Durch einen Wald von Mißbräuchen, Vorurtheilen
und Hinderniſſen jeder Art iſt die Freiheit in Frankreich langſam fortgeſchritten. Wie das Leben der or-
ganiſchen Weſen nach der Dauer ihrer Entwickelung
beſtimmt iſt, ſo auch das der Freiheit nach der An-
ſtrengung, welche die Völker zu ihrer Erlangung aufgeboten.

Ein lange unterdrücktes Volk, das ſeine Feſſeln
bricht, iſt wie ein brüllender Löwe. Es vernimmt
nur das Geſchrei der Rache, der Verzweiflung. Sein
erſtes Streben zielt dahin, die Tirannei zu vernichten. In ſeiner Wuth überſteigt es alle Schranken,
ſchlägt nach allen Seiten, und kennt lange weder Geſetze, noch Gnade, noch Gerechtigkeit. Aber endlich
bei kaltem Blute erkennt es ſeine Verirrungen, be-
reut ſeine Heftigkeit, und hat fernerhin keinen ſehn-
lichern Wunſch, als den nach Ordnung, Ruhe und
Geſetzmäßigkeit.

Dies konvulſiviſche Aufſprudeln, dieſe augenblickliche
Rache des Unterdrückten gegen den Unterdrücker, liegt
in der Natur der Dinge. Es iſt eine Fatalität, von
von welcher keine Revolution ganz verſchont bleibt.
Darum auch ſind wir keine Freunde derſelben, darum
auch haben wir ſo oft gegen jeden gewaltſamen Um-
ſturz geſprochen, der blutige Rückwirkungen nach ſich
ziehen kann.

Wir haben diesen Umsturz in Frankreich vorausgesehen, gewissermaßen prophezeihet. Man hat sich begnügt, bei unsern Raisonnements verächtlich die Achseln zu zucken; sie als die Träumereien einer benebelten Einbildungskraft zu bespötteln. Aber die neuesten Ereignisse haben bewiesen, daß wir uns keinesweges geirrt.

Und selbst jetzt, wollte man glauben, daß in Frankreich Alles beendet sei, würde man sich sehr irren. Noch gährt der alte Sauerteig, noch ist die Aristokratie und Kongregation nicht gänzlich gelähmt. Sie äussert sich mit mehr oder weniger Heftigkeit auf verschiedenen Punkten, und es ist vorauszusehen, daß sie nicht eher verschwinden wird, als bis die Unverbesserlichen ausser Landes gesandt werden.

Im Geheimen zu reizen, aufzuwiegeln, Verschwörungen anzuzetteln, das ist jetzt die Aufgabe des Jesuitismus in Frankreich. Zur Erlangung seines Zweckes ist ihm jedes Mittel willkommen. Bald zeigt er sich liberaler, als die freisinnigsten Organe der alten Opposition, bald schreit er über Unterdrückung und Verletzung der Gesetze. Aber die öffentliche Vernunft ist zu reif, um durch solche Kunstgriffe irregeleitet werden zu können. Sie verachtet sie, und bemitleidet die Menschen, welche keine andere Lebensaufgabe haben, als Zwietracht und Unordnung zu nähren.

Die Menschheit hat alle Wohlthaten, welche die Freiheit im Laufe der Jahrhunderte ihr zugesichert, theuer bezahlt. Sie hat oft ihr Herzblut vergossen, um sie sich zu erwerben. Wie könnte sie ohne Bedauern, ohne Widerstand ein so hohes Gut sich rauben lassen?

Aber einmal festgewurzelt, bedarf der Baum der Freiheit des Blutregens nicht mehr. Durch verborgene Kanäle zieht er aus dem Gemüthe, dem Karakter des Volks seine Säfte, seine Stärke. Unter seinem majestätischen Schatten thront das Gesetz auf den starken Grundpfeilern der Ordnung und Ruhe, der öffentlichen Weisheit und Tugend. In der unbedingten Unterwerfung gegen das Gesetz findet die Nation ihre Stärke, ihr Glück.

Die Revolution von 1789 war ohne alle Gewissenhaftigkeit. Sie baute Kerker und Schaffotte, schlug Frankreich mit dem Schweigen des Todes, bedrohete jede Existenz, und benahm sich in allem wie ein Rasender, der seinen Ketten und dem Tollhause entsprungen.

Der Wahnsinn der Urheber dieser Revolutions-Exzesse gebar die traurigsten Verirrungen des menschlichen Geistes, deren je die Geschichte gedacht. Ein System der Insubordination und Lizenz, bei dessen Andenken uns ein Schauder überfällt, verunstaltete alle Entwürfe, alle Rathschläge der Vernunft. Man sprach unaufhörlich von den Rechten des Volks, aber man vergaß seine Pflichten; und das Volk, gleich einem wüthenden Ungeheuer, verschlang seine eigenen Kinder. Es trat alle Gesetze, alles Recht mit Füßen, und stürzte, durch sein Begehen, sich selbst in den Abgrund des Verderbens.

In der neuen Zeit verfuhr Karl X wie früher das Volk, und wir wissen, welches das Ende seines Unternehmens gewesen. Die Nemesis verfolgt unbarmherzig alle Diejenigen, welche der Vernunft und dem

allgemeinen Menschenrechte Hohn bieten. — Die Verschiedenheit der Meinungen, ihr Aneinanderreiben
und Bekämpfen, erzeugt Aufklärung, Licht. Feste
Grundsätze keimen, bilden sich. Die vervollkommnete
Vernunft, der forschende Geist, schaffen Plane, erheben das Staatsgebäude, befestigen, schirmen es. Die
Nebel, welche den politischen Horizont umlagerten,
verschwinden. Die Sonne der Wahrheit leuchtet. Sie
belebt, sie verschönert das erneuerte Dasein, und die
Wunderperiode des Genies beginnt.

Nach dem ersten Rausche, in welche die Freiheit
alle Nationen versenkt, welche sie noch nicht gekannt,
gestehen die Individuen ihre Irrthümer, ihre Schwächen. Sie begreifen und fühlen, daß nur kompakte
Stärke von Dauer sein kann, während die zersplit-
terte Kraft nutzlos und unmächtig bleiben muß. Darum
auch verzichten sie auf Systeme, die anfänglich ihrem
Stolz, ihrem Ehrgeiz schmeichelten. Sie verwerfen
die abstrakten Theorien, die den Geist irreleiten. Sie
überzeugen sich, daß eine Konstitution die Wage aller
Gewalten sein muß, und daß nur auf solche Weise
eine Regierung zugleich stark sein kann und frei.

Die französische Nation begriff, daß, um frei und
glücklich zu sein, man vor Allem den Gesetzen gehorchen, die Obrigkeit achten, die Leidenschaften zügeln,
die Personen und das Eigenthum vertheidigen müsse.
Diese glückliche Umgestaltung war das Werk eines
großen Bürgers, Lafayette's. Die Quellen der
Zwietracht wurden verstopft. Eintracht, Ordnung,
Ruhe verdrängten das Entsetzen der Faktionen und
die Verbrechen der Anarchie. Der von schrecklichen

Zuckungen lange Zeit aufgeregte gesellschaftliche Körper gewann wieder seine alte Kraft, und ein neues Leben durchströmte seine Adern.

Der Anblick der französischen Regierung war nach dieser Katastrophe wirklich erhaben und interessant. Sie zertrat der Schlange des Bürgerkrieges den giftigen Kopf; sie streckte ihre Hand aus, und Vertrauen und Eintracht blüheten empor. Die Gesetzgebung trat in Uebereinstimmung mit der Gerechtigkeit, mit der Vernunft. Eine glühende Vaterlandsliebe erzeugte die schönsten kriegerischen und bürgerlichen Tugenden. Die französische Nation war auf dem Wege, die erste der Erde zu werden.

Da erschien ein Mann, mit ausserordentlichen Geisteskräften und Talenten begabt. Bonaparte stellte sich an die Spitze des französischen Volks. Aber von seiner eigenen Größe geblendet, von Schmeichlern und böswilligen Menschen irregeleitet, verkannte er seinen Beruf. Statt den Gang der Entwickelung des menschlichen Geistes zu beschleunigen, hemmte er ihn. Statt seinen Namen zu dem Kometen einer neuen Aera zu machen, entwürdigte er ihn durch abgenutzte Titel, und umringte sich mit allem dem Plunder, den sein hoher Geist, als die Apanage der Erbärmlichkeit, nie hätte beachten sollen. — So sank Frankreich wieder, durch den Irrthum eines Mannes, von dem hohen Standpunkte, zu welchem es die Freiheit erhoben.

Und eben dieser Irrthum stürzte den Riesen, gerade in einem Augenblicke, wo er solch ein Resultat seines Strebens am wenigsten befürchten zu müssen glaubte. Kaiser und König, Herr einer großen Nation, Gebieter einer tapfern Armee, Schwiegersohn

eines Kaisers`....wie viele Titel zur Erfüllung sei-
ner Macht! Und wozu nutzten sie ihm in der Entschei-
dung-stunde? Zu nichts. Das Alles wurde zerbrochen wie ein hohler Scherben, und die entthronte Majestät, der man, wie zum Spott, den Kaisertitel ließ,
wurde auf Elba verbant.

· Frankreich sah die Bourbonen wieder. Sie erschienen, mit der Charte in der Hand, die Rechte
der Nation anerkennend und ihre Achtung beschwö-
rend; Vergessenheit, Frieden, Ordnung, Gesetzmäßigkeit gelobend. Frankreich hätte vielleicht ein wenig
mehr Freiheit gewünscht; doch zeigte es sich beschwichtigt, und schwieg.

Kaum aber hatte die Emigration festen Fuß gefaßt,
so machte sie die Kathegorie ihrer Anmaßungen, Be-
drückungen und Verfolgungen geltend. Sie verletzte,
sie beleidigte die Nation auf alle nur denkbare Weise,
in Allem was ihr das Liebste und Heiligste war.

Ein Windstoß warf Napoleon, mit einer Handvoll
Soldaten, wieder auf Frankreichs Küste. Er flog
nach Paris. In vierzehn Tagen hatte sich ganz
Frankreich für ihn erklärt. Nicht eine Stimme re-
klamirte die Bourbonen. Sie flohen in die feindlichen Lager.

Dieser vulkanische Stoß hätte die unglückliche Familie' belehren sollen, daß die französische Nation ihrer
Gegenwart müde sei; daß keine Sympathie mehr bestehen könne zwischen so durchaus entgegengesetzten
Elementen. Sie hätten sich freiwillig verbannen,
freiwillig auf ihre Ansprüche verzichten sollen, um sich
und Frankreich Jammer, Reue und Elend zu ersparen.

· Aber die Sucht zu regieren, der Wunsch selbst,

sich zu rächen, ließ sie andere Entschlüsse fassen, die
früh oder spät zu ihrem Verderben gereichen mußten.
Mit Hilfe der fremden Armeen wurden sie abermals
Frankreich aufgedrungen. Der Schrei des Abscheues,
das Murren der Mißbilligung mußte in Gegenwart
von dreihunderttausend Bayonetten verstummen.

Von diesem Augenblicke an wurde das System der
Rückwirkung in Ausführung gestellt. Der Grundstein
zu einem spätern Eidbruch, zu treulosen Gewaltmaßregeln, wurde durch eine theilweise Modifikation der
Charte gelegt. Die blutigen Kathegorien Labourdon-
naye's wurden zuerst in Rede gestellt. Das erste und
heiligste Versprechen, die allgemeine Amnestie, wurde
gebrochen. Ney, Labedoyère, Mouton-Duvernet,
Berton wurden gerichtlich gemordet. Brune wurde
von besoldeten Fanatikern zerrissen, Andere, behauptet
man, starben durch Gift.

„Und wer weiß, fügen die Widersacher der Bourbonen hinzu, welche Hand die Aqua tophana bereitet, durch welche Napoleon auf St. Helena, in der
Kraft und Fülle seines Lebens, hinweggerafft wurde?
Erschien sein Kerkermeister Hudson Lowe nicht bald
nachher, um seinen Lohn zu fordern?"

Solche Maßregeln, solche Mißgriffe mußten nothwendigerweise einen tiefen Eindruck machen auf die
Nation. Sie schwieg und trauerte; aber sie vergaß
nichts. Alle Anneigung verschwand bei dem Gedanken an die Herabwürdigung, welche man mit Hilfe
der Jesuiten, der Mönchs- und Nonnenklöster, der
Mirakel, mit einem Worte, aller Abgeschmacktheiten
des Romanismus, Frankreich zuführte.

IX. 1830. 4

Die Nation sah alle ihre Rechte, alle Garantien
der Ordnung, der Ruhe, der Gesetze durch wahnsinnige Minister, die gehorsamen Vollstrecker der Launen und traurigen Pläne eines schwachen Monarchen,
bedrohet, der, (so behauptet man allgemein) sich dem
Institut Loyola's hingegeben habe, und so das Wohl
und Wehe, die Ehre und das Leben von 33 Millionen
Menschen den absoluten Verfügungen desselben überantwortete.

Ein solcher Zustand der Dinge konnte nicht von
Dauer sein; er mußte auf die eine oder die andere
Weise ein Ende erreichen. Entweder die Nation
oder die Dynastie mußte untergehen. Es war ein
Kampf auf Leben und Tod zwischen zwei aufs Aeuf-
ferste gereizten Elementen.

Die Explosion fand statt. Die Ordonnanzen vom
25. Juli d. J. erschienen. Die materielle Gewalt
hielt sich bereit, sie zu unterstützen. Aber da erbebte
der Boden Frankreichs. Schon zuckte das unterir-
dische Feuer von einem Ende des Landes zum andern,
und drohte einen allgemeinen Umsturz, als es plötzlich
in der Hauptstadt ausbrach.

Wir kennen die Folgen. Zwölf Tage waren genügend, den Thron der Bourbonen zu vernichten,
die Freiheit und die Rechte der Nation zu sichern,
und die konstitutionelle Krone Frankreichs auf Ludwig Philipps I Haupt überzutragen.

Das Ministerium Ludwig Philipps I, Königs der Franzosen.

Broglie.

Achill-Karl Leonce Viktor Herzog von Broglie, Pair von Frankreich, Sohn des Fürsten Viktor von Broglie, Mitgliedes der konstituirenden Versammlung, wurde 1785 geboren. Er ist jetzt 45 Jahre alt. Durch seine Ernennung zum Minister des Kultus und des öffentlichen Unterrichts, so wie zum Präsidenten des Ministerraths, ist er vorzüglich mit der Redigirung der den Kammern vorzulegenden Gesetz-Entwürfe beauftragt. Sein Scharfsinn, seine Umsicht, so wie seine reife Erfahrung machen ihn zu einem so wichtigen Posten vollkommen geeignet.

Er war kaum neun Jahre alt, als ihm sein Vater, verurtheilt durch das Revolutions-Tribunal, entrissen wurde. Bald nachher sollte er auch seine Mutter (eine geborne von Rosen) auf dieselbe Weise verlieren. Sie entfloh jedoch aus den Gefängnissen zu Vesoul, und gelangte nach der Schweiz, von wo sie, nach dem 9. Thermidor, wieder nach Frankreich zurückkehrte.

Der junge Broglie erhielt seinen Unterricht in den seitdem abgeschafften Zentralschulen, aus denen mehrere ausgezeichnete Männer hervorgegangen sind. Er wurde 1809 zum Auditeur im Staatsrath ernannt, und hatte sodann mehrere Missionen bei den französischen Armeen in Illyrien und Spanien. 1812 befand er sich im Personale der Gesandtschaft zu Warschau. Von dort wurde er zu dem französischen

Gesandten Narbonne nach Wien geschickt, und begleitete ihn zum Kongreß nach Prag.

Nach der Restauration Ludwigs XVIII wurde er
zum Pair ernannt, sonst aber wenig beachtet, weil
seine politischen Ansichten mit denen der neuen Regierung keineswegs in Uebereinstimmung standen. Er
nahm an den Begebenheiten der hundert Tage (der
Rückkehr Bonaparte's von Elba) keinen Antheil. Dagegen sprach er sich immer mit Wärme gegen die verhängnißvollen Mißgriffe und Anmaßungen der Regierung Ludwigs XVIII und Kar.'s X aus. Er wurde
als eines der einflußreichsten und talentvollsten Häupter der freisinnigen Opposition in der Pairskammer
betrachtet. Bei den neuesten Ereignissen zeigte er sich
als ein eifriger Beförderer der Gerechtigkeit, der
öffentlichen Ordnung und Vernunft. Seine Ernennung zum Präsidenten des Ministerraths verbürgt den
Geist, von dem dieser beseelt sein wird.

Die Gemahlin des Herzogs von Broglie ist eine
Tochter der berühmten Schriftstellerin, Frau von
Stael, und eine Enkelin Neckers.

Dupont.

Jakob Karl Dupont (zubenannt de l'Eure), wurde
zu Neuburg, im Eure-Departement, den 27. Februar
1767 geboren. Dieser durch seine unwandelbaren
Grundsätze und durch sein edles Betragen ausgezeichnete Mann ist jetzt 64 Jahre alt.

Zu Anfang der Revolution, im J. 1789, wurde
er als Advokat am Parlament der Normandie aufgenommen. Er hat seitdem seinem Vaterlande ununterbrochen wichtige Dienste geleistet. An seinem 25.

Geburtstage wurde er zum Maire seiner Gemeinde ernannt. Bald nachher wurde ihm die Administration des Distrikts von Louviers anvertraut, er wurde sodann Substitut bei dem Zivilgericht des Eure-Departements, und im Jahr VIII Rath bei dem Appellationsgericht zu Rouen.

In allen Aemtern, denen er vorgestanden, erwarb er sich das unbedingte Vertrauen seiner Mitbürger, durch welches er bald nachher zum Präsidenten des Kriminalgerichts von Evreux erhoben wurde. 1811 wurde er nach Rouen versetzt, und blieb Präsident des kaiserlichen und königlichen Gerichtshofes bis zum Dezember 1818, wo er, unter dem Ministerium Pasquiers, ohne Gnadengehalt verabschiedet wurde.

Seine Mitbürger schickten ihn nun in die Deputirtenkammer, wo er zur Opposition gehörte, und die verderblichen Pläne der Regierung mit eben so vieler Würde als Kraft bekämpfte. Seine unbeugsame Rechtschaffenheit, und seine wirklich antike Einfachheit machen ihn des hohen Postens eines Groß-Siegelbewahrers und Justizministers würdig, zu welchem er erhoben worden.

Gérard.

Stephan Moritz Graf Gérard, General-Lieutenant und Kriegsminister, wurde zu Damvilliers, im Maas-Departement, den 4. April 1773 geboren. Er ist gegenwärtig 57 Jahre alt. Als Freiwilliger nahm er Theil an den ersten Kriegen der Revolution, und zeichnete sich durch seine Tapferkeit dergestalt aus, daß er in Kurzem zum Offizier ernannt wurde. Unter Dümouriez stritt er bei Fleurus, wo die Sache

der französischen Freiheit triumphirte. Ueberall zeichnete sich Gérard auf die vortheilhafteste Weise aus.

Zu Anfang des Jahres V war er Hauptmann
und Adjutant Bernadotte's, und folgte seinem General auf allen Feldzügen in Italien und am Rhein.
Die Armeeberichte nannten sehr oft seinen Namen.
Er ging mit Bernadotte nach Wien, war als Oberst
bei Austerlitz, wo er, an der Spitze seines Kavallerie-
Regimentes, schwer verwundet wurde. Noch auf dem
Schlachtfelde wurde er zum Kommandanten der Ehrenlegion ernannt.

Nach dem Frieden von Tilsit machte er als Bri-
gade-General und Chef des Generalstabes den Krieg
von 1809 in Spanien. Während dem österreichischen
Feldzuge entschied er das Treffen von Urfar, bei Linz,
und bei Wagram befehligte er die sächsische Reiterei,
die eines solchen Anführers würdig war. 1810 wurde
er nach Portugal geschickt. In dem russischen Kriege
1812 half er den Sieg bei Smolensk erringen. Aber
den größten Ruhm erwarb er sich bei Valentina, wo
er sein Feldherrntalent ersten Ranges beurkundete.
Er zeigte nicht weniger Umsicht auf dem verhängnißvollen Rückzuge von Moskau, auf welchem er die
Nachhut befehligte.

Auch bei den Schlachten in Sachsen bewährte er
seinen längst erprobten Muth. In der Schlacht an
der Katzbach erhielt er eine Wunde; aber er verließ
den Kampfplatz nicht, und erst als er auch bei Leipzig am Kopf verwundet wurde, mußte er sein Kommando andern Händen anvertrauen. Gegen Ende
1813 befehligte er die Reservearmee bei Paris, und

nahm sehr thätigen Antheil an dem merkwürdigen
Feldzuge von 1814. Bei La Rothière kommandirte
er den rechten Flügel der Armee, und zog sich erst
um Mitternacht, auf ausdrücklichen Befehl Napoleons
zurück. Sein Name befand sich auf allen Bulletins.

Am 20. März 1815 befand sich Gérard als Ge-
neral-Inspektor der Infanterie im Elsaß. Napoleon
übertrug ihm, nach seiner Rückkehr von Elba, den
Oberbefehl der Mosel-Armee, und ernannte ihn zum
Pair. Er schlug sich am 16. Juni bei Ligny, nachdem Tags vorher der Général Bourmont, für dessen
Treue er sich mit seinem Kopfe verbürgt hatte, zum
Feinde übergegangen war. Am 18. Juni erhielt er
einen Schuß durch die Brust, blieb aber demungeachtet bei der Armee, und führte, nach dem Rückzuge
von Waterloo, sein Korps hinter die Loire.

Zur Wiederherstellung seiner Gesundheit blieb er
bis Ende Septembers 1815 zu Tours, verließ sodann
Frankreich auf höhern Befehl, und vermählte sich zu
Brüssel mit der Tochter des Grafen von Valence.
1817 kehrte er nach Frankreich zurück, und wohnte
bis 1822 auf seinem Landgute Villers, bis er von
dem Wahlkollegium von Paris zum Deputirten ernannt wurde. Er gehörte immer zur Opposition.

Nach der Bekanntmachung der gesetzübertretenden
Ordonnanzen vom 25. Juli d. J. erklärte er sich offen
gegen diese Gewaltmaßregeln, und stellte sich mit Lafayette an die Spitze der Bürger von Paris, durch
deren Heldenmuth der Despotismus gestürzt und die
Freiheit in Frankreich wieder festbegründet wurde.
Seine Ernennung zum Kriegsminister war keine Be-

lohnung seines Muthes, sondern nur eine öffentliche
Anerkennung seiner seltenen Verdienste.

Guizot.

Franz Guizot wurde 1787 zu Nimes geboren. Er
ist jetzt 43 Jahre alt. Seine ersten Studien machte
er mit vielem Erfolg zu Genf, und begab sich sodann
nach Paris, wo er sich ganz der Pflege der Wissenschaften und der Literatur überließ. Er nahm Theil
an der Redaktion mehrerer Zeitschriften, und gab
mehrere Werke heraus, die ihm einen ausgezeichneten
Platz unter den Gelehrten Frankreichs anwiesen.

Er wurde 1814 zum General-Sekretär des Ministeriums des Innern ernannt, begleitete im folgenden
Jahre Ludwig XVIII nach Gent, trat nach der zweiten Restauration in das Justizministerium, und wurde
bald nachher zum Rentmeister ernannt. 1817 wurde
er Staatsrath, und fand sich in den Sturz des Ministeriums Decazes mitinbegriffen. Von nun an hielt
er sich zur gemäßigten Partei, und schrieb mehrere
nützliche Bücher, die seinen Namen berühmt machten.
Auch seine Gattin (eine geborne von Meulan, gestorben 1826) war als gute Schriftstellerin bekannt.

Guizot wurde 1828, 1829 und 1830 zum Deputirten erwählt, und hielt sich zur Opposition. Er erklärte sich mit vieler Energie gegen die Ordonnanzen
vom 25. Juli, wurde zuerst provisorisch zum Minister des Innern ernannt, und nach der Wahl des
neuen Königs von diesem in seiner Stelle bestätigt.

Louis.

Der Baron Louis wurde zu Toul, im Meurthe-Departement, 1755 geboren. Er ist jetzt 75 Jahre alt, folglich der älteste aller Minister des neuen Kabinets, in welchem er mit der Verwaltung der Finanzen beauftragt ist.

Louis hatte Theologie studiert, und war vor der Revolution Abbé. Er zeigte sich 1788 auf der Provinzial-Versammlung von Orléanais als einer der eifrigsten Anhänger des neuen politischen Systems. Am 14. Juli 1790 stand er als Diakon dem Bischof von Autun (gegenwärtigen Fürsten von Talleyrand) bei, als dieser am Altar auf dem Marsfelde die Messe las.

Ludwig XVI gab ihm bald nachher diplomatische Aufträge nach Brüssel und Schweden. Er zeigte sich während der Revolution immer sehr gemäßigt, und begab sich während der Exzesse nach dem 10. August 1792 nach England, wo er bis zum 18. Brumaire des Jahres VIII (9. November 1799) blieb.

Er wurde nach seiner Rückkehr in Frankreich zuerst im Kriegsministerium, sodann bei der Kanzlei der Ehrenlegion angestellt und endlich zum Rentmeister ernannt. 1810 war er Präsident des Liquidationsraths in Holland. 1814 übergab ihm die provisorische Regierung das Portefeuille der Finanzen, welches ihm auch von Ludwig XVIII gelassen wurde. Er folgte dem König 1815 nach Gent, und übernahm nach der zweiten Restauration wieder sein Ministerium, wurde aber schon im September desselben Jahres durch Corvetto ersetzt.

Als die Umstände zu Ende 1818 die Bildung eines

neuen Ministeriums erforderten, erhielt er abermals
die Finanzen, und verwaltete sie bis 1820, wo er
seine Entlassung forderte. Sein sicherer, ruhiger Blick
hatte ihn die Entwürfe des Ministeriums Villèle durch-
forschen lassen, und seine strenge Rechtschaffenheit erlaubte ihm nicht, Theil zu nehmen an der Ausführung
von Plänen, die nur verderblich für sein Vaterland
werden konnten. Er nahm Platz in der Deputirtenkammer und neigte sich der Opposition zu. Am 27.
Juli d. J. protestirte er gegen die Ordonnanzen vom
25., übernahm provisorisch die Verwaltung der Finanzen, und wurde am 10. August zum wirklichen
Finanzminister ernannt.

M o l é.

Ludwig Mathias Graf Molé, Pair von Frankreich und Minister der auswärtigen Angelegenheiten,
wurde 1780 zu Paris geboren. Er ist jetzt 50 Jahre
alt. Sein Vater, Molé de Champlatreux, Präsident
des Parlaments von Paris, kam den 1. Floreal des
Jahres II, in einem Alter von 34 Jahren, auf dem
Schaffot um.

Der junge Molé studierte mit vielem Erfolg, und
gab 1806 seine Essais de morale et de politique heraus,
welche die öffentliche Aufmerksamkeit auf ihn lenkten.
Er wurde nach und nach Auditor beim Staatsrath,
Rentmeister, Staatsrath, General-Direktor der Brük-
ken und Straßen, Graf und Großrichter.

Während den Begebenheiten von 1814 begleitete
Molé die Kaiserin Maria Luise nach Blois, und lebte
vollkommen zurückgezogen bis zur zweiten Restauration. Während der hundert Tage wollte ihn Napo-

leon zum Justizminister ernennen; er lehnte aber dies
Anerbieten ab, und begab sich nach Plombières. Nach
Ludwigs XVIII Rückkehr trat er abermals in den
Staatsrath, und übernahm seine frühere Direktion
der Brücken und Straßen. Der König ernannte ihn
zum Pair, und übergab ihm im August das Portefeuille des Marineministeriums, welches ihm 1819
wieder abgenommen wurde. Seitdem neigte er sich in
der Pairskammer der Opposition gegen die Ministerien
Villèle und Polignac zu, und wurde nach den neuesten Ereignissen in Frankreich zum Minister der auswärtigen Angelegenheiten ernannt.

Sebastiani.

Horaz Franz della Porta Graf Sebastiani, Generallieutenant und Marineminister, wurde den 11. November 1775 zu la Porta, auf Korsika, geboren. Er
ist 55 Jahre alt. 1792 trat er in Kriegsdienst, zeichnete sich besonders bei Arcola aus, wurde von Bonaparte zum Schwadronschef und 1799 auf dem
Schlachtfelde bei Verona zum Obersten ernannt.

Bei Verderio gerieth er in Kriegsgefangenschaft,
nachdem er an der Spitze seines Dragonerregiments
Wunder der Tapferkeit gethan. Er wurde bald nachher ausgewechselt, und nahm Theil an der Revolution des 18. Brumaire, so wie an der Schlacht von
Marengo; nach welcher er den Waffenstillstand von
Treviso unterhandelte.

Nach dem Frieden von Amiens wurde er als Gesandter nach Konstantinopel geschickt, und schloß den
Frieden zwischen Frankreich und der Pforte. Bald
nachher ertheilte ihm der erste Konsul einen noch bei

weitem schwierigern Auftrag. Unter dem Vorgeben
als Vermittler zwischen Schweden und dem Bey von
Tripolis aufzutreten, sollte er den Zustand Aegyptens und Syriens prüfen, und die Rückkehr einer
französischen Armee in diese Länder vorbereiten.

Nach seiner Rückkehr wurde Sebastiani zum Bri-
gade-General ernannt, und mit der Bewaffnung der
Küste der Normandie und der Bretagne beauftragt.
Von einer gegen Frankreich gerichteten neuen Koa-
lition bedrohet, schickte Napoleon den General in
aller Eile nach der Schweiz, nach Baiern, Tyrol,
Salzburg und Franken, um diese Länder, so wie die
Bewegungen der österreichischen Armeen zu beobachten. Diese Mission wurde mit eben so vieler Umsicht
als Schnelligkeit und Diskretion vollbracht. Die Folgen davon waren die Ueberrumpelung von Ulm und
die Schlacht von Austerlitz, wodurch das Schicksal
des ganzen Feldzuges entschieden wurde. Sebastiani
befehligte immer die Vorhut, und bestimmte gewissermaßen den Gang der Begebenheiten durch seine raschen Manöver. Er wurde zum Divisions-General
erhoben, und den 2. Mai 1805 abermals als Gesandter nach Konstantinopel geschickt, wo er mit vielen
Schwierigkeiten zu kämpfen hatte, um den französischen Einfluß zu erhalten.

Nach der Kriegserklärung der Pforte gegen Rußland, die Sebastiani durch seine Vorstellungen veranlaßt hatte, ertheilte ihm der Sultan den Halb-
mondsorden. Indessen konnte er die Erscheinung einer
britischen Flotte vor Konstantinopel nicht verhindern.
Er setzte die Hauptstadt des türkischen Reiches in
Vertheidigungszustand, und zwang die englische Flotte

zur Flucht. Der Sturz des Sultans Selim veranlaßte eine allgemeine Insurrektion, und die Thronbesteigung Mustapha's.

Dieser zeigte sich ebenfalls der französischen Allianz
geneigt, und Napoleon versprach, von Dalmatien aus
25000 Mann zur Armee des Großveziers stoßen zu
lassen. Aber der Frieden von Tilsit machte diesen
Vertrag scheitern, weshalb die Türken nicht wenig
gegen Frankreich erzürnt waren.

Indessen marschirten der Pascha von Rustschuck,
Mustapha Bairaktar, und der Großvezier von Adrianopel gegen die Hauptstadt, um Selim wieder auf
den Thron zu erheben. Schon hatten sie sich Konstantinopels bemächtigt, als der Sultan Mustapha
seinen Vetter erwürgte. Dies Verbrechen war ihm
jedoch von keinem Nutzen. Er hatte dasselbe Schicksal, und der gegenwärtige Sultan, Mahmud, wurde
zum Beherrscher der Gläubigen ausgerufen.

Während dieser Ereignisse begab sich Sebastiani
nach Paris, um dort den Theilungsplan der europäischen Türkei zu diskutiren, der bei dem Frieden zu
Tilsit stipulirt worden. Er erklärte sich gegen dies
Projekt, auf welches Napoleon erst zu Erfurt verzichtete.

Später erhielt Sebastiani einen Oberbefehl in
Spanien, und nahm Theil an dem Siege von Merida. Bald nachher gewann er die Schlacht von Ciu-
dad-Real und das Treffen bei Santa-Cruz. Er war
auch bei Talavera und bei allen übrigen Gefechten
in der Halbinsel.

Mit zerrütteter Gesundheit begab er sich 1811 nach
Frankreich. Napoleon ernannte ihn zum Obergeneral

der Armee von Boulogne; aber Sebastiani beschwor ihn, Theil nehmen zu lassen an der Expedition nach Rußland. Er befehligte die Vorhut, stritt zu Smolensk und an der Moskwa, und schlug sich auf dem Rückzuge beinahe täglich.

Er nahm einen unermüdlichen Antheil an den Begebenheiten des Feldzuges in Sachsen, und bewährte seine alte Tapferkeit vorzüglich in der Schlacht bei Leipzig, in welcher er einen Lanzenstich durch die Brust erhielt. Demungeachtet war er auch bei Hanau, und vertheidigte sodann die Rheinlinie.

Nach Napoleons Abdankung zog er sich in das Privatleben zurück. Während der hundert Tage war er Mitglied der Deputirtenkammer, und wurde mit Lafayette, Argenson, Pontécoulant, La Forèt und Benjamin Constant zu den verbündeten Monarchen geschickt, um mit denselben zu unterhandeln.

Seit 1819 gehörte er in der Deputirtenkammer zur Opposition, protestirte gegen die Ordonnanzen vom 25. Juli, unterstützte die Ernennung des Herzogs von Orleans zum Generalstatthalter und endlich zum König der Franzosen aus allen Kräften, und wurde von diesem zum Marineminister ernannt.

Minister ohne Portefeuille.

Bignon.

Ludwig Eduard Baron Bignon, geboren 1771 zu Meilleleraye, im Unter-Seine-Departement. Er ist 59 Jahre alt. Gleich nach seinem Austritt aus dem Kollegium nahm er lebhaften Antheil an der Revolution, gegen deren Gewaltmaßregeln er sich jedoch erklärte, weshalb er sich 1793 flüchten mußte. Er diente fünf Jahre in der republikanischen Armee, und begann nun seine diplomatische Laufbahn. 1797 kam er als Gesandtschafts-Sekretär nach der Schweiz, und zwei Jahre später nach der zisalpinischen Republik. In der gleichen Eigenschaft ging er 1800 nach Berlin, wo er, unter sehr angenehmen Verhältnissen, bis 1803 blieb.

Als bevollmächtigter Minister war er von 1803 bis 1806 bei dem Kurfürsten von Hessen-Kassel, wo er den Gedanken des Rheinbundes auffaßte, der später von Napoleon in Ausführung gebracht wurde. Nach der Schlacht von Jena wurde er zum kaiserlichen Kommissär in Preussen und zum General-Verwalter der Domänen und Finanzen der eroberten Länder ernannt. Er stand seinem Amte mit so vieler Milde und Schonung als nur immer möglich bis 1808 vor. Im folgenden Jahre war er bevollmächtigter Minister zu Karlsruhe, als er mit der General-Verwaltung in Oesterreich wie in Preussen, durch ein Dekret Napoleons, beauftragt wurde.

Bald nachher wurde er nach Warschau geschickt, wo er beinahe drei Jahre blieb. Bei Eröffnung des Feldzuges von 1812 wurde ihm die Verwaltung der von der französischen Armee besetzten polnischen Provinzen übertragen. Er war zugleich kaiserlicher Kommissär bei der provisorischen Regierung in Wilna. Während der Schlacht bei Lützen war er noch zu Krakau, von wo er sich nach Dresden begab, das er erst nach der Kapitulation verließ. Den 7. Dezember 1813 kam er nach Paris. Nach der Abdankung Napoleons lebte er äusserst zurückgezogen.

Während der hundert Tage wurde er zum Minister der auswärtigen Angelegenheiten ernannt. 1817
trat er in die Deputirtenkammer, und gehörte seitdem
immer zur Opposition. Er protestirte gegen die Ordonnanzen vom 25. Juli, und übernahm provisorisch
das Ministerium des Kultus und des öffentlichen Unterrichts. Der neue König berief ihn in seinen Ministerrath.

Dupin.

Andreas Maria Johann Jakob Dupin, Advokat
und Doktor der Rechte, wurde den 1. Februar 1783
zu Varzy, im Nièvre-Departement, geboren. Er ist
47 Jahre alt, und einer der ausgezeichnetsten Advokaten und Rechtsgelehrten Frankreichs. 1815 trat er
in die Deputirtenkammer, und stimmte mit Jay und
Manuel für Napoleons zweite Abdankung.

Nach der zweiten Restauration vertheidigte er den
Marschall Ney und mehrere Journale der Opposition.
1819 weigerte er sich die Stelle eines Unter-Staats-
sekretärs und Rentmeisters anzunehmen, trat in dem
Prozesse des Herzogs von Orleans als dessen Bevollmächtigter auf, war der Advokat Berengers und anderer Personen, die in politische Prozesse verwickelt
waren, und beurkundete in allen diesen Veranlassungen eben so viel Scharfsinn, als Umsicht und Takt.
Er gab auch mehrere Werke heraus, die seine Gelehrsamkeit und seinen geraden Sinn beurkundeten.

Seit 1825 war er Mitglied der Opposition in der
Deputirtenkammer, und einer der eifrigsten und talentvollsten Gegner des Ministeriums Villèle. Auf
einer Reise nach Amiens suchten ihn die Jesuiten

u St. Acheuil zu gewinnen. Bei Erscheinung der
Ordonnanzen vom 25. Juli erklärte er öffentlich ihre
Gesetzwidrigkeit. Seit Langem schon Mitglied des
Raths des Herzogs von Orleans, war seine Stelle
im neuen Ministerium ihm gewissermaßen vorausbe-
stimmt. Fügen wir hinzu, daß er in der That derselben würdig ist.

Lafitte.

Jakob Lafitte wurde 1767 zu Bayonne geboren.
Er ist 63 Jahre alt. Von Jugend an widmete er
sich der Handlung, und trat 1788 in das Haus des
Bankiers und Senators Perregaux zu Paris. Ohne
alles Vermögen, konnte er sich nur durch angestreng-
ten Fleiß und durch seine Talente erheben. Sein
Prinzipal gestand ihm nach einigen Jahren einen Antheil in den Bankgeschäften zu.

Kaum hatte Lafitte auf solche Weise einiges Vermögen gewonnen, so ließ er seine zehn Geschwister
nach Paris kommen, und legte den Grund zu ihrer
künftigen Wohlhabenheit. 1804 wählte ihn Perregaux zum Associé und zu seinem Testamentsvollstrecker.
Nach dessen Tode verwaltete er zehn Jahre lang das
Haus allein, und hob es auf eine so erstaunliche
Weise, daß es eines der ersten in Frankreich wurde.

Dabei waren alle seine Finanz-Unternehmungen
immer im Interesse seines Vaterlandes. 1809 war
er Vorsteher der Bank, und 1814 Gouverneur derselben, ohne das Gehalt dieser Stelle zu beziehen.
Nach der zweiten Kapitulation von Paris, im J. 1815,
zahlte er zwei Millionen Franken aus seiner Kasse,
zur Besoldung der Armee. Er war zugleich der Ban-

kier Ludwigs XVIII und Napoleons. In der Deputirtenkammer gehörte er zur Opposition, protestirte
gegen die Ordonnanzen vom 25. Juli, wurde während
der diesjährigen Sitzung erster Vizepräsident, präsidirte, während der Unpäßlichkeit des Präsidenten,
die Kammer und ward, als dieser letztere seine Demission eingab, beinahe einstimmig zum Präsidenten
erwählt.

Périer.

Kasimir Périer wurde den 12. Oktober 1777 auf
dem Schlosse Vezille, bei Grenoble, geboren. Er ist
53 Jahre alt. Seine Studien machte er zu Lyon,
betrat sodann die militärische Laufbahn, machte die
Feldzüge von 1799 und 1800 in Italien mit vieler
Auszeichnung im Generalstabe, und trat endlich aus
dem Dienst, um sich dem Handelsstande zu widmen.

Mit seinem Bruder Scipio gründete er 1802 in
Paris ein Bankierhaus, welches sich bald hob, und
eines der berühmtesten Frankreichs wurde. Nebenbei
stiftete er noch mehrere Fabriken und Manufakturen.
Als Mitglied der Deputirtenkammer zeigte er, besonders in Finanz = Angelegenheiten, einen durchdringen-
den Scharfsinn, und trieb das Ministerium Villèle,
durch seine schlagenden Berechnungen, sehr oft in die
Enge. Er protestirte gegen die Ordonnanzen vom 25.
Juli, und wurde bald nachher zum Präsidenten der
Deputirtenkammer ernannt. Kränklichkeitshalber überließ er jedoch das Präsidium Herrn Lafitte, mit dem
er zugleich in den Ministerrath des neuen Königs berufen wurde.

Karakteristische Züge der Heldentage zu Paris.

Das Verfahren der Minister des unglücklichen Karl X. war seit der Erlassung seiner Ordonnanzen vom 25. Juli in einem so hohen Grade zugleich unmenschlich und ungereimt, daß alles Mitleiden gegen die Urheber der fürchterlichen Szenen, welche eine unmittelbare Folge ihres Wahnsinnes waren, verstummen muß.

Man kann sich in der That nichts Abscheulicheres, nichts Empörenderes denken, als die kalte Barbarei, mit welcher diese Elenden das Unglück ihres Vaterlandes verbreiteten und in Ausführung brachten.

Angenommen selbst, es wäre möglich gewesen, in dem Kampfe gegen die Rechte der Nation einen augenblicklichen Sieg zu erringen, so mußte doch gerade dieser Sieg eine lange Reihenfolge gräßlicher Ereignisse eröffnen, bei deren flüchtigem Ueberblick selbst die schlaffste Einbildungskraft erbebt. Auf jeden Fall war der Bürgerkrieg, mit seinem Gefolge von Justizmorden, Einkerkerungen, Verbannungen u. s. w, unvermeidlich. Das wußten Polignac und seine Genossen sehr wohl. Und dennoch trugen sie kein Bedenken, ihr Vorhaben auszuführen.

Wir wissen bereits, daß an dem Tage der Bekanntmachung der berüchtigten Ordonnanzen, den 26. Juli, das Volk von einer allgemeinen Bestürzung geschlagen wurde. Erst am folgenden Tage offenbarte sich sein Zorn durch das Geschrei: „Nieder mit den Ministern! es lebe die Charte!"

Wir haben den raschen Gang der Begebenheiten

und die plötzliche, unerwartete Wendung, welche sie gewonnen, schon umständlich angedeutet. Fügen wir diesem großen Gemälde jetzt noch einige Züge bei, welche es vorzüglich karakterisiren.

— Als die Söldlinge der absoluten, stupiden Gewalt, welche auf Frankreich lastete, gegen das Volk ausgesendet wurden, um durch den brutalen Dazwischentritt der materiellen Macht alle bürgerliche Freiheit mit einem Streiche zu vernichten, gab man ihnen den ausdrücklichen Befehl, alle Bürger ohne Unterschied zu ermorden, welche sie auf ihrem Wege finden würden. Eine große Zahl Weiber, Kinder und Greise fielen als Opfer dieses kannibalischen Befehls.

Jeder Soldat der königlichen Garde erhielt, als Stimulanz zur Vollstreckung dieses Henker-Auftrags, 30 Franken, und jeder Soldat der Linie 25 Franken, wovon diesen letztern jedoch nur 10 Franken im Voraus bezahlt wurden, mit dem Versprechen, daß sie die übrigen 15 Franken erhalten würden, wenn sie vollkommen ihre Pflicht gethan. Aber sie weigerten sich, auf das Volk zu schießen.

— Die arbeitende Klasse der Vorstädte von Paris war es, welche das erste Zeichen zum Widerstand gab. Die 3000 oder 4000 Arbeiter der Buchdruckereien, welche am 26. Abends und am 27. Vormittags die Straßen durchzogen, gaben dazu das Signal. Am 27. Abends erhob sich die Vorstadt St. Antoine, aus welcher mehr als 10,000 Arbeiter gegen das Stadthaus und gegen den Louvre strömten. Eine eben so starke kompakte Masse kam von Montmartre herab, eine dritte vom Tempel, und zehn andere aus den übrigen Vorstädten von Paris.

Gegen 9 Uhr Abends waren mehr als 80,000 Menschen in den Straßen. Sie waren noch alle unbewaffnet, als die Truppen auf sie schossen, und einen Theil zerstreute. Aber bald wälzte sich die Masse mit erneuerter Wuth vorwärts. Sie übermannte die Soldaten und entwaffnete sie. Das Gefecht wurde allgemein, und dauerte bis zum 29. gegen Abend, wo die Truppen sich genöthigt sahen, die Stadt zu räumen.

Von einem unbeschreiblichen Enthusiasmus beseelt, stritt das Volk für seine Freiheit allein. Jede andere Leidenschaft schien während diesem heldenmüthigen Kampfe verbannt. Die unterste Klasse der Bevölkerung von Paris (deren Moralität man sonst nicht besonders gerühmt) machte sich keiner Exzesse, keiner unnützen Grausamkeit, keiner Verwüstung, keiner Plünderung, keiner persönlichen Rachsucht schuldig. Ueber die größe Sache des Vaterlandes vergaß man seine eigene. Alle Geschäfte waren eingestellt, ganz Paris hatte sich erhoben, die Sache der Gerechtigkeit, der Vernunft mußte triumphiren.

Wir haben gesehen, wie die Satrapen der jesuitischen Gewalt, die den Thron Frankreichs entehrte, indem sie nicht der französischen Nation allein, sondern auch allen übrigen Völkern den Krieg erklärte; wir haben gesehen, wie diese Satrapen das Henkergeld vertheilten, und ihre Söldlinge mit den Worten: „Tödtet! tödtet!“ gegen die Bürger angefeuert.

Und nun das Gegenstück. Bemittelte Personen, welche in den ersten Momenten des gewaltigen Volksaufstandes für ihr Eigenthum fürchten mochten, wollten Geld vertheilen unter die Masse. Aber ihr Anerbieten wurde mit stolzem Selbstgefühl zurückgestoßen.

„Wir kämpfen nicht um Geld — schrie man auf allen Seiten — sondern um Freiheit und Recht.“ Ein Kapitalist übergab einem der improvisirten Anführer tausend Fünffrankenthaler zur Vertheilung. Er erhielt sie nach dem Kampfe wieder zurück.... Es fehlte nicht ein Thaler daran.

Zwei Männer von der untersten Volksklasse, welche mehrere ihnen übergebene Gefangene von der königlichen Garde bewachten, äußerten gesprächsweise unter sich, daß sie seit länger als zwölf Stunden nicht das Geringste genossen. Der Hauptredakteur der Tribunalzeitung, Hr. Darmaing, hörte ihre Unterhaltung. Er nahete sich ihnen, und bot ihnen einen Fünffrankenthaler an, mit den Worten: „Geht und eßt; ich will so lange auf Euerm Posten bleiben, bis Ihr wiederkommt.“

Sie zögerten, unentschlossen, ob sie sein Doppel-Erbieten annehmen sollten, oder nicht. „Nehmt nur!“ wiederholte er: „In einem Augenblicke, wie der gegenwärtige, theilt man, was man hat.“ Die beiden Arbeiter nahmen den Thaler, und entfernten sich. Nach einer Viertelstunde erschienen sie wieder, mit vollen Backen, und gaben dem Redakteur 55 Sous zurück, die ihnen nach ihrer Mahlzeit übrig geblieben. — Man könnte hundert ähnliche Züge anführen.

— In dem großen patriotischen Schwung, welcher am 27. und 28. Juli die ganze Bevölkerung von Paris ergriffen, zeichneten sich die jungen Zöglinge der polytechnischen Schule auf eine wirklich bewunderungswürdige Weise aus. Ihr Betragen war über alles Lob, wie über jede Belohnung erhaben.

Bei einem der Angriffe gegen die königliche Garde

war diese durch die Bürger zurückgedrängt worden,
und hatte eine Kanone stehen lassen. Sogleich stürzte
sich ein Zögling der polytechnischen Schule darauf,
und umschloß sie mit beiden Armen. „Sie ist unser,“ rief er: „ich will eher auf der Stelle bleiben,
als sie fahren lassen.“

Man schoß von beiden Seiten mit verdoppelter
Wuth. Der Jüngling blieb unter dem Kugelregen
unverrückt auf seiner Kanone. Endlich waren die
Soldaten, die fast immer auf ihn geschossen, genöthigt, zu weichen, und er sah sich, mit dem eroberten Stücke, gerettet.

Bei dem Sturm auf die Tuilerien erschien ein
anderer Zögling der polytechnischen Schule, der sich
an der Spitze eines Korps bewaffneter Bürger befand,
an dem Eisengitter des Schlosses, und rief einem Offizier zu, es zu öffnen. Statt aller Antwort drückte
dieser sein Pistol gegen ihn ab. Es versagte. Der
Jüngling ergriff sogleich den Offizier an dem Kragen,
und setzte ihm seinen Degen auf die Brust. „Ihr
Leben ist in meiner Gewalt,“ sagte er, „aber ich will
nicht unnütz Blut vergießen.“

Bestürzt und erstaunt riß der Offizier seinen Orden
ab, und überreichte denselben seinem Sieger. „Niemand ist würdiger, ihn zu tragen, als Sie!“ sagte
er: „Ich bitte um Ihren Namen.“

„Zögling der polytechnischen Schule! entgegnete
der Andere, und entfernte sich.

Die Verehrung des Volkes gegen diese wackern
Jünglinge war wirklich rührend. Es stellte sie an
seine Spitze, und gehorchte ihren Befehlen mit einer
Bereitwilligkeit, die eben sowohl der Einsicht als dem

Takt der Pariser Ehre macht. Während diesen drei
Tagen einer allgemeinen Umwälzung, wo alle übrigen Autoritäten mißkannt und beseitigt wurden, weil
sie selbst die Schranken der Gesetzmäßigkeit übertra-
ten, zeigte sich das Volk willig und bereit, den Geboten einiger Jünglinge zu gehorchen, die keine andern Titel hatten, um seine Ehrfurcht sich zu erwerben, als ihre militärischen Kenntnisse. Und man muß
es gestehen, die Zöglinge der polytechnischen Schule
entsprachen vollkommen dem Vertrauen, welches man
in sie gesetzt. Selbst mehrere Tage nach den Szenen
des Entsetzens und des Heldenmuthes, dem Frankreich
seine neue Freiheit verdankt, nahm Jedermann den
Hut ab, sobald man die Uniform des polytechnischen
Instituts bemerkte.

— Auch die Offiziere der alten Armee trugen nicht
wenig bei zu dem glücklichen Erfolge dieser glorreichen
Tage. Von demselben Geiste beseelt, wie die große
Masse, welche sich erhoben wie ein Mann, gehorchten
sie ohne Murren den Befehlen der Generale, welche
das Volk sich gegeben. Nicht ohne Rührung konnte
man diese benarbten Krieger sehen, welche die Sonne
Aegyptens und Spaniens geschwärzt, oder die von
der Strenge des moskowitischen Klima's verschont geblieben, und die nun die Ordre vollstreckten, welche
ein Schüler ihnen gegeben, der zum ersten Male im
Feuer war. Einer der jungen Generale, welcher den
Sturm gegen den Louvre kommandirte, hatte einen
Obersten und zwei Hauptleute der alten Armee als
Adjutanten.

Einer dieser letztern, der Wunder der Tapferkeit

gethan, und der am meiſten zur Einnahme der Tuilerien beigetragen, wollte eben an der Spitze ſeiner Abtheilung in das Schloß dringen, als er an der Ecke
der Rohanſtraße erſchoſſen wurde. Man hob ihn auf,
trug ihn ſterbend in den Palaſt, und legte ihn auf
den Thron, wo kurz vorher Karl X ſeine Vertilgungs-
befehle ausgefertigt, und den nun ein Patriot mit
ſeinem Blute färbte.

— Die Bevölkerung des Stadtviertels des Palais-
Royal, wo der Kampf am heftigſten und am anhal-
tendſten war, trug nicht wenig bei zur Erlangung
der glücklichen Reſultate deſſelben. Sie zwang zwei
Regimenter der königlichen Garde, die auf allen Seiten den Tod über ſich erblickten (indem alle Häuſer
und Dächer mit Menſchen bedeckt waren, die Steine
auf ſie zu ſchleudern drohten), zum Waffenſtillſtande,
und endlich zum Rückzuge. Sie nöthigte auch ein
Korps Gendarmen zur Kapitulation, und bemächtigte
ſich aller Stellungen der St. Honoré-Straße und des
Palais-Royal.

— Das Volk wußte nur zu wohl, welchen verderblichen Antheil die katholiſche Geiſtlichkeit an den
letzten Maßregeln der Regierung genommen hatte.
Demungeachtet wurde kein Mitglied der Kleriſei beleidigt, geſchweige denn körperlich verletzt.

Es war allgemein bekannt, daß der Erzbiſchof von
Paris als einer der eifrigſten Agenten des Ultramontanismus, unter Beiſtand des Kardinals de Latil,
ehemaligen Beichtvaters Karls X, und des Jeſuiten
Frayſſinous, den größten und verhängnißvollſten Einfluß auf das ſchwache Gemüth und auf den noch

schwächern Verstand des beklagenswerthen Monarchen ausgeübt.

Von ihrem bösen Gewissen angeklagt, hatten diese eben so feigen als boshaften Unruhestifter, bei dem ersten Zeichen eines Volksaufstandes, Paris verlassen. Das Volk bemächtigte sich des erzbischöflichen Palastes. Anfänglich wurde kein Exzeß verübt. Man begnügte sich damit, nach Lebensmitteln oder Erfrischungen zu spähen. Statt derselben fand man aber zwei Tonnen Pulver und mehr als hundert Dolche.

Die Wuth des Volks kannte nun keine Grenzen mehr, und der erzbischöfliche Palast wurde im Innern vollkommen verwüstet. Die meisten Geräthe wurden zerschlagen oder in die Seine geworfen. Keiner der Anwesenden behielt irgend etwas für sich. Alles Silberzeug und alle Wäsche wurde in das nahe Spital des Hôtel-Dieu getragen.

— Während dem Gemetzel am 28. Juli schoß sich in der Münzstraße eine Abtheilung Soldaten mit den Bürgern. Plötzlich erkannte einer der erstern, der eben angelegt, um loszudrücken, sich gerade gegenüber seinen Bruder. Er warf sogleich sein Gewehr von sich, stürzte in des Andern Arme, und entfernte sich mit ihm, während seine Kameraden auf ihn schossen. — Man erzählt, daß an demselben Tage ein Sohn seinen eigenen Vater erschossen, und wahrscheinlich kennt man noch lange nicht alle die Grauelszenen, welche sich an diesen verhängnißvollen Tagen ereignet haben.

— Am 26. Juli waren die Wohnungen der verbrecherischen Minister mit Gendarmen besetzt, und vor dem Ministerium der auswärtigen Angelegenheiten, wo der Minister Polignac hausete, standen mehrere Kano-

nen, und die Kanoniere mit brennenden Lunten da-
neben. Dies war ein treffendes Bild der despotischen
Gewalt des unglücklichen Monarchen seinem Volke
gegenüber.

Den 28. verliessen alle Minister Paris, Polignac
zuerst, und seine Helfershelfer ihm nach. Als der
scheußliche Troß kaum entflohen war, erschien auch
schon die gewaltige Volksmasse vor dem Palast, wo er
seinen verderblichen Unsinn ausgebrütet. Es war
noch mit Gendarmen angefüllt. In Ermangelung der
politischen Hyäne wollte man nun ihre Satelliten erwürgen. Nur mit Mühe konnte ein großer Bürger,
Kasimir Périer, ihnen das Leben retten. Man fand
die Unglücklichen in einem finstern Gemache, wo sie
sich entkleidet hatten, um sich unkenntlich zu machen.
Man gab ihnen bürgerliche Kleider, und ließ sie durch
eine Hinterthür entschlüpfen.

— Während dem Gefechte sammelten sich in den
etwas entlegenen Straßen mehrere tausend Knaben,
von den untersten Ständen, von denen die ältesten
kaum 16 Jahre alt waren. Kein einziger von ihnen
war bewaffnet; aber alle waren von demselben Willen,
von dem gleichen Entschlusse beseelt. Sie rückten dem
Schauplatz des Treffens näher, unter dem beständigen
Geschrei: „Es lebe die Charte! Es lebe der General
Lafayette! Es lebe die Nationalgarde! Wir kommen
Euch zu ersetzen, ihr Herren von der Nationalgarde,
haltet Euch tapfer, wir sind Eure Konskribirten,
Eure Stellvertreter!"..... Und gegen solch ein Volk
wagte es der Jesuitismus zu Felde zu ziehen!—

Individuen aller Nationen nahmen an dem glorreichen Kampfe der Gerechtigkeit gegen die brutale

Gewalt Antheil. Man hat Spanier und Briten, Italiener und Russen, Deutsche und Savoyarden in den Reihen der Pariser streiten sehen. Mehrere dieser edeln Fremdlinge, besonders viel Savoyarden, sind auf dem Platze geblieben. Die Engländer theilten den Enthusiasmus des Volks. Spanier und Italiener schlugen sich wie Löwen. Auf dem Vandôme-Platze und in der Friedensstraße mischten sich mehrere Engländerinnen, mit dreifarbigen Kokarden auf der Brust, unter das Volk, und feuerten es an zur Vertheidigung seiner Rechte.

Ein junger Mann, auf einem prächtigen, reichangeschirrten Pferde reitend, schloß sich am 28. an einen Volkshaufen, welcher gegen die Tuilerien vordrang. Er hatte nur einen Degen und wünschte ein Gewehr zu haben. Neben ihm her schritt ein Mann von der untersten Volksklasse, dessen Anzug seine Armuth verrieth. Er trug eine Flinte auf der Schulter. Der reiche Jüngling bot ihm hundert Franken dafür.

„Nein,“ entgegnete der Arme, „mein guter Freund ist mir nicht feil.“

— Ich gebe dir 500 Franken! rief der Reiter, und bot ihm eine Hand voll Zwanzig-Frankenstücke: Laß uns tauschen.

„Nein, nein,“ sagte jener: „Mein guter Freund kommt nicht aus meiner Hand, nicht für alles Gold der Welt. Er hat schon zwei Feinde niedergeworfen, und wir sind noch nicht am Ende. Ich behalte meinen guten Freund, behalten Sie Ihr Geld.“

— Ein Arbeiter bemerkte nach der Einnahme des Tuilerienschlosses, daß einige Personen sich mit Gegenständen von Werth entfernen wollten. Er hielt sie an, rief mehrere seiner Kameraden zu sich, bildete aus ihnen eine Wache, und traf seine Verfügungen mit so großer Umsicht, daß es unmöglich wurde, ferner etwas aus dem Schlosse zu entwenden. Selbst die Kleidungsstücke, welche einige Individuen sich zugeeignet hatten, wurden wieder zurückgegeben. „Wir sind gekommen, um zu siegen," sagten sie, „nicht um zu rauben!"

Mehrere andere Arbeiter durchsuchten das Haus eines Waffenschmieds, auf das Gerücht, daß er noch Pulver und Waffen verborgen habe. In ihrem Eifer öffneten sie alle Schränke und Schubkästen, in welchen sie Pistolen zu finden hofften. Statt dessen entdeckten sie in einem verborgenen Fache Banknoten und Geld. Sie verschlossen es sogleich wieder, mit den Worten: „Das suchen wir nicht."

Zwei Arbeiter, die zuerst in den von der Herzogin von Berry bewohnten Theil der Tuilerien drangen, fanden in ihrem Boudoir eine mit Gold angefüllte Schatulle von Bronze. Sie beschlossen sogleich, sie nach dem Stadthause zu tragen. Unterweges baten sie einen dritten Bürger, ihnen ihre Last tragen zu helfen, um so sicherer zu sein, daß der Schatz weder entwendet, noch unterschlagen werden könne. Bei der Ablieferung weigerten sie sich, ihre Namen zu sagen.

Ein Offizier von der Nationalgarde empfahl einem Manne aus der untersten Volksklasse, Acht zu geben, daß aus dem Tuilerienschlosse nichts entwendet werde. „Sein Sie ruhig, Herr Hauptmann," sagte dieser: „wir haben wohl unsere Regierung verändert, weil sie unser Verderben wollte; aber nicht unser Gewissen."

— Man hat die Bemerkung gemacht, daß der

28. Juli 18.0 genau übereinstimmt mit dem 28. Thermidor des Jahres III. So ist also der Tag des Sturzes Robespierre's auch der Karls X und seiner Familie.

Als die königliche Garde und das Schweizer-Regiment Salis durch die Bürger aus Paris gedrängt worden, ließ Karl X jedem Soldaten 120 Franken versprechen, die Theil nehmen würden an dem gegen die Hauptstadt beabsichtigten Angriff. Er wollte auch eine Menge Orden unter sie vertheilen lassen. Aber das gräßliche Schauspiel, welches sie drei Tage lang vor Augen gehabt, hatte die Soldaten entmuthigt, und die meisten weigerten sich, ferner auf ihre Brüder und Freunde zu schiessen. Der unglückliche Monarch sah sich demzufolge genöthigt, St. Cloud zu verlassen, und sich nach Rambouillet zurückzuziehen, wo ihm kein anderer Ausweg blieb, als abzudanken.

— Auch die Wundärzte erwarben sich während diesem Heldenkampfe, und nach demselben, große Verdienste um die Menschheit. Sie liessen sich von dem Kugelregen nicht abschrecken, und folgten der vordringenden Masse Schritt vor Schritt, um sogleich die Verwundeten zu verbinden.

Bei der Erstürmung der Kaserne in der Babylonestraße zeichnete sich vorzüglich ein Zögling der medizinischen Schule durch seine Unerschrockenheit aus. Bald führte er einen Haufen Arbeiter ins Feuer, bald verband er sie, immer mit dem bloßen Degen zur Seite, und den Blick gegen die Streitenden gewendet. Während dem begannen die Angreifenden zu wanken. Einige Muthlose lassen das Geschrei vernehmen: „Rette sich wer kann!" Sogleich ergriff der junge

Wundarzt seinen Degen, und warf sich den Weichen-
den in den Weg. „Vorwärts, vorwärts!" schrie er.
„Der Erste, welcher schreit, der Erste, welcher über
meinen Degen zurückweicht, ist todt auf der Stelle."
Die Masse stutzte. Er wiederholte seinen Ruf: „Vorwärts, vorwärts!" und die Kaserne wurde erstürmt.
Man hat den Namen dieses jungen Helden nicht erfahren können. — Und jetzt sage man nicht, daß es
der französischen Nation an Tugend gebreche.

Als nach beendigtem Kampfe der Generalstatthalter des Königreichs allen Zöglingen der polytechnischen
Schule Lieutenantsrang zugestand, und zwölfen von
ihnen, so wie vier Zöglingen der Rechtsschule, und
vieren der medizinischen Schule das Ritterkreuz der
Ehrenlegion ertheilen wollte, weigerten alle diese Jünglinge sich einstimmig, die ihnen zugedachte Auszeichnung anzunehmen. Sie äufferten, nicht mehr gethan
zu haben, als ihre Pflicht. — Ist nach einem solchen
Zuge Frankreich für die Freiheit reif oder nicht? —

— Nicht alle Werkzeuge der materiellen Gewalt erblickten im stupiden Gehorsam die Erfüllung ihrer
Pflicht. Die Sache des Vaterlandes, der Menschheit,
sprach lauter zu ihrem Herzen, als das Gebot wahn-
sinniger Tirannei. Unmündige oder böswillige Menschen, die sich mit der Larve gleisnerischer Scheinheiligkeit bedecken, haben nicht allein in Frankreich,
sondern auch noch anderswo, behauptet, daß es die
Pflicht der Soldaten gewesen, ihre Mitbürger zu ermorden. Das ist Irrthum und Lüge zugleich. Die
Pflicht des Soldaten bestand darin, einer Gewalt,
die das Gesetz übertreten, die ihr Versprechen mein-
eidig gebrochen, allen Gehorsam zu verweigern. Wer

ist anders Rebell, als der, welcher das Gesetz verletzt, und mit treulosem Verrath die öffentliche Ruhe untergräbt? Und wer befand sich in diesem Falle, die französische Nation oder Karl X und seine Minister?

Daß Rechtschaffenheit und reife Vernunft mit uns gleicher Meinung gewesen, beweiset das Verfahren mehrerer Offiziere und Soldaten, und selbst ganzer Regimenter, die sich für die Sache des Volks und der Gerechtigkeit erklärten. Als Polignac der königlichen Garde den unmenschlichen Befehl ertheilte: „Schießt wo Ihr wollt und wo Ihr könnt!" verbargen mehrere Offiziere ihren Abscheu nicht, und einer derselben, der Graf Raoul de Latour du Pin, sprach ihn auf eine energische Weise in folgendem, an den Präsidenten des Ministerraths gerichteten Schreiben, aus:

„Nach einem Tage der Massakre und Vernichtung, unternommen gegen alle göttlichen und menschlichen Gesetze, und an der ich nur aus einer menschlichen Ehrfurcht Theil genommen, die ich mir zum Vorwurf mache, verbietet mein Gewissen mir aufs Strengste, noch einen Augenblick länger zu dienen.

„Ich habe in meinem Leben genug Beweise meiner Ergebenheit gegen den König gegeben, um jetzt, ohne daß meine Absicht verläumdet werden könne, zu unterscheiden, was von ihm ausgehet, von den Abscheulichkeiten, die in seinem Namen vollbracht werden. Ich habe also die Ehre, Sie zu bitten, meine Demission als Kapitän seiner Garde, Sr. Majestät vorzulegen.

„Paris, den 28. Juli 1830.
    Der Graf Raoul de Latour du Pin."

Selbſt mehrere Gendarmen, die doch allgemein
für die gehorſamſten Knechte des Abſolutismus gehalten wurden, warfen bei dem Signal des Widerſtan-
des der Nation ihre Uniform bei Seite, und miſch-
ten ſich in die Reihen der Bürger, um ſie in der Erhaltung ihrer Rechte zu unterſtützen. Einer von die-
ten Braven ſchlug ſich ſechs Stunden lang an dem
St. Martinsthor, und ſtreckte mehrere königliche Gar-
diſten zu Boden.

Von dort führte er, faſt beſtändig laufend, einen
Haufen in die Richelieu-Straße und gegen die Tuilerien, die er erſtürmen half. Mit Schweiß, Staub
und Blut bedeckt, konnte man ihm ſeine Erſchöpfung
anſehen. Mehrere Bürger boten ihm Wein oder
Branntwein dar. Er lehnte Alles ab. „Man ſchlägt
ſich beſſer, wenn man nüchtern iſt,“ ſagte er: „bei
kaltem Blute weiß man wenigſtens was man thut.“
Erſt als der Kampf vollkommen beendet war, ließ er
eine Wunde verbinden, die er gleich im Anfang erhalten.

Ein anderer Soldat der alten Armee ergriff eine
dreifarbige Fahne, und ſchritt mit derſelben durch
den Kugelregen dem Triumphbogen im Hofe der Tuilerien zu. Er erhielt einen Schuß in die linke Schulter. Demungeachtet feuerte er ſein Gewehr noch zehnmal ab, bis er endlich, nochmals verwundet, beſin-
nungslos niederſtürzte. Gleich darauf wurde das
Schloß mit Sturm genommen, und man trug den
wackern Krieger in den königlichen Saal.

— Noch bewunderungswürdiger vielleicht als der
Muth, der übereinſtimmende Wille, der raſche Entſchluß der Bevölkerung von Paris, iſt die Ordnung

und Mäßigung, welche sie nach errungenem Siege
bewiesen.

Einmal die Tirannei gestürzt, und alle persönliche
Rache war wie vertilgt in dem Gedächtnisse der Masse.
Ihr erster Ruf war: „Schonung des Eigenthums und
der Personen! Wiederherstellung der von Polignac und
Konsorten gestörten Ordnung und Gesetzmäßigkeit!"

Dies Bedürfniß war so vorherrschend, so allgemein, daß schon an dem Tage nach dem blutigen
Kampfe die Ruhe wie durch einen Zauberschlag wiederhergestellt war. Die Bürger selbst boten dazu thätige Hand. Mit Blitzesschnelle wurde eine dirigirende
Autorität ernannt, die überall raschen und unbedingten Gehorsam fand. Die zu Paris anwesenden Mitglieder der Deputirtenkammer traten zusammen, und
ersuchten den Herzog von Orleans die Stelle eines
Generalstatthalters des Königreichs anzunehmen.

Mit derselben Blitzesschnelle, Ruhe und Festigkeit nahmen sie mit der Charte die nothwendigen Modifikationen vor, und schon den 7. August wurde der
Generalstatthalter zum konstitutionellen König der Franzosen ausgerufen. So wurde eine Revolution, durch
welche Frankreich ein Jahrhundert vorwärts geschrit-
ten, in weniger als zwölf Tagen vollkommen beendet. Die größte Woche der französischen Nation
wird in den Jahrbüchern der Völker unsterblich bleiben.

— Jetzt noch einen Blick auf den entarteten, verab-
scheuungswerthen Hof, der Frankreich und Europa in
den Abgrund des Elends und Verderbens zu stürzen
bereit war.

Während am 27. das Gemetzel zu Paris begann,

jagten Karl X und sein würdiger Sohn, der Dauphin, die grosse bête.

Den 28., als man auf das Volk mit Kartätschen
und Paßkugeln schoß, sandte der Herzog von Raausa
(Marmont) in aller Eil einen Kurier mit Depeschen
von der höchsten Wichtigkeit an den beklagenswerthen
König zu St. Cloud. Dieser wollte sich eben in die
Schloßkapelle begeben. Er sagte zu dem Offizier, der
ihm athemlos das Paquet überreichte, „daß er nach
Anhörung der Messe davon Einsicht nehmen wolle."

Bald nachher erschien ein General in bürgerlicher
Kleidung und mit Staub bedeckt. Er verlangte auf
der Stelle eine Audienz, indem er Sr. Majestät
Mittheilungen von der höchsten und- entscheidendsten
Wichtigkeit zu machen habe. Man entgegnete: „die
Etikette erlaube nicht, daß er in seinem Anzuge vor
dem Monarchen erscheine."

Als Marmont am 29., nach seinem Rückzuge aus
Paris, dem Dauphin zu Sèvres Bericht abstatten
wollte, überfiel ihn dieser, und versetzte ihm mehrere
Faustschläge ins Gesicht und auf die Brust. Sodann
forderte er ihm seinen Degen ab, und versuchte ihn
zu zerbrechen, wobei er sich an der Hand verwundete.
Sogleich schrie er laut auf, und befahl mehrern
Gardes-du-corps, sich des Marschalls zu bemächtigen
und ihn in Arrest zu führen. Sein Zorn rührte vorzüglich daher, daß Marmont die Ernennung des Dauphins zum Generalissimus, welche eine Stunde vorher Statt gefunden, noch zu ignoriren schien.

Den 30. Nachmittags erbot sich Karl X, zu Gunsten seines Sohnes abzudanken. Man machte ihm bemerkbar, daß ein solcher Schritt keinesweges geeignet

sein werde, die Nation zu befriedigen. Er kam nun
auf den Gedanken, die Krone auf seinen angeblichen
Enkel, den Herzog von Bordeaux, überzutragen. —
Der Herzog von Mortemart äusserte, das Alles sei
jetzt zu spät, denn die königliche Familie habe auf
immer des Volkes Vertrauen verloren. „Man spricht
schon davon, fügte Mortemart hinzu, den Herzog von
Orleans zum König auszurufen." — Karl X blickte
starr vor sich hin, schlug ein Kreuz und sagte: Que
voulez-vous que j'y fasse (was wollen Sie, daß ich
da thue)? — —

Reise Karls X und seiner Familie.

Während den großen Ereignissen der Neugestaltung
Frankreichs, am 27., 28. und 29. Juli, befanden sich
Karl X und seine Familie zu St. Cloud, zwei Stunden von Paris. Erst am 30., als in der Hauptstadt
Alles vollbracht, und Karl X, so wie seine Nachkom-
menschaft, des Throns verlustig erklärt worden, begab
er sich nach Rambouillet, wo er, so wie sein Sohn,
der Herzog von Angoulême, am 2. August abdankten.

Auf dem Wege von St. Cloud nach Rambouillet
machte die gewesene königl. Familie Halt im Schlosse
Trianon, bei Versailles. Man speisete dort zu Mittag. Die Gesellschaft war sehr zahlreich und äusserst
lebhaft. Karl X zeigte eine ungewöhnliche Vertraulichkeit gegen mehrere Marschälle und Generale, die
er hatte einladen lassen. „Sein Sie vollkommen ruhig über Alles, was vorgeht, wiederholte er mehr-

mals. Dieſe Geſchichte wird nicht **hundert Tage
dauern.**" *)

Sein Entſchluß war, den Bürgerkrieg in den weſt-
lichen Departementen, beſonders in der Vendée, zu
organiſiren. Aber die Vendéer, wenn auch nicht weniger tapfer als 1793, doch durch Erfahrung über
ihre wahren Intereſſen belehrt, zeigten ſich keineswegs
bereit, dem Verlangen eines eidbrüchigen Monarchen
zu entſprechen, der ſie zuerſt zu Werkzeugen und
ſpäter zu Opfern ſeines Despotismus machen wollte.
Sie blieben ruhig, unbeweglich, und die letzte Hoffnung, durch Gewalt ſich zu erhalten, welche er auf
ihre Unterſtützung gegründet, ſcheiterte.

Auf ſolche Weiſe enttäuſcht, mußte der unglückliche Monarch ſich nun wohl überzeugen, daß in Frankreich Alles für ihn und die Seinigen geendet ſei.
Er erſuchte deshalb den Generallieutenant des Königreichs (Herzog von Orleans), ihm Beauftragte zu
ſenden, um ſeine Entfernung aus dem Lande, welches
er, ſeit er die Geſetze deſſelben mit Füßen getreten,
nicht mehr bewohnen konnte, zu ſichern.

Die ernannten Beauftragten waren der Marſchall
Maiſon und der Herzog von Coigny, beide Pairs von
Frankreich, Jaqueminot und Schonen, Deputirte,
und Odilon-Barrot, einer der Maires von Paris.
Sie begaben ſich den 2. Auguſt nach Rambouillet,
wo ſie Abends 8 Uhr ankamen.

Karl X ließ nur den Herzog von Coigny vor ſich.
Bald nachher ließ er die andern Beauftragten durch
den Marſchall Marmont (derſelbe, welcher mit der

---

*) Anſpielung auf die Zwiſchenregierung Napoleons im J. 1815.

Maſſaker der Einwohner von Paris beauftragt war) unterrichten, daß er nicht geſonnen ſei, Rambouillet zu verlaſſen, bevor er nicht auf das Beſtimmteſte erfahren, daß man ſeinem Verlangen Genüge geleiſtet, und den Herzog von Bordeaux, unter dem Namen Heinrich V, zum König von Frankreich proklamirt habe.

Die Beauftragten kehrten alſo nach Paris zurück, um den Generallieutenant des Königreichs und die proviſoriſche Regierung von dieſem Begehren des geweſenen Königs zu unterrichten. Kaum aber hatte dieſe Nachricht ſich zu Paris verbreitet, als ſogleich mehr als 40,000 Pariſer, unter Anführung des Generals Pajol und des Oberſten Jacqueminot, ſo wie ein Artilleriezug, unter Georg Lafayette (dem Sohn des Generals) nach Rambouillet eilten, das eilf Stunden von Paris entfernt iſt. Eine Kolonne bewaffneter Einwohner von Rouen und Havre, die auf dem Marſch nach Paris begriffen war, ſchloß ſich ihnen unterwegs an. Der Zweck dieſer Exkurſion war, Karl X ein- für allemal zu belehren, daß er keinerlei Bedingungen mehr aufzuſtellen habe, und daß es kein anderes Heil für ihn geben könne, als ſo ſchnell als möglich ein Land zu verlaſſen, deſſen Bewohner er durch ſeine Treuloſigkeit auf das Aeuſſerſte gereizt hatte.

Er begriff das endlich. Und da bei ſchwachen Karakteren kein allmäliger Uebergang möglich iſt, wurde plötzlich bei dieſem beklagenswerthen Monarchen blinde Aufgeblaſenheit durch paniſche Furcht erſetzt. Er gab den Befehl, auf der Stelle aufzubrechen, ohne die Ankunft der Pariſer abzuwarten. Seine Abreiſe glich einer vollkommenen Flucht. Sie war ſo übereilt, daß man selbst das Nothwendigste mitzunehmen vergaß. Um 11 Uhr Abends war Karl X mit seinem Höflings=Gefolge (das sich jedoch seit Saint=Cloud sehr vermindert hatte) und mit etwa 1800 Gardes=du=corps und Dragonern, auf dem Wege nach Dreux. Drei Beauftragte der Regierung, Maison, Schonen und Odilon=Barrot, begleiteten ihn.

Als er in der Nacht zum 4. vor dieser acht Stunden von Rambouillet entfernten Stadt anlangte, fand er die Thore derselben verschlossen, überall die dreifarbige Fahne wehend, und die dreifarbige Kokarde auf allen Hüten. Die Nationalgarde war unter den Waffen, und verweigerte dem flüchtigen Fürsten den Eintritt, der ihm erst auf Verwenden der obgenannten Beauftragten gestattet wurde. Er blieb den 4. zu Dreux, wo er in einem Privathause wohnte.

Am 5. Morgens setzte der gewesene König seinen Weg nach Cherbourg, wo er sich einschiffen sollte, fort. Seine kleine Armee bestand aus vier Kompagnien Gardes-du-corps und drei Kanonen. Karl X und der Herzog von Angoulême waren zu Pferde. In einer Kutsche, unmittelbar hinter ihnen, befanden sich die Herzogin von Angoulême, die Herzogin von Berry und ihre Kinder. Nach ihnen folgten mehrere mit Hofleuten angefüllte Kutschen. Der Herzog von Ragusa war an der Spitze eines nicht besonders zahlreichen Generalstabes. Das tiefste Schweigen herrschte im ganzen Zuge. Man blieb über Nacht in der kleinen Stadt Verneuil, 25 Stunden von Paris.

Der alte König schien während den ersten Tagen seiner Reise zu hoffen, daß die Landleute sich für ihn erklären würden, und daß er, mit ihrer Hilfe, sich

wieder der höchsten Gewalt bemeistern könne. Als er
aber in seinen Erwartungen sich vollkommen getäuscht
sah, wurde er sehr niedergeschlagen, vergoß häufige
Thränen, murmelte Gebete, und sprach ausserdem
wenig.

Der Ex-Dauphin zeigte seit der Flucht von Rambouillet, und dem nicht sehr schmeichelhaften Empfang
zu Dreux, einen in seiner Lage unerklärlichen Froh-
sinn. Er lachte und scherzte, nicht mit philosophi-
schem Gleichmuthe, sondern mit der Untheilnahme
des Schwachsinnes. Seine Gemahlin schien nicht nur
über diese seltsame Stimmung ihres Gatten, sondern
auch über den ganzen Gang der Begebenheiten auf
das Aeusserste erzürnt. Ihre Augen schleuderten Blitze
des Zorns und der Verachtung, das krampfhafte
Zucken ihres Mundes und ihrer Gesichtsmuskeln ver-
riethen die heftigen Gefühle, von denen ihr Inneres
bewegt wurde. Ihr Anzug befand sich in größter Unordnung.

Die Herzogin von Berry hatte Mannskleider angelegt, was sie auch früher schon oft gethan, um
desto freier in ihren Bewegungen zu sein. Ihre Kinder befolgten die ihnen eingeprägte Lehre und grüßten
rechts und links auf theatralische Weise, ohne jedoch
von Seiten des Volks irgend einen Gegengruß zu erhalten.

Siebenzehn Hofkarossen und einige mit Gold beladene Wagen (indem die provisorische Regierung
Karl X eine Million geschickt) beschlossen den Zug,
der sich nur sehr langsam fortbewegte.

Zwischen den königlichen Kutschen und denen der
Höflinge bemerkte man einige Personen mit blassen

Gesichtern, die Hände über den Rücken geschlagen
und die Augen auf die Erde geheftet. Ihrer Ver-
mummung ungeachtet war es leicht, in ihnen Mitglieder der Gesellschaft der Jesuiten zu erkennen, die,
nachdem sie die königliche Familie ins Unglück gestürzt, sie wenigstens noch einige Tagreisen weit begleiten wollten.

Eine unzählbare Menge Landleute und Bürger
drängte sich zu beiden Seiten der Landstraße, um den
Abzug der ehemaligen Beherrscher des Landes zu sehen.
Kein Laut, weder des Mitleidens noch des Hasses,
wurde laut. Karl X weinte und betete, sein Sohn
lachte, die Herzogin von Angoulême knirschte, die
Herzogin von Berry und deren Kinder nickten unaufhörlich..... Alles umsonst. Das Volk sah trockenen
Auges, mit stummem Ernst, beinahe mit Gleichgültigkeit, eine Familie sich entfernen, von der es durch
Erfahrung nur zu wohl wußte, daß sie nie sein Bestes
gewollt.

Ueberall auf dem ganzen Wege Karls X wehete
die dreifarbige Fahne. Die Bevölkerung des ganzen
Landes hatte sich mit dreifarbigen Kokarden und Bändern geschmückt. Die Zeichen der Königswürde waren
überall verschwunden.

In der Nähe von Nonancourt, einem Städtchen
zwischen Dreux und Verneuil, speisete die königliche
Familie in einem kleinen Wirthshause zu Mittag.
Die Mahlzeit bestand aus einigen frischen Eiern.
Die Herzogin von Angoulême begab sich in die Kirche
des Ortes, um zu beten. Der gewesene König sprach
kein Wort, selbst nicht mit seinen Enkeln, die er
neben sich hatte setzen lassen. Man hatte kurz vorher,

quer über die Straße gestreckt, einen todten Garde-
du-corps gesehen, der wahrscheinlich aus Hunger
oder Ermüdung umgekommen war. Dieser Anblick
schien den hohen Reisenden die Eßlust geraubt zu haben.

Sie blieben den 6. zu Verneuil, unter dem Vorgeben großer Ermüdung, obgleich sie nur sehr kleine
Tagreisen gemacht hatten. Den 7., um 1 Uhr Nachmittags, kamen sie nach Aigle, deren Einwohner sie
mit demselben Schweigen, mit derselben imposanten
Ruhe empfingen, wie die aller übrigen Orte, welche
sie bisher dahin berührt hatten. Karl X weinte, als
er die Stadt betrat und verließ. Die übrigen Mitglieder der Familie zeigten sich in den ihnen eigenthümlichen Rollen. Einige Personen behaupteten, den
Exminister im Gefolge des Königs erkannt zu haben.

An demselben Tage war zu Paris der General-
lieutenant des Königreichs, der Herzog von Orleans,
durch die Deputirten- und Pairskammer zum konstitutionellen König der Franzosen proklamirt worden. Es
war gerade ein Jahr, seitdem Karl X das Ministerium Polignac gebildet, welches durch die Ordonnanzen vom 8. August 1829 eingesetzt wurde.

Zu Aigle wohnte der gewesene König auf dem
Schlosse des Herrn von C., das nach seiner Abreise
sich in einem kläglichen Zustande befand. Der Chef
de cuisine (Oberkoch) langte schon Morgens an, mit
einem Heere von Officiers de bouche, Köchen, Koch-
buben u. s. w., so wie mit allem Nothwendigen und
Ueberflüssigen zum Dienst des königlichen Tisches. Indessen mußten doch noch 25 Frauen aufgeboten werden, um in der Küche behilflich zu sein.

Nach seiner Ankunft ließ Karl X den Eigenthümer

des Schlosses rufen. Dieser äusserte, daß er sich glücklich schätze, den Monarchen beherbergen zu können,
aber daß es ihm sehr leid thue, dieser Ehre unter so
traurigen Umständen theilhaftig zu werden. Der König entgegnete:

„Die Umstände sind traurig, in der That. Es
thut mir leid, Frankreich zu verlassen. Ich liebe
Frankreich, mein Herr. Frankreich ist ein schönes
Land. Ich wünsche, daß es glücklich sein möge. Ich
war nicht geeignet, es glücklich zu machen. Man
bedarf dazu einer eisernen Hand. Ich habe
nicht genug Karakterstärke. Uebrigens hoffe ich, daß
es glücklich sein wird. Ich wünsche es. Ich werde
immer Frankreich mit meinen Wünschen folgen.“

Herr von C. antwortete nichts. Er machte eine
tiefe Verbeugung und entfernte sich.

Den 8., ziemlich früh, brach der Zug nach Argentan auf, wo er an demselben Tage gegen Abend
ankam. Diese Stadt, von ungefähr 6000 Einwohnern,
ist 42 Stunden von Paris entfernt. Sie liegt auf
einer Höhe, am Ufer der Orne. Weder hier noch zu
Falaise, einer 5 Stunden weiterhin gelegenen Stadt
von 16,000 Einwohnern, wo Karl X am 9. ankam,
ereigneten sich Umstände, welche eine besondere Mel-
dung verdienten. In dem ersten Ort fielen einige
Betschwestern vor dem unglücklichen Monarchen nieder, und bedeckten seine Hände mit Küssen und Thränen. Die Nationalgarde bildete in den Straßen eine
Doppelreihe. Sie trug die dreifarbige Kokarde, war
jedoch unbewaffnet.

Man vermied absichtlich die nähere Hauptstraße
über Caen, weil auf derselben das Volk gegen Karl X.

und seine Familie sehr erbittert war, und man ihr
jede unangenehme Begegnung auf ihrer ohnedem schon
sehr traurigen Reise so viel als möglich ersparen
wollte.

Bei dem Einzuge zu Falaise befand sich der alte
König in einer der letzten Kutschen, von seinen Gardes-du-corps umringt. Die Nachricht, daß die Bürger dieser Stadt sehr konstitutionel gesinnt seien,
hatte ihn nicht wenig beunruhigt. Er war blaß und
im höchsten Grade niedergeschlagen. Selbst der Zorn
der Herzogin von Angouleme schien sich ein wenig gemildert zu haben.

Der gewesene König hatte noch ungefähr 300 Bediente in seinem Gefolge. Mehr als 30 Wagen waren allein mit den Bedürfnissen des Küchendienstes
beladen. Beinahe 100 Kutschen und Kabriolette ent-
hielten das Hofpersonale, welches sich übrigens in
nicht besonders glänzenden Umständen zu befinden
schien.

Von Karl X und seinem Gefolge wurde der kleine
Herzog von Bordeaux als König von Frankreich behandelt. Er hatte seinen Platz in einer prächtig vergoldeten Kutsche, mit dem großen königlichen Wappen, und wurde Sire und Eure Majestät genannt.
Bei Tische erhielt er den Ehrenplatz, und wurde auf
alle nur mögliche Weise ausgezeichnet. Man hoffte
dadurch den sogenannten royalistischen Geist der Bevölkerung zu heben. Aber wie viele Handküsse der
arme Heinrich V und seine Schwester ihr auch zu-
schicken mochten, sie blieb stumm und begnügte sich
höchstens mitleidig die Achseln zu zucken. Zu Falaise
wurde Karl X durch den Deputirten la Pommeraye,

welchen die provisorische Regierung eigends abgeschickt, von der Ernennung des Herzogs von Orleans zum König der Franzosen unterrichtet. Ein zweifelhaftes Lächeln ersetzte von nun an auf seinem Gesichte die Thränen, welche er bisher vergossen.

Den 11. um 1 Uhr Nachmittags kam Karl X mit seinem Gefolge, in welchem man besonders den Marschall Marmont zu Pferde bemerkte, zu Vire, 12 Stunden von Falaise und 59 Stunden von Paris, an. Vire hat ungefähr 8000 Einwohner. Der König stieg in einem Privathause ab, wo die Beauftragten der Regierung im Voraus seine Wohnung hatten einrichten lassen. Er ließ Niemand vor sich, ging von 6 bis 7 Uhr in dem zu dem Hause gehörenden Garten spazieren, und schien nachdenkender als je zuvor.

Er hatte geglaubt, daß es zu Vire und in der Umgebung viele Königlichgesinnte gebe. Die Hoffnung, diese zu einer Diversion zu seinen Gunsten zu vermögen, ging jedoch nicht in Erfüllung. Bei seinem Einzuge bildeten etwa 300 Mann von der Nationalgarde, jedoch ohne Waffen, eine Gasse bis zu seiner Wohnung. Die drei Farben zeigten sich überall, und selbst Kinder, Frauen und Mädchen trugen die Nationalkokarde.

Das betrübte den unglücklichen Monarchen sehr. Er war äußerst verstimmt, sich in seinen letzten Erwartungen getäuscht zu sehen, und ließ seinen Unwillen an den Beauftragten aus, die ihn mit schweigender Würde ertrugen. Als er am andern Morgen die Stadt verließ, machten sich bei ihm Zorn und Schmerz durch Thränen Luft. Die Herzogin von Angouleme verhüllte sich das Gesicht. Auch sie schien zu

weinen. Die Herzogin von Berry war mit ihren Kindern beschäftigt, die nach allen Seiten grüßten. Der
Herzog von Angouleme war ebenfalls in einer Kutsche,
weil es regnete. Der Ausdruck seines Gesichts war
im höchsten Grade nichtssagend und gleichgültig.

Von Vire aus folgte Karl X ein Detaschement
des 12. Linienregiments, ein anderes des 52., eine
Abtheilung Dragoner und ein Korps Nationalgarden,
um ihn gegen jede Beleidigung von Seiten der Bevölkerung des Manche-Departements zu schützen,
welche durch die von böser Hand angeordneten Feuers-
brünste sehr gelitten hatte, und deshalb aufs Aeusserste erbittert war.

Den 12., um 3 Uhr Nachmittags, kam der große
Leichenzug des Absolutismus nach Saint-Lo, einer
Stadt von 9000 Einwohnern, 63 Stunden von Paris
und 10 Stunden von Vire. Marmont ritt an der
Spitze. In einiger Entfernung hinter ihm ritt der
Ex-Dauphin. Seine Gemahlin blickte flüchtig nach
allen Seiten. Sie schien in dem großen Haufen nach
Anhängern zu spähen. Aber kein Laut, keine Bewe-
gung war zu Gunsten der unglücklichen Familie.

Karl X hatte rothe Augen und ein etwas aufge-
dunsenes Gesicht. Im Uebrigen schien ihm die Reise
nicht übel zu bekommen, denn man bemerkte nicht,
daß er auf irgend eine Weise davon angegriffen sei.
An der Kutsche, in welcher er sich befand, war das
königliche Wappen vollkommen ausgewischt.

Eine ungeheure neugierige aber stumme Volksmenge drängte sich in die Straße und vor das Haus,
wo die königliche Familie absteigen sollte. Die Herzogin von Berry und ihre Kinder allein erregten die

Theilnahme einiger Personen. Man bedauerte sie als unschuldige Opfer des großen Schiffbruchs.

Um 5 Uhr Morgens den 13. brach der Zug nach Balognes auf. Diese kleine Stadt von beinahe 8000 Einwohnern ist 14 Stunden von Saint-Lo entfernt, folglich war diese Tagreise die stärkste, welche Karl X von Rambouillet aus gemacht. Es regnete, und der Dauphin, so wie Marmont, befanden sich mit ihm in einer Kutsche. Alle drei schienen sich sehr zu langweilen; man bemerkte unterwegs, daß sie häufig gähnten.

Bei ihrer Ankunft zu Balognes fanden sie die Nationalgarde zu Fuß und zu Pferde unter den Waffen. Auf der ganzen Strecke von Saint-Lo bis Carentan waren sie von einer unzähligen Menge Landsleute begleitet worden. Alle trugen die Nationalkokarde, und stießen ein Geschrei aus, das den unglücklichen Reisenden nicht besonders erfreulich scheinen mußte, indem es sie unaufhörlich an die Mißgriffe erinnerte, deren sie sich schuldig gemacht.

Unter dem Vorwand der Ermüdung, blieb Karl X bis zum 16. Morgens zu Balognes. Sonntags den 15. hörte er dort die Messe und kommunizirte. Er hoffte immer noch, daß eine Parthei sich für ihn erklären werde, obgleich Alles, was er bis dahin gesehen und vernommen, ihn längst vom Gegentheil hätte überzeugen können.

Er verließ Balognes am 9 Uhr Morgens, und kam um halb 2 Uhr Nachmittags nach Cherbourg, das 112,000 Einwohner hat, und 87 Poststunden von Paris entfernt ist. Ohne in der Stadt zu verweilen, deren entschiedene konstitutionelle Gesinnung ihm ein

Gräuel war, begab er sich unmittelbar nach dem Ein-
schiffungsorte.

Die Gardes-du-corps und die Elite - Gendarmen,
welche ihn bis dahin begleitet hatten, folgten ihm
schwadronenweise in den Umschluß des großen Hafens, und stellten sich dort in Schlachtordnung auf.
Die königliche Familie nahm Abschied von den Personen ihres Gefolges, welche sie nicht weiter begleiteten, und verabschiedeten das Militär, das sich größtentheils in einem traurigen Zustande befand. Die
Herzogin von Angoulême sagte zu den Garden: „Lebt
wohl, meine Kinder! wir werden uns bald wiedersehen." Marmont entließ sie mit denselben Worten.
Gleich darauf steckten die Gardes-du-corps die dreifarbige Kokarde auf und kehrten nach Valogne zurück. Sie waren nur noch 800 an der Zahl. Karl X
nahm im Augenblicke der Trennung keine Notiz von
ihnen, obgleich sie seinetwegen so vielen Gefahren
Trotz geboten, und gewiß nicht geringe Mühseligkeiten ausgestanden hatten.

Er stieg unmittelbar aus der Kutsche in das Boot,
welches ihn nach den Schiffen bringen sollte. Er trug
einen blauen bürgerlichen Rock und einen schwarzen,
runden Hut. Obgleich blaß und niedergeschlagen, war
seine Haltung doch ziemlich ruhig.

Der Herzog von Angoulême war ebenfalls in bürgerlicher Kleidung. Er hatte einen olivenfarbenen
Ueberrock und einen grünen Hut. Sein Ansehen war
keineswegs würdig. Er hüpfte und geberdete sich, als
mache es ihm eine große Freude, Frankreich auf immer zu verlassen.

Seine Gemahlin schien nicht so heiter. Sie drückte

den Offizieren, und selbst einigen Soldaten die Hände, und schien häufige Thränen zu vergiessen. Auch die Herzogin von Berry, die als Amazone gekleidet war, umarmte mehrere Offiziere, die sie zu kennen schien, und sprang sodann mit einem gewaltigen Satze in das Boot, indem sie mit der langen Schleppe ihres Kleides eine verächtliche Bewegung machte. Gleich nachher verhüllte sie sich das Gesicht. Ihre Kinder schienen von dem ganzen Vorgang wenig oder nichts zu begreifen. Der Herzog von Bordeaux gab Karl X und dem Ex-Dauphin die Hand. Sie führten ihn ins Boot, während der gewesene König zu den ihm am nächsten befindlichen Personen sagte: „Meine Herren, kehren Sie zurück zu Ihrer Bestimmung und thun Sie Ihre Schuldigkeit."

Siebenundsechszig Individuen schifften sich mit der königlichen Familie ein. Die Schiffe, welche sie nach England bringen sollten, waren der Great Britain und der Charles Caroll, beide Nordamerikaner und Eigenthum Joseph Bonaparte's, ehemaligen Königs von Spanien.

Um 3 Uhr Nachmittags lichteten die Schiffe die Anker, und um 4 Uhr hatte man sie vollkommen aus dem Gesichte verloren. Zwei französische Schiffe mit der dreifarbigen Flagge und unter Anführung des Kapitäns Dürville begleiteten sie, und dienten ihnen zur Bedeckung.

Keiner der Minister, welche der Familie Karls X nach Kräften zu ihrem Verderben behilflich gewesen, befand sich in ihrem Gefolge. Peyronnet, Chantelauze und Guernon-Ranville waren bereits zu Tours angehalten und Polignac wurde zu Granville verhaftet, als er sich eben nach der britischen Insel Jersey einschiffen wollte.

Die Abreise der königlichen Familie wurde von den zu ihrer Begleitung von der Regierung abgeordneten Beauftragten folgendergestalt bescheinigt:

„Wir abgeordnete Beauftragte bei dem König Karl. X, um ihn und seine Familie nach Cherbourg zu begleiten und für ihre Sicherheit zu sorgen, haben, nachdem wir uns an Bord des amerikanischen Schiffes „Großbritannien" begeben, bescheinigt, daß der König Karl X, Ihre königliche Hoheiten, Ludwig Anton, Dauphin, die Frau Dauphine, der Herzog von Bordeaux, die Frau Herzogin von Berry und Mademoiselle (Tochter der Herzogin von Berry) sich auf dieses Fahrzeug eingeschifft haben, den 16. August 1830, um 2 Uhr Nachmittags, daß sie Schlag 3 Uhr die Gestade Frankreichs verlassen, um nach England unter Segel zu gehen. Ueber alles dieses haben wir den Verbalprozeß aufgenommen, ihn unterzeichnet, und ihn von dem See-Präfekten des Hafens von Cherbourg unterzeichnen lassen, welcher bei besagter Einschiffung gegenwärtig gewesen.

So geschehen zu Cherbourg, den 16. August 1830.

Der Marschall Marquis Maison; de Schenen; de la Pommeraye; Odilon-Barrot; der Seepräfekt Pouyer."

Den 17. um zwei Uhr Nachmittags kamen die Schiffe, auf welchen sich Karl X und seine Familie befanden, auf der Rhede von Spithead, bei Ports=

mouth, an.   Man hatte alſo nur 24 Stunden zur
Ueberfahrt gebraucht.*)

Der Lieutenant-Gouverneur von Portsmouth, Sir
Colin Campbell, begab ſich ſogleich mit ſeinem Gene-
ralſtab an Bord der amerikaniſchen Schiffe, und begrüßte den geweſenen König, den er zugleich einlud,
nicht zu Portsmouth zu landen, wenn er nicht auf
eine unangenehme Weiſe von der Bevölkerung dieſer
Stadt begrüßt werden wolle, welche ſich mit den drei
Farben geſchmückt habe, um ihre Abneigung gegen
ihn zu bezeugen.

Karl X war bei dieſer Nachricht auſſerordentlich
niedergeſchlagen, eben ſo die Herzoginnen von Angoulême und von Berry   Dieſe letzte hatte ſich während
der Ueberfahrt übel befunden, und wünſchte ſogleich
ans Land zu gehen.   Die Schiffe wurden durch zwei
Dampfboote nach der kleinen Stadt Coves, auf der
Inſel Wigbt, gebracht, wo die Prinzeſſinnen und
die Kinder ans Land gingen, und im Gaſthofe zum
Brunnen einkehrten, während Karl X und ſein
Sohn an Bord blieben

Der geweſene König ſchickte eine Deputation nach
London, beſtehend aus dem Herzog von Luxemburg,
dem Marquis von Choiſeul, dem Grafen Laroche-
jaquelin und den Baronen Beyrtel und Croſſard, um
mit dem britiſchen Miniſterium über ſein Verweilen
in England zu unterhandeln.   Auch der Marſchall
Marmont und ſein Adjutant begaben ſich nach London.

Die engliſchen Miniſter entſchieden, daß Karl X
und ſeine Familie als Privatperſonen in Groß-

---

*) Die Entfernung betragt 30 Stunden.

britannien wohnen dürften, daß man ihnen aber keine
Auszeichnung irgend einer Art zugestehen könne und
werde.

Der gewesene König verlangte als solcher behandelt zu werden. Er verlangte auch, daß die englische Regierung den Herzog von Bordeaux als König
von Frankreich anerkenne. Diese Anträge wurden
geradezu als unstatthaft verworfen, wie dringende
Vorstellungen die Beauftragten Karls X auch machten.

Er sah sich endlich genöthigt, in die Vorschriften
der Regierung sich zu fügen, und mit dem Titel eines
Privatmanns sich zu begnügen, wonach er die Erlaubniß erhielt, sich nach dem Schlosse Lullworth
in der Grafschaft Dorset, fünf Stunden von der
Stadt Dorchester, und ungefähr 60 Stunden südwest-
lich von London, nahe an dem Meerarm des Kanals,
welcher England von Frankreich trennt, zu begeben.

Er verließ, in Begleitung seiner Familie, Cowes
um 8 Uhr Morgens, am 23. August. Bei seiner Abreise herrschte das tiefste Schweigen. Man vernahm
nicht einen Laut, weder der Theilnahme noch des
Mißfallens und der Menge. Die exilirte Familie
nahm ihre Richtung gegen Poole, einer kleinen See-
stadt, 8 Stunden von Dorchester; dort erwarteten sie
ihre Kutschen, um sie nach Lullworth zu bringen, wo
sie am Abend ankamen. Dies Schloß gehört dem
Kardinal Weld, der zugleich päbstlicher Legat in England, und einer der eifrigsten Anhänger der Jesuiten ist.

Einkommen des regierenden Zweiges des Hauses Bourbon von 1814 bis 1830.

Die gewesene königliche Familie von Frankreich gleicht einem alten Prachtgebäude, deſſen Grundfeſten die Zeit untergraben, und das nur mit ungeheurer Koſtenverſchwendung bis zu dem Augenblicke aufrecht erhalten werden konnte, wo der Finger der Vernichtung es berührte. Alle die Summen, welche man auf ſeine Doppel-Reſtauration verwendete, ſind auf immer verloren. Die Erhaltung dieſes koloſſalen Werkes war unmöglich, indem man, ſtatt die Laſt zu erleichtern, welche die morſchen Pfeiler zu tragen hatten, ſie im Gegentheil beſtändig ſchwerer machte.

Zwar gab man ihm 1814 durch die Charte ein neues Dach, und durch die beiden Kammern zwei mächtige Seitenſtützen, welche es noch lange hätten erhalten können. Aber kaum war der Giebel aufgeführt, ſo wurde er ſchon von den Bewohnern des Palaſtes durchbrochen. Ein gewaltiger Regenguß bedrohete die Sicherheit dieſer letzten. Während des Sonnenſcheins von 1815 flickte man das Loch wieder zu.

Von einem böſen Geiſte beſeſſen, thaten die Bewohner von nun an gerade das Gegentheil von dem, was ſie hätten thun ſollen. Statt die Seitenſtützen (von welchen die eine ſich über einen Abgrund, die andere über einen Sumpf erhob) immer mehr zu befeſtigen, zu verſtärken, untergrub man ſie bald mit vermeintlicher Schlauheit und bei Nacht, bald jubelnd, und am hellen Tage. Man glaubte etwas recht Kluges, etwas recht Großes gethan zu haben.

Je weiter die Arbeit der Minirer (besonders auf der Seite gegen den Abgrund) gedieh, um so kecker und ausschweifender wurde die Narrheit der Bewohner des alten Gebäudes. Sie meinten, es sei nun auch Zeit, den neuen Dachstuhl abzuwerfen, der sie bis dahin allein geschirmt.

Das Unternehmen wurde in Ausführung gebracht. Aber in demselben Augenblicke erhob sich ein gewaltiger Sturm. Die Seitenstützen wichen, die verweseten Grundpfeiler zerstiebten, und das kolossale Haus stürzte in den Abgrund; indem es, in Folge der Arbeiten seiner Bewohner, und deren Lakeien, schon seit Langem sich gegen diese Seite geneigt.

Sprechen wir ohne Metapher. Der älteste Zweig der Familie der Bourbonen hat sich selbst gestürzt. Er hat sein Unglück mit systematischer Beharrlichkeit vorbereitet und vollbracht. Es wäre ein Wunder gewesen, hätten die Ereignisse sich anders gestaltet, als wir sie gesehen. Eine solche Fügung hätte das Bereich der Möglichkeit überschritten. Unser oben angeführtes Bild kann das versinnlichen.

Für den aufgeklärten Theil des Publikums bedarf es keiner andern Demonstration. Aber um Jedermann diese Wahrheit einleuchtend zu machen, wollen wir auch durch Zahlen beweisen, welche Masse von metallischer Macht dieser Familie zu Gebote stand, und welche ungeheure Summen sie Frankreich, seit der Restauration, gekostet.

Wie groß nun auch diese Summe sein mag, war sie für eine so verschwenderische Familie dennoch nicht genügend. Sie machte immerfort neue Schulden, obgleich sie jährlich vom Staate nicht weniger als

34 Millionen Franken (16,120,700 rhein. Gulden)
zu ihren persönlichen Ausgaben bezog. In den letzten Monaten seines Ministeriums hatte Villèle, sagt
man, den Plan, durch ein Gesetz eine beständige Rente
von 500,000 Franken, zum Kapital von 10 Millionen, zu begründen, um die Schulden des Königs
(Karls X) zu bezahlen..

Außer diesem öffentlichen Einkommen floß der königlichen Familie noch ein anderes aus den Kron-
domänen zu, das sich jährlich auf wenigstens fünf
Millionen Franken (2,370,700 rh. Gl.) belief. Dazu
kamen noch mehrere im Geheimen bezogene Summen,
die unter allerlei Namen in Anschlag gebracht wurden, die jedoch nicht genau gewerthet werden können.
Begnügen wir uns deshalb nur mit dem, was mit
Gewißheit spezifizirt werden kann. Dem allem ungeachtet, war diese Familie, auf ihrer Flucht nach
Rambouillet, so ganz von Geld entblößt *), daß die
neue Regierung ihr eine Unterstützung von einer Million angedeihen lassen mußte, so daß sie in der That
ihre Reise nach Cherbourg und weiterhin auf Kosten
der französischen Nation gemacht.

In dem allgemeinen Anschlag wollen wir auch nicht
die großen Summen anführen, welche die königliche Familie sich 1814, durch die Spoliation der außerordentlichen Domänen, zugeeignet: Dies entehrende Manöver ist
immer mit einem undurchdringlichen Schleier umhüllt
geblieben. Den zuverlässigsten und zugleich den mäßig-
sten Berechnungen zufolge, kann der Ertrag dieser un-

---

*) Sie hat selbst ihre schreiendsten Schulden nicht bezahlt.
Noch fordert der Graf von Pfaffenhofen, und Jauche-Bo-
rel hat sich aus Verzweiflung das Leben genommen.

gesetzlichen Beschlagnahme oder Konfiskation auf nicht
weniger als achtzig Millionen Franken (37,932,000
rh. Gl.) berechnet werden.

Man könnte allen diesen Summen auch noch die
beifügen, welche der durchaus unnütze Luxus der
garde-du-corps, des militärischen Hauses, des Generalstabes des Königs, des Dauphins und des Herzogs von Bordeaux, kostete. Aber wir wollen das
Alles unbeachtet lassen, indem auch schon ohnedem
die Summe, welche die königliche Familie während
der sechszehn Jahre der Restauration (von 1814 bis
1830) verbraucht, auf nicht weniger als 800 Millionen Franken (379,320,000 rh. Gl) steigt. Dies ungeheure Kapital diente ausschließlich zum Unterhalt
der sieben oder acht Individuen, aus welchen die königliche Familie bestand. Hätte man diese Summe
den Steuerpflichtigen gelassen, oder auf Zinsen geliehen, würde Frankreich jetzt um wenigstens tausend
Millionen reicher sein, während es für eine so große
Ausgabe nur Jammer und Elend, Blut und Thränen
gewonnen hat.

Geben wir jetzt eine gedrängte Uebersicht von den
Summen, welche die königliche Familie von 1814 bis
1830 bezogen.

Zivilliste und königliche Familie.

1814	Die neun letzten Monate	Fr.	19,510,000
1815	. . . . . .	.	30,700,000
1816	. . . . .	.	23,000,000
1817	. . . . .	.	29,000,000
1818	. . . . .	.	31,800,000
1819	. . . .	.	34,000,000
			168,010,000

		Uebertrag:	168,010,000
1820	. . . .		34,000,000
1821	. . . .		34,000,000
1822	. . . .		34,000,000
1823	. . . .		34,000,000
1824	. . . .		34,000,000
1825	. . . .		32,000,000
1826	. . . .		32,000,000
1827	. . . .		32,000,000
1828	. . . .		32,000,000
1829	. . . .		32,000,000
1830	Die $^1/_{12}$ der 32 Millionen	.	18,670,000
		Zivilliste, ꝛc. .	516,680,000

Dazu kommen noch:

a) Schulden des Königs (Gesetz vom
   21. Dez. 1814). . . .   30,000,000

b) Vermählung des Herzogs von Berry   1,500,000

c) Hilfsgelder an Emigrirte in England   1,800,000

d) Beerdigung Ludwigs XVIII (Gesetz
   vom 15. Januar 1825) . . .   6,000,000

e) Ertrag der Kron-Domänen, jährlich
   fünf Millionen Franken, von 1815 an   80,000,000

     Hauptsumme ohne die obgedachten
     Nebeneinnahmen . .   635,980,000

Allgemeine Uebersicht sämmtlicher Jesuiten-Anstalten auf der Erde.

Während der letzten Revolution zu Paris bemächtigte sich das Volk auch des großen Jesuitenhauses zu Montrouge, in der Nähe der Hauptstadt. Die Nationalgarde versicherte sich besonders der Papiere der Gesellschaft. Man fand in denselben, unter andern interessanten Aktenstücken, eine genaue und authentische Liste sämmtlicher Jesuiten-Anstalten auf der Erde. Wir theilen sie unsern Lesern nach den französischen Journalen mit, ohne sie verbürgen zu können.

Man wird übrigens sogleich bemerken, daß hier nicht von den jetzt bestehenden, sondern von den früher bestandenen Jesuiten-Anstalten die Rede ist. Indessen ist diese Liste immerhin merkwürdig, weil sie einen Begriff geben kann von der gewaltigen Ausdehnung, welche diese Gesellschaft gewonnen. Viele der angegebenen Namen sind seltsam verstümmelt. Wir haben eine große Zahl derselben berichtigt.

Bemerkung. Die Buchstaben P. f. h. bedeuten: Profeßhaus; R. Residenz; K. Kollegium; P. Penston und Kollegium; N. Noviziat; Ue. h. Uebungshaus; S. Seminar; M. Mission.

Assistenz von Deutschland.
Provinz Polen.

Bar, K. Biala, M. Bialocerkiew, K. Brzezsk, K. Bromberg, K. Cassubien, M. Choineze, K. Konstantinopel, M. Culm, M. Danzig, M. Gnesen, M. Grudcziza, K. Jablonow, M. Jaroslaw, K. und R. Jassy, M. Jordanow, M. Kalisch, K. und P. Ka-

mintec, K. Kniehyn, M. Kobryn, M. Koden, M.
Koniecpol, M. Kowel, M. Koschlitz, M. Krakau,
N. P. f. h. Krasnostaw, K. Krimm, M. Krosno, K.
Krzemienec, R. Kujawien, M. Laszcrow, R. Lem-
berg, K. Lenzice, R. Lublin, K. und S. Luckno, K.
Luku, M. Marienburg, R. Markowicza, M. Miedzir-
zec, R. Mozir, M. Naslasow, M. Nizburg, M. Ol-
nin, M. Ostrog, K. u. P. Owrucze, K. Pietrokum,
K. Palesten, M. Posen, K. Prezemisl, K. Radau,
M. Rawa, K. u. P. Rozniatow, K. Sambor, R.
Sandomir, M. Sickierki, M. Stanislaw, K. Suratz,
M. Szaragrod oder Moskow, M. Thorn, K. Tuezna,
M. Tysmienitz, M. Ukräne, M. Uschowa, M. Walz,
R. Warschau, R. Winnitza, K. Wlodomir, M. Zyto-
mir, M. Zywico, M.

Diese Provinz enthält: 71 Häuser und 1105 Jesuiten, wovon 552 Priester.

Provinz Litthauen.

Baxa, M. Bebra, M. Bekielmo, M. Bobroysk,
R. Braunsberg, K. und S. Chernitzow, M. Dro-
gietzin, K. Dukaszty, M. Düneburg, R. Dzienbrow,
M. Faszezowka, M. Grodno, K. Halitz, M. Hilez,
M. Horodeck, M. Janisko, M. Janowo, M. Illucks-
zta, R. Kadzina, M. Karniew, M. Königsberg, M.
Koszleniew, M. Kowno, K. Kroze, K. Kyecdani, M.
Lahkieza, M. Lahyszin, M. Liefland, M. Lixna, M.
Lomza, K. Lubosr, M. Merceez, M. Milcuw, M. Minsk,
K. Mittau, R. Mohilow, R. Mscislaw, R. Nisiewitz, K.
u. R. Nowogrodeck, K. Nyszyniek, M. Orsa, K.
Pinsk, K. Plateroiwsk, M. Plock, K. Poloczk, K.
Poszawsze, K. Preslaw, M. Pultowsk, K. Puszko, M.
Rasno, M. Riga, M. Roessel, K. Rostkow, M.

Schönberg, M. Slonim, R. Slucžk, K. Smyadin, M.
Sohoes, M. Sokolmkow, M. Schadow, M. Tilsa,
M. Turow, M. Uzani, M. Uzwald, M. Warklau, M.
Warschau, K. u. P. f. h. Weiß-Rußland, M. Wilna,
M. zwei Seminare und P. f. h. Wystynez, M. Wi-
tepsk, K. Wolkowitz, R. Womien, M. Wysocho, M.
Zagiellowoska, M. Zeromin, M. Zodzisti, K.

Diese Provinz enthält: 80 Häuser und 1047 Jesuiten, wovon 475 Priester.

Provinz Böhmen.

Alt-Bunzlau, R. Braunsdorf, M. Breslau, K.
und P. Brieg, M. Brünn, K. und R. Brzezniez, K.
Commotau, K. u. S. Crumlau, K. u. S. Czaslau, M.
Dresden, M. Eger, K. Gitschin, R. S. u. K. Gla-
tow, K. u. S. Glatz, K. u. S. Heiligenberg, R.
Hirschberg, R. Hradisch, K. u. S. Jenikow, R.
Iglau, K. u. S. Königingrätz, K. u. S. Kossumberg,
R. Kuttenberg, K. Leipzig, M. Leitmeritz, K. u. S.
Libeschitz, R. Liegnitz, K. u. S. Maria-Schoinuter,
R. Neuhaus, K. u. S. Neisse, S. Olmütz, K. S.
u. P. Oppeln, K. Piekar, R. Pommersdorf, M.
Prag, drei Kollgien, zwei Seminare, P. f. h. zwei
Missionen, P. Sagan, K. u. S. Saatz, M. Schle-
sien, fünf Missionen. Schweidnitz, K. u. S. Tarno-
mont, M. Telesch, K. Teschen, R. u. P. Troppau,
K. u. S. Tuchomierz, R. Turzan, R. Warlenberg,
R. Woparszar, M. Znaim, S.

Diese Provinz enthält: 47 Häuser und 1239 Jesuiten, wovon 673 Priester.

Provinz Oesterreich.

Agra, K. Eperies, R. Essek, M. Felsoe-Ranya,
M. Fünfkirchen, K. Fiume, K. u. S. Gioengyoes, R.

Giutz, K. u. S. Görtz, K. u. S. Grätz, K. u. S.
Gran, R. Herrmannstadt, R. Herrengrund, M. Ja-
warin oder Raab, K. u. P. Judenburg, K. u. S.
Karlsstadt, R. Kaschau, K. S. u. P. Klagenfurt, K.
Koloswar, K. u. S. Komorn, R. Krems, K. u. S.
Kronstadt, M. Laubach, K. u. S. Laybach, S. Leo-
ben, K. u. S. Leopoldstadt, M. Leutsch, K. u. S,
Lintz, K. Millestadt, R. Nagybanya, R. Neustadt, R.
Neuzoll, K. St. Niklaus, M. Oedenburg, K. u. P.
Ofen oder Buda, K. u. P. Passau, K. u. S. Patak,
R. Possega, K. Rosno, R. Schemnitz, R. Schurz, R.
Skalir, K. Steyr, K. u. S. Szattmar, R. Traun-
kirchen, R. Trentschin, K. u. R. Triest, K. u. S.
Turetz, K. Tyrnau, K. zwei Seminare. Waradein
(Groß), R. (Klein), M. Warasdin, K. u. S. War-
sachel, M. Wien, drei Kollegien, M. P. f. h. R. P.
u. S. Windschachen, R. Utuarell, zwei M. S. u. R.
Unguar, K. u. S. Stuhl-Weissenburg, K. Zilina, R.
Zips, R. Zagrabia, K. u. S. (10 Missionen in den
Diözesen).

Diese Provinz enthält: 64 Häuser und 1772 Jesuiten, wovon 751 Priester.

Provinz Ober-Deutschland.

Aichstadt, K. Amberg, K. Augsburg, K. Biburg,
K. Brieg (Wallis), K. Pruntrut, K. u. S. Burg-
hausen, K. Dillingen, K. u. P. Ebersberg, R. Ell-
wangen, K. Feldkirch, K. Freiburg im Breisgau, K.
Freiburg im Uechtland, K. S. u. P. Hall im Tirol,
K. Ingolstadt, K. u. P. Insbruck, K. Kaufbeuern,
R. Konstanz, K. Landshut, K. Landsberg, K. u. R.
Luzern, K. Mindelheim, K. München, K. Neuburg,
K. Orlenburg, K. Orleuberg, R. Oesting in Schwa=

ben, M. Oesting in Baiern, M. Regensburg, K. Rotenburg, K. Rothweil, K. Solothurn, K. Straubing, K. Trient, K.

Diese Provinz enthält: 37 Häuser und 1060 Jesuiten, wovon 496 Priester.

Provinz Oberrhein.

Aschaffenburg, K. Baden, K. Bamberg, K. Bockenheim, R. Erfurt, K. Eßlingen, K. u. P. f. h. Frankenthal, M. Fuld, K. u. S. Hagenau, K. Heidelberg, K. Heiligenstadt, K. Mannheim, K. Mainz, K. u. P. f. h. Molsheim, K. u. S. Neustadt an der Hart, R. Offersweyer, R. Ruffach, R. Pfalz, M. Schlettstadt, K. Speier, K. Wetzlar, R. Würzburg, K. Worms, K.

Diese Provinz enthält: 23 Häuser und 497 Jesuiten, wovon 240 Priester.

Provinz Unterrhein.

Aachen, K. Allnau, M. Anhalt, M. Arensberg, M. Bentheim, M. Berg, M. Bonn, K. Bremen, M. Bürlen, R. Cölln, K. u. P. Coblenz, K. Coesfeld, K. Coppenhagen, M. Düren, K. Düsseldorf, K. u. S. Elberfeld, M. Emmerich, K. Ems, M. Essen, R. Falkenhagen, R. Friedrichssode, M. Friedrichsstadt, M. Geiß, R. Glückstadt, M. St. Goar, R. Hadamar, R. Halteren, M. Hamburg, M. Hildesheim, K. u. M. Hoff, M. Horstmar, M. Jülich, R. Lübeck, M. Meppen, R. Münster, K. Münster-Eifel, K. u. M. Nassau, M. Neus, K. Osnabrück, K. Paderborn, M. Ravenstein, M. Recklingshausen, M. Santen, R. Siegen, K. Sohlingen, M. Schwerin, M. Trier, K. R. u. S. Warendorf, M. Wern, M.

Diese Provinz enthält: 51 Häuser und 772 Jesuiten, wovon 398 Priester.

Provinz Flandern.

Antwerpen, K. P. u. P. f. h. Bailleul, K. Berg St. Vinox, K. Brüssel, K. Brügge, K. Cassel, K. Cautray, K. Dünkirchen, K. Friesland, M. Gent, K. Gröningen, M. Geldern, M. Hall, K. Holland, M. Liere, K. u. R. Löwen, K. Mastricht, K. Mecheln, K. u. R. Ondenarde, K. Over-Issel, M. Rüremonde, K. Tongern, R. Utrecht, M. Zeeland, M.

Diese Provinz enthält 26 Häuser und 542 Jesuiten, wovon 232 Priester.

Provinz Gallisch-Belgien.

Atre, K. Armentière, K. Ath, R. Bethune, K. Cambray, K. Château-Cambresis, K. Dinant, K. Dossay, P. Huy, K. Lille, K. Lüttich, K. Luxenburg, K. Mark, R. Maubeuge, K. Mons, K. u. S. Namur, K. Nivelles, K. St. Omer, K. Tournay, K. S. u. R. Valenciennes, K.

Diese Provinz enthält: 20 Häuser und 471 Jesuiten, wovon 266 Priester.

Provinz England.

Apostel-Kollegium. Boulogne, M. St. Ceadde, K. Conception, K. St. Franz Xaver, K. St. Hugo, K. St. Ignaz, K. St. Johann Evangelist, K. St. Ludwig, K. St. Maria, R. St. Michel, R. Mariland, M. St. Stanislaus, R. St. Thomas zu Canterbury, K. Wätten, R. St. Wenfriede, R.

Diese Provinz enthält 19 Häuser und 299 Jesuiten, wovon 28 Priester.

Assistenz von Spanien.

Provinz Kastilien.

Avita, K. Arebalo, K. Arcoitia, R. Bilbao, K. Burgos, K. Corunna, K. St. Jakob von Compostella, K. u. S. Leon, K. Lequeitio, K. Lograno, K. Loyola, K. Medina-des-Campos, K. Monforte, K. Monterey, K. Ognate, K. Orduna, K. Orense, K. Oviedo, K. Palencia, K. Pamplona, K. Pont-Vedra, K. Salamanka, K. u. S. Santander, K. St. Sebastian, K. Segovia, K. Soria, K. Tudela, K. Valladolid, zwei K. u. S. Verhara, K. Victoria, Hospiz. Villafranca, R. Villa-Garcia, R. Zamora, R.

Diese Provinz enthält 33 Häuser und 718 Jesuiten, wovon 360 Priester.

Provinz Boetien.

Anduxar, K. Anlequera, K. Arcos, R. Baena, R. Baeza, K. R. Cazorla, K. Cadix, K. Canaria, R. Carmonn, K. Cordua, K. S. Ecixa, K. Frexenal, K. Granada, K. S. Guadrix, K. Higuerra, K. Jaen, K. Lacuna, R. Malaga, K. Montilla, K. Mvron, K. Monteil, K. Orotava, R. Ossuna, K. Port-St. Maria, R. San-Lucar, K. Sevilla, 2 K., 2 S. R. u. P. f. b. Trigueros, K. Ubeda, K. Utrena, K. Xeres, K.

Diese Provinz enthält 31 Häuser mit 662 Jesuiten, wovon 308 Priester.

Provinz Toledo.

Albacete, K. Alcala, K. Alcarar, K. Almayra, K. Almonacid, K. Badaios, K. Caceres, K. Caravaca, K. Carthagena, K. St. Clemento, K. Cuenca, K. Daymiel, K. Fuente de Maestre, K. Guadalaxara, R. Guetx, K. Jesus del Monte, R. Lerena, K. Lorca, K. Ma-

drid, K. 3 S. P. f. h. Murcia, K. Novalcarnero, R.
Ocanna, K. Oropesa, K. Placentia, K. Segura, K.
Talavera, K. Toledo, K. Villa = Rejo, R. Jevenes, R.

Diese Provinz enthält 30 Häuser mit 659 Jesuiten, wovon 288 Priester.

Provinz Arragonien.

Alicante, K. Barcellona, K. S. Calatajud, K.
Gandia, K. Ghirone, K. Grans, K. Huesca, K.
Jviça, R. Lerida, K. Majorka, 2 K. Minorka, K. R.
Ontiniente, K. Orihuela, K. Pollenza, K. Saragossa,
K. R. Segorbia, K. Tarragona, K. R. Teruel, K.
Tortosa, K. Valenzia, K. S. u. P. f. h. Vich, K. Urgel, K. St. Wilhelm, R.

Diese Provinz enthält 24 Häuser mit 604 Jesuiten, wovon 272 Priester.

Provinz Sardinien.

Algeri, K. Bosa, K. Cagliari, 2 K. R. Glesa,
K. Nori, R. Norvi, R. Orcier, K. Oliena, K. Ponerba, R. Sassari, 2 K. S.

Diese Provinz enthält 10 Häuser mit 300 Jesuiten, wovon 114 Priester.

Provinz Peru.

Arequipa, K. Chochabamba, K. Santa = Cruz de
la Sierra, R. Cusco, K. 2 S. Guamanga, K. Guancavelica, K. Juli, R. Lima, 2 K. R. S. u. P. f. h.
Moquega, K. Moxos, R. Oruro, K. La Paz, K.
Pisco, K. Plata, K. S. Potosi, K. Truxillo, K.
Yca, K.

Diese Provinz enthält 17 Häuser.

Provinz Chili.

Acongagna, R. Arauco, R. Baldivia, R. Buena=
Esperanza, K. Bucalenta, K. Chillan, K. Chiloe, K.

St. Christoph, R. St. Conception, K. S. Coquimbo, K. St. Jakob d'Elchida, 2 K. R. S. San-Joana, R. San-Joan-Neppuceno de Santa Fe, R. Mendoza, K. Mocha, R. Punta, R. Quillota, K. Valparaiso, R.

Diese Provinz enthält 20 Häuser.

Provinz Mexiko.

Los Angeles, 2 K. Campeche, R. Celaya, K. Chyapa, K. Chiguaga, R. Cinalva, M. Cretaro, K. E. Durango, K. Guatemala, K. S. Guadalazara, K. S. Guanaxarato, K. Havanna, M. Kalifornien, M. Leon, K. S. Louis de la Paz, K. S. Louis de Potosi, K. Merida, K. S. Mexiko, 3 K. S. u. P. f. h. Najarits, M. Santa-Maria de las Parras, K. Pazzuaro, K. Sierra de Piastla, M. Los Pimas, M. Sonora, M. Barahomares, M. Tepehuanes, M. Tepezotlan, M. Valladolid, K. La Vera Cruz, Zacatecas, K.

Diese Provinz enthält 30 Häuser.

Provinz Quito.

Archudona, M. Buga, K. Cuença, K. Darien, M. Guayaquil, K. Guamies, M. Hambato, K. Jbarra, K. Loxa, K. Maynas, M. Panama, M. Pasto, K. Popayan, K. S. Quito, K. S. Riobauba, K. Tacunza, R.

Diese Provinz enthält 15 Häuser.

Provinz Paraguay.

Assomption, K. Buenos-Ayres, K. R. Catamarca, R. Chiquitos, M. Chiriguaios, M. Cordua, K. S. u. M. Corientes, K. S. Yago del Estero, K. Lulos, M. Macovies, M. Pampas, M. Mission an dem Parána. Rioxa, K. P. Salta, K. Santa-Fe, K. Tarixa, K. Tucuman, K. Mission am Uragay.

Provinz des neuen Königreiches.

Antiochia, K. Carthagena, K. St. Domingo, K. Santa-Fe, 2 K. S. Fontibon, R. Huda, K. Los Llanos, M. Merida, K. Mission an der Meta, Monpox, K. Mission am Oronoko, Pamplona, K. Tunga, R.

Provinz der Philippinen.

Antipolo, R. Arevalo, K. Bobola, R. Carigara, R. Catbologna, R. Cavita, K. Cebu, K. Santa-Cruz, R. Dagami, R. Dapitan, R. Manilla, 2 K. Marianen, M. Marinduque, R. S. Miguel, R. Negerinsel, M. Palapag, R. Samboagan, K. Silang, R.

Assistenz von Portugal.

Bega. Brag. Braganza. Campolida. Coimbra. Elvas. Evora. Faro. Lissabon, 6 Häuser. Orla. Portalegro. Porto. Santarem, 2 Häuser. Setubal. Villanova de Portimao. Villa=Viciosa.

Provinz Amerika.

Brasilien, 443 Jesuiten. Maragnon, 245.

Provinz Asien.

China, 49. Goa, 150. Malabar, 47. Japan, 57.

Assistenz Italien.

Provinz Rom.

Ancona, K. Arezzo, K. Ascoli, K. Cacciabella, R. Citta di Castello, K. Citta, S. Sepulcro, K. Fabriano, K. Fano, K. Flestranella Maria, R. Florenz, K. R. Frascati, K. P. Livorno, K. Loretto, K. S. Ilmacellaro, R. Macerata, K. Monte Pulciano, K. Orvieto, K. Perugia, K. Pistoja, K. P. Ragusa, K. Recanati, K. Rom, 2 K. 75 R. und Pf. h. Sezza, K. Siena, 2 K. P. Sora, K. Spoleto, K. Stornara, R. Terui, K. Tivoli, K. Viterbo, K.

Provinz Mailand.

Ajaccio, K. Alexandria, K. Arona, N. Bastia, K.
Bormio, K. Castel Nuovo, K. Chieri, K. Como, K.
Coni, K. Cremona, K. Genua, 3 K. N. und Pf. h.
Mailand, 2 K. 2 Pf. h. Mondovi, K. Monza, K. P.
Nizza, K. Novara, K. Pavia, K. Pignerol, N. Ponte,
K. S. Remo, K. Solucer, K. Savigliano, N. Sa-
vona, K. Turin, 2 K. Varesa, N. Vercelli, K.

Provinz Neapel.

Amantea, K. Aquila, K. Atri, K. Barri, K. Bar-
letta, K. Benevento, K. Capua, K. Castellamare, K.
Catanzaro, K. Chietti, K. Cocumella, N. Cosenza, K.
Lecce, K. Massa, K. Molfetta, K. Monopoli, K. Mon-
teleone, K. Neapel, 5 K. N. und Pf. h. Nola, K.
Paula, K. Portici, N. Reggio, K. Salerno, K. Sol-
mona, K. Tarent, K. Tropea, K.

Provinz Venedig.

Bagnacavallo, K. Belluno, K. Bologna, 3 K. Pf. h.
Borgo St. Domino, K. Bressa, 2 K. Busseto, N.
Carpi, K. Castiglione, K. Conto, N. Contiglona, K.
Faenza, K. Ferrara, K. Forli, K. Guastalla, N.
Imola, K. Mantua, K. Mirandola, K. Modena, K.
Novellare, N. Padua, K. Parma, 2 K. Piazenza, K.
Ravenna, 2 K. Rege, K. Rimini, K. Tine, N. Vene-
dig, Pf. h. Verona, K. Vicenza, K,

Provinz Sizilien.

Alcamo, K. Bivona, K. Callagirones, K. Calta-
niseta, K. Castro Giovanna, K. Catania, K. Malta,
K. Marsala, K. Mazzarra, K. Mazzarino, K. Mes-
sina, 2 K. N. und Pf. h. Mineo, K. Modica, K. Mont-
real, K. Naro, K. Noto, K. Palermo, 2 K. N. Pf. h. P.
Piazza, K. Polizi, K. Regalbuto, K. Sacca, K. Sa-

lemo, K. Scicli, K. Syrakus, K. Termini, K. Tro-
pano, Vezzini, K.

Assistenz Frankreich.
Provinz Lyon.
Aix, K. Alais, R. Apt, S. Arles, K. Avignon,
K. R. Besançon, K. Bourg-en-Bresse, K. Carpentras,
K. S. Châlons-sur-Saône, K. Chambery, K. Die,
M. Dôle, K. Embrun, K. S. Fenestrelles, M. Fré-
jus, R. Gray, K. Grenoble, K. P. S. Lyon, 2 K.
R. S. Macon, K. Marseille, K. 2 R. S. Monteli-
mar, M. Nimes, K. Orney, M. Paroy, R. Pon-
tarlier, R. Roanne, K. Salins, R. Toulon, S. Ve-
soul, K. Vienne, K.
Provinz Toulouse.
Alby, K. S. Annonay, M. Aubenas, K. Auch,
K. S. Aurillac, K. Béziers, K. Billon, K. Cahors,
K. Carcassonne, K. Castres, K. Clermont, K. S. St.
Flour, K. St. Gaudens, S. Mauriac, K. Milhaud,
R. Montauban, K. Montpellier, K. Pamiers, K.
Perpignan, K. S. Le Puy, K. Rhodès, K. S. Tou-
louse, 2 S. Pf. H. Tournon, K. Usez, M.
Provinz Champagne.
Autun, K. Auxerre, K. Bar-le-Duc, K. Châ-
lons-sur-Marne, K. Charleville, K. Chaumont, K.
Colmar, R. Dijon, K. Ensisheim, K. Epinal, K.
Langres, K. Laon, R. Metz, K. St. Michel, R.
Nancy, K. S. Pf. H. St. Nicolas, R. Pont-à-Mous-
son, 2 K. S. Rheims, K. S. Sedan, K. Sens, K.
Straßburg, K. S. Verdun, K.
Provinz Aquitaine.
Agen, K. Angoulême, K. Beaulieu, R. Bor-
deaux, K. R. S. Pf. H. Clérac, R. Fontenay, K.

Guéret, R. Libourne, R. Limoges, K. Loudens, R. Marennes, R. St. Macaire, R. Pau, K. Périgueux, K. Poitiers, K. P. 2 S. La Rochelle, K. S. Santer, K. Sarlat, R. Tulle, K.

Provinz Frankreich.

Alençon, K. Amiens, K. Arras, K. S. P. Bapaume, R. Blois, K. Bourges, K. P. S. Brest, S. Caen, K. Compiegne, K. Dieppe, K. Eu, K. La Flèche, K. P. S. Hesdin, K. Moulins, K. Nantes, R. Nevers, K. S. Orléans, K. Paris, K. N. S. Pf. b. Pontoise, R. Quebec, K. Rennes, K. Rouen, K. N. S. Tours, K. Vannes, K.

Südamerika.

Cayenne, R. Granada, M. Guadeloupe, R. Mission am Kuron. Martinique, R. Mission am Oyapok. Fort St. Pierre, R. Mission am Sinamari.

Nordamerika.

Albinaquis, M. Huronen, M. Illinois, M. Irokesen, M. Neu-Orleans, R. Mont-Real, R. Utaonak, R. u. M.

Syrien.

Aleppo, R. Antura, 2. R. Kairo, R. Seida, R. Tripolis, R.

Ostindien.

Bengalen, M. Karikala, M. Karnate, M. Pondicheri, M.

China.

Pecking, R.

Persien.

Bescha, M. Ispahan, M.

Griechenland.

Baesesaray, R. Chio, R. Konstantinopel, R. Naxos, R. Tessalonicha, R. Santorin, R. Smyrna, R.

Haupt-Uebersicht.

Das Reich der Jesuiten schied sich in fünf Assistenzen, bestehend aus 39 Provinzen, 24 Profeßhäusern, 669 Kollegien, 61 Noviziaten, 176 Seminarien, 335 Residenzen, 223 Missionen nnd 22,787 Jesuiten, wovon 11,010 Priester. Das Alles war folgendermaßen vertheilt:

Assistenzen.	Provinzen.	Häuser.	Jesuiten.	Priester.	Haupt-Resultat.
Italien.	Rom.	31	848	425	139 Häuser. 3622 Jesuitt. 1691 Priester.
	Sizilien.	27	775	317	
	Neapel.	26	667	296	
	Mailand.	26	625	296	
	Venedig.	29	707	307	
Frankreich.	Frankreich.	25	891	482	155 Häuser. 3548 Jesuiten. 1761 Priester.
	Aquitaine.	19	437	240	
	Lyon.	30	773	403	
	Toulouse.	24	655	344	
	Champagne.	22	594	292	
	Missionen in Amerika.	15	104	—	
	Miss. in Asien.	13	69	—	
	Missionen in Griechenland.	7	25	—	
Deutschland.	Ober-Deutschland	37	1060	496	438 Häuser. 6740 Jesuiten. 4111 Priester.
	Oesterreich.	64	1772	791	
	Flandern.	26	542	232	
	Polen.	71	1050	552	
	England.	19	299	28	
	Litthauen.	80	1047	475	
	Gallisch-Belgien.	20	471	266	
	Böhmen.	47	1239	673	
	Oberrhein.	23	497	240	
	Unterrhein.	51	772	398	
Spanien.	Toledo.	30	659	288	259 Häuser. 5014 Jesuiten. 2520 Priester.
	Kastilien.	33	718	360	
	Arragonien.	24	604	272	
	Boetien.	31	662	308	
	Sardinien.	10	300	114	
	6 Prov. in Amerika.	113	1945	108	
	Philippinen in Asien.	18	126	97	
Portugal.	Portugal.	16	861	384	1854 Jes. 927 Priest.
	4 Prov. in Asien.	—	303	227	
	4 Prov. in Amerika.	—	690	316	

Griechenland wie es ist.
Zweiter Artikel.

Die Seeräuberei.

Einer der größten Uebelstände der griechischen Revolution ist unstreitig die von ihr veranlaßte Seeräuberei. Fünf Jahre lang ist der Handel der Levante von den Piraten geplündert worden. Es war einem nicht eskortirten Schiffe unmöglich, sie zu vermeiden. Von hundert Fahrzeugen, die nach Alexandria gekommen, war nur eins verschont geblieben.

Die Seeräuberei wurde auf zweierlei Art betrieben, auf großen Fahrzeugen, Briggs oder Goeletten, und auf Barken. Diese letzte war nicht die am wenigsten gefährliche. Die Seeräuberei im Großen mußte mehreren Ursachen zugeschrieben werden: zuerst den schnell auf einander gefolgten provisorischen Regierungen, die sie gewissermaßen in Schwung gebracht; sodann der Unterbrechung des Handels, wodurch die ganze handeltreibende Bevölkerung ins Elend gestürzt wurde; endlich die Anlockung eines leichten Gewinnstes.

Die ersten Seeräuberei-Versuche gingen von der Regierung selbst aus. Beim Ausbruch des Krieges erklärten die Griechen alle Küsten des Archipels in Blokadezustand. Diese Maßregel war schon an und für sich eine Verletzung des Völkerrechts; denn in der That waren die Griechen nur insurgirte Unterthanen, und als solche konnten und durften sie die freundschaftlichen Verhältnisse anderer Mächte mit der Pforte nicht unterbrechen. Indessen betrachtete man die in Rede stehende Maßregel nicht unter dem politischen, sondern unter dem religiösen Gesichtspunkte, und der Blokus wurde theilweis anerkannt.

Daß Oesterreich sich von Anfang an der griechischen Sache abgeneigt zeigte, ist ganz natürlich, und erklärt sich von selbst. Zuerst erblickte Oesterreich in der griechischen Insurrektion nur eine Revolte. Es konnte erwarten, daß sie nicht von langer Dauer, und von einflußreichen Folgen sein werde. Sodann hatte Oesterreich zu besorgen, daß die Entwickelung des Handels der Griechen den seinigen sehr beschränken werde, was jetzt auch außer allen Zweifel gestellt ist. Es lag also in seinem Interesse, die griechische Insurrektion mehr zu verhindern, als zu befördern.

Alle Mächte mußten nun wohl wünschen, daß die griechische Insurrektion den Handel mit der Levante nicht ganz vernichte. Sie zeigten sich also geneigt, den Blokus für die Küsten Griechenlands anzuerkennen, insofern die Hellenen ihn zu erhalten im Stande sein mochten. Aber sie konnten nicht zugestehen, daß diese die Schifffahrt im ganzen Meere der Levante unsicher machten.

Unter dem Vorwande, die Handelsschiffe zu durchsuchen, um sich zu überzeugen, daß sie den Türken weder Waffen noch Munition zuführten, maßten die Griechen sich nach und nach das Recht einer allgemeinen Inspektion an, die nur zu bald in Seeräuberei ausartete, und die endlich so weit getrieben wurde, daß man sich genöthigt sah, Gewalt durch Gewalt abzutreiben. Erst die Ankunft des Präsidenten konnte diesen Mißbrauch der Zugestehung in

Etwas vermindern, und nach und nach immer mehr beseitigen.

Kontinental - Griechenland.

Wir haben im ersten Artikel die vorzüglichsten Abtheilungen angedeutet, welche sich in Griechenland darbieten, und die es verhindern, ein übereinstimmendes Ganzes zu bilden.

Die erste aller Ursachen ist die Natur. Sie zieht die scharfen Trennungslinien, welche eine vervollkommnete Zivilisation allein zu verwischen im Stande ist. Nicht aber von der Barbarei und den politischen Umwälzungen, die Griechenland seit mehreren Jahrhunderten zerrissen, kann man ein solches Resultat erwarten. Dazu kommt noch die Invasion der Türken in Europa, die langdauernd und methodisch gewesen. In dem Maße, als sie vordrangen, gaben sie auch den besetzten Ländern eine andere Gestalt.

Das muselmännische Gesetz wurde allbeherrschend. Es gestand zwar den christlichen Unterthanen, gegen Bezahlung eines Tributs, Schutz zu; aber es verweigerte ihnen die Rechte, welche nur den Gläubigen vorbehalten waren. Auf solche Weise bildete es immer und überall zwei durchaus geschiedene Klassen, die sich nie vermischen, nie in einander verschmelzen konnten.

Das Verfahren der Türken war in dieser Hinsicht keineswegs politisch. Sie stellten zwischen den unterjochten Völkern und sich eine unübersteigliche Scheidewand, und verhinderten auf solche Weise, daß jene nach und nach ihren Grundsätzen und Glaubensmeinungen sich anneigen konnten. Sie verlangten „Bekehrung in Masse", die aber gerade durch ihr Verfahren unmöglich gemacht wurde. Früher, als der Islamismus in dem vollen Glanze einer neuen Lehre die Völker blendete, wendeten sich ganze Nationen ihm zu. Er hatte damals nichts Schroffes, nichts Zurückstoßendes. Er bemächtigte sich der Einbildungskraft, und beschäftigte sie auf eine sehr angenehme Weise, während er in Griechenland sich kalt und gebieterisch zeigte, und die unterjochte Bevölkerung mehr zu unterdrücken als zu erheben sich bemühete.

Die Türken, welche zum ersten Male im vierzehnten Jahrhundert unter Orkan I die Dardanellen überschritten, hatten den europäischen Kontinent bis zu den Grenzen Thessaliens, zu Ende desselben Jahrhunderts, unter Pajazet, erobert. Morea wurde erst von Mahomet II, nach der Einnahme Konstantinopels im Jahr 1453, unterworfen. Die Venetianer bemächtigten sich 1685 dieser Halbinsel, und gaben sie 1718, durch den Vertrag von Passarowitsch, den Türken zurück.

Morea war der letzte Zufluchtsort der Hellenen, während der kurzen Okkupation der Venetianer. Eine große Zahl derselben flüchtete sich dahin aus den benachbarten Provinzen, besonders aus Rumelien. Durch diese Einwanderungen kamen auch die albanesischen Völkerstämme nach Achaja, Korinth, Argos und in die benachbarten Inseln. Die türkische Bevölkerung war von jeher gering im Peloponnes, während sie in Mazedonien, in Thessalien und in Albanien sehr bedeutend war. Indessen ließen sie sich doch vorzugsweise in den Ebenen nieder, während die Griechen in das Gebirg gedrängt wurden.

Die Gebirgsbewohner.

Sie unterscheiden sich von denen des flachen Landes durch ihre Vorliebe für ein wildes, freies Leben.
Sie treiben wenig Ackerbau, und beschäftigen sich
beinahe ausschließlich mit der Viehzucht. Die griechischen Stämme, welche das Gebirg bewohnen, sind
im Allgemeinen arm, aber stolz auf ihren Ursprung.
Sie halten es keinesweges für entehrend, Räuberei
zu treiben, und das flache Land zu verheeren. Ihr
Leben ist von dem der Banditen wenig verschieden.
Sie überfallen die Reisenden, sie plündern zerstreute
Häuser und Weiler, sie stehlen Vieh und andere Gegenstände, und flüchten sich mit ihrem Raube in die
Berge, wo sie geborgen sind. Dergleichen Unternehmungen sind ihnen so sehr zur Gewohnheit geworden,
daß es eine der schwersten Aufgaben einer regelmäßigen Regierung sein dürfte, davon sie abzuwenden.

Daß diese Bevölkerung von kriegerischem Instinkt
beseelt ist, ergibt sich von selbst. Sie beschäftigt sich
mit nichts anderem, als mit Waffenthaten, und kennt
keine höhere Aufgabe, als die, ihre physische Ueberlegenheit so viel als möglich geltend zu machen. Deshalb auch befand sie sich im Solde der türkischen Paschas, und es war ihnen vollkommen gleich, zur Unterdrückung ihrer eigenen Landsleute gebraucht zu
werden, insofern sie nur regelmäßig bezahlt wurden.

So verrieth Wasso, am Tage von Peta, das
Korps der unglücklichen Philhellenen, das gänzlich
aufgerieben wurde. Während der Belagerung von
Missolunghi verkaufte der Sutiot Zawellas den Tür-
ken den Provianttransport, welchen der philhellenische
Ausschuß den Belagerten zusendete, und ohne den

jene die Belagerung hatten aufheben müssen. Man könnte noch viele ähnliche Umstände andeuten, die dem griechischen Karakter eben nicht zur Ehre gereichen.

Diese Andeutung der Neigungen und Sitten der griechischen Gebirgsbewohner erklärt ihr Betragen während dem letzten Kriege. Die Revolution, welche ihrem Vaterlande eine andere Gestalt verliehen, rührt keineswegs von ihnen her. Sie ist entstanden in der Masse des Volkes, die von den Türken unterdrückt wurde, und mehr noch durch die Primaten, die als Mittelspersonen dienten, und die durch eine andere Ordnung der Dinge nur gewinnen konnten.

Die Banditen im Gebirg nahmen ebenfalls Theil an den Unruhen, zuerst weil sie sich darin in ihrem eigentlichen Elemente befanden, sodann weil sie ihnen Beute versprachen. Sie allein waren bewaffnet und an den Krieg gewöhnt. Man empfing sie also beinahe wie Befreier, und ahmte sie als Muster nach. Aber diese Nachahmung konnte nicht vortheilhaft sein für das Land, das von den Pallikaren und ihren Anhängern ohne alle Schonung behandelt wurde. Sechs Jahre lang arbeiteten sie nur darauf hin, Alles zu desorganisiren, was ihnen auch so wohl gelang, daß es jetzt schwer ist, in der ganzen Nation noch eine Klasse zu finden, die man leicht zum Guten leiten könnte.

Die arbeitende Klasse, welche überall die bessere ist, existirt in Griechenland beinahe nicht mehr. Man entdeckt sie nur noch auf einigen entlegenen Punkten im Innern, und selbst dort ist sie selten. Auf den ersten Blick glaubt man nichts als bewaffnete Banditenhorden zu sehen, oder Faullenzer, die

rascher vielleicht, durch Waffengewalt seinen Zweck
erreichen könne. Erfahrung belehrte ihn, wie falsch
sein Kalkul gewesen. Fast immer siegreich, entgingen
ihm die flüchtigen Horden unaufhörlich, und bei aller
Tapferkeit und Disziplin seiner Truppen war es ihm
nicht möglich, irgend ein entscheidendes Resultat zu
erzielen.

Indessen verstrich die Zeit. Krankheiten dezimir-
ten seine Armee, bis endlich der Dazwischentritt der
großen Mächte dem Gange der Angelegenheiten eine
andere Gestalt verlieh.

Bevölkerung der Ebenen.

Längs den Küsten Achaja's, zu Elis, in den Umgebungen von Argos und Tripolizza, so wie in dem
schönen Eurotasthale, findet man noch einige Landwirthe, welche den Ackerbau allmälig wieder zu erheben sich bemühen. Ihre Sitten sind durchaus verschieden von denen der Pallikaren. Sie sind sanft,
reinlich, zuvorkommend und gastfreundschaftlich. Freilich fehlt es ihnen noch an aller Unterrichtung, und
der schwärzeste Aberglaube ist allgemein vorherrschend
bei ihnen. Doch unter guter Leitung werden sie sich
bald erheben und einen durch seine guten Eigenschaften wirklich achtungswerthen Stand bilden.

Raub und Diebstahl sind äusserst selten bei ihnen.
Es gibt hier wenigstens noch einen Kern der Rechtschaffenheit, des Gradsinnes, dem sich viel Gutes entnehmen läßt.

Ihre Gemeinden-Organisation ist wirklich muster-
haft. Sie scheint einen beinahe patriarchalischen Ursprung zu haben. Alles in ihr ist im höchsten Grade
einfach und zweckmäßig. Der Vorsteher jeder Ge-

meinde wird unter ihren Mitgliedern gewählt, und
verwaltet sein Amt, ohne dafür irgend eine Besoldung zu erhalten. Jede Gemeinde ist verantwortlich
für die in ihr verübten Verbrechen, die immer auf
das Strengste bestraft werden. Stößt dagegen einem
Einwohner ein Unglück zu, so wird er von seinen
Mitbürgern entschädigt.

Diese Organisation ist von dem Präsidenten einigermaßen verändert worden, weil sie dem gegenwärtigen Zustande des Landes nicht mehr vollkommen
entsprechend war, und vorzüglich, weil es ihr an einer Zentralkraft gebrach, die unter den gegenwärtigen
Umständen dringend nothwendig war. Sie beförderte
vielmehr eine Zersplitterung, die auf jeden Fall nach-
theilige Folgen hätte haben können. Wir werden der
neuen Organisation weiter unten umständlicher gedenken.

Die Hauptaufgabe der Regierung besteht vor Allem darin, das Volk dem Elende zu entreißen, in
welches es jetzt versenkt ist. Der traurige Zustand des
Landes übersteigt alle Beschreibung. Fast alle Häuser
sind niedergebrannt oder zertrümmert, alle Weinstöcke
und Oelbäume sind ausgerissen, alle Heerden vernichtet, und das wenige Geld, welches im Lande war,
ist entweder verschwunden, oder befindet sich in den
Händen der Räuber.

Die Regierung hat also Alles neu zu schaffen.
Sie findet hier keine Elemente des Wohlstandes, auf
welche sie sich stützen könnte, um das Gedeihen des
Guten zu befördern. Es fehlt hier an Allem. Man
muß zuerst den Samen spenden, um die Erde zu be-
fruchten, und man muß Ackergeräthe haben, um die
Erde fruchttragend zu machen.

An arbeitsfähigen Aermen fehlt es nicht, aber an den Mitteln, sich derselben mit Vortheil zu bedienen. Das große, das unermeßliche Elend, in welches Griechenland sich versenkt sieht, ist bei Allem ein beinahe unübersteigliches Hinderniß. Jede Kultur, wie gering sie auch sein mag, erfordert die Verwendung eines kleinen Kapitals, um Geräth, Vieh, Aussaat sich zu verschaffen. Sie bedarf außerdem auch des Vertrauens und der Sicherheit; denn wer möchte arbeiten, wenn er nicht auf eine Aernte hoffen darf?

Das sind die Ursachen, welche bis jetzt die innere Kraftentwickelung Griechenlands verhindern. Die Zeit allein vermag über das Elend zu triumphiren. Alles hängt von der Beharrlichkeit und von der Dauer der jetzigen Regierung ab. Da Gute, was sie bereits gethan, kann dem, welches sie zu vollbringen berufen ist, als Basis dienen. Sie hat die Ordnung wieder hergestellt und erhalten: möge es ihr nun auch gelingen, die Arbeitsliebe wieder zu erwecken in einer durch lange Unruhen aufgeregten Bevölkerung, die sechs Jahre lang beinahe kein anderes Gewerbe kannte, als Räuberei.

Das Unternehmen ist schwer, um so schwerer, da die Regierung zur Erreichung ihres Zweckes sich einer von Grund aus verdorbenen Klasse, jener der Primaten, bedienen muß. Bei alledem darf man hoffen, daß es ihr, unter der Aegide eines Mannes, wie Capodistria's, gelingen werde.

Die Rumelier und die Moraiten.

Wir haben bereits zwei Hauptabtheilungen der griechischen Bevölkerung angedeutet, die Bewohner des Gebirges und die der Ebene, die erstern vom

Raube, die andern von der Arbeit lebend. Die Rumelier nennen die Moraiten nur entartetes und feiges
Gesindel. Sie allein glauben Muth zu haben, und
den eigentlichen Nerv ihres Vaterlandes zu konstituiren. Sie allein widersetzten sich den Türken, und
machten durch die heldenmüthige Vertheidigung von
Missolunghi sich unsterblich, während die Bewohner
Morea's sich verzagt unter das ägyptische Joch beugten.

So äussern die Rumelier sich gegen die Moraiten.
Diese ihrerseits vergelten ihnen Gleiches mit Gleichem.
Sie erblicken in jenen nur ungezügelte Räuber, denen
Plünderung über Alles geht. Sie erinnern sie an
die Beschiessung Napoli's, und an ihre schimpfliche
Flucht bei Athen, wo 300 Delhi 10,000 Rumelier
zerstreuten, während vier Jahre später Ibrahim mit
40,000 Mann vortrefflicher Truppen Morea sich nicht
unterwerfen konnte.

So ist immer noch Neid und Zwietracht vorherrschend bei den Partheien. Die Regierung findet auch
darin eine schwere Aufgabe. Denn diese Spaltungen
bestehen nicht allein von Provinz zu Provinz, sondern
auch von Stadt zu Stadt und von Dorf zu Dorf.
In Morea sind die Gebirgsbewohner gegen die der
Ebenen wirklich feindselig gesinnt. Die Arkadier, und
vorzüglich die Mainoten, haben eine durchaus verschiedene Lebensweise, wie die Bewohner von Argos,
von Korinth, von Achaja, von Elis, von Messenien,
von Tripolizza und von Mistra. Sie sind Pallikaren,
wie die Rumelier, und leben, wie diese, nur vom
Raube, und in beständiger Feindschaft mit den Acker-
bauern, die sie Sklaven nennen.

Die Mainoten halten sich für direkte Nachkommen

der alten Spartaner.   Ihr hartnäckiger Widerstand
gegen die Türken hat dieser Behauptung selbst einiges Gewicht gegeben.   So viel ist gewiß, daß man
sie als die unerschrockensten Räuber in Europa betrachten kann.

Das von ihnen bewohnte Land begreift die ganze
Strecke des Taygetes, zwischen den beiden Meerbusen
von Kolokythia und Koron.   Das äußerste Ende desselben bildet das Kap Matapan.   Diese Felsenkette
ist durchaus nackt.   Die Temperatur in ihr ist bald
glühend, bald eisig.   Demungeachtet ist sie mit zahlreichen Dörfern bedeckt, die man bald auf schwer zu-
gänglichen Gipfeln, bald auf in das Meer hinausra-
genden Klippen bemerkt.

Man begreift nicht, auf welche Weise die Bewohner dieser unwirthbaren Gegend die nothwendigsten
Lebensmittel gewinnen. Aber die Industrie der Mainoten weiß sich Alles zu verschaffen. Nirgends findet
man besser organisirte Diebsgesellschaften, als bei ihnen. Arbeit ist ihnen verhaßt. Verrath ist ihre Lieb-
lingswaffe. Bietet sich ihnen irgend ein Raub dar,
so ruhen sie nicht eher, bis sie desselben sich bemeistert
haben.   In dieser Hinsicht sind sie unermüdlich.

Vor der Revolution hatten sie, wenigstens dem
Namen nach, ihre Beys, und diese Würde stand
ausschließlich der Familie Mauromichalis zu.   Aber
diese Beys hatten keinen andern Einfluß, als den,
welchen ihre Reichthümer ihnen gewährten.   In allem Uebrigen bekümmerte man sich um ihre Gebote
wenig oder nicht.   Indessen vertraten sie ihre Landsleute bei der Pforte, und einer ihrer Angehörigen
diente dieser beständig als Geisel.

Beinahe alle Häufer in den mainotifchen Dörfern find befeftigt, ungefähr wie bei uns die Herrfchafts= gebäude im Mittelalter. Die Mainoten find nie, im eigentlichen Sinne des Wortes, türkifche Unterthanen gewefen. Sie bezahlten der Pforte nur einen leichten Tribut, und befanden fich in der gleichen Kathegorie, wie die Infelbewohner im Archipel.

Karakter des Volks.

Unwiffenheit und Aberglaube find bei der großen Maffe der griechifchen Nation bis auf den äufferften Punkt gediehen. Man darf daraus jedoch nicht folgern, daß die Natur fie ftiefmütterlich bedacht habe. Sie hat ihr im Gegentheil viel Scharffinn, viel fogenann= ten Mutterwitz gegeben. Leider ift das Streben der Geiftlichkeit beftändig darauf gerichtet gewefen, diefe herrlichen Gaben zu verpfufchen, und es ift ihr, in Hinficht auf alle religiöfen und moralifchen Begriffe, nur zu wohl gelungen.

In allen übrigen Beziehungen zeigt fich der rafche, kühne Geift der Hellenen in feiner ganzen Integrität. Es ift unglaublich, mit welcher Gefchicklichkeit fie ihre Zwecke zu erreichen wiffen. Mit ihnen muß man beftändig auf feiner Hut fein. Kein Blick, kein Wort entgeht ihnen. Sie errathen alle Bewegungen, und dringen bis auf den Grund der Seele deffen, mit dem fie irgend etwas zu verkehren haben. Schlau geben fie fich oft das Aeuffere gutmüthiger Befchränktheit, um ihre Gegner defto ficherer zu täufchen. Alle ihre Worte, Bewegungen, Blicke und Gebehrden find ge= nau berechnet. Sie verlieren das Ziel, dem fie zu= ftreben, nicht eine Minute aus den Augen.

Niemand ift gefchickter, die fchwache Seite desje=

nigen, zu entdecken, mit dem er es zu thun hat, als
der Grieche. Er vereint Alles in sich, was List und
Erfahrung darzubieten vermögen. Schmeichelei, Theilnahme, zuvorkommendes Wesen, Ueberredung stehen
ihm eben so gut zu Gebote, als Hartnäckigkeit, Lüge,
Betrug und Heuchelei. Sind alle diese Mittel noch
nicht hinlänglich, so nimmt er seine Zuflucht zur Gewalt, und bemächtigt sich mit ihrer Hilfe dessen, was
er nicht auf andere Weise erlangen kann.

Der Werth der Zeit ist den Griechen unbekannt.
Sie kennen keinen andern, reellen Werth, als den des
Geldes, *) Zeigt sich ihnen ein gewisser Gewinn am
Ende des Tages, so warten sie geduldig, und denken
nicht daran, ihre Zeit auf eine andere zweckmäßige
Weise zu verwenden. Es fällt ihnen nicht ein, daß
sie durch eine bestimmte Arbeit vielleicht zehnmal mehr
gewinnen könnten. Man kann diesen falschen Kalkul
nur ihrer Unwissenheit zuschreiben, und der Knechtschaft, in welcher sie so lange gelebt. Geld ist für
sie Alles, und ihre Hauptaufgabe bestand nicht allein
darin, es sich zu verschaffen, sondern vielmehr, es
sich zu erhalten.

Die Ideenfolge, welche in diesem Betrachte bei
den Hellenen sich gebildet, ist durch lange Jahre der
Unterdrückung tief gewurzelt, und durch die letzten
Unruhen noch mehr befestigt worden. Es bedarf jetzt
der Herrschaft der Ordnung, Ruhe und Gesezmäßig-
keit, um diesem Volke das längst verlorne Vertrauen
wieder zu geben.

---

*) Man kann dieselbe Bemerkung auch auf die handeltreibende
Klasse der Israeliten anwendbar machen.

Blick auf das alte Aegypten.

Dritter Artikel.

Ein anderer merkwürdiger Beweis der zwischen den Künsten und den Institutionen der an den Ufern des Nils wohnenden Völker bestehenden Aehnlichkeit ist durch Caillaud's Reise nach Meroe festgestellt worden. Indessen hat die hieroglyphische Literatur noch kein genügendes Licht verbreitet über den Zweck und die Bestimmung der Pyramiden, welche man bis zu den entferntesten Punkten seines Laufes bemerkt, und die von wirklichen Riesen=Völkern aufgethürmt zu sein scheinen. Noch erheben sich diese ungeheuern Denkmäler immer in schweigender Majestät.

Dem Zeugnisse des Plinius zufolge, wissen wir, daß die Alten in diesem Betrachte keine bestimmte Meinung hatten, und die absoluten Angaben des Herodot werden durch sein eigenes Zeugniß widerlegt, wenn er sagt, daß die Priester über diesen Gegenstand sich nicht gern äusserten.

Auf jeden Fall ist es eine merkwürdige Thatsache, daß man diese Denkmäler auf den beiden entferntesten Punkten der Nilregion findet. Das ganze Land, welches man als zu Meroe gehörig betrachten kann, ist mit kleinen Pyramiden überdeckt, die jedoch an Höhe und Umfang hinter denen von Memphis weit zurückstehen. Der obengedachte Reisende beschreibt die Pyramiden von Nure folgendermaßen:

„Man zählt deren fünfzehn sehr große. Sie waren noch ziemlich gut erhalten, und ich konnte sie an ihrer Basis messen. Eine von ihnen ist doppelt so groß, als alle übrigen. Ihre Basis mißt 40 Meter

50 Centimeter (123 Fuß). Im Aufsteigen wird sie
sie immer schmaler, wie die von Sakarah. Der oberste
Theil einer ihrer Seiten ist eingestürzt, und läßt im
Innern den Gipfel einer kleineren Pyramide erblicken,
welche die größere bedeckt zu haben scheint. Alle übrigen haben 26 bis 28 Meter (80 bis 86 Fuß) an der
Basis. Ihre Bauart ist von jener der ägyptischen
Pyramiden nicht verschieden, ausgenommen, daß sie
oben dünner sind. Auf der Aussenseite sind sie mit
flachen Ziegeln gedeckt. Das Innere ist aus vier-
eckig zugehauenen Wurststeinen gebauet. Sie sind
senkrecht an einander gefügt."

Die Pyramiden im Süden haben gewöhnlich ein
kleines Heiligthum am Eingange, und unter diesem
Betrachte sind sie von denen im Norden verschieden.
Ausserdem aber sind die Pyramiden von Meroe mit
denselben Hieroglyphen bedeckt, wie die von Theben
und Abydos. Diodor bescheinigt ausdrücklich den
äthiopischen Ursprung der Hieroglyphen, die er
Αἰθιοπίκα γράμματα nennt.

Ein anderer Umstand verdient beachtet zu werden.
Während nämlich äthiopische Thiere, wie das Rhino-
zeros, das Nilpferd und die Giraffe, unter den hieroglyphischen Karakteren sich zeigen, bemerkt man
unter ihnen das Kameel nicht, das doch in Unter-
Aegypten häufig war, indem der König dieses Landes
mehrere derselben Abraham zum Geschenk machte.

Also trägt Alles dazu bei, die Wahrscheinlichkeit
des äthiopischen Ursprungs der Künste Aegyptens zu
bezeugen. Uebrigens ist diese Meinung nicht neu,
wie Champollion zu glauben scheint, indem sie bereits
Diodor nach der Tradition und den Zeugnissen der

Priester ausgesprochen. Auch Bruce behauptet, daß
die zahlreichen Höhlen, in den Bergen über Theben,
ursprünglich von der äthiopischen Kolonie bewohnt
wurden, welche später die Stadt erbaute. Hamilton
seinerseits äussert, daß wir die ersten Keime der Politik und der Religion den Nachkommen jener Troglodyten verdanken, welche ihre Höhlen verliessen,
um die Welt zu erleuchten.

Aber zu welcher Race gehören jene ersten Urheber
der Zivilisation des Menschengeschlechts, die in ihrer
Hauptstadt Meroe zugleich Handelsverbindungen hatten
mit Indien und mit ganz Afrika; deren Tempel war
wie die heilige Stätte von Mekka, ein großer Zentralpunkt des Handels und der Religion, und von wo
die von ihnen kultivirten Künste, mit ihren gewerbsamen Kolonien, nach und nach dem Laufe des Nils
folgten, und die Sümpfe Aegyptens fruchtbar machten?

Muß unser Stolz der demüthigenden Schlußfolge
sich unterwerfen, daß wir die ersten Grundsätze der
Zivilisation, der wir unsern Ruhm und unsern Wohlstand verdanken, jener unglücklichen, so lange verfolgten und verachteten Race schuldig sind, die noch jetzt
in Amerika unter unserer Tirannei seufzt?

Die noch vorhandenen Denkmäler vergönnen uns,
diese Frage auf eine peremptorische Weise zu beantworten. Nichts ist merkwürdiger in den Malereien
und Bildhauereien des alten Aegyptens, als die anscheinende Sorgfalt, mit welcher die verschiedenen
Racen in ihnen karakterisirt sind.

Obgleich der Neger, mit seiner schwarzen Haut-
farbe, seinen dicken Lippen, seinem wolligten Haar,
häufig unter den Feinden oder unter den Gefangenen

sich zeigt, ist die beherrschende Kaste dennoch nicht
schwarz, sondern vielmehr dunkelbraun.   Ihr Wuchs
ist hoch, ihr Haar gekräuselt, aber nicht wollig,
und man findet in ihrem Profil eine gewisse Feinheit
und Regelmäßigkeit.

Heyne, mit dem prophetischen Scharfblick des
Genies, hatte diese Thatsache bereits geahnet, bevor
sie durch eine genaue Prüfung der Denkmäler festgestellt wurde.

In den ältesten, wie in den neuern Grabmälern,
sind die Helden ohne Ausnahme Personen, deren
Züge denen der Negerrace durchaus fremd sind, und
die sich vielmehr den griechischen Idealen nähern.
Die Malereien führen zu denselben Folgerungen. Die
einfachen Farben der Aegypter vergönnen ihnen die
Haut der verschiedenen Racen ziemlich genau zu unterscheiden.   Das entscheidendste Zeugniß aber ist das
der Mumien.   Die der höhern Stände haben eine
braune, aber keineswegs schwärzliche Haut.   Sie
haben lange, manchmal glatte Haare, und ihre Züge
verrathen durchaus keinen Negerursprung.

Es ist zu bezweifeln, daß die Troglodyten von
Meroe zuerst das Nilthal bevölkert haben. Wahrscheinlicher ist es, daß sie, in einigen Theilen wenigstens, in dem Maße als sie abwärts drangen, bereits
eine barbarische Race angesiedelt fanden, auf welche
sie den Einfluß gewonnen, den ihnen natürlicherweise
eine überlegene Zivilisation geben mußte, und daß
sie die höheren Stände einer gemischten Nation
bildeten.

Eines Tages vielleicht wird man den Fortschritten der Troglodyten in jenen Urtempeln Nubiens fol-

gen, die sie in dem Felsen ausgehauen, wo sie selbst
sich gegen die Sonnenglut, gegen die erstickenden
Südwinde und die Sandwellen der Wüste zu schirmen suchten. Belzoni und zwei französische Künstler,
Gau und Huyot, haben in dieser Hinsicht bereits viel
gethan. Aber es bleibt noch viel mehr zu thun übrig.
Vorzüglich muß man die Urgebäude von den Hinzu-
fügungen unter den Pharaonen und den Ptolemäern
unterscheiden.

Theben hat unstreitig ein sehr hohes Alterthum.
Die Troglodyten verliessen nach und nach ihre Höhlen,
um in die Ebene niederzusteigen, wo sie, auf beiden
Ufern des Flusses, die Stadt mit den hundert Tho-
ren gründeten. Zu gleicher Zeit dehnte sich der
Ackerbau um ihre Mauern aus. Die Stimme der
Tradition und die der Geschichte schreiben überein-
stimmend dem ägyptischen Gott die Erfindung des
Ackerbaues zu.

Primus aratra manu solerti fecit Osiris
Et teneram ferro sollicitavit humum.

Die Priester Aegyptens und Aethiopiens, sagt
Diodor, haben einen Zepter in Form eines Pflugs,
und ihre Könige haben denselben Zepter angenommen.

Abydos war wahrscheinlich der Punkt, bis zu wel-
dies Volk längs dem Flusse vordrang. Es scheint
selbst, daß, nachdem die Regierung eine monarchische
Form angenommen, diese Stadt die Residenz einer
königlichen Dynastie wurde. Die Aegypter betrachteten sie mit Ehrfurcht, und glaubten, daß Osiris
dort beerdigt worden.

Man darf voraussetzen, daß Unter-Aegypten zu
jener Zeit nichts war, als ein großer Sumpf, und

daß das Delta noch nicht exiſtirte. Wiſſenſchaftliche
Nachforſchungen der neuern Zeit haben die Vorausſetzung Herodots beſtätigt, daß ganz Aegypten ein
Geſchenk des Nils ſei. Cuvier hat dieſer Hypotheſe
die Sanktion ſeines Namens gegeben. Er findet es
nicht unwahrſcheinlich, daß, zu den Zeiten Homers,
Pharos in der That ſo weit vom feſten Lande
entfernt war, als in der Odyſſee angedeutet iſt. Er
behauptet auch, daß Unter-Aegypten 2000 Jahre
vor Chriſti Geburt noch nicht exiſtirte. Aber dieſe
Angabe iſt unvereinbar mit dem chronologiſchen Syſtem, welchem zufolge Abraham den König von
Aegypten zu Zoan beſuchte, 292 Jahre nach der
Sündfluth.

Die Urbevölkerung Aegyptens hat alſo, wie Zoega
vorausſetzt, aus einigen elenden Hirtenſtämmen beſtehen können, welche die Niederungen bewohnten,
wo die Ueppigkeit der Vegetation ihren Heerden eine
überflüſſige Nahrung darbot.

Später führten dort die äthiopiſchen Einwanderer
den Ackerbau ein, und verwandelten die Sumpfwie-
ſen in fruchtbare Felder, indem ſie dieſelben mit Kanälen durchſchnitten und trocken legten. Bald darauf wurde dieſe große Region gänzlich von theokra-
tiſchen Kolonien bedeckt. Die Städte entſtanden nach
und nach. Sie erhielten ihre Namen von den Göttern, welche man in ihnen verehrte. Der griechiſche
Name von Theben, Diospolis, war unſtreitig die
Ueberſetzung eines gleichbedeutenden ägyptiſchen Wortes. Memphis war die Stadt Phtahs, Heliopolis
die der Sonne u. ſ. w.

Indeſſen iſt es wahrſcheinlich daß, bevor die

untere Region vollkommen bevölkert war, die theokratische Regierung sich bereits in eine Monarchie
verwandelt hatte.   Die eigentliche Geschichte Aegyptens beginnt mit Menes, dem ersten sterblichen Könige.   Die Zeit der Priester-Herrschaft war, wie
Larcher es voraussetzt, jene lange Periode, während
welcher die Regenten für Götter gehalten wurden.
Es ist das mythische Zeitalter jener Gegend.   Die
30,000 Jahre der Regierung der Sonne, die 3,984
Jahre der zwölf Götter, und die 217 Jahre der
Halbgötter, sind entweder eine religiöse Allegorie, oder
ein mit den Formen der Geschichte bekleidetes astro-
nomisches Problem.   Findet man je den Schlüssel
desselben, so wird die Lösung wahrscheinlich nicht
die Mühe belohnen, welche man sich ihretwegen
gegeben.

Wir kennen nichts von Menes, ausgenommen was
einige griechische Schriftsteller über ihn sagen, und
was sie selbst als ungewisse Traditionen andeuten.
Es ist uns gleichermaßen unbekannt, ob der Uebergang von der priesterlichen zur monarchischen Regierungsform plötzlich und gewaltsam, oder langsam
und ruhig war.

Doch zeigen sich unter des Menes Regierung zwei
Thatsachen, die bemerkt zu werden verdienen.   Es
scheint, daß unter diesem Fürsten die ägyptische Zivilisation bedeutend längs dem Flusse vordrang.   Herodot schreibt ihr die Erbauung einer großen Schleuse
zu, durch welche der Lauf des Nils gemäßigt wurde,
und Memphis gegen die Gefahren einer Ueberschwemmung schützte.

Nach demselben Geschichtschreiber war Menes der

Gründer dieser großen Stadt, während Diodor den
Uchoreus, welcher viel später herrschte, als ihren
Erbauer nennt. Einer Tradition zufolge scheint Me-
nes nicht im besten Vernehmen mit den Priestern von
Theben gestanden zu haben.

„Nach den Göttern, sagt Diodor, war Menes der
erste König Aegyptens. Er lehrte dem Volke die Götter anbeten, und ihnen Opfer darbringen. Er führte
auch den Gebrauch kostbarer Geräthe ein, und die
Gewohnheit des Luxus. Mehrere Generationen nachher unternahm Tnephaktos, Vater Bocchoris des Weisen, eine Expedition nach Arabien. Als seine gewöhnlichen Lebensmittel verzehrt waren, mußte er sich mit
denen der Eingebornen begnügen. Dadurch befriedigt,
schaffte er den alten Luxus ab, verwünschte den König, der zuerst eine so kostspielige Lebensart eingeführt, und wollte, daß diese Verwünschung in gehei-
ligten Buchstaben auf einer Säule des Jupitertempels
zu Theben geschrieben werde. Solches ist die Hauptursache, um deretwillen der Ruhm des Menes nicht
zu den spätern Zeitaltern gelangt ist.“

Plutarch erzählt dieselbe Geschichte. Sollte man
darunter nicht eine Andeutung der Versuche des Menes, in Beseitigung der Kasten-Privilegien, und der
Theilnahme des Volks an den religiösen Zeremonien
erkennen? Die feierliche Eingrabung der Verwünschung auf eine Säule, von Seiten der Priester, ist
auf jeden Fall sehr beachtungswerth.

Von Menes bis zur 15., oder vielleicht selbst bis
zur 17. Dynastie ist eine große Lücke. Herodot springt
sogleich von Menes bis zu Möris über, der, nach
Champollion, zur 18. Dynastie gehört. Der griechische

Geschichtschreiber behauptet zwar, daß zwischen beiden nicht weniger als 330 Könige regiert, aber daß sie keine Denkmäler hinterlassen haben. Er erfuhr von ägyptischen Priestern, daß achtzehn dieser Könige Aethiopier gewesen, und daß alle Uebrige Eingeborne waren. Er nennt auch eine Königin Nitokris, von welcher er eine sonderbare Legende erzählt.

Diodor gibt dem Menes zweiundfünfzig ungenannte Nachfolger. Sodann kommen zwei Fürsten des Namens Busiris, beide jedoch durch acht Generationen von einander getrennt. Dem letzten von ihnen schreibt er die Erbauung von Theben zu. Nach einiger Zeit erscheint der berühmte Osymandias, und nach ihm Uchoreus, der Gründer von Memphis.

Die beiden Geschichtschreiber begegnen sich von Neuem in der Person des Möris. Wir haben über diese Periode auch die Liste, welche Eratosthen von den Priestern zu Theben erhalten zu haben vorgibt. Young hält diese Liste für ächt, der Gleichförmigkeit mehrerer Etymologien mit der erkannten Bedeutung einiger Worte der ägyptischen Sprache wegen. Bei alledem ist diese Liste weiter nichts, als ein trockener Katalog.

Wir eilen schnell über diese große Lücke hinweg. Aber wenn wir zu jener Menge von Königen und Dynastien gelangen, welche Manetho angibt, der nicht weniger als sechszehn Reihefolgen regelmäßiger Könige zählt, ist man verlegen, auf welche Weise man sie in den Grenzen der Chronologie aufnehmen könne.

Man weiß, daß Marsham es versuchte, diese Schwierigkeit zu heben, indem er voraussetzte, daß

mehrere dieser Dynastien Seitenverwandte waren, und
zu gleicher Zeit in den verschiedenen Theilen Aegyptens regierten. Diese Hypothese wird von Champollion verworfen, doch gibt er keine rationellere Lösung
dieses Problems. Indessen ist diese Meinung nicht
neu. In der seltsamen Geschichte der Geburt und
der ersten Abentheuer des Moses, von Artapanes (augenscheinlich einem Juden von Alexandria), deren
Eusebius gedenkt, ist auch die Rede von mehreren
gleichzeitigen Königen. Diese Autorität ist freilich
nicht von großem Gewicht. Aber unstreitig war das
auch des Eusebius Meinung.

Es verdient bemerkt zu werden, daß Manetho
selbst sagt, es habe zu der Zeit der Hirten-Vertrei-
bung noch andere Könige, als die der siegreichen
Thebener, in Aegypten gegeben.

Alle Denkmäler sind stumm über diesen Zeitraum.
Sie haben beinahe ausschließlich nur Bezug auf die
imposante Monarchie der Pharaonen. Champollion
hat, mit Hilfe der in dem Tempel zu Abydos entdeckten genealogischen Tafel, einige Exkursionen in
die sechszehnte thebaische Dynastie, die gleichzeitig
mit den Hirten war, gemacht. Aber da die Inschrift
nur die Vornamen der Fürsten andeutet, sind die erhaltenen Resultate von keiner großen Wichtigkeit.

In den Legenden einer früheren Dynastie bemerkt
man vorzüglich den Namen Mandui, der auf mehreren Obelisken mit dem Hammer ausgeschlagen worden zu sein scheint. Champollion hält ihn für denselben, als Osymandias, dessen Name, ihm zufolge,
aus den Worten Uß Mandui zusammengesetzt worden.
Es läßt sich Manches dagegen einwenden.

Um das Schweigen der Denkmäler über diese alte Epoche zu erklären, setzt Champollion voraus, daß die ältesten Bauwerke durch die Hirten zerstört wurden, die, nachdem sie Unter-Aegypten sich unterworfen, ihre Streifereien bis nach Theben ausdehnten.

Diese Vermuthung ist nicht besonders wahrscheinlich. Ohne Zweifel mußten die Einwohner von Theben den Hirten einen Tribut zahlen. Aber wir glauben nicht, daß sie Hand an alle ihre Denkmäler legten, sondern vielmehr, daß die späteren Könige die noch vorhandenen Werke ihrer Vorgänger niederreißen ließen, um mit den Materialien derselben die ihrigen aufzuführen.

Die Invasion der Hirten ist eine äußerst wichtige und interessante Aera. Demungeachtet schweigen, mit Ausnahme Manethos und Josephs, alle übrigen Geschichtschreiber über dies große Ereigniß. Nur einige Phrasen Herodots haben Bezug darauf. Bei Erwähnung des Cheops und des Chephrenes, denen er die Erbauung der Pyramiden zuschreibt, sagt er:

„Man versichert, daß diese beiden Könige 106 Jahre regierten, während denen die Aegypter auf alle mögliche Weise gequält wurden. Die Tempel blieben während dieser ganzen Zeit geschlossen. Aus Haß sprach das Volk die Namen dieser Könige nie aus. Man behauptet, daß die Pyramiden von den Hirten Philitis erbaut wurden, deren Heerden zu jener Zeit in dieser Region weideten.“

Es ist eine auffallende Uebereinstimmung, daß in einer Handschrift des Eusebius die Zeit der Herr-

schaft der Hirtenkönige ebenfalls auf 106 Jahre angegeben wird.

Wir lassen uns nicht gern durch Etymologien und
Analogien verführen. Aber die Aehnlichkeit zwischen den Philitis und den Philistern der Bibel ist
wirklich beachtungswerth.

Uebrigens muß man über das Schweigen der
Aegypter, hinsichtlich der Hirten, keineswegs erstaunen.
Die Priester waren natürlicherweise wenig geneigt,
Fremde über diese Epochen zu unterrichten, die für
den Nationalstolz so demüthigend gewesen.

Unglücklicherweise ist die Stelle Josephs auch
nicht viel klarer. Wir sind selbst nicht gewiß, ob
es die eigenen Worte Manethos sind, oder nur eine
willkürliche Darstellung des jüdischen Geschichtschrei-
bers. Dieser letzte drückt sich folgendermaßen aus:

„Es gab einmal einen König in Aegypten, des
Namens Timaus. Während seiner Regierung wurde
die Gottheit feindselig, und plötzlich erschien ein
Volk unbekannten Ursprungs von Sonnenaufgang.
Es hatte die Kühnheit, das Land zu überschwemmen,
welches es mit Leichtigkeit und ohne Widerstand sich
unterwarf. Nachdem diese Barbaren die Fürsten besiegt, verbrannten sie die Städte, und schleiften die
Tempel der Götter. Sie behandelten die Eingebornen mit der größten Grausamkeit. Die Männer wurden von ihnen umgebracht, und Weiber und Kinder
in Sklaverei geschlagen. Endlich erwählten sie unter
sich einen König, Namens Salatis. Er wohnte
zu Memphis, und ließ sich Tribut von Ober- und
Unter-Aegypten zahlen.“

Joseph fügt noch hinzu, daß die Hirten, um gegen die damals sehr furchtbare Macht der Assyrier sich zu schirmen, eine saitische Stadt, Namens Abaris, baueten und befestigten, in welche sie eine Besatzung von 240,000 Mann legten. Der König kam oft nach dieser Stadt, um unter sein Volk das Getreide zu vertheilen, welches er als Tribut erhalten, und um die Truppen in den Waffen zu üben.

Derselbe Geschichtschreiber gibt sodann die Liste von fünf Königen, welche auf Salatis folgten. Ihre Regierungszeit würde eine mittlere Dauer von 48 Jahren gehabt haben, was ohne Beispiel sein würde in der Geschichte.

Champollion irrt sich nicht, wenn er voraussetzt, daß die wilde Race, welche man auf den Denkmälern figuriren sieht, die der Hirten sei, welche bis zu ihrer Vertreibung ihre ursprüngliche Bekleidung und ihre Tatowirung bewahrt zu haben scheint.

In ihren Niederlagen werden sie noch mit wildem Anblick, und mit Häuten bedeckt, dargestellt. Nichts deutet an, daß sie die Gewohnheiten des Ackerbaues angenommen, obgleich sie viel Getreide von den Eingebornen erhoben. Abaris scheint mehr ein großes befestigtes Lager gewesen zu sein, wie sich das bei einem Hirtenvolke vermuthen läßt, als eine regelmäßige Stadt einer zivilisirten Nation.

Champollion gibt folgende Beschreibung von den Hirten, nach ihrer Darstellung auf den Denkmälern:

„Diese beiden Nationen, so wie eine dritte immer roth gemalte, mit rothen Haaren und selbst mit blauen Augen, sind die beständigen Feinde der ägyp-

tischen Urmonarchie.   Die letzten besonders waren
augenscheinlich die am wenigsten zivilisirten, indem
sie sich gewöhnlich mit langen, unordentlich flattern-
den Haaren zeigen, gehüllt in eine Ochsenhaut, auf
der man noch das Haar bemerkt, oder mit einem einfachen Schurz um die Hüften, und Aerme und Beine
auf eine rohe Weise tatowirt.

„Ich habe Ursach zu glauben, daß diese Barbaren keine andern sind, als jene berüchtigten Hirten,
jene Hickschos, die in einer entfernten Zeit Asien verließen, Aegypten überschwemmten und verwüsteten,
bis die Fürsten der 18. Dynastie ihren Verheerungen
ein Ziel stellten, sie zuerst aus Aegypten vertrieben,
und später alle ihre Angriffe zurückschlugen.

„Die ägyptischen Denkmäler stellen diese Völker
nie anders dar, als in einem Zustande der Niederlage oder der Gefangenschaft.   Man stellt sie z. B.
niedergeworfen dar, oder gebunden auf den Stufen
des Throns der Pharaonen, was der Psalmist andeutet in dem Verse: Ponam inimicos tuos in scabel-
lum pedum tuorum.

„Selbst Privatpersonen bezeugen ihren Haß gegen
diese Feinde Aegyptens auf eine ähnliche Weise;
denn ich habe in den Sammlungen Caillauds und
Drovetti's, so wie in dem königlichen Kabinette zu
Paris, Sandalen bemerkt, auf denen, gerade auf
dem Punkte, welchen die Fußsohle berührte, eben
solche Figuren gefangener Hirten, wie auf den Seiten des königlichen Thrones des Horus dargestellt
waren.“

Es ist merkwürdig, daß Typhon, der Gott alles

Unheils, das böse Prinzip, ebenfalls mit rothen Haaren dargestellt wird.   Diodor berichtet, daß ehemals Menschen von solcher Farbe, die äusserst selten ist unter den Aegyptern, auf dem Grabe des Osiris geopfert wurden. Bei den fremden Eroberern dagegen scheint diese Farbe sehr häufig gewesen zu sein.

Typhon war also die Versinnlichung dieser verwünschten Race, und Abaris war eine typhonische Stadt.

Man sieht auch auf den Denkmälern von Karnak, zu Theben, eine andere Race, mit langen schwarzen Bärten und weiten Kleidern, welche eine Todfeindin Aegyptens gewesen zu sein scheint. Da die Menschen dieser Race auch Heerden haben, welche mit ihnen vor den sie verfolgenden ägyptischen Königen fliehen, hat Heeren vorausgesetzt, daß sie wohl die Hyksos oder Hirten sein möchten.   Aber es ist wahrscheinlicher, daß dieser Name der typhonischen Race beigelegt wurde, deren Farbe und Haare einen scythischen Ursprung anzudeuten scheinen.   Bruce sagt, daß bei Yembo Individuen wohnen, welche rothe Haare und blaue Augen haben.   Sollten sie nicht von der typhonischen Race abstammen?

Aber welches auch der Ursprung der Hirten, und ihr Schicksal nach ihrer Niederlage gewesen, sie wurden aus Aegypten vertrieben durch die letzten thebaischen Könige der siebenzehnten Dynastie und durch die ersten der achtzehnten.   Diese letzte herrschte zu Theben 360 Jahre lang, von dem neunzehnten bis zum fünfzehnten Jahrhundert vor Christi Geburt. Sie erhob die Nation aus dem traurigen Zustand,

Die Entdeckung der Hieroglyphenschrift.

Bereits acht Jahre sind vergangen, seitdem Champollion der jüngere, in seinem „Briefe an Dacier" die ersten Resultate der merkwürdigen Entdeckung verkündete, welche je die Archäologie gemacht. Die gedrängte Uebersicht des hieroglyphischen Systems, die Briefe an den Grafen von Blacas, und die ersten Hefte des ägyptischen Pantheons haben nach und nach dem Publikum die Fortschritte und die Anwendbarmachung der neuen Wissenschaft angedeutet.

Demungeachtet gibt es noch viele Personen, nicht allein unter denen, die jeder Wissenschaft entfremdet sind, sondern selbst in der literarischen Klasse, welche der Thatsache, daß man Hieroglyphen lesen kann, keinen Glauben beimessen wollen. Einige dieser letztern läugnen geradezu die Möglichkeit, jene alte Zeichenschrift zu lesen, die ihnen zufolge nichts als eine seltsame, sinnlose Aneinanderreihung von Figuren ist. Andere, deren Beschränktheit und Hartnäckigkeit nicht so weit geht, versuchen es, den Gang dieser neuen Entdeckung durch eine Menge ungegründeter Zweifel, schwankender Auslegungen und im Nothfall selbst durch Verläumdungen zu hemmen. Die Schwäche der ersten karakterisirt sich von selbst; die der letztern dagegen ist nichts als Neid. Befassen wir uns weder mit der einen noch mit der andern.

Das Sonderbarste mitten in dem Allem ist die Stellung des Publikums. Skeptisch aus Besorgniß, sich der Arbeit der Beweisgründe zu unterziehen, gibt es der Demüthigung, nichts zu wissen, den Vorzug, nur um die an und für sich schon so schwere Last alles

Desjenigen, was der unterrichtete Mensch wissen muß, nicht noch zu vermehren.

Nichts ist bequemer als Unglaube. Er untersucht, er prüft, er würdigt nicht. Was ist ihm daran gelegen, ob die Sache sich also verhalte, oder anders. Was uns unglaublich scheint, beschäftigt uns nicht lange. Man kennt das alte Sprichwort: „Was ich nicht weiß, macht mich nicht heiß.." Aber nicht Jedermann ist dieser Meinung, und wir sind überzeugt, unsere Leser am wenigsten. Untersuchen wir also, was wirklich Wahres ist an der Entdeckung der Hieroglyphenschrift.

Die siegreiche französische Armee hatte Aegypten besetzt. Die Mitglieder der Gelehrten-Kommission, welche durch die Wunder von Theben angezogen worden, maß, zeichnete und beschrieb die Gräber, die Tempel, die Paläste, welche die zerstörende Hand der Jahrhunderte noch unversehrt gelassen.

In Gegenwart dieser zahllosen Räthsel einer erloschenen Zivilisation, brachte Jeder den Tribut seiner Gewohnheiten und seiner Vorurtheile, Jeder nach der Entwickelung einer fixen oder gleichförmigen Idee, lieh diesen Zeichen einen eigenthümlichen Sinn. Der Naturforscher las in ihnen Beobachtungen über verschiedene Natur-Phänomene. Ein Zögling Dupuis erblickte in ihnen die Weiße eines mystischen Epikuräismus. Andere fanden darin Astronomie, Gnostizismus, Kabala, u. s. w. Man würde nicht enden, wollte man alle die verschiedenen Voraussetzungen über die Bedeutung der Hieroglyphenschrift angeben.

Während diesen gelehrten Spekulationen entdeckten einige Soldaten, die an den Festungswerken von

Rosette arbeiteten, in der Erde einen alten Stein, auf welchem man einige halbverwischte Zeichen bemerkte. Bei näherer Untersuchung ergab sich, daß sich verschiedenartige Buchstaben auf diesem Stein befanden. Einige derselben waren griechisch, andere hieroglyphisch, noch andere hatten dieselbe Form, welche man schon auf dem Papyrus und auf anderen Inschriften gesehen.

Mit anderen Gegenständen, die man wahrscheinlich als viel kostbarer betrachtete, wurde die Inschrift von Rosette nach Alexandria gebracht, wo sie in die Hände der Briten gerieth.

Indessen war die Inschrift nicht vollständig. Von den Hieroglyphen waren nur noch wenige Zeilen vorhanden. Der Zwischentext war auch auf einigen Punkten gänzlich ausgelöscht, und beinahe das ganze Ende der griechischen Inschrift fehlte. Doch las man in derselben die bemerkenswerthen Worte:

ΤΕΡΕΟΥΛΙΘΟΥΤΟΙΣΤΕΙΕΡΟΙΣΚΑΙΣ-
ΓΧΩΡΙΟΙΣΚΑΙΕΛΛΗΝΙΚΟΙΣΓΡΑΜΜΑΣΙΝ.

Das heißt: „(daß das Dekret gegraben werde) auf einen geglätteten Stein in heiligen, in enchorialischen (gebräuchlichen) und griechischen Buchstaben.“

Man hatte also ein überzeugendes Beispiel von den beiden Hauptgattungen der in Aegypten gebräuchlichen Karaktere nach dem so berühmten Zeugnisse des Klemens von Alexandria. *)

---

*) Folgendes ist die Uebersetzung der Stelle des Klemens von Alexandria (Stromat. v. 657, Potter), von Letronne: „Diejenigen, welche unter den Aegyptern Unterricht erhalten, lernen vor Allem die Gattung ägyptischer Buchstaben, welche man die epistolographischen nennt, hiernach die hieratischen, deren sich die Hierogrammaten bedienen, und

Ausserdem hatte man noch die griechische Uebersetzung einer hieroglyphischen Inschrift, nach welcher
man schliessen konnte, welches Sinn, Styl und Bestimmung einer großen Zahl Denkmale derselben Art
seien. Man konnte demnach hoffen, daß eine auf-
merksame Vergleichung der wenigen korrespondirenden
Theile der griechischen Inschrift und des hieroglyphischen Textes, dahin führen würde, daß man den Werth
und die Natur der Zeichen, aus denen dieser letztere
bestand, unterscheiden könne.

Es hätte nun scheinen mögen, daß dieses Denkmal, von dem Tage seiner Entdeckung an, eine allgemeine Aufmerksamkeit und einen gewaltigen Nach-
forschungseifer unter den Gelehrten, welche mit dem
Studium der ägyptischen Archäologie sich beschäftigten, hätte erregen sollen. Aber die Theorien des
wissenschaftlichen Empirismus waren zu lachend, die
Träumereien, mit welchen man sich bis dahin beschäftigt, waren zu bunt, als daß man sich hätte entschliessen können, unmittelbar den einförmigen Weg
der Wirklichkeit zu verfolgen.

Die Inschrift von Rosette wurde also einige Jahre
lang als ein exzentrisches Denkmal betrachtet, ohne

endlich die hieroglyphischen. Die hieroglyphische Schrift
scheidet sich in zwei Gattungen; die eine, die cyrologi-
sche, bedient sich der ersten alphabetischen Buchstaben; die
andere ist symbolisch. Die symbolische Methode theilt sich
wieder in verschiedene Gattungen. Die eine stellt die Gegenstände eigends durch Nachahmung dar. Die andere erklärt sie auf eine tropische (figürliche) Weise. Die dritte bedient sich allein der Allegorien, welche durch gewisse Räthsel
ausgedrückt werden.

mögliche Anwendbarmachung auf die meisten hieroglyphischen Texte, oder vielmehr als einer jener unge-
rufenen Zeugen, dessen Aussage endlich eine täuschende
Illusion zu beendigen drohet. Selbst noch ein Jahr
vor Erscheinung des „Briefes an Dacier" erbot man
sich, zu beweisen, daß die Hieroglyphen des Steins
von Rosette nichts seien, als launische Zusammenstellungen, und daß die ägyptischen Priester, welche
sie geschrieben, nicht die geringste Kenntniß der heiligen Schrift gehabt.

Indessen beschäftigten sich doch mehrere Sprach-
forscher mit dem griechischen Text dieser Inschrift.
Heyne in Deutschland, Porson in England,
Ameilhon und Villoison in Frankreich, machten
Uebersetzungen und Kommentare dieses Textes bekannt.

Die Orientalisten bemächtigten sich sodann des
enchorialischen oder demotischen Theiles. Silvestre
de Sacy, und nach ihm der gelehrte Akerblad,
bestimmten die Stelle und die Form der Worte, welche mit denen korrespondirten, die sich am meisten
in dem griechischen Texte zeigten.

Bis dahin war der hieroglyphische Text immer eine
heilige Arche geblieben, der Niemand sich zu nähern
wagte. Die ersten Nachforschungen darüber sind die
des Dr. Young, dessen Verlust England und die
gelehrte Welt noch jetzt betrauern. Seine Deutung
der hieroglyphischen Zeichen brach zuerst die Bahn.
Bei dem Allem hatten seine Arbeiten keinen besondern
Einfluß auf die Champollions, der seinen eigenen
Weg verfolgte.

Man kann sich leicht denken, daß bei Nachforschungen, wie die über Werth und Bedeutung der

Hieroglyphen, wo man nur auf Vermuthungen sich
stützen konnte, man zögernd zu Werke schreiten
mußte, um nicht abermals in ein Labyrinth von Irrthümern zu gerathen. Das war denn auch das Verfahren Youngs und Champollions. Der erstere deutet
jedoch nur ungewiß den Punkt an, wo der Schatz
liegen möge; die Ehre der Entdeckung gehört ihm
nicht.

Man hat Youngs Verdienst auf Kosten dessen Champollions vergrößern wollen, und behauptet, daß dieser letzte nie das Glück gehabt haben würde, zu einem
entscheidenden Resultat zu gelangen, wenn Bankes
nicht einen kleinen Obelisk von Philoe nach Europa
gebracht hätte, auf welchem eine griechische Bittschrift
eingegraben war, welche die Priester der Isis an den
König Ptolemäus Evergetes II gerichtet. In der
That las man auch dort den Namen Ptolemäus in
denselben Zeichen, wie auf dem Stein von Rosette,
und gelangte endlich so weit, auch mehrere andere
Namen und Worte zu verstehen. Aber die Legende
von Philoe war früher in England, als in Frankreich
bekannt, ohne in jenem irgend eine wirkliche Entdeckung des hieroglyphischen Systems veranlaßt zu
haben.

Die hieroglyphische Schrift besteht aus einer gewissen Zahl entlehnter Zeichen:

1. allen sichtbaren Theilen der Natur;
2. der Kunst und den Handlungen des Menschen;
3. den abstrakten und geometrischen Formen.

Diese bald größer, bald kleiner dargestellten Figuren, bald eingegraben, bald gemalt, auf allen
ägyptischen Denkmälern, welche sie zugleich erklären

und schmücken. Man findet sie ebenfalls auf den kleinen Bildsäulen und in den Handschriften auf Papyrus.

Die eigentliche Essenz des heiligen oder hieroglyphischen Systems ist symbolisch. Aber die Elemente
eines solchen Systems sind zu unvollständig, um allen
Bedürfnissen einer Gesellschaft entsprechen zu können,
die eine gewisse Stufe der Zivilisation erreicht hat.

Die englische Republik vor Kromwells Protektorat.

Wenn in einem Lande, wo Gesetzmäßigkeit, Ordnung, Freiheit vorherrschend sind, plötzlich einige Mitglieder der Gesellschaft sich erheben, um das Alles zu erschüttern, umzustürzen, wie kann man ihr Beginnen anders nennen, als Hochverrath? Kein Verbrechen veranlaßt größeres Unheil; keines also verdient strengere Strafe. Das Gesetz übertreten, heißt, eines Volkes moralische Kraft vernichten. Denn ist das Gesetz gut, muß man es über Alles achten; ist es schlecht, muß man durch friedliche Berathung es verbessern.

Man denke sich nun ein Land, dessen Grundgesetz durch einen meineidigen Monarchen übertreten worden; wo die gekrönte Treulosigkeit eine seit Langem unterdrückte, verhöhnte Nation endlich herausfordert zum Kampf auf Leben und Tod; wo Schwüre, Verträge, gesellschaftliche Bestimmungen plötzlich zerrissen und mit Füßen getreten werden: was haben da die Bewohner eines solchen Landes zu thun?

Zwei Beweggründe, zwei Handlungs-Werkzeuge, zwei Gesetze stehen ihnen noch zu Gebote:
ihr gemeinschaftliches Interesse;
ihr eigenthümlicher Wille.

Aus der Uebereinstimmung ihres Willens und ihres Interesses erzeugt sich alsdann die Freiheit wieder, die man ihnen geraubt. Die Irrthümer, die Ausschweifungen, welche die Völker bei Erringung eines so unschätzbaren Kleinodes begehen, fallen nicht ihnen zur Last. Sie sind die Früchte der unleidlichen Ti-

rannei, der sie sich entrissen. Man kann nicht von
den Massen die Ruhe und Stärke der Vernunft verlangen, welche die Individuen nicht haben. Dies
würde heißen, das Unmögliche fordern.

Die Geschichtschreiber sind nur zu sehr geneigt,
sich gegenseitig zu kopiren oder nachzubellen, ohne
Kritik, wie ohne Skrupel. Darum auch haben sie
nie dies Gesetz der einfachen Billigkeit auf die von
ihnen eben so leichtsinnig beschriebenen, als mit empörender Parteilichkeit beurtheilten Revolutionen anwendbar gemacht.

Die englische Republik und die große gesellschaftliche Krisis, aus welcher diese Regierungsform hervorgegangen, sind meistentheils in einem ganz falschen
Lichte dargestellt worden. Der Karakter und die Talente Kromwells allein haben die Aufmerksamkeit der
Geschichtforscher gefesselt. Aber sie sind leicht hin-
gegleitet über die Ursachen und den Beginn der Bürgerkriege.

Die meisten haben das „Protektorat“ des Usurpa-
tors mit der eigentlichen Republik verwechselt. Godwin*) und Brodie**) sind die einzigen, welche
einiges Licht auf die Zwischenzeit geworfen. Vor ihnen haben Hume und andere Geschichtschreiber diesen
Theil ihrer Arbeit durchaus entstellt. Sie haben ihre

---

*) Godwin hat eine „Geschichte der Republik in England“
herausgegeben, in der sich viele wichtige Aktenstücke befinden. Es ist zu bedauern, daß die Verwirrung des Plans
und die Schwülstigkeit des Styls ihr Verdienst sehr vermindern.

**) Verfasser einer guten „Geschichte der englischen Konstitu-
tion bis zur Thronbesteigung Wilhelms I.“

Dokumente Parteimenschen entnommen, die, nach der
Reformation, ihre persönliche Rachsucht befriedigten,
indem sie apokryphische Thatsachen in die Geschichte
übertrugen. Man findet darin keine Nachforschung,
keine Kritik. Alle Republikaner, ohne Unterschied,
wurden wie Verbrecher behandelt.

Diese Parteiwuth ist von der spätern Trägheit als
Ausdruck der Wahrheit angenommen worden. Dadurch aber ist zugleich eine Verwirrung entstanden,
der man nur mit Mühe einen Schimmer der Wahrheit entnehmen kann. Die Aristokratie besoldete gewissenlose Schriftsteller, und ließ eine Geschichte verfertigen, die in Hinsicht der Einseitigkeit als ein
wirkliches Muster aufgestellt werden kann . . . .

Der Despotismus hatte sich nach und nach in die
christliche Hierarchie geschlichen. Eine Religion, deren erste Symbole Freiheit und Gleichheit der Menschen waren, hatte durch eine unglaubliche Hartnäckigkeit einen geradezu entgegengesetzten Karakter
angenommen. Seit Jahrhunderten hatte man die
Lehrsätze des Erlösers in Werkzeuge der Knechtschaft
und Tirannei verwandelt.

Drei verschiedene Systeme, der Katholizismus,
das Episkopat und der Presbyterianismus, waren
demselben Ziele zugestrebt. Alle drei, unter verschiedenen Formen und in einem ungleichen Grade, hatten den Christianismus zu einem Unterdrückungsmit-
tel, in Bezug auf die Völker, gemacht.

Das geschickteste, das größte, das imposanteste
dieser drei Systeme, der Katholizismus, wie
man ihn auf dem Gipfel seiner Macht und seines
Glanzes gesehen, war eine ungeheuere Maschine, die

größte und die sinnigste vielleicht, welche der Mensch
je erfunden. Unter sinnbildlichen Schleiern erhob sich
dieser Riese der neuern Theokratie. Für ihn hatten
(oder sollten haben) alle Menschen nur einen Glauben, eine Seele, einen Gedanken. Prüfung wär
ein Verbrechen; Zweifel, Verdammung. Der Katholizismus durchschritt die Welt wie ein Mann.

Der Lehrsatz der absoluten Autorität und des pas-
siven Gehorsams umschwebte das Ganze. Die Bibel,
das Grundgesetz des Christenthums, blieb dem Volke
verschlossen. Wer eine Frage wagte, wurde auf der
Stelle anathematisirt, exkommunizirt. Der gemeinschaftliche Typus des allgemeinen Glaubens sollte
allen Rechtgläubigen als unwandelbarer Leitstern dienen. Kein Zögern, keinerlei Prüfung. Die sklavische
Presse befand sich unter dem index expurgatorius.
Die Ohrenbeichte verlieh dieser geheimnißvollen Macht
das Recht, bis in das Heiligthum der Familienver-
hältnisse zu dringen. Die Autodafés erschreckten die
Schwachen und verschlangen die Rebellen. Die Räthe
aller Monarchen wurden durch Beichtväter und Bischöfe oder Kardinäle geleitet. Sie allein setzten Alles
in Bewegung. Sie unterwarfen sich Alles, und die
Einbildungskraft selbst wurde von dem erhabenen
Pomp ihrer Hauptkirchen betroffen. Die Seele wurde
erschüttert, die Vernunft überrascht, die Sinne berauscht.

Das Episkopat (Bischofswesen) ist im Vergleich mit dem Katholizismus dasselbe, was eine ti-
rannische Aristokratie im Vergleich mit einer unumschränkten Regierung ist. Die englische Kirche hat
die Scheiterhaufen der Inquisition und die Kerker

Roms, durch andere weniger strenge, aber nicht minder strafbare Maßregeln ersetzt.

Statt Autodafés zu gebieten, begnügte sie sich, den Abtrünnigen Nasen und Ohren abzuschneiden. Statt mit der Brandfackel, bewaffnete sie sich mit der rächenden Peitsche. Anscheinend einfacher und strenger, hat sie nicht desto weniger aller Reichthümer, aller Würden sich bemächtigt. Sie hat die Könige bewacht, und sich immer verschwenderisch gezeigt mit Exkommunizirung, Verwünschung, Anklage, Verläumdung, Habgier und Rachsucht. Ihr Glanz ist weniger blendend, als jener des Katholizismus; aber er beruhet auf denselben Grundsätzen. Die beherrschende Gewalt ist sicher, eine Stütze in ihr zu finden, und wer diskutirt, wird auch von ihr ausser dem Gesetz erklärt.

Der Presbyterianismus scheint sich der Demokratie zuzuneigen. Er ahmt seine Sitten nach und seine Formen. Die Gehalte seiner Diener sind gering. Aber ihre Unduldsamkeit ist um so größer. Die Presbyterianer sind die wirklichen Spartaner des Christianismus; sie haben die ganze ausschließliche Strenge ihrer Vorbilder.

Im Namen der Freiheit schlagen sie in Sklaverei; im Namen einer strengen Tugend sind sie grausam bis zum Unglaublichen. Ihre Opfer haben selbst nicht einmal den schwachen Trost, bemitleidet zu werden. Man beweiset ihnen, daß die Unduldsamkeit, welche sie verdammt, die erste aller Tugenden ist.

Vor ein aus Kardinälen bestehendes Gericht geschleift, möchte man in Versuchung gerathen, diese mit Gold, Purpur und Hermelin bedeckten Richter zu achten, deren Tribunal ein Thron ist, und deren Aussprüche wie Donnerschläge wiederhallen. Aber auf eine nichtswürdige Weise umkommen, seine Sentenz von einem wie ein Bauer gekleideten Priester aussprechen hören, das heißt doppelt gestraft werden. Zu dem Schmerz der Züchtigung gesellt sich noch der einer unaussprechlichen Verachtung.

Diese drei Systeme christlicher Tyrannei beruhen auf einem und demselben Prinzip: „Außer unserer Kirche kein Heil!“

Die Independenten (Unabhängigen) waren die ersten, welche diesen Lehrsatz verwarfen. Sie fürchteten, aber sie verwünschten und ächteten auch keine Sekte. Sie forderten nur für sich, wie für die andern, eine unumschränkte Meinungsfreiheit. Das ist ihr Verdienst, ihr Ruhm; es war lange Zeit ihre Stärke.

Als Begründer der englischen Republik, sahen sie in dieser Regierungsform nicht eine zu realisirende Utopie, sondern ein Bedürfniß ihrer Zeit. Erfahrung hatte sie gelehrt, daß man auf das Wort eines Königs nicht zählen dürfe, dessen Gewohnheit die Lüge, dessen Gesetz, dessen alleinige Regel der Meineid sei.

Sie wußten, daß man nichts Besseres von dem Presbyterianismus und von seiner ausschließlichen Aristokratie zu erwarten habe. Was sollte man unter solchen Umständen thun?

Auf Seiten Karls I war eine willkührliche Regierung, begründet auf dies Axiom, daß das Verbrechen erlaubt ist, um die Freiheit zu unterdrücken, und die Gewalt zu befestigen, weshalb alle Eide und Versprechungen eines Monarchen ohne Gewicht sind.

Auf Seiten der Presbyterianer erhob sich drohend eine religiöse Tirannei, begründet auf Unduldsamkeit, und bereit, alle Geistesfreiheit zu ersticken.

Vane, Jreton, Kromwell und ihre Anhänger, sowohl im Parlament als in der Armee, hielten die Armee für unumgänglich nothwendig. Um dies schwierige Ziel zu erreichen, traten sie festen Schrittes auf, das Aug unverwandt auf den Gegenstand ihres Strebens gerichtet. Zwischen zwei Klippen, zwischen zwei Despotismen mitten inne, vernichteten sie das eine und das andere Hinderniß, und ihre Republik entstand.

Man kann nicht zweifeln, daß die Insurrektion gegen Karl I nicht unumgänglich nothwendig geworden. So denken wenigstens alle Diejenigen, deren Meinung noch einigen Werth für uns haben kann.

Als nun einmal der Degen entblößt war gegen den Monarchen, in einer gerechten und legitimen Sache, verfolgten die Independenten einen geraden offenen, aber schwierigen und blutigen Weg. Es war um ihr Leben zu thun. Mit weniger Kühnheit oder Umsicht würden sie bald unterlegen sein, nicht unter den Streichen der königlichen Partei, die kaum widerstehen konnte, sondern unter der immer wachsenden Präponderenz der presbyterianischen Partei.

Reich und adelich, waren die meisten Presbyterianer Freunde des Privilegiums und der Willkühr. In der Politik wollten sie Jloten, in der Religion Blindgläubige. Ihr Schlachtgeschrei war: „Vernichtung der Ketzerei." Der Galgen war dazu ihr Mittel, und der Henker ihr Akolyt.

Die Anmaßungen der Königswürde waren ihnen

ein Gräuel, weil ihre eigenen Usurpationen darin ein
Hinderniß fanden.   Die englische Energie, die sich
täglich immer mächtiger in den untern und in den
mittlern Ständen entwickelte, verursachte ihnen großes
Entsetzen.   Sie sahen mit wachsender Bangigkeit den
Geist der Prüfung und eines männlichen Widerstandes unter dem Volke sich verbreiten.   Sie unterhielten mit den Anhängern Karls einen ununterbrochenen
geheimen Briefwechsel.   Ihr Streben ging dahin, die
Umstände zu benutzen, und zur höchsten Gewalt sich
empor zu schwingen.

Was thaten während dem die Independenten? Als
Gebieter der Armee bewahrten sie ihre siegreichen Degen.   Sie konstituirten ein militärisches Parlament,
bemächtigten sich Londons, vernichteten die Presbyterianer und die Gleichmacher, und bahnten auf solche Weise den Weg zu Kromwells Allgewalt.

Ihre Absicht mochte gut sein.   Sie bestand darin,
ihr Land einer drohenden, nahen, entsetzlichen Unterdrückung zu entreissen.   Um diesen Zweck zu erreichen,
benutzten sie die alleinigen Hebel, welche ihnen zu
Gebote standen.

Aber indem sie aus England eine Republik machten, begriffen sie ihre Zeit und die Bedürfnisse derselben?

Obgleich die schwierige Krisis, in welcher sie sich
befanden, ihnen zur Entschuldigung gereichen kann,
war ihr Unternehmen doch nicht das einzige Mittel
zum Heile ihres Vaterlandes, welches sich ihnen darbot.

Seit sechs Jahrhunderten war Englands Regierungsform monarchisch, und diese ununterbrochene
Reihefolge von Souveränen, die es beherrschten, stieg

nicht allein bis zur Eroberung der Normänner, sondern bis zur sächsischen Heptarchie, zu jener Zeit,
wo Großbritannien aufhörte, eine römische Provinz
zu sein.

Die Ringe der menschlichen Generationen können
nicht nach Willkühr zerbrochen werden, wie die Ketten, welche der Arbeiter schmiedet, und die er bald
anders gestalten kann. Der Mensch ist nicht vereinzelt im Gang der Jahrhunderte. Die Tugenden der
Väter haben einen großen Einfluß auf die Söhne;
eben so auch ihre Fehler und Laster.

Umsonst bemühet sich eine stolze Theorie, plötzlich
monarchische Gewohnheiten in republikanische zu verwandeln, oder demokratische Ideen in monarchische
Gebräuche. Solche Umgestaltungen können nicht gewaltsam, sondern nur allmälig stattfinden. Ein un-
bemerklicher Hang leitet die Völker von einer Regie-
rungsweise zur andern, aus einer Gesinnungs-Sphäre
in eine andere. Die Uebergänge sind langsam; Jahrhunderte sind zu ihrer Vollbringung erforderlich.

Die Independenten verachteten diese Lehre der
Erfahrung. Sie gaben einem gewagten Versuche,
dem die zwei Drittel der Bevölkerung zuwider waren,
den Vorzug. Sie bildeten die Republik. Die alten
Regierungsformen, welche das Volk aus Gewohnheit
achtete, wurden zerbrochen. Sie verstanden nicht, zu
warten. Nachdem sie eine nothwendige Revolution
gemacht, kompromittirten sie dieselbe durch eine unnütze Neuerung.

Nie, in der Politik, darf man sich eine einzige
Bewegung erlauben, die nicht unumgänglich nothwendig ist. Jeder Schritt muß seinen Zweck, sein Ge-

feß, feine leichte und fchnelle Rechtfertigung, in dem
Drange der Begebenheiten felbft, haben.

Wenn die Gefellfchaft, ihrer gewöhnlichen Bafis
entriffen, zufammenzuftürzen drohet, möchte man
da in diefes Chaos noch ein neues Element der Un-
beftändigkeit fchleudern? Nein; denn das würde heißen:
als Unfinniger handeln. In folcher gewaltfamen Krifis
Alles zu erhalten, was erhalten werden kann, das ift
die wahre Weisheit. Man muß fparfam fein mit
zweifelhaften Neuerungen, geizig mit unnöthigen
Stößen. Man muß fuchen, nicht was das Befte ift
in der Theorie, fondern was, unter dem fich darbietenden Guten, am leichteften in Ausführung geftellt
werden kann. Non quod optimum, sed e bonis
quid proximum.

Mißbräuche haben fich nach und nach in den gefellfchaftlichen Körper gefchlichen. Man kann fie ausrotten; aber man muß fich hüten, den Körper zu verletzen, der ihnen Nahrung gibt. Hat man eine an
und für fich felbft fchlechte, fchädliche Organifation
zu reformiren, muß man langfam, allmälig zu
Werke gehen.

Man muß den amerikanifchen Koloniften nachahmen, im Schoofe mehrhundertjähriger Wälder, deren
dunkle Schatten, deren alte Trümmer, deren unzu-
gängliche Schluchten feiner fchaffenden Hand tau-
fend Hinderniffe entgegenftellen. Er verfucht es nicht,
in einer Minute das Alles umzugeftalten; es würde
unmöglich fein. Er hofft nicht, auf einen Schlag
alle die wilden Thiere zu vernichten, deren Geheul
ihn mit Entfetzen erfüllt, oder die ftinkenden Sümpfe
auszutrocknen, die fich in dem dichten Schatten ge-

bildet, oder die Luft zu reinigen, die so viele giftige Dünste mit den Elementen des Todes geschwängert. Seine Arbeiten sind progressiv. Er vertheidigt sein Leben. Er lichtet nach und nach die verschlungenen Zweige und Ranken, welche einen unübersteiglichen Wall bildeten.

Auf gleiche Weise muß auch der Gesetzgeber verfahren.

Schon vom Adel, von der Geistlichkeit und den Gerichten gehaßt, gesellten die Independenten, durch ihre Proklamirung der Republik, noch die zwei Drittel der englischen Bevölkerung der Masse ihrer Feinde bei. Nichts konnte unpolitischer sein.

Bald versetzte die Unpopularität dieser Maßregel sie in die Nothwendigkeit, die Republik in eine wirkliche Tirannei zu verwandeln. Sie hatten ihren König auf's Schafott geführt, und diese in ihren Augen ruhmwürdige Handlung wurde von ihren Gegnern als das abscheulichste aller Verbrechen dargestellt.

Die Presbyterianer waren besiegt. Alles zitterte vor den Independenten. Aber ihre Stellung war gezwungen. Sie sahen sich genöthigt, ihre Zuflucht zur Gewalt zu nehmen, um ihre Autorität zu erhalten. Die Privilegien des Parlaments wurden vernichtet. Die Gerichte verstummten. Das Volk bebte. Die Beseitigung der Geschwornen und die Präponderenz der Armee reizten die Gemüther. Durch den unwiderstehlichen Strom der Begebenheiten fortgerissen, wurden diese Menschen, deren Abgott die Freiheit war, und deren Aufrichtigkeit man nicht bezweifeln kann, die wirklichen Despoten und Unterdrücker ihres Vaterlandes.

Es gab damals einen populären Publizisten, mit mittelmäßigen Talenten ausgestattet, aber zugleich mit einer Kühnheit, die nur seiner Hartnäckigkeit gleichgestellt werden konnte. Wilkes im achtzehnten, und Cobbett im neunzehnten Jahrhundert, können einen Begriff geben von der Rolle, welche Johann Lilburne, während der in Rede stehenden Epoche, spielte.

Als unermüdliches, ungestümes und pöbelhaftes Organ der allgemeinen Klage, war dieser deklamatorische Tribun, dieser unlogische Schwadroneur, dieser beharrliche Phrasenmacher dem Triumvirat Kromwell, Jreton und Vane ein nicht geringer Stein des Anstoßes. Miltons Flugschriften wurden wenig beachtet, während man die Lilburne's mit Enthusiasmus las.

Zu jeder andern Zeit würde man sich begnügt haben, seine Erbärmlichkeit zu verachten. Aber unter den obwaltenden Umständen erwarb er eben durch seine Unwissenheit, seine Barbarei und seine Anmaßlichkeit sich einen großen Anhang. Mehrmals vor Gericht geführt, und immer freigesprochen, neckte er die Regierung auf alle nur denkbare Weise, bis endlich die Staatshäupter, unter einem nichtigen Vorwande, ihn verbannten. Das Parlament verurtheilte ihn zum Tode, wenn er England je wieder betrete.

Hätte er dieser Sentenz nicht Trotz geboten, wäre er seinem Karakter untreu geworden. Aber Lilburne behauptete ihn bis zu Ende. Er erschien wieder, veranlaßte selbst seinen Prozeß, und — wurde abermals freigesprochen.

Man sah einen Menschen von niedriger Abkunft, und ohne alles Verdienst, allein einer im Innern mächtigen und im Aeussern gefürchteten Regierung Trotz bieten. Er vertrat ganz allein die populäre Opposition. Als Sinnbild derselben wurde er eine Macht, und seine Mittelmäßigkeit gewann Werth genug, um der Autorität selbst die Wage zu halten.

Es ist also falsch, daß die Empörung gegen Karl I. das Werk einiger Fanatiker gewesen. Es ist falsch, daß die Anführer der Independenten sich zum Umsturz der Religion und des Staats verschworen. Ihre Irrthümer wie ihre Tugenden sind übel gewürdigt worden. Man hat ihnen ein Verbrechen aus dem gemacht, was in ihrem Betragen lobenswerth ist. Dagegen hat man ihnen ihre wirklichen Fehler nicht vorgeworfen. Das Bedürfniß der Freiheit und Toleranz selbst stürzte sie in den Despotismus. Sie verstanden nicht zu zögern, Zeit zu gewinnen, die Ereignisse auszubeuten. Es lag eben so viel Gradheit als Ungeschicklichkeit in ihren Irrthümern.

Einige ihrer Handlungen waren wirklich bewunderungswürdig. Sie zuerst stellten die Habeas corpus-Akte in Thätigkeit *), schafften die Monopole ab, vernichteten die auffallendsten Mißbräuche der Feudalität, und verordneten, daß künftighin vor Gericht die englische Sprache die normännische ersetzen solle, deren man sich bis dahin bedient hatte.

Sie ertheilten den Priestern der verschiedenen christlichen Glaubensmeinungen bedeutende Gehalte,

_____

*) Diese Thatsache war Clarendon, Hume und Blackstone unbekannt, oder ist von ihnen absichtlich verschwiegen worden.

und überhäuften ihre Feinde selbst mit Reichthümern.
Sie unterstützten die Wissenschaften, und hoben die
Universitäten. Ludlow, Hutchison und Milton glänzten unter ihnen. Ein weniger bekanntes Genie, Har-
rington*), redigirte und ordnete die Theorien seiner
Freunde. Nichts Originelleres, Grandioseres und
Energischeres zu gleicher Zeit, als seine Oceana.
Man findet in ihnen die ewigen Grundsätze der Politik, die Keime der Verbesserungen, die dem Menschengeschlecht zu Theil geworden. Der Ruhm ihres Verfassers würde bei weitem größer sein, hätte die besorgte Tirannei Kromwells ihn nicht genöthigt, die
edle Kühnheit seines Gedankens mit einem allegori-
schen Schleier zu umhüllen.

Diese ausgezeichneten Menschen, diese achtungswürdigen Handlungen, diese gehaltreichen Werke, die
man seit 150 Jahren kennt, werden immer noch verläumdet. Lüge und Beschimpfung gehen von einem
Geschichtschreiber zu dem andern über, und werden
endlich für unbestreitbare Wahrheiten gehalten.

Hat man nicht bis zum Ueberdruß wiederholt, daß
das 1653 zusammengerufene Parlament, bekannt unter dem Namen „Parlament Barebones", aus Hand-
werkern, aus unwissenden und unfähigen Menschen,
bestand?**) Man höre nur, was in dieser Hinsicht
Whitlocke, ein Zeitgenosse Kromwells und einer der
glaubwürdigsten Schriftsteller, sagt:

„Man erstaunte, in dieser Zeit die reichsten und

---

*) Verfasser der Oceana und der Prärogative der Volks-Re-
gierung

**) Diese falsche Angabe ist unbedingt von allen Geschicht-
schreibern angenommen worden.

die durch ihre Geburt, so wie durch ihre Kenntnisse
ausgezeichnetsten Männer öffentliche Aemter annehmen
zu sehen."

Welcher Widerspruch! Welch neuer Beweis, daß
die meisten Geschichtschreiber nur Lügenschmiede oder
Lügenverbreiter gewesen!

Eine der heldenmüthigsten und hochgesinntesten
Personen jener Zeit und jener Parthei, Sir Heinrich
Vane, verdient am meisten, daß eine beredte Feder
ihm Gerechtigkeit angedeihen lasse. Ueberspannt, aber
duldsam, enthusiastisch, aber menschlich, war er im
höchsten Grade strenger und zugleich gutmüthiger Republikaner; unwandelbar in seinem Betragen und alle
gewaltthätige Handlungen verdammend. Und doch hat
Niemand mehr, als grade er, über die feierliche Verläumdung der Geschichte sich zu beklagen.

Das Ende seines Lebens rechtfertigte sein ganzes
Dasein. Nie war ein Tod edler und ruhiger. Nach
Karls II. Rückkehr weigerte er sich gleichzeitig, zu
entfliehen, oder sich zu unterwerfen. Clarendon ließ
ihm die königliche Amnestie versprechen, und derselbe
Clarendon ließ sie widerrufen. Er verunstaltete so-
dann, in den Augen der Nachwelt, das unglückliche
Opfer, dem er feige Fallstricke gelegt.

Der Beweis von Clarendons Treulosigkeit befindet
sich in einem vertrauten Briefe Karls II. an diesen
Minister. Harris hat diesen Brief aufbewahrt. *)
Der König gesteht zu, daß er Vané Begnadigung gelobt habe. Aber er fragt zugleich den Lord Clarendon,
ob es kein Mittel gebe, sich seiner auf „eine honnette

----

*) Lives, Band V, S. 32.

Weise" zu entledigen (if we can honestly put him out of the way).

Will man bis zur Quelle so vieler lügnerischen Angaben und historischer Entstellungen gelangen, muß man ihren Ursprung nicht allein in den Schriften der Restauration suchen, sondern auch in dem Partheigeist, der Kromwelln auf den Thron erhob, und ihn auf demselben erhielt.

Die aufrichtigen Republikaner wurden zuerst von ihm angegriffen, sodann von den Presbyterianern, endlich von den Königlichgesinnten. Alle hatten, der Verschiedenheit ihrer Meinungen ungeachtet, ein gleiches Interesse, jene reinen und gewissenhaften Menschen niederzudrücken, die nur die Freiheit ihres Vaterlandes wünschten, und deren Erbe und Verläumder zu gleicher Zeit Kromwell war. Alle bemüheten sich, der Lächerlichkeit und dem öffentlichen Hasse die rechtschaffenen Enthusiasten zu überliefern, deren Gegenwart sie in Ausführung ihrer Plane hinderte.

Unter den Independenten hatten Sektengeist und Unduldsamkeit keinerlei Macht gewonnen. Sie waren Fanatiker, aber nicht Heuchler, und ihrer eigenen Ueberspannung ungeachtet, beschränkten sie die Meinungsfreiheit keinesweges.

Unter Kromwell im Gegentheil war die Unduldsamkeit vorherrschend. Die Heuchelei zeigte sich in den allerhäßlichsten Gestalten *). Man beging Verbrechen unter Anführung der Bibel. Das persönliche Interesse war allbeherrschend. Der gemeinste Ehrgeiz verschlang alle Aemter und Würden. Die Uni-

---

*) Hutchinson's Memoirs, Band V.

verstäten und die Geistlichkeit suchten sich in Kriecherei gegen den Protektor zu übertreffen. So´entstand die Verschwörung der höheren Stände, aller einflußreichen Klassen, gegen die Independenten.

Sagen wir noch ein Wort über diesen Kromwell, dem alle Partheien den Kultus entweder ihrer Verehrung und ihrer Bewunderung, oder ihres Entsetzens widmen. Whigs und Torys haben in der neuesten Zeit einstimmig diesen Tirannen gelobt. Dieselben Schriftsteller, die nur mit Zorn oder Verachtung der Republikaner gedenken, welche mit ihm zu gleicher Zeit gelebt, haben den Protektor mit wirklich exemplarischer Nachsicht behandelt. Es ist nicht unwichtig, die Ursache davon zu entdecken.

Wir haben so eben gesehen, daß die Geistlichkeit und die Gesetzmänner Kromwells Tirannei begünstigten. Dieselben Beweggründe, aus denen sie ihn unterstützten, bestehen noch jetzt. Er vernichtete die Republik, und machte sich zum König von England, unter einem Namen, der bescheiden sein sollte, der aber nur unverschämt war. Er ließ zwischen Großbritannien und der Monarchie nur eine einzige zerbrechliche Scheidewand, sein Leben. Er säete (wie Napoleon später in Frankreich) alle Keime einer Gegenrevolution. Er widersetzte sich den Verbesserungen und erneute die Mißbräuche. Seine unumschränkte Autorität schmückte sich mit Ruhm und Glanz. Er bereitete das Volk für das königliche Joch vor. Er gewöhnte den Bürger, nur nach seinen Vorschriften und Befehlen zu denken, zu glauben und zu handeln.

So wurde auf eine ganz natürliche Weise Karl II

der Weg zu einem Thron gebahnt, den er zum Unglück Englands wieder besteigen sollte.   So verschwanden, unter Kromwells triumphirenden Schritten, die Spuren der Duldsamkeit und der Freiheit,
die Vane und Ludlow dem britischen Boden einge-
drückt hatten. Die Königlichgesinnten waren die Opfer
seiner Macht; aber das Königthum gewann die Früchte
derselben.

Man bemerke nun auch, mit welcher Freude die
Hellsehenden jener Freunde des Privilegiums, in dem
Protektorat Kromwells, die Hoffnung einer für sie
günstigen, und für das Volk verderblichen Zukunft
erblickten.   Jede seiner Handlungen war für sie eine
glückliche Prophezeihung. Sie lasen in den Verordnungen des Protektors die Gewißheit der Rückkehr
Karls II.   Sie sahen in ihnen die Morgenröthe des
glorreichen 29. Mai (1659).

Sie täuschten sich n i c h t.   Dieser Tag erstand
für sie. Ein ausschweifender, heuchlerischer König,
von Satelliten umringt, die seiner vollkommen würdig waren, betrat aufs neue den Boden Großbritanniens, ausgestattet mit fremden Sitten, mit dem
Gewissen eines Jesuiten, und mit der Rachsucht
eines Tigers.

Von ihren Händen wurden die letzten Hoffnungen
der nationalen Freiheit zerbrochen. Kromwells Gebeine wurden auf den Schindanger geschleift, und
seine Asche in den Wind gestreut. Aber sein Werk
wurde erhalten, fortgesetzt, vervollkommnet in allen
Einzelnheiten. Das war die Hauptaufgabe der Restauration.

Der Wollenhandel Deutschlands und anderer Gegenden.

Die gegenwärtigen Handelsverhältnisse Deutschlands sind nicht allein für dieses, sondern auch für ganz Europa, von einem besondern Interesse, sowohl in Hinsicht auf die Wichtigkeit seiner Ausfuhr, als auch auf die beinahe vollständige Umgestaltung, welche er erlitten.

Vor der Einführung der Merinos, oder spanischen Schafe, in diesem Theile Europa's, waren die einzigen Erzeugnisse, welche er gegen seine Einfuhr austauschen konnte, Getreide, Leder, ein wenig geringe Wolle, einige Mineralien aus Sachsen und Schlesien; Leinwand, die in bedeutender Menge über Spanien nach Südamerika geschickt wurde, Leingarn und einige grobe Tücher, die nach Polen, Rußland und Persien ausgeführt wurden.

Deutschland verfertigte auch mehrere Artikel zum innern Verbrauch, und hatte ausserdem einen bedeutenden Transithandel, dessen Zentralpunkte die Messen von Braunschweig, Leipzig, Frankfurt am Main und Frankfurt an der Oder waren. Eine große Zahl polnischer, rüssischer, griechischer und armenischer Kaufleute besuchten alljährlich diese Messen, um Lyoner Seidenwaaren, Silber- und Goldarbeiten, so wie Pariser Modeartikel, baumwollene Zeuge, Tücher u. s. w. einzukaufen.

Die Einfuhr Deutschlands zu eigenem Verbrauch bestand größtentheils aus Kolonialwaaren, wie Zukker, Kaffee, Tabak ɪc., und Tüchern aus Flandern, und England, indischen und britischen Zeugen, und einigen Luxusartikeln für die reichen Klassen.

Vergleicht man nun die Ausfuhr mit der Einfuhr, so wird man sich leicht überzeugen, daß der Werth der letzten den der ersten bei weitem übertraf. Deshalb auch befand sich in den meisten deutschen Staaten die untere Volksklasse in großer Armuth, weil sie von den Landeigenthümern, für welche man die meisten Luxus = Gegenstände einführte, erschöpft wurde.

Der traurige Zustand, in welchem Deutschland sich damals befand, wurde noch durch das Aneinanderreiben der gegenseitigen Interessen der verschiedenen Regierungen vermehrt. In der ganzen Ausdehnung der deutschen Gauen waren die Handelsverbindungen durch innere Mauthen gehemmt, so wie durch den Mangel an festen Landstraßen und schiffbaren Kanälen, diesen Adern der Nationen, ohne welche ein Staat n i e eine große Handels-Wichtigkeit gewinnen kann.

Nach und nach verminderten die deutschen Fürsten jedoch die Strenge ihrer Beschränkungen. Friedrich der Große vereinigte die Elbe, die Oder und die Weichsel durch das Netz einer künstlichen Schifffahrt, von welcher der größte Theil seines Königreichs überdeckt wurde. Endlich in der letzten Zeit besiegte die Schöpfung eines neuen Industriezweiges die Hindernisse, welche sich noch der Entwickelung der Handelsthätigkeit in diesem Theile Europa's entgegenstellten.

Wem der Karakter des deutschen Volkes nicht unbekannt war, konnte leicht voraussehen, daß diese

Quelle des Reichthums unter seinen Händen nicht unbenutzt bleiben würde. Seine unermüdliche Betriebsamkeit, die manchmal von unübersteiglichen Hindernissen beschränkt, aber nie gänzlich vernichtet werden konnte, zeugte hinlänglich dafür. Die ausdauernden Nachforschungen seiner ältern Schriftsteller, und die nicht minder thätigen Arbeiten jener der neuern Zeit, sind die sprechendsten Beweise seiner Energie und seiner Beharrlichkeit.

Kaum hatte Deutschland das Joch der französischen Beherrschung abgeworfen, als Preußen zuerst das Zeichen zu nützlichen Verbesserungen gab. Prächtige Landstraßen wurden in allen Richtungen zwischen den größern Städten gebahnt. Eine Menge Manufakturen und Fabriken entstanden wie auf einen Zauberschlag, und die Industrie schuf unzählige Gegenstände, die man, wenige Jahre früher, nur vom Auslande beziehen konnte.

Wer Deutschland seit 15 Jahren nicht gesehen, seit den letzten blutigen Kriegen, würde es jetzt nur mit Mühe wieder erkennen. Seine verhältnißmäßigen Fortschritte sind selbst viel schneller gewesen, als die Frankreichs in derselben Zeit, weil es von der Pest des Jesuitismus und seiner scheußlichen Verwaltung verschont geblieben, und weil das Genie der Freiheit nur das auszubilden brauchte, wozu das Genie Napoleons den Keim gelegt.

Es war unmöglich, daß Deutschland der fortschreitenden Bewegung fremd bleiben konnte, mit welcher die zivilisirte Welt einer bessern Bestimmung zueilt. Doch läßt die wirklich auffallende Schnelle seines Ganges sich nur durch eine innere, eigenthüm-

liche Ursach erklären. Und diese Ursach liegt in der
Einführung der spanischen Schafe.

Dem letzten Könige von Sachsen verdankt man,
als er noch Kurfürst war, das hohe Verdienst dieser
Einführung, die beinahe den Handel Spaniens zwischen Rhein und Weichsel versetzt hat, und die das
Urprinzip des Wohlstandes Sachsens und mehrerer
anderer Staaten Deutschlands geworden ist.

O glückliches Genie der Industrie! Durch die
Einführung einiger Schafe hat Friedrich August der
Weise mehr gethan für sein Volk, und für das
deutsche Vaterland im Allgemeinen, als wenn er die
glücklichsten Eroberungen gemacht, und die Größe
seiner Staaten verdoppelt hätte. Diese unschätzbare
Wohlthat hätte Sachsen anders vergolten werden sollen, als dies 1815 geschehen ist.

Seit der Einführungsepoche der ersten Merinos
bis 1814, wo Europa von Neuem des Friedens Wohlthaten zu genießen begann, verbreitete sich diese Race,
obgleich langsam, doch unausgesetzt, über ganz Sachsen. Von nun an trieben die sächsischen Wollenhändler auch einen regelmäßigen Verkehr ihres Artikels,
dessen Wichtigkeit sie bald mit England messen konnten. Im ersten Jahre, d. h.

1814 führten sie dort ein 3,595,146 Pfund.
1819 . . . 4,557,938 —
1824 . . . 15,432,657 —
1828 . . . 23,110,822 —

Die ausserordentliche Zunahme der Bestellungen
auf diesen Artikel erregte eine allgemeine Nacheife-
rung in den Sachsen begrenzenden Staaten, und
einige Zeit lang verkauften die Schafheerden-Eigen-

thümer ihre Widder und Schafe sehr vortheilhaft nach Schlesien, Böhmen, Oesterreich u. s. w.

Lange Zeit kam die Nachfrage den Fortschritten der Produktion gleich. Zu derselben Zeit veranlaßte auch eine leichte Ueberlegenheit in der Feinheit der Wolle ein so übertriebenes Steigen des Preises, daß, um diesen ausserordentlichen Grad von Feinheit zu erhalten, man die Schafe nur mit Getreide nährte. Also, indem Großbritannien die Wolle der deutschen Landwirthe kaufte, sicherte es ihnen auch, auf eine indirekte Weise, neue Verbraucher für ihr Getreide zu.

Der in Deutschland durch diesen starken Zweig der neuen Landwirthschaft geschaffene Reichthum kann wohl nicht anders geschätzt werden, als nach der Summe Geldes, welche England allein für die deutsche Wolle bezahlt. Es ergibt sich aus den dem Parlamente vorgelegten Rechnungen, daß die in Großbritannien im Laufe des Jahres 1828 eingeführte deutsche Schafwolle bis auf 25,110,822 Pfund gestiegen, was, wenn man das Pfund auf 1 Schilling 6 Pence (47 Kreuzer rh.) schätzt, einen Werth von 1,733,311 Pfund Sterling (20,799,732 rhein. Gulden) gibt:

Fügt man dazu nur noch die Hälfte mehr für die nach Frankreich, den Niederlanden, Rußland, Polen, der Schweiz und Italien ausgeführte Wolle, und schätzt man zur Hälfte der Produktion die von den deutschen Fabrikanten verbrauchte Wolle (was auf jeden Fall viel zu gering ist), so findet man eine Summe von 62 ½ Millionen rhein. Gulden für den jährlichen Ertrag der spanischen Schafwolle in Deutschland, was gewiß ein nicht geringes Resultat ist.

Wir haben oben gesagt, daß die schlesischen Fa-

brikanten ehemals einen beträchtlichen Tuchhandel mit
Polen, und über dieses Land mit Rußland und Asien
trieben. Seit der Bildung des neuen Königreichs
Polen, unter der Souveränität der Kaiser von Rußland, hat die Regierung zu Warschau nichts unterlassen, um einen industriellen Stand in diesem Königreich zu schaffen.

Um es dahin zu bringen, und um die entstehenden Fabriken zu begünstigen, hat sie alle ausländi-
schen Tücher verboten. Diese Maßregel würde die
Fabrikation in Schlesien, und überhaupt in Deutschland, vernichtet haben, wenn nicht der geringe Ar-
beitslohn und die Verbesserung der Wolle ihnen vergönnt hätte, die innern Märkte, mit Ausnahme
einiger Ballen extrafeinen niederländischen Tüchern,
ausschließlich zu versorgen.

Zu gleicher Zeit, als die Verbesserung in der
deutschen Industrie sich ereignete, fand auch eine
gleichmäßige Zunahme in den Verbrauchsquellen Statt.
Während den vierzehn letzten Jahren erhob sich die
Bevölkerung der preussischen Staaten um beinahe
zwei Millionen Individuen, oder von 10,536,571 auf
12 ½ Millionen. Die statistischen Tabellen, welche
wir vor Augen haben, beweisen, daß die Vermehrung
in den übrigen Staaten Deutschlands hinter jener
in der preussischen Monarchie nicht viel zurücksteht.

Es gibt einen andern Punkt auf der Erde, auf
welchem die spanische Schafzucht bereits große Fortschritte gemacht, obgleich der Wolle-Ertrag bis jetzt
noch nicht sehr bedeutend ist; doch läßt es sich nicht
bezweifeln, daß er es werden kann, und daß die deutschen Wollenhändler alsdann eine furchtbare Konkur-

renz zu bekämpfen haben werden. Dieser Punkt ist Australien.

Es war im Jahr 1795, als man ungefähr ein Dutzend Merinos vom Vorgebirg der guten Hoffnung auf die fruchtbaren Triften von Neu-Südwales versetzte. Diese kleine Heerde ist der Kern jener unzählbaren Menge Schafe geworden, welche sich seitdem über einen großen Theil von Neu-Holland und Van-Diemensland verbreitet hat.

Die Wolle-Ausfuhr begann zum ersten Male 1806. Seit 1814 ist die Zunahme ausserordentlich stark gewesen, wie sich aus nachstehender Uebersicht entnehmen läßt.

Jahre.	Ausfuhr.	Jahre.	Ausfuhr.
1806	245 Pfd.	1818	86,525 Pfd.
1807	562	1819	74,284
1808	nichts	1820	99,415
1809	nichts	1821	175,433
1810	167	1822	138,498
1811	nichts	1823	477,261
1812	nichts	1824	382,907
1813	nichts	1825	323,995
1814	32,971	1826	1,106,302
1815	73,171	1827	512,758
1816	13,611	1828	1,603,512
1817	nichts		

Es ist vorauszusehen, daß die Progression von Jahr zu Jahr stärker sein wird, und daß also Deutschland in Kurzem die Konkurrenz dieser Wolle, auf seinen Märkten in England, verspüren wird. Und was diese Konkurrenz noch furchtbarer macht, ist, daß die australische Wolle nicht unter der guten sächsischen

steht, obgleich man dort die Schafe sich selbst überläßt, während man in Deutschland sie sorgsam pflegt.

Australien ist eine britische Kolonie. Angenommen nun, daß die dortige Schafwolle der deutschen
an Feinheit und Güte gleichkommt, wird man jener
auf den englischen Märkten immer den Vorzug zugestehen, selbst wenn die Preise nicht geringer wären,
und insofern auch ihre Quantität allen Forderungen
des Verbrauchs entspricht.

Was werden alsdann die deutschen Wollen-Erzeuger thun? Diese Frage ist leicht zu beantworten. Es
wird ihnen nichts anders übrig bleiben, als neue Aus-
wege für ihre Produkte zu suchen, oder die Preise
derselben dergestalt herabzusetzen, daß sie ihren Kon-
kurrenten in Australien das Gleichgewicht halten
können.

In Hinsicht neuer Märkte wird es schwer sein,
solche zu finden, indem sich Deutschland in der Mitte
anderer Staaten befindet, die ebenfalls die Merinos-
zucht begünstigen. Frankreich und die Niederlande
verbrauchen ohne Zweifel viel Wolle, die sie nicht
erzeugen; aber die Konsumtion wird sich nicht vermehren, weil Deutschland über die Anbringung seiner Wolle verlegen sein wird.

Die französischen Manufakturen verfertigen nicht
viel mehr, als für den innern Verbrauch, während
die in den Niederlanden viele Tücher ausführen, besonders aber nach Deutschland, wo ihr Debit, durch
die Konkurrenz der einheimischen Fabrikanten, in beständiger Abnahme ist. Es ist unmöglich, daß der
niederländische Ausfuhrhandel eine große Ausdehnung
gewinnen könne, wenn alle Staaten, beinahe ohne

Ausnahme, sich das Monopol ihrer innern Märkte und ihrer häuslichen Industrie zuzusichern bemühen.

Eine gewisse Quantität extrafeiner Wolle wird in der That alljährlich von Deutschland nach Polen ausgeführt, zum Verbrauch in den von der Regierung unterstützten Fabriken. Aber der polnische Eigenthümer wird auch bald genug mit der Produktion der feinen Wolle sich beschäftigen, um über lang oder kurz die aus Deutschland kommende entbehrlich zu machen.

Schon bezieht man in Polen nur noch die extrafeinen Qualitäten, und die gemeine polnische Wolle wird dagegen auf den deutschen Messen ausgetauscht. Jenseits Polen beginnt auch Rußland, das demselben Zepter unterthan ist, mit der Schafzucht sich zu beschäftigen, und im Laufe dieses Jahrhunderts wird es wahrscheinlich noch mehr Wolle ausführen, als verbrauchen.

In den deutschen Theilen der k. k. österreichischen Erbstaaten wimmelt es von Schafen. Von dort werden auch die Tücher ausgeführt, in welche die Bewohner der italienischen Theile der Monarchie sich kleiden. Der Ueberrest Italiens wird aus England, Frankreich und den Niederlanden versorgt; doch ist der Betrag ihres Verbrauchs nicht bedeutend.

Die vereinigten Staaten Nordamerika's haben zwar einige Tuchfabriken errichtet, doch sind sie bis jetzt genöthigt gewesen, fast alle feine Wolle, deren sie bedürfen, von außen zu beziehen. Sie versorgen sich damit auf den englischen Märkten. Aber dieser Zustand der Dinge wird nicht von langer Dauer sein; denn es ist leicht vorauszusehen, daß die innere, durch-

aus Landwirthschaft treibende Bevölkerung dieses Landes, bald ihre eigenen Fabriken versorgen wird.

Also, nach welcher Seite der deutsche Wollen-Erzeuger sich auch wenden mag, um einen Ausweg für
sein Produkt zu finden, wird er bald alle Märkte damit überladen sehen. Wenn also er nicht die Vortheile seiner Lage benutzen kann, um den Debit seiner Waare zu erzwingen, indem er allmälig den Preis
derselben vermindert, wird ihm seine Wolle so lange
bleiben, bis die jedes Jahr erzeugte Quantität nicht
mehr die Summe der Bestellungen übersteigt.

Jenen Vortheil der Lage scheint der deutsche Wollen-Erzeuger ohne Zweifel zu haben, wenn man die
große Distanz zwischen Europa und Australien beachtet. Aber die politische Lage, in welcher sich dieses letztere befindet, ist so eigenthümlich, daß alle andern Umstände, im Vergleich damit, unbedeutend sind,
und daß der Umstand der Entfernung selbst nur von
einem sehr untergeordneten Interesse sein kann.

In England z. B. nöthigt der gegenwärtige Zustand der Bevölkerung und des öffentlichen Einkommens die Regierung, Alles zu thun, was in ihren
Kräften steht, um die Industrie der nationalen Arbeiter zu heben, sei es nun in ihrem europäischen
Gebiete, oder in ihren Kolonien.

In diesem Zustand der Dinge, und da Großbritannien einen großen Theil der Märkte Deutschlands
für seine Wollentücher verloren, und die noch übrigen, in so fern nicht unvorherzusehende Ereignisse
Statt finden, gänzlich verlieren wird, ist es augenscheinlich, daß es nicht anders als mit Vergnügen
die Zeit voraus zu berechnen, und ihr Erscheinen zu

beschleunigen sucht, wo es im Stande sein kann, alle Schafwolle, deren es zu dem Verbrauch seiner Fabrikation bedarf, aus seiner eigenen Kolonie zu beziehen.

Der Kostenertrag, welchen der Transport der Wolle von Australien nach England verursacht, wird durch den geringen Preis des Landes in dem erstern, und dadurch ausgeglichen, daß diese Wolle bei der Einfuhr in dem letztern keinen Mauthbetrag zu zahlen braucht, so daß der australische Wollen-Erzeuger seine Waare immer zu billigen Preisen wird losschlagen können. Steht sie daher an Feinheit und Güte nicht hinter der deutschen zurück, so wird ihr in Großbritannien immer der Vorzug gesichert bleiben.

Das nothwendige und unausbleibliche Resultat dieses Zustandes der Dinge wird sein, daß der deutsche Wollen-Erzeuger ausschließlich auf sein eigenes Land für den Verbrauch seiner ordinairen Wolle wird zählen müssen, und daß in Folge der Einstellung einer so großen Forderung, wie die bisher von Seite Englands, dieser Artikel, der eines der vortheilhaftesten europäischen Produkte war, und gegenwärtig noch ist, nothwendigerweise überall, wo er nicht von extrafeiner Qualität ist, viel von seinem Werthe verlieren wird.

Die ausserordentliche Bevölkerungszunahme hat bis jetzt, der noch viel beträchtlichern Vermehrung der Schafe und der Konkurrenz der Baumwolle ungeachtet, den Preis der Schafwolle immer gleich erhalten.

Da aber die Quantität dieses Artikels sich unaufhörlich vermehrt, und zwar in einem bei weitem stärkern Verhältnisse, als die Fortschritte der Bevölkerung, muß der Preis der Wolle nothwendigerweise sich vermindern, bis er sein Minimum erreicht haben wird. Und dies Minimum wird schneller oder langsamer bei den verschiedenen Nationen erreicht werden, je nach den Umständen, in welchen sie sich befinden.

So ist in England die Wolle, die im Durchschnitt das Pfund zu zwei Schilling (1 Gl. 10 Kr. rhein.) bezahlt wurde, nach und nach bis auf sechs Pence (17 Kr.) gesunken.

Die englische Schafwolle ist, in Hinsicht der Qualität, unbedeutend, während sich aus einem offiziellen Aktenstücke von 1828 ergibt, daß die mittlere Quantität der Wolle-Produktion in Großbritannien auf ungefähr 111 Millionen Pfund steigt, und daß die Einfuhr derselben sich auf ungefähr 29 Millionen Pfund beläuft, was eine Totalsumme von 140 Millionen Pfund gibt, sowohl für den innern Verbrauch, als zur Ausfuhr.

In Frankreich, in Deutschland und in Polen beschäftigt man sich weniger mit der Hammel-Mästung, als in England. Alles ist dort dem Wunsche untergeordnet, sich so feine Wolle, als nur immer möglich, zu verschaffen. Um diesen Zweck zu erreichen, darf der Eigenthümer weder die Quantität beachten, noch die bedeutenden Kosten, welche die Bildung einer Merinosheerde ihm verursacht; was demnach seine Vortheile sehr vermindert.

Um sich Heerden erster Qualität zu bilden, haben mehrere Landwirthe 40 bis 60 Friedrichsd'or für jeden Widder bezahlt, und in. der ersten Zeit ihrer Einführung im Norden Europa's kostete jedes Schaf zehn Friedrichsd'or. Die gegenwärtigen Umstände haben diese Preise sehr vermindert; demungeachtet sind sie in den meisten Meiereien immer noch die theuersten Gegenstände, indem ihre Nahrung große Ausgaben nothwendig macht.

Im Winter schließt man sie in ungeheure Ställe, von denen jeder eine ganze Heerde aufnehmen kann, und wo sie, durch ihr Beisammensein, sich selbst eine künstliche Wärme schaffen. So lange diese Einsperrung dauert, wirft man ihnen Heu und selbst Stroh, sammt den Aehren, vor. Ist das Getreide nicht zu theuer, so ist diese Nahrung die vortheilhafteste, weil dadurch die Wolle sehr an Güte gewinnt.

Die Merinos haben beinahe vollkommen die einheimische Race in Sachsen und den umliegenden Ländern ausgeschlossen. Es ist wahrscheinlich, daß sie sich noch mehr verbreiten werden. Eines der Länder in Europa, wo sie die meisten Fortschritte machen, ist unstreitig die Krimm. Der Transport der dortigen Wolle verursacht freilich große Kosten, bis sie nach Großbritannien und nach den Niederlanden gelangt. Aber anderseits ist die Unterhaltung der Schafe auf den großen Weiden dieser Halbinsel so wenig kostspielig, daß, der großen Entfernung ungeachtet, sie durch ihre niedrigen Preise doch eine gefährliche Konkurrenz darbieten kann.

Die in Spanien gewonnene Wolle ist das Produkt der ursprünglichen Race, von welcher die Merinos herrühren, welche jetzt in Europa und in Australien existiren. Bevor der Kurfürst von Sachsen, vor ungefähr 40 Jahren, eine kleine Merinosheerde von dem König von Spanien zum Geschenk erhalten, war die einzige, damals bekannte feine Wolle, die spanische. Sie versorgte ausschließlich die Fabriken

Frankreichs, der Niederlande und Englands, in welchen die schönsten Tücher verfertigt wurden.

Unglücklicherweise für die Merinos-Eigenthümer in Spanien, raubten ihnen die napoleonischen Generale, während dem sogenannten Insurrektionskriege, ihre schönsten Heerden, und liessen sie nach Frankreich bringen. Andere wurden in dem entsetzlichen Kampfe von den verschiedenen Partheien zerstreut oder vernichtet. Diese Zerstörung war so beträchtlich, daß der Wolle-Ertrag in der ganzen Halbinsel jetzt kaum einem Drittel dessen in Deutschland gleichkommt.

Man kann sich einen noch genauern Begriff von dieser Verheerung machen, nach der Einfuhr in den britischen Inseln zu drei verschiedenen Epochen, sowohl aus der Halbinsel als aus Deutschland, wie folgt:

	1800.	1814.	1827.
Deutschland	421,350.	3,595,146.	22,007,178 Pf.
Spanien und Portugal	7,794,758.	9,234,991.	4,347,643 —

Im Jahr 1800 standen die Hafen beider Länder dem britischen Handel eben so wohl geöffnet, als in den beiden spätern Epochen, dergestalt, daß die allmälige Zunahme der Ausfuhr Deutschlands, und die Verminderung jener Spaniens, die bestmöglichsten Beweise der Umgestaltung sind, welche in der verhältnißmäßigen Lage der beiden Länder sich ereignet, in Hinsicht auf die Wolle-Produktion.

Ungeachtet ihres Rufes, den die spanische Wolle hat, der Rolle wegen, die sie einst auf den Märkten spielte, und des Einflusses ungeachtet, den sie noch jetzt auf den Märkten ausübt, ist sie kaum so beträchtlich, als die einer einzigen Provinz Oesterreichs.

Es ist jedoch nicht zu bezweifeln, daß das Klima und die Natur der Nahrungsmittel, auf den hohen Gebirgsketten, die Spanien durchschneiden, der Erzeugung der schönsten Wolle überaus günstig sei, ohne daß es nothwendig sein dürfte, zu künstlichen, und folglich kostspieligen Verfahrungsarten seine Zuflucht zu nehmen. Es ist also unbestreitbar, deß wenn dies schöne Land einmal erst die Fesseln gebrochen haben wird, welche seine Energie lähmen, seine Hügel und Thäler sich aufs neue mit schönen und zahlreichen Heerden bedecken werden.

Welches nun auch die Fortschritte der Bevölkerung sein mögen, ist es doch augenscheinlich, daß die Wollenmasse noch schneller wachsen wird.

Die Schafwolle hat ausserdem noch, wie schon gesagt, eine gewaltige Konkurrenz von Seiten der Baumwolle zu befürchten. Ein großer Mißbestand der ersten ist der Verlust, den sie bei der Tuchbereitung erleidet, und wodurch sie fast um die Hälfte vermindert wird, während die Baumwolle nur sehr wenig verliert.

Dieser Vortheil ist unberechenbar, und wenn die Heerdenbesitzer auf dieselbe Weise fortfahren ihre Schafe zu vermehren, wie bisher, muß ihr Vermögen über lang oder kurz, aber unfehlbar, eine Krisis erleiden, der sie nur mit Mühe sich entziehen dürften. Mögen die Andeutungen, welche wir ihnen vorlegen, sie behutsamer machen, und sie vermögen,

durch zweckmäßige Maßregeln einer solchen Katastrophe zuvorzukommen.

Wir müssen schließlich noch hinzufügen, daß unsere Bemerkungen nur auf die Erzeuger der ordinären
oder mittleren Wolle-Qualitäten anwendbar sind.
Die Produktion der extrafeinen Wolle, mit welcher
man sich an einigen Orten in Deutschland und anderswo beschäftigt, erfordert so viele Sorgfalt und
Kosten, daß man in ihrem Betrachte noch lange
nichts zu besorgen hat.

Der moralische Einfluß der Zeitungen in der nordamerikanischen Union.

Der Zeitungsstempel ist in der nordamerikanischen Union durchaus unbekannt. Die Regierung hat mehr noch gethan: sie gesteht den Zeitungen selbst Portofreiheit zu, so daß man sie in den entferntesten Provinzen zu demselben Preise erhält, wie an dem Orte, wo sie erscheinen. Der Zweck dieser Maßregel ist, die große Volksmasse durch die periodischen Erscheinungen über ihre wahren Interessen zu unterrichten, und der öffentlichen Meinung auf diese Weise eine größere Solidität zu gewähren.

Man bemerkt, nach dem Ebengesagten, daß das Privilegium, welches man der periodischen Presse zugesteht, aus einem höheren Prinzip, als dem der Privatbegünstigung, entspringt. Es ist die nothwendige Folge jenes, an großen Resultaten so fruchtbaren Urgrundgesetzes, das die Freiheit und Unabhängigkeit der großen nordamerikanischen Familie begründet, dem sie ihre innere Sicherheit, ihre Industrie, ihre Opulenz, ihre sich unaufhörlich vervollkommnende Zivilisation, und die immer zunehmenden Fortschritte ihrer kräftigen Bevölkerung verdankt, dem Unterricht.

Die Journale sind die thätigsten Verbreiter desselben. Im Durchschnitt erscheinen in den Vereinigten Staaten täglich nicht weniger als zwölfhundert verschiedene Zeitungen, welche sich von den Städten in die Dörfer verbreiten, in die Nacht der Wälder dringen, und die bis zu den vereinzelten Meiereien ge-

langen; welche wie abgeschieden von der übrigen Welt
zu sein scheinen.

Dieser Unterricht, diese täglich unter mannigfachen
Formen sich erneuernde Aufklärung, findet überall
eine darauf begierige, darauf vollkommen vorbereitete
Bevölkerung; denn in Nordamerika wird nicht nur
ein Mensch, welcher nicht lesen kann, als ein Kretin,
oder als eine Art mit Sprache begabter Affe betrachtet, man findet auch äusserst selten nur ein Individuum, das nicht begreift, was es liest.

Für die über einen ungeheuern Flächenraum zer-
streuete Bevölkerung der Vereinigten Staaten ersetzen
die Zeitungen die übrigen, größtentheils noch fehlen-
den Unterrichtungsmittel, wie Kollegien, Universitäten u. s. w.; sie ersetzen selbst, durch die Mannigfal-
tigkeit und den Reichthum ihres Inhalts, die noch
mangelnden Bücher, welche überhaupt in diesem Lande
theuer sind, und welche der Landwirth, der haushäl-
terisch mit seiner Zeit sein muß, vielleicht nicht hinlänglich studieren könnte.

Die Zeitungen erhalten die Neugierde in beständ-
diger Thätigkeit. Sie beschäftigen unaufhörlich die
Einbildungskraft, ohne sie je zu ermüden, und lassen
nicht einen Tag vorüber gehen, ohne sie stark anzuregen, ohne irgend einen religiösen oder politischen
Gegenstand in Rede zu stellen, das Nachdenken auf
ihn hinzuleiten, ohne eine nützliche Thatsache in des
Lesers Gedächtniß zu graben, und eine neue Methode,
ein neues Verfahren in Vorschlag zu bringen.

Vor Allem der wichtigste Theil dieses immerwährenden Unterrichts betrifft die inneren und äusse-
ren Angelegenheiten der Union, sowohl in politischer

als in kommerzieller Hinsicht. Dieser Theil wird mit
strenger Wahrheitsliebe und so klar, so umfassend als
möglich behandelt. Die Verhandlungen der Regierung,
die Diskussionen der beiden Kammern jedes der verschiedenen Staaten, in ihren größten Einzelnheiten,
erregen ein unbeschreibliches Interesse, und werden
äusserst begierig gelesen und kommentirt. Die Ursache
dieser großen Theilnahme liegt darin, daß es in Nordamerika nicht einen einzigen Bürger gibt, gleichviel,
ob reich oder arm, der nicht Wähler und wählbar ist.

In den Vereinigten Staaten kennt man in dieser
Hinsicht keine Beschränkung; die alleinige Eigenschaft
als Bürger ist dazu hinlänglich, und selbst der Fremde
erhält sie nach einem fünfjährigen Aufenthalt. Während der Sitzung, wo man weniger mit den großen
Landarbeiten beschäftigt ist, nämlich im Dezember,
Januar und Februar, sind die Journale, in wie
großer Zahl sie auch erscheinen mögen, doch nie genügend für die unzählbaren Leser.

In diesen Zeitungen werden die Beauftragten der
Nation auf das Sorgfältigste bewacht, angeregt, gelobt und getadelt mit einer Wärme und einer Strenge,
von der man sich in Europa keinen Begriff machen
kann. Hier kann man die Deputirten nur nach ihren
Reden beurtheilen (wo es nämlich erlaubt ist, das
Volk von den Meinungen seiner Vertreter zu unterrichten), während in dem wichtigen, entscheidenden
Augenblicke des Votums die verborgen niedergelegten
Kugeln oft im direkten Widerspruche mit den Worten stehen.

Erfahrung hat das mehr als einmal beurkundet,
und bewiesen, aus welchen traurigen Elementen noch

die meisten unserer Volksvertretungen zusammengesetzt sind.

In der nordamerikanischen Union dagegen, sowohl beim Kongresse zu Washington, als bei den
gesetzgebenden Versammlungen der verschiedenen Staaten, sind die Abstimmungen immer öffentlich.
Die Namen aller Stimmenden, für und wider, sind
allgemein bekannt, und nach jedem nur irgend wichtigen Gesetze werden alle diese Namen durch die zwölfhundert Trompeten der öffentlichen Meinung ad ae-
ternam rei memoriam dem Publikum zur Würdigung
preisgegeben.

Solch Verfahren würde vielen unserer braven Vertreter Gänsehaut machen. Ihr Entsetzen ist leicht
begreiflich, und nach den Worten des Erlösers:
„Vater, vergib ihnen, denn sie wissen nicht, was sie
thun", begnügen wir uns, sie zu bemitleiden. Aber
in Amerika begnügt man sich nicht damit. Der Lohn
des Verräthers an seinem Eide, seiner Bürgerpflicht
ist öffentliche Verachtung. So will es dort das Gesetz.

Aber, rufen erschrocken einige unserer Salomone,
solch Verfahren muß direkt zur Anarchie führen. —
Im Gegentheil, es führt direkt zur Ordnung, zur
strengen Gesetzmäßigkeit, zur gewissenhaften Vollstrek-
kung des den Deputirten durch des Volkes Vertrauen
gewordenen Mandats. Der Vertreter, welcher nicht
mehr mit seiner Stimme Schmuggelei treiben kann,
der genöthigt ist, zu stimmen, wie er gesprochen, der
nicht mehr die Schande seiner Gewissenlosigkeit unter
dem Schleier der Geheimhaltung verborgen sieht, wird
sich zweimal besinnen, bevor er ein Votum gibt, das
ihn öffentlich ehren, oder öffentlich brandmarken kann.

Die Regierung der Union befindet sich bei dem
Allem in den kräftigsten, den blühendsten Umständen.
Die öffentliche Meinung ist nicht ihr Feind, sondern
ihre Stütze. Freilich sind ihre Mitglieder auch nicht
die Vertreter der Mittelmäßigkeit, oder die Typen der
Erbärmlichkeit, sondern vielmehr Riesen an Umsicht
und Talent, vom In- und Auslande geehrt und be-
wundert. Ihre Weisheit, ihre hohe Tugend bewährt
sich im Größten wie im Kleinsten. Was sind Jesui-
ten-, Kongregationisten-, Hoflakaien-Umtriebe in
Nordamerika? — Durchaus unbekannte Dinge. Die
Angelegenheiten dieser großen Völkergemeinde sind so
vortrefflich verwaltet, daß in Kurzem, und als eine
Ausnahme in den Jahrbüchern der neuern Zivilisation, die öffentliche Schuld der Union vollkommen
getilgt sein wird.

Aber auch in der alten Welt finden wir ein ähnliches Beispiel: Was die Vereinstaaten im Großen
sind, ist die Republik Genf im Kleinen. Aehnliche
Grundsätze, ein gleiches Streben, gleiche Resultate.

Man kann es nicht einen Augenblick bezweifeln,
diese letzten hat man dem in Nordamerika wie in Genf
gleichmäßig vertheilten Unterricht zu verdanken.
Die Lage der letztern ist kritischer, aber konzentrirter
als die des ersten. Seine hochgesteigerte Aufklärung,
die umsichtsvolle Weisheit seiner Regierung, machen
die Mehrheit eigener Journale überflüssig, um so mehr,
da es an und für sich allein eben so viel fremde Zeitungen verbraucht, als die ganze südliche Hälfte der
Schweiz.

In Amerika dagegen sind die Journale die eigentlichen Verbreiter des Unterrichts, den sie bis auf einen

in unserm alten Europa unbekannten Grad popularisirt
haben. Diese alleinige Bemerkung beweiset, daß al=
les Rückwärtsschreiten in der Union durchaus un=
möglich ist.*)

*) Die Traveller and Monthly-Gazette von Philadelphia,
vom Januar 1829, enthält folgende Uebersicht der in den
Vereinstaaten seit 1775 erschienenen Zeitungen und Zeit=
schriften, nebst ihrer stufenweisen Vermehrung:

Staaten.	Zahl der Journale.		
	1775.	1810.	1820.
Maine	—	—	29
Massachussetts	7	32	78
New-Hampshire	1	12	17
Vermont	—	14	21
Rhode-Island	2	7	11
Connecticut	4	11	28
New-York	4	66	161
New-Jersey	—	8	22
Pensylvanien	9	71	185
Delaware	—	2	4
Maryland	2	21	32
Distrikt Columbia	—	6	9
Virginia	2	23	34
Nord-Karolina	2	10	15
Süd-Karolina	3	10	16
Georgia	1	13	13
Florida	—	1	2
Alabama	—	—	10
Mississipi	—	4	6
Luisiana	—	10	9
Tenessee	—	6	8
Kentucky	—	17	23
Ohio	—	14	66
Indiana	—	—	17
Michigan	—	—	2
Illinois	—	—	4
Missuri	—	—	5
Arkansas	—	—	1
Scherokesische Nation	—	—	1
	37	358	827

Das Bemerkenswertheste der neuesten ausländischen Literatur.

Nordamerika.

The fifth Report of the American Sunday School Union. — Fünfter Bericht der amerikanischen Sonntagsschul-Gesellschaft. Philadelphia, 1829.

Die Sonntagsschulen sind eine der vortrefflichsten und nützlichsten Stiftungen der religiösen Philanthropie. Die ersten Anstalten dieser Art bestehen höchstens seit dreißig Jahren. Aber während dieser kurzen Zeit haben sie sich über das ganze britische Reich und seine Kolonien, über Nordamerika, Deutschland, Frankreich, die Niederlande, mit einem Worte über alle die Länder verbreitet, in denen die evangelische Reform den Menschen dem Schlamm des Aberglaubens und der thierischen Unwissenheit entnommen. Einer Berechnung zufolge, deren Genauigkeit wir keine Ursache haben bezweifeln zu wollen, wird die Zahl der Kinder und der erwachsenen Personen, welche in den Sonntagsschulen unterrichtet werden, auf 1,580,000 angegeben.

Welch mächtiger Hebel in den Händen der Wohlthäter der Menschheit, die mit Recht die Verbreitung der Aufklärung als die beste Garantie der gesellschaftlichen Ordnung und des individuellen Glückes betrachten!

Die Sonntagsschulen werden vielleicht ein Problem lösen, dessen Entscheidung man bis jetzt vergeblich gesucht, nämlich zu wissen, „wie es möglich ist, den untern Volksklassen den Wunsch und das Bedürfniß

der Aufklärung einzuflößen." Sie werden dies Ziel
durch eine einzige Thatsache erreichen, indem sie die
Unterrichtung des Volkes an seinen religiösen Glauben
knüpfen.

Der Bericht, welcher uns diese Betrachtungen
eingeflößt, enthält mehrere interessante Mittheilungen
über die Sonntagsschulen in den Vereinstaaten Nordamerika's. Die Zahl der Kinder, welche sie besuchen,
beläuft sich auf 349,202. Sie überstieg 1828 nicht
259,656; was für ein einziges Jahr eine Vermehrung
von 89,546 gibt. Man zählt in diesen Schulen nicht
weniger als 52,663 Lehrer und Monitoren, die durchaus keinen Gehalt empfangen, sondern blos aus christlicher Liebe diesem verdienstlichen Geschäfte sich unterzogen. Wollte man ihr Gehalt nur auf 33 Cen-
timen anschlagen, würde sich dennoch eine Haupt-
summe von 903,697 Dollaren (2,259,242 rhein. Gulden) ergeben, die jetzt anderweitig verwendet werden
kann.

Solche Resultate erzeugt wahre Religiosität in
den vereinigten Staaten. Wann wird man ähnliche
andeuten können in Frankreich, in Italien, in der
Halbinsel? — Um die Masse anzuregen, um für das
hohe Interesse der Menschheit 50,000 Personen mit
einem und demselben Geiste zu beseelen, bedarf es der
hohen Weisheit und Milde des Evangeliums, und
nicht der satanischen Spekulationen Loyola's.

Seit ihrer Bildung bis 1829 hat die Gesellschaft
der Sonntagsschulen in Nordamerika nicht weniger
als 6,098,899 Bände nützlicher Lehrbücher und Werke
zur Unterrichtung des Volkes drucken lassen. Die all-

einige Volksbibliothek (für die untern Klassen) zu
Neu-York enthielt Anfangs 1829 75,833 Bände,
Man kann daraus die einfache Schlußfolge entnehmen, daß die untern Stände in den vereinigten Staaten ausgedehntere Unterrichtsmittel haben, als die
Gelehrten und selbst die Akademien vieler Länder Europa's. Was sind z. B. unsere Bibliotheken von 5000
oder 10,000 Bänden, die jährlich höchstens um einige
Werke vermehrt werden, im Vergleich mit der oben
angedeuteten? . . . .

Das Einkommen der Sonntagsschulen-Gesellschaft
belief sich 1828 auf 75,884 Dollare (189,710 rhein.
Gulden), und bestand blos aus freiwilligen Beisteuern.
Diese Summe ist bei weitem stärker als diejenige,
welche die französische Regierung für den Primärun-
terricht von 33 Millionen Seelen ausgesetzt.

Großbritannien.

Notices of Brasil in 1828 and 1829. — Bemerkun-
kungen über Brasilien in den Jahren 1828 und 1829.
Von Walsh, Verfasser der Reise nach Konstantinopel 2c. London, 1830.

Der Verfasser begleitete den englischen Gesandten
Strangford als Kapellan nach Brasilien. Er hatte
häufige Gelegenheiten, den Kaiser Don Pedro in der
Nähe zu sehen, der, seinen Mittheilungen zufolge,
mehr als Privatmann denn als Monarch zu leben
scheint. Er beschäftigt sich mit mehrern Künsten und
Handwerken, und ist besonders geschickt in der Tisch-
lerei. Gewöhnlich steht er sehr früh auf, und weckt
seine Leute durch Pistolenschüsse. Seine Lebensweise

ist sehr regelmäßig. Aber sein Aeußeres ist gemein,
und seine Sprache und Manieren verrathen eine ziemlich vernachläßigte Erziehung. Doch gebricht es ihm
an natürlichem Verstande und an Umsicht nicht. Er
spricht ziemlich geläufig französisch, und ein wenig
deutsch und englisch. Seine Ausgaben sind sehr beschränkt, und er hält Rechnung selbst über die kleinste
derselben. Er beschäftigt sich auch mit der Landwirthschaft, und läßt die Erzeugnisse derselben öffentlich
verkaufen. Die Ausgaben seines Vaters beliefen sich
jährlich auf vier Millionen, die seinigen übersteigen
nicht 100,000 Reis.

Es wurden 1828 in ganz Südamerika 133 Zeitungen und Zeitschriften gedruckt. Davon kamen auf
Braßlien 25, nämlich auf Rio-Janeiro 15, auf Ba-
hia 3, und die übrigen auf Pernambuko, St. Paul,
St. Joao del Rey und Villa Rica. Von den zu
Rio-Janeiro erscheinenden Zeitungen ist der Impe-
rio do Brazil das Organ der Regierung. Das Diario de Rio-Janeiro und das Journal do Commercio
sind schlecht geschrieben und schlecht gedruckt, werden
aber demungeachtet häufig gelesen, der in ihnen enthaltenen Anzeigen wegen. Das Blatt „Korrespondenz“ betitelt enthält nur persönliche Angriffe und
Vertheidigungen. Es ist eine Art Skandalkronik, die
immer mit vielem Beifall von den Bewohnern der
Hauptstadt aufgenommen, und mit großem Vergnügen
gelesen wird.

Die übrigen Zeitungen von Rio-Janeiro sind folgende: 1. Analista, 2. Aurora fluminens, 3. Astrea,
4. le Courier du Brésil (in französischer Sprache;

er erscheint dreimal wöchentlich), 5. Rio-Herald
(in englischer Sprache; Wochenblatt), 6. Malaguetta,
7. Diario dos Deputados, 8. Diario do Senado,
9. Despertador Constitutionale, 10. Censur Brazi-
lico, 11. Espelho Diamantino, 12. Propagador.

The present state of Infanticide in India. — Der
  gegenwärtige Zustand des Kindesmordes in Indien.
  Gezogen aus den in dieser Hinsicht dem Parlamente
  im Juni 1824 und im Juli 1828 vorgelegten Papieren, auf welche man aufs Neue die Aufmerksamkeit der ehrenwerthen ostindischen Kompagnie,
  so wie der Freunde der Religion und der Menschheit verweiset. Von J. Peggs. London 1830.

Es gibt Verbrechen, vor denen der Gedanke zu-
rückschaudert, und mit denen er sich nur beschäftigen
kann, wenn er hoffen darf, sie zu beseitigen. Zu
diesen Verbrechen gehören die in Ostindien so häufigen Kindermorde, die man bisher umsonst vollkommen
zu beseitigen sich bemüht hat.

Ein von Moor 1811 herausgegebenes Werk, und
ein anderes von 1815, „über die Möglichkeit der
Abschaffung des Mordes der Kinder weiblichen Geschlechts zu Guzerate," so wie die von dem Marquis
von Wellesley angenommenen Maßregeln, zur Abschaffung dieses entsetzlichen Gebrauches zu Sangur,
haben in England den Glauben verbreitet, daß er
nicht mehr existirt.

Leider ist dem nicht also, und der entsetzliche Kindermord ist noch gebräuchlich über eine große Landes-
strecke. Der Ursprung dieses unmenschlichen Verfah-

rens liegt theils in religiösem Aberglauben, theils in
einem Gefühl des Stolzes, denn der Indier betrachtet es als eine große Schande, eine Tochter zu haben,
die er nicht zu verheirathen hoffen kann.

Die Bewohner von Orissa und des östlichen Theiles von Bengalen opfern ihre Kinder sehr häufig der
Göttin Gunga, und weihen ihr ihren Erstgebornen,
um Glück und Segen für den Ueberrest ihrer Familie
zu gewinnen. Sie lassen das arme Kind vier bis fünf
Jahre alt werden. Sodann, an einem bestimmten
Tage, führen sie es zum Ganges, um es zu baden,
wonach sie es so weit in den Fluß treiben, bis es
von der Strömung fortgerissen wird.

Im nördlichen Bengalen gibt es einen andern,
noch empörendern Gebrauch. Weigert sich ein Kind,
die Brust der Mutter anzunehmen, und wird es krank,
so schließt man daraus, daß es sich unter dem Einflusse eines bösen Geistes befindet. Man legt es in
eine Wiege, und hängt diese an einen Baum, wo das
arme Geschöpf gewöhnlich von Ameisen oder Raub-
vögeln verzehrt wird. Ueberlebt es nach drei Tagen
diese entsetzliche Probe, so nimmt es die Mutter wieder als ihr Kind an; doch ist dieser Fall äusserst selten. Ein britischer Missionär rettete einmal ein solches Kind aus dem Rachen eines Schakals. In einem
Korbe fand derselbe, in Gesellschaft eines Reisenden,
das Skelett eines Kindes, das von den Ameisen vollkommen verzehrt worden.

Jeder Distrikt in diesem Lande hat seine eigene
Legende, durch welche er den Kindermord zu rechtfertigen sucht, und fast überall ist die Mutter selbst

Henker ihres Säuglings. Sehr oft erstickt sie ihn, oder wirft ihn auf den Boden, und läßt ihn auf die allerkläglichste Weise umkommen, ohne einen Blick des Erbarmens auf das unschuldige Wesen zu werfen. Die Zeit ist gekommen, wo man ernstlich daran denken muß, diesen barbarischen Gebrauch, so wie den der Suttien, oder Lebendigverbrennungen der Wittwen, abzuschaffen, in so fern man sich nicht den Vorwurf zuziehen will, durch eine beispiellose Fahrlässigkeit ihn zu unterstützen.

Rußland.

Ottomanskaya Imperia. — Das ottomannische Reich, oder genaue Prüfung der europäischen Türkei in ihrem gegenwärtigen Zustande &c. &c.

Noweischia istoritscheskia, etc. — Neue historische, politische, statistische und geographische Mittheilungen über das türkische Reich.

Wsgliad na ewropeiskuya Turtsiu. — Blick über die europäische Türkei und die Umgebungen von Konstantinopel &c. Von Ladigensky.

Nischenei Sostoianie. — Gegenwärtiger Zustand der türkischen Provinzen Moldau und Wallachei und der russischen Provinz Bessarabien. Von Jakowenka.

Die Nachbarschaft, und die gegenseitigen Verhältnisse zwischen Rußland und der Türkei haben immer, besonders in der neuesten Zeit, Interessen in Rede gestellt, welche nicht anders, als durch Waffengewalt entschieden werden konnten. Die vorliegenden Werke

treten nur sehr oberflächlich ein in die Erwägung
dieser Verhältnisse und Interessen, wie vielverspre-
chend auch ihre Titel sein mögen.   Die Schuld dieses
Désappointement darf vielleicht weniger den Verfas-
sern, als der Zensur zugeschrieben werden.   Nur das
Werk Jakowenka's ist reicher an Thatsachen, origi-
neller in ihrer Darstellung als die übrigen, die größtentheils nur aus deutschen und französischen Büchern
zusammengestoppelt sind. — Das ist denn auch Alles,
was wir mit gutem Gewissen darüber sagen können.

Mannichfaltigkeiten.

Die Bettlerzunft zu London.

Es gibt gegenwärtig zu London, auf eine Bevölkerung von 1,350,000 Seelen, 11,200 Straßenbettler, also 1 dieser letztern auf 120 Einwohner. Diese Bettler durchstreifen die Straßen in allen Richtungen und gewinnen durch ihre Quälerei im Durchschnitt täglich zwei Schilling (1 rh. Gl. 12 kr.) jeder, oder 1120 Pfund Sterling (13,440 rh. Gl.) im Ganzen.

Jeder d¹ , Tagediebe, welche der Gesellschaft nur zur Last fallen, hat sein besonderes Nachtlager, und es gibt mehrere Häuser, welche eigends dazu eingerichtet sind. In einigen derselben bezahlt man, wie bei den Theatern, am Eingang. Für ein Nachtlager auf bereits gebrauchtem Stroh beläuft sich das Schlafgeld auf einen Batzen; auf frischem Stroh 1½ Batzen; auf einer Matratze 2 Batzen.

Vor der Mahlzeit machen die Bedienten des Hauses die Runde, um zu sehen, ob sich auch kein Uebelthäter eingeschlichen. Am Morgen treibt man die Bettler aus, und erst mit einbrechender Nacht dürfen sie wiederkommen. Sie haben jährlich eine allgemeine und monatlich besondere Versammlungen, in welchen sie über ihre Interessen sich berathen. Im Uebrigen sind sie in Kohorten, Bataillone, Kompagnien und Sektionen geschieden. Jeder dieser Abtheilungen wird täglich ein anderes Stadtviertel angewiesen, und die Art und Weise ihres Benehmens vorgeschrieben.

Die meisten dieser Bettler sind recht gut im Stande zu arbeiten und ihr Brod zu verdienen. Aber das träge, umherirrende Leben hat einen großen Reiz für sie. Nur wenige von denen, welche verstümmelt zu sein scheinen, sind es in der That. Ein gewisser James Turner, einer der bekanntesten und unverschämtesten derselben, gibt wöchentlich nur allein für seine Beköstigung 50 Schelling (30 rh. Gl.) aus. Seiner eigenen Aussage nach beläuft sich sein täglicher Gewinn auf 12 bis 15 Schelling (7 Gl. 12 kr. — 9 Gl.).

Seine Frau gibt Unterricht in der „Bettelkunst" zu einem Schelling für jede Stunde. Ihre Akademie wird stark besucht.

Dampfkanonen.

Ierah Stone, von Neu-Jersey, hat eine Dampfkanone erbaut, die zweihundert Kugeln in einer Minute abschießt. Sie wiegt fünf Zentner, ruht auf Rädern und Lavetten, und schleudert die Kugeln mit ausserordentlicher Gewalt. Derselbe Mechaniker hat auch eine Jagdflinte verfertiget, mit der man 15 Schüsse in einer Minute thun kann.

Gerichtliche Sentenzen gegen Thiere.

Nach einer Sentenz des Gerichts der Mönche von St. Genoveva zu Paris, wurde 1266 ein Schwein lebendig verbrannt, weil es ein Kind gefressen, obgleich es kurz zuvor genügende Nahrung erhalten.

Das Amtsgericht von Mortagne verurtheilte 1394 eine Sau aus gleichem Grunde zu derselben Strafe. Das Thier wurde auf dem Marktplatze, mit Rock, Stiefeln, Hut und Hosen bekleidet, gehängt. Die Hinrichtung kostete 28 Franken nach heutigem Werth, nebst einem Paar neuer Handschuhe, die dem Nachrichter gegeben wurden.

In Folge eines Urtheils des Amtsgerichts von Gisors, wurde 1405 ein Ochs, seiner Missethaten wegen (pour ses démérites) in Folge einer regelmäßigen Prozedur und Information, wie auch nach Abhörung seines Advokaten, zum Galgen verurtheilt. Selbiger Ochse hatte nämlich einen fünfzehnjährigen Knaben mit den Hörnern aufgespießt.

Nach einem Dekret des Parlaments zu Paris wurde 1446 eine Sau nebst einem Manne verbrannt, beide überwiesen, eine Todsünde begangen zu haben.

Sentenz des Senats zu Basel von 1474, nach welcher ein Hahn verurtheilt wurde, als Hexenmeister verbrannt zu werden, weil er ein Ei gelegt. Das Ei wurde ebenfalls verbrannt.

Das Parlament zu Paris erließ 1546 ein zweites Dekret zur Hängung eines Manns und einer Kuh, wegen Begehung verbrecherischer Monstruositäten. Nach erfolgtem Tode wurden ihre Leiber verbrannt und ihre Asche in den Wind geworfen.

In Folge einer Sentenz des geistlichen Gerichts von Montpellier, von 1565, wurden ein Maulthier und ein Mann, desselben Verbrechens wegen, lebendig verbrannt.

Man sieht, daß jenes Mittelalter, das jetzt so eifrig von Schriftstellern und Künstlern ausgebeutet wird, in der That eine unerschöpfliche Mine von Sonderbarkeiten aller Art ist. Die Denkmäler jener Epoche sind so höchst naiv, daß der Geschmack des neunzehnten Jahrhunderts sich auf das Aeusserste empören würde, wollte man sie in ihrem ganzen eigenthümlichen Gehalte darstellen.

Laster für Laster, Albernheiten für Albernheiten, die Verstöße der Zivilisation sind am Ende doch immer weniger abscheulich, als die der Barbarei. — Vielleicht macht man im 23. Jahrhundert denselben Ausspruch auch anwendbar auf uns. Immerhin danken wir vor Allem Gott für die Fortschritte, welche der menschliche Verstand seit dem 15. Jahrhundert gemacht hat, und überlassen wir ihm die Sorge für die Zukunft.

Fortschritte der Industrie in Polen.

Dank dem Frieden, einer weisen Verwaltung und den Fortschritten der Zivilisation, die im Norden Europa's durch jesuitische Umtriebe nicht gestört werden kann: auch in Polen, das so lange zu schlummern geschienen, entwickelt sich die Industrie immer mehr, und verspricht die schönsten Früchte einer nahen Zukunft.

Eine Gesellschaft von Grundeigenthümern, welche der Reichstag von 1825 gutgeheißen, erhebt nach und nach das durch lange Kriege verheerte Land. Die Unwissenheit des Volks vermindert sich zusehends, und die untern Klassen erheben sich allmälig aus dem Zustande der Brutalität, in den sie so lange versenkt gewesen. Eine 1828 errichtete Nationalbank wird die öffentliche Schuld bezahlen, Handel,

Kredit und Industrie begünstigen. Der letzte Kurs ihrer Obligationen ist 360 für 300.

Die Verbindungen zu Wasser und zu Lande werden von Tag zu Tag bequemer. In Kurzem wird ein Kanal die Weichsel mit der Dwina verbinden, und Danzig wird alsdann nicht mehr der alleinige Stapelplatz des polnischen Getreides sein. Es gibt jetzt in Polen schon über 600 Stunden Weges gutgebauter Chausseen, die nichts zu wünschen übrig lassen. Die Grundlage derselben besteht aus Granitbrocken, welche man mit kleingeschlagenen Steinen und einer Schicht Kieselerde oder Grien bedeckt.

Mehrere tausend Arbeiter sind unaufhörlich mit Erbauung neuer Straßen und Erhaltung der bereits beendigten beschäftigt. Alle diese Straßen sind auf beiden Seiten mit breiten Abzugsgräben versehen, und mit zwei Reihen italienischer Pappeln, Akazien und anderer im Lande seltener Bäume besetzt. Von Zeit zu Zeit findet man schöne steinerne Brücken, deren Geländer in den Nationalfarben prangen. Auf allen Seiten erheben sich schöne Häuser, und die Kultur des Landes vervollkommnet sich immer mehr.

In dieser Hinsicht bietet das Landgut Dospuda, welches dem General Paç (einem Nachkommen der berühmten Marquis von Pazzi aus Florenz) gehört, im Palatinat Augustow, das nachahmungswürdigste Beispiel dar.

Auch die Dorfwege sind sehr verbessert worden. Obgleich nicht aus Steinen erbauet, wie die Chausseen, werden sie doch trocken gehalten durch Abzuggräben. Sie sind breit und auf beiden Seiten mit Bäumen bepflanzt.

Süße Wasserquellen im Meere.

Es gibt deren an mehreren Orten. Sie brechen oft mit großer Gewalt aus den Felsen, in einer Tiefe von zwei bis drei Klaftern und mehr. Man bemerkt sie leicht auf der Oberfläche durch die starke Bewegung, welche sie veranlassen, und die der Meeresoberfläche das Ansehen geben, als befinde sie sich beinahe in einem siedenden Zustande. Man hat viele solche Quellen bei den Inseln Bahrain und Ared

im perſiſchen Meerbuſen entdeckt, während man auf dieſen
Eilanden ſelbſt nicht die geringſte Spur einer ſüßen Quelle
bemerkt.

Um dies ſüße Waſſer zu ſchöpfen, ſtürzt ſich ein Taucher, mit einem ledernen Sacke (Mussuck) verſehen, in
das Meer. Er nahet ſich dem Felſen, hält den Sack dicht
an die Oeffnung, aus welcher das Waſſer mit ſo großer
Heftigkeit ſtrömt, daß der Sack in wenigen Sekunden angefüllt iſt, wonach er ihn verſchließt, ſich erhebt und in
die in einem Boote befindlichen Gefäße leert. Er wiederholt dieſe Operation bis auf 20 Mal in einer halben Stunde.
Der Sack, deſſen er ſich bedient, hält 4 bis 5 Gallonen.

Sprudeln die Quellen aus einer größern Tiefe, oft 15
bis 20 Klafter, wie das oft zu geſchehen pflegt, ſo dauert
die Operation natürlich länger und jedes Auf- und Nieder-
ſteigen dauert wenigſtens 5 Minuten. Man zählt mehr als
30 ſolcher Quellen in der Nähe von Bahrain und Ared.

Die Küſten dieſer Inſeln beſtehen aus feinem Sande,
der größtentheils von verwitterten Korallen und Muſcheln
gebildet worden. Dieſe Eilande ſind durchaus flach und vollkommen verödet. Nur auf dem Feſtlande, öſtlich auf der
Küſte Perſiens, den Vorgebirgen Werdiſtan, Kongun und
Aſſilu gegenüber, bemerkt man eine geringe Erderhöhung,
die aus Sandfels, ſchwarzem groben Marmor und Gyps
beſteht. Im Uebrigen iſt das Land durchaus flach bis zum
Vorgebirg Muſſendo. Nirgends iſt eine Spur von ſüßem
Waſſer zu bemerken.

Kosmogonie der Bewohner von Otaheite.

Man weiß nur wenig Zuverläſſiges über die Ideen der
Otaheiter, in Hinſicht auf die Bildung des Weltalls. Zwei
Prieſter dieſes Volkes, Mann-Mann und Tupia, haben
ſich zwar mehrmals gegen die amerikaniſchen und britiſchen
Miſſionäre darüber geäuſſert; aber immer auf eine ſo un-
beſtimmte und verworrene Weiſe, daß man keinen klaren
und beſtimmten Bericht davon abſtatten kann. Man hat in
der otaheitiſchen Kosmogonie einige Aehnlichkeit mit jener

des ersten Buches Mose zu erblicken geglaubt. Aber diese Aehnlichkeit (in so fern sie selbst existirt), ist so schwankend, so ungewiß, daß man sie vielleicht nur als ein Spiel des Zufalls betrachten kann. Nach Sir Joseph Banks Mittheilung äusserte sich der Priester Tupia über das kosmogonische System der Otaheiten folgendermaßen:

„Die höchste Gottheit heißt Tarao - Tayhe - Tumu (was so viel bedeuten will als „Urheber des Erdbebens"). Die nach ihr kommende, oder die zweite Person der Gottheit, wird Te - Papa (Schatten) genannt. Von diesen beiden wurde eine Tochter erzeugt, Namens Tettu - Mata - Tayo. Sie bildete das Jahr von dreizehn Monden, gebar, durch die Verbindung mit ihrem Vater, die Monate, welche sodann die Tage erzeugten.

„Die Gestirne sind zum Theil die Kinder der beiden erstgenannten Muttersterne; zum andern Theil sind sie durch die Verbindung dieser letztern mit jenen entstanden. Die verschiedenen Pflanzen entstanden auf dieselbe Weise. Tarao - Tayhe - Tumu und Te - Papa erzeugten auch eine Klasse untergeordneter oder Halbgötter, Itua genannt. Zwei derselben, ein Mann und eine Frau, stiegen auf die Erde nieder, und erzeugten im höchsten Alterthum die ersten Menschen. Der erste Mensch war bei seiner Geburt rund wie eine Kugel, bis seine Mutter ihm die Glieder ausrenkte, und ihm seine natürliche Gestalt gab, wonach sie ihn Eothe (beendigt) nannte. Er begattete sich sodann mit seiner Mutter, erzeugte eine Tochter, und mit dieser mehrere Generationen Mädchen, bevor sie einen Sohn gebar, der sodann das Geschäft der Bevölkerung mit seinen Schwestern fortsetzte.

„Ausser ihrer Tochter Tettu - Mata - Tayo, hatten die ersten Urheber der Natur einen Sohn, Tane genannt, und da dieser einen bei weitem größern Antheil, als die übrigen Götter, an den Schicksalen der Menschen nimmt, haben ihm die Otaheiten auch einen besondern Kultus gewidmet."

Aus dem Allem scheint sich zu ergeben, daß sich die göttliche Dreieinigkeit nicht allein in den fabelhaften Sagen des Alterthums, sondern auch bei den heidnischen Völkern unserer Tage, zeigt. Die braminische Dreieinigkeit Indiens, und die dreieinige Gottheit der Otaheiten beweisen das. Nach den Missionären enthält der höchste Gott der Gesellschaftsinseln, Itua genannt, eine dreifache Eigenschaft, oder wenn man will, drei verschiedenartige Naturen, von denen jede ihren besondern Namen hat. Die erste wird Schöpfer oder Vater genannt, die zweite Sohn, und die dritte irdischer Vogel oder Geist. Das hohe Alter dieses zugleich dreifachen und doch nur einigen Gottes wird auf das Augenscheinlichste durch seinen Namen Fuhanou-Po angedeutet, was man durch „geboren in der Nacht“, oder „geboren in der ewigen Finsterniß“, übersetzen kann.

Die Tallipotblätter.

Ein Blatt dieses Baumes, des größten den man bis jetzt kennt, und dessen eigentliches Vaterland die Insel Zeyloniß, hat vor einiger Zeit in einem hohen Grade das Interesse der Naturforscher Londons erregt, denen es zur Untersuchung vorgelegt wurde. Dies vollkommen wohl erhaltene Blatt war eilf Fuß lang, sechszehn Fuß breit, und maß vierzig Fuß im Umfang. Sechs Personen können sich bequem unter einem solchen Blatte gegen die Sonnenstrahlen verbergen, und zwei oder drei derselben sind hinlänglich, um die Wohnung eines Zeyländers zu decken.

Belustigung der Kinder zu Mexiko.

Diese Belustigung, bei welcher in jedem andern Lande die Mütter in Furcht und Entsetzen gerathen würden, und die in Mexiko beinahe allgemein ist, besteht darin, eine große Klapperschlange auf ein Brett zu binden, und sie so lange mit Ruthen zu peitschen, bis sie sich selbst beißt, oder unbeweglich bleibt. Ein Fremder, der dies gefährliche Vergnügen der Kinder zum ersten Male sah, erschrak über die Maßen, und wollte die Schlange tödten. Die Kleinen verhinderten ihn daran, indem sie halb drohend halb bittend verlangten, ihnen ihren Spaß nicht zu verderben. Der Reisende fragte sie nun, ob sie das gefährliche Thier wohl

kennten? Sie entgegneten sehr gelassen: „Wir wissen sehr
wohl, daß der, welcher von einer solchen Schlange gebissen
wird, sterben muß. Aber das thut nichts. Wir sind auf
unserer Hut, und necken das giftige Thier so lange, bis
es sich selbst beißt und an seinem eigenen Gifte stirbt." Es
scheint uns, daß in dieser Aeusserung ein ganzer moralischer
Kursus enthalten ist.

Die Leuchtwürmer in Südamerika.

Der Phosphoreus, der Noctilucus, und mehrere andere
Insekten der Gattung Elater, verbreiten während der Nacht
ein so starkes Phosphorlicht, daß wenn man eins derselben
auf ein gedrucktes oder geschriebenes Blatt setzt, man ohne
Mühe die feinste Schrift lesen kann.

Der Noctilucus wird in Südamerika, wo man ihn sehr
häufig findet, Cocujas genannt. Er ist ungefähr anderthalb Zoll lang, und von dunkler Farbe. Auf jeder Seite
hat er einen kleinen durchsichtigen Fleck. Diese Flecke, wie
der Unterleib des Leuchtwurms, sind leuchtend, und verbreiten ein helles Licht in der Finsterniß. Thut man acht
oder zehn dieser Insekten in eine Flasche, so leuchten sie
eben so stark, als ein gewöhnliches Licht. Man erzählt,
daß die Eingebornen von Haiti, vor der Ankunft der Spanier, sich nur durch solche Insekten während der Nacht Licht
verschafften. Als Sir Thomas Cavendish und Sir Robert
Dudley, Sohn des Grafen von Leicester, zum ersten Male
auf den Antillen landeten, und eine große Menge Lichter
im Walde sich bewegen sahen, vermutheten sie, daß dort die
Karaiben sich in großer Zahl versammelt hätten, um sie zu
überfallen, weshalb sie ohne Zeitverlust sich auf ihre Schiffe
flüchteten.

Es gibt in diesem Theile der neuen Welt mehrere andere Arten Leuchtwürmer. Aber der schönste von allen ist
der Laternenträger (fulgora lanternaria) und der Leuchter-
träger (fulgora candelaria). Diese Insekten verbreiten ein
so helles Licht, daß wenn man während der Nacht reiset,
man nur drei oder vier derselben an einen Stock zu befe-

stigen braucht, wo sie alsdann den Dienst einer Fackel verrichten. Sie sind sehr häufig zu Surinam. Ein Reisender schildert auf eine interessante Weise den Schreck, welchen das Licht dieser Insekten ihm verursachte, als er es zum erstenmale bemerkte.

„Die Indier, sagt er, brachten mir mehrere Laternenträger, ohne mich von den Eigenthümlichkeiten dieser Thiere zu unterrichten. Ich that sie in eine große hölzerne Schachtel. Mitten in der Nacht wurde ich durch einen gewaltigen Lärm aufgeschreckt, ohne zu wissen, woher er rühren mochte. Als ich endlich bemerkte, daß er aus der Schachtel komme, eilte ich sie zu öffnen. Aber wie sehr erschrack ich, als mir aus derselben ein starkes Licht entgegenstrahlte. In dem Maße, als die Insekten hervorkrochen, sah ich neue Lichter erscheinen. Ich erholte mich bald von meinem Schreck, sammelte die Würmer von Neuem, und bewunderte ihren glänzenden Schein. Das Licht, welches einer derselben verbreitet, ist hinlänglich um eine Zeitung zu lesen.“

Der Dr. Darwin vermuthet, daß die Phosphoreszenz dieser Insekten dazu bestimmt ist, ihnen das Auffinden ihrer Nahrung während der Finsterniß zu erleichtern. Es verdient jedoch bemerkt zu werden, daß es unter den Nachtwürmern nur sehr wenige gibt, welche diese Eigenschaft haben, und daß dennoch alle die Nahrungsmittel finden, deren sie bedürfen.

Wie dem auch sei, so kann man sich, falls man nicht Augenzeuge gewesen ist, keinen Begriff machen von der magischen Wirkung dieser Insekten, wenn sie in der Finsterniß, mitten in einem der ungeheuern Wälder der neuen Welt, glühen.

Inhalt des neunten Bandes.

Von der „Bibliothek der neuesten Weltkunde" erscheint mit Anfang eines jeden Monats ein Theil von 200 bis 250 Seiten. Sein Inhalt wird das Neueste und Denkwürdigste aus dem ganzen Reiche der Weltbegebenheiten umfassen, und überhaupt das in Rede und Betrachtung stellen, was bei allen zivilisirten Völkern der Erde ein allgemeines, höheres Interesse erregen kann.

Der Inhalt eines jeden Theils wird unter folgenden Hauptrubriken begriffen sein:

Erwägende Philosophie. — Prüfende Moral. — Geschichte im ausgedehntesten Begriff. — Reisen und geographische Mittheilungen. — Sitten und Gebräuche aller Völker der Erde. — Religion. — Fortschritte der Zivilisation. — Politik. — Staatswissenschaft und Staatswirthschaft. — Erfindungen und Entdeckungen. — Statistik. — Naturgeschichte. — Wissenschaft im Allgemeinen. — Biographien. — Literatur. — Kritik. — Wissenschaftliche und andere Notizen mannigfaltigen Inhalts.

Herausgeber und Verleger haben die erforderlichen Maßregeln getroffen, auch ihre Verbindungen auf solche Weise eingeleitet, daß alle Mittheilungen des In- und Auslandes mit aller möglichen Beförderung ihnen zukommen, so daß sie mit Anfang jeden Monats einen neuen Theil des Denkwürdigsten erscheinen lassen werden. Jeder Aufsatz von allgemeinem Interesse soll sogleich vollständig mitgetheilt, und nicht abgebrochen werden.

Die ganze Sammlung eines Jahrgangs besteht demnach aus zwölf Theilen, für die man sich überhaupt mit 12 fl. oder 8 thlr. jährlich abonnirt, folglich ist jeder Theil um den ungemein billigen Preis à 1 fl. angeschlagen; einzelne Theile werden nicht besonders erlassen, sondern man abonnirt sich für die jährliche Sammlung von 12 Theilen durch Vorausbezahlung bei allen Buchhandlungen und Postämtern von ganz Deutschland und der Schweiz.

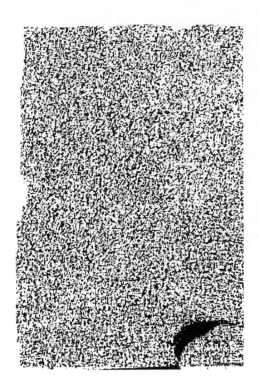

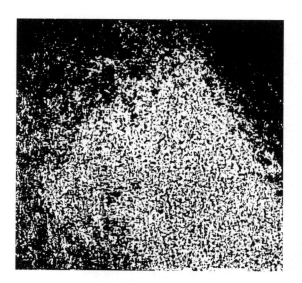

Bibliothek.

der

Neuesten Weltkunde.

Geschichtliche Uebersicht der denkwürdigsten Erscheinungen bei allen Völkern
der Erde, ihrem literarischen, politischen
und sittlichen Leben.

Herausgegeben

von Malten.

Zehnter Theil.

Aarau 1830.
Bei Heinrich Remigius Sauerländer.

Streifereien durch Kamtschatka und Sibirien.

Erste Mittheilung.

Der Name Sibirien allein erweckt in uns den Gedanken an furchtbaren Frost, an vollkommene Unfruchtbarkeit, an alle Schrecken und das ganze Elend der Verbannung.

Ein britischer Reisender, Namens Dobell, der dies Land mehrmals besuchte, stellt es unter einem viel freundlichern Gesichtspunkte dar. Er lenkt die Blicke der Leser auf sehr reizende Landschaften. Er läßt sie die Schönheit der Flüsse bewundern, welche das große Land durchschneiden, den Reichthum der Minen, des Bodens Fruchtbarkeit, die Verschiedenheit der Blumen und Früchte, die er im Ueberfluß erzeugt. Er vermehrt ihr Erstaunen, indem er sie benachrichtigt, daß die große Halbinsel Kamtschatka ebenfalls mit allen Geschenken der Natur begabt ist, und daß ihre Bewohner das sanfteste und gutmüthigste Volk der Erde sind.

Unser Reisender kam zum ersten Male im August 1812 nach Kamtschatka. Das von ihm befehligte Schiff ging in dem Hafen St. Peter und Paul, in der Awatscha-Bucht, vor Anker.

Diese Bucht wird durch den Strom gleiches Namens gebildet, der sich durch hundert Mündungen in das Meer ergießt, und die Niederung in allen Rich-

tungen durchschlängelt. Der Anblick der Bucht ist
zugleich sehr groß und malerisch. Sie ist so geräu-
mig, daß sie mit Leichtigkeit alle Flotten der Welt
in sich aufnehmen könnte.

Man bemerkt in diesem Theile Kamtschatka's, wie
in mehrern andern, sehr viele Erddämme und Mauern
längs den Flüssen. Diese großen Werke beweisen,
daß das Land ehemals von einer bei weitem stärkern
und mehr in der Zivilisation fortgeschrittenen Bevölkerung bewohnt worden, als die jetzige. Die gegenwärtigen Bewohner glauben, daß diese Werke von
Gnomen oder Geistern aufgeführt warden. Es ist unmöglich, sich andere Andeutungen zu verschaffen.

Da der Kommandant von St. Peter und Paul von
dem Statthalter der Halbinsel keine besondere Auto-
risation erhalten, mit Dobell Handel zu treiben, konnte
er seinem Verlangen nicht entsprechen. Doch begleitete er ihn nach Nyna, wo der Statthalter, General
Petrowski, wohnte. Dieser Ausflug mochte ungefähr
zehn Stunden, oder fünfzig Werste, betragen.

Man wendete sich zu Wasser gegen das kleine Dorf
Awatscha. Das Wetter war angenehm, und das
Schweigen der Bucht wurde nur durch den Schnell-
flug der Vögel unterbrochen, die vor dem Ruderschlag
entflohen, oder durch das Spiel der Seekälber, die
ihre Köpfe aus der Fluth emporreckten, um die Schaluppe anzuglotzen.

Rings um die Bucht zieht sich ein Kranz von
hohen Bergen, die meistentheils erloschene Vulkane
sind. Ihre zugespitzten Gipfel verlieren sich in den
Wolken. Zu ihren Füßen dehnen sich bewaldete Hü-

gel aus, die beinahe bis an die Ufer des Meeres
reichen.

Die Reisenden wurden zu Awatscha von einem
alten Russen, Namens Branzow, mit vieler Gastfreundschaft aufgenommen. Er ließ ihnen sogleich
köstliche Fische, gebratene Vögel, Milch, Butter und
Beeren verschiedener Art auftragen.

Die Ufer der Awatscha sind größtentheils niedrig,
und mit Schilf oder Gras bedeckt. Dies letztere erreicht oft eine Höhe von drei bis vier Fuß. Am höchsten ist es am Abhang der Hügel und in den Sümpfen.
Die Thiere können es nur genießen, wenn es aus
der Erde hervorschießt.

Die Reisenden fuhren dem Flusse in kleinen Fahrzeugen entgegen, und landeten, in einiger Entfernung,
auf einer wüsten Insel, wo sie Thee tranken, was in
diesem Lande als ein großer Luxus betrachtet wird.
Sie beschlossen ihre Mahlzeit mit einer Fischpastete,
die selbst einem zivilisirten Lande Ehre gemacht haben
würde. Die Nacht brachten sie in den Booten zu,
in ihre Parkas, oder Mäntel von Pelzfellen, bei
denen das Rauhe nach innen gekehrt ist, gewickelt.

Mit Tagesanbruch begaben sie sich ans Ufer, stiegen dort zu Pferde, und erreichten bald ein Ostrog,
oder ein Dorf. Der Toynne, oder der Vorsteher desselben, ließ ihnen mehrere Arten Salme, wilde Enten,
und sehr wohlschmeckende Beeren vorsetzen. Man gab
ihm dafür etwas Thee und einige Stücke Zucker. Das
ist die einzige im Lande gangbare Münze. Er schien
damit in einem hohen Grade befriedigt.

Die gastfreundlichen Wohnungen der Toynnen stehen den Fremden immer geöffnet. Leider findet man

bei ihnen auch einen so großen Ueberfluß an Ungeziefer, daß man es selbst in der Milch und in den Speisen entdeckt.

Von Mulka (dem obgedachten Dorfe) bis Ganal
kommt man durch ein wildes Land, das von einer
Menge sehr fischreicher Bäche durchschnitten wird.
Die Salme entflohen hundertweis vor den Rossen,
sobald diese das Wasser berührten. Man mußte alle
diese Bäche durchwäten, indem es überall an Brücken
fehlte. Hin und wieder waren die Ufer mit ganzen
Haufen todter Fische bedeckt, die einen unerträglichen
Gestank verbreiteten.

Menschen, Hunde, Bären, Wölfe, Marder, Raub-
vögel, und viele andere Thiere, nähren sich in diesem
Lande beinahe ausschließlich von Fischen. Die Bären
verzehren oft nur die Köpfe und die Schwänze, und
lassen den Ueberrest liegen. Nur wenn die Fische seltener sind, verschlingen sie dieselben ganz.

Dobell sah sehr viel Bären. Er tödtete selbst einen
solchen mit eigener Hand, der auf den Hinterbeinen
stand, und Beeren von einem Strauche pflückte. Man
öffnete demselben den Leib, um ihm die Haut abzu-
ziehen, und fand in seinen Eingeweiden vier bis sechs
Zoll lange Würmer, von denen sie während der war-
men Jahreszeit sehr geplagt werden.

Eine Strecke Weges folgt man dem Ufer der
Kamtschatka, einem schmalen, schnellströmenden Flusse,
der sich in mehrere Arme theilt, und auf seinem
Schlangenlaufe eine Menge mit verschiedenartigen
Bäumen besetzte Inseln bildet. Das Land ist auf bei-
den Seiten mit riesigem Schilf bedeckt, und auf den

Inseln erheben sich Pyramidenpappeln, die einen angenehmen Geruch verbreiten.

Man gelangt nun in das Scherrom-Thal, das, seiner ganzen Länge nach, von mehrern Armen der Kamtschatka bewässert wird. Dieser von einer Bergkette geschützte Thalgrund bietet eine bewunderungswürdige Vegetation dar. Beinahe in seiner Mitte liegt, hart am Flusse, das Dorf Scherrom. Die Wohnung des Toynne, Konon-Merlin, enthält alle Bequemlichkeiten der zivilisirten Länder.

Die Kamtschadalen halten die Gastfreundschaft für eine der ersten gesellschaftlichen Pflichten. Sie versorgen ihre Gäste nicht allein im Ueberfluß mit Allem, was sie nur erschwingen können; sie halten sich auch beleidigt, wenn man ihre Geschenke verschmäht.

Als der alte Merlin sah, daß die Reisenden durchaus nicht über Nacht bleiben wollten, ließ er ihre Boote mit Lebensmitteln anfüllen, und nachdem er ihnen Lebewohl gesagt, blieb er noch lange am Ufer, um ihnen nachzusehen.

Sie kamen bald darauf nach Maschura, einem in einiger Entfernung von der Kamtschatka gelegenen Dorfe, dessen Einwohner im Sommer an den Ufern des Stromes, in sehr einfach gebauten Hütten, wohnen. Diese letztern bestehen aus 14 bis 15 Fuß hohen Stangen, welche in Kreise gesteckt, und oben mit Weidenruthen oder Stricken zusammengebunden sind. Auf der Außenseite sind sie sodann mit Rasen bedeckt, der durch Weidenruthen befestigt wird. Das Ganze ruht auf einem zehn bis zwölf Fuß hohen Gerüst, zu welchem man mit Hilfe eines in Leiterform durch-

.brochenen Brettes emporsteigt. Man bedient sich dieser Hütten zum Trocknen der Fische.

Dobell äussert, daß es auf Kamtschatka eine un-
.zählbare Menge verschiedener Arten Beeren gibt. Man
bemerkt vorzüglich eine Art rother Johannisbeere, die
sehr groß und äusserst wohlriechend, doch viel saurer
ist, als die unsrige. Man findet auch den rubus
hæmemorus, dessen Frucht so zart ist; eine Wald-
Erdbeere, Kneinika genannt, und eine Menge anderer sehr beachtungswerther Gattungen, die zu nennen der Raum uns nicht gestattet.

Der feuerspeiende Berg von Klutschetsli scheint
auf den Reisenden einen lebhaften Eindruck gemacht
zu haben. Er befindet sich in der Nähe eines Dorfes, am Ufer des Klutschek.

„Hinter dem Weiler erhebt sich der majestätische
Vulkan, dessen drohendes und flammendes Haupt sich
in die Wolken verliert. Seine Form ist die einer
vollkommenen Pyramide. An Höhe kommt er dem
Etna gleich*); aber durch seine Schönheit ist er noch
viel auffallender. Er ist beständig mit Schnee bedeckt,
und sein Krater speiet immerwährend Feuer aus.
Manchmal schleudert er auch Asche von sich, mit der
alsdann der ganze Luftkreis geschwängert ist, und die
man alsdann einathmet.

„Ich erfuhr von einem Einwohner, daß diese
Asche einen ermüdenden Husten veranlaßt, und daß
.man dabei gänzlich den Athem verlieren kann. Wer-
.den die Flammen nicht von Asche oder Rauch verhüllt, so erblickt man sie auf beiden Seiten der Küste,
bis auf eine Strecke von 300 Wersten oder 60 Stunden.

---

*) Der Etna erhebt sich bis auf 10,150 Fuß überm Meer.

„Dieser Vulkan wirft manchmal auch eine klebrige Materie aus, die einen sehr süßen Geschmack hat. Sie wird gewöhnlich am Tage von der Sonnenhitze verzehrt. Ich vermuthe, daß diese Substanz nichts anderes ist, als die Manna, die man auf verschiedenen Punkten der Erde findet, vorzüglich in Nord- und Süd-Karolina, und in den vereinigten Staaten Amerika's.

„Ich bat meine Begleiter, nicht zu rudern, um den prachtvollen Anblick dieses hohen Berges länger zu genießen. Es ist zu bedauern, daß ein der Nachforschungen der Gelehrten so würdiger Gegenstand sich beinahe am äußersten Ende unserer Erde befindet.

„Dies vulkanische Land enthält auch mehrere Mineralquellen, die im Bette des Klutschek hervorbrechen."

Nachdem die Reisenden eine Woche zu Nischna-Kamtschatka zugebracht, wo sie sehr zuvorkommend und freundschaftlich von dem General Petrowski aufgenommen wurden, machten sie sich auf den Rückweg.

Sie kamen durch ein unbewohntes Land, in welchem sie nur große Steppen oder unbebaute Felder sahen. Hin und wieder bemerkten sie zwar ein wenig Ackerbau; aber die Hauptbeschäftigung der Einwohner ist die Jagd, die ihnen zugleich Vergnügen und große Vortheile gewährt. Doch findet man in einigen Dörfern vortreffliche Kartoffeln, Kohl, Wasserrüben, manchmal selbst Gurken und Kürbis.

Eine Bevölkerung, die sich nur mit getrockneten Fischen nährt, und die in einigen Tagen ihren ganzen Vorrath für den Winter einsammeln kann, gewöhnt sich nur schwer an anhaltende Arbeit. Einige Marder- oder Fuchsbälge sind genügend, um sich

Wodke (Reisbranntewein), Tabak und Thee zu verschaffen; und das sind die einzigen Luxus-Gegenstände
für die Kamtschadalen.

Es verdient bemerkt zu werden, daß während Dobells Reise, die vierundzwanzig Tage dauerte, das
Wetter immer schön war, obgleich er sich in einem
gebirgigen Lande, zwischen dem 50. und 60. Grade
nördlicher Breite, befand.

Gegen Ende Septembers wurden die Nächte kälter;
demungeachtet schlief man immer in den Booten. Aber
am ersten Oktober fiel Schnee, fünf oder sechs Tage
früher als gewöhnlich.

Dobell verweilte auf seiner Rückreise bei dem ehrwürdigen Merlin zu Scherrom. Er beschreibt mit
vieler Theilnahme das Glück dieses Greises im Schoose
seiner Familie. Die Bevölkerung des Weilers bestand
aus 24 Personen, von denen nur sieben oder acht im
Stande waren, zu fischen oder zu jagen. Demungeachtet hatte man Fische vollauf für Menschen und
Hunde. Man mußte ausserdem noch Heu einsammeln
für ein Pferd und 17 Kühe. Die Familie des Toynne
bestand aus seiner Frau, zwei Söhnen, einer Tochter
und deren Gatten. Alle schienen sehr thätig zu sein.
Die nachstehende Stelle mag einen Begriff von ihrer
Lebensweise geben.

»Merlin versicherte mich, daß er mit seinen Söhnen im Laufe des Jahres zwölf Bären, sieben Berg-
hammel, mehrere Rennthiere, und eine große Menge
wilde Gänse, Enten, Schwanen, Fasanen und andere
Vögel erlegt habe. Im November, sagte er, fangen
wir viele Hasen und Rebhühner. Für meinen Theil
allein habe ich mehr als tausend Salmen, für den

Winter, gefischt. In meinem Keller fehlt es nicht an
Kohl, Wasserrüben, Kartoffeln und Beeren jeder Art.
Ich habe wohl 30 Pud (1080 Pfund) Suranen (?)
den Feldmäusen abgenommen, die auch ihre Vorräthe
einsammeln.

„Er zeigte mir zwei Gattungen Wurzeln. Die
erste, Makarschina genannt, ist zwei Zoll lang, und
höchstens wie ein kleiner Finger dick. Die Kamtschadalen essen sie roh, nachdem sie zuvor die rothbraune
Haut abgeschabt, die sie bedeckt. Ihr Geschmack ist
zwar noch etwas bitter, aber dem der Kastanie sehr
ähnlich.

„Die andere Wurzel ist eine Art wilder Kartoffel,
Kimishiga genannt. Im Frühling haben die Eingebornen eine leidenschaftliche Vorliebe für die Sloka
trava. Wenn diese Pflanze Samen treibt, hat sie
einen sehr angenehmen Geschmack, und wird alsdann
Puntschki genannt. Die Seitenstengel sind, wie der
in der Mitte, hohl; aber sie enthalten einen beizenden
Saft, der auf der Haut dieselbe Wirkung macht, als
habe man sie verbrannt. Man bereitet aus dieser
Pflanze auch ein berauschendes Getränk.“

Dobell hatte die Absicht, sich so bald als möglich
nach Rußland zu begeben, weshalb er den Winter,
der die eigentliche Reise-Jahreszeit ist, mit Ungeduld
erwartete. Er machte sich den 15. Januar 1813, in
einem Kibitka, oder offenen Schlitten, auf den Weg,
und folgte der Küste bis nach Ochotsk.

„Mein Kibitka, sagt er, wurde von Hunden gezogen, und alle meine Bekannten, welche mich bis auf
zwölf Werste von Awatscha begleiteten, hatten kein
anderes Gespann. Wir bildeten eine zahlreiche Ge-

sellschaft, und gewährten einen seltsamen Anblick.
Der Eifer der Hunde und ihrer Kyurschiks (Führer),
so wie ihre Rivalität, läßt sich nur mit jener der
edeln Wettrenner Großbritanniens und ihrer Jockeien,
zu Newmarket, vergleichen.

„Aufmerksamkeit und Geschicklichkeit waren nicht
minder nothwendig, um die Palmen des Sieges zu
erringen. Unsere Kyurschiks boten alles Mögliche auf,
um sich gegenseitig zuvorzukommen. Der meinige, der
betrunken war, warf nur drei- oder viermal um während der Nacht. Diese Zufälle waren Schuld, daß
ich Koriaik nicht vor 4 Uhr Morgens erreichte.

„Meine beiden chinesischen Bedienten, deren Kutscher ebenfalls die Vernunft verloren, beklagten sich,
in das weiße Staubwasser (wie sie den Schnee bezeichneten, dessen Namen sie nicht kannten) geschleudert
worden zu sein. Als sie den ersten Schnee fallen
sahen, fragten sie mich, was das für eine weiße Substanz sei, die einige Aehnlichkeit mit Federn habe?
Sie waren aus den Umgebungen von Makao gebürtig.“

Der Reisende schildert den ersten Eindruck, welchen der Karakter der Kamtschadalen auf ihn gemacht.

„Hinter Tolbaschik wurden die Wege sehr gut,
und wir kamen bald nach Onschkek. Die Bevölkerung
ist dort sehr gering und elend. Ich bemerkte unter
den Leuten, an die ich einige Geschenke vertheilte,
einen jungen Menschen, dessen Gesicht mir nicht unbekannt war. Ich fragte ihn, wo er her sei?

— Von der Küste Tigil, entgegnete er. Ich bin
hier zum Dienste der Reisenden. Letzten Sommer hab'
ich Euch auf dem Strom geholfen. Ich bin so sehr
beschäftigt gewesen, daß ich nur ein einziges Mal

habe auf die Jagd gehen können. Ich bringe Euch
den Balg von dem Zibellinmarder, den ich erlegt habe.
Nehmt ihn an als ein Zeichen meiner Dankbarkeit für
Eure Güte, und für das Messer und die Feuersteine,
die Ihr mir gegeben.

„Ich lehnte das Geschenk des armen Burschen
ab, der sich im höchsten Elende zu befinden schien,
indem er kein Hemd, und seine Kleider ganz zerrissen
hatte. Er zerschmolz in Thränen, und wollte sich entfernen. Ich rief ihn zurück, und nahm sein Geschenk,
worüber er eine große Freude äußerte.

„Ein Kamtschadale begnügt sich nicht damit, erkenntlich zu sein; es ist ihm Bedürfniß, Wohlthat mit
Wohlthat zu vergelten, und er hält sich für beleidigt,
wenn man seine Gabe ablehnt. Einer meiner chinesischen Bedienten, der ein vortreffliches Herz hatte,
holte auf der Stelle eines seiner blauen Hemden, das
er dem armen Jungen aufdrang.“

Der Gebrauch dieses Landes ist: für eine kürzere
oder längere Zeit bei den Aeltern des Mädchens zu
dienen, um dessen Hand man sich bewirbt. Der Reisende erfuhr von einem Ortsvorsteher, daß er drei
Jahre der härtesten Knechtschaft hatte überstehen müssen, bevor er die Dame seines Herzens erhielt.

„Verliebt sich ein Jüngling, und ist er nicht reich
genug, seine Geliebte sich durch andere Mittel zu
erwerben, so verpflichtet er sich zum Dienst bei seinem
künftigen Schwiegervater auf drei, vier, sechs, und
selbst auf zehn Jahre. Hat er die ausbedungene Zeit
überstanden, so erhält er die Erlaubniß, sich mit seiner Auserwählten zu verheirathen, und lebt alsdann
in dem Hause auf demselben Fuße, wie die übrigen

Kinder. Indessen ist die Prüfungszeit, welche er zu
überstehen hat, die härteste, welche man sich nur denken kann."

Die Kamtschadalen sind ungemein gastfreundschaftlich, so lange ihre Vorräthe es ihnen gestatten. Ganze
Familien begeben sich zu ihren Bekannten, und bleiben einen Monat, oder sechs Wochen lang bei denselben, bis ihr Wirth ihnen den Tolkutha, oder das
Abschiedsgericht, vorsetzt, das aus einem Gemisch von
Fischen und Gemüsen besteht, und ziemlich schwer zuzubereiten ist. Die Besucher brechen am nächsten
Morgen auf, und man ist nie genöthigt, sich deutlicher zu erklären.

Dobell räth, Fischereien in Kamtschatka zu etabli-
ren. Er versichert, daß sie eine Quelle unerschöpf-
licher Reichthümer werden dürften, würden sie mit
Umsicht geleitet. Dies Land, das in einem so weit
entlegenen Erdwinkel zu sein scheint, befindet sich doch
nicht in zu großer Entfernung von den bevölkertsten
Regionen. Man braucht nur zehn oder zwölf Tage,
um sich von Kamtschatka nach Japan zu begeben. In
30 oder 40 Tagen erreicht man die Sandwich-In-
seln, Makao, die Philippinen, und alle Inseln des
hindu-chinesischen Archipels. In 60 Tagen erreicht
man die Nordwestküste Amerika's (Kalifornien), oder
die Inseln des stillen Meeres.

„Es gibt vielleicht nicht auf der ganzen Welt —
sagt unser Reisender — ein für den ausgedehntesten
Handel vortheilhafter gelegenes Land, und es gibt
gewiß keines, wo man sich so wenig damit beschäftigt.
Freilich fehlt es ihm dazu an der nothwendigen Bevölkerung.

„Ich war so sehr beschäftigt mit diesen Ideen, daß ich mich darüber mit dem Toynne von Ufa unterhielt. Würde es Euch wohl gefallen, in Euerm kleinen Hafen ein mit Zucker, Thee, Nankin und andern Gegenständen, die Ihr nur schwer erhalten könnt, beladenes Schiff einlaufen zu sehen?

„Ohne allen Zweifel“, entgegnete er, „würde mir das Alles sehr angenehm sein. Aber ich würde einer Ladung Menschen dennoch den Vorzug geben. Von fünfzehn Personen, die meinen Ostrog bewohnen, können kaum fünf oder sechs sich mit der Jagd und dem Fischfang beschäftigen.“

Blick auf das alte Aegypten.
Vierter Artikel.

Wir wollen nicht umständlich der achtzehn der Nacht der Vergessenheit entrissenen Könige gedenken, eben so wenig als der Gemahlinnen einiger derselben. Begnügen wir uns, die bemerkenswerthesten von ihnen anzudeuten.

Der erste dieser Könige, der Besieger der Hirten, erscheint unter den verschiedenartigen Namen Amotes und Thutmosis in den alten Chronologisten. In Champollions Liste figurirt er unter dem Namen Amenoftep, was bedeutet: „beschützt von Ammon,“ ein Titel, der ganz natürlich von einem Monarchen angenommen werden kann, der unter dem Schutze seines vaterländischen Gottes über einen so furchtbaren Feind triumphirt hatte.

In dem fünften Souverän, dem Thutmosis II der Denkmäler, dem Mephre Manethos, erkennen wir den Möris der Griechen, und hier, nach einem langen Zwischenraum, finden wir unsere alten Führer Herodot und Diodor wieder.

In Mephre können wir, ohne uns einer gewagten Etymologie zu überlassen, den Namen Phre oder Re (Sonne) wieder erkennen. Es scheint, daß die berühmten Obelisken, welche man „die Nadeln der Kleopatra" nennt, zuerst zu Heliopolis von Thutmosis, zu Ehren Re's, errichtet wurden. Das größte Werk des ersten dieser Fürsten befindet sich jedoch zu Memphis.

Mit Amenophis II, dem Memnon der Griechen, kommen wir wieder nach Theben, der Stadt Ammons. Es ist nicht leicht zu erklären, wie der Name dieses Fürsten in die Poesie der Griechen gelangt ist, noch wenn diese Einführung sich ereignet. Es ist ohne Zweifel ein befremdender Anachronismus, durch welchen dieser afrikanische Monarch, dieser Sohn des Tages, in die Kämpfe des trojanischen Krieges gerathen. Es wird seiner in der Odyssee gedacht, obgleich die Ilias von ihm nicht spricht. Wahrscheinlich spielte er eine wichtige Rolle in den Gesängen der zyklischen Rhapsoden.

Er war auch der Held der „Aethiopiken" des Arctinus Milesius. Sein Monumentalname ist Amenophis. Pausanias nennt ihn Phamenoph. Aber diese Namens-Verschiedenheit ist nur anscheinend, denn man weiß, daß ph der koptische Artikel ist. Seine kolossale Bildsäule, die, von den Strahlen der aufgehenden Sonne berührt, einen sehr vernehm-

lichen Ton ausstieß, stand vor der Säulenhalle des
Amenophions, eines ungeheuern und prächtigen Ge=
bäudes, das leider jetzt in Trümmern liegt.

Der Fürst, den man durch den Beinamen Mei=
Amun (der Ammon liebt) unterscheidet, war nicht
weniger berühmt. Er war sehr kriegerisch, und der
gewaltige Palast von Medinet Abu war mit der Dar=
stellung seiner Thaten bedeckt. Dieser Monarch hatte
auch den erblichen Namen Ramses. Champollion deu=
tet in einem seiner Briefe aus Aegypten die Nationen
an, welche von diesem Vorfahren, des größten aller
Ramses, dem Sesostris, unterjocht wurden. Die
lange Reihe der Fürsten der achtzehnten Dynastie be=
endet sich mit Ramses Amenophis. Wir werden sei=
ner noch gedenken.

Der eigentliche Held des Champollionischen Sy=
stems sowohl, als der ganzen alten Geschichte Aegyp=
tens, und, dürfen wir Diodor Glauben beimessen, sei=
ner ganzen Poesie, ist der große thebaische König,
das Haupt der neunzehnten Dynastie, der Sesostris
Herodots, der Sesosis Diodors, der Sethos Mane=
tho's, der Ramses der Große aller Denkmäler. Ma=
netho sagt ausdrücklich, daß er diese beiden Namen
hatte. Und seine Autorität, in dieser Hinsicht, wird
durch die Choeremon's, eines alten Schriftstellers,
unterstützt, dessen Josephus gedenkt.

Dieser Fürst stellt sich überall mit einem großar=
tigen Karakter dar. Seine kolossalen Bildsäulen zu
Ibsambul in Nubien, wie zu Theben und zu Mem=
phis, scheinen nach der zwischen ihnen existirenden
Aehnlichkeit wirkliche Portraite gewesen zu sein. Fast
in jedem Tempel, bis zu den Gränzen Aethiopiens,

sind seine denkwürdigen Thaten durch Bildhauerei und
Malerei dargestellt.

Die meisten Obelisken sind ihm gewidmet, oder
zu seinem Gedächtnisse. Der, welcher sich der La-
trankirche zu Rom gegenüber befindet, gehört, nach
der merkwürdigen Deutung des Ammian Marcellin,
ebenfalls dem großen Ramses. Eine der Seiten der
Kleopatra-Nadel ist mit der Darstellung seiner Thaten überdeckt, und ausser den Legenden der Ruinen
von Luxor und Karnak, zu Theben, ist das ungeheure
Gebäude auf der westlichen Seite des Flusses, welches ziemlich genau mit dem von Diodor beschriebenen
Palaste des Osymandias übereinstimmt, dergestalt mit
seinem Namen überdeckt, daß Champollion nicht ansteht, es „Rameson“ zu nennen.

Die Thronbesteigung des ägyptischen Alexanders
wird auf das Jahr 1400 vor Christi Geburt festgestellt. Alle alten Geschichtschreiber bestätigen seine
Triumphe, sei es nun, daß ihre Darstellungen der
Wahrheit getreu gewesen, oder durch dichterischen
Enthusiasmus und Nationalstolz übertrieben worden.
Tacitus stellt vielleicht das vollständigste, wenn auch
das rascheste Gemälde dar von der Geschichte des ägyptischen Eroberers. Während dem Aufenthalte des
Germanicus zu Theben, las der Vorsteher der Priester dem erstaunten Römer die Inschriften vor, welche die Siege des Sesostris in Afrika, in Asien und
Europa verewigten, die Tribute, welche er erhoben,
und die Streitkräfte, welche ihm zu Gebote standen.
Verweilen wir einen Augenblick bei diesen Eroberungen, die so ausgedehnt waren, daß zu Ende des
letzten Jahrhunderts mehrere Schriftsteller die ganze

Geschichte, alle Religionen in den Bereich der Astronomie stellen wollten, und den Sesostris als eine Personifizirung des großen Riesen betrachteten, der jeden Tag sich von einem Ende des Himmels sich zum andern begibt.

Die erste, dem Sesostris allgemein zugeschriebene Eroberung, war die Aethiopiens. Einige Geschichtschreiber behaupten zwar, daß er zuerst eine Expedition zur See gegen Zypern und Phönizien richtete; aber es ist viel wahrscheinlicher, daß er vielleicht schon bei seines Vaters Lebzeiten dem Nil entgegenschiffte bis Meroe.

Er besiegte, sagt Diodor, die südlichen Aethiopier, und zwang sie, ihm einen Tribut von Gold, Ebenholz und Elfenbein zu zahlen. Nie ist, in dieser Hinsicht, die Wahrheit der Geschichte durch Denkmäler besser garantirt worden. Die Mauern der alten Tempel sind mit Mälereien bedeckt, welche die Siege dieses großen Königs darstellen.

Gau, in seinen „Alterthümern Nubiens“, gibt uns eine schöne Zeichnung von einer dieser Mälereien. Es stellt eine nackte Königin mit ihren Kindern dar, welche des Siegers Gnade anfleht. Die regierenden Fürstinnen waren nämlich ziemlich häufig in Aethiopien. Man erblickt zu den Füßen des Eroberers eine Menge Goldstangen, Ebenholzblöcke und Elephantenzähne.

In Verfolgung des Vordringens unsers Helden können wir eine Bemerkung machen, die Heeren's Scharfsinn entgangen zu sein scheint, nämlich daß Sesostris bei seinen Eroberungen genau auf dem Handelswege der Alten blieb, wie Heeren ihn selbst an-

gedeutet hat. Man möchte beinahe voraussetzen, daß
er nur den Karavanen oder Kauffahrteischiffen folgte,
um sich nach und nach jener großen Handelsheerden
und jener Gegenden zu bemächtigen, welche die reichsten Handelsartikel darboten.

Nach der Eroberung Aethiopiens scheint er seine
Waffen nach West-Afrika getragen zu haben. Wir
haben in der That, zur Unterstützung dieser Voraussetzung, nur die Andeutung eines zur Hyperbel geneig-
ten Poeten:

Venit ad occasum, mundique extrema Sesostris.

                                          Lucan.

Indessen scheinen die Thiere der Wüste, wie die
Antilopen, die Affen, die Strauße, die Giraffen, die
man häufig in den Malereien abgebildet findet, zu beweisen, daß er auch die lybischen Stämme besiegt habe.

Im Alterthum wurde Arabien als das Land der
Wunder betrachtet. In solchem Sinne gedenken die
alten Schriftsteller desselben, von den hebräischen Propheten, die seine Reichthümer erheben, bis zu den
griechischen und römischen Dichtern. Auch später
noch ist Milton, in seinen erhabenen Versen, das
Echo der Bewunderung der Alten geworden.

Das glückselige Arabien, welches die Gewürze
und die kostbaren Wohlgerüche darbot, von denen
Aegypten in seinen Tempeln und zur Einbalsamirung
seiner Todten einen so großen Verbrauch machte,
mußte natürlicherweise den Ehrgeiz eines ägyptischen
Eroberers reizen. Deshalb hatten, schon vor Sesô-
stris, die Aegypter mehrere Einfälle in diese Halbinsel unternommen, und Arabah (die rothe Erde) ist
in einer der Malereien, auf den Mauern von Medi-

net Abu, unter den Füßen des Ramses Meiamun
dargestellt.

Auf einer Höhe, welche die schmale Landenge beherrscht, die Afrika von Arabien trennt, errichtete
Sesostris (nach Strabo) eine seiner Denksäulen. Die
Furcht vor dem Meere, welche man den Aegyptern
zugeschrieben, scheint ihnen unbekannt gewesen zu
sein, wie mehrere Denkmäler der großen thebaischen
Könige das beweisen, auf denen mehr als ein See-
treffen, mehr als eine Landung dargestellt sind.

Den alten Geschichtschreibern zufolge rüstete Sesostris eine Flotte von 400 Schiffen auf dem rothen
Meere aus. Aber sie sagen nicht, wohin er sie richtete,
Waren sie gegen das Land, welches Gold und Spezereien erzeugte, bestimmt? Waren einige der Festungen, welche auf den Bildhauereien dargestellt sind,
in Indien? Hat der große Ramses seine siegreichen
Waffen bis an die Ufer des Ganges getragen, wie
man der Tradition zufolge vermuthen sollte? Oder
hat er sich in den persischen Meerbusen begeben, um
die entstehenden Monarchien der Assyrier und der
Meder zu überfallen, oder jenes mächtigen Baktria-
nien, das uns in einem zweifelhaften Licht in der
Entfernung der Zeitalter erscheint, und das die Wiege
Zoroasters und seines Kultus war?

Champollion steht nicht an, zu äußern, daß die
Namen der Assyrier, der Meder und der Magen sich
auf den Denkmälern befinden. Aber die fremden und
barbarischen Namen, welche er gelesen, haben keine
Aehnlichkeit mit denen der asiatischen Racen. Mehrere Reisende haben jedoch bemerkt, daß die Züge,
die Trachten, die Waffen der von den Aegyptern be-

kämpften Nationen im Allgemeinen asiatisch sind, und
daß ihre langen, fliegenden Gewänder, der Schnitt
ihrer Gesichter, ihre Bärte, ihre Schilde viele Aehnlichkeit haben mit den Figuren, welche man auf den
Zylindern und in den Bildhauereien von Persepolis
bemerkt.

Die Tradition sagte, daß die Herrschaft des Sesostris sich über Klein-Asien und Armenien erstreckte.
Zu den Zeiten Herodots sah man noch seine Bildsäule
auf der Straße von Ephesus nach Phozien, und eine
andere auf der von Sardes nach Smyrna. Sie waren fünf Palmen hoch, in äthiopischer Tracht, mit
einer Schleuder in der einen, und einem Bogen in
der andern Hand. Eine Inschrift auf ihrer Brust
enthielt folgende Worte: „Ich habe dies Land durch
meine Stärke (wörtlich: „durch meine Schultern")
erobert."

Sesostris trug auch seine Waffen nach Europa.
Aber es scheint, daß Thrazien der Endpunkt seiner
Siege war. Ein Theil seiner Armee siedelte sich auf
der Ostküste des Pont-Euxin an. Diese Kolonisten
wurden wahrscheinlich die Vorfahren der Kolchier,
bei denen die Beschneidung im Gebrauch war.

Die furchtbarsten Feinde des Sesostris waren die
Szythen. Plynius versichert, daß er von denselben
besiegt wurde, und sich zurückziehen mußte. Aber der
ägyptische Stolz hat diese Niederlage immer geläugnet.

Herodot erzählt, daß, als der siegreiche Darius
seine Bildsäule an die Stelle jener des Sesostris erheben wollte, die Priester ihn daran verhinderten,
indem sie die Ueberlegenheit des letztern dadurch be-

wiesen, daß er die Szythen besiegt, was Darius nie
im Stande gewesen.

Wir sagen nichts über des Sesostris Rückkehr,
über die Rebellion seines Bruders, über die Kanäle,
welche er graben ließ, über die von ihm aufgeführ-
ten Gebäude, u. s. w. Wir beschränken uns auf das,
worüber die Denkmäler sprechen.

Aber muß man diese lange Reihe von Triumphen
und Eroberungen in die Fabelwelt versetzen? Muß
man sie als eine bloße Schöpfung oder Uebertreibung
der nationalen Eitelkeit betrachten, wie die übertrie-
benen Fiktionen der Poeten und Priester?

Es ist gar nicht unwahrscheinlich, daß es einen
oder mehrere ägyptische Eroberer gegeben. Aegypten
konnte eben sowohl einen jener mächtigen Jäger erzeugen, die den Menschen als Wildpret betrachten,
wie Assyrien, Persien, Mazedonien, Arabien oder
Zentral-Asien. Anderseits haben wir das übereinstimmende Zeugniß der Geschichte und der Tradition.
Es scheint selbst (nach Justin und Jornandes), daß
die alleinige Quelle dieser Tradition Aegypten gewesen. Der erste dieser Geschichtschreiber nennt einen
szythischen König, der ein Zeitgenosse des Sesostris
gewesen.

Uebrigens geben die Denkmäler an den Mauern
der nubischen Städte, vorzüglich an denen Thebens,
die überzeugendsten Belege zu den großen Eroberungen der Pharaonen. Diese Denkmäler, selbst wenn
man nicht allen Erklärungen beistimmt, welche Champollion über sie gegeben, stellen Schlachten und Bela-
gerungen dar, Gefechte auf dem Lande und auf dem
Meere, und zwar in Gegenden, die nichts Afrikani-

sches haben, so wie gegen Nationen, an denen man
den Karakter der asiatischen Racen erkennt.

Man sieht auf ihnen Flüsse, die nicht der Nil
sein können, und Festungen, deren Anlage und Oertlichkeit durchaus von denen der Nachbarländer Aegyptens verschieden sind. Die Natur dieser ausserordentlichen Bildhauereien ist den meisten unserer Leser
wahrscheinlich wenig bekannt. Wir wollen es versuchen, nach der Beschreibung Hamiltons, ihnen davon
eine Idee zu geben. Diese Beschreibung eines home-
rischen Treffens hat selbst etwas von der poetischen
Ader Homers.

„Der von dem Maler gewählte Augenblick ist gerade der, wo die feindlichen Truppen von den Aegyptern gegen ihre Festungen zurückgedrängt, und mit
dem ganzen Eifer des Sieges verfolgt werden. Der
Eroberer, hinter dem die königliche Fahne getragen
wird, ist von kolossalem Körperbau. Er steht auf
einem Wagen, mit dem zwei wüthende Rosse davon-
eilen. Auf seinem Helm ist eine von zwei Schlangen
gehaltene Erdkugel. Er hat seinen Bogen gespannt,
und will eben den Pfeil abschiessen. Zu seinen Füßen
ist ein Löwe, der gewöhnliche Begleiter des großen
Ramses.

„Man bemerkt viel Wärme in der Form und
Stellung der Pferde, die in gestrecktem Galopp vor-
übereilen, und deren Köpfe mit Federbüschen geschmückt sind. Unter den Rädern des Wagens, und
unter den Hufen der Rosse liegen Todte und Ster-
bende, deren Glieder von dem Gefährt zermalmt werden. Auf der Seite der Feinde bemerkt man vereinzelte, unstät umherirrende Pferde, andere, die leere,

oder mit bewaffneten Kriegern angefüllte Wagen fort-
reissen. Alle scheinen sich gegen einen breiten und
tiefen Strom zu stürzen, der die Mauern der Stadt
bespült.

„Diese große Szene ist voll Wahrheit und Wärme.
Aber der Künstler hat sich in der Darstellung zweier
Gruppen selbst übertroffen. In der einen stürzen zwei
Pferde mit einem Wagen in den Abgrund. Ihr Lenker, der vor Entsetzen am ganzen Leibe zu zittern
scheint, hängt vorn über, und läßt Peitsche und Zügel fahren.

„Die zweite Gruppe, die mit nicht geringerm
Talent ausgeführt worden, stellt kniende Besiegte dar,
die um Gnade flehen. Weiterhin werfen Fliehende
ängstliche Blicke auf die sie Verfolgenden. Die equi
exanimes sind bewunderungswürdig.

„Unmittelbar vor dem Sieger sind die gegen die
Mauern der Stadt gerichteten Wagen, welche noch
hart mitgenommen werden. Andere sind glücklicher.
Sie schwimmen über den Fluß, in den Menschen,
Pferde, Waffen bunt durcheinander stürzen.

„Andere haben schon das jenseitige Ufer erreicht,
wo sie gesammelt und wieder in Reihe und Glied gestellt werden. Einige drängen sich durch die Thore
in die Stadt, die in großer Angst zu sein scheint.
Alle Thürme und Wälle sind mit Menschen bedeckt.
Man bemerkt unter ihnen viele Frauen und langbär-
tige Greise.

„Aus andern Thoren, gegen welche die Belagerer
vordringen, kommen Wagen mit Kriegern, unter der
Anführung eines jungen Mannes, der einen präch-

ligen Turban trägt." Der Ungestüm, mit welchem
der Held sich gegen den Feind gestürzt, hat ihn von
seiner Armee entfernt, dergestalt, daß er auf allen
Seiten von Todten umringt ist."

Hamilton fügt hinzu, daß man in dieser großen
Darstellung nicht weniger als 1500 Personen zählt,
wovon 500 zu Fuß, und die übrigen in den Wagen.

Wie soll man sich nun aber das Schweigen der
Bibel über die Invasionen, die Eroberungen und die
Triumphe des ägyptischen Alexanders erklären? —

Der Protestant Coquerel, und der Katholik
Greppo haben sich mit vieler Umsicht bemühet, dies
Problem zu lösen. Sie prüfen zuerst, in welche
Epoche der Geschichte Aegyptens die Flucht der Israeliten fällt. Diese Frage scheint an Ort und Stelle
selbst von den Juden und Griechen zu Alexandria
bestritten worden zu sein.

Die Sache selbst ist erwiesen, obgleich man über
den Zeitpunkt nicht einig ist. Es ist unmöglich, Diodor und Tacitus, oder den Traktat des Josephus
gegen Appio zu lesen, ohne auf das Klarste zu sehen,
daß die ägyptischen Geschichtschreiber die Gefangenschaft und die Flucht der Ebräer nicht läugnen,
obgleich sie diese großen Ereignisse zu entstellen sich
bemühen.

Freilich spricht kein ägyptisches Denkmal darüber,
und man hat deshalb die Wahrheit der Sache bezweifelt.
Aber dieser Zweifel scheint uns unbegründet. Es ist
ganz natürlich, daß eine so stolze Nation, wie die
ägyptische, das Andenken ihrer Unfälle nicht hat verewigen mögen.

Coquerel und Greppo setzen die Flucht der Israe-

liten in das Jahr 1491 vor Chrifti Geburt. Obgleich
nun diefe Zeitangabe nicht vollkommen ficher ift,
fcheint fie doch die entfprechendfte. Wenn, wie Cham=
pollion=Figeac vorausfetzt, die Thronbefteigung des
Sefoftris in das Jahr 1473 fällt, würde die Flucht
der Ebräer vor der Regierung diefes Fürften Statt
gefunden haben.

Die beiden obengedachten Kommentatoren erklären
das Schweigen der Bibel in feinem Betrachte da=
durch, daß fie feine Eroberungen in den Zeitraum
der 40 Jahre ftellen, während deren die Ifraeliten
die Wüfte durchirrten.

Wie dem auch fei, fo werden feine Eroberungen
auf der Küfte Syriens durch ein neuerdings ent=
decktes merkwürdiges Denkmal beurkundet, das mehr
als 3000 Jahre alt ift. Es ift eine bilingifche In=
fchrift, auf welcher man den großen Namen des Se=
foftris Ramfes liest. Ihr Text ift in ägyptifchen
Hieroglyphen und in fyrifchen Schriftzügen, wie man
fie in den Ruinen von Babylon und Perfepolis be=
merkt. Diefe Infchrift ift auf einen Felfen gegraben
zu Nahar=el=Kelb, in Syrien, in der Nähe des
alten Beryta. Sie ift ohne Zweifel eines der Denk=
mäler, von denen Herodot fpricht, und die Sefoftris
zurückließ, um feine Eroberungen zu verewigen.

„Bei ihrem Anblick, fagt ein Reifender, glaubt
man noch die Räderfpur feines Siegeswagens zu be=
merken. "

Wenn es nun auch fchwer ift, über diefen Zeit=
punkt die heilige und die profane Gefchichte in Ue=
bereinftimmung zu bringen, findet man doch keine
Schwierigkeit in diefer Hinficht, fobald die ägyptifchen

und die jüdischen Annalen spätere Thatsachen in
Rede stellen. Das Licht, welches die neuesten Entdeckungen in der hieroglyphischen Literatur darüber
verbreiten, ist sehr merkwürdig.

Die Vermählung Salomons, mit einer ägyptischen
Prinzessin von königlichem Geblüt, scheint den Beginn
dieser neuen Beziehungen anzudeuten. Die 21. Dynastie (Tanis) regierte damals. Eine noch wichtigere
Dynastie ist die 22., deren Haupt der Sesonchis Manetho's, und der Schischonk der Denkmäler ist.

„Es geschah aber, sagt die Bibel, daß im fünfzehnten Jahre des Königs Reboim, der König von
Aegypten, Schischak, gegen Jerusalem zog, mit einer
unzählbaren Menge Volks aus Aegypten, und aus
dem Lande Lubim (Lybien), Sukkum (der Troglodyten) und Aethiopien. "

Champollion hat zu Karnak ein Basrelief gefunden, in welchem dreißig Nationen diesem siegreichen
Fürsten vorgestellt werden. In den Legenden zu dieser Bildhauerei liest man den Namen „Suduah Ma-
lek, König der Juden. "

Bei dem Verfall der beiden ebräischen Monarchien
gedenkt die Bibel noch öfter der Aegypter und der
Aethiopier. Es scheint in der That, daß zu jener
Zeit der Strom der Eroberung dem Laufe des Nils
gefolgt war; daß die äthiopische Monarchie furchtbar
geworden; und daß drei Könige dieser Nation über
die beiden vereinigten Völker herrschten.

Der Name eines dieser Fürsten, Sabako, nach
Champollion Schaback, und nach Salt Sabakopf, findet sich zu Abydos. Man liest den des Sewechus auf
einigen Scarabäen des Musäums zu Paris, und den

Tarak oder Tarakos auf mehreren äthiopischen und nubischen Denkmälern. Tarak ist augenscheinlich der Aethiopier Tirahka, der, nach der Bibel, den Sennacherib bekämpfte. Der Necho und der Hophra der Schrift sind ebenfalls wieder gefunden worden. Bei ihren Namen werden abermals die Beziehungen zwischen den Aegyptern und Ebräern unterbrochen, indem Nebukadnezar beide Monarchien sich unterworfen.

Aber nicht allein über die Geschichte des ägyptischen Volkes verbreiten seine Bildhauereien und Malereien, so wie die sie begleitenden Legenden, ein helles Licht, sondern auch über seine Sitten, seinen Kultus, seine häuslichen Verrichtungen u. s. w. Ueber das Alles wird das große Werk Champollions uns hoffentlich bald nähern Aufschluß geben.

Ueber die Haupt-Eintheilungen des Menschengeschlechts.

Seit Langem haben die Geographen und einige Naturforscher in ihren Werken mehrere Eintheilungen des Menschengeschlechts aufgestellt, die genauer beobachtet zu werden verdienen. Die wichtigsten und am allgemeinsten angenommenen scheinen uns folgende zu sein:

Die Eintheilung nach Racen, in Folge der vorzüglichsten Verschiedenheiten, welche die unter diesem Gesichtspunkte betrachteten Völker darbieten;

Die Eintheilung, begründet auf die Verschiedenheit des gesellschaftlichen Zustandes, nach welchem man das ganze Menschengeschlecht in wilde, barbarische und in zivilisirte Völker scheidet;

Die Eintheilung, deren Basis die Nahrung ist, nach welcher die Nationen in Anthropophagen (Menschenfresser), Ichtyophagen (Fischesser), Frugivoren (Fruchtesser), Carnivoren (Fleischesser), Akridophagen (Heuschreckenesser), Geophagen (Erdesser), Omnivoren (Allesesser) u. s. w. klassifizirt werden können;

Die Eintheilung, welche sich auf die topographische Lage stützt, indem man die Völker in Bewohner des Gebirges und der Ebene scheidet;

Die Eintheilung endlich, welche sich nach der Lebensart motiviren läßt, indem man die Bevölkerung des Erdballs in Nomaden-, Fischer-, Jäger-, Landbebauer-, handeltreibende, schifffahrende, industrielle Völker u. s. f. theilt.

Indessen sind alle diese sogenannten Haupt-Eintheilungen zu schwankend und unvollständig, um wirklich nützlich sein zu können.

Die Eintheilung, welche sich auf die physische Verschiedenheit, oder die Mehrheit der Menschengattungen, begründet, ist, vieler gelehrten Nachforschungen ungeachtet, dennoch sehr unvollständig. Man hat zu schnell alle bekannten Völker nach den wenigen, größtentheils irrigen, Beobachtungen klassifizirt, welche man bisher über ihren physischen und moralischen Karakter gesammelt.

Es haben sich daraus zu allgemeine Abtheilungen ergeben, wie die von dem gelehrten Link vorgeschlagene, der in dem Menschengeschlechte nur drei durchaus verschiedene Gattungen erkennt: die weiße oder kaukasische, die gelbe oder mogolische, und die schwarze

oder äthiopische; oder die des berühmten Blumen=
bach, der fünf Gattungen zählt, nämlich, ausser
den drei obgedachten, noch die malayische und die
amerikanische Race.

Andere Gelehrten haben in noch mehrere Zweige
geschiedene Eintheilungen in Vorschlag gebracht, wie
Desmoulins und Bory de Saint-Vincent. Der Erstere
bestimmte die Zahl der verschiedenen Menschengattun=
gen auf eilf, und der Letztere auf fünfzehn.

Aber selbst diese letzten Eintheilungen, der großen
Zahl der von ihnen angenommenen Gattungen unge=
achtet, sind noch lange nicht vollständig, indem es
noch Völker gibt, deren physischer Karakter nicht
allein auffallend von dem der angegebenen verschieden
ist, sondern die auch abgesonderter von allen übrigen
sind, als die von den besagten Gelehrten bestimmten
Zweige es gegenseitig sind. Wir glauben deshalb
nicht, daß man schon genug Thatsachen beobachtet
und geordnet habe, um eine genaue Haupt-Einthei=
lung des Menschengeschlechts, nach seinen verschiede=
nen Gattungen, geben zu können.

Erst wenn die Oberfläche der Erde uns vollkom=
men bekannt sein wird, erst wenn wir alle physischen
Karaktere der verschiedenen Völker, welche sie bewoh=
nen, genau kennen werden, erst dann können Män=
ner, wie Humboldt, Cuvier, Homes, Link, Blumen=
bach, Virey, Lesson, und andere gelehrte Naturfor=
scher, richtige Eintheilungen vorschlagen, die von
den Irrthümern frei sein werden, welche jetzt noch
darin vorherrschend sind.

Unter der großen Menge eigenthümlicher Beuen=
nungen, welche der Gebrauch den Produkten der Ver=

mischung der Hauptracen des Menschengeschlechts bei-
legt, zeichnen sich besonders einige aus, die wir näher
in Rede stellen wollen.

Man nennt Mulatte das Kind eines weißen
Europäers und einer Negerin. Es bietet ein Gemisch
beider Racen dar, durch Farbe, Bildung und halb-
wolligtes Haar. Die Brasilianer bezeichnen dies Gemisch unter dem Namen Pardo.

Von einem Weißen und einer Indianerin entstehen die Metis Westindiens; von einem Weißen und
einer Eingebornen Amerika's die Mestizen, oder
Mest-Indier, gewöhnlich Mestizo, und in Brasilien
Mamelucos genannt.

Vom Neger und Amerikaner erzeugen sich kräftige
Wesen, von schwarzbrauner Kupferfarbe, gewöhnlich
Zambi oder Lobos genannt, welche die Brasilier
unter dem Namen Caribocos und Cafusos be-
zeichnen. Manchmal werden diese Individuen in
Mexiko Chino (Chinesen) genannt. Man nennt auch
Zambo den Nachkommen eines Negers und einer Mu-
lattin, oder eines Negers und einer China.

Zu Banka nennt man das Kind eines Chinesen
und einer Malayin Teko, und in Indien das eines
Indiers und einer Negerin Buganese.

Die Vermischung eines Weißen mit einer Hotten-
tottin erzeugt einen Metis, Baster genannt.

Virey bemerkt, daß alle diese einfachen Mischun-
gen sich fortpflanzen können, sowohl unter sich, als
mit andern Racen, wodurch beständige Verschiedenheiten entstehen. Das Produkt der zweiten Generation, der dritten und der folgenden, erhält ebenfalls
seine eigenthümlichen Benennungen, die uns zu weit

führen würden, wollten wir sie alle andeuten. Wir
bemerken nur, daß Kreolen die in Amerika gebornen Kinder europäischer Aeltern sind, und daß die
Albinos Afrika's, die Cagots der Pyrenäen, die
Kretinen von Wallis u. s. w. keine besondern Racen
sind, sondern nur zufällige Verschiedenheiten, die man
als die Resultate kränklicher Affektionen betrachten
kann.

Die Eintheilung, welche sich auf die Verschiedenheit des gesellschaftlichen Zustandes begründet, ist, wenn gleich auch schwierig, doch leichter
zu bestimmen, als die erste. Seit Langem hat man
ihre Wichtigkeit für die Erdkunde und für die historischen Wissenschaften begriffen. Aber Niemand hat
bis jetzt eine Tabelle der verschiedenen Nationen der
Erde, nach den Hauptschattirungen ihrer Zivilisation,
gewürdigt ohne Vorurtheil, und nach dem gegenwärtigen Zustande unserer ethnographischen Kenntnisse,
entworfen.

Die unzulängliche, von allen Geographen und von
mehrern Naturforschern angenommene Eintheilung,
der zufolge das ganze Menschengeschlecht in zivilisirte, in barbarische und in wilde Völker geschieden wird, kann nicht mehr entsprechend sein, wenn
man unparteiisch den Rang prüft, den man jedem
Volke anweiset.

Das kommt größtentheils von der verschiedenen
Art und Weise, auf welche man die Zivilisation betrachtet, und von dem Sinne, welchen man diesem
Worte gibt, das so oft in positiver Bezeichnung gebraucht wird, seiner eigentlichen unbestimmten Bedeutung ungeachtet. Mehrere ausgezeichnete Gelehrte

haben diese Ungerechtigkeit einer augenscheinlich irrigen Eintheilung bereits in Rede gestellt. Aber keiner
von ihnen scheint bis jetzt die ungeheure Leere ausgefüllt zu haben, welche die politische Geographie darbietet. Die Thatsachen, welche wir gesammelt und
gegenseitig genähert, haben uns folgende Resultate
dargeboten:

1) Daß die Zivilisation, in dem gewöhnlich diesem Worte beigelegten irrigen Sinne, irrige Urtheile
veranlaßt;

2) Daß, um sie so viel als möglich zu vermeiden,
das Wort Zivilisation die Religion, Gesetze, Gebräuche, Sitten, Regierung, Lebensweise, gesellschaftliche Organisation, Künste, Wissenschaften, Literatur
und Sprache umfassen müsse, mit einem Worte, Alles,
was stufenweisen Veränderungen unterworfen ist, und
also auch theilweise den Karakter jedes Volkes, bis
ins Unendliche, modifiziren muß;

3) Daß es viele Stufen der Zivilisation, und selbst
verschiedene Arten Zivilisationen gibt;

4) Daß es beinahe unmöglich ist, oder wenigstens
schwer, auf eine genaue Weise den Punkt zu bestimmen, welcher die Barbarei von der Zivilisation scheidet;

5) Daß mehrere Völker, die man als Europäer
betrachten muß, und welche Theil nehmen an der von
dem Christenthum ausgehenden Aufklärung, im Betracht der Zivilisation hinter mehrern zivilisirten Nationen Asiens zurückstehen, welche man noch den barbarischen Völkern beigesellt;

6) Daß große Massen, und manchmal selbst die
Mehrheit anderer Nationen, die man seit Langem an
die Spitze der Zivilisation gestellt, in demselben Be-

trachte den Chinesen, den Japanern, den Birmanen
und den Hindus untergeordnet sind, bei denen fast
jedes männliche Individuum lesen, schreiben, rechnen
kann, die Gesetze seines Landes auswendig weiß *),
und überhaupt eine solche Erziehung erhält, daß es
zu allen Künsten und Handwerken geeignet ist, die
dort seit Langem zu einer so hohen Vollkommenheit
gediehen sind, daß die unterrichtetsten Völker Europa's es ihnen noch nicht in Allem gleich zu thun im
Stande sind.

7) Daß die eben genannten asiatischen Nationen,
und mehrere andere, wie die Araber in den Städten,
die Perser, die Thibetaner, die Koräer, und andere
Nationen, mehr oder weniger solche Züge haben,
welche man den gebildeten Völkern zuschreibt, und die
man also auch als zivilisirt betrachten müsse;

8) Daß man ebenfalls die Malayen, die Bugis,
die Bissajos, die Kalmuken, die Mogolen rc. in diese
Kathegorie stellen müsse, obgleich die Zivilisation bei
den letzten weniger karakteristisch ist als bei den ersten;

9) Daß man als barbarische Völker diejenigen
betrachten kann, welche weder Schrift haben noch
Literatur, worin sie den wilden Völkern gleich stehen, während sie Institutionen haben, welche sie den
am meisten zivilisirten Nationen nähern, wie z. B.
die Bewohner der Gesellschafts= und der Sandwichs=
inseln, vor ihrer Annahme des Christenthums, wie
die Araukaner, die Karoliner, die Tengas, die Vi-
tis, die Neu=Seeländer u. a.

*) In dieser Hinsicht sind noch alle Europäer wahre Barbaren,
   indem von tausend Menschen kaum einer die Gesetze seines
   Landes kennt.

10) Daß man endlich als wilde Völker diejenigen aufstellen muß, bei denen die Vernunft sich am wenigsten entwickelt, bei denen die Individuen nur durch sehr geringe Beziehungen verbunden sind, und bei denen die nothwendigsten Künste des Lebens entweder gar nicht bestehen, oder äußerst unvollständig sind, wie bei den Eingebornen Neu-Hollands, bei denen Tasmaniens (der Insel Van-Diemensland), bei denen Neu-Kaledoniens, bei den beinahe den Thieren gleichstehenden Wilden Neu-Kaliforniens u. s. w., die keinen Begriff vom Ackerbau haben, und bei denen Jagd und Fischfang selbst noch sehr unvollständig betrieben werden.

Jede dieser drei großen Abtheilungen des Menschengeschlechts kann, durch Untgrabtheilungen, bis ins Unendliche geschieden werden, nach den verschiedenen Schattirungen des gesellschaftlichen Zustandes, den sie vertreten.

Die wenigen Andeutungen, welche wir über die Schwierigkeiten gegeben, die mit dieser zweiten Haupteintheilung der vernünftigen Erdbewohner verbunden sind, beweisen, wie vielen falschen Urtheilen man sich aussetzt, wenn man die von den Geographen und von gewissen Naturförschern aufgestellte Klassifizirung aufnimmt. Man kann zugleich aus dem Gesagten entnehmen, welchen Platz jedes Volk auf der Zivilisationsleiter einzunehmen verdient.

Was die ändern Eintheilungen anbelangt, deren Basis die Nahrung, die geographische Lage und die Beschäftigungsweise ist, so scheint es uns, daß sie unnütz oder wenigstens sehr schwankend sind.

Die meisten dieser sogenannten Haupteintheilungen des Menschengeschlechts finden sich in allen großen, und selbst in allen mittelmäßigen Staaten. Alle andern sind nur Unterabtheilungen der großen Klassifizirung, deren Basis die Schattirung des gesellschaftlichen Zustandes ist.

So finden wir auf der weiten Ausdehnung Kolumbiens und Ostindiens „Bewohner des Gebirgs und der Ebenen, Nomaden, Jäger und Ackerbauer, Frugivoren, Ichtyophagen und Carnivoren."

Wir sehen in dem kleinen Königreich der Niederlande, auf den Ebenen Belgiens alle Wunder eines vervollkommneten Ackerbaues, in den Seestädten alles Leben der Seevölker, in den Landstädten alle Industrie der Manufakturvölker.

Sehen wir nicht in den k. k. österreichischen Erbstaaten, die man als fast ausschließlich mit der Landwirthschaft beschäftigt hält, in einigen Distrikten Böhmens, Inner- und Außer-Oesterreichs, Mährens und des lombardo-venetianischen Königreichs, die reichsten Erzeugnisse der Industrie, welche einzelne Punkte Englands und Frankreichs so berühmt gemacht; und erblicken wir nicht in dem Hafen von Triest einen Handel, der durch seine Ausdehnung und durch den Werth seiner Ein- und Ausfuhr mit dem der vorzüglichsten Häfen der britischen und französischen Monarchien, so wie mit denen der vereinigten Staaten Nordamerika's rivalisirt?

Finden wir nicht auch in der Schweiz, ihrer geringen Ausdehnung ungeachtet, Hirten- und beinahe Nomadenvölker in den kräftigen Gebirgsbewohnern der Kantone Wallis, Bern, Waat, Luzern, Schwyz, Unterwalden, Uri, Glarus, Appenzell-Innerrhoden,

Graubündten und Teſſin; ackerbauende Völker in den Kantonen Zürich, Aargau, Solothurn, Bern, Waat. Genf, Thurgau, Schaffhauſen, St. Gallen und Baſel; eine faſt ausſchließlich mit Induſtrie und Handel beſchäftigte Bevölkerung in den Städten und Flecken der Kantone Genf, Neuenburg, Baſel, Zürich, St. Gallen, Glarus und Appenzell-Auſſerrhoden?

Endlich England, das man beinahe nur als ein Manufaktur- und Handelsland betrachtet, bietet es uns nicht das Beiſpiel eines bis zu dem Punkte der höchſten Vervollkommnung gediehenen Ackerbaues dar?

Man könnte ſolche Beiſpiele bis ins Unendliche vervielfältigen; wir glauben aber, daß das Wenige, welches wir angedeutet, genügend iſt, die Unzuläſſigkeit und das Schwankende jener angeblichen Haupteintheilungen zu beweiſen, die immer durch eine faſt gleiche Zahl von Ausnahmen widerlegt werden. In dem gegenwärtigen Zuſtande der Erdkunde, ſollte man ſich auf folgende vier Eintheilungen des Menſchengeſchlechts beſchränken: 1. politiſche Eintheilung; 2. Eintheilung in Bezug auf die vorzüglichſten Schattirungen der Ziviliſation; 3. ethnographiſche Eintheilung, und 4. religiöſe Eintheilung.

Die Perlenfischerei im Alterthum und in der neuern Zeit.

Die Perlen sind nicht, wie Dichter gefabelt haben, „ein Thau des Himmels", sondern nichts mehr und nichts weniger, als die natürliche Sekretion der Auster.

Mehrere Muschelgattungen erzeugen sie. Aber die meisten, so wie die schönsten und größten, werden von der Meleagrina margaritifera Lamark's erzeugt, die man auf dem Grunde des Meeres, und an verschiedenen Küsten, findet.

Man gewinnt auch noch eine beträchtliche Menge von der Unio margaritifera, die sich in mehreren europäischen Strömen aufhält. Sonderbar genug sind die größten Gattungen dieses Geschlechts in großer Zahl in den Flüssen Südamerika's, und doch hat man in ihnen nie Perlen entdeckt.

Die Perlen befinden sich entweder im Innern des Körpers der Auster, oder zwischen dem Körper und der Schale. Manchmal hängen sie selbst an dieser letztern durch ein Häutchen. Indessen entstehen sie nur, wenn das Thier vier Jahre alt ist. Sie haben alsdann den glänzenden Perlmutterschimmer, der alle Farben auf eine so reiche und abwechselnde Weise wiederspiegelt, und der ihren ganzen Werth macht. Ihre chemische Zusammensetzung hat nichts Eigenthümliches, denn sie bestehen beinahe ganz aus Kalksäure.

Die Römer schätzten die Perlen sehr. Sie gestanden ihnen den ersten Rang zu, nach dem Diamant, und bezahlten oft unglaubliche Summen dafür. Ju-

lius Cäsar schenkte der Servilia, Mutter des Bru-
tus, eine Perle, die, nach neuerm Gelde, auf beinahe
600,000 rhein. Gulden geschätzt ward. An einem
Feste, welches Kleopatra dem Antonius gab, und von
dem Plinius uns eine lange Beschreibung gibt, trank sie
eine in Weinessig aufgelösete Perle, deren Werth eine
Million rhein. Gulden überstieg. Die Alten, besonders die Römer, trugen eine große Menge Perlen,
nicht allein in den Ohren, an den Fingern, auf dem
Kopfe und am Halse, sondern auch auf den Kleidern,
und zwar ohne Unterschied bei Männern und Frauen.

Die vorzüglichsten Perlenfischereien dieses Volkes
waren im rothen Meere, im persischen Meerbusen,
und im indischen Ozean. Die Perlen aus dem letztern waren am meisten geschätzt, ihrer Größe und
ihres Glanzes wegen. Die Geschichte sagt, daß Cäsar
besonders deshalb die Eroberung Großbritanniens unternahm, weil er gehört, daß man an seinen Küsten
und in seinen Strömen viele und schöne Perlen finde.
War das in der That sein Zweck, mußte er sich unangenehm enttäuscht sehen, denn die Perlen, welche
man dort fand, waren klein und häßlich, und es
scheint nicht, daß sie seitdem größer und schöner geworden.

Die Insel Zeylon bietet noch jetzt, wie zu der
Römer Zeiten, eine beträchtliche Menge Perlen dar,
während die alten Fischereien im rothen Meere jetzt
vollkommen erschöpft und verlassen sind. Städte, die
ihretwegen ehemals berühmt waren, sind jetzt verfal-
len und vergessen.

Dahalak war der Haupthafen für den Perlenhandel, auf der Südküste des rothen Meeres, und

Suakem auf der Nordseite. Unter den Ptolomäern, und selbst lange Zeit nachher, zu den Zeiten der Kalifen, waren die Kaufleute, welche die nahen Inseln bewohnten, wirkliche Fürsten; aber ihr Ruhm und ihre Reichthümer sind seit Langem verschwunden, und jetzt werden diese Eilande nur noch von einigen armen Fischern bewohnt.

In den Strömen Großbritanniens fischt man jetzt nicht mehr nach Perlen, und es scheint nicht, daß ihr Ertrag, in dieser Hinsicht, je bedeutend gewesen. Man hat hin und wieder zwar auch einige Perlen in der Unio margaritifera Englands gefunden, aber doch nur äusserst selten.

Sir Richard Wynn von Gwydice, Kammerherr der Gemahlin Karls II, Katharina, bot dieser letztern eine solche dar, welche man in Coway gefunden, und die selbst jetzt noch auf der königlichen Krone figurirt.

Im letzten Jahrhundert fand man mehrere in den Flüssen der Grafschaften Tyrone und Dunnegal in Irland. Eine derselben wog 36 Karat, und wurde auf 40 Pfund Sterling (480 rhein. Gl.) geschätzt. Mehrere andere wurden für 4 Pf. St. (48 rhein. Gl.), und 10 Pf. St. (120 rhein. Gl.) verkauft. Lady Glenlealy lehnte für eine solche 80 Pf. St. (960 rh. Gl.) ab, welche die Herzogin von Ormond ihr dafür geboten.

Es gab auch in den Umgebungen von Perth eine beträchtliche Fischerei, welche von 1761 bis 1799 die Summe von 10,000 Pf. St. (120,000 rhein. Gl.) abgeworfen. Aber dies Unternehmen wurde so nach-

lässig betrieben, daß es bald nicht mehr die Kosten
deckte.

Nach der Entdeckung Amerika's ging der Perlenhandel größtentheils auf die Ostküste dieses Erdtheils
über. Die ersten Spanier, welche das feste Land betraten, sahen die dortigen Wilden mit Perlenschnüren
um Hals und Aerme geschmückt. Sie bemerkten auch
bei den zivilisirten Völkern Mexiko's und Peru's Perlen von sehr schöner Form, die dort eben so sehr geschätzt waren, als in Europa.

Man stellte Nachforschungen an, und bald erhoben
sich an jenen Ufern große und reiche Städte, die sich
ausschließlich mit dem Perlenhandel beschäftigten.
Die erste Stadt, welche auf diese Weise entstand,
war Neu-Kadix, auf der Insel Kubagua. Die
Schriftsteller jener Zeit rühmen sehr den Reichthum
ihrer ersten Bewohner, und ihren ausserordentlichen
Luxus. Jetzt findet man von dieser Stadt nicht mehr
die mindeste Spur, und bewegliche Sanddämme bedecken jetzt die ganze Insel.

Die andern Städte hatten ungefähr dasselbe Schicksal, was man mehreren Ursachen zuschreiben muß,
besonders aber der beständigen und unüberlegten Vernichtung der Melcagrinae. Die Austernbänke erschöpften sich, und gegen Ende des 16. Jahrhunderts war
der Handel bereits sehr unbedeutend geworden. Man
kann jedoch seine Wichtigkeit, nach folgender Aeuf-
serung Humboldts, beurtheilen:

„Der Quint, den die königlichen Beamten von
dem Ertrag der Perlen bezogen, stieg auf 15,000 Du-
katen, was, nach dem Werth der Metalle zu jener
Zeit, und nach der Ausdehnung des Schleichhandels,

als eine sehr bedeutende Summe betrachtet werden kann.

„Es scheint, daß bis 1530 der Werth der nach Europa gebrachten Perlen jährlich, in mittlerer Schätzung, auf wenigstens 800,000 Piaster (2 Millionen Gulden) stieg.

„Um die Wichtigkeit dieses Handelszweiges für Sevilla, Toledo, Antwerpen und Genua zu beurtheilen, muß man sich erinnern, daß zu jener Zeit alle Minen Amerika's nicht 2 Millionen Piaster (5 Millionen rhein. Gl.) abwarfen, und daß die Flotte von Ovando mit unermeßlichen Reichthümern beladen zu sein schien, weil sie ungefähr 2600 Mark Silber trug.

„Die Perlen wurden um so mehr gesucht, da der asiatische Luxus auf zwei durchaus entgegengesetzten Wegen nach Europa gekommen war, nämlich über Konstantinopel, wo die Paläologen mit Perlen übersäete Zierrathen trugen, und über Granada, der Residenz der maurischen Könige, die an ihrem Hofe allen Prunk des Orients eingeführt hätten.

„Die ostindischen Perlen wurden denen der Abendländer vorgezogen. Aber diese letztern gewannen im Handel die Oberhand, bald nach Entdeckung Amerika's. In Italien sowohl als in Spanien wurde die Insel Kubagua der Gegenstand zahlloser Handels-Spekulationen."

Jetzt bietet das ehemalige spanische Amerika keine andern Perlen dar, als die des Meerbusens am Panama, und der Mündung des Rio de la Hacha. Alle andern kommen aus dem indischen Ozean, und vor-

züglich aus der Bucht Kondatschy, in der Insel Zeylon, der Taprobane der Römer.

Erstaunt man, daß auf diesem Punkte die Perlenfischerei jetzt noch eben so abträglich ist, als früherhin, während an allen andern Orten die Austern beinahe gänzlich verschwunden sind, so wird man diese
Verschiedenheit begreifen, wenn man erfährt, daß man
dort die Fischerei auf eine äusserst regelmäßige Weise
betrieben.

Die Austernbänke, welche sich einige Stunden
weit längs der Küste erstrecken, sind in drei oder vier
Abtheilungen geschieden, welche der Reihe nach ausgebeutet werden. Auf solche Weise gesteht man den
Austern mehrere Jahre zu, um ihnen Zeit zu lassen,
sich fortzupflanzen und zu wachsen.

Ausserdem werden diese Bänke noch auf das
Strengste bewacht, und man versichert sich erst von
dem Zustand der Austern, bevor man den Kaufleuten
auf sechs oder acht Wochen die Erlaubniß der Fischerei zugesteht.

Die Jahreszeit der Perlenfischerei beginnt im Februar und endet in den ersten Tagen Aprils. Während der Dauer derselben bietet die Insel Zeylon
kein interessanteres Schauspiel für einen Europäer
dar, als das der Bucht von Kondatschy.

„Dies wüste und nackte Land, sagt ein Augenzeuge (in Percivals Ceylan travels), gewährt alsdann
den Anblick einer Szene, deren Wechsel und Neuheit
Alles übertrifft, was man bis dahin gesehen. Mehrere Millionen Menschen von verschiedenen Farben,
Ländern, Kasten und Gewerben, sind auf dem klei-

nen Raum vereinigt, auf welchem sie sich in allen Richtungen durchkreuzen.

„Die unzählbare Menge kleiner Zelte oder Hütten längs dem Gestade, vor denen ein Bazar oder Markt ist; die vielen Boote, welche Nachmittags von den Perlenbänken kommen; die Unruhe der Kaufleute, welche am Ufer ihrer Ankunft entgegenharren; die Hast, mit welcher sie ihnen zueilen, die große Zahl Juwelenhändler, Wechsler und Krämer von allen Gattungen, sowohl Einheimische als Fremde, die sich auf die eine oder die andere Weise mit den Perlen beschäftigen, das Alles verkündet den Werth und die Wichtigkeit des Gegenstandes, um dessen willen die Menge sich hier versammelt hat."

Kein Zweifel, daß dies Schauspiel interessant sein mag. Aber wenn man an das entsetzliche Verfahren der Spanier gegen die armen Neger denkt, die sie mehrmals zum Untertauchen nöthigten, dann kann man das Schicksal jener Städte nicht bedauern, deren Reichthümer und deren Namen selbst verschwunden sind.

Die Taucher, deren man sich jetzt bedient, sind nicht Sclaven, und es ist wahrscheinlich, daß sie sich nicht mehr mißhandeln lassen. Demungeachtet sind sie immer noch zu bemitleiden, menn man an die Gefahren denkt, denen sie sich preisgeben müssen.

Die Wichtigkeit dieses Erzeugnisses war nebenbei auch die Ursach der Erhebung des unsterblichen Linnée in den Adelstand (obgleich er einer solchen Auszeichnung nicht bedurfte). Er hatte nämlich das Mittel entdeckt, in einer süßen Wasser-Muschel (der Unio margaritifera) Schwedens Perlen zu erzeugen.

Man vermuthet, daß er seine Absicht erreichte,

indem er sehr kleine Löcher durch die Muschelschale bohrte. Doch ist dies Mittel nicht genau bekannt, und auch von keinem großen Ertrage; denn man scheint jetzt darauf verzichtet zu haben. Die schwedischen Landstände betrachteten aber damals diese Entdeckung als so äusserst wichtig, daß sie dem berühmten Naturforscher eine Belohnung von ungefähr 4500 rhein. Gulden zugestanden; was für jene Zeit und in jenem Lande eine sehr beträchtliche Summe war.

Die Perlen scheinen jetzt allmählig die ihnen bisher zugestandene Gunst zu verlieren. Unser rationelles Jahrhundert neigt sich immer mehr dem wahrhaft Nützlichen zu, und behandelt das Angenehme nur als Nebensache. Ein zivilisirtes Volk findet seinen Luxus in recht eigentlicher Behaglichkeit. Es läßt den Flitterstaat und leeren Schmuck Barbaren und Halbbarbaren.

Militärische Reminiszenzen über die Volksschlacht zu Paris am 27., 28. und 29. Juli 1830.

Seit sechzehn Jahren schmachtete Frankreich unter einer Verwaltung, die weder seinen Bedürfnissen, noch seinen Interessen entsprach. Der Wunsch, ihr sich zu entheben, war beinahe allgemein. Aber auf Seiten der Regierung befand sich die militärische Macht, besoldet vom Schätze, verstärkt durch alle übrigen Agenten der öffentlichen Gewalt. Auf der andern Seite war das Volk, entwaffnet, ohne irgend ein materielles Mittel des Widerstandes.

Demungeachtet lebte der Geist der Freiheit in der Nation. Von Erinnerungen vergangenen Ruhmes, vergangener Größe beseelt, konnte sie wohl für einige Zeit ihren Nacken einem drohenden Joche darbieten; aber als man wirklich sie damit belastete, erhob sie sich stolz und gewaltig, warf es ab, und zerschmetterte damit ihre Gegner.

Darf man irgend eine Wahrheit in der Politik als unbestreitbar betrachten, so ist es ohne Zweifel die, daß eine Dynastie, welche einmal vom Thron gestürzt worden, selbst wenn sie ihn wieder besteigt, sich nie auf die Länge erhalten kann. Die Geschichte beurkundet das zur Genüge.

Tarquin mußte auf den Thron verzichten. Die Stuarts und die Bourbonen hatten ein in mehreren Punkten vollkommen ähnliches Schicksal. Karl der Große vertrieb auf immer die Merowinger, und Hugo Kapet entthronte die Dynastie Karls des Großen.

Die Ursache dieser gesellschaftlichen und politischen Phänomene liegt darin, daß die Sitten der Dynastien nicht mehr in Uebereinstimmung sind mit den Sitten der Nation, und daß sie von ihren Höflingen sich durchaus haben vereinzeln lassen.

Man kann wohl mit St. Augustin sagen; Quos Deus vult perdere, insanos fecit (wen Gott stürzen will, den macht er wahnsinnig). Die Bourbonen haben das bewiesen. Gleich nach ihrer Restauration umgaben sie sich mit Allem, was Frankreich am meisten verabscheute. Unter der Aegide jesuitischer Heuchelei überspannten sie das Land mit einem ungeheuern Netze der Verderbungs= oder, wie sie es nannten, der Bekehrungssucht. Aber Frankreich wollte weder verdorben noch bekehrt sein, und als die Zeit gekommen war, zerriß es die Fesseln, in welche man es zu schlagen sich bemühete.

Seit 40 Jahren konspirirte die Emigration gegen die französische Freiheit. Durch die Begebenheiten von 1814 und 1815 glaubte sie ihren Triumph gesichert, und obgleich nicht sie Frankreich besiegt, obgleich nicht sie durch ihre Intriguen die Bourbonen wieder auf ihren Thron erhoben, sondern das zu seiner eigenen Sicherung gegen Napoleon bewaffnete Europa, beutete doch sie allein das Resultat der Feldzüge von 1812 bis 1815 aus, und mißbrauchte einen Triumph, der ihr Werk nicht war.

Ihre Angriffe gegen die öffentliche Freiheit ihres Vaterlandes begannen unmittelbar nach der Restauration. Sie betrafen zuerst die Preßfreiheit, weil diese der Feststellung einer unumschränkten Gewalt die größten Hindernisse darzubieten schien. Der erste

Angriff schlug fehl; aber er erneuerte sich seitdem unaufhörlich, zwischen Zensur und zeitweiser Zugestehung schwankend, bis die letzten Ordonnanzen vom
25. Juli vollkommen den Schleier zerrissen, und zugleich auch den unwiderruflichen Sturz der Bourbonen veranlaßten.

Nicht die unterrichteten Stände allein, sondern
auch die große Volksmasse in Frankreich war überzeugt, daß das alltägliche Streben der Bourbonen
darauf hinziele, die von der Nation errungenen, und
durch die Charte ihr zugesicherten Rechte zu vernichten. Man hoffte jedoch, daß, von ihrem eigenen wohl-
verstandenen Interesse geleitet, die regierende Dynastie sich weigern werde, die Absichten der Faktion in
Ausführung zu bringen, deren Beute sie geworden.

Als nun aber das Ministerium vom 8. August
1829 erschien, konnte man nicht mehr zweifeln, daß
hinfort Alles auf dem Spiel stehe. Es war dieß
eine Jedermann vollkommen anschauliche mathematische Wahrheit. Das Band zwischen den Bourbonen
und der französischen Nation war durch diese entscheidende Erklärung zerrissen, und die erstern hatten,
seit dem 8. August, in moralischer Hinsicht zu herrschen aufgehört. Alle fernern Maßregeln waren nur
eine nothwendige Folge dieses ersten Schrittes, und
die Ordonnanzen vom 25. Juli, wie unsinnig und
unausführbar sie auch sein mochten, waren weiter
nichts, als die Vollstreckung der Aufgabe vom 8.
August.

Wir wissen, welche Folgen sie hatten, und auf
welche Weise die Revolution sich ausbildete. Das

Volk erzeugte sie in den Straßen von Paris, und die große Volksschlacht wurde geliefert. Sie genau zu beschreiben, würde unmöglich sein; denn das Schlachtfeld war in allen Straßen der ungeheuern Hauptstadt beinahe zu gleicher Zeit. Mit einem Worte, man müßte ganz Paris beschreiben, und alle die Barrikaden oder Verrammelungen andeuten, die in einer einzigen Nacht in allen Straßen erbaut wurden. Begnügen wir uns, nur einen kleinen Theil des Schlachtfeldes, in der Nähe der Tuilerien, des Louvre und des Palais-Royal näher in Rede zu stellen.

Um von den Tuilerien oder dem Louvre zu dem Häusermassiv und den Straßen zwischen der rue Saint-Honoré, der rue Neuve-Saint-Roch und der rue Neuve-des-Petits-Champs, in denen die große Volksmasse sich bewegte, zu gelangen, hatten die angreifenden Truppen keine andern Zugänge, als die Gitter der Tuilerien der rue de l'Échelle gegenüber, hinter welcher sich die rue des Frondeurs öffnet. Aus dem Tuilerien-Garten konnte man zu demselben Häusermassiv durch die rue Dauphine und durch die Passage Saint-Roch gelangen, welche letztere jedoch so enge ist, daß kaum drei Mann front marschiren können. Es würde also ein gewagtes Unternehmen gewesen sein, durch diesen Durchgang, der ausserdem mit drei starken Eisengittern verschlossen war, einen Angriff zu wagen. Die rues des Frondeurs und d'Argenteuil anderseits waren verrammelt, und die Truppen, welche in die rue de l'Échelle hätten dringen wollen, würden sich einem mörderischen Feuer, und zwar ohne Hoffnung eines sichern Erfolgs, ausgesetzt haben.

Diese Barrikaden, hinter denen das Volk seine

Rechte gegen die Söldlinge der absoluten Gewalt vertheidigte, verdienen genauer beschrieben zu werden. Sie bestanden in erster Linie aus umgeworfenen Kutschen und Fuhrwerken, von denen man größtentheils die Räder abgenommen, und die durch dazwischen geschobene Balken oder umgehauene Bäume so verschränkt waren, daß man sie nur mit großer Mühe bei Seite schaffen konnte. Darüber waren allerlei Geräthe aufgeschichtet, und hinter ihnen erhob sich ein aus dem Straßenpflaster erbauter Steinwall, der nicht ganz den höchsten Punkt der Barrikade erreichte, und der in mehreren Absätzen schräg emporstieg.

Auf diesen Absätzen hielten sich die Scharfschützen des Volkes, die sich beständig im Feuer ablöseten, während alle Häuser hinter der Barrikade von Bürgern besetzt waren, die aus den Fenstern oder von den Dächern herabschossen.

Auf dem Punkte, wo die rue des Frondeurs in die St. Annengasse mündet, öffnet sich zu gleicher Zeit auf der einen Seite die rue de l'Évêque, und auf der andern die rue de Langlade. Es waren hier nicht weniger als fünf Barrikaden angebracht, welche eine Doppelreihe bildeten und zwei ungleiche Vierecke in der Mitte zeichneten.

In dritter Linie und sechszig Schritte hinter der zweiten, waren die Straßen Argenteuil, de l'Évêque und St. Anne von andern Barrikaden durchschnitten. Eine vierte Linie war auf der Stelle, wo die rue des Orties mit den Straßen Argenteuil, de l'Évêque, les Moulins, les Moineaux und St. Anne zusammenstößt. Dasselbe System war auch ununterbrochen in allen übrigen Straßen bis zur rue Neuve-des-Petits-

Champs beobachtet, und um diese in grader Richtung zu erreichen hatte die Truppe nicht weniger als neun Barrikaden zu übersteigen, von denen die eine immer die andere beherrschte, während sie auch von denen in den Seitenstraßen bestrichen wurden, die auf solche Weise, ein mörderisches Kreuzfeuer nähren konnten. Man sieht nun wohl ein, wie unmöglich es der Truppe war, hier irgend ein entscheidendes Resultat zu gewinnen.

Marmont, der die königlichen Truppen befehligte, versuchte es zwar, von den Tuilerien in die Richelieustraße zu dringen. Aber dieser Versuch an und für sich selbst war ein arger militärischer Fehler. Er war durchaus nicht im Stande, über die rue Saint-Honoré hinauszudringen, obgleich er einen Theil seiner Soldaten in die obern Stockwerke der Häuser in der Rohanstraße geworfen hatte.

Die erste Barrikade in der Richelieustraße war am Théatre français, am Eingang der rne de Montpensier, und der rue de Rempart gegenüber. Weiterhin waren Verrammelungen an den Ausgängen aller Straßen, eben so wie an der Säulenhalle des französischen Theaters, von wo aus man die rue Saint-Honoré bestrich, die kaum 40 Schritte entfernt war.

Angenommen selbst, Marmont hätte in die Richelieustraße dringen können, würde seine Lage dadurch noch kritischer geworden sein, weil man ihn in diesem Fall aus allen Seitengassen beschossen hätte, in denen überall Barrikaden erbaut waren. Ausserdem hatte das Volk noch einen großen Theil des Straßenpflasters in die obern Stockwerke der Häuser getragen, um es von dort auf die Truppen zu werfen, sobald

diese in die Straßen vorgedrungen wären. Mehrere
Dächer waren vollkommen abgedeckt, und die Ziegel
waren aufgeschichtet, um zu demselben Gebrauche zu
dienen.

War Marmont einmal entschlossen, offensiv zu
zu verfahren, hätte er, vor dem Beginn jeder Feind-
seligkeit, zuerst seine Truppen in ein Korps vereinigen, und sie nicht, wie er es gethan, durch ganz
Paris zerstreuen sollen. In Folge seiner Anordnung
war es durchaus unmöglich, sie mit Nachdruck zu gebrauchen, und mit ihnen auf irgend einen Punkt
durchzubrechen.

Von allen Fehlern aber, welche Marmont während der Volksschlacht zu Paris beging, war unstreitig der ärgste der, daß er sich nicht im Mindesten
um die Verpflegung seiner Truppen bekümmerte. Die
Volksvertheidigung hatte das kaum bemerkt, als sie
aller Lebensmittel- und Fourage-Magazine in ganz
Paris sich bemächtigte.

Je genauer man Marmonts Betragen vor und
während der Schlacht prüft, um so unerklärlicher
und unvorsichtiger (um nicht mehr zu sagen) findet
man es. Er beurkundete eine so auffallende Unfähigkeit, daß man in ihm kaum noch einen General der
napoleonischen Schule zu erkennen im Stande ist.

Hätte er nur die geringste Umsicht gehabt, würde
er leicht die Folgen haben berechnen können, welche
der von der Volksvertheidigung entworfene und in
Ausführung gebrachte Plan nach sich ziehen mußte.
Er hätte vorausgesehen, daß es unter solchen Umständen ihm unmöglich war, die Oberhand zu behalten, und er hätte, ohne einen Augenblick zu verlie-

ren, Paris mit allen seinen Truppen geräumt. Ausserhalb der Stadt hätte er sodann eine defensive Stellung angenommen, um die andern Korps, welche sich
in näherer oder weiterer Entfernung befanden, an
sich zu ziehen, und mit ihrer Hilfe Paris auszuhun-
gern.

Das Prinzip der militärischen Ehre und des ge-
leisteten Eides würde ihm eine hinlängliche Masse zugewendet haben, um Paris Schach zu bieten, das
seinerseits sich wohl in seinem Innern hätte vertheidigen, aber im offenen Felde nicht die Offensive hätte
ergreifen können. In einer solchen Lage, in welcher
die beiden Armeen ausser Stand gesetzt waren, sich
gegenseitig anzugreifen, hätte die grosse Angelegenheit
unvermeidlich eine Kapitulation nach sich gezogen,
welche die Entfernung der regierenden Dynastie wahrscheinlich für einige Zeit noch vertagt haben würde.

Aber die falsche Lage, in welcher Marmont sich
befand, war von der Art, dass er selbst nicht mehr
im Stande war, die eben angedeutete Partei zu ergreifen. Hätte er Paris geräumt, so ist es keinem
Zweifel unterworfen, dass der Hof, in seiner vollkommen Unwissenheit über den eigentlichen Gehalt der
öffentlichen Meinung, ihn des Verraths beschuldigt,
und den wirklichen Verrath von 1814, durch welchen
den Bourbonen die Thore von Paris geöffnet wurden,
an ihm gerächt hätte.

Anderseits hätte wahrscheinlich kein französischer
General den verungnadeten Marschall im Oberbefehl
einer Armee ersetzen wollen, die zur Bekämpfung
der Nation bestimmt zu sein schien. Marmont, der
verschwenderische und gewissenlose Marmont allein,

der sich durch alle möglichen Heucheleien und Nichts-
würdigkeiten schon so sehr entehrt hatte, daß selbst
die Jesuiten und die Höflinge ihn verachteten, konnte
eine Armee Karls X gegen sein eigenes Vaterland,
gegen seine eigenen Mitbürger befehligen.

Also, unter welchem Gesichtspunkt man auch die
Schlacht zu Paris betrachten mag, ergibt sich daraus
immer die unbestreitbare Wahrheit, daß die letzte
Stunde des ältesten Zweiges der Bourbonen geschlagen hatte, und daß die Begebenheiten sich so an einander fügen mußten, wie sie wirklich Statt gefunden.

Ursachen, Wirkungen und Folgen der Begebenheiten im Juli 1830 in Frankreich.

Die erste Ursache des Sturzes der Bourbonen lag
in ihrer Restauration. Diese Restauration, eine
Folge der Begebenheiten von 1804 bis 1814, war
eben so unvermeidlich. Die Schuld des einen
wie des andern fällt also, bis zu einem gewissen
Punkte, weder Frankreich noch den Bourbonen zur
Last.

Die Monarchie ist ein Regierungssystem, das man
nicht auf gewöhnliche Weise beurtheilen muß. Die
Autorität der Thatsachen ist allbeherrschend. Eine
Monarchie kann nur so lange bestehen, als ihr System
in Uebereinstimmung ist mit den Bedürfnissen der
Zeit, der Nation, dem allgemeinen Interesse. In
diesem Betrachte ist nichts verderblicher, als die
Minderjährigkeit oder das hohe Alter der Regenten.

. Durch einen ſonderbaren Mißbeſtand hatte Frankreich unter den Bourbonen vier Greiſe hinter einander
auf dem Thron zu erwarten: Ludwig XVIII, Karl
X, den Herzog von Angoulême, und den Herzog von
Berry, wenn dieſer letzte am Leben geblieben wäre.*)

Unter der alten Ordnung der Dinge. hätte das
Land unter ſolchen Umſtänden erliegen müſſen. Dieſer Beweggrund allein hätte die Reſtauratoren von
1814 und 1815 abhalten ſollen, die Bourbonen Frankreich abermals zurückzugeben, um ſo mehr, da es
1815 gegen dieſe Zurückgabe proteſtirte. Man kann
aus dieſer einfachen Thatſache entnehmen, wie wenig
entſprechend oft die Anſichten der höhern Politik ſind,
und wie ſie mit allem Scharfſinn des Augenblicks,
dennoch vielmals den Samen neuer Unruhen, durch
ihre eigenen Verfügungen, ausſtreuet.

Die Bourbonen hatten der Revolution nicht die
mindeſte Erfahrung abgewonnen. Weder die Vernichtung ihrer Macht, noch die Hinrichtung Ludwigs XVI,
noch die darauf gefolgten Triumphe und Niederlagen,
noch die Größe und der Sturz Napoleons, hatten
ihnen irgend eine Lehre für ihr ferneres Verfahren
dargeboten. Gebräuche, Geſetze, modifizirte Sitten
der neuern Zeit, Alles war ihnen fremd, durchaus
fremd geblieben. Sie kannten nur die Traditionen
des alten Regiments, die Abgeſchmacktheiten der un-
umſchränkten Gewalt, den Deſpotismus der Hofka-
bale, die entehrenden Kunſtgriffe des Jeſuitismus.

Wie war es auf ſolche Weiſe und mit ſolchen
Mitteln möglich, Frankreich zu beherrſchen? Entwe-

/*) Derſelbe Umſtand ſcheint auch die neueſten Ereigniſſe im
    Königreich Sachſen befördert zu haben.

der dieses, oder die Bourbonen mußten zu Grunde
gehen. Ein Mittelweg bot sich nicht dar. Dazu kam
noch der Mißbestand, den wir oben angedeutet haben.

Das hohe Alter der Könige ist so zu sagen ein
„öffentliches Unglück", indem es sie vereinzelt. Die
Leidenschaften ihrer Jugend stellen sie wenigstens in
Beziehung mit den Ideen ihrer Zeit. Ludwig XIV
fand in seiner Jugend Wohlgefallen an der Vorstel-
lung des Tartuffe, in seinem Alter überließ er sich
den verderblichen Rathschlägen des Jesuiten Letellier.

Die erste Folge des Alters und der Kränklichkeit
Ludwigs XVIII waren die hundert Tage (die zweite
Zwischen-Regierung Napoleons). Das hohe Alter
und die Schwachheit Karls X begünstigte die Gegen-
Revolution, und beendete seine Regierung durch ein
Verbrechen (den Eidbruch und die Vernichtung der
Gesetze, am 25. Juli d. Jahres), dessen unmittelbare
Folge war, den Franzosen das Alter des Herzogs von
Angoulême zu ersparen, das um so verderblicher für
das Land hätte werden können, da dieser Fürst nie
jung gewesen. Er stand eben so tief unter Karl X,
als dieser unter Ludwig XVIII.

Dem Mißbestande entronnen, welchem die Hin-
fälligkeit der Könige über Frankreich verhängt, sah
es sich durch eine Minderjährigkeit bedroht, die
noch verhängnißvoller für die Nation hätte werden
können. Aber der Instinkt des Volks lehnte sie ab,
oder vielmehr, er stellte sie gar nicht in Rede. All
sein Verlangen konzentrirte sich in einem Mittler, von
dem es allein sein ferneres Heil erwarten zu können
sich berechtigt hielt.

Dieser Entschluß ist leicht zu begreifen. Die Kö-

nigswürde hatte sich in den Geistern durch ihre Vereinzelung verloren, und die Personen, welche durch
ein Kind dieser Würde ihren Einfluß wiederzugeben
hofften, bedachten nicht, wie vielen Zufällen diese
Minderjährigkeit ausgesetzt war.

Angenommen selbst, daß sie ohne Anstoß ihren
Endpunkt erreicht hätte, würde sie vielleicht der Entwickelung der nationalen Freiheit günstig gewesen sein.
Aber in Folge zweier durchaus nothwendiger Ab-
dankungen, in Folge der damit verbundenen Trennung
eines Kindes von seinen exilirten Verwandten war
eine Regentschaft unvermeidlich.

Und diese Regentschaft, wer hätte sie übernehmen
mögen? Sie würde eine Ursache beständiger Verdäch-
tigungen, Unruhen, Parteikämpfe geworden sein.
Welcher Fürst hätte die Rolle des Vormunds spielen
wollen? Der Herzog von Orleans? — Nimmermehr.
Die Geschichte der Zukunft war in diesem Betrachte
in jener der Vergangenheit geschrieben. Eine Krankheit, eine leichte Unpäßlichkeit, und die Faktion der
Absolutisten und Ultramontaner hätte den Regenten
mit den entsetzlichsten Beschuldigungen überhäuft, sie
hätte unaufhörlich das Land mit ihren Lügen, ihren
Verläumdungen überhäuft, und Frankreich wäre ein
immerwährender Gegenstand des Skandals für Europa
geblieben.

Ausserdem hatte die Unvorsichtigkeit Ludwigs
XVIII, Karls X und ihrer Minister den Fall einer
Regentschaft durchaus unbeachtet gelassen. Er war
weder in der Charte, noch in irgend einem Gesetze
in Rede gestellt. Diese Unterlassung war einer der

Hauptgründe der Ausschließung, oder vielmehr der Nichtbeachtung des Herzogs von Bordeaux.

Denn wie hätte nach Ermordung mehrerer tausend Bürger, auf Befehl eines schwachen Monarchen, während die Schritte der Sieger noch im Blute glitschten, die Sorgfalt dieser letztern sich mit den Debatten über die Legitimität eines Kindes beschäftigen können, dessen Verwandten sie auf immer von sich gestoßen; wie hätten sie die ihm aufzugebenden Thema, die ihm zu erweisenden kindischen Ehrenbezeugungen, u. s. w., nach der Massaker ihrer Mitbürger in Rede stellen können, ohne sich vor dem ganzen Erdball lächerlich zu machen, und den Namen „schlechte Possenreißer" zu verdienen? .....

Die Politik hat ihre Nothwendigkeiten, denen man unumgänglich gehorchen muß. Die Könige von Frankreich hatten sich freiwillig zur Vereinzelung von der Nation verdammt, sie mußten es sich also auch zuschreiben, wenn diese keine Sympathie für sie hatte, und sie ohne Bedauern verbannen ließ. Die eigentliche Macht ist jetzt im Schooße der Gesellschaft. Ihr muß man sie entnehmen, wenn man sie selbst besitzen und ausüben will. Die Zeit der Fiktionen ist vorüber.

Die Könige von Frankreich konnten das nicht begreifen, weder Ludwig XVIII, noch Karl X. In der verhängnißvollen Vereinzelung, in welcher sie sich hielten vom Volke, in ihrem so einförmigen Dasein, um welches die Höflinge einen unübersehbaren Wall bildeten, in ihrem Thun und Treiben, das nichts war als Intrigue und Zeremoniel, in ihrer so beschränkten, so einseitigen Sprache, wie hätte da ihr Urtheil sich bilden können? Das Unglück, das für alle andern

Menschen ein strenger Schulmeister ist, hatte ihnen
nichts gelehrt, wenigstens nichts, was über ihre
Pflichten, über ihre wirkliche Bestimmung ihnen hätte
die Augen öffnen können. Man bemerke nur Karls X
Benehmen. Er glaubte zu Gunsten eines Kindes ab=
danken zu können, und die erste Lektion, welche er
dem Kinde gibt, besteht darin, es „Eure Majestät“
zu nennen.

Man hat Frankreich einen Augenblick durch die
Verspiegelung der Gefahren, welche die Veränderung
der Dynastie veranlassen könnte, in seinen Wünschen
zurückzuhalten gesucht. Aber es hat bald erkannt,
daß diese Gefahren weniger drohend, weniger wahr=
scheinlich sind, als die einer Minderjährigkeit. In
diesem letzten Falle würde das Uebel im Grunde der
Dinge sein; folglich kann man es vermeiden, wenn
man will.

Die Mißvergnügten verkündeten es, weil sie dar=
auf ihre Hoffnung gründeten. Die Intriganten des
neuen Regiments gaben sich das Ansehen, daran zu
glauben, um sich nothwendig zu machen. Aber weder
die Einen noch die Andern kannten die großen Um=
gestaltungen, welche in der gesellschaftlichen Ordnung
der Dinge in Frankreich sich ereignet hatten. Die
ganze Regierungskunst besteht jetzt darin, diese Um=
gestaltung zu befestigen.

Man darf wohl behaupten, daß, wenn im Anfang
der Revolution Frankreich nicht protestantisch
geworden, der Grund darin lag, daß der Geist des
Jahrhunderts schon über den Protestantismus hinaus
war; und daß es jetzt nicht republikanisch ge=

worden, weil es schon weit hinaus ist über alle ernsthaften Streitigkeiten in Bezug der Regierungsform.

Was anderseits den Sohn Napoleons anbelangt,
so kann er, insofern Oesterreich es erlaubt, in einem
Jahre Frankreich besuchen, wo er gewiß ein großes
Interesse erregen wird, ohne daß es deßhalb Jeman-
dem einfallen dürfte, das Kaiserthum wieder herzustellen, selbst wenn man gegründete Hoffnung haben
könnte, sein Unternehmen gelingen zu sehen, wovon
jedoch auf keinen Fall die Rede sein kann. Auch in
Hinsicht auf die Verwandten Napoleons ist dasselbe
Raisonnement anwendbar.

Es würde uns zu weit führen, untersuchen zu
wollen, welches der Zustand der Geister in Frankreich
zur Zeit der ersten und zweiten Restauration war.
Man weiß sehr wohl, daß er sich in dem Maße modifizirt, als die äussern Umstände darauf einen größern
oder geringern Einfluß ausüben.

So viel ist gewiß: um so beschränkter die
Maßregeln von Seiten der Regierung wurden, um
so mächtiger entwickelte sich der konstitutionelle Karakter der Nation. Die Ideen der öffentlichen Ordnung und Gesetzmäßigkeit wurden immer vorherrschen-
der, und bemeisterten sich nach und nach aller Derjenigen, welche nicht durch irgend ein pekuniäres oder
jesuitisches Interesse an die öffentliche Verwaltung
gebunden waren. Dadurch besonders unterschied sich
die Revolution von 1830 von der von 1789.

Seit der konstituirenden Versammlung bis zum
Kaiserthum bildeten die Mißvergnügten eine große
Zahl verschiedenartiger Parteien, dergestalt, daß die
meisten Franzosen, die in ihren Hoffnungen bei Er-

öffnung der Generalſtaaten übereinſtimmend geweſen,
ſich allmälig zerſplitterten, ohne einen feſten Kern
darzubieten, der im Stande hätte ſein können, jede
Uſurpation der öffentlichen Gewalt zu verhindern.

Seit der Reſtauration im Gegentheil nahmen alle
Mißvergnügten ihre Zuflucht zur Charte. Auf ſolche
Weiſe konnte Frankreich ſich nur in zwei Parteien
ſcheiden, in die der Anhänger und in die der Gegner der Charte. Es war keinem Zweifel unterworfen, daß die Partei der letztern, ſelbſt wenn ſie dem
Anſchein nach einige Zeit lang ſiegreich ſei, dennoch
endlich unterliegen müſſe.

Werfen wir jetzt einen Blick auf das Materiell
der Königswürde in Frankreich. Man wird demnach
am beſten beurtheilen können, aus welchen Elementen es gebildet war. Es beſtand:

1. Aus einer Ziviliſte von 34 Millionen Franken und einer Privat-Domäne, deren jährliches Einkommen ſich zwiſchen 5 bis 6 Millionen belief.

2. Aus der Verwaltung eines Budgets von tauſend Millionen, wovon mit Leichtigkeit ein paar Millionen zu erübrigen waren.

3. Aus einer aktiven Armee von 240,000 Mann,
und aus einer eben ſo ſtarken Reſervearmee, nebſt
mehreren fremden Regimentern, die eben deßhalb,
weil ſie fremd waren, nur dem Souverän gehörten.

4. Aus dem Rechte, Krieg zu erklären und Frieden zu ſchlieſſen, oder Verträge mit andern Mächten
einzugehen.

5. Aus dem Rechte, unter 32 Millionen Franzo-
ſen die ſieben oder acht Miniſter zu wählen, die (wenigſtens in Vorausſetzung) die meiſten Talente und

die größte Menschenkenntniß haben sollten, um ihnen
die Zügel der öffentlichen Verwaltung anzuvertrauen;
so wie auch nach ihnen, oder durch sie, alle übrigen
Räthe und öffentlichen Beamten, bis auf die Feld-
hüter hinab, zu ernennen, wodurch man wenigstens
1,300,000 Personen an den höchsten Willen fesselte,
und durch sie auf die öffentliche Meinung zu wirken
im Stande war;

6 Aus dem Rechte der Erhebung in den Adels-
stand und zur Pairswürde, in einem beinahe gleichen
Verhältnisse;

7. Aus dem Einflusse auf die Gerechtigkeitspflege,
demzufolge die 1,300,000 besoldeten Beamten der Regierung ohne ausdrückliche Erlaubniß dieser letzten
nicht vor Gericht gestellt werden konnten, dergestalt,
daß ein Steuer-Einnehmer, der in Ausübung seiner
Funktionen einen Steuerpflichtigen mißhandelte, oder
gar tödtete, ohne ausdrückliche Bewilligung des Königs nicht belangt werden konnte. Demselben System
zufolge konnte der niedrigste Beamte der innern Schifffahrt, den größten Handelsspekulationen unübersteigliche Hindernisse in den Weg legen, ohne daß der
Handelsstand anders als bei der Verwaltungsjustiz
darüber sich beschweren konnte. —

Gehen wir nun über zu dem Materiell der Freiheit. Dies Inventarium ist nicht lang; demungeachtet mischte die souveraine Macht sich beständig in die
Angelegenheiten desselben, um sie fortwährend zu
schmälern.

Ohne Gemeinde-, ohne Provinzialmacht war die
Freiheit, von jeder Institution vereinzelt, allein auf
eine Kammer von 340 Deputirten beschränkt, die mit

der Vertheidigung der Interessen einer Nation von
32 Millionen Seelen beauftragt waren. Diese Deputirten wurden unter dem Einflusse der Präfekten,
der Agenten der Königswürde, und in Kollegien gewählt, deren Präsidenten der König ernannte.

Was die Freiheit der Presse und die individuelle
Freiheit anbelangte, so konnte sie nicht in Anschlag
gebracht werden. Sie gehörte zur Bagage der Polizei. — Das war der politische Zustand Frankreichs vor der letzten Revolution.

Der moralische Zustand dieses Landes war
nicht erbaulicher. Der Jesuitismus, welcher die hohe
Region beherrschte, drang durch verborgene Kanäle
immer tiefer in das Innere der Gesellschaft, und
Heuchelei, Lüge, Betrug mit ihm.

Zu allen den Uebeln, welche das hohe Alter seiner Könige über Frankreich verhängte, gesellte sich
bei Karl X noch eine fixe Idee, die ein aufgeklär-
tes Volk nie geduldet, und deren Verwirklichung
gegen Ende der Regierung Ludwigs XIV bereits un-
sägliches Elend über Frankreich verhängt hatte. Der
unglückliche Monarch hatte sich nämlich von herrsch-
süchtigen Priestern einreden lassen, daß er eigends
vom Himmel berufen sei, die französische Nation zu
bekehren.

Ununterrichteter noch als Ludwig XIV, der auf
seinem Sterbelager gestand, daß er die „Vorschriften
der Religion" nie recht begriffen, beschränkte sich
die ganze theologische Kenntniß Karls X auf einen
blinden Gehorsam gegen den Willen der Priester.
Dieser Wille war für ihn die einzige Glaubens-

regel, der er sich nicht entziehen zu dürfen glaubte, ohne sich eine ewige Verdammung zuzuziehen.

Um nun gegen diesen Willen auf keine Weise zu verstoßen, überließ er alle Macht seiner Krone den Verfügungen der Geistlichkeit; und da, nach der alten Neigung der römischen Kirche, diese nur zu schnell vom Gebrauch zum Mißbrauch übergeht, konnte ihr Streben nach unumschränkter Gewalt nicht lange ein Geheimniß bleiben. Ihre über ganz Frankreich verbreiteten Missionäre pflanzten überall ihre Kreuze, wie ein Gutsbesitzer seine Marksteine aufstellt, um die Grenzen seines Eigenthums zu bezeichnen. Außerdem bildeten sie am Hofe, wie in den geringsten Dörfern, eine Menge vollkommen organisirter Kongregationen, wie eine Polizei, zur Spionirung und Hinterbringung, wie eine Miliz, zum Kampfe gegen die bürgerliche Freiheit, wie eine Räuberbande, zur Plünderung des öffentlichen Schatzes und des Privat-Eigenthums, wie ein Bordell, zur Erkaufung sinnlicher Genüsse; denn was ist anders das Paradies nach dem Begriffe beschränkter Frömmlinge?

Nach der römisch-katholischen Lehre, „daß Alles was nicht für uns, gegen uns ist," stieß diese Parthei alle aufrichtige und innige Royalisten, alle diejenigen zurück, welche sich nicht unbedingt ihren Vorschriften unterwerfen mochten. Der Titel Royalist blieb nur das Privilegium solcher Menschen, die zur Kongregation gehörten.

Indem man die Königswürde mit der Religion verband, glaubte man zwei Kräfte zu vereinigen, ohne zu bemerken, daß man vielmehr zwei Kräfte oder zwei Sachen kompromittirte. Der bewunderungs-

würdige Inftinkt des Volks begriff das auf der Stelle,
und offenbarte feine Ueberzeugung durch alle ihm zu
Gebote ftehende Mittel.

In der Deputirtenkammer, wo man recht fein
zu fein glaubt, wenn man eine unzubezweifelnde
Thatfache, die längft vollendet ift, als nicht Statt
gefunden darftellt, hat man es für ein Begehen der
höchften Politik gehalten, zu erklären, daß die Religion der Priefter die Religion der Wahrheit in Frankreich fei, und ein fonft fehr fcharffinniger Mann hat
in diefem Sinne votirt, weil er, feiner eigenen Aeuf-
ferung zufolge, ein Deputirter des Süden war. Es
mag ihn jetzt, feiner Reputation wegen, fehr leid
thun, daß er nicht im Norden gewählt worden.

Statt Frankreich zu beruhigen, hat diefe Erklärung der Deputirtenkammer, welche in das Grund-
gefetz des Landes eingetragen worden, wahrfcheinlich
nur den Stoff zu neuen Unruhen gelegt. Es ift wahr,
die Mehrheit der Bewohner Frankreichs bekennt fich
jetzt noch, dem äußern Anfchein nach, zum römifchen
Katholizismus; aber wird das auch in einigen Jahren noch alfo fein? —

Die Deputirtenkammer hat alfo durch ihre Erklärung den katholifchen Prieftern nur bewiefen, daß
man fie noch fürchtet, während die große Woche
im Juli hätte im Stande fein können, von ihnen zu
erlangen, was weder Vernunft noch Gefetz ihnen ab-
gewinnen konnten, nämlich fich allein auf das zu be-
fchränken, was ihres Amtes ift.

Ueber ein Kleines, und wir werden die franzö-
fifche Geiftlichkeit die Jefuiten verläugnen fehen.
Aber man weiß fehr wohl, wie man darüber zu ur-

theilen hat, und wie gering die Zahl der Priester
und Prälaten ist, welche sich gegen die Usurpation der
Jesuiten, und zur Vertheidigung der Königswürde
und der konstitutionellen Ordnung erhoben haben.

Beständig sich verläugnend, aber unaufhörlich vorwärts schreitend, wurden die Jesuiten nach und nach
Religion, Königswürde, Erziehung und Verwaltung,
bevor Frankreich die sichtbare Ueberzeugung gewann,
daß es von den Jesuiten beherrscht werde. Als es
endlich nicht mehr möglich war, daran zu zweifeln,
trennten sich die Royalisten, die vor allem wollten
Franzosen bleiben, von einer Sache, die nicht mehr
die ihrige war, und da es keine neutrale Partei gab,
wendeten sie sich der Charte zu.

Bonald bewunderte in den Jesuiten die glückliche
Organisation eines halb politischen halb religiösen
Körpers. Man begreift jedoch sehr leicht, daß ein
politischer Priester nur zur Hälfte das ist, was er
sein soll. Wenn ein Priester einmal dem Ehrgeiz sich
überlassen, die Welt zu regieren, kennt er keine
Schranken mehr, und das Wort des Erlösers: „Mein
Reich ist nicht von dieser Welt,“ hat für ihn keinen
Sinn.

Von allen Parteien, denen die höchste Gewalt
sich überlassen kann, ist die der Priester allein im
Stande, sie unwiderruflich zu kompromittiren. Denn
in dem Augenblicke, wo sie Alles aufs Spiel setzt,
halten die Priester sich verborgen, und wird sie besiegt, so verschwinden sie. Man findet hinfort nur
arme Diener des Höchsten, Tröster der Betrübten,
denen alle weltlichen Interessen fremd sind.

Aber man täusche sich nicht, sie miniren im Ver-

borgenen. Mit wirklich höllischer Kunst beschleunigten die Jesuiten in Frankreich das Erscheinen des
Tages, den die Nation fürchtete, und den sie sorgsam
zu entfernen sich bemühete. Die Jesuiten irrten sich
in der Deutung dieser Besorgniß, weshalb sie den
Augenblick der Explosion beschleunigten.

Die Ordonnanzen erschienen, und die Mission der
Jesuiten in Frankreich, so wie ihres Werkzeugs, Po-
lignacs, war vollbracht. In andern Ländern üben die
ersten ihre Thätigkeit noch, und ihr halb politischer,
halb religiöser Orden wird nicht eher verschwinden,
als bis die Fürsten, welche bis jetzt noch ihrem Einflusse gehorchen, von der Szene abgetreten sein werden.

Der Hauptgedanke Frankreichs ist die Preßfreiheit;
seine vorzüglichste Handlung ist die Wahlfreiheit.
Dennoch hatte man mehrmals diese beiden Güter, und
selbst das der individuellen Freiheit, ihm geraubt,
ohne daß es sich erhoben und mit seinem Blute sie
vertheidigt hätte.

Die Jesuiten erhofften dieselbe stumme Unterwerfung auch bei dem Erscheinen ihrer Ordonnanzen vom
25. Juli. Warum nun trat ein durchaus entgegengesetzter Fall ein? — Weil zu dem hohen Alter des
Königs, zu dem Kampfe zwischen der königlichen
Charte und der Verwaltung des Kaiserthums sich noch
die Bekehrungssucht gesellte, die an und für sich allein
ein großes Unheil, der Born der Tirannei ist, wenn
sie der Könige sich bemächtigt.

Sobald die Hand der Priesterpartei für Jedermann
sichtbar wurde, war das Maß gerüttelt und geschüt-
telt voll, und jede fernere Langmuth war unmöglich.
Die Priester kennen weder Ziel noch Vergebung. Sie

schleudern ihre Bannstrahle nach allen Seiten, unbesorgt wen sie treffen, und welches Unglück sie auch veranlassen mögen. Spanien stellt davon ein drohendes Beispiel auf. Lieber sterben, als von Priestern sich beherrschen lassen.

So wurden die Begebenheiten der großen Woche zu Paris vorbereitet; so zwang man das Volk, sich selbst Ordnung und Gesetzmäßigkeit zu verschaffen.

Einige Tage vor diesen Ereignissen hatte eine Ultrazeitung gesagt: „Man komme erst zu den Flintenschüssen, und man wird sehen, wer obsiegend bleiben wird." — Es versteht sich von selbst, diejenigen, welche sich ihnen nicht ausgesetzt. Man wußte das schon seit Erfindung des Pulvers....

Die Welt ist „zivilisirt", sobald sie von Narren, Tuckmäusern und Intriganten regiert wird. Man sieht das überall. Alexander, Zäsar, Bonaparte und das Pariservolk vom Juli 1830, bilden eine Sektion à part in der Geschichte. Sie haben die Reputation, Narren, Tuckmäuser und Intriganten einige Augenblicke in dem Besitz ihrer Herrschaft, deren sie sich schnell wieder zu bemächtigen wissen, gestört zu haben.

Dieses Rückfallen in den alten Schlendrian, so viel als möglich zu verhindern, das ist jetzt die große Aufgabe der Nation. Um diesen Zweck zu erreichen, muß sie Alles als provisorisch betrachten, was in der That nur provisorisch ist. Auf solche Weise allein wird das „Wahre" sich endlich fest begründen in diesem Lande.

Merkwürdige Rechtshändel in Frankreich.

Seit dem Sturze des politischen Despotismus in Frankreich hat auch die Korruption der Gerechtigkeitspflege sich einigermaßen vermindert, obgleich in dieser Hinsicht an vielen Orten der alte Sauerteig noch gährt, weil man, aus zu großer Aengstlichkeit, in den Zustand der Anarchie zu gerathen, ihn während der letzten Umgestaltung nicht rein auszufegen gewagt hat.

Es ist keinem Zweifel unterworfen, daß das Verwaltungssystem der Jesuiten in Frankreich, besonders in den höhern Regionen, tiefe Wurzeln geschlagen. Nicht allein die beweglichen (amovibles) Stellen, wie die der königlichen und General-Prokuratoren, der königlichen und General-Advokaten, und deren Substituten u. s. w., waren größtentheils mit Personen besetzt, welche entweder zur Kongregation gehörten, oder die dem Jesuitismus sich wenigstens geneigt erwiesen, sondern auch in die unbeweglichen (inamovibles) Stellen, d. h. solche, welche auf Lebenszeit besetzt werden, hatte der politische und religiöse Absolutismus nach und nach ihm unbedingt ergebene Kreaturen gedrängt.

Beinahe alle königlichen und alle Kassations-Gerichtshöfe wurden durch diesen Aussatz der Gerechtigkeit verunstaltet. Es war unmöglich, von den auf solche Weise konstituirten Körpern noch irgend einen vernunftgemäßen Ausspruch zu erwarten. Die Urtheile, welche in den politischen Prozessen mehrerer Tagesblätter, besonders des Globe, National, Courrier Français und Journal de Commerce, so wie über das Mémoire au conseil du roi von Madrolle, den Drapeau Blanc, oder in den Angelegenheiten der Association bretonne, gefällt wurden, beweisen das mehr als zur Genüge.

Es war eine Schande für Frankreich, solchen Mißbrauch in der erhabensten Region aller menschlichen Verfügungen, in denen der Wahrheit und des „Rechts", festgestellt zu sehen. Es war ein Fluch, ausgesprochen über 32 Millionen Menschen, an dieser Aqua tophana der schreiendsten Ungerechtigkeit zu laboriren. Es war eine beklagenswerthe Schwachheit, unter so günstigen Umständen, wie die, welche die letzte Neugestaltung darbot, dieses nagenden Krebses sich nicht auf einmal zu entledigen.

In einer entscheidenden Krisis gilt es rasche Bestimmung. Zögerung kann da nur nachtheilig sein, und Dupin der Aeltere hat in diesem Betracht, als Leiter der Deputirtenkammer, eine sehr beschränkte Einsicht beurkundet, indem er sie verhinderte, das Uebel aus dem Grunde zu heilen.

Die Geschwornengerichte allein waren von dieser Ansteckung frei geblieben. Die Prozesse des Abbé Frilay und des Briten Wright beweisen das. Es ist beinahe keinem Zweifel unterworfen, daß vor einem königlichen Gerichtshofe, dessen Mitglieder größtentheils kurzröckige Jesuiten waren, der Erstere freigesprochen, und der Andere Zeitlebens zur Galeerenstrafe verurtheilt worden wäre. Aber vor Geschwornen war es umgekehrt. Stellen wir diese beiden Rechtshändel näher in Rede.

Ludwig Dyonis Frilay, von Rouen gebürtig, ist ein Sohn unbemittelter Aeltern, die ihn demungeachtet studiren ließen. Zu Ende des Jahrs 1817 erhielt er, in einem Alter von 24 Jahren, die Priesterweihe, wonach er, als zweiter Vikar, nach Gournay geschickt wurde. Er wohnte zuerst bei dem Pfarrer, vom Oktober 1818 aber bei einer Frau Desjonquières, die ihre achtundzwanzigjährige Nichte bei sich hatte. Frilay verführte diese. Einige Zeit nachher fand man sie im Flusse hinter dem Garten ertränkt. Man überzeugte sich, daß sie seit ungefähr drei Monaten schwanger sei, und aller Verdacht fiel auf den Abbé, der, statt aller fernern Untersuchung, nach Pavilly versetzt wurde.

Auch dort verführte und schwängerte er ein junges Mädchen, weshalb er abermals genöthigt wurde, seinen Aufenthalt zu verändern. Aber statt ihn abzusetzen, beförderte man ihn vielmehr, und gab ihm die Stelle eines Pfarrers zu Mesnil-Durécu, wo er, nebst dem, daß er seine frühern Verhältnisse mit dem Mädchen von Pavilly fortsetzte, und es zum zweiten Male zur Mutter machte, Veranlassung zu so allgemeinem Skandal gab, daß man ihn abermals translociren mußte.

Aber auch zu Dieppe, wohin er versetzt worden, war sein Betragen in jeder Hinsicht unwürdig. Er war eben so schmutzig in seinen Reden, als in seinen Handlungen, und bemühte sich, das von ihm verführte Frauenzimmer von Pavilly an einen Gewürzhändler zu verkuppeln, der sich jedoch nicht damit befassen mochte.

Endlich den 1. März 1823 wurde Frilay zum Pfarrer der beiden Gemeinden von Saint=Aubin=sur=Scie

und Sanqueville ernannt. Er war 29 Jahre alt. —
Zu Sanqueville wohnte der Steuereinnehmer Sannier, ein allgemein geachteter Mann von sehr sanftem
Karakter, und 37 Jahre alt. Seine Frau, mit welcher er seit einigen Jahren sich vermählt hatte, war
zehn Jahre jünger. Ihre Ehe war sehr glücklich,
doch kinderlos.

Der Abbé Frilay war dem Steuereinnehmer empfohlen, weshalb er sehr zuvorkommend und freundschaftlich von diesem aufgenommen wurde. In Kurzem hatte der Pfarrer sich der Gunst der Gattin seines Freundes versichert, und verleitete sie bald zur
Verletzung aller ihrer Pflichten. Noch waren nicht
sechs Monate verstrichen, und schon murrte das Publikum über den Skandal eines solchen verbrecherischen
Verhältnisses. Sannier wurde von seinem Bruder
davon unterrichtet, wollte jedoch dem Gerüchte so lange
keinen Glauben beimessen, bis er selbst beinahe augenscheinlich von der Wahrheit desselben überzeugt wurde.
Die Frechheit des Abbé Frilay in seinem Betragen
war so groß, daß endlich die Kinder auf der Straße
darüber spotteten.

Bald, wenn die Frau Sannier ihren Mann unter
irgend einem Vorwande aus dem Hause entfernt hatte,
schlich sich der Pfarrer in dasselbe, bald hatten Beide
ihre Zusammenkünfte in dem Hause des Küsters Ber-
nier, welcher also die Rolle eines Kupplers spielte.
Welch erbauliches Betragen für Menschen, die zur
Kirche gehörten! Man kann sich denken, wie es in
der Gemeinde gewürdigt wurde, und welchen Eindruck
es auf die Gemüther machen mußte. Die Gleichgül-

tigkeit in religiöser Hinsicht, so wie die moralische Verschlimmerung vermehrte sich von Tag zu Tag....

Sannier bemühte sich endlich, des unwürdigen Pfarrers sich zu entledigen, und ihn mit guter Manier aus seinem Hause zu entfernen; doch umsonst, Frilay setzte seine Besuche nach wie vor fort, selbst als der Einnehmer sie ihm ernstlich untersagt hatte.

Den 11. Januar 1829 kehrte Sannier, der anscheinend sich auf längere Zeit entfernt hatte, unvermuthet in seine Wohnung zurück. Er hatte im Innern sprechen gehört; als er aber ins Zimmer trat, fand er seine Frau allein. Auf die Frage, mit wem sie sich unterhalten, läugnete sie, daß Jemand bei ihr gewesen. Sannier begnügte sich damit nicht. Er stellte Haussuchung an, und fand endlich auf dem Speicher den Abbé im Heu versteckt.

Sannier war Herr genug über sich, um sich zu mäßigen. Er verlangte nur von dem Pfarrer, daß er schriftlich seine Unwürdigkeit bekenne, und zugleich verspreche, so bald als möglich das Dorf und die Gegend zu verlassen. Aber dieses Versprechens ungeachtet machte Frilay keine Anstalt, sich zu entfernen, und setzte seinen Briefwechsel und seine Zusammenkünfte mit der Frau des Einnehmers fort.

Am 23. November hatte dieser Letztere sich nach dem benachbarten Dorfe Manéhouville begeben. Er war zu Pferde. Unterwegs begegnete er dem Abbé Frilay, und machte ihm Vorwürfe über seine Wortbrüchigkeit. „Du verdienst," fügte er hinzu, „daß man dir ein paar Peitschenhiebe gebe."

Kaum hatte er diese Worte ausgesprochen, als der Pfarrer eine Klinge aus seinem Stock springen ließ, und sie ihm entgegen hielt. Sannier kam ihm dennoch näher, indem er seine Reitpeitsche über ihn schwang. Der Abbé bedrohte ihn nun mit einem Pistol, und entfernte sich.

. Den 10. Dezember gebar die Frau des Steuereinnehmers, die bis dahin unfruchtbar geblieben, ein todtes Kind. Sogleich verbreitete Frilay das Gerücht, daß Sannier den Tod dieses Kindes veranlaßt habe. Er schrieb sogar einen Brief an den Bruder der Frau Sannier, in welchem er den Gatten derselben mit den gemeinsten Beschimpfungen überhäufte. Bald nachher, den 22. Januar 1830, schrieb er auch an den General-Prokurator zu Rouen, daß er sich von Sannier bedroht sehe, und daß er deshalb beständig bewaffnet ausgehen werde. Er glaubte auf solche Weise seinen spätern meuchelmörderischen Anfall gewissermaßen zu rechtfertigen.

. Von nun an neckte er den Einnehmer auf mannigfache Weise. Er ging mehrmals an dem Hause desselben vorüber, und schlug ihm ein Schnippchen, oder machte eine sehr unanständige Bewegung. Das Gemeine dieses Betragens ist um so auffallender, wenn man bedenkt, wie groß bereits die Gewalt war, welche die katholische Geistlichkeit sich angemaßt, und wie der Einnehmer, durch eine Denunziation von Seite des Pfarrers, mit dem Verluste seines Amtes bedroht war.

Unter diesen Umständen hatte die Frau Sannier abermals eine Zusammenkunft mit dem Pfarrer in des Küsters Wohnung. Sie erklärte, daß dies die letzte sei; daß sie ihrem Manne schon genug Unheil zugefügt, und daß sie sein Unglück nicht noch vermeh-

ren wolle. Frilay bemühte sich, sie von ihrem Vorhaben abzubringen. Als er jedoch sah, daß seine Bitten fruchtlos blieben, gerieth er in Zorn, ergriff sie
heftig am Arm, und schrie: „Unglückliche, ich will
dir zeigen, welches die Rache eines erzürnten Priesters ist!"

Kurz darauf, Donnerstag den 4. Februar, gegen
2 Uhr Nachmittags, ritt Saunier in seinen Amts-
geschäften nach einem benachbarten Dorfe, wie er gewöhnlich jede Woche, immer auf dieselbe Weise, und
auf dem gleichen Wege, zu thun pflegte. Er hatte
einen dünnen Stock in der Hand. In einiger Entfernung vom Dorfe erreichte er den Pfarrer, der mitten auf dem Wege fortschritt. „Hast du noch das
Pistol," rief er ihm zu, „mit welchem du mich letzthin hast erschiessen wollen?"

Auf der Stelle nahm Frilay ein Pistol aus seiner
Tasche. Saunier erhob den Stock, um es ihm aus
der Hand zu schlagen. Der Andere parirte mit seinem Stockdegen, und schoß nach dem Einnehmer,
ohne ihn jedoch zu treffen. Sogleich ergriff er ein
zweites Pistol, das er ebenfalls abfeuerte. Saunier
hatte eine rasche Wendung gemacht, und die Kugel
war dem Pferde in den Schenkel gefahren. Der Einnehmer versetzte darauf dem Pfarrer einige Schläge
mit dem Stock, welcher zerbrach, während Frilay
einen 12 bis 15 Zoll langen Dolch zog, und dem Einnehmer damit eine so große Zahl Stiche versetzte, daß
auf diesem Punkte alle seine Kleidungsstücke wie zer-
setzt waren.

Der kalten Jahreszeit wegen hatte sich Saunier
sehr warm gekleidet. Er trug einen dicken Tuchman-

tel, mit einem weit herabhängenden Kragen, einen
Ueberrock, eine Tuchweste, eine Nachtjacke und weit
heraufreichende Beinkleider. Das Alles war durchbohrt. Der Pfarrer ruhete nicht eher, bis er seinem
Gegner einen Stich in die Seite beigebracht, welcher
diesem 4 bis 5 Zoll tief in den Körper drang. Sodann entfernte er sich.

Sannier behielt noch Kraft genug, in seine Wohnung zurückzukehren. Er hütete mehrere Monate lang
das Bett, und war selbst am 14. Mai noch nicht vollkommen hergestellt, wo er als Zeuge vor Gericht erscheinen mußte.

Man bemerkte in dem ersten Augenblick an dem
Kragen seines Mantels, daß er von einer Faust zu-
sammengedrückt worden, woraus sich ergab, daß Frilay ihn auf diese Weise festgehalten, als er ihn mit
dem Dolch zu durchbohren sich bemühete. Man überzeugte sich auch, daß er seine Stöße gegen das Herz
gerichtet, in dessen Nähe die Kleider von drei Stichen,
von denen einer kaum eine halbe Linie von dem andern entfernt war, durchbohrt worden.

Während Sannier sich auf seinem Schmerzenlager
befand, und mehr als einmal sich dem Tode nahe
glaubte, hatte er noch mit der Sorge zu kämpfen,
daß er genöthigt sein dürfte, einen Geistlichen vor Gericht zu zitiren, und dadurch seines Amtes verlustig
zu werden. Er suchte deshalb so viel als möglich
den traurigen Vorgang zu unterdrücken, sowohl um
seinen Platz zu bewahren, als auch um seine unglückliche Frau zu schonen, die ihr bisheriges Betragen
aufrichtig bereuete.

Indessen sann der Abbé Frilay (der nach wie vor

die Messe las und die Sakramente administrirte mit
seinen Banditenhänden) auf nichts anderes, als den
Einnehmer auf alle nur mögliche Weise zu verleum-
den und ins Unglück zu stürzen. Er schrieb deshalb
an den Maire, an Sanniers Schwager, an den Ge-
neral=Prokurator, und an mehrere andere Personen,
„daß er von dem Einnehmer auf der Landstraße meu-
chelmörderisch überfallen worden, und daß er, bei
seiner Vertheidigung, diesen verwundet habe.“ So
gab er selbst Veranlassung zu einer gerichtlichen Untersuchung.

Diese war denn, wie man sich leicht denken kann,
ganz zu seinem Nachtheil. Alle in der Anklagsakte
angedeuteten Verbrechen fielen ihm in der That zur
Last, und er war endlich selbst genöthigt, sie größtentheils einzugestehen.

Was am meisten das Gericht und die Geschwornen
gegen das Betragen dieses unwürdigen Priesters em-
pörte, war seine ächt=jesuitische Heuchelei, und die
Hartnäckigkeit, mit welcher er alle Schuld von sich
abzuwälzen, und sie seinen Opfern zuzuwenden sich
bemühte. Er bezüchtigte nicht allein den Einnehmer
Sannier eines gräusamen Verfahrens gegen ihn, sondern auch gegen seine Frau, und gegen das Kind,
welches diese geboren, obgleich der Beschuldigte seines
sanftmüthigen Karakters wegen allgemein bekannt und
beliebt war; er behauptete auch, daß er von Sanniers Frau verführt worden; daß diese ihn beständig
verfolgt und eingeladen habe, in Abwesenheit ihres
Mannes zu ihr zu kommen, bis er endlich sich in
ihren Willen gefügt, und zwar einzig in der Absicht,
sie über die Mißhandlungen ihres Gatten zu trösten.

Dem Allem widersprach die unglückliche Frau auf das Bestimmteste. Sie sagte mit Thränen, daß ihr Mann sie nie übel behandelt, selbst als er ihre Schuld gekannt, und daß er sich immer mit ernstlichen Vorstellungen begnügt habe, während der Abbé alle Künste und Vorstellungen der raffinirtesten Verführung aufgeboten, um sie ins Verderben zu stürzen; was ihm leider zu wohl gelang. —

Die Geschwornen beriethen sich vier Stunden lang über die ihnen vorgelegten Fragen, und erklärten den Angeklagten eines Mordversuches schuldig. Er wurde deshalb zur lebenslänglichen Zwangsarbeit, zur öffentlichen Ausstellung und Brandmarkung verurtheilt.

Der zweite Prozeß, den wir, im Gegensatz mit dem vorstehenden, in Rede stellen wollen, betrifft einen sogenannten sakrilegen Diebstahl (Kirchenraub), der an und für sich zwar sehr strafwürdig ist, der in Frankreich jedoch, falls man in seinem Betrachte nicht die empörende Strenge des Sakrilegien-Gesetzes anwendbar machen will, ungestraft bleiben muß, wie sich das aus nachstehendem Rechtshandel ergibt.

John Wright war Schreiber bei einem Advokaten zu London. Sein jährlicher Gehalt überstieg nicht 50 Pfund Sterling (600 rhein. Gulden). Er glaubte mehr in Frankreich zu gewinnen, weshalb er sich im März d. J. nach Paris begab. Kaum dort angekommen, wurde er von einigen seiner Landsleute in öffentliche Vergnügungsörter und Spielhäuser gezogen, und die 20 Pfund Sterling, welche er mitgebracht, waren bald ausgegeben.

Ohne alle fernere Hilfsmittel mußte er den Gasthof verlassen, in welchem er bis dahin gewohnt hatte,
und es blieb ihm kein anderes Mittel, als in der
Straße zu schlafen. Er hatte den ganzen Tag nicht
das Mindeste gegessen, als er sich am 7. April, um
5 Uhr Abends, bei der St. Eustachkirche befand. Er
besuchte die verschiedenen Kapellen dieser Kirche, bemerkte in jener der heiligen Agnes ein silbernes Kruzifix, und bemächtigte sich desselben. Er zerbrach es,
um es desto besser verbergen zu können, und wollte
sich aus der Kirche entfernen, als er von zwei Personen angehalten wurde, die seine That beobachtet
hatten.

Bei der Polizeikammission gestand er sein Verbrechen ohne Rückhalt, und suchte es durch seinen Hunger zu entschuldigen. Er habe es vorgezogen, sagte
er, eine Kirche zu berauben, weil dadurch Niemand
einen so wesentlichen Schaden leide, als irgend eine
Privatperson. Er hielt also sein Begehen für weniger
strafwürdig, als einen gewöhnlichen Diebstahl. Aber
die französischen Gesetze betrachten diesen Fall umgekehrt.

Wright erschien den 14. Juli vor Gericht, und
wiederholte sein Geständniß. Es blieb den Geschwornen keine andere Wahl, als entweder den Angeklagten auf die Galeeren zu schicken, und ihn zur lebenslänglichen Infamie zu verdammen, oder ihn freizu-
sprechen. Das Sakrilegiengesetz ließ ihnen keine andere Wahl. Sie glaubten demnach mehr der Stimme
ihres Gewissens zu gehorchen, wenn sie der letztern
Entscheidung sich zuneigten, als der erstern. Nach einer

kurzen Berathung wurde Wright einstimmig als
nicht schuldig erklärt, und deshalb in Freiheit gesetzt.

Es war in der letzten Zeit zum vierten Male, daß
ähnliche Angelegenheiten vor dem Geschwornengericht
zu Paris verhandelt worden. Die Angeklagten hatten
jedesmal ihr Verbrechen eingestanden, und demungeachtet erklärten die Geschwornen sie für nicht schuldig. Sie glaubten auf solche Weise am besten gegen
ein Gesetz zu protestiren, das weder in Uebereinstimmung mit den Sitten, noch mit der Moralität unsers
Jahrhunderts ist.

In der letzten Zeit der Verwaltung des Jesuiten-
Ministeriums in Frankreich war der Unsinn so anmaßlich, so vorherrschend geworden, daß man ihn
beinahe als zur Tagesordnung gehörig betrachten konnte.
Mirakel en gros und en détail, Beschwörungen, Teu-
fel- Ein- und Austreibungen, Geistererscheinungen
u. s. w. sollten zur Erreichung von Zwecken behilflich
sein, durch welche man den geistlichen Absolutismus
festzustellen, und einer unumschränkten Macht über die
Gemüther sich zu versichern suchte.

Wie lächerlich nun auch die Mittel scheinen mögen, deren man in dieser Hinsicht sich bediente, sind
sie doch nichts desto weniger sehr beachtenswerth, indem sie den Kulturzustand der Sekte andeuten, welche
Frankreich zur Barbarei zurückzuführen sich bemühte.

Der Richter Lobeyrac zu Ceyssac, im Departement
des Puy-du-Dôme, war Besitzer ehemaliger Kirchen-
güter. Mehrmals aufgefordert, sie unentgeldlich zurückzuerstatten, hatte er sich immer beharrlich geweigert, diesem Verlangen zu entsprechen. Mit Gewalt

ihn dazu zu zwingen, schien nicht rathsam, indem
man die Charte noch nicht zerrissen und die Gesetze
noch nicht abgeschafft hatte. Der Jesuitismus nahm
also zu einem andern Mittel seine Zuflucht, zum Aberglauben, der ihm mehrmals sehr wesentliche Vortheile
zugewendet.

Eine Halbnonne, Namens Cäcilia Surrel, die als
religiöse Lehrerin zu Ceyssac wohnte, und zwar in
einem dem Richter Lobeyrac gehörigen Hause, äusserte
auf einmal, daß sie nächtliche Erscheinungen gehabt,
daß sich ihr ein „Geist“ gezeigt, den sie als den von
Lobeyracs Vater erkannt, obgleich es erwiesen war,
daß sie den Verstorbenen nie lebendig gesehen hatte.
Besagter Geist des alten Lobeyrac habe sie eingeladen,
seinen Sohn zu benachrichtigen, daß, wenn er das
Kirchengut, welches er besitze, nicht ungesäumt zurück-
gebe, er ewig verdammt sein werde.

Man kann sich leicht denken, wie diese Benachrichtigung von Seite des Eigenthümers aufgenommen
wurde. Er behandelte die Seherin als eine Verrückte,
oder als noch etwas Schlimmeres, und fertigte sie
ab mit dem Bescheid, sich um ihre Angelegenheiten
zu bekümmern, und nicht in die seinigen sich zu mischen.

Die Schwester Surrel befolgte diesen Rath nicht.
Sie lud vielmehr einige Mädchen ein, die Nacht in
ihrer Wohnung zuzubringen, und diese sagten aus,
den Geist, wo nicht gesehen, doch gehört zu haben.
Er habe einen so entsetzlichen Lärm angestellt, sagten
sie, daß ihnen das Haar zu Berge gestiegen. Die
Schwester habe den Geist angeredet, und zu ihm gesagt: „Bist du noch da? Wirst du mich noch lange

plagen? Wenn das, was du zu mir gesagt hast, wahr
ist, so thue drei Schläge."

In demselben Augenblicke erschallten die drei
Schläge, wobei die Schwester in Ohnmacht fiel. Man
hatte viele Mühe, sie wieder zur Besinnung zu bringen. Am andern Morgen begab sie sich, mit dem
Pfarrer und einigen Bewohnern des Ortes, zu dem
Richter Lobeyrac, um ihm zu verkünden, daß der
Geist seines Vaters ihr abermals erschienen sei, und
ihr den Auftrag gegeben, jenem anzukündigen,
daß, wenn er nicht das Kirchengut zurückerstatte, er
und seine Kinder ewig verdammt sein würden.
Sie erhielt dieselbe Antwort wie früherhin, und gewann dadurch die Ueberzeugung, daß auf diese Weise
nichts zu erlangen sei, weßhalb sie und ihre Mithel-
fer sich in fanatische Schmähungen über den Richter
Lobeyrac ergossen.

Dieser verklagte die Schwester öffentlicher Verläumdungen wegen. Sie wurde eingeladen, vor dem
Zuchtpolizeigericht zu Riom zu erscheinen, blieb aber
aus, und wurde zu einmonatlicher Gefängnißstrafe
verurtheilt. Diese Strafe wurde später auf fünf
Tage vermindert.

———

Die Finsterniß zu vermehren, und die Aufklärung
des Volkes gewissermaßen unmöglich zu machen, das
war unter der letzten Regierung die eigentliche Hauptaufgabe der katholischen Geistlichkeit in Frankreich.
Nachstehender Fall gibt dazu den Beleg.

Der Lehrer Frappart hatte 25 Jahre lang einer
Erziehungsanstalt zu Châlons-sur-Marne vorgestanden, und ließ sich endlich zu Nanterre, zwei Stun-

den von Paris, nieder. An eine nützliche Thätigkeit
gewöhnt, wurde ihm seine Muße nach und nach zur
Last. Um sie auf eine seinen Neigungen entsprechende
Weise auszufüllen, beschloß er, arme Kinder unentgeldlich zu unterrichten. Er schrieb deßhalb an den
Maire seiner Gemeinde, der ihm, statt aller Antwort,
seinen Brief mit beissenden Randglossen von des Pfarrers Hand versehen zurückschickte. Uebrigens wurde
sein Gesuch ihm weder bewilligt, noch abgelehnt, und
Frappart hielt sich deshalb berechtigt, einige ganz
arme Kinder im Lesen, der Rechtschreibung, Rechnen
und in der Erdkunde, so wie in der christlichen Moral zu unterrichten.

Der Pfarrer von Nanterre hatte das kaum erfahren, als er von der Kanzel herab über den unberu-
fenen Lehrer herzog, ihn als einen gottlosen, revolutionären Menschen, als einen Abgeordneten des Co-
mité Directeur darstellte, welcher beauftragt sei,
Halbgelehrte, Philosophenlehrlinge, oder mit andern
Worten, Revolutionäre und Atheisten wie er und
Seinesgleichen zu bilden.

Aus diesen Deklamationen läßt sich leicht entnehmen, daß der Pfarrer von Nanterre kein großer
Freund der Volksaufklärung ist. Er hat das bereits
auf mehrfache Weise dargethan, unter anderm auch
dadurch, daß er die Schule, welche sich seit 40 Jahren in einem Anbau des Pfarrhauses befand, aus
demselben in ein Gebäude versetzte, dessen unterer
Stockwerk zu einer Taverne benutzt wurde, während
er den ehemaligen Schulsaal in ein Billardzimmer,
zu seiner und seiner Freunde Zerstreuung, verwan-
delte.

Wer sollte nun noch glauben, daß dieser Pfarrer, um einen Vorwand zu haben, den Lehrer Frappart zu denunziren, welcher die Verwegenheit hatte, arme Kinder unentgeldlich zu unterrichten, im Interesse des Unterrichts selbst zu sprechen angab? Wie dem auch sei, der Angeklagte wurde am 6. Mai d. J. von der sechsten Kammer des Zuchtpolizeigericht zu Paris, unter dem Vorsitz des Präsidenten Delamarnière, der energischen Vertheidigungsrede seines Advokaten ungeachtet, zu einer Buße von hundert Franken, und zu Bezahlung sämmtlicher Prozeßkosten verurtheilt, aus dem alleinigen Grunde, weil er arme Kinder, ohne höhere Bewilligung, lesen, schreiben und rechnen gelehrt.

So war es vor der letzten Verwaltungsreform in Frankreich mit der Unterrichtsfreiheit, mit der Aufklärung und mit der Gerechtigkeitspflege beschaffen!

Wir würden nicht enden, wollten wir alle die unchristlichen Handlungen andeuten, welche vor den drei Heldentagen im Juli vor Gericht verhandelt wurden, und die alle gewaltsame Anmaßungen, Mißhandlungen gegen Wehrlose, und andere entehrende Maßregeln von Seiten der katholischen Geistlichkeit betrafen. Und wie viele andere, vielleicht noch viel betrübendere Gegenstände kamen aus Besorgniß, Skandal zu veranlassen, oder selbst aus Furcht vor priesterlicher Rache, nicht zur öffentlichen Kenntniß!

Barbou, Pfarrer zu Epuisay, im Loir-et-Cher-Departement, ist ein gewaltiger Jäger, nicht allein vor dem Herrn, sondern auch vor seinen Nachbarn, deren Enten er schießt, um die „Envies" seiner Haushälterin nach Geflügel zu befriedigen. Der Nachbar

Cathaudeau aber war damit nicht zufrieden. Er forderte seine Enten zuerst lebendig, sodann todt. Statt aller Antwort warf ihn der Pfarrer zur Thür hinaus.

Cathaudeau glaubte, daß seine Frau glücklicher sein werde, und deputirte sie an den Geistlichen. Zu noch größerer Sicherheit ging diese, ihr Kind auf dem Arm. Doch das half wenig oder nichts. Herr Barbou gab ihr schnöden Bescheid. Wahrscheinlich antwortete sie etwas beißend. Man weiß nur so viel, daß der Pfarrer seine Jagdflinte ergriff, die Frau damit angriff, sie zu Boden stieß, und ihr Kind mit dem Schlosse am linken Auge verletzte.

Daraus entstand ein Prozeß vor dem Zuchtpolizeigericht zu Vendome, welches das Unrecht auf beiden Seiten gleich vertheilt erachtete, jedoch den Pfarrer zur Bezahlung der von ihm geschossenen Enten verurtheilte.

Beschließen wir unsere Mittheilungen mit einer Vergiftungsgeschichte, die viele Aehnlichkeit mit der von Bouquet zu Paris hat.

Vor dem Kriminalgerichte zu Riom, im Departement des Puy-de-Dôme, erschien der neunundzwanzigjährige Landmann Paul Boutet, unter der Anklage, seine drei Frauen der Reihe nach vergiftet zu haben. Bei den zwei letzten war das erwiesen, indem man sie ausgegraben, geöffnet, und in ihren Magen Arsenik gefunden. Den Körper der ersten Frau hatte man auf dem Kirchhofe nicht wieder finden können.

Boutet hatte sich zum ersten Male mit Christine Sauret verheirathet. Nach ungefähr drei Jahren vermochte er seine Frau, ihm ihr ganzes Vermögen zu

verschreiben, was sie auch that. Bald darauf wurde
sie, nachdem sie eine Tasse Milch getrunken, welche
ihr Mann ihr gereicht, von heftigen Schmerzen in
den Eingeweiden befallen. Sie verschied, bevor man
ihr irgend eine Hilfe hatte angedeihen lassen können.
Die beiden Kinder aus dieser Ehe starben auf dieselbe Weise.

Sechs Wochen nach dem Tode seiner Frau ver-
heirathete sich Boutet zum zweiten Male mit Franziska
Dequayre, die ihrer starken und robusten Konstitution
ungeachtet nach vier Monaten starb. Sie war nur
zwei Tage krank, nachdem sie eine Kohlsuppe genossen,
beklagte sich über brennende Schmerzen in den Eingeweiden, und verschied auf dieselbe Weise, wie die
erste Frau. Sie hatte ein Testament gemacht, durch
welches sie ihrem Manne Alles, was sie besaß, d. h.
eine Summe von 420 Franken gab.

Nach einigen Monaten war Boutet abermals verheirathet, und zwar mit Franziska Mazuel, von Saint-
Gervais. Er wollte mit ihr durch einen Vertrag über-
einkommen, daß der Ueberlebende den Andern beerben
solle. Aber die Verwandten der Frau lehnten diesen
Antrag ab, was ihn sehr zu verdrießen schien. Später hatte sie jedoch die Schwachheit, seinen wiederholten Begehren zu entsprechen, und bald darauf starb
sie auf dieselbe Weise, wie die beiden andern Frauen
Boutets.

Alle diese Umstände erweckten gegen ihn den Verdacht, daß er seine Gattinnen vergiftet, was um so
wahrscheinlicher wurde, da er ihnen immer selbst die
Speisen und Getränke bereitet, nach denen sie von
heftigen Schmerzen befallen worden, welche unver-

weilt den Tod zur Folge hatten, während er sich hartnäckig geweigert, einen Arzt zu Rath zu ziehen.

Boutet wurde verhaftet, die Untersuchung begann, die Körper der beiden letzten Frauen wurden geöffnet, und man fand in ihren Magen eine beträchtliche Menge Arsenik. Man erfuhr auch, daß er dies Gift theils im Schlosse Villatelle entwendet, wo es zur Vertilgung der Ratten ausgestellt war, theils zu Riom, angeblich zu demselben Gebrauche, gekauft hatte.

Er verrieth sich ausserdem gewissermaßen selbst. Das Verbrechen schien sein Herz schon so sehr verhärtet zu haben, daß er selbst über seine Opfer scherzte. Zu einem Mann, der sich über den Karakter seiner Frau beklagte, sagte er: „Du bist ein Dummkopf. Weißt du denn nicht, wie, wenn eine Frau uns nicht mehr ansteht, man sich ihrer entledigt? Man gibt ihr um 11 Uhr ein Süppchen, damit sie zu Mittag fertig sei."

Zu dem Oheim seiner letzten Frau sagte er: „Eure Nichte war nicht viel werth, ich hätte nicht lange mit ihr auskommen können." Einen seiner Bekannten, der ihm sein Beileid über den Verlust der letzten Gattin bezeugte, fertigte er mit dem Bescheide ab: „Ich kann ihr nicht nachlaufen!" Er fügte hinzu, daß er sich bald wieder zu verheirathen gedenke, um während dem Karnaval nicht allein zu sein.

Die Aussagen aller Zeugen waren einstimmig gegen den Angeklagten. Ueberdem ließ das in dem Magen der beiden letzten Frauen Boutets gefundene Arsenik keinen Zweifel über die Vergiftung, und er wurde einstimmig zum Tode verurtheilt.

Tagebuch eines Garde-du-Corps Karls X, über dessen Reise von Saint-Cloud nach Cherbourg.

Alles was Bezug hat auf die neueste Umgestaltung in Frankreich, ist von hohem Interesse. Die mannigfachen Andeutungen über die Verschürzung und die endliche Lösung der Begebenheiten, welche nach und nach dem Publikum mitgetheilt werden, verbreiten ein immer helleres Licht über die Katastrophe des Sturzes einer der ältesten Dynastien Europa's. Möge sie ein beachtungswerthes Beispiel sein.

Wir haben unsern Lesern bereits einen Artikel, über die Reise Karls X und seiner Familie, vorgelegt. Seitdem ist das Tagebuch eines Garde-du-Corps, Namens Anne, erschienen, welcher den unglücklichen Monarchen bis an den Ort seiner Einschiffung begleitet hat. Seine Schilderung scheint um so mehr Gewicht zu haben, da er sich gewissermaßen in der Dienerschaft des ehemaligen Königs befand, und ihm persönlich sehr zugethan war.

Diese Vorerinnerung war nothwendig, um sich einige Stellen, die mit unserer frühern Mittheilung im Widerspruch stehen, erklären zu können. Kommen wir jetzt zu den Auszügen.

26. Juli.

Die verderblichen Ordonnanzen, die in drei Tagen den Sturz des Thrones veranlaßt, und eine unglückliche Familie abermals aus ihrer Heimath verbannt haben, diese Ordonnanzen erschienen heute im Moniteur.

Am Hofe waren die Meinungen darüber getheilt.
Die Ueberspannten, alle diejenigen, welche mit Gold,
Würden und Pensionen begabt waren, die aber beim
ersten Flintenschuß ihren Gebieter verliessen, schrien
„Sieg“, und sagten, daß Karl X nur von diesem
Tage an König sei; daß er jetzt erst den Zepter fest-
halte; daß die Zeit der Zugeständungen vorüber sei,
und daß man dem Volke lehren werde, welches die
wirklichen Rechte des Souveräns seien.

Die Vernünftigen seufzten über diese Prahlereien.
Sie beklagten den König, dem sie von ganzen Herzen dienten, daß er von unsinnigen Ministern auf
solche Weise in den Abgrund gezogen werde; denn
sie sahen das Resultat dieses verbrecherischen Unternehmens voraus, obschon sie nicht glaubten, daß es
so schnell sich ausbilden werde.

Seit Langem trug Polignac die Sorge auf der
Stirn. Jedesmal wenn er in das Kabinet des Königs trat, oder wenn er aus demselben kam, suchte
er vergeblich sein Mißvergnügen oder seine Unruhe zu
verbergen. Man hätte voraussetzen mögen, daß er
bei Karl X einen Widerspruch finde, den er nicht
erwartete.

Aber am Sonntag, den 25., nach Beendigung des
Raths, waren die Gesichter aller Minister freudestrah-
lend. Nie hatte Peyronnet selbstzufriedener geschienen. Nie hatte Polignac ein vollkommen befriedigte-
res Ansehen gehabt, ausgenommen an dem Tage,
wo er das Ministerium Martignac gestürzt, und wo
er endlich des Portefeuille's sich bemächtigte, nach
welchem er so lange geseufzt hatte.

Montag den 26., um 9 Uhr Morgens, reisete der

König zur Jagd nach Rambouillet. Ich begleitete
Se. Majestät bis nach Saint-Cyr. Es war hier seine
letzte Jagd. Nach der Rückkehr im Schlosse Saint-
Cloud bemerkte ich bald, daß die Absolutisten selbst
nicht so ruhig waren, als sie es gern scheinen mochten,
und zum ersten Male, nach langer Zeit, wurde der
Herzog von Bordeaux, auf seinem Spaziergange nach
Trianon, von einem Detaschement Gardes-du-Corps
begleitet.

27. Juli.

Wir erfuhren, daß Paris in Bewegung sei, daß
das Volk sich zusammenrottire, und daß die Truppen
unter den Waffen seien. Der Widerstand gewann
einen ernsthaftern Karakter, als man anfänglich vermuthete. Ein Offizier trat mit freudesprühenden Augen in den Generalssaal, rieb sich die Hände und
rief: „Nun gilts in Paris!" Er machte das Zeichen des Schießens. Folglich war man handgemein
geworden.

Alle, deren Wünsche durch die Ordonnanzen erfüllt worden, waren mit diesen Maßregeln sehr zufrieden. Sie schienen davon entzückt. Ihnen zufolge
würde das Volk wenig oder keinen Widerstand leisten.
Sie hielten sich des Sieges noch gewisser, als sie erfuhren, daß die Artillerie der Garde auf dem Platze
Ludwigs XV in Reserve aufgestellt sei.

28. Juli.

Man war sehr begierig auf Neuigkeiten aus Paris,
besonders ich, indem ich dort meine ganze Familie
hatte. Man schlug sich fortwährend, und die entgegengesetztesten Nachrichten zirkulirten zu St. Cloud.
Man sagte, daß der Widerstand immer heftiger werde;

daß Lafitte eine Million gegeben, um die Revolution
zu begünstigen; daß Gold unter das Volk vertheilt
worden, und daß man auf diese Weise die Arbeiter
aufgeregt.

Paris wurde in Belagerungszustand erklärt, und
der Marschall Marmont erhielt den Oberbefehl der
Truppen.

Um drei Uhr erfuhren wir, daß das Volk sich des
Stadthauses bemächtigt, daß es auf den Giebel dieses Gebäudes die dreifarbige Fahne gepflanzt, und
daß eine provisorische Regierung eingesetzt worden.

Bei dieser Neuigkeit wurde der Eifer der Höflinge
ein wenig lauer. Indessen rechneten sie immer noch
auf die Truppen, und auf die Ueberlegenheit, welche
die Disziplin ihnen geben mußte. Aber als man erfuhr, daß die Generale Gérard und Lamarque sich
an der Spitze des Volks befanden, wurde dies Vertrauen plötzlich durch Niedergeschlagenheit ersetzt. Es
erhob sich wieder am Abend, als man mit einer Art
Enthusiasmus verkündete, daß die Truppen auf allen
Punkten Meister geblieben, und daß 32 Mitglieder
der provisorischen Regierung verhaftet und nach Vin-
cennes gebracht worden.

Ein anderer Umstand trug ebenfalls dazu bei, die
Hoffnungen aller Anhänger der Ordonnanzen zu steigern. Peyronnet erschien um 11 Uhr Morgens in
dem Saale des Schlosses in seiner glänzenden Mini-
sterkleidung, und mit der anmaßlichen Miene, die man
an ihm kennt.

„Wie können Sie nur in solcher Kleidung unter
den gegenwärtigen Umständen erscheinen?“ fragte ihn
ein Hofmann, dem bereits der Muth gesunken war.

— Und warum nicht? entgegnete jener. Ei, mein
Gott, besorgen Sie doch nichts; diesen Abend wird
Alles vorüber sein.

Denselben Tag, gegen Mittag, erschien ein Ehren-
mann, der dem König eine durchaus entgegengesetzte
Sprache führte. Zeuge von der Massaker zu Paris,
entsetzt über diese schreckliche Metzelei, eilt er nach
St. Cloud, das er nach tausend Hindernissen erreicht,
verlangt den König zu sprechen, wird bei Seiner Majestät durch den Herzog von Luxemburg eingeführt,
und entwirft ihm ein wahres und lebhaftes Gemälde
von dem Hergang der Begebenheiten in der Hauptstadt.

Der König, den seine Minister bis zum letzten Augenblicke getäuscht, will nicht glauben, daß diese Darstellung getreu sei. „Sie übertreiben das Uebel,"
sagte er zu dem Berichterstatter. — Ich übertreibe so
wenig, entgegnete dieser, daß, wenn binnen hier und
drei Stunden Eure Majestät nicht unterhandelt, die
Krone nicht mehr auf Ihrem Haupte sein wird."

Dieser Fingerzeig blieb unglücklicherweise fruchtlos. Die Person, welche ihn gab, war der Baron
Weyler von Navas, Unter-Intendant des Militär-
hauses.

29. Juli.

Am Donnerstag Morgen um 8 Uhr langten plötzlich alle Minister an, diesmal in bürgerlicher Kleidung, blaß und verstört, in einer Kutsche ohne Wappen, mit einer Abtheilung Lanzenreiter vorn, und
einer andern hinten. Diese Ankunft kontrastirte nicht
wenig mit dem Gerüchte, daß das Volk aus dem
Stadthause und Luxemburg-Palaste vertrieben worden, wo man sich noch schieße.

Diese Nachricht, im Verein mit jener der Verhaftung der Mitglieder der provisorischen Regierung, erfüllte jedoch einige Gemüther wieder mit Freude. Aber um 2 Uhr, als man erfuhr, daß Paris von den königlichen Truppen geräumt worden, sah man eine große Niedergeschlagenheit, und man traf Anstalten zur Abreise.

Von nun an, bis um Mitternacht, herrschte eine große Unordnung im Schlosse. Die Pferde standen gesattelt im Hofe. Die Militärschule von St. Cyr langte an mit ihren Kanonen, um den König zu vertheidigen. Die Herzogin von Berry ging diesen jungen Leuten entgegen, die sich in der Orangerie niederließen. Während dem begab sich der Herzog von Angoulême nach dem Gehölz von Boulogne, um die Truppen, welche aus Paris kamen, die Revue passiren zu lassen.

Die Armee konzentrirte sich im Park, mit einer Kolonne voraus, welche die Brücke von Sèvre und St. Cloud deckte. Zahlreiche Patrouillen durchstreiften die Umgegend. Die der Gardes-du-Corps streiften bis nach Neuilly.

Um 6 oder 7 Uhr Abends vernahmen wir den Kanonendonner der Invaliden. Man behauptete anfänglich, daß diese alten Soldaten sich nicht ergeben wollten, und sich gegen das Volk vertheidigten. Aber bald darauf erfuhren wir, daß die Pariser auf diese Weise ihren Triumph feierten.

30. Juli.

Die Armee begann zu murren. Mehrere Offiziere beschuldigten laut den Herzog von Ragusa (Marschall Marmont) des Verraths. Der Dauphin selbst über-

häufte ihn mit Vorwürfen, nannte ihn einen Verräther und forderte ihm seinen Degen ab. Der Marschall überreichte ihn.   Er hatte eine halbe Stunde
Arrest, und wurde von einem Brigadier und vier
Gardes-du-Corps bewacht.   Der König ließ ihn sodann vor sich erscheinen, und seine Erklärung wurde,
wie es scheint, genügend erachtet, indem er von nun
an den Monarchen begleitete.

Der Baron Weyler war allein mit der Verpflegung der Truppen beauftragt, die in kleinen Abtheilungen ankamen.   Sie waren einstimmig über die
Energie, welche das Volk gezeigt, und über die wirklich herrische Kaltblütigkeit, mit welcher sie dem Feuer
der Soldaten Trotz geboten.   Einer derselben, vom
sechsten Garde-Regiment, erzählte mir, daß er mit
fünfundvierzig Andern ein Haus in der Nähe des
Palais-Royal besetzt, aus welchem sie auf das Volk
geschossen, und daß er es nur mit acht Kameraden
wieder verlassen habe.   Die Uebrigen waren auf dem
Platze geblieben.   Von einer andern Kompagnie war
nur noch ein Mann am Leben.   Die Soldaten waren
nicht allein dem beständigen Feuer der Pariser ausgesetzt, sie hatten auch während zwei Tagen wenig
oder keine Nahrung erhalten, indem man keine Lebensmittel unter sie vertheilte.

Der Oberst, welcher uns zuerst unterrichtete, daß
man sich zu Paris schlage, schrie jetzt, „daß man in
voller Revolution sei, daß er es wohl vorausgesagt,
und daß man es sich selbst zuzuschreiben habe, wenn
es so weit gekommen sei." „Solches war jetzt die
Sprache derjenigen, welche anfänglich den meisten
Enthusiasmus für die Ordonnanzen bezeugt hatten.

Wir erfuhren nun auch, daß der Herzog von Mortemart gestern Abend sich nach Paris begeben, mit
dem Titel eines ersten Ministers und mit den nothwendigen Vollmachten versehen. Bald nachher verbreitete sich das Gerücht, daß die Bürger und die
Nationalgarde in der Hauptstadt handgemein geworden, und daß Lafitte dem Volke 14 Millionen geboten habe, um die Plünderung zu verhindern.

Am Abend las man den Truppen eine Proklamation des Marschalls, der zufolge Alles geendet sei,
indem der König zu Gunsten des Dauphins abgedankt,
und dieser Schritt von der Bevölkerung von Paris
genehmigt worden.

31. Juli.

Wir lagen seit acht Uhr Abends neben unsern
Pferden, den Zügel in der Hand, als wir um zwei
Uhr Morgens den Befehl erhielten, ohne Geräusch
aufzusitzen, indem der König St. Cloud verlassen
wolle. Wir waren längst darauf gefaßt, und in wenigen Minuten waren wir in Schlachtordnung aufgestellt. Um halb vier Uhr erschienen die Hofkutschen.
Der König war in der letzten. Am Schlage zur Linken war der Marschall Marmont zu Pferde. Das
tiefste Schweigen herrschte auf dem ganzen Wege.
Jeder war in seine Betrachtungen vertieft....

Wir kamen durch Ville-d'Avray, wo wir einige
Ueberreste der Armee, nämlich die des 50. Linien-Re-
giments, und die Kompagnie Croï, sahen. Die Einwohner von Ville-d'Avray hatten auf ihren Schil-
dern bereits alle Zeichen und Worte ausgelöscht, welche an die Königswürde erinnerten. Ein Weinhänd-

ler. hatte über ſeinem Laden das letzte Wort der In-
ſchrift: à la Chasse royale, verwiſcht.

Zu Versailles fanden wir, in der Allee von Trianon, die Zöglinge der Militärſchule von Saint-Cyr
mit ihren Kanonen, den Oberſten des 50. Linien-Re-
giments, der die Fahne deſſelben trug, zur Linken,
nur von wenigen Soldaten und Unteroffizieren begleitet.

Der König blieb proviſoriſch zu Trianon, und
wir bivouakirten vor dem Schloſſe, in der Allee. Die
Armee, welche ſich beſtändig zurückzog, ſtellte ſich
ebenfalls vor Trianon auf, mit der Artillerie an der
Spitze. Versailles hatte ſich Tags vorher inſurgirt,
war jetzt aber wieder zur Ruhe zurückgekehrt.

Gegen Mittag traf der Dauphin ein, und eine
Stunde nachher waren wir auf dem Wege nach Rambouillet. In einiger Entfernung fanden wir im Gehölz mehrere Gewehre, welche die Soldaten dort verborgen hatten. Zu St. Cyr ſahen wir den Ueberreſt
der reitenden Gendarmerie von Paris, mit ihrem
Oberſt Foucault an der Spitze. Sie ſchrien: „Es
lebe der König!" Das war der letzte Ausruf dieſer
Art, den ich bis Cherbourg vernommen. Die allgemeine Stimmung war ſehr niedergeſchlagen. Man
ſprach wenig, aber man dachte um ſo mehr.

Nahe vor Rambouillet machten wir Halt. Der
König, der von Trianon bis hieher zu Pferde geweſen war, ritt an der Front vorüber, und wurde ehrfurchtsvoll, aber mit tiefem Schweigen empfangen.
Die Herzogin von Berry war in männlicher Kleidung,
von ihren Kindern umgeben. Sie ſah uns vorbei-

defiliren, begrüßte uns, und schien uns zu danken
für unsere Treue.

Wir erreichten Rambouillet zwischen 9 und 10 Uhr
Abends, und bivouakirten im Park. Die Nacht war
ruhig, obgleich man einen Angriff von Seiten der
Umwohner befürchtete, die sich bewaffnet hatten, und
von denen mehrere ganz in unserer Nähe streiften,
wahrscheinlich um sich unserer Pferde zu bemächtigen.

1. August.

Am Morgen langte die Dauphine an. Sie war
in einer mit vier Pferden bespannten Kutsche, und hatte
nur den Grafen Fauciguy-Lucinge in ihrem Gefolge.
Wir erfuhren, daß sie zu Tonnerre die erste Nachricht
von den Begebenheiten zu Paris erhalten, und daß
sie sogleich das traurige Resultat davon errathen.
Sie hatte sich nun als Kammerfrau verkleidet, und
ihr Begleiter als Bedienter.

Die Ankunft der Prinzeſſin beseitigte viele Besorg-
niſſe, die man ihretwegen gehabt. Es ist jetzt erwiesen, daß sie nur auf ausdrücklichen Befehl Karls X
sich nach Vichy begeben, weil man ihrerseits eine
nachdrückliche Opposition gegen die Ordonnanzen befürchtete.

Im Laufe des Tages verbreitete sich im Lager
das Gerücht, daß der König und der Dauphin abgedankt, und daß der Herzog von Bordeaux König
sei, unter der Regentschaft des Herzogs von Orleans.
Diese Neuigkeit verbreitete eine allgemeine Freude,
weil sie alle Meinungen in Uebereinstimmung zu bringen, und den Forderungen aller Parteien zu entsprechen schien. Der Dauphin, als Generaliſſimus der
Armee, benachrichtigte uns in einem Tagsbefehl davon,

Am Abend, nach dem Mittageſſen, fuhr der König, nebſt den Prinzen und Prinzeſſinnen ſeiner Familie, am Lager vorüber. Er wurde ſchweigend empfangen. Wie hätten wir auch irgend einen Schrei
ausſtoßen können! Alles weinte; ſelbſt die Prinzen
weinten wie wir. — An demſelben Tage hatte das
15. leichte Infanterie-Regiment ſeine Fahnen zurückgegeben, und war zur proviſoriſchen Regierung übergegangen.

2. Auguſt.

Es ſchien, als ſollten wir längere Zeit zu Rambouillet bleiben. Wir bauten uns Hütten, und richteten uns ein, ſo gut als es gehen wollte. Mit Mühe
verſchafften wir uns auch einige Zeitungen aus der
Stadt, unter andern den Conſtitutionnel und den
Temps, durch welche wir erfuhren, daß zu Paris
die Ruhe wieder hergeſtellt ſei. Auch erhielten einige
von uns Briefe aus der Stadt, welche dies beſtätigten.

Einige Piſtolenſchüſſe verurſachten am Morgen
einen Allarm. Wir erfuhren bald nachher, daß der
König die Erlaubniß gegeben, Jagd zu machen auf
das Wild im Park. In Kurzem waren alle Faſanen
getödtet. Auch Hirſchen und Rehe entgingen uns
nicht. Man ſchoß nur mit Kugeln, und es war zu
verwundern, daß nicht einige der Jäger, die ſich in
allen Richtungen durchkreuzten, mehr oder weniger
verletzt wurden.

Man wußte, daß der General Girardin ſich nach
Paris begeben, um im Namen des Königs zu unterhandeln. Seine Rückkunft wurde mit Ungeduld
erwartet.

Die Deſertion in der Armee war ſehr groß. Man

sah die Soldaten rottenweis ausreissen. Diese De-
fektion wurde größtentheils dem Mangel an Lebensmitteln zugeschrieben. Am Abend erfuhren wir, daß
das ganze zweite Grenadier-Regiment zu Pferde, mit
dem Oberst an der Spitze, zur provisorischen Regierung übergegangen sei.

3. August.

Um 8 Uhr verließ uns unser Hauptmann, der
Herzog von Mouchy, unter dem Vorwande, daß er
die Interessen Karls X in der Pairskammer zu vertheidigen habe. Wir erfuhren seitdem, daß er nichts
Eiligeres zu thun gehabt, als die dreifarbige Kokarde zu nehmen, und selbst Ludwig Philipp I den
Eid der Treue zu schwören. So wurde der unglückliche Monarch am ersten von denen verlassen und verrathen, die er mit seinem Vertrauen beehrt, und die
er mit Würden und Auszeichnungen jeder Art überhäuft hatte. Der Herzog von Mouchy bezog außer seinem
Gehalt von 40,000 Franken, als Kapitän der Gardes-du-Corps, noch seine Pension als Pair und sein
Gehalt als General-Lieutenant ꝛc.

Indessen erschienen die Beauftragten der Regierung bei Karl X. Wir sahen die dreifarbige Kokarde auf dem Hute des Marschalls Maison, die erste,
welche uns zu Gesicht gekommen. Man ließ die
Kommissäre ohne Hinderniß passiren, und eine oder
zwei Stunden nachher kehrten sie wieder nach Paris
zurück.

Gegen Mittag traf ein Kürassier als Parlamen-
tär ein. Er trug ein dreifarbiges Band auf der
Brust. Bald nachher vernahmen wir einige Schüsse,
und sahen einen Adjutanten des Generals Lafayette,

den Obersten Paques, vorübertragen. Eine Kugel
war ihm durch das rechte Bein gegangen. Er schien sich
jedoch nicht im Mindesten darum zu bekümmern, und
schrie nur über die Abscheulichkeit, deren Opfer er
geworden. Es scheint, daß er die Truppen überreden
wollte, sich für die provisorische Regierung zu erklären, und daß der General Vincent befahl, auf ihn
zu schießen, welchem Befehle jedoch nur einige Schwei-
zersoldaten gehorchten. Gleich nachher schickte man
Scharfschützen in das Gehölz, um aus demselben die
Bauern zu vertreiben, welche man darin vermuthete.

Um 7 Uhr Abends benachrichtigte man uns mit
vielem Geräusch, daß Alles vollkommen beendet sei,
daß die Deputirtenkammer mit großer Mehrheit, und
die Pairskammer einstimmig die Abdankung des Königs abgelehnt habe, und daß folglich Alles wieder zur
alten Ordnung zurückkehren werde.

Um halb 10 Uhr kam uns der Befehl zu, uns
zurückzuziehen. Wir marschirten in den Park, der
durchaus verödet war. Die Armee war auf dem
Marsche, und zwar in der größten Unordnung, Infanterie, Kavallerie und Artillerie bunt durcheinander.
Wir kamen durch eine Art Hohlweg, wo 700 oder 800
Mann uns hätten aufreiben können. Endlich erreichten wir die große Straße, wo die Ordnung wieder
hergestellt wurde.

4. August.

Um 5 Uhr Morgens waren wir zu Maintenon.
Erst hier erfuhren wir, daß wir gestern Abend deshalb so
plötzlich aufgebrochen, weil der König die Nachricht
erhalten, daß 30,000 Pariser zu Cognières in Omni-

bus, Karolinen, Fiakern, Kukus ꝛc. angekommen,
um uns mit Tagesanbruch zu überfallen.

Ohne Zweifel ist es besser, daß kein Gefecht stattgefunden. Aber wäre der König entschlossen gewesen,
zu Rambouillet zu bleiben, so würden wir, da wir
noch bei 12,000 Mann (zur Hälfte Reiterei) stark
waren, in der Ebene mit Vortheil haben agiren können. Aber schon war zuviel Blut geflossen, und die
Vorsehung wollte nicht, daß sich Franzosen gegenseitig
ermürgten.

Wir sollten nach Chartres marschiren; das war
nochmals die uns ertheilte Ordre. Aber nach den
Verfügungen der Beauftragten der Regierung wendeten wir uns gegen Dreux.

Während dem fünfstündigen Halt zu Maintenon
wurde die Armee aufgelöset. Um 10 Uhr brachen
wir auf, unsere Kompagnie an der Spitze. Das 18.
Jäger - Regiment zu Pferde marschirte eine halbe
Stunde voraus. Die Artillerie folgte uns.

Die dreifarbigen Kokarden zeigten sich in immer größerer Zahl auf unserm Wege. Mehrere Reisende,
mit diesem neuen Zeichen geschmückt, kamen an uns
vorüber, ohne deshalb beschimpft zu werden. Wir
glaubten immer noch, daß der König sich nach der
Vendée begeben, und daß das Lager von St. Omer
bald zu uns stoßen werde.

Unterweges fuhren die Beauftragten der Regierung an uns vorüber nach Dreux. Ungefähr eine
Stunde von der Stadt wurde Halt gemacht, um sie
zu erwarten. Das Gerücht verbreitete sich, daß man
uns nicht aufnehmen wolle. Nach einiger Zögerung
erschienen jedoch die Kommissäre, und wir marschir-

ten nach Dreux. Eine Schwadron bivouakirte vor
des Königs Wohnung, die übrigen auf einer Wieſe
längs dem Fluſſe. Man befolgte dieſelbe Regel während der ganzen Reiſe. Die Artillerie der königlichen Garde verließ uns auf Befehl der Kommiſſäre,
und wir behielten nur zwei Kanonen.

Zu Dreux erfuhren wir auch, daß man nach Cherbourg gehe, wo der König ſich einſchiffen werde.
Man nährte noch einige Hoffnung in Bezug auf
den Herzog von Bordeaux, und beſchloß nur kleine
Tagreiſen zu machen, um die Entwickelung der Begebenheiten abzuwarten.

5. Auguſt.

Wir blieben über Nacht zu Verneuil, wo ich
meine Studien begonnen, und wo ich meinen alten
Lehrer, den Abbé Glaſſon, beſuchte, den ich ſeit 24
Jahren nicht geſehen.

Ich erfuhr zu Verneuil, daß die Miniſter ſo wenig
von der Wichtigkeit des Aufſtandes zu Paris unterrichtet waren, daß ſie den König nicht einmal mit
Geld verſahen, und daß Se. Majeſtät genöthigt war,
zu Rambouillet Silbergeſchirr verkaufen zu laſſen,
um die nothwendigſten Ausgaben zu beſtreiten. Die
Beauftragten der Regierung hatten in den Kaſſen zu
Dreux nur 4000 Franken gefunden.

Die Bevölkerung war ruhig, obgleich man ſich
unter den Fenſtern drängte, um den König zu ſehen.
Einige Perſonen trugen die dreifarbige Kokarde.
Vielleicht wäre es großmüthiger geweſen, Karl X
den Anblick dieſer Farben zu erſparen, die ihn nur
an ſeine traurige Lage erinnern mußten. Unglückli-

cherweise hat man ihn mit diesem Schauspiel auf
seiner fortgesetzten Reise nicht verschont.

6. August.

Laigle war unser Nachtquartier. Der König wohnte
im Schlosse. Von hier aus erhielten wir auch einige
Quartierbillete, jedoch nur 6 auf 30 Mann; die
übrigen bivouakirten. Man besorgte einige Unruhe
in dieser Manufakturstadt, deren Bevölkerung größ=
tentheils aus Arbeitern bestand. Indessen wurde die
Ordnung nicht einen Augenblick gestört.

7. August.

Wir kamen nach Mellerault, 7 Stunden von
Laigle. Der König wohnte in dem Hause eines ge=
wesenen Garde-du-Corps, Namens de la Roque.
Se. Majestät hatte ein Zimmer im Erdgeschoß. Der
dienstthuende Thürsteher, im Staatskleide, wie zu
St. Cloud, führte die Personen ein, denen Karl X
diese Gunstbezeugung zugestand. Der Dauphin und
die Dauphine wohnten im ersten Stock, neben ihnen
die Herzogin von Berry, und weiterhin der Herzog
von Bordeaux nebst seinem Gouverneur.

Verglich man die Lage, in welcher die königliche
Familie sich jetzt befand, mit ihrem Glanze wenige
Tage vorher, so konnte man nicht umhin, die Mini=
ster zu verwünschen, welche sie so tief gestürzt, und
die dem Könige den Zustand Frankreichs unter so fal=
schen Farben geschildert hatten. Wären diese Verräther
in unsere Hände gefallen, und hätte Karl X unsern
Zorn gebilligt, die Pairskammer würde sie nicht zu
richten haben, wir hätten ihr diese Mühe erspart.

Schon zu St. Cloud konnte Polignac sich von
unserer Meinung überzeugen, und die Vorwürfe,

welche man ihm am Freitag in dem Augenblick machte, als er sich zu dem Herzog von Bordeaux begab,
waren so stark, daß er erblaßte, und die Antwort
schuldig blieb.

Was war aus diesen Ministern geworden, die den
26. und 27. Juli sich so stolz und unverschämt gezeigt, die man am 28. so furchtsam, und am 29. am
ganzen Leibe zitternd gesehen? Seit wir Trianon
verlassen, waren sie verschwunden. Nachdem sie den
Thron gestürzt, verließen sie ihren Souverän, und
suchten sich durch die Flucht der Rache des Volks
zu entziehen.

Zu Mellerault sah ich die Herzogin von Berry zuerst wieder in weiblicher Kleidung. Seit unserer
Abreise von St. Cloud war das Wetter immer sehr
schön gewesen, und wir hatten nur vom Staub zu
leiden gehabt. Aber in der Nacht vom 7. zum 8. regnete es sehr stark, und wir wurden in unserm Bivouak vollkommen durchnäßt.

Täglich schmiedete man neue Gerüchte, die einen
immer unwahrscheinlicher als die andern. Man versicherte, daß man sich zu Paris von Neuem schlage,
daß der Herzog von Orleans sich an der Spitze der
monarchischen Partei befinde, während der General
Lafayette an jener der republikanischen stehe.

Der König erhielt täglich den Moniteur. Es
scheint, daß man in dem, welcher in diesem Tage ankam, wichtige Ernennungen vermuthete, denn kaum
hatte Karl X ihn überflogen, so legte er ihn bei
Seite, wonach sein Gefolge ihn sich aus den Händen
riß und gierig durchlas. Es war der vom 6. August,
welcher jedoch nichts besonders Wichtiges enthielt.

8. August.

Bei unserer Ankunft zu Argentan lasen wir eine Proklamation des Maire, der die Einwohner aufforderte, sich ruhig zu verhalten, und durch laute Bezeugungen die traurige Lage des Königs nicht noch bedrückender zu machen. Die Bevölkerung entsprach seinem Verlangen.

6. August.

Wir machten einen Ruhetag zu Argentan. Der König hörte die Messe in der Hauptkirche. Man sprach jedoch mehrmals davon, aufzubrechen, indem man sich nicht sicher glaubte. Uebelwollende hatten das Gerücht verbreitet, daß wir uns mit den Bürgern geschlagen, weshalb die Landbewohner mit Sensen und Heugabeln herbeieilten, um den letztern zu Hilfe zu kommen. Als sie sich jedoch überzeugt, daß man sie hintergangen, kehrten sie wieder zu ihren Arbeiten zurück.

Wir erfuhren am Morgen, daß ein Kurier in der Nacht die Neuigkeit gebracht, der Herzog von Orleans sei zum König ausgerufen worden. Die Zeitung, welche am Abend ankam, bestätigte das.

Zu Argentan ließen wir die zwei Kanonen, welche wir von Dreux noch behalten hatten. Zu gleicher Zeit verschwand auch eine Kutsche, die hinter der des Königs fuhr, und die immer fest verschlossen blieb. Sie war beständig von Gensdarmen umgeben, und blieb immer vor der Wohnung Karls X stehen. Man versicherte uns später, daß Frau von Polignac mit ihren Kindern, sich in derselben befunden. Aber es ist wahrscheinlicher, daß Polignac selbst darin war, und daß er sich von Argentan nach Granville begab, um sich dort einzuschiffen.

Ueberall schilderte man uns die Bevölkerung der Orte, welche wir berühren sollten, als im höchsten Grade erbittert gegen uns. Aber statt der Feinde fanden wir nur Freunde, die uns zuvorkommend aufnähmen, und unsere Lage so viel als möglich zu erleichtern sich bemüheten, obgleich man den Bürgern gesagt, daß wir überall geplündert, und Alles was wir brauchten, genommen hätten, ohne es zu bezahlen.

10. August.

Dieser Tag, an welchem in einer andern Zeit der Thron Ludwigs XVI gestürzt wurde, und der den 21. Januar (Hinrichtungstag Ludwigs XVI) zur Folge hatte, fand uns schon um 5 Uhr zu Pferde, und auf dem Wege nach Condé-sur-Noireau, wo wir um 4 Uhr Abends ankamen, nachdem wir Falaise übersprungen.

Wir sollten zuerst in dieser letzten Stadt bleiben; da sich aber, der Messe in Guibray wegen, sehr viele Fremde in ihr befanden, so war zu besorgen, daß wir kein Unterkommen finden möchten.

Dieselben Gerüchte, deren ich bereits gedacht, gingen uns beständig voran. Man schien es darauf angelegt zu haben, den König besorgt zu machen für seine Sicherheit, um ihn zu vermögen, seine Reise zu beschleunigen. Aber die zur Einschiffung nothwendigen Vorbereitungen vergönnten nicht, der Ungeduld einiger Personen zu entsprechen. Zudem konnten wir auch, unserer Pferde wegen, keine starken Tagmärsche machen.

11. August.

Auch zu Vire fanden wir eine Proklamation des Maire, in demselben Sinne, wie jene zu Argentan. Um das Zudrängen des Volks zu verhindern, bildeten 300 Bürger, in ihren gewöhnlichen Kleidern, und mit dreifarbigen Bändern in den Knopflöchern, aber unbewaffnet, eine Reihe von dem Thore bis zur Wohnung Karls X.

Man hatte bisher immer gesagt, daß der Gleichmuth des Dauphins sich in nichts geändert habe. Ich erfuhr zu Vire durch einen Pagen des Königs, daß diese Ruhe nur anscheinend sei, und daß der Prinz oft sehr heftig mit sich selbst rede, oder konvulsivische Bewegungen mache, die er jedoch sogleich unterdrücke, wenn er sich beobachtet sehe. Es scheint, daß sein Zorn besonders gegen die Minister gerichtet war, die seinen Vater irregeleitet, und Frankreich abermals der Revolution preisgegeben hatten.

Je weiter wir in die Normandie drangen, um so reizender entwickelte sich die Schönheit dieser reichen Provinz vor uns. Wie schmerzlich mußte es für Karl X sein, diese herrliche Gegend zu verlassen, und vielleicht sein Dasein im Exil zu beschließen.

Jeden Tag verließ der König den Ort, wo wir über Nacht geblieben, in seiner Kutsche. Nach einer halben Stunde wurde Halt gemacht. Se. Majestät stieg zu Pferde, und ritt bis auf eine gleiche Entfernung von der nächsten Station, wo er sich wieder in die Kutsche begab.

Wir marschirten in folgender Ordnung: zuerst zwei Kompagnien Gardes-du-Corps, sodann die Kutschen der Prinzen. In der ersten befand sich der Herzog

von Bordeaux nebſt ſeinem Gouverneur, den beiden
Unter-Gouverneurs, und ſeinem erſten Kammerdiener
de la Villatte.   In der zweiten war Mademoiſelle
(Schweſter des Herzogs von Bordeaux) mit ihrer
Gouvernante und Frau von Charette; die Herzogin
von Berry mit ihrem Ehren-Kavalier und der Gräfin von Bouillé; die Dauphine mit Frau von Sainte-
Maur.   Der Dauphin war zu Pferde, an der Spitze
einer Kompagnie Gardes-du-Corps.   Darauf folgte
der König in ſeiner Kutſche mit dem Hauptmann der
dienſtthuenden Garden.   Der Herzog von Raguſa ritt
hinter dem Wagen Sr. Majeſtät, oder neben der vierten Kompagnie, die den Zug beſchloß.   Die Kutſchen,
in welchen ſich das Gefolge des Königs befand, wurden von den Gendarmes-des-Chaſſes gedeckt. Indeſſen
hatten die meiſten Großwürdeträger, welche der Monarch mit Gnadenbezeugungen überhäuft, uns ſchon zu
St. Cloud verlaſſen.

Zu Vire ſagte man, daß die Bauern aus der Umgegend die Abſicht geäuſſert, ſich des Marſchalls Marmont zu bemächtigen, und die Maſſaker zu Paris an
ihm zu rächen.   Ueberall ſprach man mit konzentrirter Wuth von ihm.   Man verabſcheute ihn allgemein,
aber da er in das ſichere Geleit des Königs mit inbegriffen war, mußte man ihn unangetaſtet laſſen,
und ſich begnügen, ihn mit Verwünſchungen zu über-
häufen.

Die Beauftragten der Regierung ließen eine Abtheilung Truppen und einige Kanonen von Caen kommen, um unſern Marſch zu decken. Der Marſchall
ſeinerſeits nahm von den vier Sternen, die er ge-

wöhnlich trug, drei ab, und behielt nur einen derselben auf der Brust.

12. August.

Wir näherten uns Saint-Lo, als uns eine Kutsche
entgegen kam, in welcher sich der Fürst von Leo und
die Grafen von Bourbon-Busset und d'Estourmel befanden. Sie unterhielten sich einige Zeit mit dem
König, und kehrten sodann nach der Stadt zurück.

Auf dem ganzen Wege erblickten wir eine große
Menge dreifarbiger Fahnen. In jedem Dorfe, selbst
in dem kleinsten, wehete eine solche auf dem Kirch-
thurm. Manchmal sah man auch einen Freiheitsbaum
mit den Nationalfarben geschmückt; doch war dies
republikanische Zeichen selten.

Gleich am Eingang von St. Lo wehete die dreifarbige Fahne auf einem Missionskreuze. Auch das
sechste leichte Infanterie-Regiment trug die Nationalkokarde, und als wir vor dem Posten am Gefängniß vorüberkamen, trat er vor uns nicht ins Gewehr.

Am Abend hatten wir einen Allarm. Man schien
einen Angriff während der Nacht zu befürchten, und
die Garden, an welche man Quartierbillete vertheilt,
erhielten den Befehl, im Bivouak zu bleiben. Demungeachtet ging die Nacht ganz ruhig vorüber. Das
Gerücht rührte daher, daß man erfahren, die Nationalgarde von Cherbourg und Valognes sei mit zwei
Kanonen gegen uns im Anmarsch, um die Schweizer-
soldaten, die man noch in des Königs Nähe vermuthete, zu nöthigen, ihn nicht weiter zu begleiten.

13. August.

Als wir nach Carenton kamen, das man uns so
furchtbar geschildert hatte, fanden wir Alles ruhig.

Wir hatten an dieſem Tage 14 Stunden zurückgelegt. Einer meiner Kameraden, Namens Durand, fand unter den Nationalgarden von Cherbourg einen Bekannten, den Kaufmann Noel, der ihn und mich zum Abendeſſen einlud, und uns nach dem Gaſthof des Louvre führte, wo wir bald von mehrern andern Nationalgarden umringt wurden, die in der Abſicht ausgezogen waren, uns mit Flintenſchüſſen zu begrüßen, und die nun vertraulich mit uns plauderten und zechten.

14. Auguſt.

Wir blieben an dieſem Tage zu Carenton, um den Schiffen Zeit zu laſſen, die nothwendigen Vorkehrungen zu treffen, um den König und ſein Gefolge an Bord zu empfangen.

15. Auguſt.

Der Graf von Bouillé, Adjutant Karls X, langte am Morgen an. Er war noch nicht aus dem Wagen geſtiegen, als man erfuhr, daß man ſich wieder zu Paris ſchlage, indem die republikaniſche Partei Ludwig Philipp I nicht als König anerkennen wolle.

Um 11 Uhr überreichten die Kompagnien dem König ihre Standarten. Es iſt unmöglich, zu beſchreiben, wie ſchmerzlich dieſe Szene war. Thränen glänzten in allen Augen. Karl X, mit von Seufzern erſtickter Stimme, dankte der Reihe nach jeder Kompagnie für die ihm bewieſene Treue, und fügte hinzu, „daß er dieſe Fahnen fleckenlos empfange, und daß er hoffe, der Herzog von Bordeaux werde ſie uns eben ſo zurückerſtatten.‟

Am Abend wurde ein Tagsbefehl bekannt gemacht, durch welchen der König uns abermals ſeine Dankbarkeit bezeugte, uns ankündigte, daß unsere Namen aufgezeichnet worden, und daß der Herzog von Bordeaux unser Andenken bewahren werde. Jeder Garde-du-Corps erhielt eine Abschrift dieses Tagesbefehls.

16. August.

Dieser Tag war der schmerzlichste für uns alle. Wir waren dem Ziele unserer Reise nahe; noch einige Stunden, und unsere Aufgabe war vollendet. Je näher wir dieser Auflösung kamen, um so weniger konnte ich von ihrer Wirklichkeit mich überzeugen. Alles was bisher geschehen war, schien mir ein Traum. Es war mir unmöglich, mich zu überzeugen, daß die Monarchie vernichtet sei, und daß die Bourbonen Frankreich auf immer verließen.

Als der König vor uns vorüberfuhr, belehrte seine Kleidung mich von der Wahrheit. Er hatte bisher sich immer in Uniform gezeigt, mit zwei großen goldenen Epauletten und zwei Sternen auf der Brust. Jetzt war er bürgerlich gekleidet; eben so der Dauphin, der außerdem noch ein rothes Band im Knopfloche trug, während er noch Abends vorher dieselbe Uniform trug, welche er in den Tuilerien oder zu St. Cloud zu tragen pflegte. Der Herzog von Bordeaux hatte seine Tracht nicht verändert. Man hatte ihn bisher immer nur Monseigneur genannt, und ihm nie die Titel Sire oder Majestät gegeben.

Unser Zug war noch trauriger und schweigender als bisher, und glich in der That einem Leichenbegängnisse. Ungefähr auf der Hälfte Weges wurde ein kurzer Halt gemacht. Der König, der Dauphin, die Herzogin von Berry und ihre Tochter stiegen aus dem Wagen und sprachen mit einander. Als man

wieder aufbrechen wollte, erſchien die Dauphine und
verlangte in des Königs Kutſche zu ſteigen. Man
öffnete ihr den Schlag, und die königliche Familie
war nun vollſtändig.

Auf der Höhe vor Cherbourg zeigte ſich uns das
Meer, auf welchem wir einige Segel bemerkten. Bald
nachher gerieth der Zug ins Stocken. Karl X. fragte, was es gebe. Der Marquis von Courbon entgegnete, daß man einen großen Haufen Volks bemerke, der jedoch nichts Feindſeliges im Schilde zu
haben ſcheine. „Immer vorwärts!“ ſagte der König.
Courbon verbeugte ſich, und ſprach heimlich mit dem
Marſchall Marmont, der ſich hinter die Kutſche zurückzog. Wahrſcheinlich fürchtete man, daß das Volk
Hand an ihn legen könne.

Bei unſerm Eintritt in Cherbourg fanden wir
das 64. Linien-Regiment, das ebenfalls die dreifarbige Kokarde trug, und das eine Gaſſe bildete. Alle
Schiffe im Hafen waren auch mit der Nationalfarbe
geſchmückt. Die Soldaten präſentirten das Gewehr
und die Offiziere grüßten mit dem Degen.

Die beiden Schiffe, der Great-Britain und der
Charles Caroll, die den König und ſein Gefolge auf-
nehmen ſollten, befanden ſich in einiger Entfernung.
Sie gehörten dem Amerikaner Patterſon, ehemaligen
Schwiegervater Hieronymus Bonaparte's.

Karl X., die Prinzen und die Prinzeſſinnen ſtie-
gen aus der Kutſche, und begaben ſich nach dem
Boote, das ſie an Bord bringen ſollte. Um ¼ auf
3 Uhr wurden die Segel ausgeſpannt und die Schiffe
verließen den Hafen. Wir nahmen unſere weißen
Kokarden ab, und kehrten ſogleich nach Valognes

zurück, ohne länger in Cherbourg zu verweilen. — Am 23. August wurden wir zu Saint‑Lo aufgelöset.

Stellung der Parteien in England.
Erster Aufsatz.

Vernichtung der Whigs‑ und Torys‑Parteien. — Ursachen dieser Vernichtung. — Schluß des Pittklubbs. — Die von Huskisson geleitete Oppositions‑Partei. — Die Radikal‑Reformatoren. — Die Oekonomisten. — Die Benthamisten oder Utilitarier. — Die Wellingtonisten.

Der eigenthümliche Karakter der Institutionen Großbritanniens, ihr Schutz, ihre Stärke ist in ihrer Geschmeidigkeit. Sie haben die glückliche Eigenschaft, sich zu erneuen, zu verjüngen, ohne gewaltsame Stöße, und allein durch die Fortschritte der Zeit, die Nothwendigkeit der Dinge.

Wenn ein Theil der Konstitution rostet, oder durch langen Gebrauch abgenutzt ist, deutet des Volkes Stimme diesen Mißbestand an, und bringt Verbesserungsmittel in Vorschlag. Man zerstört nicht das ganze Werk, man greift nicht das Prinzip der Gesetze an, sondern man ergänzt, was sich abgeschliffen, man fügt hinzu, was bisdahin noch gefehlt.

Die Stellung der Parteien verändert sich. Die Gesetzgebung formt sich allmälig nach den Bedürfnissen der Gesellschaft, und wenn man auch hier und da über eine zu große Langsamkeit bei Annahme nütz licher Neuerungen sich beklagen kann, darf man sie doch nicht beschuldigen, des Landes Institutionen gänzlich zu verpfuschen, wie das wohl anderwärts geschieht.

Diese Entwickelung der Sitten und Gesetze findet auch in England einen mehr oder minder energischen Widerstand. Demungeachtet verfolgt sie ihren Weg, obgleich sie nicht plötzlich sich erhebt, nicht alle öffentliche und Privat-Interessen bedroht, nicht die Thronen umstürzt, nicht alle Existenzen auf das Spiel stellt.

Die neueste Zeit hat ein auffallendes Beispiel von der erhaltenden Geschmeidigkeit dargeboten, welche die innere Politik Englands besonders auszeichnet. Alles in ihr hat sich umgestaltet. Keine der alten Parteien befindet sich mehr auf ihrem Platze. Unter ähnlichen Namen, bieten sie ganz verschiedenartige Ideen und Grundsätze dar.

In einem Augenblicke, wo man so eifrig für oder gegen die parlamentarische Reform streitet, ist diese Reform, die bald als eine Drohung, bald als ein Versprechen verkündet wird, bereits bestehend. Man erwartet sie von der Zukunft, und sie lebt bereits in der Gegenwart.

Vor Kurzem noch entschieden zwei feindliche Massen, zwei sich gegenseitig bekämpfende Armeen, die Whigs und die Torys, durch ihre Siege oder Niederlagen, das Schicksal Großbritanniens. Die öffentliche Verwaltung benutzte ihre Debatten. Sie stellte sich in ihre Mitte, wie der Richter zwischen die Parteien, um die Auster sich zuzueignen, und den Disputirenden die Schaale zu lassen. Aber Whigs und Torys existiren nicht mehr. Ihre Fahnen sind zerrissen. Der Zauber ihrer Namen ist verschwunden.

Daraus ist eine in den brittischen Annalen bisher beispiellose Lage entstanden, die näher anzudeuten wir uns bemühen wollen.

Wo ist jenes Heer der alten Torys, jener undurchdringliche Wall, dessen ganzes Geschütz gegen die Rechte des Volks gerichtet war? In tausend verschiedene Gruppen getheilt, erschöpft es sich in Scharmützeln, und verliert alle Stärke, indem es die Einheit verloren, die ihm einen Körper, einen Zentralpunkt, eine feste Macht verlieh.

Wo sind die Whigs? Sie haben sich selbst abgenutzt. Freisinnigere Meinungen, nützlichere Grundsätze haben ihre Meinungen und ihre Grundsätze beseitigt.

Das Volk sah ehemals die Debatten dieser beiden Parteien an, und glaubte, in der Unschuld seines Herzens, daß der Streit seine eigenen Interessen betreffe. Erst in der letzten Zeit erkannte es, daß es dabei um die alleinigen Interessen des Whigismus und des Torysmus zu thun war. Seitdem hat es den Entschluß gefaßt, keinen Antheil zu nehmen an den Diskussionen der Grundsätze von Menschen zu Menschen; und es thut wohl daran.

Man kann diese Umgestaltung in der britischen Politik an mehr als einem Wahrzeichen erkennen. Der Tod des Torysmus wird durch ein merkwürdiges Ereigniß angedeutet, das wenig bekannt geworden. Die Klubbs, welche man zur Erhaltung und Fortpflanzung des Systems Pitts gestiftet hatte, sind aufgelöset wor=

den. Dadurch hat die Sekte der Absolutisten in England selbst ihren Todtenschein ausgefertigt.

Schon dadurch, daß Canning sich von dem Pitts-Klubb trennte, versetzte er ihm einen harten Stoß. Seine Mitglieder zerstörten ihn vollends, indem sie sich mit Wuth gegen die Emanzipation Irlands erhoben, indem sie blindlings die entgegengesetztesten Ministerien unterstützten, und endlich selbst nicht mehr wußten, welche Grundsätze sie eigentlich vertheidigten.

Man bemerke nur, welche Karnävalsrolle, mitten auf der innern politischen Szene Englands, wo Alles vermischt ist, wo alle bunt durcheinander geworfenen Parteien einen so seltsamen Anblick gewähren, jene Proselyten des alten Torysmus spielen, jene Vyvyan und Knatchbull*), jene endlich, die man unter dem Prunknamen der „großen Torys"**) kennt, und die, in Opposition mit der von Wellington geleiteten Regierung, nur auf Vernichtung bedacht, aber unmächtig im Streit, endlich, nachdem sie lange die öffentliche Verwaltung durch leere Beschimpfungen geneckt, sich plötzlich für Diejenigen erklären, welche sie bis dahin verschrien, und um deren Gnade sie sich nun bewerben.

In ihrer Verzweiflung gewähren diese englischen Ultra's, denen alles Vertrauen in die Zukunft gebricht, einen komischen Anblick. Allen ihren Unternehmungen gebricht es an Einheit. Sie glauben durch gewaltsame Stöße sich irgend einen Erfolg zuzusichern. Sie streiten mit Wuth, aber ohne Anführer, ohne

---

*) Mitglieder des Unterhauses, die sich durch die Heftigkeit ihrer Angriffe gegen Lord Wellington auszeichneten.

**) High-Tories. Das Blakwood's Magazine ist das eigentliche Organ ihrer Meinungen.

Zweck, ohne Hoffnung. Eine unwiderstehliche Anzie=
hungskraft entführt ihnen täglich einige ihrer Anhän=
ger, um sie der Regierung zuzuwenden, und die große
Volksmasse erinnert sich kaum, daß sie noch vor drei
Jahren einen furchtbaren Körper bildete, der lange
einen mächtigen Einfluß auf die öffentlichen Angele=
genheiten ausübte.

Die Whigs, in der eigentlichen Bedeutung des
Wortes, existiren gleichfalls nicht mehr. Sie sind
nicht gänzlich beseitigt, wie die armen Torys, jene
lächerlichen Vertheidiger unsinniger Theorien; aber
ihr ehemals kompakter, gleichförmiger Körper hat
sich zerstückelt in Unterabtheilungen, oder in Theorien des alten Whigismus, dessen von Fox und dessen von Junius, geschieden. Uebereinstimmung ist bei
ihnen nicht, und jemehr das System einer wirklich
freisinnigen Reform sich erhebt, um so tiefer sinkt
das ihrige.

Das Ministerium selbst, unter Lords Wellingtons
Leitung, hat den Verwünschungen der Ultra=Partei
Trotz geboten und dem Liberalismus viele Zugeste=
hungen gemacht.

Werfen wir einen Blick auf diese Partei=Bruch=
stücke, die alle mit dem Torysmus in Opposition sind,
und die mehr oder weniger dem Einflusse des neuern
Genies der Zivilisation gehorchen, der uns von allen
Seiten entgegentritt. England hat nie ein ähnliches
Problem dargeboten. Die moralische Lage verändert
sich augenscheinlich, was wir gleich beweisen wollen.

In erster Linie zeigen sich die parlamentarischen
Truppen Huskissons, Lord Palmerstons und Grants.
Sie bilden die kritische Partei, furchtbar durch

ihre Talente und durch die Beharrlichkeit ihrer Mitglieder.

Eine zweite Gruppe besteht aus den Reformatoren. Ihr Zweck ist übereinstimmend; aber ihre
Mittel sind verschieden. Es liegt eine gewisse Erbitterung in ihren Reden und in ihren Ideen. Sie bilden weniger eine Partei, als ein Verein von Mißvergnügten.

Nach ihnen erscheinen Lord Althorpe und die
Oekonomisten, die seiner Fahne folgen. In ihren
Ansichten, Plänen und Handlungen liegt viel Recht-
schaffenheit und praktische Nützlichkeit.

Noch entfernter, und ausser der Sphäre, in welcher sich die positiven Interessen bewegen, befinden
die Theoretiker oder Utilitarier, deren Haupt
Bentham ist, und als deren Organ man des West-
minter Rewiew betrachten kann. Geschickt, aber unbeugsam, scheinen sie einigen Einfluß auf die öffentlichen Angelegenheiten auszuüben. Aber dieser Einfluß ist nicht unmittelbar, er betrifft mehr die Zukunft
als die Gegenwart.

Die fünfte Abtheilung besteht aus den Wellingtonisten, den offenen Vertheidigern und Anhängern
der gegenwärtigen Regierung.

Endlich eine sechste Klasse wird von den Unabhängigen gebildet, die allein, oft vereinzelt, ohne
Fahne und Anführer, ihren Weg verfolgen, und die
entweder den Umständen oder ihrer Laune gehorchen.
Sie haben wenig oder gar keinen Einfluß, und müssen nur angeführt werden, weil sie wirklich existiren.

Das sind die Faktionen, welche die Oberfläche der

politischen Gesellschaft in England bewegen. Man
sieht, welche Verschiedenheit sie karakterisirt.

Lassen wir die Torys und ihre wahnsinnige Hin-
fälligkeit bei Seite gestellt; beschäftigen wir uns nur
mit den Bataillonen, die über das Schlachtfeld zerstreut sind. Die Opposition besteht aus den Reformatoren, den Oekonomisten und den Benthamisten. Die
meisten ihrer Mitglieder wissen nicht, wen und was
sie bekämpfen, deshalb haben ihre Parade - Manöver
im Allgemeinen auch einen wenig drohenden Karakter.

Eine zum Angriff vollkommen geeignete Partei,
die jedoch nicht im Stande ist, sich selbst zu erhalten,
ist die Robert Huskissons. *) Die andern Parteien
sympathisiren nicht mit ihr. Sie flößt ihnen kein
Verlangen ein. Sie ist wenig populär. Die Anführer dieser Gruppe, Männer von Talent und Rechtschaffenheit, stellen den Ministern mehr als ein Hinderniß in den Weg. Man benutzt ihre Angriffe, ohne
ihnen dafür zu danken.

Huskisson, den die Aristokratie nachlässig behandelte, weil er nur ein Squire**) war, konnte als

---

*) Das ehemalige Mitglied des britischen Kabinets, Robert
Huskisson, ist den 15. September d. J. zu Manchester gestorben. Er besuchte mit dem Herzog von Wellington, mit
Peel und dem Fürsten Esterhazy die Eisenbahn, welche von
dieser Stadt nach Liverpool geht. Man fuhr in einem Dampfwagen. Unterwegs stieg Huskisson ab, und wollte sich sodann
wieder auf den Wagen schwingen. Aber seine Hand glitschte,
er fiel, und eine der Dampfmaschinen, so wie die beiden
Kutschen, welche sie zog, gingen ihm über den Schenkel.
Man erkannte bald, daß jede Amputation unmöglich sei,
und er starb unter den heftigsten Schmerzen. — Huskisson
war auf dem Punkte, abermals in das Ministerium zu treten.
**) Ein Bürger ohne Titel. Jeder, der nicht Handwerker ist,
läßt sich Squire (Kavalier) nennen.

der erste Rechenmeister und Oekonom von ganz England betrachtet werden. Seine Sprache, seine Ideen
und selbst sein Gesicht hatten die ganze Strenge und
Präzision einer Zahl. Er war unpopulär geboren.
Geschmeidigkeit und Weltton gebrachen ihm durchaus.
Alle Parteien besorgten ihn als Feind zu erblik-
ken, und keine mochte sich innig mit ihm verbinden.
Welches auch die Ursache dieser allgemeinen Abneigung sein mochte: er hatte weder Freunde bei den
Mitgliedern des Parlaments, noch bei den Whigs,
noch beim Adel und der Geistlichkeit, selbst nicht bei
den Philosophen, deren Meinungen seinen Doktrinen
doch am nächsten kamen.

Lord Palmerston, das zweite Haupt dieser Partei, verdankt seine Unpopularität durchaus entgegengesetzten Beweggründen. Lange Fashionable (Mode-
mann), gleichgültig gegen alle politische Debatten,
konnte er aus seiner frühern Laufbahn nichts zu seiner Empfehlung aufstellen.

Grant, dessen lange Trägheit erst vor Kurzem
durch nützliche Thätigkeit ersetzt worden, ist, seiner
Rechtlichkeit und seiner Umsicht ungeachtet, das Opfer
eines ähnlichen Vorurtheils.

Das sind die durchaus persönlichen Uebelstände,
durch welche der Einfluß dieser Partei vermindert
wird. Niemand liebt sie, und doch hat die Regirung
ihre Mitglieder in sich aufgenommen, weil sie dieselben fürchtete.

Die Partei, welche auf eine Radikalreform des
Parlaments dringt, verdient eigentlich nicht den Namen einer Partei. Es ist ein Gemisch der hetero-

gensten Meinungen. Der alte Tory, der den Verfall seiner Sekte nicht verschmerzen kann, erwacht eines Morgens voll Eifer und Enthusiasmus für die Reform. Addison hat uns seinen Helden, Sir Roger von Coverley, gezeigt, der wider Willen kriegerisch geworden. Dieselbe Metamorphose hat auch mit den Torys Statt gefunden.

Die öffentlichen Angelegenheiten nehmen eine Wendung, die ihnen mißfällt, und sogleich schreien sie ihr Pereat. Ihr Bestreben geht dahin, zuerst das ganze Gebäude zu demoliren, um es sodann nach ihrem Gutdünken wieder aufzuführen. Dieselben Menschen, die jetzt den Beistand des Volkes anrufen, kannten früher keinen andern, als den der Bayonette.

Sie riefen ihren Gegnern zu: „Ihr revolutionirt, Ihr untergrabet den Staat!" Und jetzt beschäftigen sie sich damit, das Ei der Reform auszubrüten. Es ist das eine Lehre für die Zukunft, daß die Menschen aller Parteien weniger den Interessen ihres Vaterlandes, als ihren Leidenschaften gehorchen.

Wenig ist ihnen an dem Frieden des Staats gelegen. Sie spielen mit Volk und Thron. Sie überdecken das Land viel eher mit Blut und mit Ruinen, als daß sie eine Handbreit nachgeben möchten. Dem allgemeinen Besten ein Opfer zu bringen, schon dieser Gedanke ist ihnen ein Gräuel. Ihr Geschrei nach Reform verräth nur ihren Egoismus und ihre unheilbare Unwissenheit. Darum auch läßt sich so leicht Niemand von ihnen täuschen.

Man wundere sich also nicht, die Absolutisten eine Radikalform verlangen zu hören. Zeugen von den Fortschritten des öffentlichen Geistes, hoffen und erwarten sie Alles von einem gänzlichen Umsturze. Die Exzessen der Anarchie sind ihnen deshalb keinesweges zuwider.

In Frankreich haben Menschen von demselben Kaliber, nachdem sie durch ihre Habgier und durch ihre Herrschsucht den ältern Zweig der Familie Bourbon gestürzt, ein durchaus gleiches Manöver gegen die neue Regierung beobachtet. Die Organe der Ultra- und Jesuiten-Partei, die Gazette de France und die Quotidienne geben dazu den Beleg.

Die Whigs-Reformatoren ihrerseits, die man auch die alten Reformatoren nennt, haben alle Rechte auf das Vertrauen des Volks verloren. Sie haben sich von allen Parteien überflügeln lassen, und sind durch aufrichtigere Reformatoren verdrängt worden. Man hat sich eines Gefühls des Mitleidens und der Verachtung nicht erwehren können, als man den populären Helden Sir Francis Burdett gegen die Preßfreiheit deklamiren hörte, und ihn in das Ministerium treten sah.

Dies Beispiel ist von seinen Kollegen nachgeahmt worden, und es gibt kein Manöver politischer Koketterie, dessen sie sich nicht bedienten, um die öffentliche Gewalt sich zuzuwenden. Panegyristen der Unabhängigkeit, aber immer bereit mit den Feinden derselben zu unterhandeln, sind die alten Whigs so tief gesunken, daß ihnen endlich nichts übrig geblieben, als sich mit den alten, ebenfalls gefallenen Torys zu verbinden, und eine unvollständige Reform zu fordern, die weder den Absichten der Regierung, noch dem allgemeinen Wunsche des Publikums entsprechend ist.

Gehen wir über zur Partei des Lord Althorpe und

seiner Freunde. Wir haben sie Oekonomisten ge=
nannt, weil dieser Name ihren Planen vollkommen
entsprechend ist. Uneigennützig, ehrlich, aufrichtig
in ihrem politischen Lebenswandel, stehen sie verein=
zelt mitten in dem großen habgierigen und heuchleri=
schen Gewühl. Es ist mehr als eine Gefahr für sie
in dieser Redlichkeit, die ihre Stärke bildet, die ihnen
aber nicht erlaubt, ihre Ansprüche auf die Leitung
der öffentlichen Angelegenheiten geltend zu machen.

Leider schenkt man Denen, die sich gewissenhaft
nur mit allgemein nützlichen Gegenständen beschäftigen,
aber weder Großsprecherei noch Scharlatanismus in
Anwendung bringen, um Popularität zu gewinnen,
wenig oder keine Aufmerksamkeit. Deshalb auch ge=
nießt diese Division der parlamentarischen Armee die
Achtung nicht, welche sie in jedem Betrachte verdient.

Sie verlangt keine gewaltsame Reform; ihre Pa=
role ist „Sparsamkeit.“ Sie ist überzeugt, daß der
Haupt=Mißbestand der britischen Verwaltung in ihrer
Verschwendung liegt. Aus diesem Grunde will sie
eine sparsame Administration, Richter, die nicht un=
geheure Gehalte beziehen, und eine allmälige Vermin=
derung der drückendsten Abgaben. Sie will, daß der
Arme sich mit geringen Kosten nähren könne, und daß
die Kosten eines Prozesses nicht das Erbe von zwan=
zig Familien verschlingen. Sie wünscht, daß das
Budget erleichtert werde, und daß dagegen des Hand=
werkers Geldbeutel voll bleibe.

Diesen wenigen und unvollkommenen Andeutungen
kann man entnehmen, wohin das Streben dieser Par=
tei zielt, und könnte es Lord Althorpe gelingen, sei=
nen Zweck zu erreichen, würde die englische Nation

ihm, als ihrem Wohlthäter, Ehrensäulen zu errichten
haben. Der Verein, dessen Vorsteher der eben Ge-
nannte ist, besteht aus reichen, aufgeklärten Männern,
die jedoch wenig darauf bedacht sind, ihre Verdienste
geltend zu machen, um die Macht zu gewinnen. Sie
sind die ersten vielleicht, die der Welt ein solches
Beispiel geben.

Die besten Maßregeln der gegenwärtigen Regierung sind von Lord Althorpe und seinen Freunden
aus allen Kräften unterstützt worden. Sie bilden
nicht, wie die Partei Palmerstons (ehemals Huskissons) eine feindselige Opposition, deren ganzes Streben dahin geht, die Minister auf alle mögliche Weise
zu schikaniren. Sie wollen nicht, wie die Reformatoren der beiden entgegengesetzten Schattirungen, mit
Hilfe einer allgemeinen Umwälzung, sich der Plätze
bemächtigen.

Die Bildung der ökonomischen Partei, bei welcher durchaus kein persönliches Interesse im Spiele
ist, macht Epoche in den britischen Annalen. Man
kann sie nicht genug bewundern, nicht genug aus-
zeichnen.

Der reelle Einfluß dieser verschiedenen Parteien
beschränkt sich, wie man sieht, in ziemlich engen
Grenzen. Bei den Torys zu viel Schwachsinn und
Heftigkeit. Bei den Reformatoren ein zu hervor-
stehender Egoismus. Bei den Freunden Althorpe's eine
zu große Bescheidenheit.

Alle diese Ursachen haben der Regierung beinahe
vollkommen freies Spiel gelassen. Sie haben Lord
Wellington vergönnt, seine Pläne größtentheils auszuführen.

Es gibt jedoch eine Klasse von Menschen, deren wir noch nicht gedacht, und die auf die öffentliche Vernunft, wenn auch einen entfernten, doch mächtigen Einfluß ausüben. Das Parlament ist nicht Zeuge ihres Strebens. Sie nehmen keinen Theil an der Bewegung der Angelegenheiten.

Als Puritaner der neuern Zivilisation neigen sie sich keiner andern Doktrine zu, unterhandeln mit keiner derselben. Alle Kompromisse mit der Regierung sind ihnen ein Greuel. Ihre beinahe ascetische Vereinzelung gewöhnt sie, mit Verachtung alle Halbmaßregeln, so wie die Kunstgriffe und Zweideutigkeiten der Diplomatik zu betrachten.

Nichts von Allem, was besteht, hat ihren Beifall. Ihre unzubeschwichtigende Satire stützt sich auf eine logische Argumentirung. Ihre politischen Ansichten sind Syllogismen, und ihre Administrations-Theorien sind Axiome.

Diese Menschenklasse kennt weder die Welt noch die Geschäfte. Alles, worauf sie hinstrebt, ist Wahrheit. Sie verwirft alle Konvenienzen des Augenblicks. Abstraktionen ergeben, ist sie nicht weit vom Fanatismus.

Umsonst bietet man ihr Vervollkommnungen und Verbesserungen dar; sie verachtet diese schwachen Opfer. Sie verlangt unbedingt ein Totalgut, das ihr vor Allem zweckmäßig und nothwendig scheint, während die Inhaber der öffentlichen Gewalt sie, die Benthamisten, als Visionäre betrachten, deren Utopien nicht die mindeste Aufmerksamkeit verdienen.

Dagegen finden diese trotzig fordernden Stimmen, die von den Staatsmännern überhört werden, mehr als ein Echo im Volke. Die Meinungen dieser Phi-

losophen dringen nach und nach in die Massen, und die
Diskussionen, welche sie in Rede gestellt, beschäftigen
die Gemüther. Es gibt überhaupt keinen wichtigen
Gegenstand, auf den sie nicht die öffentliche Aufmerksamkeit gelenkt, keine interessante Debatte, zu der sie
nicht Veranlassung gegeben hätten.

So gehen aus ihren einsamen philosophischen Zel-
len die Argumente hervor, welche alle Verstandeskräfte beschäftigen und den Text aller Meditationen
bilden. Ihre Abstraktionen verwandeln sich allmälig
in Realitäten. Man hält sie für unthätig, und sie
bewegen alle Seelen. Man glaubt, daß sie keinen
Einfluß auf die Gegenwart haben; aber schon ist die
Zukunft ihr Eigenthum.

Sie gehen ohne Zweifel zu weit. Sie wollen eine
mathematische Vollkommenheit, von der die Welt im
wirklichen Leben kein Beispiel darbietet. Aber dieser
Typus, den man nicht erreichen kann, ist nichtsdesto-
weniger nützlich. Dies Ideal, das sie uns in seiner
ganzen Strenge darstellen, kann wenigstens dazu dienen, die Zahl der Uebel zu vermindern, von denen
wir umringt sind.

Das sind jene Utilitarier, die, wenn man
Großbritanniens Lage nur oberflächlich betrachtet,
nicht zu seinen thätigen und streitenden Parteimenschen zu gehören scheinen. Aber prüft man sie näher,
so findet man, daß sie eine wirkliche politische Macht
bilden. Ihre Theorien haben Anhänger nicht allein
in England, sondern auch in Frankreich, in Amerika,
in Deutschland, in der Schweiz, selbst in Italien.
Sie nehmen jetzt in der That den Platz ein, auf welchem ehemals die Whigs standen. —

Es ist Zeit, zur Partei des Ministeriums zu kommen. Die Schwäche ihrer Gegner macht ihre Stärke, wie wir bereits gesagt haben. Nie befand sich eine Verwaltung in einer ähnlichen Lage. Bisher war ein Ministerium immer das Geschöpf einer Faktion, das Resultat eines Sieges.

Hier halten alle Unterabtheilungen der öffentlichen Gewalt entfremdeter oder feindseliger Meinungen sich das Gegengewicht, und neutralisiren sich. Ihre Unmacht, sich gegenseitig zu bekämpfen, sichert die Präponderenz der Regierenden.

Alle diese Partei-Faktionen haben ihre Zahlenstärke verloren. Sie schwächen sich unaufhörlich, statt sich zu rekrutiren. Ihre Eifersucht, ihre gegenseitige Befeindung verdammt sie zu einer Unfähigkeit, die einer vollkommenen Vernichtung nahe ist. Unter solchen Umständen könnte die Regierung thun oder lassen, was ihr gefiele, wenn nicht ein anderer Umstand ihren Gang hemmte, wenn sie nicht in sich selbst die Keime neuer Unruhen trüge.

Wir sprechen hier nicht von den Angriffen und Beschimpfungen des sterbenden Torysmus gegen den Herzog von Wellington. Sie verdienen kaum beachtet zu werden, und wir gedenken ihrer nur, um ein Pröbchen von der Urbanität der britischen Ultras zu geben.

Man höre die Journale dieser Sekte. Der Held, den sie zu den Wolken erheben, den sie vergöttern, ist jetzt einer der erbärmlichsten, der unfähigsten Menschen, den je die Erde getragen.

„Wellington (sagt das Blackwood's Magazine in

seinem Julihefte d. J., zweite Abtheilung, Seite 402)
hat das Genie eines Feldwebels und die Tiefe eines
Dorfküsters. Harter Kopf, bronzener Wille, unbe-
siegbarer Gleichmuth, das sind seine Verdienste. Er
hat nicht mehr Talent, als man in einem alten Feld-
mörser finden kann. Dasselbe Metall hat dazu gedient, den einen und den andern zu bilden. Dieser
Apostat, dieser Beschimpfer der Könige, dieser Don
Kosack, dies Wesen ohne Herz und ohne Geist, diese
Marmorseele verdient nichts, als verachtet und verlassen zu werden *)."

Auf solche Weise mißhandeln die sogenannten
Freunde der Königswürde den Sieger von Waterloo!
Und warum? Weil er ihre Erwartungen getäuscht,
weil er, weniger verblendet über seine Lage und die
der Regierung, die Emanzipation Irlands befördert,
und die Union der drei Königreiche befestigt hat; weil
er, ohne alle Verbesserungen auszuführen, die man
von ihm verlangen konnte, sich den nothwendigsten
derselben nicht feindselig entgegengestellt, und die In-

---

*) Das Blackwood's Magazine, eine zu Edinburg erscheinende
Zeitschrift, wird von den schottischen Torys, den Freunden
Walter Scotts, redigirt. Sie enthält, unter andern Ru-
briken, auch eine unter der Ueberschrift: Noctes Ambrosia-
nae, in welcher Alles in schottischer Mundart geschrieben ist.
Sie ist eine Trinker-Unterhaltung, eine politische Debatte,
in welcher es an oft stechenden, oft platten und ungezogenen
Ausfällen auf Lord Willington, an Anekdoten und Kruditäten, die Aristophanes nicht unwürdig sind, niemals fehlt.
Auch der verstorbene König Georg IV ist darin mehrmals
arg mitgenommen worden. Dies seltsame Geistes-Produkt,
in welchem man oft viel Witz, und eine große Verschwendung von Sticheleien findet, hat als Motto folgende zwei
Verse des Phocylid, welche das Athenäum anführt:

teressen seines Vaterlandes nicht für die einer Sekte
verrathen hat. —

Die Ursache des Mißbestandes der gegenwärtigen
Regierung liegt in einem so kleinlichen Umstande nicht,
sondern in einem höhern, wichtigern, den wir in
einem zweiten Artikel in Rede stellen wollen.

Ferdinand der Vielgeliebte, oder ein Monat in Spanien.
Erste Mittheilung.

Ich hatte sechs Jahre lang in der britischen Ar=
mee in der pyrenäischen Halbinsel gedient. Die Müh=
seligkeiten jener gefahrvollen Feldzüge, in denen das
Entsetzen eines Barbarenkampfes mit der Treulosig=
keit sich vermischte, die alle Bürgerkriege karakterisirt,
hatte meine Gesundheit zerrüttet. Ich erhielt einen
zweimonatlichen Urlaub.

Das englische Paketboot war auf dem Punkte,
von Cadix nach Brighton unter Segel zu gehen, und
schon wollte ich auf demselben mich einschiffen, als
ich erfuhr, daß Ferdinand der Vielgeliebte (wie
das Volk ihn damals nannte) seinen feierlichen Ein=
zug in Madrid halten, und den Thron seiner Väter
wieder besteigen werde.

Χρη δ'εν συμποσιῳ κυλικων περινισσομενων
Ηδεα κωτιλλοντα καϑημενων οινοποταξειν.

„Es ist gut, das Fest durch lustige Worte und ange=
nehme Erzählungen zu beleben, während die Becher von
Hand zu Hand gehen, und des Nektars Feuer die Gäste
beseelt.“

Nie war ein Monarch Gegenstand einer fanatischern
Liebe, nie besiegelte ein Volk mit größerer Verschwen=
dung seines Herzblutes den Vertrag zwischen seinem
König und ihm. Es war ein höchst interessantes und
rührendes Schauspiel, eine merkwürdige Szene, jenes
Wiedersehen des Monarchen und seiner Unterthanen.

Hier war der Fürst, für den so viele Opfer sich
dem Tode geweiht; dort jene Bevölkerung, deren blin=
der Heldenmuth die Königswürde um den Preis ihres
Lebens, ihrer Ruhe, ihrer Schätze vertheidigt hatte,
wie wenn das Königthum ihr wirkliches Interesse,
die Bedingung ihres Daseins gewesen wäre.

Ich mochte eine so seltene Gelegenheit nicht ver=
lieren, die Menschheit in ihren heftigsten Leidenschaf=
ten, in den pathetischsten Bewegungen ihres Drama's,
zu beobachten. Ich traf einen Vergleich mit dem
Kapitän des Paketboots, und kehrte in das Innere
zurück. Ein Kaufmann zu Cadix, der mich mit Freund=
schaft und Wohlwollen aufgenommen, begleitete mich
nach Madrid.

Die Vorbereitungen zu dieser Reise beschäftigten
uns noch einige Tage. Man weiß, daß die spanischen
Wirthshäuser wahre Karavanserais sind, in denen
man, außer dem Obdach, wenig oder gar nichts fin=
det. Wir versahen uns also mit Thee, Zucker, Scho=
kolade, Rhum und Likören. Wir vergaßen vorzüg=
lich jene Verführungsmittel nicht, denen kein ächter
Iberier zu widerstehen im Stande ist, die Zigarren.

Kurz vorher war mir ein Pack derselben direkt aus
Havannah zugekommen. Ich werde nie den Ausdruck
der Erkenntlichkeit und der Wollust vergessen, der mir
von allen meinen Bekannten in Spanien, die wirk=

liche Feinschmecker waren, in dieser Hinsicht zu Theil
wurde. Sie nannten meine Zigarren ihre Bonbons,
und baten um eine derselben, wie um eine hohe Gunstbezeugung.

Wer in Spanien noch mit einiger Annehmlichkeit
reisen will, muß sich mit Zigarren versehen, und bei
günstiger Gelegenheit sich derselben bedienen. Schritt,
Trab und Galopp seiner Maulthiere werden darnach
bestimmt. Posthalter, Gastwirth, Mauthbeamter,
Postillon, Maulthiertreiber, Niemand widersteht einem
solchen Geschenke, dessen Einfluß sich selbst auf das
schöne Geschlecht erstreckt, oder des Räubers Herz
erweicht. Legt er seinen Karabiner an, um unsere
Reise in die andere Welt zu befördern: man biete
ihm eine Zigarre dar, und er wird sein Gewehr sen-
ken, vielleicht sogar auf eine ritterliche Weise seinen
Anfall zu entschuldigen sich bemühen.

Zufall ließ uns einen alten Wagen entdecken, den
wir um einen sehr billigen Preis kauften. Es war
eine Maschine von großem Umfang, von gothischer
Form und seltsamer Bauart. Gott weiß, welche
Dienste er bereits geleistet, und welcher originelle
Künstler ihn verfertigt hatte. Wir ließen mehrere
Verbesserungen damit vornehmen, und schieden ihn in
zwei Theile, von denen der eine uns, der andere unsere Provisionen aufnehmen sollte.

Hinter dem Wagen wurde ein Zagal, oder Netz,
aufgehängt, in welchem unser Gepäck aufbewahrt
wurde, das sich unter Aufsicht eines Menschen befand, welcher eben so genannt wurde. Dieser Zagal
(ich rede von dem Menschen, und nicht von dem Netze)
hat zwei Amtsverrichtungen zu gleicher Zeit. Kommt

man durch ein Dorf, eine Stadt, oder befindet man sich auf einem schmalen Wege, so verläßt er seinen gewöhnlichen Posten, stellt sich zwischen die beiden Maulthiere, welche den Wagen ziehen, ergreift jedes derselben mit einer Hand, lenkt sie auf solche Weise, und zwingt sie zu galoppiren. Er scheint mehr zu fliegen, als zu laufen, was einen eben so befremdenden als originellen Anblick gewährt.

Eine Matratze und ein Kopfkissen für meine Reisegefährten, ein Leinwandsack für mich, der, jeden Abend mit frischem Stroh gefüllt, mir als Bett diente, das waren die Vorbereitungen für unsere nächtliche Ruhe. Ich wußte aus Erfahrung, was ein Bett in einem spanischen Wirthshause sei. Ein ganzes Volk verschiedenartiger Insekten erwartet dort den Müden, und macht sein Lager zu einer wahren Folterbank.

Im Innern des Wagens wurden unsere Papiere, unsere Wechselbriefe und unsere kostbarsten Sachen so gut als möglich verborgen, um dem Scharfblick der Räuber zu entgehen, obgleich diese oft schon alle Schlupfwinkel kennen, und keinen derselben undurchsucht lassen.

Vierhundert Piaster (1000 rhein. Gulden), das war die Summe, für welche ein Mayoral (Kutscher) es übernahm, uns nach Madrid zu bringen. Dafür sorgte er für sechs Maulthiere, einen Zug, den die Spanier Tiro nennen, für das Futter derselben, für die Bezahlung und Verpflegung des Zagal, und für die Ausbesserungen, welche der Wagen unterwegs erfordern dürfte.

Der Stärke der Maulthiere und des guten Willens unsers Mayoral ungeachtet, der statt sechs, uns sieben Maulthiere gab, durften wir nicht hoffen, täglich mehr als 12 spanische Stunden oder 48 englische Meilen (16 Stunden) zurückzulegen. Die Cochecolleros oder Diligencen, die von sechs Pferden oder Maulthieren gezogen werden, machen nur 40 Meilen (13 Stunden) in einem Tage, und halten am vierten einen Rasttag. Man vergleiche diese Art zu reisen mit jener der Dampfkutschen in England, und man kann mit einem Blicke erfassen, wie weit Spanien in der Zivilisation noch zurücksteht.

Es war am 20. April 1814, als wir abreiseten. Auf dem hölzernen Sitze am Vordertheil des Wagens saß, neben dem Mayoral, mein Bedienter Dibby, ein junger Irländer, der sich seit drei Jahren in meinem Dienste befand, und dessen spanisches Kauderwelsch eine wahre Metissprache bildete, die den geübtesten Linguisten in nicht geringe Verlegenheit gesetzt haben würde.

Der Wagen rasselte über das ungleiche Steinpflaster der langen Straße von Xeres, und schlug unsere wenig an solche Uebung gewöhnten Glieder gegen einander. Der Zagal leitete die Maulthiere bis zu den letzten Häusern der Stadt, wonach er wieder seinen Hintersitz bei dem Gepäck einnahm, während der Mayoral allein die Lenkung des Zuges behielt, der, ohne Zügel und Gebiß, seiner Stimme gehorchte.

Ich muß auch noch das Porträt meines Reisegefährten entwerfen. Irländer von Geburt, aber seit länger als dreißig Jahren in Spanien naturalisirt, hatte er in seinem Adoptiv-Vaterlande die ganze Lauterkeit seines ursprünglichen Katholizismus bewahrt. Seine lebhafte Einbildungskraft, vereint mit seiner

Freiheitsliebe, ließ ihn jener improvisirten und zerbrechlichen Konstitution, deren Abzehrung augenscheinlich war, eine Art Götzenkultus widmen, der eben so einfach als fanatisch war.

Mein Freund O'Doherty hatte seine Jugendjahre in Ulster*) verlebt, und sein Mannesalter zu Cadix. Er war gegen das Innere Spaniens nie weiter gekommen, als bis nach Xeres. An Bücherunterricht fehlte es ihm nicht. Er war ein gelehrter Philolog und Nachforscher iberischer, hibernischer und keltischer Alterthümer. Aber in Hinsicht auf Menschen und Dinge war er gleich unwissend. Die Realität war für ihn eine terra incognita. Als Enthusiast der Freiheit, erblickte sein Geist in jenem Fantom vertretender Institutionen eine lebendige Quelle der Glückseligkeit für Spanien, ein sicheres Unterpfand des wiederkehrenden goldenen Zeitalters.

Jedes Dorf, durch welches wir kamen, bot ihm neuen Text zu originellen Beobachtungen dar. Zu Baylen stieß er, bei dem Andenken an Castannos Triumph, und an jene unglaubliche Kapitulation, die einzige dieser Art, welche die Geschichte der französischen Armeen darbietet, ein Freudengeschrei aus.

Zu Cordua war die morgenländische Kathedralkirche, die, nachdem sie das Heiligthum des Halbmonds gewesen, ein Tempel des Kreuzes geworden, der Gegenstand seiner Wallfahrt. Ich hütete den Wagen, während O'Doherty, unter der Leitung eines Bauern, die Umgegend durchstreifte, und bei der Kapelle der Jungfrau eine fromme Station machte.

---

*) Ein wilder Distrikt in Irland.

Bald darauf bot sich das Gebirgs-Labyrinth der
Sierra-Morena uns dar, jene wild-romantische Gegend, die Cervantes mit so vieler Umsicht und Geschmack zur Szene seiner heroischen Satire gemacht
hat. Alle diese Namen, alle diese Orte waren mir
bereits bekannt.

Geniale Menschen haben eine Eigenschaft, ein
bewunderungswürdiges Privilegium. Sie veredeln
Alles, was sie berühren. Sie machen Namen, Gegenstände unsterblich, die ohne sie gänzlich unbemerkt
geblieben sein würden.

Ich erkannte die Hügel, die Bäche, die Wald-
ströme, von denen der Verfasser des Don-Quichotte
uns eine so getreue Beschreibung gegeben. Ich fand
mit Vergnügen selbst die verschiedenen Personen seines
unsterblichen Romans wieder: jenen Ziegenhirten, in
Felle gekleidet; jenen Gastwirth, die Malitorne des
Dorfs; jenen dicken, ernsthaften Pfarrer; jenen gelehrten, vielschwatzenden Barbier.

Weiterhin versetzten uns Waffen und Tracht der
Arieros (Frachtfuhrleute), jene Ueberreste des Alterthums, um sechs Jahrhunderte zurück, und boten unserer Einbildungskraft die unmittelbaren Nachfolger
der alten Keltiberier und Westgothen dar.

Ihre Maulthiere bildeten eine feierliche Prozession,
mit denselben scharlachrothen mit langen Franzen besetzten Decken geschmückt, die bis an das sechszehnte
Jahrhundert hinauf reichen. Diese Thiere schritten
langsam und bedächtig vorwärts, nicht unter der Leitung ihrer Herren, die ruhig ihre Zigarren schmauch-
en, sondern unter der eines bejahrten Maulthiers,
das dem Zuge voranschritt. Eine schwere Erzglocke

hing an seinem Halse, und regelte, durch ihr Geläut,
den Schritt der Karavane.

Bei der Wendung des Weges erblickten wir einen
Manchego *) von der Ebene, den Montero (eine Art
Feldmütze) auf dem Ohr, bekleidet mit dem Chaleco
(einer gestickten Weste), mit Tressen besetzt, und die
Füße mit ländlich-zierlichen Riemen umwunden, die
seine Sandalen festhalten.

Er sang die Seguedilla **) der Mancha, indem er
sein Thier zum Trott antrieb. Auf beiden Seiten
desselben hingen zwei schwarze Schläuche, die im
Sonnenlicht schimmerten. Einige Tropfen einer braunen Flüssigkeit entquollen denselben, woraus man schliessen konnte, daß sie jenen köstlichen Wein von Val de
Penas enthielten, den der Manchego auf den Markt
führte. — Nichts mangelte in dieser karakteristischen
Szene, nichts, ausgenommen die Gegenwart Sancho's
und seines Herrn. Ich suchte sie mit den Augen,
und glaubte ihnen in dieser Landschaft begegnen zu
müssen, die ihre Abenteuer belebten.

Wir näherten uns Cardena, einem jener topogra-
phischen Punkte, welchen der fromme Ritter Don-
Quichotte durch seine Thaten berühmt gemacht. Die
Hitze war unerträglich, und wir waren genöthigt,
Halt zu machen. In demselben Augenblicke näherte
sich uns ein Kabinetskurier im Galopp. Mein Reisegefährte erkannte ihn als denselben, der 1802 zuerst
die Nachricht von dem Frieden von Amiens nach
Madrid brachte. Er hatte in sieben Tagen die Strecke

---

*) Bewohner der Mancha, Geburtsland des Don Quichotte.
**) Ein lebhafter Gesang, eine Cavatine, die fast beständig im-
    provisiet wird.

von 300 spanischen Stunden zurückgelegt. Die Kaufleute von Cadiz und Sevilla ertheilten ihm dafür ein
Geschenk von tausend Piastern.

Dieser Mensch, der sein Leben auf dem Sattel
und auf den Landstraßen zugebracht, schlummerte ganz
ruhig, als sein Gaul an uns vorüber trabte. Wir
hielten ihn an, und fragten ihn, welche Neuigkeit er
bringe. Er warf uns ein Papier zu. Es war die
Proklamation Ludwigs XVIII, vom 11. April.

Der Friede kehrte wieder, und die legitimen Throne
erhoben sich wieder aus dem Staube, in welchen ein
kühner Soldat sie gestürzt. Napoleon hatte abgedankt,
und Europa durfte Athem schöpfen.

Das war die Nachricht, welche der Kurier nach
der Hauptstadt brachte. Wir eilten ihm nach, und
beschleunigten unsere Reise dergestalt, daß wir schon
den 30. April, um 1 Uhr Nachts, nach Madrid kamen.

Unser Fuhrwerk hielt am Sonnenthor (Puerta del
Sol), bei der berühmten Promenade. Wir stiegen
aus an jener Posada (Gasthof), die unter dem Namen des goldenen Brunnens (Fontana de Oro, wo
die Liberales sich versammelten) so bekannt geworden ist.

Am andern Morgen wurden wir von mehrern Mit-
gliedern der Cortes besucht, unter andern von Don
Thomas Toreno, dem Kriegsminister, bekannt durch
seine Korrespondenz mit Bentham, und von Don Juan
O'Donoju, dem Generalinspektor der Infanterie. Der
Generalinquisitor beehrte uns auch mit seinem Be-
such, eben so der brave Brigadegeneral Sir John
Downie.

Keiner von ihnen äußerte die mindeste Besorgniß

über die Lage der Angelegenheiten. Alles war vollkommen ruhig. Man hoffte, daß der König, von den Segnungen eines heldenmüthigen Volkes begrüßt, ohne Anstand die Konstitution desselben annehmen werde. Man vermuthete nicht, daß er im Sinne habe, gegen die Cortes eine Rache auszuüben, die, in einem solchen Augenblicke, zugleich eine Treulosigkeit, eine Undankbarkeit und eine Grausamkeit ohne Beispiel und ohne Entschuldigung sein mußte.

Das Geschrei: „Es lebe die Konstitution und der König!“ erschallte in allen Straßen. Am 2. Mai machte eine zugleich religiöse und patriotische Zeremonie einen tiefen Eindruck auf mein Gemüth. Man grub die sterblichen Ueberreste der Bürger Daioz und Velarde aus, die im Jahr 1808 so lange das Arsenal von Madrid gegen Mürats Angriffe vertheidigten, und lieber starben, als sich ergaben. Ihre Gebeine wurden aus den Särgen genommen, in welchen sie beigesetzt worden, und in einem gemeinschaftlichen Sarkophag, durch die Artillerie-Offiziere, in Prozession nach der St. Dominikskirche getragen.

Der Enthusiasmus war allgemein. Die Regentschaft eröffnete den Marsch. Die Cortes, Militärpersonen von allen Graden, öffentliche Beamte, Individuen aus allen Ständen schlossen sich an, und bildeten einen Zug, der ungefähr eine halbe Stunde lang war. In allen Händen sah man Lorbeer- oder Zypressenzweige. Ueberall ehrte das Volk mit großem Geschrei das Andenken der Märtyrer des Vaterlandes: „Ehre den Tapfern, die für Spanien gestorben! Tod den Feigen und den Verräthern! Es lebe Ferdinand! Es lebe die Konstitution! Es lebe Spanien!“

Unglückliches Volk! ohne Beständigkeit, ohne Glauben, ohne Vernunft! — Einige Tage später, und mein Ohr wurde von einem durchaus entgegengesetzten Geschrei betroffen, von dem der Wuth, der Knechtschaft, des Mordverlangens gegen seine Wohlthäter.

Der Himmel hat die spanische Nation für ihre Undankbarkeit, für ihren Kannibalismus bestraft. Durch fünfzehnjährige Schmach, durch Elend und Herabwürdigung jeder Art (denn Ferdinand VII und die Mönche haben ihm nichts erspart) hat sie erfahren, wie weit des Unsinns und des Meineids Raserei gehen könne; sie hat erfahren, daß ein Volk, welches das Kainssiegel auf seiner Stirn trägt, allen zivilisirten Nationen ein Gräuel ist.

Spanien ist durch eigenen Willen der Freiheit (um welche andere Länder Jahrhunderte lang gekämpft) ungetreu geworden. Es hat einer entehrenden Sklaverei freiwillig den Vorzug gegeben, und dadurch bewiesen, daß es der Freiheit nicht würdig ist.

Ein Tag war hinlänglich, dies ganze am 3. Mai noch so ruhige, auf seine Zukunft so vertrauungsvolle Spanien in einen Kampfplatz wilder Thiere zu verwandeln.

Den 4. Mai erschien eine Proklamation, durch welche Ferdinand der Vielgeliebte die Cortes auflösete, und Jeden, welcher der Vollstreckung dieses Befehls sich entgegenstellen würde, des Todes schuldig erklärte.

Die Agenten des Hofes mischten sich unter das Volk. Sie überredeten diese leichtgläubigen, unwissenden und fanatischen Menschen, daß die Cortes die

geschwornen Feinde des Staats seien, daß ihr Zweck
kein anderer sei, als die Religion mit Füßen zu treten, und auf den Trümmern des Throns eine Republik zu begründen.

Die Priester unterstützten diese lügnerischen Vorspiegelungen durch die Autorität ihrer Worte. Bald
fachten geistliche und weltliche Betrüger, auf solche
Weise, einen allgemeinen Haß gegen Spaniens Vertreter an. Die große Pöbelmasse, die immer leicht
hinzureissen ist, folgte mit Gewalt dem Schwunge,
welchen man ihr gegeben. Nichts Entsetzlicheres, als
dieser blinde Enthusiasmus, dessen Beweggrund ein
erkünsteltes Gefühl ist. Je weniger der Mensch das
begreift, wofür er wirkt, mit desto größerer Wuth
stürzt er sich auf den Feind, den man ihm andeutet.

Vom 9. Mai an war der größte Theil der Bevölkerung von unbeschreiblichem Hasse gegen die Geächteten beseelt. Soldaten, mit bloßen Säbeln in der
Faust, durchstreiften die Hauptstadt in allen Richtungen und schrien: „Tod der Konstitution! Es lebe Ferdinand!"

Keine Obrigkeit widersetzte sich ihren Exessen, oder
wagte es, sie zur Mäßigung aufzufordern. Die Regentschaft entsagte einer Autorität, die man auf dem
Punkte war, ihr zu entreissen. Der Alcade mayor
(Bürgermeister) von Madrid, Montezuma, ein Nach-
komme der Inkas, erklärte sich für die königliche
Partei, und die Stadt blieb einem blutgierigen Pöbel
und einer plünderungssüchtigen Soldateska überlassen.

Diese Tage des Entsetzens haben sich in unaus-
löschlichen Zügen tief in mein Gedächtniß gegraben.
Man öffnete die Gefängnisse. Die Verbrecher, welche

sich in denselben befanden, überfielen die ruhigen Einwohner. Dolche blitzten in allen Händen. Die Leich-
name derjenigen, welche der Anhänglichkeit an die
Cortes verdächtig waren, füllten die Straßen, und
ihr Blut floß in den Rinnsteinen. Die Hefe des Pöbels plünderte die Häuser der Vornehmen und Reichen, im Namen des absoluten Königs. Eine
Menge Weiber, oder vielmehr Furien, von der königlichen Polizei besoldet, reizten diese Mörder und Räuber durch ihre Ermuthigungen und Liebkosungen zu
noch immer größern Exzessen.

Blut! Blut! — schrien diese Kannibalen, Blut für
unsern beleidigten König. — Das waren die Hilfs-
genossen Ferdinands VII bei seiner Restauration.

Bei allem dem wurden die Briten, welche sich
während diesen Bachanalien der Knechtschaft zu Madrid
befanden, vom Volke nicht beleidigt. Man überhäufte
sie vielmehr mit Lobpreisungen, und rief ihnen zahlreiche Vivats zu. Das Gerücht hatte sich verbreitet,
daß der englische Gesandte, Sir Heinrich Wellesley,
die Maßregel angerathen, welche der König gegen die
Cortes in Anwendung gebracht hatte.

Ohne diesen Gegenstand näher erwägen zu wollen,
ist es gewiß, daß an dem Tage, vor jenem der Erlassung der Proklamation, Ferdinand VII ein sehr
beträchtliches Gelddarleihen vom britischen Ministerium erhielt. Es ist keinem Zweifel unterworfen, daß
dieser Umstand, durch welchen des Königs Finanzen
wieder hergestellt wurden, ihm auch den Muth gegeben, seine abscheuliche Maßregel in Ausführung zu
bringen, was er nie gewagt haben würde, wäre ihm

nicht eine für Spanien so höchst verderbliche Hilfe zu
Theil geworden. Bestechung, Entsetzen, Verführungs-
und Einschüchterungsmittel sind in einer wohlgenähr-
ten Börse enthalten. Geld ist der Nerv der Tirannei,
wie des Krieges.

Mit diesem mächtigen Hebel bewaffnet, war Ferdinand VII nur darauf bedacht, dieselben Cortes zu
zermalmen, die ihm seinen Thron erhalten, und deren
Deputation nach Valenzia gekommen war, um sich vor
ihm zu beugen. Er sann nur darauf, durch Betrug,
Verrath und Gewalt seine despotische Krone sich wieder zuzusichern.

Das war der König, dessen Ankunft man zu Madrid erwartete, begleitet von dem englischen Gesandten, und eskortirt von 4000 Mann spanischer Reste-
rei, die auf Kosten Englands bewaffnet worden, und
die unter dem Befehle des britischen Generals Whit-
tingham standen. Englands Gold hatten diesem Schat-
ten-Monarchen den Weg zu seinem schimpflichen
Triumph gebahnt, und die hunderttausend Stimmen freiwilliger Sklaven beseelt, deren fanatische Huldigung
dessen würdig war, dem sie dargebracht wurde.

Während der Nacht vom 12. Mai wurden die
unglücklichen liberalen Deputirten im Schoose ihrer
Familien verhaftet, mit Ketten belastet, und in die
Kerker der Inquisition versenkt, oder vom Pöbel ermordet. Einige dieser Geächteten, die scharfsichtig
genug gewesen, um die Resultate der Rückkehr des
Königs vorauszusehen, hatten Madrid unter mannigfachen Verkleidungen verlassen. Andere hielten sich
in Speichern und Kellern verborgen, wo sie das Ge-
brüll der Mörder vernahmen. Sie verdankten die

Rettung ihres Lebens oft nur der Anhänglichkeit eines treuen Dieners, der das seinige dafür aufs Spiel sezte.

Man denke sich die schreckliche Lage dieser Männer, die sich auf allen Seiten vom Tode umringt sahen, und die doch ihren Zufluchtsort nicht verlassen konnten, ohne ihren Henkern in die Hände zu fallen.

Das Denkmal, welches mitten auf dem großen Plaze errichtet worden, zum Andenken der Einführung der Konstitution, wurde von dem wahnsinnigen Volke zerschlagen, und seine Trümmer wurden durch die Straßen geschleift, mit dem Geschrei: „Tod der Konstitution! Langes Leben dem absoluten König!" Man weiß nicht, ob man über einen so unsäglichen Unsinn lachen oder weinen soll.

Zehn Tage früher gingen dieselben Menschen nicht an diesem Denkmal ihrer kaum errungenen Freiheit vorüber, ohne ihr Entzücken zu erkennen zu geben, und den konstitutionellen Stein mit derselben Ehrfurcht zu begrüßen, wie ihre Kirchen.

Ich speisete am andern Tage bei dem britischen Gesandten. Er war abwesend, und sein Sekretär, Vaughan, machte bei Tische die honneurs. Unter unsern Fenstern drängte sich eine wilde, fanatische Volksmenge, und der Krystall unserer Gläser klirrte in ihr verworrenes Geschrei.

Alle Gesichter der Gäste, nachdenkend und blaß, hatten weder den Ausdruck der Freude, noch des Erstaunens, noch der Furcht. Nie war diplomatische Zurückhaltung näher dem Stoizismus verwandt. Man sprach selbst nicht von den Begebenheiten, die sich unter unfern Augen ereigneten. Kein Laut, keine Bewegung verrieth, was unsere Seelen erschütterte, was alle Gedanken beschäftigte.

Am Abend erschien Wellesley. Er benachrichtigte uns, daß der König seinen Einzug zu Madrid nicht am 12., wie er versprochen, sondern erst am 14. halten werde.

Als ich den Gesandtschaftspalast verließ, sah ich mich plötzlich von einer ungestümen Masse umringt, die, nachdem sie mich als Briten erkannt, mich mit dringenden Fragen und Zurufungen bestürmte. Indem erschallte der erste Glockenschlag des Angelus, und wie durch Zauberei trat plötzlich tiefe Stille ein. Alle Köpfe entblößten, alle Knien beugten sich. Einige Minuten lang schien Alles in Andacht versenkt, und man vernahm das Gemurmel der üblichen Gebete, ausgestoßen von den Lippen dieser frömmelnden Mörder. Welche Lektion! welch Schauspiel! Wahrlich die Menschheit verdient oft mehr, als Mitleiden und Verachtung. . . . . .

Die Bewohner der ganzen Umgegend von Madrid strömten nach dieser Hauptstadt, um des Königs feierlichen Einzug zu sehen. Auf zehn Stunden in die Runde waren alle Dörfer und Weiler verödet.

Diese lebendige Masse, von der es in den Straßen und auf den Plätzen wimmelte, schien sich in einem fieberischen Zustand zu befinden. Von Stunde zu Stunde entriß das falsche Gerücht von Ferdinands Ankunft ihr einen mehr oder weniger langgedehnten konvulsivischen Schrei. Man sah auf dem Prado alle diese nackten, bronzenen, beinahe afrika-

nischen Köpfe sich gewaltsam bewegen. „Da ist der
König! er kommt!" schrie man, und der Strom
wälzte sich gegen das Thor, durch welches er herein-
kommen sollte, um sodann wieder allmälig in sein
erstes Bett zurückzukehren.

Geschrei der Ungeduld und Verwünschungen jeder
Art bezeugten bald die Erwartung, bald das allgemeine Mißvergnügen.

Am 14. Mai Morgens sah man nach und nach
zahlreiche Korps königlicher Truppen erscheinen, während Ferdinand, statt sich zu beeilen, den Wünschen
seiner Unterthanen zu entsprechen, in seiner Residenz
Aranjuez verweilte, und seine Armee voranschickte.
Furcht und Prahlerei, diese Haupteigenschaften seines
Karakters, hatten ihm solchen Rath eingegeben. Er
zitterte noch vor den Cortes, obgleich sie in Kerkern
schmachteten, und der tollhäuslerische Fanatismus
des Vols, das ihn mit so vieler Ungeduld erwartete,
war noch nicht im Stande, ihn vollkommen zu beruhigen. Er wollte, daß seine ganze militärische
Macht die Straßen besetze, durch welche er kommen
sollte, und daß der knechtische Pöbel mit Wonne und
Entsetzen die Zahl der Bayonette sehe, auf welche
er seinen unumschränkten Thron zu stützen gesonnen war.

Man konnte keinen bessern Punkt wählen, um die
Truppen und das Gefolge des Königs vorbeidefiliren
zu sehen, als den Altan des Gesandtschaftspalastes.
Ich wählte dort mein Observatorium, und zwang
gewissermassen meinen konstitutionellen Reisegefährten
O'Doherty, mich dahin zu begleiten.

Seit der verhängnißvollen Proklamation, durch

welche die Cortes aufgelöset, und die Konstitution
abgeschafft worden, existirte er, so zu sagen, nicht
mehr. Furcht und Kummer hatten ihn krank gemacht. Er sah das Ideal seines Lebens in Blut und
Thränen untergehen. Er schloß sich ein in seinem
Zimmer, und hatte es seit dem 5. Mai kaum einmal
verlassen, um zur Messe zu gehen.

Ich machte ihm begreiflich, daß, wenn er allein im
Gasthofe bleibe, während die ganze Bevölkerung
Madrids sich dem König entgegenstürze, er dadurch
sich am ersten bemerkbar machen, und vielleicht großen Gefahren sich aussetzen werde. Es gelang mir
endlich, seinen Widerstand zu besiegen, und wir begaben uns zu dem Gesandten.

Von unserm Standpunkte übersahen wir die ganze
Szene zu unsern Füßen. In Erwartung ihres vielgeliebten Monarchen, bewunderten die Spanier die
Uniformen und die Waffen der Soldaten. Auf mich
machte ihr Anblick eine durchaus entgegengesetzte
Wirkung. Mit einem Gefühl des Mitleidens und der
Scham wendete ich mich ab, als ich die Waffen von
Birmingham blitzen sah, mit deren Hilfe ein meineidi-
ger Monarch über das nationale Recht triumphirte,
und eine Konstitution, die er freiwillig beschworen,
mit Füßen trat.

John Bull *), so stolz auf seine Freiheit, hatte
vom Kopf bis zur Ferse alle diese Satelliten der Tirannei gekleidet und gerüstet. Diese Husaren mit den
blutrothen Uniformen, mit den himmelblauen Dol-
mans, mit weißem Pelzwerk besetzt, diese mit Eisen

---

*) Das englische Volk.

und Lederzeug bedeckten Karabinire: Englands Gold
hatte sie auf solche Weise herausstaffirt. Und nun
kamen sie, um die spanische Konstitution zu vernichten, die dem Lande eine bessere Aera versprach, um
die Fahne der Unwissenheit, des Fanatismus, der
Herabwürdigung und des Elends wieder aufzupflan-
zen. Ihr Anblick verursachte mir eine schmerzliche
Beklemmung, deren Ursache sich von selbst erklärt.

Viele Briten speiseten bei dem Gesandten. Kaum
hatten wir uns vom Tische erhoben, als Trommelgerassel und Musik begannen, und den Einzug des Königs in die Alcala=Straße verkündeten. Der Zug
näherte sich langsam, umfluthet von den Wogen des
Volks, das sich von allen Seiten an die schwere und
massive Kutsche drängte, die mehr eine Art auf Rädern ruhender Palast war, in welchem sich Se. Majestät befand.

Mit dem Schnupftuch in der Hand harrten wir
auf den Augenblick, wo der König vor uns erscheinen
würde. Er brauchte dazu mehr als eine Stunde, obgleich die Entfernung, in welcher wir ihn zuerst erblickt, kaum 200 Schritte betrug.

Die Maulthiere waren von seinem Wagen vom
Volke abgespannt worden, und dieses zog nun mit
großer Mühe die kolossale Maschine und den vergöt-
terten Monarchen. Mehrere Tausend weißgekleidete
Frauen schritten dem Wagen voran, und überstreue-
ten den Weg mit Blumen.

Jeder wollte die königliche Hand küssen, die Ferdinand weit aus der Kutsche hinausgestreckt hielt.
Alle Etikette war vergessen. Es herrschte weder Ordnung noch selbst Ehrfurcht in diesem Gewühl. Der

Wagen wurde jeden Augenblick angehalten, die sub-
alternsten Offiziere steckten ihre Köpfe in denselben,
schwatzten, lachten mit Ferdinand III, und zwar in
einem so leichten, so vertrauten Ton, daß man diesen
willführlichen Monarchen für den wahren König der
Kanaille hätte halten mögen. Aber die Extreme berühren sich, und wenn der Pöbel fanatisch nach Knechtschaft schreit, ist nichts populärer als ein Nero oder
ein Kaligula.

Als Ferdinands Kutsche dem englischen Gesandt-
schaftspalaste gegenüber war, ließ er halten, streckte
gegen Lord Wellesley und sein Gefolge die Hand aus,
und küßte sie mehrmals, durchaus auf dieselbe Weise
wie ein Kind, das für etwas dankt. Wir beantworteten diese Begrüßung dadurch, daß wir unsere Schnupf-
tücher bewegten, und aus vollem Halse schrien: Viva
el Réy! viva Espanna! (es lebe der König! es lebe
Spanien!)

Der König seinerseits rief einmal über das andere:
Viva Inglaterra! (es lebe England!) Diese Bezeugung seiner Erkenntlichkeit schien aufrichtig; wenigstens war sie nicht unverdient.

Gleich darauf drängten ungefähr 500 Frauen die
Männer von dem Wagen, befestigten Blumenketten
daran, und zogen ihn auf solche Weise.

„Was denken Sie zu dem Allen?“ fragte ich leise
meinen Reisegefährten O’Doherty. Er war kaum im
Stande, den Mund zu öffnen. In dem Momente, wo
er es versuchte, uns nachzuahmen, und sein Schnupftuch zu bewegen, war es ihm aus der zitternden Hand
entschlüpft, und in die Straße gefallen. Glücklicherweise wußte ich allein, welche Gefühle sein Inneres

bewegten, und wie sehr er litt. Er heftete einen
unaussprechlich traurigen Blick auf mich, und —
blieb stumm.

„Sie sehen es," fuhr ich leise fort, „Ihre heldenmüthigen Spanier verlangen einen Gott. auf dem
Thron. Ferdinand ist freilich kein schöner Gott,
im Gegentheil; aber diese Menschen, die ihn anbeten,
lieben nun einmal die Tirannei. Sie stürzen sich
vor ihr in den Staub, wie die alten Aegypter vor
dem Götzen Apis, und sie sind glücklich. Sie wissen
nicht einen Bürgerkönig zu achten; er scheint ihnen
ein Unding, eine Karrikatur. Sie bedürfen der Ido-
latrie, des Zaubers des Allmacht, einer heftigen An-
regung und des Entsetzens. Ueberlassen wir sie ihrer
Vorliebe: de gustibus non est disputandum. Die
Zeit allein wird sie belehren und sie bestrafen."

— Gehen Sie diesen Abend, fragte O'Doherty,
ohne auf meine Aeusserung zu antworten, gehen Sie
mit dem Gesandten, um dieses Menschen Hand zu
küssen?

„Sehr wahrscheinlich!" entgegnete ich lachend.
„Solch einen Schnack sieht man nicht alle Tage."

— So muß ich Sie verlassen, um eine solche
Schande nicht zu theilen.

Nach diesen Worten wendete er mir den Rücken,
und entfernte sich.

In der That wurden wir um 7 Uhr Abends dem
König vorgestellt, und die Aufmerksamkeit, die Zuvor-
kommenheit, mit welche Se. Majestät den Gesandten
und die Personen seines Gefolges überhäufte, bewiesen zur Genüge die vollkommene Uebereinstimmung,

welche zwischen dem Kabinet von St. James und dem
von Aranjuez herrschte.

Ferdinand VII redete mich mehrmals auf eine
sehr wohlwollende Weise an, und ich verlor ihn während der ganzen Sitzung nicht aus dem Gesichte.
Sein schwarzes Auge glänzte vom Glücke. Er schien
durch seinen über die öffentliche Freiheit so leicht errungenen Sieg wie berauscht. In der Flamme seines Blickes offenbarte sich die ganze Wollust der unumschränkten Gewalt, der ganze Stolz, der später
mehrere Tausend der besten Bürger der Befestigung
seines Triumphs zum Opfer brachte.

Ein beständiges Lächeln irrte auf seinen Lippen
Aber dies Lächeln hatte nichts Mildes, nichts Herz-
liches. Es war der Ausdruck einer befriedigten Rache, nicht eines zuvorkommenden Wohlwollens. Etwas im höchsten Grade Düsteres, Drohendes, Uner-
bittliches war in den Zügen des Monarchen verborgen, aller Mühe ungeachtet, die er sich gab, sie auf-
zuheitern.

Er trug die Uniform eines General-Kapitäns seiner Fußgarde, mit dem Brust- und Halsbande des
Ordens Karls III. Seine Manieren waren vertraulich bis zur Plattheit. Er umarmte einen alten Hi-
dalgo *), scherzte mit einem spanischen Großen, neckte
von fern einen seiner Höflinge; liebkosete diesen,
zürnte herausfordernd mit jenem; vertheilte mit vollen Händen, aber ohne alle Unterscheidungskraft,
Titel, Aemter, Orden und Würden; nannte

---

*) Ein Adelicher von alter Race.

Tacayos*) Diejenigen, die, wie er, den Namen Ferdinand hatten; mit einem Worte, er betrug sich wie ein Schüler, der seinen Lehrern entlaufen. Aber der Glanz der Königswürde bedeckte Alles, was sein Benehmen Unanständiges haben mochte.

Zur Linken neben Ferdinand VII war der Infant Don Carlos, sein Bruder, und zu seiner Rechten sein alter Oheim Antonio, bekannt durch seine Geistesschwäche, die nahe an Idiotismus grenzt. Sie nahmen durchaus keinen Antheil an der sie umgebenden Szene, und begnügten sich von Zeit zu Zeit zu lächeln, oder andere Grimassen zu machen.

Ich verließ den Zirkel um 8 Uhr, geblendet, ich muß es gestehen, von dem königlichen Glanze, und benahe verführt von dem Wohlwollen, mit welchem der König mich behandelt hatte; so schwach sind wir gegen die Verführungen der höchsten Macht, und — gegen die Einflüsterungen unserer Eigenliebe!

*) Dieser Volksausdruck hat dieselbe Bedeutung, wie das griechische Wort „Homonyme"; aber dies letzte ist für uns eben so gewählt und gelehrt, als das Wort „Tocayo" niedrig und gemein ist.

Ueber die Fortschritte der europäischen Zivilisation.

Welches ist der eigenthümliche Karakter, den die Zivilisation während den letzten 15 Jahren sich zugeeignet? — Die Antwort auf diese Frage, lautet verschieden.

„Der Karakter unserer Zivilisation, sagt man einerseits, ist die Allgewalt des Handels und der Industrie. Der Genius des unbeschränkten Verkehrs beherrscht die öffentliche Meinung; die Minister-Kabinette, die Königs-Schlösser, die Deputirten-Versammlungen, alle intellektuellen Mächte befinden sich unter seinem Einflusse."

— Der Karakter unserer Zivilisation, ruft man anderseits, ist die Ueberschwemmung der Demokratie. Nichts vermag sich ihrem Vordringen entgegenzustellen. Man blicke auf England, auf Frankreich, auf Amerika; diese Länder beurkunden die Richtigkeit der Angabe.

Den Voraussetzungen dieser letzten Meinung zufolge, sind alle Throne bedroht, alle Aristokratien schwanken, das System der Gleichheit ist auf dem Punkte, die Stelle zu usurpiren, welche bisher von der Legitimität der Kronen, der „Heiligkeit" des Episkopats und dem Glanze der Pairswürde eingenommen wurde.

Indessen sind diese beiden Meinungen gleichzeitig unvollständig. Seit dem zweiten Pariser Frieden hat noch ein anderes Bedürfniß, als die oben angedeuten, Europa beschäftigt, nämlich das der Ordnung,

der Ruhe, der Gesetzlichkeit. Man verschonet
den König; man will Frieden, mit Hilfe aller moralischen und physischen Kräfte der Gesellschaft. — Das
ist der eigenthümliche Karakter der gegenwärtigen
europäischen Zivilisation.

An Thatsachen, welche diese Wahrheit beglaubigen,
fehlt es nicht. Kaum würde ein dickes Buch genügen,
ihre Ursachen zu entwickeln, und die nothwendigen
Folgerungen ihnen zu entnehmen.

Sophisten, die sich in Alles mischen, haben nicht
ermangelt, die Frage zu verschürzen, unklar zu machen. Sie haben behauptet, daß mehrere Staaten
nur deshalb auf des Friedens Erhaltung hinarbeiten,
weil es ihnen materiellen Mitteln gebricht, Krieg zu
führen. Sie deuten in diesem Betrachte besonders
England an.

Aber wirft man einen forschenden Blick über alle
Nationen unsers Erdtheils, vergleicht man ihre Lage
mit jener der vereinigten Inselreiche, so erkennt man
leicht, daß dieselbe Friedensliebe überall gleich beherrschend ist; daß diese Neigung selbst unsere europäische Grenzen überschritten hat, und daß der Zweck
eines beinahe allgemeinen Strebens jetzt nicht mehr
Ruhm und Eroberung betrifft, sondern Vermehrung
des öffentlichen Wohlstandes durch Vervollkommnung
der Industrie.*)

Man glaube nicht, daß Großbritannien außer
Stande sei, Krieg zu führen, sobald der Krieg nothwendig und zu seinem Nutzen ersprießlich sein dürfte.

*) M. s. den Aufsatz: „Karakter unser Zeit," im zweiten und
dritten Bande dieses Jahrgangs der Bibliothek.

Die bedeutende Vermehrung seiner Bevölkerung und seines Einkommens in der neuesten Zeit, erleichtert ihm die Erhebung einer Armee, vorzüglich in Irland, für welches eine solche Maßregel nur heilbringend sein würde. Und selbst wenn es dem Schatz an Geld fehlen sollte, würden die Kaufleute und Kapitalisten der City von London in weniger als einer Woche fünfzig Millionen Pfund Sterling (600 Millionen rhein. Gulden) auf den Altar des Vaterlandes niederlegen können.

Die Unthätigkeit Englands während den letzten fünfzehn Jahren muß also einer andern Ursache zugeschrieben werden. Wir finden sie in den Fortschritten der gesunden Vernunft. Sie erleuchtet die Völker über die ungeheuern Opfer, welche der „Heroismus" ihnen gekostet. Sie kennen den wirklichen Werth der sogenannten heiligen oder Volkskriege, und sie haben gelernt, ihren unheiligen Eifer zu bereuen.

Ehemals riß der Enthusiasmus der „Ehre" die Nationen in das Schlachtgewühl; jetzt hat das Bedürfniß häuslicher Genüsse, die Entwickelung der öffentlichen Verstandeskraft den Zauber dieses mörderischen Fantoms verwischt. Wir verfolgen Triumphe, die uns weniger theuer zu stehen kommen. Wir lechzen nach Eroberungen, in denen nichts Henkermäßiges ist, die nicht das Blut unserer Söhne kosten, und deren Früchte unser Wohlergehen und unsere Genüsse vermehren.

Wir befinden uns, man bezweifle es nicht, auf der Schwelle einer neuen Zivilisations-Aera, die nicht den entschwundenen Zeitaltern ähnlich sein wird. Alles um uns her hat leise und allmälig eine än-

dere Gestalt gewonnen. Eine lächelnde Aussicht des
Friedens und der Thätigkeit öffnet sich vor uns.
Allgemeine Nützlichkeit ist die Parole, welche
der Genius der Menschheit uns für die Zukunft
gegeben.

Die Völker haben diese Parole empfangen; die
Regierungen ihrerseits sind genöthigt, dem Geist ihres
Zeitalters zu gehorchen. Schauspieler wider Willen
in dem großen Drama der Gegenwart, beugen sich
die Stützen der absoluten Gewalt unter jener der
Zivilisation, die sie von allen Seiten umschließt und
bestürmt.

Nichts Bewunderungswürdigeres als dieser Haupt-
drang unserer Zeit, dem nichts zu widerstehen vermag. Seine Feinde selbst dienen ihm, sowohl durch
ihr Streben, ihn zu unterdrücken, als durch ihre
Kunstmittel, ihm auszuweichen.

Man sieht sogenannte Staatsmänner (moralische
Karrikaturen, spottweise Staatskünstler genannt),
die nicht ein einziges Prinzip haben, das nicht auf
einem Irrthum beruhet, und die unwillkührlich zu dem
Werke der allgemeinen Emanzipation und des Friedens mitwirken, wie jene Blinden, die ihre Aufgabe
nothgedrungen oder maschinenmäßig vollbringen.*)

Man sieht auch wohlmeinende Männer, die erfolg-
los vorrilige Experienzen unternehmen, deren Miß-
lingen uns weder erschrecken noch irreleiten darf.
Der natürliche Gang der Dinge bringt es also mit
sich. Man darf hoffen, daß in einigen Jahren diese
Unvollkommenheiten, dieser Kampf, diese noch gehemmte

---

*) Wellington und Andere geben dazu den Beleg.

Entwickelung sich auf eine befriedigendere Weise ge=
stalten werden. Die alten Irrthümer der Politik wer=
den der Vergessenheit anheimfallen, deren sie würdig
sind. Die gegenseitigen Interessen der Nationen werden
besser erkannt sein. Ihre Macht, ihre Ansprüche wer=
den besser gewürdigt werden.

Handel und Industrie werden ihre Hilfsquellen,
ihre Schätze, ihre Arbeiten, ihre Zeit nicht mehr
verschleudern. Jedes Land wird andern Gegenden die=
jenigen seiner Erzeugnisse zuführen, die in ihm zu
dem möglichst niedrigsten Preise und von der besten
Qualität sind. Das Geschick, welches für uns be=
ginnt, wird auf solche Weise vollbracht werden, und
der gesunde Menschenverstand der Völker wird seine
Eroberung vollenden.

Für uns beginnt die Morgenröthe dieser Epoche
kaum emporzudämmern. Unsere Kinder erst werden
den großen Triumph der öffentlichen Vernunft feiern.
Aber je weniger die Fortschritte unserer Tage auf=
fallend sind, um so interessanter ist es, sie zu beob=
achten. Ein rascher Blick, den wir über Europa's
Zustand werfen wollen, wird uns in den Stand
setzen, sie zu würdigen. Die Schritte, welche wir
bereits gemacht, können uns einen Begriff von den
noch zu machenden geben.

Versetzen wir uns in jene Zeit, die von allen Ge=
schichtschreibern ihres Glanzes wegen gerühmt wird:
in die letzten Jahre des siebenzehnten Jahrhunderts.
Die Künste blühten, der menschliche Geist schuf Mei=
sterwerke, des Gedankens Freiheit begann zu blühen.
In England vorzüglich verbesserte sich die Lage des
Volks durch seine Industrie. Einige politische und

Handelsvortheile waren die Trophäen seiner Revolution.

Aber wie unbedeutend waren diese Fortschritte, und wie weit stand das übrige Europa noch hinter England zurück! Frankreich, das so mächtige Frankreich, wurde von Ludwig XIV mit Füßen getreten. Weder der Ruhm seiner Waffen, noch der Glanz seiner Literatur, noch die Zartheit seiner Sitten vermochten es seiner Sklaverei zu entreißen. Es erschöpfte seine Hilfsquellen, um sie einem verschwenderischen Monarchen darzubringen, dessen Ehrgeiz durch das Blut und das Vermögen von zwanzig Millionen Unterthanen nicht gesättigt werden konnte. Die Künste des Krieges und des Friedens bildeten nur einen Holokaust, der auf dem Altar dieser unsäglichen Eigenliebe geopfert wurde.

Man ließ sich täuschen durch diesen Glanz. Man hielt den Prunk eines Hofes für den allgemeinen Wohlstand des Volks. Man vergaß, daß der Höflinge Paradies die Hölle der Nation ist.

Tapfere Armeen, von genialen Männern angeführt, stießen gegen einander und vernichteten sich gegenseitig. Europa jauchzte Beifall dazu. Aber der Landmann hatte kein Brodt, der Arme war dem Hungertode nahe, der Handel war ohne Energie. Unter diesem stolzen Thron und diesem glänzenden Hofe schmachtete eine große, aber unglückliche Menschenmasse, ohne alle religiöse und bürgerliche Freiheit, ohne politische Rechte, oft selbst ohne des Lebens erste Nothwendigkeiten.

Beinahe unerschwingliche Abgaben erschöpften Bürger und Landmann. Theologische Zänkereien, durch den Mißbrauch der Gewalt vermehrt, nährten Haß und andere niedere Leidenschaften in allen Herzen. So viele geheime Uebel, so viele, lange Zeit durch den Stolz und den Luxus des Monarchen verhüllte Gährungen, mußten endlich ihre Früchte tragen. Sie veranlaßten einen Bankerott, und die französische Revolution wurde von den mächtigen Händen Ludwigs XIV vorbereitet.

Vergleichen wir mit dieser Lage den gegenwärtigen Zustand Europa's. Eine unerwartete Reihefolge der Freiheit günstiger Begebenheiten veränderte den Anblick der Dinge. Es gibt kein Königreich, keine Aristokratie, keine Republik, in welchen, seit der Regierung Ludwigs XIV, das Schicksal der Völker sich nicht mehr oder weniger verbessert hat. Es gibt nicht eins, bei welchem dieses Fortschreiten, während der letzten fünfzehn Jahre, nicht an Schwungkraft und Sicherheit gewonnen. Je weniger natürliche Hilfsquellen die schwächern Staaten haben, um so auffallender erscheint dem Beobachter ihre schnelle Entwickelung.

Schweden, das seine Entfernung und seine bedeutende Oberfläche im Fortschreiten zu hindern schienen, zeichnet sich im Gegentheil durch die Schnelligkeit desselben aus. Der Unterricht steht dort im schönsten Flor. Der Ackerbau verbessert sich stufenweise. Die exakten und die Naturwissenschaften, Astronomie, Chemie, Medizin, werden mit Erfolg gepflegt. Die Manufakturen verbessern sich täglich.

Man bemerkt, besonders in den letzten Jahren, diese steigende Entwickelung an der Salzeinfuhr. Die höhern Stände haben neuerdings mehrere Vereine gebildet, die sich mit der Erziehung und der geistigen Emanzipation des Landmanns beschäftigen. Zu Stockholm hat man eine Subskription zur Unterstützung der Wissenschaften, und zur Belohnung derjenigen, die sie mit Erfolg in Schweden oder im Auslande kultiviren, eröffnet. Alle Bürger haben daran Theil genommen. Man will mit den vorzüglichsten Hauptstädten korrespondiren, und monatliche Berichte über den Zustand der Wissenschaften und neuer Entdeckungen abstatten.

Die Eisenschmelzen und Fabriken von Motala gehören zu den berühmtesten in Europa. Ueberall im ganzen Königreiche entstehen neue Manufakturen. Ein gewaltiger Schwung hat dieses von Natur stiefmütterlich begabten Landes sich bemächtigt. Die Zahl der Verbesserungen daselbst ist Legion.

Dänemark ist hinter Schweden nicht zurückgeblieben. Seine Verbindungen mit dem zivilisirtesten Theile Europa's sind selbst noch thätiger als die des Nachbarlandes. Ein ausgedehnter Handel vermehrt seinen Reichthum. Eine Zuckersiederei entsteht nach der andern, und es ist merkwürdig, ein Erzeugniß der Wendekreise unter einer andern Gestalt in der hyperboräischen Region sich wieder erzeugen zu sehen.

In Holstein, und in mehrern andern Provinzen des Königreichs, verbessert sich die Schafzucht und das Wollen=Produkt zusehends, wodurch dem Lande neue Vortheile zugesichert werden.

Preussen. Auch in diesem Lande befinden sich Handel und Industrie in hohem Flor. Eisen und Stahl werden daselbst mit vielem Geschmack bearbeitet. Seine Gußeisen=Produkte sind auf der ganzen

Erde berühmt. Man hat prächtige Stutereien gebildet. Die meisten Gewerbe haben sich ausserordentlich
vervollkommnet, und das öffentliche Einkommen, so
wie das der Privatleute, hat sich beinahe verdoppelt.
Die Universität zu Berlin ist eine der ausgezeichnetsten Europa's.

Oesterreich, dessen Bevölkerung man bis jetzt
nicht des Liberalismus beschuldigen kann, beschäftigt
sich vorzüglich mit der Verbesserung seiner Pferderace
und seines Hornviehs. Seine Erzeugnisse dieser Art
sind wirklich bemerkenswerth. Die Feinheit seiner
Schafwolle verdient ebenfalls die Aufmerksamkeit des
Kaufmanns. Mehrere Gesellschaften beschäftigen sich
mit der Unterstützung dieser Industrie.

Baiern und Sachsen beziehen große Vortheile
von ihren Tuchfabriken und von ihren Glashütten.
Die Bewohner dieser Länder beschäftigen sich beinahe
ausschließlich mit der Bearbeitung der Natur-Erzeug-
nisse ihres Bodens, und dies ökonomische System wird
vom besten Erfolg gekrönt.

In den Niederlanden ist die Erziehung der
Gegenstand einer speziellen Aufmerksamkeit für die
Regierung und für das Volk geworden, welche die
letzten Begebenheiten leider auf andere Gegenstände
geleitet haben*). Zu Lüttich und Gent sind zwei
neue Universitäten gegründet worden. Lüttich verdankt seinen gegenwärtigen Wohlstand seinen Eisen-
fabriken, und Gent seinen Baumwolle-Manufakturen.

---

*) Wir werden, in einem der nächsten Theile der Biblio-
thek, unsern Lesern einen Aufsatz über die Ursachen, die Mittel und die Folgen der belgischen Insurrektion vorlegen.

Ein Land, das kaum erst die Bahn der Zivilisation betreten, Rußland, hat bedeutende Fortschritte im Ackerbau gemacht. Es baut Heerstraßen, es gräbt Kanäle, es bildet Heerden und Stutereien, es widmet der Erziehung seiner Bewohner einen beharrlichen Eifer. Man hat aus Deutschland, vorzüglich von Hirschfeld und aus Hannover, Waffenschmiede kommen lassen, um seine Fabriken durch ihre Geschicklichkeit zu verbessern. Mehrere Zuckersiedereien sind in der neuesten Zeit in Petersburg entstanden.

Spanien selbst, dies unglückliche Spielzeug mönchischer Stupidität, hat dem allgemeinen Einflusse nicht ganz widerstehen können. Ehemals waren kaum zwei oder drei Hauptstraßen dieses Landes fahrbar; aber seit zehn Jahren hat man neue Wege gebahnt. Meiereien und zerstreute Gehöfte sind in Gegenden erstanden, die sonst vollkommen verödet waren.

Die Baukunst überhaupt hat einige Fortschritte gemacht. Man bedient sich besserer Materialien, und baut fester. Die Bleiminen von Almeria, und mehrere andere Minen, deren Spanien eine große Zahl hat, werden weniger nachlässig und ungeschickt ausgebeutet. Man sieht, auch hier schreitet die Zivilisation vorwärts, leise und langsam; aber dennoch schreitet sie fort. Die allgemeine Vervollkommnung hat auch dieser sklavischen, blinden, frömmelnden und trägen Gegend sich bemächtigt. Sie erhebt sich wider Willen. Im Kampfe mit dem Liberalismus und der Industrie scheint sie öffentlich zu triumphiren, während sie im Geheimen davon besiegt wird.

Der scheußliche Verrath und das privilegirte Raubsystem, die in Portugal sich des Throns bemächtigt haben, laffen diesem unglücklichen Lande nur einen matten Hoffnungsschimmer. Unter dem Eisenjoche, das Fanatismus und Meineid ihm aufgebürdet, die seinen Boden mit dem Blute der edelsten Bürger tränken, welche Vervollkommnung darf man da erwarten? Indessen versichert man doch, daß die Kultur der Rebe und des Oelbaums einige nicht unwichtige Verbesserungen erhalten.

In Italien hat der Seidenbau eine große Ausdehnung gewonnen. Er bildet gewissermaßen den einzigen noch blühenden Industriezweig. Eine traurige Lethargie hat Wissenschaften und Künste gelähmt. Der Handel, obgleich wenig beschränkt, wirft die Vortheile nicht ab, die er gewähren könnte. Der mächtige Schwung der Freiheit fehlt. Italien hofft sehnsüchtig auf das Erblühen einer bessern Aera.

Die Schweiz könnte zufrieden sein, genösse sie wenigstens die Vortheile eines unbeschränkten Vertrauens in ihrem Innern. Aber noch stehen einige Kantone sich fremd gegenüber, noch ist das System der Einheit und Einigkeit nicht festbegründet, noch gährt der alte Sauerteig des Nepotismus, der Aristokratie und des Jesuitismus in einigen Theilen dieses Landes.

Bei dem Allem hat der allgemeine Wohlstand der Schweiz sich bedeutend vermehrt. Die Ursache davon liegt in dem Genuße des Friedens, und in dem immer mächtiger sich entfaltenden öffentlichen Geiste. Männer von edelm Herzen und gradem Sinn, wahre Patrioten, welche die Bedürfnisse ihrer Zeit und ihres Vaterlandes begreifen; Jünglinge, von den Grundsätzen strenger Rechtlichkeit beseelt, durch Lehre und Erfahrung über die wahren Interessen Helvetiens unterrichtet, schreiten der Nation voran, die mit Liebe und Vertrauen ihre schönsten Hoffnungen auf sie begründet.

Werfen wir einen Blick auf Frankreich. Wir haben es unter Ludwig XIV einen anscheinenden Wohlstand, ein erzwungenes Leben genießen sehen, das des Todes Keime in sich trug. Man sehe es jetzt thätig, gewerbsam, mit mächtiger Hand sich eine freie, genußreiche Zukunft bereiten, die gewiß sein Streben belohnen wird.

Welchen Schwung hat seine Industrie, sein Handel gewonnen, der Ketten ungeachtet, mit denen eine blinde Regierung es belastete! Unter ihrem bleiernen Zepter waren viele seiner Hilfsquellen verstopft, und nur dadurch, daß es rastlos und beharrlich den bösen Willen der obersten Gewalt bekämpfte, erhielt es sich noch auf der Höhe der allgemeinen Zivilisation.

Alle Künste des Friedens blühen in Frankreich, und in dieser Hinsicht wird es nur von Großbritannien und von den vereinigten Staaten Nordamerika's übertroffen. Es war ein im höchsten Grade interessantes Schauspiel, dieser Kampf zwischen der Regierung und der Nation, die ihre Freiheiten vertheidigte, welche jene zu unterdrücken sich bemühete. Ihre Beharrlichkeit im Guten und Wahren, allen Kunstgriffen und Gewaltmaßregeln des Jesuitismus zum Trotz, verdient die Bewunderung der Welt. Denn aller treulosen Plane, aller Winkelzüge, Bestechungen und Verderbungen ungeachtet, hat dies Land, das bald den Launen der Ineptie und des Absolutismus, bald den blutigen Ausschweifungen einer ungezügelten Demokratie unterworfen war, dennoch bedeutende Fortschritte gemacht.

Ackerbau, Handel, Fabriken, Manufakturen, Künste und Wissenschaften befinden sich in Frankreich in blühendem Zustande. Sie werden sich noch reicher entfalten unter einer freisinnigen, vernünftigen Regierung.

Es ist jetzt allgemein erkannt, daß der ältere Zweig der Bourbonen, welche bis zum 29. Juli geherrscht, seit Langem die Liebe des Volks verloren, daß er nicht mehr die mindeste Sympathie einflößte. Früher oder später mußte diese Familie auf den Thron verzichten, selbst wenn sie durch Wortbruch und Gesetzübertretung sich desselben nicht verlustig erklärt hatte. Sie mußte fallen, weil sie ohne feste Wurzel in Frankreich war.

Eine durchaus friedliche Revolution, im Sinne des Gesetzes, würde sie beseitigt haben. Ohne politische Morde (oder doch nur von Seiten und auf Befehl der Bourbonen) hätte eine solche gleich nothwendige und zweckmäßige Umgestaltung Statt gefunden. Der öffentliche Geist, geleitet von der gesunden Vernunft, unterstützt von dem Muthe der Bürger, hätte dies Resultat allein erzielt. Man weiß, daß solche Revolutionen die entscheidendsten, die segenreichsten sind, und daß weder des Henkers Hand, noch die Gewalt der Bayonette irgend ein Regierungssystem lange zu erhalten im Stande sind.

Ueberdem weiß man auch, daß es der französischen Nation jetzt nicht an wahrer Bürgertugend gebricht.

Ihre große Aufregung, die zu Ende des letzten Jahrhunderts ganz Europa in seinen Grundfesten erschütterte, hat bei ihr selbst tiefe politische Betrachtungen veranlaßt. Die Ueberspannung, welche man ihr zum Vorwurf machte, liegt jetzt nicht mehr in ihrem Karakter. Man wird nicht mehr jene Revolution bei ihr sehen, deren Werkzeug Fouquier - Tinville und deren Organ Marat war.

Es scheint unmöglich, daß die übrigen Mächte Europa's gesonnen sein könnten, einen dritten Kampf zu Gunsten der Bourbonen zu unternehmen. Dieser auf immer gestürzten Dynastie abermals eine Krone zuzusichern, welche sie durch ihre totale Unfähigkeit verloren, liegt auffer dem Bereich der europäischen Politik.

Nie also wird man jenen Gesundheitskordon sich erneuern sehen, durch den man die Völker gegen die liberale Ansteckung zu bewahren sich bemühete. Die Könige sind dieser Kreuzzüge müde, und die Nationen haben begreifen gelernt, daß man im Grunde sie damit verspottete. Sie wissen jetzt, daß, indem man zur Vertheidigung ihrer Regierungen, ihrer Altäre und ihrer Herde, oder mit andern Worten „für Gott, König und Vaterland" aufforderte, man nur für die Schmälerung ihrer eigenen Rechte sie ihr Blut vergiessen ließ.

Dazu gesellt sich noch die mehr friedliebende als kriegslustige Neigung der Monarchen. Die meisten von ihnen sind bejahrt, und haben wenig Vorliebe für neue Kämpfe, welche ihre Ruhe abermals allen Zufällen des Waffengeschicks preisgeben können.

Erfahrung hat sie gelehrt, daß man nicht gefahr-
los dem Genie und der Allgewalt einer Epoche sich
entgegenstellen kann. Sie haben sich überzeugt, daß
das Staatsschiff leichter schwimmt, als es von dem
Strome der öffentlichen Meinung getragen wird; daß
mehr als eine Klippe den unbesonnenen oder verwe-
genen Steuermann bedrohet, der es der Strömung
entgegenlenken will, und daß ein wohlverstande-
nes, freisinniges und aufgeklärt-gesetzliches Regierungssystem tausendmal mehr Sicherheit darbietet,
als eine Armee von 300,000 Mann.

Außer diesen Verbesserungen und diesen speziellen
Vervollkommnungen in den verschiedenen Staaten
Europa's gibt es noch andere, deren Ehre und Vortheile von mehreren derselben zu gleicher Zeit getheilt
werden. Nicht Baiern und Oestreich allein haben
ihre Eisenbahnen, nicht Preußen, Schweden und
Rußland allein haben durch Kanäle ihre innere
Schifffahrt verdoppelt, prächtige Straßen sind auch
über die Alpen und Appeninen, über die Sudeten
und Karpathen, über das Grenzgebirg zwischen Schweden und Norwegen, selbst über den Ural, den Kaukasus und den Balkan gebahnt worden, wie im Innern Deutschlands und der Schweiz, Rußlands,
Polens und Italiens.

England endlich steht ohne Vergleich an der
Spitze aller Länder unsers Erdtheils. Sein Handel,
wie seine Industrie, wie seine Macht, wie seine innern Verbesserungen sind unermeßlich.

Mag man es immerhin durch seine ungeheure
Staatsschuld erdrückt, durch die gigantische Masse

seiner Abgaben vollkommen erschöpft darstellen, die
Beredsamkeit der Zahlen widerlegt das Alles.   Der
Wohlstand dieses Landes im Allgemeinen ist leicht zu
ermessen; man braucht nur seine Ein- und Ausfuhr
in Rede zu stellen.

Vier Jahre nach dem letzten Pariser Frieden erhob sich die Einfuhr der rohen Baumwolle in Großbritannien auf 139 Millionen Pfund. Die letzte Rech-
nungsablegung der Importation desselben Stoffes gibt
seine Summe auf 211 Millionen Pfund an.   In dem
ersten Zeitraum wurden ungefähr 12 Millionen Pfund
ausgeführt, und gegenwärtig 21 ½ Millionen Pfund.
Folglich verbraucht England jetzt 189 ½ Millionen
Pfund Baumwolle in seinen Fabriken, und damals nur 127 Millionen Pfund.   Dasselbe Verhältniß bemerkt man auch bei allen übrigen Ein- und
Ausfuhrartikeln.

Da jedoch die Bevölkerung des Landes sich nicht
in demselben Verhältnisse vermehrt hat, so ergibt sich
daraus, daß sie jetzt bei weitem besser gekleidet ist,
als ehemals — Offiziellen Aktenstücken zufolge, betrug der Werth der Wollen- und Baumwollen-Aus-
fuhr, vier Jahre nach dem Frieden, 5,313,429 Pfd.
Sterling (63,761,148 rhein. Gulden), und gegenwärtig jährlich 5,763,632 Pfd. Sterl. (69,163,584
rhein. Gl.).

Die Fortschritte des Seidenhandels sind nicht weniger bemerkenswerth, und die Seiden-Einfuhr ist
von zwei Millionen Pfund auf vier Millionen Pfund
gestiegen.   Auch die Einfuhr des Bauholzes und anderer Gegenstände hat sich bedeutend vermehrt.   Aus

dem Allem ergibt sich aufs Klarste, daß man nicht allein mehr verbraucht, sondern daß man auch bessere Arbeit verlangt, und daß die Genüsse der Zivilisation bereits bis zu den untersten Ständen der Bevölkerung gelangt sind.

Zwei Universitäten sind in der Hauptstadt entstanden. Mehrere Gesellschaften beschäftigen sich damit, die Liebe zum Studium und zu nützlichen Kenntnissen zu verbreiten. Die Erziehungs- und Mildthätigkeits-Anstalten vermehren sich auf allen Seiten. Solide und schöne Gebäude ersetzen die alten, baufälligen Häuser.

Die Arbeiter, die Handwerker, jene ganze so lange vernachlässigte produktive Klasse hat seit 1815 wirklich erstaunliche Fortschritte gemacht. Ihr Geschmack hat sich geläutert. Sie hat sich den höhern Ständen genähert. Sie hat sich aufgeklärt, ohne ihre Arbeits- und Ordnungsliebe zu verlieren. Eisenbahnen, mit Gas erleuchtet, durchschneiden Großbritannien in allen Richtungen. Diese Vervollkommnungen sind selbst bis in die wildesten Gegenden Schottlands und bis nach Irland gelangt.

Die Verbindungen zu Lande und zu Wasser werden so leicht, so rasch, so wenig kostspielig, daß dies Resultat der Industrie beinahe als ein Wunder betrachtet werden kann. Man legt eine Strecke von dreißig Stunden mit geringern Kosten und in kürzerer Zeit zurück, als man sonst brauchte, um nach seinem nahen Landhause zu gelangen.

Die Dampfschifffahrt gewinnt täglich neue Verbesserungen, und sinnreiche Maschinen sichern die Rei-

senden gegen die Gefahren einer Explosion. Selbst
ohne Hilfe des Dampfs, und nur durch den Druck
der Luft, setzt man jetzt Wagen schneller in Bewegung, als es durch Pferde geschehen kann.

Die innern Seen zu London und in andern Städten,
Docks genannt, welche Schiffe aus allen Weltgegenden in sich aufnehmen, sind zu enge geworden, und
genügen nicht mehr für des Handels Bedürfnisse, so
daß man genöthigt gewesen ist, andere und größere zu
erbauen. Die Briefpost hat ihre Schnelligkeit verdoppelt, und befördert die Depeschen von einem End-
punkte des Königreichs zu dem andern in weniger
als sechszig Stunden.

Das sind nur materielle Verbesserungen; die moralischen sind nicht minder bewunderungswürdig. Die
Sitten der untern Stände zivilisiren sich immer mehr.
Die Kriminal- und Zivil-Gesetzbücher der Nation
werden revidirt. Die Katholiken sind emanzipirt, und
es gibt in England keine Parias mehr. Alle Briten
haben eine gleichförmige Gesetzgebung. Jährlich wird
eines der Hindernisse des Handels oder der Industrie
beseitigt, und das Parlament bietet zur Vollbringung
des meisten Guten die Hand.

Irland, das vor Kurzem noch so elend war, beginnt sich zu erheben. Ein glänzender Erfolg hat
sein Streben gekrönt. Es hat eine National-Existenz
gewonnen. Die Emanzipation hat seinem fruchtbaren
Boden ein neues Lebensprinzip verliehen. Ordnung
und Ruhe begründen sich, und bedeutende Kapitalien
strömen nach dieser Insel, der die britische Industrie
bald neue Reichthümer entnehmen wird. Einige Ehr-
geizige, und O'Connell an ihrer Spitze, suchen zwar

noch die Zukunft ihres Vaterlandes zu kompromittiren, indem sie die Trennung Irlands von Großbritannien verlangen; aber Alles läßt voraussehen, daß ihre Entwürfe an dem gesunden Verstande des Volks scheitern werden.

So kann man die allgemeine Bewegung Europa's als den Beginn einer Epoche des Friedens, der Arbeit, der Industrie betrachten. Kaum sind wir im Stande gewesen, die Grundzüge dieses großen Gemäldes anzudeuten, dem Reisenden ähnlich, den das Schiff entführt, und der seine Blicke nur auf die hervorstehendsten Szenen des ihn umgebenden beweglichen Panorama's fesseln kann.

Umsonst bewahren gewisse Menschen noch ihren fanatischen Kultus für die Vergangenheit. Alles um uns her ist neu, durchaus neu. Die Bewegung der Meinungen und der Sitten ist parallel und identisch. Einer friedfertigen, genußreichen Zivilisation entgegen geht des ganzen Europa's mächtiger Drang. Die unumschränkte Gewalt der Regierungen selbst vermag ihn nicht zu zügeln. Man sehe Spanien, sein Symbol. Die Theokratie ist nichts mehr als Körper ohne Seele. Man sehe Rom, diese Stadt, deren Ruinen ein treffendes Bild von der Macht des Priesterthums darbieten.

Auch der kriegerische Ehrgeiz ist nicht mehr in der Mode. Napoleon war nur das Werkzeug der großen Zerstörung, die vollbracht werden mußte, um den Zustand der Ruhe herbeizuführen, dem wir entgegenstreben. Durch den Krieg hat er sich seine eigene Grube gegraben.

Der Zweikampf selbst wird nach und nach unsern

Sitten ein Gräuel, und die Aufforderungen zur Abschaffung der Todesstrafe, die sich jetzt stärker als je
erneuern *), karakterisiren am besten die Epoche,
welche wir betreten. Hoffen wir, daß die Erde nicht
mehr mit Menschenblut getränkt werden, und daß
der große Hebel der Gesellschaft künftighin Arbeit
sein wird.

*) Man weiß, daß Herr von Sellon zuerst im souveränen
Rathe der Republik Genf den Vorschlag zur Abschaffung
der Todesstrafe gemacht, und daß er ihn seitdem alljährlich
erneuert hat. Er hatte auch einen Preis über diese wichtige
Frage ausgesetzt, welchen der Advokat Karl Lucas zu Paris durch seine Schrift gewann. Herr von Sellon übersen-
dete dem gegenwärtigen König der Franzosen den Bericht
über seinen Konkurs, und erhielt von ihm folgende Antwort:

    „Palais-Royal, 29. Januar 1828.

    „Ich habe, mein Herr! den Brief empfangen, durch wel-
chen Sie mir die Uebersendung des Berichts über den Konkurs ankündigen, den Sie zur Beförderung der Abschaffung
der Todesstrafe eröffnet haben. Ich danke Ihnen für die Mittheilung dieser Publikation, die ich mit alle dem Interesse lesen werde, welches ein so wichtiger Gegenstand mir seit Langem eingeflößt. Sein Sie davon überzeugt, mein Herr!
so wie von meinen aufrichtigen Gesinnungen für Sie.

    Ihr wohlgeneigter Ludwig Philipp von Orleans."

    Nachschrift von des Herzogs eigener Hand:

    „Ich danke Ihnen um so mehr, lieber Graf, da ich
eifrig von ganzem Herzen die Abschaffung der
Todesstrafe wünsche."

Ein Wort über die Erdkunde der Hebräer.

Die Israeliten waren im Alterthum von allen Völkern das unwissendste in Hinsicht auf die Geographie. Die Propheten, die bei ihnen ungefähr dieselbe Rolle spielten, wie die Zeitungsschreiber in Frankreich und England, d. h. die über Alles schwatzten, die Alles wußten, Alles voraussahen, Alles deuteten, und die beständig Zorn, Eifer und Drohung auf der Lippe hatten, waren noch unbewanderter in den allgemeinsten Lokalkenntnissen, als die Redaktoren der Gazette de France, welche die Flotte der Republik Genf Tunis blokiren lassen, die Bewohner von Savoien „gute Schweizer" nennen, und Leipzig zur Hauptstadt von Sachsen machen.

Obgleich Jerusalem kaum eine Tagreise vom mittelländischen und acht oder zehn Tagreisen vom rothen Meere entfernt war, hatten sie doch nicht den mindesten Begriff von diesen beiden großen Wassermassen, die sie unaufhörlich verwechselten, oder vielmehr, die sie nur als eine einzige betrachteten. Man muß annehmen, daß die Propheten und die übrigen hebräischen Geschichtschreiber entweder aus Unwissenheit sich irrten, oder daß sie absichtlich die Unwahrheit sagten.

Denn wie war es möglich, daß zu der Zeit, als man den Weg um das Vorgebirg der guten Hoffnung, und durch die Meerenge von Gibraltar noch nicht ahnete, und als man noch nicht daran gedacht hatte, den ptolomäischen Kanal zwischen dem rothen Meere und dem Nil zu erbauen, der König Salomon die Schiffe, welche er zu Ezeon-Geber (Asion-Gaber)

am Schilfmeere oder dem perſiſchen Meerbuſen erbauen laſſen, zu Tyrus ſeinem Bundesgenoſſen Hiram
übergeben, und dieſer ſie nach Ophir (wahrſcheinlich
Indien) zurückſchicken konnte *), um dort Gold, Elfenbein, Spezereien und Affen zu holen?

Und jener Jonas, komiſchen Andenkens! der drei
Tage in einem Wallfiſche zubrachte, obgleich Jedermann weiß, daß der Schlund dieſes Meerungeheuers
kaum einem Häring den Durchgang geſtattet, und der,
um nach Ninive zu gehen, ſich zu Joppe einſchiffte,
grade wie ein ächter Schildaer, der, um von Dresden
nach Berlin zu reiſen, ſich zu Odeſſa einſchiffen würde.

Auf jeden Fall walten hier grobe Irrthümer ob,
die nur durch eine vollkommene Unwiſſenheit, in Hinſicht auf die Geographie, entſchuldigt werden können.
Dieſe Unwiſſenheit war ſo groß, daß nicht ein einziger der damaligen Gelehrten auch nur oberflächlich die Lage jenes Ophir und Tarſes anzudeuten vermochte, von woher die Juden ihr Gold (den für ſie
allerwichtigſten Gegenſtand) bezogen.

Des jüdiſchen Geſetzgebers, Moſes, Hauptbeſtreben
zielte vorzüglich darauf hin, ſein Volk ſo viel als
nur immer möglich zu individualiſiren. Alle ſeine
Inſtitutionen waren darauf berechnet, und dieſe Vereinzelung faßte ſo tiefe Wurzeln, daß ſie noch jetzt
fortbeſteht **). Ueberall bei den Iſraeliten bemerkt
man noch dieſelbe Verbrüderung, denſelben Egoismus,

---

*) 1. Buch der Könige, Kap. IX, 26 — 28.

**) M. ſ. den beachtungswerthen Aufſatz „die Ueberreſte Ja-
kobs“ im eilften Bande, S. 83 u. ſ. des Jahrgangs 1829
dieſes Werks.

dieselbe engherzige Nationalität, welche sie früher auszeichneten.

Um diese Vereinzelung zu erzielen, welche selbst noch die übertrifft, welche Lykurg zu Sparta feststellen wollte, flößte Moses seinem Volke eine überschwengliche Verachtung, ein wirkliches Entsetzen gegen alle fremden Nationen ein. Er trennte sie von denselben durch eine unübersteigliche Scheidewand, indem er Alles, was nicht Hebräisch war, mit einer unwiderruflichen Verwünschung belegte. Gottesverehrung, Ritus, Gebräuche, selbst Speisen, Alles was ausserhalb Judäa geschah, war profan und abscheulich. Man verunreinigte sich, wenn man vertrauten Umgang mit einem Fremden hatte, oder mit ihm aß.

Wie wäre es möglich gewesen, daß, mit solchen Ideen großgewachsen, die Juden hätten reisen, oder geographische Kenntnisse erlangen können? Mit diesem ihnen ganz eigenthümlichen Egoismus, mit dieser Verabscheuung alles dessen, was ausser Palästina's Grenzen existirte, waren sie durchaus nicht geeignet, selbst die geringsten Ausflüge zu unternehmen.

Bei allem dem war kein Volk durch seine Lage mehr zu einem vortheilhaften Zwischenhandel geeignet, als die Israeliten. In geringer Entfernung von dem mittelländischen und dem rothen Meere, standen ihnen die Pforten des Morgen- und Abendlandes geöffnet. Aber sie hatten davon keinen Begriff, und die Augen wurden ihnen nicht einmal geöffnet, als Alexander seine neue Hauptstadt ganz in ihrer Nähe erbaute, und diese bald der Zentralpunkt eines unermeßlichen Handels wurde.

Die israelitischen Schriftgelehrten (wie man jene

Menschen nannte, die heut zu Tage in der literarischen Welt eine sehr traurige Rolle spielen würden) schieden ihre bekannte Welt in drei Theile, die selbst nicht mit denen korrespondirten, welche man von jeher angenommen.

Japhet begriff den Norden, zwischen dem Archipel des mittelländischen Meeres, dem schwarzen und dem kaspischen Meere, über welche hinaus, ihrer Meinung nach, ewige Finsterniß herrschte, und wo nichts mehr existirte.

Cham, oder besser Ham, war im Süden; denn Ham bedeutet heiß, glühend.

Unter Sem wurden alle morgenländischen Völker bezeichnet, die größtentheils zu Jerusalem, nach der Rückkehr der Stämme aus der Gefangenschaft, wenig oder nicht bekannt waren.

Das zehnte Kapitel des ersten Buches Moses ist das einzige, welches sich wenigstens andeutend mit der Geographie der Hebräer beschäftigt. Indessen gaben sie den verschiedenen Ländern Namen von ihrer eigenen Erfindung, welche diese keinesweges trugen, ungefähr wie noch heut zu Tage die Seefahrer neu entdeckte Länder willkührlich zu benennen pflegen, oder sie verdrehten und verfälschten die Namen dergestalt, daß sie unkenntlich wurden; eine „Kunst“, worin selbst die neuern Nationen es ihnen gleichzuthun sich bemühen. Man erinnere sich nur an das Ratisbonne (Regensburg), Auguste (Augsburg), Gênes (Genova) u. s. w. der Franzosen, und an das Koppenhagen (Kiöbenhavn), Genf (Genève), Lissabon (Lisboa), u. s. w. der Deutschen, ohne der willkührlichen Verstümmelungen in andern Sprachen zu gedenken.

Aber dadurch zugleich wird es ausserordentlich schwer, jetzt zu entdecken, welche Gegenden sie eigentlich gemeint, um so mehr, da sie die geographischen Abtheilungen an ihre Kosmogonie knüpften, und vermutheten, daß die Länder nach denen benannt worden, welche sie für die ersten Bewohner derselben hielten.

Wir finden einige Spuren der kymrischen Race in jenem G m r, das dem alten Gebrauch zufolge ohne Laute geschrieben wurde, und bald Gamer, bald Gimer (Ghimer) ausgesprochen wurde. Wundert man sich, Volksstämme aus den Polargegenden und den Abendländern in diesem Namen-Katalog angegeben zu sehen, so darf man sich nur erinnern, daß er um die Zeit des Helkias geschrieben wurde, dessen Werke man für apokryphisch hält, und daß grade zu jener Zeit die gedachten Völker durch die Schluchten des Kaukasus Einfälle in Asien machten. Herodot gedenkt derselben und bestimmt ihre Zeit, die mit jener der jüdischen Gefangenschaft übereinstimmt. Das Entsetzen, welches diese Nachricht zu Babylon verbreitete, war sehr groß. So wird es erklärlich, wie Helkias einen großen Theil Asiens mit Nationen bevölkerte, die ihre Streifzüge nur zufällig dahin geführt.

Auch hier, in diesem Namen-Register, sind fast alle Benennungen verfälscht. Welche Völker sind jene Gog und Magog? — Keine andern, als die über einen Raum von 600 Stunden in der Breite ganz Asien durchschneidende Race, welche man bald Gheten, bald Seithen oder Skuten, bald Gothen nennt.

Die hebräische Geographie gedenkt auch der Medi oder Medier, und Juns oder Joniens. Das letztere

wird im ersten Buche Moses als ein Archipel bezeich-
net, in welchem Elisah (wahrscheinlich Ellas oder
Hellas oder Griechenland) die größte Insel sei. Was
Tarsis und Kettim gewesen, und wo sie gelegen, weiß
man durchaus nicht. Rhodanim ist ohne Zweifel die
Insel Rhodos.

Cham oder Ham, die Wurzel des Wortes Ham-
mon, das „glühende Sandwüsten" bedeutet, begriff
den ganzen den Israeliten bekannten Landstrich im
Süden. Ihre kleine mittägliche Welt bestand aus
Kanaan oder Syrien, aus Mizraim oder Aegypten,
aus Put oder Phut, das man umsonst sucht, und aus
Chus, unter welchem letztern Namen die Juden Abyssinien und einen Theil Arabiens bezeichneten, den sie
mit dem ersten zusammenhängend glaubten. Daher
schreibt sich die große Verlegenheit der Orientalisten,
die nicht wissen, ob die Königin von Saba, die nach
Jerusalem kam, um den vielbeweibten weisen Salomo zu bewundern, aus dem arabischen Tehama
oder von den äthiopischen Gebirgen niedergestiegen ist.
Wie dem auch sei, so viel ist gewiß, daß die Portugiesen, welche im 16. Jahrhundert Abyssinien berührten, den Judaismus vollkommen etablirt fänden.

Leichter entdeckt man die Städte und die Regionen
der schwarzen chushilischen Race in Arabistan, in
Persien und Aethiopien, weil verschiedene genealogi-
sche Aehnlichkeiten diesen Zweig des menschlichen Geschlechts individualisiren, so daß die Sprachen der
Abyssinier, der Araber, der Phönizier, der Hebräer
und der Aramäer oder Syrier auf derselben gramma-
tikalischen Basis ruhen.

In dem Theile Sem des hebräischen Atlas findet

man zuerst Elam oder Aylam, vielleicht die Elymäer oder Gebirgsbewohner östlich von Chaldäa, sodann Assur, das Volk der Assyrier.

Dieses sehen wir in den prophetischen Zeitungs-artikeln des Jesaja, des Jeremia und in den Anna-len der Königsbücher fast immer personifizirt. Es spielt dort immer die Rolle des bösen Mannes, mit dem man ungehorsame Kinder zu erschrecken sucht. Und in der That war die kleine jüdische Nation, an eine große Monarchie gelehnt, in jedem Augenblicke der Gefahr ausgesetzt, von dieser zermalmt und ver-schlungen zu werden. Darum ließen die Propheten in ihren halbofsiziellen Deklamationen, in ihrem patrio-tischen Schattenspiel, so oft Assur erscheinen, wenn es darum zu thun war, den Israeliten über ihre Sünden, ihren Luxus u. s. w. ans Herz zu reden. „Assur wird kommen wie ein reissender Strom: Assur wird sich erheben wie ein vernichtendes Feuer; der Herr wird Assur erwecken gegen Moab, gegen Ammon, gegen Juda, gegen Israel."

In Lud erkennt man Lydien. Aram bedeutet Norden. Dies Aram der Juden umschloß ganz Sy-rien. Sie theilten es in Aram = Nahrim, oder Arim der beiden Flüsse, dem die Griechen den Namen Me-sopotamien gaben, in das eigentliche oder damaski-sche Aram, und in Aram = Sobah, dessen Lage sich nicht genau bestimmen läßt, das jedoch nicht beson-ders entfernt von der heiligen Stadt sein mußte, indem die Bücher Samuelis der Kriege Davids mit Adad = Azer, dem Könige dieses Landes, gedenken.

Hat man viel Geduld und Beharrlichkeit bei müh-seligen Nachforschungen, so findet man in Strabo,

Ptolomäus und einigen Andern mehrere Gegenden
des hebräischen Aram, wie Uz oder Autz, Hul oder
Huls, Geiher oder Gatar und Mas oder Mesch.
Aber diese Klaubereien würden uns zu weit in das
Bereich der Theorien führen, weshalb wir sie Andern
überlassen müssen.

Das Land Araf-Kasbd, oder Grenze von Chaldäa,
deutet schon durch seinen Namen seine Lage an. In
ihm wohnte Eber, Vater aller Völker jenseits
des Euphrat, was in Bezug auf Jerusalem dießseits
war. Man sieht aus dieser alleinigen Thatsache, daß
die Geographie der Hebräer aus Babylon herstammte,
und daß sie nicht einmal die genügende Umsicht hatten, ihre Andeutungen da zu verändern, wo es die
Umstände erforderten.

Ein letztes Land, Ophir, hat immer Veranlassung zu vielen Voraussetzungen gegeben. Es ist bis
jetzt gewissermaßen der Stein der Weisen aller Geographen gewesen. Man hat es in Indien gesucht, in
Zeylon, in Sumatra, in Afrika, zu Soffat, endlich
sogar in Spanien, wo man in Tartessa die Stadt
Tarsis hat wieder erkennen wollen.

Nach dem biblischen Text brauchten die Schiffe
Salomons drei Jahre, um die Reise nach Ophir und
zurück zu machen. Es ist also nicht möglich, es in dem
Doffir der Gebirge von Yemen und in dem Soffata
Abyssiniens zu entdecken. Am wahrscheinlichsten dürfte
man es wohl in dem Ophor, im persischen Meerbusen,
finden.

Diese letzte Voraussetzung ist um so wahrscheinlicher, wenn man bedenkt, daß man das rothe Meer

nur mit günstigem Winde beschiffen kann, auf den man oft mehrere Monate warten muß.

Tarsis dagegen konnte leicht in Spanien sein. Denn es ist nirgends gesagt, daß dieselbe Schiffe zugleich beide Orte berührten. Wir haben scho oben gesagt, daß die Juden das rothe und das mittelländische Meer für eine und dieselbe Wassermasse hielten. Es würde also keinesweges auffallend sein, hätten sie auch die beiden Städte Ophir und Tarsis in ein und dasselbe Land verlegt. Wir wissen, daß ihrer geographischen Unwissenheit allein dergleichen Verstöße zugeschrieben werden müssen.

Gegenwärtiger und früherer Zustand der Hölle und der Zauberei.
Erster Artikel.

Wer sollte es glauben, daß es im neunzehnten Jahrhundert, und in Deutschland, eine „Zauber=Bibliothek" gebe, und daß dieses Werk von einem Kirchenrath redigirt werde? *) — Dies philosophische Phänomen existirt nicht allein in der That, es grünet und blühet auch in der üppigen Frische eines schwelenden Jungfernkranzes.

Der Herr Kirchenrath H o r s t befindet sich an der

*) Der vollständige Titel dieses Werkes lautet folgendermaßen: „Zauber=Bibliothek, oder von Zauberei, Theurgie und Mantik, Zauberern, Hexen und Hexen=Prozessen, Dämonen, Gespenstern und Geister=Erscheinungen. Von Georg Konrad H o r s t, großherzoglich=hessischem Kirchenrathe."

Spitze einer kleinen Truppe Literatoren, mit deren
Hilfe er ein so weites Feld ausbeutet, daß es uns
unmöglich ist, ihm Schritt vor Schritt durch alle
Abtheilungen desselben zu folgen.

Dante, wie man weiß, schied die Hölle in mehrere
Kreise, ungefähr wie jene Deutschlands vor der französischen Revolution. Unser Kirchenrath verfährt auf
eine ähnliche Weise, und theilt Lucifers Reich in so
regelmäßige Kompartimente, daß selbst ein Kind ihre
Gesammtmasse begreifen kann.

Begnügen wir uns, nur eine dieser Provinzen zu
besuchen, und überlassen wir es denen, welche die
ganze Reise unternehmen wollen, das Werk selbst zu
Rathe zu ziehen.

Es ist so methodisch, so klar, die höllischen Regionen sind darin so genau beschrieben, und zwar nach
den glaubwürdigsten Autoritäten, von Jambli-
cus und Porphyr bis zum Abbé Fiard und Glan-
ville, daß sie wenigstens eben so bekannt sind als der
Lauf des Nigers. Wenn deshalb ein Reisender den
Avernus nicht mit derselben Leichtigkeit verläßt, als
er ihn betreten, muß er die Schuld sich selbst zuschreiben.

Bei alledem wollen wir nicht behaupten, daß dies
Gemälde der höllischen Regionen sehr verführerisch
sei, und daß es uns eine besonders günstige Idee von
dem Geiste und dem Personale ihrer Verwaltung gebe.
Es ist vielmehr eine Art Da Capo der ehemaligen
Jesuiten-Administration in Frankreich.

Wir wissen bereits durch weiland Fust oder Faust,
daß die Temperatur dieser Region sehr schwül ist,
und daß der Thermometer von Réaumur dort wenig-

stens bis auf vierzig Grad steigt. Im Uebrigen hat der Anblick dieser Gegend eine große Aehnlichkeit mit den Umgebungen von Huy in Belgien, oder von Birmingham in England, wo es eine Unzahl von Hochöfen und Steinkohlenminen gibt.

Die Literatur steht in der Hölle in keinem besondern Flor, einigen Mittheilungen und Lukubrationen zufolge, welche aus ihr herrühren, und die gratis in die Zauber-Bibliothek inserirt worden. Auch die Wissenschaften, mit Ausnahme einiger praktischen Applikationen der Chemie, sind dort durchaus vernachlässigt.

Der große Faust, der gewissermaßen der Delolme der Hölle war, hat eine sehr lichtreiche Darstellung ihrer Regierung entworfen *), von welcher die Zauber-Bibliothek einen interessanten Auszug darbietet.

Diese Regierung ist, wie man sich leicht denken kann, eine monarchi-, theokrati-, despoti-, nepoti-oligarchische Administration, in dem Genre der bourboni-, spani-, portugieß-, römi-, neapolitanischen, mit allen den ergötzlichen Annehmlichkeiten, welche diese admirabeln und palpabeln Eldorados der unumschränkten Gewalt karakterisiren.

Daß die individuelle Freiheit dort auf Null reduzirt ist; daß Jeder nur so viel sicheres Eigenthum hat, als er in seinem Magen beherbergen kann; daß man außer einigen Millionen Ave's und Gloria tibi's etc., wenig zu sagen sich erkühnt, versteht sich von selbst.

---

*) M. s. Mirakelkunst und Wunderbuch. oder der schwarze Rabe; auch der dreifache Höllenzwang genannt.

In Summa, apostolische Ordnung und jesuitische Gewissenhaftigkeit sind dort vorherrschend. Im Uebrigen geht Alles bunt durch einander, und die Attributionen der verschiedenen Departemente sind eben so genau bestimmt, als das Schema bei dem Schacher der Métalliques auf der Börse zu Frankfurt am Main.

Wir sehen, daß Belzebub, Astaroth und andere Mitglieder des höllischen Ministeriums, die doch unbestreitbare Rechte auf das Präsidium haben, beständig von Mephistopheles, Aziel, Marbuel und andere Dämonen zweiten Ranges gefoppt werden, die ihren Schnabel in den Brei stecken, der keineswegs für sie bereitet worden.

Nach Reginald Scott *), der ihre Schatzung vorgenommen, bilden sie ein stehendes Heer von sechszig Legionen, über welches Se. Excellenz der Marschall Herzog von Amazeroth den Oberbefehl hat. Die Statistiker der Hölle sagen nichts über ihre Marine, woraus man schliessen kann, daß sie nicht bedeutender ist, als die Sr. Heiligkeit.

Aller Zurückhaltung der verschiedenen Höllenforscher ungeachtet, kann man dennoch entnehmen, daß ihre Meinung der Figur und dem Betragen des regierenden Monarchen Luzifer wenig günstig ist, obgleich seine Hofschranzen ihm den Beinamen des Vielgeliebten und des Gerechten gegeben.

Der Plebs bildet sich gewöhnlich ein, daß Satan das Oberhaupt der Hölle sei, was jedoch ein Irrthum ist. Dies beweiset, wie Asmodeus zu Don Kleophas sagte, der in seiner Rangordnung, in Hin-

---

*) M. f. dessen Discoverie of Witchcraft, 15. Buch.

ficht auf Belzebub, einen ähnlichen Bock geschoffen, „daß man noch keinen genauen Begriff von der Hölle hat."

Satan ist nur ein Geist dritter Klasse, wie man aus der von Faust publizirten Liste des geheimen Höllenraths entnehmen kann.

Die Moralität Luzifers ist beinahe eben so gut bestellt, und bei der öffentlichen Meinung eben so gut angeschrieben, als die des hochwürdigen Pater-Generals der Gesellschaft der Jesuiten, Roothaan. Er hat alle nur denkbaren Laster, ausgenommen, daß er sich nicht betrinkt. Seine sittenlosen Gewohnheiten werden durch Sprenger, Del Rio und Bodinus bescheinigt, die über diesen Punkt weniger zurückhaltend sind, als die bereits angedeuteten Schriftsteller.

Alle seine Späße und Witze haben etwas Kapuzinerartiges oder Erzgemeines. In allen seinen Handlungen und Manieren bemerkt man einen Totalmangel aller und jeder Würde. Einer seiner gewöhnlichsten Kniffe besteht darin, den Hexen und Hexenmeistern, welche auf ihrem gewöhnlichen Gallarosse, einem Besenstiel, ausreiten wollen, denselben zwischen den Beinen wegzuziehen, und ihnen ein paar derbe Schläge auf das Gesäß, oder über die Schultern zu versetzen. *)

Luzifer ist eine Art Werber für seinen eigenen Dienst. Er ist Meister in Vorspiegelungen und Ueberlistungen jeder Art. Viele Personen, die zu seiner Fahne geschworen, in der Hoffnung, einen starken Sold und ein rasches Avancement zu erhalten, haben es nie über Kaporalsrang hinausgebracht, und wenn

---

*) M. s. den Prozeß der Hexen von Moira i. J. 1672.

sie mit ihrem Handgeld ein Schöpplein oder zwei bezahlen wollten, die sie auf die Gesundheit i h r e s
Königs geleert, bemerkten sie, daß er ihnen statt Silber Z i n n gegeben.

Wir haben ebenfalls von seinen Talenten keinen
hohen Begriff, und entweder täuschen wir uns sehr,
oder die „Auswahl aus des Teufels Papieren" ist
nur eine jener in unseren Tagen häufigen literarischen
Spekulationen, durch welche man das liebe Publikum
hinters Licht geführt. Seine Reden beginnen ziemlich volltönend: aber sie enden immer in Qualen oder
en pointe.

Luzifer hat eine große Vorliebe für alle mögliche
Momerien (Mummereien) und Maskeraden. Bald
erscheint er als ein Schüler Loyola's oder Malans *),
bald als Diplomat à la Laybach, oder als Militär
im Kampfe mit dem Volke.

Er hat ehemals Vorlesungen gehalten über weiße
und schwarze Magie auf der Universität zu Salamanka und auf dem Vatikan. Gewöhnlich verbirgt
er sich unter dem Inkognito. Aber im Jahre der
Gnade 1626 zeigte er sich mit großem Prunke einen
ganzen Winter über zu Mailand unter dem Namen
eines Herzogs von Mammon; wie solches der gelehrte
Lotichius berichtet.

Wie Harum al Raschild liebt er über die Maßen
nächtliche Streifereien und Abentheuer, bei welchem
er, nach dem Zeugnisse mehrerer schwedischer Zauberer, einen grauen Ueberrock à la Napoléon, blaue

---

*) Ein bekannter Spekulant in Pietisterei zu Genf.

Strümpfe und rothe Hosen, mit Quasten unter den Knien, trägt.

Was auch die Biographen sagen mögen, die für ihn den meisten Respekt zu haben scheinen, spielt er doch oft eine lächerliche Rolle, und er lustigt sich am liebsten mit Narrenstreichen. Ehrsame Bürger, denen er ein Bein schlagen, oder mit seinem Schwanze Wohlgerüche zuwehen wollte, haben ihm, wie man im gemeinen Leben zu sagen pflegt, das Leder manchmal ordentlich gegerbt.

Seit seiner Affaire mit dem heiligen Dunstan ist er nach Sonnenuntergang vorsichtiger geworden. Luther, wie Jedermann weiß, brachte ihn oft auf eine derbe Weise zur Raison. Bald warf er ihm das Dintenfaß an den Kopf, bald knackte er ihm seine Nüsse vor der Nase auf und speisete sie allein, wonach er ihn mit einem Hagel von Schimpfnamen und Kruditäten regalirte. *)

Der heilige Lupizin sperrte ihn eine ganze Nacht über in einen Krug voll kalten Wassers, in welchen er sich selbst versteckt, in der Erwartung, daß der Heilige ihn mit seinem gewöhnlichen Getränk verschlingen werde. Aber Lupizin roch den Braten, berauschte sich in Rebensaft, und bedeckte den Wasserkrug mit einem großen Stein.

Eines Tages bot er dem heiligen Anton seine Dienste als Kammerdiener an. Statt aller Antwort spie ihm dieser, wie Maubreuil dem Fürsten von Talleyrand, ziemlich unhöflich ins Gesicht **). Seiner

---

*) M. s. die Colloquia mensalia.
**) M. s. Legenda aurea.

gewöhnlichen Unverschämtheit ungeachtet, machte ihn
dies energische Begehen so bestürzt, daß er es lange
Zeit nicht wagte, sich in der Gesellschaft zu zeigen,
während der gewesene Bischof von Autun Tags darauf
beim Lever des Königs erschien.

Obgleich er immer durch seine Verhältnisse mit
den Menschenkindern irgend ein Profitchen zu beziehen
sich bemühete, geschah es doch oft, daß er mit Personen zu schaffen hatte, die feiner waren als er, wie
z. B. die Advokaten und Prokuratoren.

Man findet in den Büchern mehr als einen Fall,
wo er, auf dem Punkte sich eines Schuldners zu bemächtigen, durch irgend eine zweideutige Klausel des
mit ihm geschlossenen Vertrags, deren vollkommenen
Sinn er, wie Shylock, nicht begriffen, an der Ausführung seines Vorhabens verhindert wurde; unab-
gesehen selbst, daß er zum Ueberfluß noch von geistlichen Gerichtshöfen, vor welchen gewöhnlich seine
Streitsachen verhandelt wurden, zur Bezahlung aller
Kosten sich verurtheilt sah.

In dem Prozesse der heiligen Lydvina, sagt Brug-
mann*), vertheidigte der Teufel seine Angelegenheit
in eigener Person. Aber das Gericht verspottete ihn,
und lachte ihm unter die Nase (deriso explosoque
daemone).

Nostradamus spielte ihm einen noch ärgeren Streich.
Um seiner Geheimnisse sich zu versichern, war dieser
Schlaukopf übereingekommen, ihm seinen Körper zu
lassen, wenn er weder in noch ausser der Kirche be-

---

*) M. f. Vita Lydvinae.

erdigt werde. Er verordnete aber in seinem Testamente, ihn in ein Mauerloch zu stecken.

Alle diese Beispiele beweisen, daß der Teufel so
fein nicht ist, als man gewöhnlich glaubt.

Nach der Prozedur von Moira scheint es, daß
seine Gesundheit durch das Klima sehr gelitten, und
daß er 1669 in Schweden sehr krank war. Obgleich
man ihm damals häufig zur Ader gelassen, und ihn
nach allen Regeln des antiphlogistischen Verfahrens behandelte, versichern dennoch Personen, welche ihn
näher zu kennen Gelegenheit gehabt, daß seine Konstitution einen Stoß erhalten, von dem er sich nie
mehr recht erholen dürfte.

Das ist der groteske Anblick des Luzifers der Legende und seines Hofes, wenigstens stellt er so sich
in dem Leben der Heiligen dar. Aber obgleich wir
nur leichthin der rohen und unförmlichen Ideen gedacht, welche das Mittelalter sich von dem „bösen
Prinzip" gebildet, und obgleich dieser Gegenstand auf
den ersten Blick nur lächerlich scheinen mag, hat er
doch, wie man bald bemerken wird, auch seine ernsthafte Seite.

Ein indischer Götze, in seiner seltsamen Stellung,
und mit seinen verkrüppelten Gliedmaßen, scheint
auch nur lächerlich, wenn man ihn, seiner Umgebungen beraubt, in dem halben Lichte eines Museums erblickt. Aber man versetze ihn wieder in seines
Tempels Dunkelheit, man gedenke der Menschenopfer,
deren Blut seinen Altar getränkt, oder die unter den
Rädern seines Wagens zermalmt worden, und Entsetzen wird an die Stelle des Lächerlichen treten.

Es ist dasselbe mit den abergläubigen Träume-

reien unserer früheren Epochen. Betrachten wir sie
nur auf eine spekulative Weise, so können wir uns
einige Augenblicke an ihrer Incoherenz und an ihrer
Narrheit erlustigen. Aber erinnern wir uns, daß
sie das Prinzip des Glaubens an Hexen und Zauberer waren; daß dieser verwünschte Glaube keinesweges ein unthätiges Prinzip gewesen, sondern daß er
Jahrhunderte lang den menschlichen Geist beherrscht,
uns zu den haaremporsträubendsten Exzessen verleitet;
daß er selbst gute und weise Menschen zu blutdürstigen Tigern gemacht; daß Wissenschaft und Schönheit, die Jugend und das Greisenalter durch seinen
Einfluß auf den Scheiterhaufen, oder aufs Schafott
geführt wurden: so verschwindet jedes andere Gefühl
vor dem schmerzlichen Erstaunen, daß eine so abgeschmackte Idee so dauernd und so allgemein sein
konnte. *)

Gewöhnlich wird die Geschichte sehr übel geschrieben. Die Geschichtschreiber, statt sich vorzüglich damit zu beschäftigen, die ältern Epochen durch das
genaue Gemälde ihrer Meinungen und Sitten zu
karakterisiren, schwellen ihre Arbeit durch Reminiszenzen und Beschreibungen an, die in keiner Uebereinstimmung stehen mit den Ideen jener Zeiten.

Aus diesem Grunde wahrscheinlich ist auch die
Zauberei, welche vier oder fünf Jahrhunderte lang
alle Köpfe beschäftigt und verwirrte, in ihren Darstellungen kaum bemerkbar.

Der Strom der menschlichen Meinungen hat seit

---

*) M. s. den Aufsatz: „Ein moralisches Memento unserer
   Zeit,“ im fünften Bande, S. 192 u. f. dieses Jahrgangs
   der Bibliothek.

dem freilich einen ganz andern Thalweg genommen,
und sollte der Verfolgungsgeist abermals auf Erden
erscheinen, würde es gewiß in einer ganz andern Gestalt sein. Unsere Hirnkasten sind nicht mehr, wie
Hutchinson in Erwähnung von Bodinus sagte, ein
Ballsaal, in welchem die Teufel ihre Entrechats
schlagen. Ist der Einfluß des alten Gottseibeiuns
immer noch ziemlich groß, so zieht er sich doch ein
wenig hinter die Kulissen. Auch hat er, seit dem
Malleus Maleficorum, seine Taktik durchaus verändert.

> For Satan now is wiser than before,
> And tempts with making rich, not making poor.*)

Wie abgeschmackt und grausam auch die abergläubigen Irrthümer unserer Vorfahren sein mochten,
waren sie doch aus einem höhern und lebenswerthen
Prinzip entstanden. Das Verlangen, die Grenzen
der sichtbaren Welt zu überschreiten, und mit Wesen
in Berührung zu stehen, denen man einen hohen
Rang in der Schöpfung zugestand, schien anfänglich
einen heilsamen Einfluß auszuüben.

Die Menschen betrachteten diese privilegirten Wesen
als eine Art Jakobsleiter, durch welche eine Verbindung zwischen Himmel und Erde erzielt, und der göttliche Einfluß auf direktem Wege erlangt werden könne.
Unglücklicherweise führte die Voraussetzung unmittelbarer Beziehungen mit den englischen Naturen, auch
zu dem Glauben einer Verbindungs-Möglichkeit mit
den Geistern der Finsterniß.

---

*) Satan ist jetzt weiser als früher, und führt in Versuchung,
indem er reich macht und nicht arm.

Who lurk in ambush, in their carthy cover,
And swift to hear our spells, come swarming up.*)

Diesen Meinungen, als sie erst festbegründet wa=
ren, entsproßen alle Schrecken jener verhängnißvollen
Zeiten. Ein offener Krieg zwischen dem Reiche des
Lichts und der Finsterniß begann. Wenn Satan,
auf den Ruf des ersten Besten, immer bereit war,
seine Geister zu senden, so war es auch unumgänglich
nothwendig zum Heile der Gläubigen, sich gegen ihn
mit Feuer und Schwert zu bewaffnen. In dieser
seltsamen Verschürzung wurde jede Unentschlossenheit
als eine Apostasie betrachtet, und wer nicht verfolgt
sein wollte, war genöthigt, zu seiner eigenen Verthei=
digung sich zum Verfolger zu machen.

Diese direkte Einmischung des Teufels in die An=
gelegenheiten der Menschen einmal anerkannt und
allgemein angenommen, mußte, in unvermeidlicher
Folge, zu allen nur denkbaren Narrheiten und Aus=
schweifungen führen. Ein Jeglicher spekulirte in die=
sem Sinne nach der eigentlichen Neigung seines Gei=
stes, und bald bildeten die unsinnigen Träumereien
durch Krankheit oder Unglück geschwächter Gehirne,
auf allen Seiten wiederholt, eine Art Gesetzbuch oder
Glaubenssystem, das, mit den ersten Anfangsgründen
der Unterrichtung eingesogen, selbst ausgezeichnete
Verstandesvermögen seinem traurigen Einflusse unter=
warf. Luther, Kalvin und Knox, die so schnell den
Irrthum entdeckten, so unerschrocken ihn andeuteten,
konnten doch jenem Einflusse sich nicht ganz entziehen.

*) Die verborgen unter dem Boden lauern, und bei unsern
   Beschwörungen schwarmweis herbeieilen.

Es gab überdem in den Fabeln jener Zeit nichts, was nothwendigerweise den Unglauben hätte erwecken können, und was nicht der Basis entsprechend gewesen wäre, auf welchen jene Fabeln beruheten. Der burleske Karakter Satans und seiner Satelliten stand in vollkommener Uebereinstimmung mit dem, was man über eine Klasse von Wesen sich denken konnte, deren Handlungen weder denen der Menschen, noch denen der Engel, gleichkommen durften. Der Satan der Mönche hat nicht die mindeste Würde. Sein Körper, wie seine Seele, trägt den Stempel der Herabwürdigung. Dante selbst war nicht im Stande, ihn zu veredeln.

> Gliocchi ha vermigli, e la barba unta ed atra,
>   E'l ventre largo, ed unghiate le mani,
>   Graffia gli spirti, gli scuoja, ed isquatra*).

Seine Affen-Grimassen und seine Satyr-Gambaden waren der Idee von einem Wesen entsprechend, dessen Macht beschränkt, aber dessen Bosheit grenzenlos war. Mit den Zähnen knirschend, wenn er irgend einen bösen Streich nicht in Ausführung bringen konnte, suchte er den heiligen Titus lächerlich zu machen, dem er sich dennoch unterwerfen mußte.

Er hält seiner höllischen Truppe Predigten, parodirt die Institution des Sakraments, übt seine eingefleischte Tücke an seinen eigenen Angehörigen, stürzt seine Opfer in gräßliches Elend, und lacht ihrer Leichtgläubigkeit, quält die Guten, nimmt aber Reißaus,

---

*) Er hat rothe Augen und einen schmalen, schmutzigen Bart; einen Schmeerbauch und bekrallte Hände, um die Seelen zu ergreifen und sie in die Hölle zu entführen.

wenn man ihm muthig widersteht, und sich unter des Himmels Schutz begibt.

Diese Züge seines Karakters sind auf das Trefflichste von Hoffmann, und dem Verfasser des „grünen Mannes" und des „Schneiders Terenz" aufgefaßt und gezeichnet worden.

Spinetto, Miltons Vorgänger, war der erste, der in jener barbarischen Zeit seinem Teufel eine gewisse schreckliche Schönheit verliehen. Demungeachtet blieb auch dieser geniale Mann den Ideen seines Zeitalters getreu. Er wurde selbst wahnsinnig, nachdem er sein Gemälde der gefallenen Engel vollendet, glaubte sich von den Dämonen verfolgt, die seine Einbildungskraft geschaffen, und unterlag endlich seinem eigenen Entsetzen.

War nun auch der Glaube an Zauberei eine natürliche Folge der Mönchsideen über das böse Prinzip, so gewinnt man doch, bei der Lösung ihrer Geschichte, auch die Ueberzeugung, daß die Verfolgungen und Strafen, welche man darüber verhängte, viel zu ihrer Dauer beigetragen. Es ist dies ein Beweis mehr, daß eine Meinung, wie abgeschmackt und empörend sie auch sein mag, dennoch immer Bekenner und Märtyrer findet, sobald man sie verfolgt.

Dieser Glaube existirte ohne Zweifel bereits in den ersten Zeiten des Christenthums, und mehr als einmal hatten energische Geister sich desselben bedient, um die Schwachen einzuschüchtern. Aber die gesellschaftliche Maschine war davon nicht erschüttert worden, und die Magie begann erst in der Geschichte eine Rolle zu spielen, als Innozenz VIII, i. J. 1484, durch seine Bulle das bis dahin schlummernde Feuer anfachte.

Die meisten unserer Leser haben wahrscheinlich nur einen unvollkommenen Begriff von allen den Abscheulichkeiten, die nun während drittehalb Jahrhunderten sich aneinander reiheten. Man erinnert sich, gelesen zu haben, daß mehrere Personen, aus dem Grunde, weil man sie als Zauberer betrachtete, lebendig verbrannt wurden. Aber man weiß nicht, wie groß die Masse dieser Gerichtsmorde war.

Innozenz hatte kaum sein entsetzliches Mandat den Händen Sprengers, und seiner Brüder, übergeben, und für eingebildete Verbrechen regelmäßige Prozeduren bestimmt, in dem befremdenden Werke, betitelt Malleus Maleficorum, das zugleich ein theologischer und juridischer Kommentar der Bulle war, als die Race der Hexenmeister erschien, und sich auf eine wirklich unglaubliche Weise vermehrte.

Das Uredikt dieser unsinnigen Verfolgung wurde bald nachher durch mehrere Bullen des fluchwürdigen Alexander VI verstärkt, zu dem Satan im Vertrauen hätte sagen können: „Et tu, Brute!"

Leo X, i. J. 1521, und Adrian II, i. J. 1522, glaubten ebenfalls in diese Angelegenheit sich mischen zu müssen, wodurch das Unheil noch vermehrt wurde. Denn nach dem Zeugnisse der damaligen Geschichtschreiber war Europa nichts, als eine Vorstadt des Pandämoniums.

Die ganze Bevölkerung war, im eigentlichen Sinne, in Hexenmeister und in Behexte getheilt. Del Rio erzählt, daß 500 der erstern, i. J. 1515, in Zeit von drei Monaten, zu Genf hingerichtet wurden.

Etwa tausend, sagt Bartholomäus von Spina, kamen in einem Jahr in der Diözese von Como ums Leben. In den folgenden Jahren verbrannte man im Durchschnitt jährlich hundert. Remigius rühmt sich, von 1580 bis 1595 deren neunhundert in Lothringen verbrannt zu haben.

In Frankreich war die Menge der Hinrichtungen um das Jahr 1510 ungeheuer. Der unter dem Namen Trois-Echelles bekannte Hexenmeister übergab Karl IX, während seinem Aufenthalt in Poitou, eine Liste von 1200 Mitschuldigen. Der Verfasser des Tagebuches Heinrichs III behauptet, daß diese Liste 3000 Namen enthielt, und Bodin steigert ihre Zahl auf 30,000.

In Deutschland, das durch die Bulle von Innozenz VIII vorzüglich bezeichnet worden, richtete diese Seuche unglaubliche Verheerungen an. Bamberg, Paderborn, Würzburg und Trier waren die Städte, in welchen sie während anderthalb Jahrhunderten am meisten wüthete, und nach Einführung der Komissions-Prozeduren wurden alle Theile des deutschen Reiches davon heimgesucht.

Es würde uns zu weit führen, alle diese Abscheulichkeiten in Rede zu stellen. Aber ab uno disce omnes.

Hauber hat einen Katalog der Hexen-Hinrichtungen zu Würzburg, von 1627 bis 1629, entworfen.*) Während dritthalb Monaten fanden 29 Hinrichtungen Statt, bei denen 157 Individuen den Scheiterhaufen bestiegen. Die meisten dieser Unglücklichen waren alle

---

*) M. s. Bibliotheca magica.

Frauen oder Fremde. Man bemerkt in dieser Liste auch Kinder von 12, 11, 10, und selbst von 9 Jahren; nächstdem 14 Vikare der Hauptkirche, 2 Söhne adelicher Familien, den Senator Stolzenberg, ein blindes Mädchen und Gobel Babelin, das schönste Mädchen von Würzburg, so wie viele andere.

Sanguine placarunt Divos et virgine caesa!

Die Zahl der Schlachtopfer zu Würzburg ist verhältnißmäßig noch nicht so stark, als die des kleinen Distrikts von Linden, in welchem 1660 bis 1664, auf eine Bevölkerung von kaum 600 Individuen, nicht weniger als 30 hingerichtet wurden, folglich eine Person auf 20.

Nehmen wir jene 157 Lebendigverbrannten zu Würzburg als die mittlere Zahl der Hexen-Hinrichtungen in einem Jahre an (ein Anschlag, der auf jeden Fall viel zu gering ist), so finden wir deren 15,700 während dem Jahrhundert vor 1628.

Diese entsetzlichen Prozeduren vermehrten sich noch bis 1649, und verminderten sich wieder allmälig bis 1660. Wenn, wie man glauben darf, Bamberg, Paderborn, Trier und andere katholische Bisthümer dem Henker dasselbe Kontingent gestellt, während in dieser Hinsicht die Lutheraner und Reformirten mit ihnen wetteiferten, kann man die Zahl der in Deutschland der Zauberei beschuldigten Hingerichteten auf nicht weniger als hunderttausend anschlagen.

Es gibt noch ein anderes Aktenstück, das unsers Erachtens noch abscheulicher ist, als die Prozeduren von Würzburg. Es ist eine 1629 erschienene Ballade über die Martern und über die Hinrichtungen der unglücklichen Opfer. Sie ist betitelt die „Druten-

Zeitung, oder Darstellung der merkwürdigen Begebenheiten, welche in Franken, zu Bamberg und im Würz-
burgischen Statt gefunden, betreffend die Elenden,
welche aus Geldsucht oder Ehrgeiz sich dem Teufel
ergeben. In Musik gesetzt nach der Volksmelodie der
Dorothea."

Dies Produkt ist mit mehreren Holzschnitten versehen, welche Teufel darstellen, von denen die unglücklichen Verurtheilten an den Haaren, an Armen und
Beinen ergriffen, und in die Flammen gestürzt werden. Auf einer dieser Vignetten sieht man einen
Hexenmeister, der auf der Folter nichts gestanden,
und der nun dem Teufel, welcher sich als Henker
verkleidet, sein Vertrauen schenkt, wonach ihn dieser
dem Scheiterhaufen überliefert. Das Alles ist mit
Spöttereien über den Armen begleitet, der sich auf
solche Weise hat überlisten lassen.

Welchen Begriff soll man sich machen von einer
Zeit, wo solche Abscheulichkeiten Stoff zu Gassen-
hauern geben konnten, um den Pöbel zu ergötzen!

Diese mörderischen Verfolgungen erstreckten sich,
wie eine Pest, bis zu den Gestaden des finnländischen
Meerbusens. Wir sehen, daß Herrmann Sampsonius
1626 zu Riga „neun ausgewählte Predigten gegen
die Zauberei" drucken ließ.

Eine natürliche Folge des Glaubens an Satan
war, daß mehrere Tausend schwacher Geister sich einbildeten, mit dem bösen Prinzip in der That in Berührung zu stehen. Nur auf solche Weise kann man
sich die befremdenden Geständnisse mehrerer unglücklichen Geschöpfe gestehen, welche behaupteten, in

fleischlicher Verbindung mit dem Satan gestanden zu haben.

Beim Lesen dieser Verhandlungen erinnert man sich unwillkührlich an den Zauber der Violine des Juden, in dem fantastischen Mährchen von Grimm. Wir sehen den Irrthum sich verbreiten wie eine Seuche, von einem Individuum zum andern, dergestalt, daß Zeugen, Richter, und die armen Beschuldigten selbst, von dem Wirbelwind hingerissen wurden.

Hinzufügen muß man jedoch, daß in vielen Fällen und besonders in den Verhandlungen während der ersten Hälfte des 17. Jahrhunderts, als die blutigen Maximen Sprengers und Del Rio's das meiste Gewicht hatten, die Geständnisse, nach welchen die Richter entschieden, sehr oft durch physische und moralische Martern entrissen, sodann widerrufen und endlich bestätigt worden, nachdem man den Beschuldigten abermals auf die Folter gespannt.

Ein von Del Rio angeführtes Beispiel mag für tausend andere sprechen. Er berichtet, daß ein Adelicher aus Westphalen zwanzig Mal auf die Folterbank gelegt icies, vsaevae quaestioni subditum, dennoch immer sich weigerte, zu gestehen, daß er ein „Wehrwolf" sei. Endlich reichte ihm der Henker ein berauschendes Getränk, wonach er Alles sagte, was man wissen wollte.

„Man sehe, ruft Del Rio bei dieser Gelegenheit, welches unsere Langmuth in Deutschland ist. Erst nachdem wir die Verbrecher zwanzig Mal gefoltert und befragt haben, verurtheilen wir sie zum Tode."

Eine Andere hatte, wie der unglückliche Lykanthrop, mit Thränen ihre Unschuld betheuert. „Da

ließ ich sie tüchtig foltern, sagt der Inquisitor, und
und sie gestand." Die Tortur hatte vier Stunden
hinter einander gedauert. Wer hätte, nach einer solchen Probe, nicht zu Allem, was man wissen wollte,
ja gesagt? Auf die eine oder die andere Weise war
der Tod unvermeidlich, und es blieb dem Unglücklichen keine andere Wahl, als die des am wenigsten
qualvollen.

„Eines Tages, sagt Georg Mackenzie, wurde ich
beordert, einige Frauen zu untersuchen, die ein öffentliches Bekenntniß abgelegt hatten. Eine derselben,
die hochbetagt war, sagte zu mir, daß sie sich schuldig erkannt, nicht, weil sie es in der That sei, sondern weil sie kein Vermögen habe, also arbeiten müsse,
um zu leben, und weil Niemand ihr Arbeit geben
wollte, indem sie als Hexe verschrien sei, und deßhalb
Hunger sterbe. Ueberall, wo sie erscheine, werde sie
geschlagen und beschimpft, man hetze die Hunde gegen
sie und werfe sie mit Steinen. Sie ziehe es also vor,
lieber zu sterben, als länger zu leben."

Oft auch begnügte man sich nicht damit, den Angeklagten allein auf die Folter zu spannen; seine Verwandten und Freunde wurden derselben Probe unterzogen,
um von ihnen ein Geständniß zu seiner Beschuldigung
zu erpressen.

In dem Prozesse Alison Pearsons wurde seine
neunjährige Tochter gefoltert, und sein noch jüngerer
Sohn erhielt 50 Hiebe auf die Fußsohlen.

Bediente man sich nicht der körperlichen Tortur,
so nahm man seine Zuflucht zum Entsetzen, oder zu
andern moralischen Mitteln, welche dieselben Wirkungen erzeugten.

In dem Prozesse der Hexen von Neu-England im Jahr 1696 erklärten sechs arme Frauen, die endlich in Freiheit gesetzt wurden, nachdem der Verfolgungseifer sich gemildert, und die vorher ihre Hexereien eingestanden, „daß man ihnen Alles, was sie aussagen sollten, in den Mund gelegt, und daß man sie dergestalt verwirrt habe, bis sie selbst nicht mehr gewußt hätten, woran sie seien.“

Es ist bei alledem unbestreitbar, daß in mehrern Fällen die Geständnisse aufrichtig waren. Darin liegt nichts Erstaunliches, wenn man bedenkt, daß eifrige und melancholische Gemüther in einer Zeit, wo die natürlichen Phänomene so wenig begriffen wurden, sie durch die Einwirkung eines bösen Geistes zu erklären sich bemühten.

In jener Zeit wurde Alles durch die Zauberei erklärt. Wurde ein von einer verdächtigen Person berührtes Kind krank, oder starb es, so hatte diese es behext. Dieser Glaube dauerte bis 1712, also bis zu dem Jahrhundert Voltaire's, J. J. Rousseau's, Bolingbrocke's und anderer hohen Geister, wie man das aus dem Prozesse Wenhams entnehmen kann.

Noch weniger erstaunlich ist es, daß jene sonderbaren Phänomene, die sich so oft in der menschlichen Maschine ereignen, wie die plötzlichen Entflammungen, die optischen Illusionen, die, welche die Reizung des Gehirns und der Nerven erzeugt, als Werke des Teufels betrachtet worden.

Welch Entsetzen würden nicht die Gespenster Nikalai's oder Nicholsons im 16. oder zu Anfang des 17. Jahrhunderts erzeugt haben, wenn der Malleus oder das Flagellum Dæmonum ihrer zuerst gedacht hätten, statt der Verhandlungen der Akademie zu Berlin von 1799, oder des 15. Bandes des Journal philosophique?

Mit welchem Schauder hätte man nicht in jener ersten Epoche die Schilderung der Visionen vernommen, die den unglücklichen Backzko zu Königsberg während seinen politischen Arbeiten im Jahr 1806 quälten? Jener Neger mit der scheußlichen Fratze, der sich ihm gegenübersetzte, oder jenes Ungeheuer mit dem Nachteulenkopfe, das ihn jede Nacht zwischen seinen Bettvorhängen betrachtete, und jene Schlangen, die sich um seine Knie zusammenzogen, während er schrieb; das Alles würden unabläugbare Zeugen von des Bösen Gegenwart gewesen sein.

Man bemerkt in den alten Hexen=Verhandlungen durchaus ähnliche Thatsachen, die aus derselben Ursache, einer heftigen Entflammung des Gehirns, herrührten. Einige Personen sahen ganze Legionen Teufel vorbeidefiliren, theils zu Fuß oder zu Pferde, theils in prächtigen Streitwagen, die von Löwen, Bären, Tigern und Drachen gezogen wurden. „Wir sehen, sagten die Schüler Pordage's, nach dem Beispiel ihres Meisters, nicht mit den Augen des Körpers, sondern mit denen des Geistes."

Alle diese Phänomene, welche die Arzneiwissenschaft jetzt durch die strengen Gesetze der Natur erklärt, und die damals als wunderbare, unbegreifliche Dinge betrachtet wurden, mußten den Menschen wohl den Glauben an eine Berührung mit den Mächten des Himmels und der Hölle geben.

So versichert der Doktor Dek zu Ende des 16. Jahrhunderts, mit einer Ueberzeugung, die aufrichtig scheint, daß er mit den Engeln auf sehr vertrautem Fuße stehe.

Sein Kollege, der Doktor Richard Napier, Verwandter des berühmten Erfinders der Logarithmen, glaubte, daß der Erzengel Gabriel ihm die meisten seiner ärztlichen Vorschriften eingegeben.

Im Grunde gab es zu jener Zeit wenig Aerzte, welche nicht geglaubt hätten, ihre Kranken durch irgend ein übernatürliches Mittel heilen zu können. Deshalb auch haben wahrscheinlich die Rezepte unserer Doktoren immer noch ein gewisses kabalistisches Ansehen.

Aubrey erzählt sehr ernsthaft, daß Aris Evans, dessen Nase stark angeschwollen war, durch eine Erscheinung belehrt wurde, daß der König ihn heilen werde. Als Karl II deshalb nach St. James kam, stürzte er sich ihm entgegen, ergriff seine Hand, und, statt sie zu küssen, rieb er sich damit die Nase, zur größten Verwunderung des Monarchen. Wie dem auch sei, sie wurde auf solche Weise geheilt.

Zu den Zeiten Aubrey's waren die Geisterbesuche so häufig, daß er ihre Ankunft und ihre Entfernung mit derselben Gleichgültigkeit andeutet, wie man heut zu Tage einer Visite seines Herrn Vetters oder seiner Frau Muhme gedenkt.

Nicht alle Verbrechen oder Schwachheiten, deren diejenigen, welche sich für behext hielten, sich selbst beschuldigten, waren eingebildet. Es ist keinem Zweifel unterworfen, daß listige und verdorbene Menschen mehr als einmal die Leichtgläubigkeit unglücklicher Geschöpfe mißbraucht haben, um ihre Lüste zu befriedigen. Ohne über diesen Gegenstand uns um-

ständlicher einzulassen, begnügen wir uns, an die
Geschichte des Pater Girard und La Cadière's zu
erinnern. Erst neuerdings täuschte ein Wollüstling
in Frankreich ein armes Mädchen dadurch, daß er
sich für den Engel Gabriel ausgab, der gesendet sei,
um ihr einen neuen Messias zu verkündigen . . . . .

Allgemeine Uebersicht von dem gegen= wärtigen Zustande der materiellen Kräfte Italiens.

Italien dürfte vielleicht bald berufen sein, eine
interessante Rolle auf der Weltbühne zu spielen. Es
gibt ein inniges Aneinanderknüpfen und Verschürzen
in dem politischen, wie in dem moralischen Leben der
Völker. Das Streben, der Kampf, der Triumph des
einen erregen Bewunderung, Nachdenken, Nacheifе-
rungssucht bei allen übrigen. Das Ideal des allewi-
gen Rechts strahlt in solchen Momenten heller als je.
Vernunft und Gesetz leihen ihm eine unwiderstehliche
Stärke. Das Idol, welches man gewaltsam an
seinen Platz gestellt, und durch Gewalt erhalten,
wird gestürzt. . . . .

Wir begleiten unsere Uebersicht, der materiellen
Kräfte der zisalpinischen Halbinsel, mit keinem Kommentar. Er würde zu voreilig, folglich unreif und
überflüssig sein. Die Zeit selbst wird ihn machen.
Wir geben die nachstehenden Notizen nur als nothwendige Ergänzung zu unsern frühern Mittheilungen

„über den gegenwärtigen Zustand Italiens *),“ auf welche wir unsere Leser hinweisen.

Unabhängiges Italien.

72,902 italienische Quadratmeilen, 16,060,500 Einwohner **), 201,970,000 Franken Einkommen, 66,940 Mann Landmacht.

Königreich beider Sizilien,

oder Königreich Neapel und Sizilien: 31,800 Q. M., 7,420,000 Einw., 84 Mill. Fr. Eink., 30,000 Soldaten.

Sardinische Staaten,

bestehend aus dem Königreich (der Insel) Sardinien, Piemont, Nizza, einen Theil der Lombardei, Montferrat, und der ehemaligen Republik Genua (jedoch ohne Savoien, das diesseits der Alpen liegt, und das durch Sprache und Sitten, besonders aber in geographischer Beziehung, durchaus französisch ist). 18,180 Q. M., 3,800,000 Einw., 60 Millionen Fr. Eink., 23,000 Mann Landmacht.

Kirchenstaat.

13,000 Q. M., 2,590,000 Einw., 30 Mill. Fr. (?) Eink., 6000 Soldaten.

Großherzogthum Toskana.

6324 Q. M., 1,275,000 Einw., 17 Mill. Fr. Eink., 4000 Soldaten.

Herzogthum Parma.

1660 Q. M., 440,000 Einw., 4,600,000 Fr. Eink., 1320 Soldaten.

Herzogthum Modena,

nebst dem seit 1829 dazu geschlagenen Herzogthum

---

*) M. f. II Theil, S. 181 u. f.; IV. Thl., S. 90 u. f. V Thl., S. 20 u. f. des laufenden Jahrgangs dieses Werks.

**) Einwohner, Einkommen und Landmacht sind berechnet, wie sie zu Anfang 1827 waren.

Massa und Carrara: 1571 Q. M., 379,000 Einw., 4 Mill. Fr. Eink., 1780 Soldaten.

Herzogthum Lukka.

312 Q. M., 143,000 Einw., 1,900,000 Frank. Eink., 800 Soldaten.

Republik St. Marino.

17 Q. M., 7000 Einw., 70,000 Fr. Eink., 40 Soldaten.

Fürstenthum Monako.

389 Q. M., 6500 Einw., 400,000 Frank. (?) Eink., keine Soldaten.

———

Oesterreichisches Italien.

Lombardo-venetianisches Königreich, italienisches Tirol, und einige Theile von dem Gouvernement Triest und dem Königreich Illyrien. 17,800 Q. M., 4,930,000 Einw., 122 Mill. Fr. Eink., 50,000 Soldaten.

Das Brutto-Einkommen der alleinigen venetianischen Provinzen belief sich 1823 auf 50,551,200 Fr., und das Netto-Einkommen auf 40,425,178 Fr. — Die lombardo-venetianische Armee befindet sich in Ungarn, während das österreichische Italien von 50,000 Böhmen, Ungarn, Panduren, Transylvaniern, Kroaten und Sklavoniern besetzt ist.

Französisches Italien.

Die Insel oder das Departement Korsika: 2852 Q. M., 185,000 Einw., 1,169,000 Fr. Eink., 5000 Soldaten.

Korsika gehört durch Sitten und Sprache zu Italien, während seine politischen Verhältnisse es an Frankreich knüpfen, dem es jährlich bei 4 Millionen Franken kostet.

Schweizerisches Italien.

Der Kanton Teſſin, und einige Theile von Graubünden: 1250 Q. M., 126,000 Einw., 550,000 Fr. Eink., 2120 Soldaten (Kontingent zur Bundesarmee).

Britisches Italien.

Die Inſelgruppe von Malta: 128 Q. M., 96,000 Einw., 2,900,000 Fr. Eink., 5000 Soldaten.

Das Brutto-Einkommen des Malteſerordens belief ſich im Durchſchnitt jährlich auf 3,402,850 Fr. Seit 1812 koſtet der Besitz dieſer Gruppe der engliſchen Regierung jährlich bei anderthalb Millionen Franken.

Ganz Italien.

94,932 italieniſche Quadratmeilen*),

21,397,500 Einwohner,

328,589,000 Franken jährliches Einkommen,

120,060 Soldaten.

---

*) 60 auf den Grad.

Der Eriesee.

Dieser große See in Nordamerika ist 246 englische Meilen (82 Stunden) lang, und 70 Meilen (23 Stunden) breit. Seine mittlere Tiefe ist nur zwischen 15 und 18 Klafter. Demungeachtet wird er vom Winde oft so gewaltig bewegt, daß seine Wellen sich erheben, wie die des Meeres. Nach jedem solchen Aufruhr findet man längs seinen Ufern eine große Menge todter Fische und Muscheln, die alsdann ganzen Heerden verschiedenartiger Wasservögel zur Speise dienen.

Während der Stürme bedeckt der See sich mit einem so dichten Nebel, daß man in einer Entfernung von 10 Klaftern nicht das Geringste unterscheiden kann. Diese Finsterniß vermehrt noch das Entsetzen, welches das furchtbare Geheul der Wogen verbreitet. Die Ufer des Sees sind sehr zerklüftet, vorzüglich auf der westlichen Seite, wo die Felswände 20 bis 30 Fuß hoch und steil abgerissen sind, so daß es unmöglich ist, an ihnen zu landen. Jeden Sommer scheitern viele Schiffe an dieser Küste.

Die Südwestwinde, welche den größten Theil des Jahres auf diesem See herrschen, stellen der Schifffahrt große Hindernisse entgegen. In der neuesten Zeit bedient man sich deshalb meistentheils der Dampfschiffe, die Wind und Wetter Trotz bieten können. Die fünf Hafen auf der nördlichen Seite, von denen nur ein einziger gegen den Wind gedeckt ist, bieten so wenig Sicherheit dar, daß die Schiffe es nur selten wagen, diese Küste zu berühren, ausgenommen wenn das Wetter vollkommen ruhig ist.

»Ich benutzte, sagt ein Reisender, die schönen

Sommertage, um einen Ausflug längs dem Eriesee zu machen. Mit Tagesanbruch verließ ich das Fort dieses Namens, und folgte dem Ufer des Sees, dessen Oberfläche glatt und glänzend wie ein Spiegel war. Hier und da zeigten sich einige wenig anziehende Wohnungen. Hart am Gestade war das Rauschen der Wogen so stark, daß ich davon betäubt wurde.

„Gegen acht Uhr erreichte ich ein kleines Wirthshaus, wo ich zu frühstücken beschloß. Mein Wirth war, was man in Amerika einen independent hoste nennt, d. h. ein unermüdlicher Frager, der die Neugier so weit getrieben haben würde, meinen Mantelsack zu durchwühlen, wenn ich ihm nicht meinen Entschluß gezeigt hätte, mich dieser Vertraulichkeit mit Gewalt zu widersetzen.

„Man findet in den Wirthshäusern von Ober-Kanada kaum Lebensmittel genug, um seinen Hunger zu stillen. Das Brod ist dort selten; dagegen findet man überall Thee, wenn man diesen Namen einem Getränk geben will, das aus warmem Wasser besteht, welches man über einige im Walde gesammelte widerliche Pflanzen geschüttet. Außer dem Wirth und seiner Frau ist Niemand zur Bedienung vorhanden, und wenn die Unabhängigkeit des erstern ihm nicht erlaubt, Euer Pferd zu füttern und zu striegeln, so müßt Ihr es selbst thun; denn die Wirthin befaßt sich mit dergleichen Verrichtungen nicht.

„Zwanzig Meilen (7 Stunden) unter der Mündung des Eriesees, erreicht man einen Landestheil, Zuckerhut genannt, dessen Name wahrscheinlich von den vielen Spitzhügeln herrührt, die man auf einer Oberfläche von mehrern Meilen bemerkt, und deren

Anblick sich schwer beschreiben läßt: Ihre Höhe ist
zwischen 25 und 30 Fuß. Ihre Gestalt ist vollkommen regelmäßig. Sie bestehen nur aus Erde und
Sand.

„Der vielen Ansiedelungen und der Urbarmachung
des Landes ungeachtet, ist der allgemeine Anblick der
Gegend dennoch wüst und traurig. Das Brüllen der
Wellen an den Felsen der Küste ist weithin vernehm-
bar. Dichte Nebel verhüllen den Himmel im Herbst
und Frühling, und die Sümpfe, welche den Zuckerhut umgeben, verhindern alle Verbindung zwischen
den Bewohnern dieses Landstriches und ihren Nachbarn, ausgenommen während dem Sommer, oder während einem strengen Winter.

„Ich blieb über Nacht bei einem Müller, und
setzte am andern Morgen meinen Weg fort. Je weiter ich vordrang, um so mehr erhob sich das Ufer des
Sees, und stieg auf einigen Stellen bis auf 100 Fuß.
Der aus Sand und Erde bestehende Boden war vom
Gewässer untergraben. Diese Aushöhlungen hatten
oft die seltsamsten Formen, und waren manchmal sehr
tief. Einzelne Vorsprünge des Gestades waren mit
großen Bäumen besetzt. Das Wasser hatte die Erde
abgespült von ihren Wurzeln, und sie schienen nur
noch an einigen Faden derselben über den Fluthen
zu schweben. Die wilde Rebe wächst hier mit großer
Pracht. Sie schlingt sich, wie eine Schlange, um
die stärksten Bäume, und erstickt sie durch ihre Umarmung.

„Die Stürme des Eriesees erheben die Fluthen
bis zu den höchsten Punkten der Küste. Man hat

Reisende. gesehen, die sich in vollkommener Sicherheit
wähnten, und die plötzlich von den Wellen in den
See gezogen wurden. Die Heftigkeit ihrer Schläge
ist so groß, daß sie die stärksten Schiffe zertrümmern,
und daß die Mannschaft nur durch Schwimmen sich
retten kann.

„Man erzählte mir, daß eine arme indische Frau,
die sich von ihrem Lagerplatz oder Wigwane entfernt
hatte, um mit ihrem siebenjährigen Kinde am Ufer
Muscheln zu sammeln, auf das Verlangen des Knaben
zur Höhe emporkletterte, um demselben einige lockende
Trauben zu holen. Um jedoch zu denselben zu gelangen, mußte sie einen Umweg durch eine Schlucht machen. Sie gebot ihrem Kinde, sich nicht zu entfernen, was dieses auch versprach.

„Während sie nun durch die bewaldete Schlucht
vordrang, erhob sich nach und nach der Wind, die
Wellen thürmten sich über einander, überstiegen das
Ufer, und der Rückweg war der unglücklichen Mutter
abgeschnitten. Sie vernahm das Geschrei ihres Kindes, schwang sich auf die Höhe, und suchte sich ihm
zu nähern; aber umsonst. Sie sah den Knaben mit
den Wellen kämpfen, und sich bemühen, zu ihr empor
zu klettern. Der Abhang war steil, und mehr als
50 Fuß hoch. Schon schlugen die Wellen daran
empor.

„Unter so fürchterlichen Umständen, wo alle Hilfe
unmöglich schien, wollte sie sich schon in die Fluth
stürzen, um wenigstens mit ihrem Kinde umzukommen,
wenn sie es nicht retten könne, als sie dieses einen
schwimmenden Baum ergreifen, und sich an den Zweigen desselben festklammern sah.

„Die arme Mutter litt Todesangst. Sie konnte sich nicht entschliessen, ihr Kind zu verlassen, um Hilfe im Lager zu holen, und doch konnte sie selbst ihm nicht helfen. So verstrich die Zeit. Die Nacht brach herein, und sie harrte auf den Mond, um sich nicht zu verirren. Noch immer bemerkte sie ihren Sohn, der ihr Klagegeschrei mit leisem Gewimmer beantwortete.

„Endlich erhob sich der Mond, und — ihr Kind war verschwunden. Schon wollte sie sich hinabstürzen, als sie ganz in ihrer Nähe eine schwache Stimme vernahm: „Hilf mir, Mutter; ich bin hier.“ Sie näherte sich rasch dem Abgrunde, und streckte die Hand aus, um den Knaben zu ergreifen. Aber in demselben Augenblicke gleitete die untergrabene Erde aus, und beide verschwanden in den Fluthen.“

Ueber die Dauer des menschlichen Lebens in verschiedenen Ländern der Erde.

Die medizinische Statistik ist bis jetzt noch ziemlich unvollständig. Es gebricht ihr noch an hinlänglichen Zusammenstellungen über die mittlere Dauer des Lebens in den verschiedenen Ländern der Erde. Mannigfache und wichtige Arbeiten sind in dieser Hinsicht in einigen Städten und Spitälern bereits vorgenommen worden. Aber diese Versuche sind immer zerstreut geblieben. Die Näherung der erzielten Resultate war um so schwerer, da die wenigsten derselben bekannt gemacht worden. Ueberdem war noch eine besondere Umsicht nothwendig in ihrer Auswahl. Das waren die Schwierigkeiten, welche der Doktor Haukins in seinem vor Kurzem erschienenen Werke: „Elements of medical statistics“ überstiegen zu haben scheint. Entnehmen wir demselben einige der wichtigsten Thatsachen.

Umsonst spürt man nach Andeutungen, durch welche man die mittlere Lebensdauer bei den Alten erforschen könnte. Die Römer allein bieten uns einige unter diesem Betrachte der Aufmerksamkeit würdige Thatsachen dar. Darf man Ulpian, dem Minister des Alexander Severus, Glauben beimessen, so hielten die Zensoren, von Servius Tullius an, Register, in welchen auf das Sorgfältigste Alter, Geschlecht, Krankheiten und Todesfälle der römischen Bürger angegeben wurden.

Diesen Beobachtungen zufolge, welche ungefähr tausend Jahr umfassen, war die mittlere Lebensdauer

dreißig Jahre. Nimmt man London als Verglei-
chungspunkt an, und stützt man sich dabei auf die
Nachforschungen Finlaysons während den letzten vierzig
Jahren, so findet man, daß hier die mittlere Lebensdauer fünfzig Jahre ist, folglich zwanzig Jahre
mehr, als bei den Römern.

Die mittlere Dauer bei der ganzen englischen Nation ist 45 Jahre. Die verschiedenen Klassen der
Gesellschaft haben in Großbritannien also 15 Jahre
länger zu leben, als die wohlhabenden Klassen zu
Rom. Zu Florenz ist noch jetzt die mittlere Lebensdauer bei der ganzen Bevölkerung dieselbe, wie die
der höhern Stände zu Rom im dritten Jahrhundert.

Der christlichen Religion verdankt man den in
den neuern Zeiten wieder aufgenommenen Gebrauch
der Geburts- und Sterbe-Register. Zu Genf hat
man diese letztern seit 1560. Die Resultate, welche
denselben sich entnehmen lassen, sind sehr merkwürdig. Es scheint, daß zur Zeit der Reformation die
mittlere Lebensdauer in dieser Stadt nicht 18 Jahre
überstieg. Im 17. Jahrhundert war sie 23, im 18.
32, und jetzt ist sie 36 Jahre.

Der erste Schriftsteller, welcher mit diesem interessanten Gegenstande sich beschäftigt hat, war
der Kapitän J. Grant, um das Jahr 1661. Man
kann ihn als den eigentlichen Schöpfer der Statistik
betrachten. Lange nach ihm kam Süßmilch, der die
Ideen Montesquieu's und vieler alten Schriftsteller
theilte, und voraussetzte, daß Europa besonderer Gesetze bedürfe, durch welche die größere Vermehrung
der Bevölkerung befördert werden könne, weshalb
man vorzüglich die Möglichkeit, sich zu verheirathen,

erleichtern müsse. Er gab als mittlere Zahl der
Sterblichkeit auf der ganzen Erde 1 auf 36 an. Der
berühmte Geograph Büsching nahm 1 auf 32 bis 37
an. Achtzig Jahre sind seitdem verflossen, und die
physische Bedingung des Menschen hat sich seitdem
sehr verbessert. Die Zahl der Todesfälle hat sich von
Jahr zu Jahr vermindert, und in England hat sich
die Lebensdauer geradezu verdoppelt.

Im 14. Jahrhundert, als die Pest aus dem Nord-
westen Asiens nach Europa überging, gelangte sie
auch nach England, wo sie die Hälfte der Gesammtbevölkerung fortriß. In den folgenden Jahrhunderten verbesserte sich der Gesundheitszustand nach und
nach, doch läßt sich die Sterblichkeit erst in den
neuern Zeiten genau angeben. Man findet sie in
England und Wales

im Jahr 1778 von 1 auf 40.
"   "   1790 " 1 " 45.
"   "   1801 " 1 " 47.
"   "   1811 " 1 " 52.
"   "   1821 " 1 " 58 oder 60.

Die schwache Verminderung, welche man von 1790
bis 1800 bemerkt, muß der Hungersnoth von 1795
bis 1800 zugeschrieben werden. Die angegebenen
Zahlen begreifen das Land in Masse; betrachtet man
jedoch die einzelnen Theile im Besonderen, so findet
man eine auffallende Verschiedenheit. Middlesex und
Sussex bieten in dieser Hinsicht die beiden Extreme
dar. In dem ersten war 1821 die Sterblichkeit von
1 auf 47, und in dem letzten von 1 auf 72. Diese
Verschiedenheit muß besonders der großen Ueberlegenheit der städtischen Bevölkerung in der Grafschaft

Middlesſey zugeſchrieben werden. *) Aber ſelbſt in den am wenigſten geſunden Gegenden nimmt die Sterblichkeit bedeutend ab. So war ſie in Middleſſey 1811 von 1 auf 36 und 1821 von 1 auf 47.

Und nicht in England allein beurkundet ſich dieſe Verminderung der Sterblichkeit; man bemerkt ſie auch in vielen andern Ländern, jedoch in einem geringern Verhältniſſe, wie ſich aus nachſtehender Ueberſicht ergibt:

	Todesf.	Einw.	Todesf.	Einw.
England und Wales	(1780) 1 auf	40;	(1821) 1 auf	60.
Kanton Waat			1 -	49.
Schweden	(1775) 1 auf	35;	(1823) 1 -	48.
Niederlande	(1750) 1 -	23;	(1827) 1 -	4s.
Frankreich	(1781) 1 -	29;	(1823) 1 -	40.
Vereinſtaaten Nordamerika's			1 -	40.
Preuſſen			1 -	35.
Neapel			1 -	34.
Würtemberg			1 -	33.
Mexiko			1 -	30.
Venedig			1 -	28.

In Frankreich bemerkt man eine große Verſchiedenheit in der phyſiſchen Konſtitution der Bewohner der verſchiedenen Provinzen, und folglich in ihrer Sterblichkeit. In den wohlhabendſten Departementen iſt ſie am ſchwächſten. So rechnet man in denen von Calvados, der Orne und der Sarthe nur einen To-

---

*) Die Grafſchaft Middleſey bildet eine der großen Abtheilungen von London. Die beiden andern ſind die City und Weſtminſter. Jede dieſer Abtheilungen hat ihren beſondern Magiſtrat.

desfall auf 50 Einwohner. In den beiden Departementen des Calvados und der Orne stirbt auf eine gewisse Zahl Individuen das Viertel vor dem fünften Jahre, die Hälfte vor dem 45. und die drei Viertel vor dem 70.; während in den beiden Departementen der Indre und des Cher, die sehr arm sind, das Viertel bereits vor dem ersten Jahre stirbt, die Hälfte zwischen 15 und 20 und die drei Viertel vor dem 50. Jahre. In Frankreich überhaupt lebt die Hälfte aller Gebornen bis zum 20. Jahre, und zwei Drittel bis zum 45.

Im Königreich Preussen vermehrt sich die Bevölkerung sehr rasch. Von 1816 bis 1824 hat jährlich die Zahl der Geburten die der Todesfälle um 172,100 überstiegen, wonach sich voraussetzen läßt, daß in 26 Jahren die Bevölkerung verdoppelt sein wird. Diese Zunahme ist ebensowohl der Verminderung der Sterblichkeit, als der größern Zahl der Geburten zuzuschreiben. Auch sind die Heirathen in diesem Lande sehr häufig, und zwar der Leichtigkeit wegen, mit welcher die Ehescheidungen zugestanden werden. Man zählte 1817 auf 37 Ehepaare immer ein geschiedenes. Indessen hat dies Verhältniß sich seitdem sehr vermindert.

In Baiern hat man bemerkt, daß die Gegenden, in welchen es die meisten Herrschaften gibt, am wenigsten bevölkert sind. Die Sterblichkeit ist dort zwischen 1 auf 29, und 1 auf 38 in den verschiedenen Kreisen.

Es ergibt sich aus den Nachforschungen des Professors Kudler, der sich besonders mit der Statistik

des Süden beschäftigt, daß nach den gegenwärtigen
Fortschritten der Bevölkerung. Oesterreichs nicht weniger als 150 Jahre zur Verdoppelung jener von
Ungarn erforderlich sind, 176 zu der des eigentlichen Oesterreichs, 230 zu der Böhmens, 248 zu der
Galliziens und 296 zu der Mährens. Steyermark
allein bietet günstigere Umstände dar.

Die früher über Rußland bekannt gemachten Mittheilungen bieten so außerordentliche Resultate dar,
daß es unmöglich ist, ihnen unbedingten Glauben beizumessen. Es ist sehr wahrscheinlich, daß man sie oft
auf Gerathewohl angegeben. Zudem weiß man, daß
Katharina II erst 1764 befahl, alle Taufen und Todesfälle regelmäßig einzuschreiben.

In den venetianischen Provinzen ist die Sterblichkeit, nach den mit Bewilligung der österreichischen
Regierung bekannt gemachten Listen, von 1 auf 28.
Während der Hungersnoth von 1815 bis 1817 verminderte sich die Zahl der Heirathen und der Geburten sehr, und die Sterblichkeit war 1817 von 1 auf
14. Die Bevölkerung belief sich 1766 auf 361,491
Familien und 1827 auf 397,098. Diese Vermehrung
ist sehr schwach, und eines der traurigen Resultate
der vielen Unglücksfälle, von denen Italien heimgesucht worden.

Amerika bietet uns, wie Europa, eine große Ueberlegenheit der nördlichen Staaten über die südlichen
dar. In der nordamerikanischen Union zeigt die
Sterblichkeit dasselbe Verhältniß, wie in Frankreich.
Es ist nach den Distrikten verschieden zwischen 1 auf
56 und 1 auf 35.

Südamerika ist uns nur nach den von Alexander

von Humboldt angegebenen Thatsachen bekannt. Alle Verstöße des Mutterlandes, und besonders eine sehr ungleiche Vertheilung des Grundeigenthums, waren von Anfang an in Neu-Spanien eingeführt worden. Dieser Umstand, und die große Zahl der im tiefsten Elend schmachtenden Indier, hatten lange die Fortschritte der Bevölkerung verspätet. Die Generationen verschwinden dort mit unglaublicher Schnelligkeit.

Die Insel Bourbon gewährt merkwürdige Thatsachen über die Verschiedenheit der Sterblichkeit bei den französischen Kolonisten und den freien Negern, oder den Sklaven. Bei den ersten ist das Verhältniß jährlich von 1 auf 44, während die Geburten wie 1 auf 24 sind. Bei der schwarzen Sklaven-Bevölkerung bemerkt man geradezu das Gegentheil. Von 1818 bis 1824 hat sie sich um ein Sechstel vermindert, und vermindert sich jetzt noch rascher, so daß die Eigenthümer schon den Zeitpunkt voraus berechnen können, wo sie genöthigt sein werden, einen großen Theil des jetzt bebauten Landes unkultivirt zu lassen. Bei den freien Negern auf derselben Insel zählt man dagegen nur einen Todesfall auf 62 Einwohner.

Man hat zu allen Zeiten und in allen Ländern bemerkt, daß die Sterblichkeit stärker ist in den Städten, als auf dem Lande. Diese Verschiedenheit ist besonders bemerkbar in den ersten Jahren des Daseins. Zu London zum Beispiel sterben bei weitem mehr Kinder bis zum fünften Jahre, als auf dem Lande. Vom 5. bis 20. Jahre sterben alsdann weniger in dem ersten, als auf dem andern. Vom 20. bis zum 50. Jahre ist die Sterblichkeit wieder stärker zu London, was man besonders der großen Zahl

Fremder zuschreiben muß, die in diesem Alter der
Hauptstadt zuströmen, und die, in ihrer Jugend an
eine reinere Luft und an stärkere Bewegung gewöhnt,
genöthigt sind, eine ihren frühern Gewohnheiten ganz
entgegengesetzte Lebensart anzunehmen.   Haben sie
sich jedoch erst einmal daran gewöhnt, so erlangen
sie auch ein hohes Alter, denn über 50 Jahre hinaus
ist die Sterblichkeit bei weitem schwächer zu London
als auf dem Lande.

1697 zählte man in der Hauptstadt Englands
21,000 Todesfälle, und 1797 nur 17,000, obgleich
die Bevölkerung sich beinahe verdoppelt hatte. Was
am erstaunlichsten scheint, ist, daß diese Gesundheits-
Verbeßrung seit 50 oder 60 Jahren, während denen
die Bevölkerung sich am meisten ausgedehnt, auch die
größten Fortschritte gemacht hat.   In Mitte des letzten
Jahrhunderts war die Sterblichkeit von 1 auf 20,
1811 von 1 auf 38, und jetzt wahrscheinlich von 1
auf 42, so daß, in einem Zeitraum von 70 Jahren,
die Lebensdauer in dieser großen Stadt sich gradezu
verdoppelt hat.

Zu Manchester ist die Verbesserung des Gesund-
heitszustandes noch auffallender.   Die Sterblichkeit
war 1750 von 1 auf 25, 1770 von 1 auf 28 und
1811 von 1 auf 74.   In 60 Jahren hat sich die Bevölkerung dieser Stadt vervierfacht.

Geben wir jetzt eine Uebersicht von der Sterblichkeit auf mehreren Punkten Europa's und Amerika's:

Manchester	1 Todesfall auf	74 Einw.
Boston	1	49 -
Glasgow	1	47 -

Birmingham .	1 Todesfall auf	. . .	43 Einw.
Genf . . .	1 (1560) auf 18. (1520) auf 43			"
London . . .	1 (1750)	20. (1821)	40	"
Portsmuth . .	1 (1800)	28. (1811)	38	"
Petersburg .	1			37	"
Livorno . .	1			35	"
New-York, Ge-samtbevölkerung	1			35	"
Weiße .	1			40	"
Neger .	1			19	"
Berlin . . .	1 (1755)	28. (1822)	34	"
Paris . . .	1 (1650)	25. (1821)	32	"
Barcelona . .	1			32	"
Lyon . . .	1			32	"
Philadelphia, Ge-samtbevölkerung	1			31	"
Weiße .	1			34	"
Neger .	1			19	"
Nizza u. Palermo	1			31	"
Florenz . .	1			30	"
Madrid . . .	1			29	"
Neapel . .	1			28	"
Stockholm . .	1			26	"
Brüssel . .	1			26	"
Rom . . .	1			25	"
Prag . . .	1			24	"
Amsterdam .	1 (1777)	27. (1826)	24	"
Wien . . .	1 (1750)	20. (1822)	22	"

Die Verminderung der Sterblichkeit zu Paris hat rasche Fortschritte gemacht, besonders in den letzten Jahren. Villermé's Nachforschungen zufolge war sie 1 auf 16 oder 17 im 14. Jahrhundert. Die Zahl der Todesfälle war ehemals viel beträchtlicher, als die der Geburten; jetzt ist es umgekehrt.

Wahrscheinlich ist die vorstehende, für Petersburg angegebene Sterblichkeit nicht genau, denn von 1813 bis 1822 verhielten sich die Geburten zu den Todesfällen wie 100 zu 134.

Wien ist bis jetzt noch die Stadt, in welcher sich die Sterblichkeit am meisten jener der schwarzen Race zu Neu-York und Philadeplhia nähert. Seit siebenzig Jahren hat sie sich nur um zwei vermindert. Dieser Umstand ist um so auffallender, da das Klima dieser Stadt zu den gesundesten gehört.

Zu Livorno ist die Sterblichkeit von 1 auf 35, und die Geburten sind von 1 auf 25 für die Gesammtbevölkerung. Man bemerkt in dieser Stadt noch eine Verschiedenheit zwischen der katholischen und nichtkatholischen (protestantischen und israelitischen) Bevölkerung. Bei dieser letzten zählt man nämlich 1 Geburt auf 39 Individuen, und einen Todesfall auf 49.

Werfen wir einen Blick auf die Sterblichkeit in den Spitälern:

London,	Todesfall.		
Spital St. Thomas	1 auf (1685) 7 Kranke (1827) .	12 Kr.
„ St. Georg .	1 „ (1734) 8 „ (1827) .	9 „
„ zu Bath . .	1 „	18 „
„ Glasgow .	1 „	9½ „
„ Edinburg	1 „	16 „
Spitäler zu Dublin	1 (im Durchschnitt v. 10 Jahren)	13 „
Paris, Hôtel-Dieu	1 {von 1770 bis 1788} 4 Kranke (1822) .	6⅘
la Charité . .	1	5½
Spital d. k. Garde	1	21 „
St. Louis . . .	1	14 „

Lyon, Hôtel-Dieu . 1 Todesfall auf . . . . 11 Kr.

Montpellier . . . . 1 . . . . 10 -

Berlin, Charité . 1 (von 1796 bis 1817) . . . 6 -

    Militär-Spitäler 1 . . . . . . (1822) . 85 -

Wien, großes Kran-

    kenhaus . . . 1 . . . . . , (1824) . 6 -

Pesth . . . . . 1 . . . . . (1826) . 6 -

Dresden . . . . 1 . . . . . . (1816) . 7 -

München . . . . 1 . . . . . . (1819) . 9 -

Petersburg, kaiserl.

    Spital . . . 1 . . . . 4½

    Provinz-Spital . 1 . . . . . (1811) . 10 -

Genf . . . . . 1 . . . . . (1823) . 11 -

Brüssel, Spital St.

    Peter . . . . 1 . . . . . . (1823) . 9 -

Amsterdam, Spital

    St. Peter . . 1 . (von 1798 bis 1817) . 8 -

Genua . . . . . 1 . . . . . (1821) . 6 -

Turin, Spital San

    Giovanni . . 1 . . . .

Mailand, großes Kran-

    kenhaus . . . 1 . . . . 7 -

    Klinik von Razori 1 . . . . 8 -

Pavia, Spital San-

    Matteo . . . 10³⁄₅ . . . . . (1823) . 100 -

    mediz. Klinik . 7 . . . . 100 -

    chirurg. id. . . 6⅔ . . . . 100 -

Bologna, Klinik von

    Tommassini . 7¾ . (von 1816 bis 1819) . 100 -

Palermo . . . . 12 . . . . . . (1823) . 100 -

    Bemerkt zu werden verdient auch die Zahl der gestorbenen Wöchnerinnen in folgenden Orten:

        Todesfall.

Britisch Lying in

    Hospital . 1 (1750) auf 42 (1780) 60 { v. 1789 / b. 1798 } 288 Wöchn.

London Lying

    in Hospital 1 . . . . (1826) . 70 -

Paris, Hôtel-

   Dieu . . 1 Todesfall auf . . . (1780) 15 Wöchn.

 la Maternité 1 . . . . (1822) 29 »

Dublin, Lying

  in Hospital 1 . . . . (von 1757 bis 1825) 89 »

Edinburg . . 1 . . . . (von 1826 bis 1829) 100 »

Stockholm . 1 . . . . (1822) 29 »

Berlin . . . 1 ${v.\,1796 \atop b.\,1806}$ 32 . . ${v.\,1807 \atop b.\,1817}$ 45 »

Die Sterblichkeit in den Findelhäusern, für das erste Lebensjahr der Kinder, verhielt sich folgender-maßen:

Zu Paris (v. 1771 b. 1777) 25 auf 31 . . (1827) 1 auf 2

 » Wien (1793) 8 od. 9 auf 10 (1810) 1 auf 2 (1823) 1 auf 3

 » Stockholm . . (1822) . . . . 1 » 5½

 » Petersburg (v. 1786 b. 1806) 35 auf 37 (1812) 1 » 2

 » Neapel . . . . 1 » 5

 » Palermo . . . . 7 » 10

Seit der allgemeinen Anwendbarmachung der Kuhpocken-Impfung hat sich die Sterblichkeit bei den Kindern sehr vermindert, wie sich das aus folgen-der, offiziell in Schweden bekannt gemachter Ueber-sicht ergibt:

1779 starben 15000 Personen an den Kinderblattern;

1784 — 12000. . . . .

1800 — 12000.

1801 — 6000.

1822 — 11.

1823 — 37.

Man glaubt gewöhnlich, daß die Zahl der Wahn-sinnigen beständig steige; aber es läßt sich Manches dagegen sagen. Auf jeden Fall sind die Andeutungen in dieser Hinsicht nicht überzeugend genug, um den-selben eine entscheidende Schlußfolge entnehmen zu

können. Von 2507 Wahnsinnigen, die in den Irren-
häusern zu Paris aufgenommen wurden, zählte man
1095 Männer und 1412 Frauen. In England dagegen fand man von 7904 Wahnsinnigen 4461 Männer und 3443 Frauen. Während der Hungerzeit von
1817 verdoppelte sich die Zahl dieser Unglücklichen
zu Paris, und in dem Hungerjahre 1815 stieg die
Zahl derselben zu Cork in Irland von 74 auf 210.

Folgendes war das Verhältniß der geheilten und
der gestorbenen Wahnsinnigen:

	Aufgenommen.	Geheilt.	Gestorben.
im Königr. d. Niederlande	4000	1577	1254
Amsterdam	1248	. . .	604
Berlin, Charité	413	206	117
Würzburg	528	292	78
England, Wakefeld Asilum	100	(seit 1819)	24
— Lancaster	100	(v. 1817 b. 1825)	24½
— York Retreat	100	(v. 1796 b. 1819)	20
Paris, Bicêtre und Sal-pêtrière	100	(1822, 23, 24)	22

Nur in Frankreich hat man authentische statistische Andeutungen über die Sterblichkeit in den Gefängnissen. Sie verhält sich dort wie 1 zu 22. Der
Doktor Villermé berechnet, daß die Gefängnisse die
Lebensdauer der Verhafteten um 20 Jahre verkürzen,
selbst die Schulden halber Eingesperrten mit inbegriffen. Nur bei den Galeerensklaven findet eine Ausnahme statt, indem sie mehr im Freien leben, und
besser genährt und gekleidet sind, als die übrigen Gefangenen.

Nach Samuel Coopers Angabe zählt man in den

Gefängnissen zu London einen Todesfall auf 50 oder 55 Gefangene.

Hinsichtlich der Selbstmorde findet man folgendes Verhältniß:

London, im Durchschnitt jährlich	100
Hamburg, (1815) 2 (1820) 10 (1825) .	59
Frankfurt am Main . . . . . . (1823) .	100
Kopenhagen	100
Neu-York . . . . zwischen 13 und	29
Philadelphia . . . . 2 .	13
Baltimore . . . . 2 .	7
Paris (von 1813 bis 1823 jährlich.)	334
Schweden . . . . (1823) .	151
Neapel . . . . (1826) .	13
Rußland, von 1823 bis 1827 einschließlich . .	4087
Spanien . . . . (1826) .	16

Diese letzte Angabe ist sehr zu bezweifeln, um so mehr, da einer unserer Freunde, welcher lange in der Nähe von Barcelona gewohnt, uns versichert, daß man allein in dieser Stadt im Durchschnitt jährlich zwischen 30 bis 40 Selbstmörder rechnen könne. Gewöhnlich wird aber der Selbstmord von den Verwandten abgeläugnet, und durch einen Schlagfluß vermummt. Auf solche Weise zählt man mehrere Hundert am Schlagfluß gestorbene Personen in der iberischen Halbinsel.

Zu Berlin hat sich die Zahl der Selbstmorde sehr vermehrt. Man fand:

von 1758 bis 1775 einen Selbstmord auf 1800 Todesfälle.		
1787 - 1797 . . .	900	.
1798 - 1810 . . .	600	.
1810 - 1822 . . .	100	.

Dr. Kasper behauptet, daß es eine Selbstmörder-Gesellschaft in Preussen gegeben. Sie bestand aus sechs Personen, welche sich unablässig bemüheten, neue Mitglieder anzuwerben. Sie tödteten sich, einer nach dem andern, und der letzte jagte sich 1817 eine Kugel durch den Kopf. Man sagt auch, daß ganz neuerdings ein solcher Klubb zu Paris bestand, von dem jedes Jahr ein Mitglied sich umbringen mußte. Ein der gewöhnlichsten Ursachen des Selbstmordes, auf welche die Gesetzgeber ihre ganze Aufmerksamkeit richten sollten, ist die Nachahmungssucht, von der alle Manigraphen zahlreiche Beispiele anführen.

Das Bemerkenswertheste in der neuesten ausländischen Literatur.

—

Mexiko.

Memoria de la Secretaria de Estado y del Despacho, etc. — Denkschrift des Staats=Sekretariats und der Depeschen der innern und äussern Angelegenheiten, vorgelesen vor der Deputirtenkammer, durch den Staatssekretär dieses Verwaltungszweiges, den 12. Februar 1830, am Tage nach der Sitzung des mexikanischen Senats. Mexiko 1830.

Der Staatsmann, welche diese Denkschrift verfaßt hat (Don Lukas Aláman), spricht nur auf der letzten Seite, und in wenigen Worten, von sich selbst. Aber was er sagt, ist genügend zur Kenntniß seines Karakters.

„In dem Gemälde, welches ich Ihnen vorgelegt, sagt er, nichts ist Uebertriebenes, nichts Verstecktes. Sorfältig jede exaltirte Meinung vermeidend, habe ich meiner eigenen Urtheilskraft mißtraut, und nur Thatsachen sprechen lassen. Sie sind nur zu gewiß, nur zu augenscheinlich, und gäbe es einige, die man noch bezweifeln könnte, würde ich durch zahlreiche Bescheinigungen sie unterstützen. Als öffentlicher Beamter, und als Mann von Rechtschaffenheit und Ehre, habe ich Ihnen unsere Nation und unsere Angelegenheiten dargestellt, wie ich sie gesehen. Zu welcher politischen Meinung sich nun auch die Leser

dieser Denkschrift bekennen mögen, werden sie doch
bei sich se.bst gestehen müssen, daß ich wahr gesprochen.

„Die Uebel, an denen die Republik leidet, sind
sehr schwer. Aber wir werden unter ihnen nicht erliegen. Wir werden Zeit und Kraft genug haben,
um die schicklichen Heilmittel auf sie anwendbar zu
machen. Doch müssen wir keinen Augenblick verlieren, und muthig eine Radikalkur unternehmen, statt
uns mit Linderungsmitteln zu begnügen.

„Es ist unumgänglich nothwendig, mit Ordnung
und Regelmäßigkeit dabei zu verfahren, und allen Theilen der Verwaltung zu gleicher Zeit dieselbe Sorgfalt angedeihen zu lassen.

„Ohne Sicherheit der Personen und des Eigenthums gibt es keine Gesellschaft. Ohne von den
Bürgern unmittelbar erwählte Vertreter gibt
es keine Freiheit. Ohne eine öffentliche, wohlorga-
nisirte Macht, zur Erhaltung der Ordnung und Eintracht, die jedoch nie gegen die Rechte der Bürger
in Anwendung gebracht werden könne, kann eine Nation nicht bestehen.

„Diese drei Elemente sind gleichermaßen nothwendig zur Existenz einer regelmäßigen Regierung,
welche Form man ihr auch geben mag.

„Sie haben die höchsten Interessen der Nation
in ihren Händen. Ihre Entschlüsse werden über
ihre Achtung und ihren Kredit im Aeussern, so wie
über ihren Wohlstand im Innern, über ihre ganze
Existenz entscheiden.

„Ich war beauftragt, Sie von seiner wirklichen
Lage zu unterrichten. Ich habe diese Pflicht erfüllt.

Möge der Kongreß nur schnelle, wirksame Heilmittel gegen die von mir bezeichneten Uebel in Anwendung bringen. Die Nation hat ihre Hoffnung auf die Weisheit ihrer Vertreter gesetzt. Sie vertraut ihnen ihre Zukunft an, und verlangt von ihnen die Erhaltung der Mittel ihres Wohlergehens, welche die Freigebigkeit der Natur ihr zugestanden."

Die Denkschrift selbst stellt zuerst die Verhältnisse der mexikanischen Republik mit den übrigen Staaten Amerika's und mit denen Europa's in Rede. Die große Frage der Anerkennung der neuen amerikanischen Republiken ist beinahe ganz entschieden, indem fast alle Mächte Verbindungen mit ihnen angeknüpft haben. Weniger erfreulich sind die gegenseitigen Verhältnisse dieser Republiken. Vom Kap Horn bis zu den Grenzen der vereinigten Staaten Nordamerika's sind die innern Unruhen ihnen verderblicher geworden, als je die Waffen Spaniens.

Don Alaman macht vorzüglich den geheimen Gesellschaften den Vorwurf, Unruhe und Zwietracht genährt zu haben. Er findet ihr Dasein durchaus überflüssig, und selbst verderblich, wenn die Nation wirklich frei ist. Wozu noch Geheimhaltung in einem Lande, wo alles Gute ohne Rückhalt öffentlich verhandelt werden kann?

Nach der Uebersicht, welche er von der örtlichen Miliz gibt, kann man entnehmen, daß ihre Organisation noch sehr mangelhaft ist, was besonders der Schwäche der Zentral-Regierung zugeschrieben werden muß.

Niederlande.

Lettres sur la liberté de la Religion, et sur les Théodémocrates, ou les Jésuites modernes. — Briefe über die Religionsfreiheit, und über die Theodemokraten, oder die neuern Jesuiten. Amsterdam 1829.

Diese Flugschrift ist gegen die katholische Bevölkerung der Niederlande gerichtet. Da der Pabst kein erblicher, sondern ein Wahlfürst ist, betrachtet der Verfasser den römischen Hof nicht als eine theokratische Monarchie, sondern vielmehr als eine Theo=Demokratie. Daher rührt denn auch der Name „Theo-Demokraten", den er den Jesuiten verleihet.

Ihm zufolge ist es im demokratischen Sinne, daß die Jesuiten sich gegen die Könige verschworen, und daß sie die erklärten Feinde nicht nur aller konstitutionellen, sondern auch aller unumschränkten Monarchien sind.

Ohne Zweifel ist das eine ganz neue Ansicht der Dinge, an die man sich nicht leicht gewöhnen, und die man auf keinen Fall unbedingt annehmen dürfte. Die Jesuiten Freunde der Freiheit und Gleichheit! Ein solcher Satz ist unglaublich.

Indessen scheint der Verfasser selbst seine Voraussetzung nicht recht ernsthaft zu nehmen. Sein Hauptzweck ist darauf gerichtet, die Gefahren anzudeuten, welche man von einer Miliz zu erwarten habe, die einem fremden Souverän untergeben ist, der, mit Hilfe dieser seiner Agenten, keine Gelegenheit unbenutzt läßt, sich unberufen in die Angelegenheiten der andern Mächte zu mischen. In seinen Beweisgründen stützt sich der Verfasser vorzüglich auf die Abge=

schmackheit der röm:schen Lehre, die sich auf allen
möglichen Unsinn stützt, in so fern er nur zur Erreichung irgend eines Zweckes dienen kann.

Bei alledem ist eine unverkennbare Unduldsamkeit
vorherrschend in diesem kleinen Werke. Aber jede
Unduldsamkeit, sowohl die protestantische wie die katholische, ist ungerecht und verderblich. Die erste
ist nicht erleuchteter, nicht zurückhaltender, nicht auf-
richtiger, nicht vernunftmäßiger, als die letzte. Der
Styl und die Raisonnements dieser Flugschrift sind
in nichts verschieden von denen eines fanatischen Mis-
sionärs, oder eines unwissenden spanischen Mönchs.

Jede sogenannte herrschende Religion, von
dem weltlichen Arm unterstützt, ist zur Verfolgung
geneigt, und mithin ein wirkliches Uebel. Ueberredung, gute Lehre, gutes Beispiel, das waren die
Mittel, welcher Jesus Christus und seine Zwölfboten
sich bedienten, Individuen und Völker der reinen
Moral des Evangeliums zuzuwenden, und nicht Haß,
Zwietracht, Verfolgung, diese Mittel des Wahnsinns,
deren man sich jetzt auf beiden Seiten bedient, um
das Leben zur Hölle zu machen.

Kritik.

Atlas von Europa, in 220 Blättern, mit roth
gedruckten Straßen, Ortspositionen und Grenzen.
Entworfen im Maßstabe $\frac{1}{700/000}$ der natürlichen Größe,
nach der im französischen Kriegs = Depot angenommenen Projektion von Flamsteed, von J. H. Weiß.
Bearbeitet von J. E. Wörl.

Seit das moralische Leben in Europa sich immer
mehr zu heben, zu erweitern beginnt, seit die Leuchte
des Geistes uns voranschwebt, auf dem Wege, den
wir zu überwandeln haben, gewinnen Künste und Wissenschaften, die Kultur überhaupt, eine Ausdehnung,
von der man in frühern Zeiten sich keinen Begriff
machen konnte.

Daß die geographische Länderkunde in diesem Vor-
wärtsstreben nicht unthätig bleiben konnte, ergibt sich
von selbst. Als einer der Hauptgrundpfeiler des menschlichen Wissens, mußte sie so zu sagen die Fahne tragen, um den Triumph der Vernunft zu verkündigen.

Diese Voraussetzung wird vollkommen gerechtfer-
tigt durch ein neues Unternehmen des Herderschen
Kunst-Instituts zu Freiburg im Breisgau. Jedermann kennt die „topographische Karte des Rhein-
stroms", dies Prachtwerk, welches aus derselben Anstalt hervorgegangen, und für welches der König von
Würtemberg Herrn Herder die große goldene Ver-
dienstmedaille zugesandt.

Die vorliegenden ersten Lieferungen zu dem „Atlas von Europa" in 220 Blättern, stehen hinter der
obgenannten verdienstvollen Leistung in nichts zurück.
Die uns zugekommenen Blätter umfassen den westlichen

Theil Frankreichs. Topographische Zeichnung und Nomenklatur sind korrekt *), die Schrift ist sehr deutlich, der Steinstich ausserordentlich klar. Zur raschen Uebersicht und Erkennung trägt besonders auch die von Hrn. Herder erfundene Methode der rothgedruckten Straßen, Ortspositionen und Grenzen bei. Ueberhaupt gebührt diesem Unternehmen ein ausgezeichnetes Lob. Besonders vortheilhaft für das Publikum ist es auch dadurch, daß Karten jedes Landes und jeder Provinz einzeln gekauft werden können.

Der Maßstab 1 : 500,000 erlaubt eine große Reichhaltigkeit, selbst in Benennung kleiner Orte, so wie eine genaue Andeutung der Akzidenzen des Bodens und der Gebirgsfigurirung. Jede Sektion hält 17 Zoll Länge und 14 Zoll Höhe; also einen Flächenraum von 238 Quadratzoll = 798 geogr. Q. M. oder 2213 franz. Q. Stunden.

Der Entwurf des ganzen Atlasses ist von dem durch seine mannichfachen geographischen Arbeiten (besonders durch seine Karte der Schweiz in 17 Blättern) rühmlichst bekannten Ingenieur-Oberstlieutenant Hr. Weiß, und die Ausführung von dem geschickten Künstler Hrn. Wörl, der auch die große Rheinkarte besorgt hat. Von solchen Händen kann man nichts anderes, als etwas sehr Ausgezeichnetes erwarten.

Der Subskriptionspreis auf den ganzen, oder auf einzelne Länder-Atlasse, ist für jede Lieferung von 4 Blättern, auf extrafeinem Velinpapier, 5 fl. 24 kr. rhein., oder 3 rthlr. sächsisch.

---

*) Wir haben nur einen einzigen Stichfehler bemerkt: das Städtchen Clamecy ist geschrieben Glamecy; was jedoch leicht zu verändern ist.

Mannichfaltigkeiten.

Wesentliche Berichtigung.

Wir sind eingeladen, folgende Berichtigung zur Kenntniß des Publikums zu bringen, um wo möglich jeder Mißdeutung zuvorzukommen.

„Man lieset in der „Beschreibung aller berühmten Bäder in der Schweiz" (Aarau, 1830, bei H. R. Sauerländer), in dem Artikel Gais, bei Erwähnung der Stadt St. Gallen, auf S. 109 folgende Andeutung:

„„Es erscheinen hier einige öffentliche Blätter, die besondere Aufmerksamkeit verdienen: einerseits der Erzähler, eine Zeitung unter eigenthümlicher Inspiration, anderseits der Freimüthige, unter der der Wahrheit, der Vernunft, der Veredlung des menschlichen Geschlechts, und der immer größern Festschürzung des schweizerischen Staatenbundes in eine unzertrennbare Union.""

„Diese ganze Angabe beruht auf einem unwillkührlichen Irthum."

Oelquelle.

Wir lesen in einer nordamerikanischen Zeitschrift (dem Nile's Register), daß man bei der Grabung auf eine Salzquelle, am Fuße eines Hügels, in der Nähe des Kumberlandstroms, eine Bergölquelle entdeckt, die ausserordentlich reichhaltig war. Das Oel strömte so stark, daß man in wenigen Minuten eine Tonne damit anfüllen konnte. Nach einigen Wochen bildete es einen Bach, der sich in den Kumberlandstrom ergoß. Diese Oelmasse war so bedeutend, daß man sie bis Gallatin, in der Grafschaft Summer, folglich auf 500 englische Meilen (170 Stunden) von ihrer Quelle, im Wasser unterscheiden konnte. Ungefähr 2 Meilen unter dem Punkte, wo der Oelbach sich in den Fluß ergießt, zündete ein Kind das Oel an, und man gewahrte nun das erstaunlichste Schauspiel, welches man sich denken kann. Die Flamme stieg bis zu den Wolken und überdeckte den ganzen Fluß. Uebrigens ist der Geruch dieses Oels so stark, daß man es auf eine Entfernung von 5 bis 6 Meilen verspürt. Es ist auch so ätzend, daß es durch die Poren des stärksten Holzes dringt, und in gewöhnlichen Fässern nicht aufbewahrt werden kann.

Gesellschaftliche Verbesserungs-Versuche in England.

Nach dem Beispiel der Suppenanstalt in Zschokke's Goldmacherdorf, bilden sich jetzt zu London mehrere Gesellschaften zur Verpflegung der Landleute, der Arbeiter, der kleinen Eigenthümer und selbst der Mittelstände. Ein kleiner Eigenthümer wird nämlich zu London ein solcher genannt, dessen jährliches Einkommen nicht 200 Pfund Sterling (2400 rhein. Gulden) übersteigt. Eine Familie aus zwei Personen bestehend, kann davon kaum leben, und vermehrt sich die Zahl der Familienglieder, so versinkt sie in Elend.

Um diesem Uebelstande abzuhelfen, der um so größer ist, da die Zahl der Familien, welche sich in dem gedachten Fall befinden, sehr bedeutend ist, hat man den Entschluß gefaßt, ein großes gemeinschaftliches Hauswesen zu stiften, welches aus 400 Familien bestehen soll.

Jede derselben, aus zwei Personen bestehend, hat jährlich 100 Pf. Sterling zu zahlen. Für eins, zwei, drei und mehr Kinder wird ein mäßiger Nachschuß gegeben, der nie 100 Pf. Sterling übersteigen kann, und der nur von 10 zu 10 Pf. Sterling steigt. Es bleibt also jeder Familie immer noch eine mehr oder minder bedeutende Summe.

Für obigen Beitrag erhält die Familie eine bequeme und anständige, vollkommen möblirte Wohnung, reichhaltige Beköstigung, Kleidung, Heizung, Licht, Bedienung, Pflege während der Krankheit u. s. w. Die Anstalt hat ausserdem ihr eigenes Theater, ihre Bibliothek, ihre Lesekabinette, ihre Ball-, Konzert-, Spiel und Unterhaltungssäle, ihre Bäder, Schulen, Amphitheater zu öffentlichen Vorlesungen ꝛc.

Diese Gemeinde wählt alljährlich aus ihrer Mitte ihre

Direktoren, Verwalter, Sekretäre, Schatzmeister und andere Personen, denen die obere Leitung des gemeinsamen Hauswesens anvertrauet wird, wofür sie jedoch keine Besoldung erhalten.

Die Haupteinwendung, welche man gegen eine solche Anstalt gemacht, ist die Schwierigkeit, bei einer so großen Zahl Familien gemeinschaftlich und in gutem Einverständnisse zu leben. Aber da es den Theilnehmern durchaus frei steht, vereinzelt zu bleiben, da die Familien sich gänzlich nach ihrem Gutdünken einrichten, und an der großen Tafel oder in ihrer Wohnung speisen können, hebt diese Schwierigkeit sich von selbst.

Gelingt dieser Versuch, was man nicht bezweifelt, so will man auch eine ähnliche Anstalt für den Mittelstand stiften. Jede Familie würde statt 100 Pf. Sterling deren 200 oder 300 jährlich zahlen, und dafür alle die Vortheile genießen, welche jetzt nur die reichsten Personen sich zusichern können.

Die Madonna als General - Kapitän.

Bis zu welchen Narrheiten der Blödsinn des römischen Kultus sich verirren könne, beweiset eine sogenannte religiöse Zeremonie, welche jährlich zu Quito Statt findet; denn nirgends ist der Wahnsinn eines von dem Kurialstuhle ausgehenden Systems weiter gediehen, als in den ehemaligen spanischen Kolonien in Amerika.

„Ich habe einer Prozession beigewohnt, erzählt ein Reisender, die, obgleich ich gegen die in diesem Lande (Südamerika) als Hauptgrundsätze des Glaubens festgestellten Albernheiten vom Scheitel bis zur Ferse seit Langem gepanzert bin, doch so neu und überraschend für mich war, daß ich in der That nicht wußte, ob ich darüber lachen oder weinen sollte. Ich will mich bemühen, sie so einfach als möglich zu beschreiben.

„In einem kleinen Dorfe, ungefähr eine Stunde von Quito, befindet sich eine Bildsäule der Jungfrau. Die Einwohner glauben steif und fest, daß sie von dieser un-

förmlichen Holzpuppe gegen die Erdbeben geschützt worden,
welche Riobamba und Tacunga verheert haben.

„Demzufolge beschlossen sie, dem Bilde zu Ehren
jährlich zwei große Feste zu veranstalten, welche in der
Hauptkirche der benachbarten Stadt gefeiert werden sollten.
Sie wendeten sich deshalb an den Hof zu Madrid, um die
Erlaubniß zu erhalten, daß das Militär an der Prozession
einen thätigen Antheil nehme.

„Die königliche Bewilligung überstieg alle Erwartungen der Bittsteller, denn die katholische Majestät ge-
ruhete aus allergnädigstem Ermessen der Madonna von
Guapulo den Rang eines General - Kapitäns ihrer Armeen
zu ertheilen, der mit dem eines General-Feldzeugmeisters
in Oesterreich, oder eines General-Feldmarschalls in anderen Ländern gleichbedeutend ist. Besagte Madonna erhielt
auch den Gehalt besagten Grades, während ihrem zehn-
tägigen Aufenthalt zu Quito. In Folge dies'r Ernennung
sollte alles Militär bei ihrem Einzuge zu Quito paradiren,
und ihr die ihrem Range zustehenden Ehrfurchtsbezeugun-
gen erweisen.

„Ich sah einen solchen Einzug. Die Madonna saß in
einem mit karmesinrothen Sammetvorhängen geschmückten
Tragsessel, der von den angesehensten Einwohnern auf den
Schultern getragen wurde. Voran schritten das Kapitel
und sämmtliche Korporationen. Die Bildsäule selbst war
mit der großen Uniform eines General - Kapitäns bekleidet,
mit den Stickereien ihres Ranges auf den Aermeln. Auf
dem Kopfe hatte sie einen mit breiten Tressen, langen Federn und einer rothen Kokarde besetzten Hut. In der Hand
hielt sie den Kommandostab.

„Das Kindlein Jesus nahm ebenfalls Theil an dieser
Zeremonie, und figurirte als Adjutant seiner Mutter, des
General - Kapitäns. Es hatte einen mit goldenen Tressen
und einer rothen Kokarde besetzten Hut auf dem linken Ohr,
einen kleinen goldenen Degen, einen rothen spanischen
Mantel und Spornen an der Ferse. In der Kathedralkirche wurde die Madonna wieder ausgekleidet und mit
weiblichem Schmuck geziert; aber sie behielt den Komman-

erweckt, als in andern Staaten, so ist es nicht aus Abneigung gegen die Aufklärung des Volks, sondern vielmehr
weil man die alte Methode als besser und nützlicher betrachtet. Zu Wien, Linz, Prag, Mailand und Watzen gibt es
Taubstummenanstalten, und zu Wien und Linz Schulen für
Blindgeborne.

Vier Fünftel des Bodens sind bebauet und ziemlich abträglich. Eine Eisenbahn verbindet die Donau mit der Moldau, zwischen Linz und Budweis. Die Minen liefern
45,000 Mark Gold und 100,000 Mark Silber. Das öffentliche Einkommen beträgt 120 Millionen Kaisergulden. Die
Abgaben jedes Individuums können auf $4\frac{1}{2}$ Gulden berechnet werden. Die Staatsschuld belief sich 1827 auf 610 Millionen Gulden. Die Streitmacht besteht im Kriege aus
750,000 Mann, mit Einschluß der Landwehr, welche letzte
474,000 Mann stark ist. Das Verhältniß der stehenden Armee ist wie eins zu hundert.

Inhalt des zweiten Bandes.

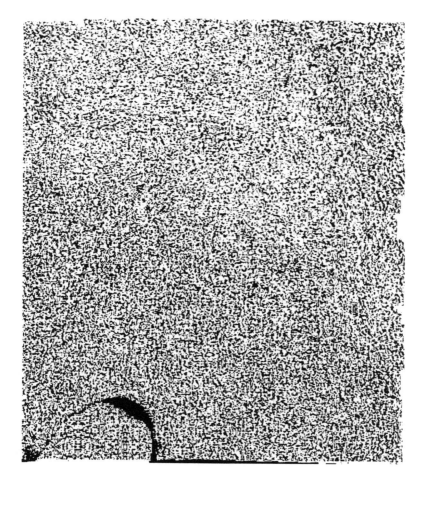

Bibliothek

der

Neuesten Weltkunde.

Herausgegeben

von Malten.

Eilfter Theil.

Aarau 1830.

Bei Heinrich Remigius Sauerländer.

Bei Joseph Fink in Linz ist erschienen und bei
H. R. Sauerländer in Arau und durch alle Buchhandlungen Deutschlands zu haben:

Oesterreich unter Herzog Albrecht IV. Nebst einer
Uebersicht des Zustandes Oesterreichs während
des vierzehnten Jahrhunderts. Von Franz Kurz,
regulirten Chorherrn und Pfarrer zu St. Flo-
rian. Zwei Theile. gr. 8. Linz 1830. Preis:
13 Fr. 5 Btz.

Der Name des um die vaterländische Geschichte so
hoch verdienten Herrn Verfassers ist jedem Freunde derselben zu bekannt, als daß das Werk einer Anpreisung
bedürfte. Es verdankt sein Dasein eben so, wie die
früheren Geschichten der österreichischen Regenten aus
dem Hause Habsburg, der hohen Gnade Sr. Durchlaucht des k. k. Herrn Haus-, Hof- und Staats-Kanz-
lers, Fürsten v. Metternich. Die Geschichte Herzog
Albrechts IV. hat durch die Urkunden, die dem Herrn
Verfasser durch die gnädigste Bewilligung Sr. Durchlaucht sind mitgetheilt worden, bedeutend gewonnen.

Der Geschichte dieses Herzogs ist auch eine Uebersicht des Zustandes Oesterreichs während des vierzehnten Jahrhunderts beigegeben, welches außer dem, daß
das Herzogthum bedeutende Gebiets-Vergrößerungen erhielt, besonders darum merkwürdig ist, weil es in demselben die erste Stufe einer höhern Kultur erklomm.

Uebrigens ist das Buch nicht blos für Geschichtsfor-
scher geschrieben. Jeder Freund der vaterländischen Geschichte wird dasselbe mit Vergnügen lesen, und darin
manches Neue zu seiner Belehrung und Unterhaltung
finden.

Der Verleger hat dafür gesorgt, daß sich dieses
Werk in Format und Druck an die früheren desselben
Herrn Verfassers anschließe, um mit ihnen ein Ganzes
zu bilden. Der Preis ist verhältnißmäßig der viel
größeren Bogenzahl (56 Bogen) geringer, als es bei
den früheren der Fall war.

———

Für Freunde der Geschichte und Länderkunde.

Im Verlage von C. W. Leske in Darmstadt
sind erschienen und durch alle Buchhandlungen zu haben:
Bignon, Geschichte von Frankfurt seit dem 18.
Brumaire bis zum Frieden von Tilsit. A. d.
Franz. von Theod. v. Haupt. 1r Bd. gr. 8.
1 Thlr. 6 gr. oder 2 fl. 15 kr.

Cata=

Bibliothek

der

Neuesten Weltkunde.

Geschichtliche Uebersicht der denkwürdigsten Erscheinungen bei allen Völkern
der Erde, ihrem literarischen, politischen
und sittlichen Leben.

Herausgegeben

von Malten.

Eilfter Theil.

Aarau 1830.
Bei Heinrich Remigius Sauerländer.

Frankreichs Gegenwart und wahrscheinliche Zukunft.

Erster Artikel.

Wer möchte es wagen, die Zukunft vorauszusagen? Von undurchdringlichen Schleiern verhüllt, läßt sie uns weder die Ereignisse des nächsten Jahres, noch des nächsten Tages, noch der nächsten Stunde vermuthen.

Wer hätte zu Anfang Juli d. J. mit Bestimmtheit eine Idee von den Begebenheiten haben können, die wir gesehen? Wer hätte an einen so schnellen Widerstand bei dem ersten Begehen der Tirannei geglaubt? Wer hätte behaupten mögen, daß die unbewaffnete Bevölkerung einer Stadt in drei Tagen eine wohlgeübte, tapfere Armee besiegen werde? Wer hätte vorausberechnen können, was außer dem Bereiche der Möglichkeit zu liegen schien? ...

Frankreich ist jetzt vollkommen frei, mitten unter Völkern, die es mehr oder weniger sind. Frankreich vielleicht allein stützt sich mit Liebe und Vertrauen auf die Institutionen, die es sich selbst gegeben, während alle seine Nachbarn, ohne Unterschied, dringend nothwendig gewordene Verbesserungen verlangen, und sie entweder mit Zuversicht von der Weisheit ihrer Regierungen erwarten, oder geneigt zu sein scheinen, mit Gewalt sich dieselben zuzusichern.

Frankreich befindet sich jetzt durch seine neue Freiheit, so zu sagen, v e r e i n z e l t in der Mitte rivaler
Staaten. Gestehen wir es unverhohlen, das von ihm
gegebene Beispiel ist ansteckend, folglich furchtbar
drohend für die meisten europäischen Regierungen.

Ohne es zu wollen, untergräbt Frankreich durch
seine innern gesetzlichen Verbesserungen alle Mißbräuche in den benachbarten Staaten. Es hat bewiesen, was ein Volk kann, wenn es e i n i g ist in
seinem Willen, seinen Entschlüssen, und alle Aristokratien, alle Oligarchien, der Nepotismus, die unersättliche Habgier der Theokratie, alle Mißgeburten
der Unvernunft erbeben bei dem Anblick des erhabenen Resultats der Heldentage zu Paris.

Frankreich vernimmt das Beifallgeschrei der Völker; es vernimmt die Verwünschungen der Minister.
Ueberall, wo die öffentliche Macht auf eine ungesetzliche Anmaßung, oder auf Gewalt begründet ist, darf
es auf erklärte Feinde rechnen.

Diese Feinde bewachen mit Luchsaugen alle Maßregeln Frankreichs. Sie sind bereit, die größten wie
die kleinsten Fehler seiner Regierung oder seiner Bevölkerung zu benutzen. Sie umlagern seine Grenzen,
sie miniren in seinem Innern; ihr ganzes Bestreben
zielt darauf hin, neue Unruhen zu erwecken, Anarchie zu erzeugen und die Freiheit durch ungesetzliche
Handlungen und Exzesse abermals zu vernichten.

Denn durch seine Freiheit allein steht Frankreich
feindlich allen Tiranneien gegenüber, und sobald irgend eine günstige Gelegenheit sich darbietet, wird
man alle Tiranneien gegen Frankreich verschworen
sehen.

Man traue den Freundschaftsversicherungen nicht: der Friede ist nur anscheinend. Der freche Bund aller Bösewichte, Dummköpfe und Verräther gegen die Fortschritte der menschlichen Vernunft besteht unveränderlich. Es müßte keine Verräther, Dummköpfe und Bösewichte mehr geben, um ihn gänzlich beseitigt zu sehen. In zehn, in zwanzig Jahren wird er sich aufs Neue offenbaren, wird er von seiner alten Unvernunft, seiner alten Treulosigkeit, seiner alten Tirannei nichts verloren haben. Die Geschichte ist da, es zu beweisen.

Frankreich ist stark durch sich selbst; es hat nichts zu befürchten, so lange es einig ist. Es wünscht den Krieg nicht; aber es weiß, daß der Krieg nicht ihm gefährlich werden kann. Vereinzelt, wie es während den hundert Tagen (der Zwischenregierung Napoleons im Jahr 1815) war, mitten in dem feindlich gesinnten Europa, weiß es, daß die Umstände, die Verhältnisse jetzt nicht mehr dieselben sind, wie damals.

Die männliche und kriegerische Volksmasse war 1815 durch fünfundzwanzigjährige Kriege erschöpft. Die Konskription hatte jedes Jahr die Blüthe der Bevölkerung hinweggerafft, und ein Aufstand in Masse konnte kein befriedigendes Resultat mehr darbieten.

Seitdem haben fünfzehn Friedensjahre die Masse der Vaterlandsvertheidiger aufgehäuft. Man zählt jetzt mehr als 800 000 junge Männer zwischen neunzehn und vierunddreißig Jahren, die bereit sind, auf das erste Zeichen zu den Waffen zu greifen. Durch die neueste Erhebung von 108,000 Mann beläuft sich die Stärke der aktiven Armee, auf dem Friedensfuße, auf 356,000 Mann. Dazu kommen noch 680,000 Mann bewegliche Nationalgarden, die sowohl zur Vertheidigung der Landesgrenzen, als der Festungen gebraucht werden können. Nach dem Allem ist es kaum noch nöthig, der stehenden Nationalgarden zu gedenken, deren Zahl eine Million übersteigt, und die den Dienst im Innern zu versehen haben.

Die durch lange Kriege ermüdete, durch große Verluste entmuthigte Bevölkerung wünschte 1815 Ruhe und Frieden um jeden Preis. Sie hatte jede Art Enthusiasmus erschöpft. Die Worte Freiheit, Ruhm, Vaterland erzeugten nur noch schwache Wirkungen. Die Gemüther hatten ihre Energie verloren; sie widerstanden einer neuen Knechtschaft wenig oder nicht.

Frankreich zeigt sich jetzt unter einem ganz verschiedenen Gesichtspunkte. Eine neue Flamme hat sich entzündet, eine neue Freiheit ist erschienen, eine neue Morgenröthe erhellt der Gegenwart Horizont.

Die verbündeten Armeen von 1815 würden jetzt Frankreich nicht mehr mit derselben Leichtigkeit betreten. Sie würden überall, auf allen Grenzen, einen furchtbaren Widerstand finden. Damals hatten kriegerischer Enthusiasmus, Vaterlands- und Freiheitsliebe Frankreich verlassen, und beseelten die verbündeten Heere.

Verhält es sich jetzt auch noch also? Hat man nicht vielmehr jene erhabenen Tugenden, welche ganze Bevölkerungen erhoben und in das Schlachtgewühl stürzten, in Schlummer versenkt? Welches ist nun das Resultat der verderblichen Blindheit einer egoistischen Politik?

Jedermann weiß jetzt, was man von Versprechun-

gen, von Schwüren im Augenblicke der Noth zu erwarten hat. Jedermann weiß auch, daß Frankreich
weder die Rechte, noch die Unabhängigkeit, noch die
Freiheit irgend einer Nation bedroht, und daß,
wollte man es jetzt bekriegen, man sich selbst nur schwe-
rere Fesseln schmieden würde.

Frankreich hat also von einer fremden Invasion
nichts zu befürchten. Es wird den Frieden genießen,
so lange es sich nicht in die innern Angelegenheiten
anderer Staaten mischt, und sein Benehmen gegen
Belgien beweiset, daß es dazu keineswegs gesonnen ist.

Die Befestigung seiner innern Ruhe ist, unter den
gegenwärtigen Umständen, das erste Bedürfniß dieses
großen Landes. Zur Erlangung eines solchen Zweckes
müssen Volk und Regierung einig sein.

Die fremden Kabinete wissen, daß die unvermeidliche Wirkung einer Revolution ist, alle materiellen
Hebel in den Händen der Regierung zu schwächen,
und daß sie, falls sie populär ist, nur die Stütze der
öffentlichen Meinung für sich hat.

Wenn nun die Organe der öffentlichen Meinung
sich bemühen, diese Stütze ihr zu entziehen, wird
dadurch der Regierung die letzte Kraft geraubt, und
sie existirt gewissermaßen nicht mehr. Die Nation
ihrerseits hat nicht ihre Macht, aber den Gebrauch
derselben verloren. Sie kann nicht mehr übereinstimmend handeln, und gewährt dadurch ihren Feinden unzuberechenbare Vortheile über sich.

Es sollte bei der französischen Nation jetzt nicht
im Mindesten die Rede davon sein, ob die Deputirtenkammer, oder das Ministerium, durch ihr Begehen

Vorwürfe verdienen, oder nicht. Sie sind der Ausdruck des allgemeinen Willens, das Resultat der allgemeinen Erhebung. Sie sind die Werkzeuge, durch
welche die Nation ihre Macht beurkundet, und mit
deren Hilfe sie ihr Heil begründet.

Man sollte also unter den gegenwärtigen Umständen allein den Anhängern Karls X überlassen, eine
Opposition zu bilden. In ihrem eigenen Interesse werden sie mehr als genügend die Fehler der
Regierung bewachen, und alle etwaigen Mißbräuche
denunziren. Sie werden (wie sie es bereits thun)
über jede Beinträchtigung der Freiheit schreien, obgleich sie die Freiheit weder kennen noch achten.

Die eigentliche Aufgabe aller derjenigen, die
wirklich frei sein wollen, sollte jetzt darin bestehen,
ministeriell zu sein, d. h. sich fest an die Regierung zu schliessen, welche die Nation sich gegeben,
sie aus allen Kräften zu unterstützen, und nicht durch
einen häufigen Wechsel der Diener der ausübenden
Gewalt diese, und mithin die Nation selbst, schwächen.

Leider verhält es sich gegenwärtig in Frankreich
nicht ganz auf diese Weise. Zwar wird die Regierung von der überwiegenden Mehrheit der Nation
ohne Rückhalt unterstützt. Aber es gibt ausser den
Anhängern des gewesenen Königs noch eine gewisse
Zahl unruhiger Köpfe, eine Klike größtentheils junger, unerfahrener Menschen, die es sich zur Aufgabe
gemacht zu haben scheinen, den Gang der Regierung
zu hemmen, wahrscheinlich weil sie noch amtlos sind,
während sie sich für vollkommen geeignet halten, an
der Spitze der öffentlichen Verwaltung sich befinden
zu können.

Diese Individuen, unter denen sich ein Fremder befindet, der, allem Anschein nach, gern die Rolle eines Marat erneuern möchte, redigiren, ohne Kautionsleistung, ohne irgend eine Sicherheit gegen den Staat, mehrere politische Blätter, wie „die Revolution von 1830; den Independenten; die Tribune des Départements, etc."; Zeitungen, in denen die ganze Unbesonnenheit der Jugend mit dem Faseln des Revolutionsfiebers und dem Eifer des politischen Proselytismus sich vereinigen.

Die jetzigen Minister haben vielleicht Fehler begangen. Aber das war kaum anders zu erwarten. In allen ihren Untergebenen fanden sie Agenten der Kongregation, mithin erklärte Gegner. Es war nothwendig, sie zu ersetzen. Neue Menschen traten an ihre Stelle. Aber diesen neuen Menschen fehlte es an Geschäftserfahrung, an dem, was man Routine nennt. Die Reorganisation des ganzen Personals der Administration erforderte Zeit; es konnte nicht Alles an einem Tage geschehen.

Aus dieser Doppelursache der Erneuerung und Unerfahrenheit entstand eine beinahe vollkommene Unterbrechung in der täglichen Arbeit der Verwaltung, und das gerade zu einer Zeit, wo die Ereignisse eine verdoppelte Thätigkeit nothwendig machten.

Darf man sich jetzt noch wundern, daß während diesem unvermeidlichen Noviziat man nicht alle verlangten Gesetzentwürfe bearbeitet, nicht alle Reformen in Ausführung gestellt hat? ... Man beklagt sich über diese Zögerung; aber man bedenkt nicht, daß man sie verlängern würde, wollte man abermals die Administration erneuern.

„Das Ministerium, sagt man, hat dem Erwarten
der Nation nicht entsprochen." Der Grund davon
liegt ganz einfach darin, daß man mehr von dem Ministerium verlangte, als es leisten konnte. Man erinnert sich an Napoleons Adlerblick, an die Doppel-
macht seines Willens und seines Genies, ohne zu bedenken, daß Napoleon als Despot befahl, und daß
man jetzt in der ganzen Nation nicht einen Mann finden würde, der in seine Fußtapfen treten könnte,
ausgerüstet zugleich mit derselben Macht, demselben
Genie, und zum Ueberfluß mit den Tugenden, die
man ihm jetzt leihet, und die er nie gehabt.

„Die Kammer, sagt man ebenfalls, hat dem Erwarten der Nation nicht entsprochen." Auch in diesem Betrachte zeigt man zu viel Ungeduld, und diese
Ungeduld rührt weniger von der Nation her, als von
der Presse. Sie vergißt, daß dringende Nothwendigkeit allein ein rasches Verfahren nothwendig macht,
und des Gesetzgebers Uebereilung allein zu rechtfertigen im Stande ist. Diese Nothwendigkeit aber besteht nur in Momenten der Gefahr.

Und die eigentliche Gefahr für Frankreich war,
wenn es nach den drei großen Tagen im Juli ohne
Regierung, von Feinden umringt, geblieben wäre.
Alles, was die Kammer damals in wenigen Stunden
zum Heile der Nation gethan, hat sie thun müssen.

Aber derselbe Umstand war nicht mehr vorherrschend bei allen übrigen großen politischen Fragen,
die ihr vorgelegt worden. Wo war die Nothwendigkeit, die sie von einer schuldigen Uebereilung hätte
freisprechen können, wenn sie es unternommen hätte,
diese Fragen zu lösen, unvollständig wie sie war, und

über manche Punkte selbst nicht vollkommen erleuchtet? Ein solches Begehen wäre einer vernünftigen Gesetzgebung unwürdig gewesen.

Frankreich hat jetzt eine wirklich nationale Regierung, und es darf sich mit Recht Glück wünschen. Aber man muß nicht vergessen, daß es eine durchaus neue Bahn betreten hat, auf der kein früheres Beispiel seine Schritte leitet. Es strebt einem schönen Ziele entgegen, doch ist es kaum in der Theorie bewandert, während es ihm noch an aller Praxis gebricht.

Man verlangt, daß seine Regierung den „Grundsätzen" folge, ohne zu bestimmen, welches die eigentlichen Grundsätze dieser neuen Regierung sind. Frankreich hat sich eine konstitutionelle Monarchie gegeben. Wo ist nun das Beispiel einer konstitutionellen Monarchie, das es nachahmen könnte? —

Die britische Monarchie beruht auf einer ganz entgegengesetzten Basis. Sie bietet uns einen König dar, dessen Macht sich auf erbliche Ideen und Gewohnheiten begründet, und zwar in einem Lande, wo Alles erblich ist, wo das Gesetz auf alte Gebräuche sich begründet, wo die Freiheit ein Privilegium des englischen Volks ist, wo keine abstrakte Theorie mit den Rechten, oder vielmehr mit den existirenden Thatsachen, die man Konstitution nennt, im Widerspruch steht.

Der König von England wird durch eine Pairskammer unterstützt, die seiner Dynastie und der monarchischen Regierung ergeben ist; durch eine Aristokratie, die abwechselnd ihm ihren Glanz entnimmt, oder ihm den ihrigen leiht; durch eine Magistratur,

die anfänglich ihm knechtisch gehorchte und die nur
ein wenig freisinnig geworden, seitdem Freiheit des
Landes erstes Gesetz ist; durch eine Geistlichkeit, welche die Krone als die Vertheidigerin ihrer Frohnden
und Zehnten betrachtet, und die ihrerseits ein Volk
Gläubiger lenkt; endlich durch eine Armee, die, durch
freiwillige Anwerbungen gebildet, zu doppeltem Gehorsam gegen die Aristokratie und gegen die Krone
verpflichtet ist.

In Frankreich dagegen bringt die Geburt keine
Vortheile. Die Erblichkeit der Macht wird als ein
Mißbrauch betrachtet. Die Freiheit ist eine Erobe-
rung, welche die alten Gesetze abgeschafft hat.

Ein Bürgerkönig, dem das Vaterland Liebe
und Dankbarkeit schuldig ist, den die Nation gewählt
und erhoben; aber den kein königlicher Glanz um-
gibt, dessen Person, und nicht dessen Abkunft man liebt,
dem keine Macht der Erinnerung zu Gebote steht,
befindet sich allein dem Volke gegenüber, und Alles,
worauf der englische Thron sich stützt, ist verschworen
gegen ihn.

Die Pairskammer, von neuem Ursprung, war von
der Hand seines Gegners gebildet. Durch eine ganz
gewöhnliche Ausübung ihrer Rechte, durch die Verwerfung eines nothwendigen Gesetzes, konnte sie den
Thron stürzen, und wäre sie geblieben, wie die Ge-
gen-Revolution sie gemacht, mit ihrer sowohl gegen
die neue Dynastie, als gegen die Nation feindlich gesinnten Mehrheit, wäre dies Resultat bei dem ersten
geheimen Skrutinium unvermeidlich gewesen.

Die Aristokrtie, in so fern man noch sagen kann,
daß sie in Frankreich existire, hat allen Glanz ver-

ren, den der letzte König ihr zu geben sich bemühte. Sie hat Karl X getadelt, aber sie wünscht Ludwig XVIII zurück. Kein Zweifel, daß sie im Geheimen feindselig gegen eine Dynastie gesinnt ist, von der sie keinerlei Begünstigung zu erwarten hat.

Die Magistratur, die man, aus Achtung gegen sogenannte Grundsätze, nicht hat läutern wollen, zählt unter ihren Mitgliedern viele Feinde der neuen Dynastie, die sich jedesmal gegen sie erklären werden, wenn sie es mit Sicherheit können, und ohne sich dadurch gradezu kompromittiren.

Die römisch-katholische Geistlichkeit verbirgt von allen Staatsbürgern am wenigsten ihren Haß und ihre Abneigung gegen die neue Ordnung der Dinge. Sie wünscht nichts eifriger, als eine Gegenrevolution, durch welche sie ihre verlorne Macht wieder neu zu begründen hoffen dürfte. Zu diesem Zwecke bemüht sie sich, die Gemüther zu erbittern, die Zahl der Mißvergnügten zu vermehren, eine unwissende Bevölkerung zum Widerstand und zur Empörung zu reizen, indem sie ihr räth, keine Abgaben zu zahlen.

Ueberall wirkend und einflußreich, bildet auf solche Weise die katholische Geistlichkeit eine beständige Verschwörung gegen die neue Ordnung der Dinge in Frankreich. Sie korrespondirt mit allen innern und äussern Feinden derselben, und ist bereit, das Zeichen zu einer neuen Invasion, zu neuen Greuelszenen zu geben.

Von allen Stützen des britischen Thrones, bleibt die Armee allein dem König der Franzosen. Sie allein ist nicht feindlich gegen ihn gesinnt; aber sie ist ihm auch nicht unbedingt ergeben. Sie ist natio-

nal, und nicht monarchisch, und wenn Erinnerungen
einen größern Einfluß auf sie ausüben könnten, als
ihre ächt französische Gesinnung, würden die der Republik, des Kaiserthums und der Bourbonen dem
neuen Throne mehr ab- als zugeneigt sein.

Was darf man nach dieser Uebersicht schliessen?
Die meisten Stützen des britischen Throns existiren
für den Thron Ludwig Philipps nicht. Statt sich auf
sie begründen zu können, muß er im Gegentheil ihre
Befehdung besorgen....

Das Volk allein muß also den König seiner Wahl
umringen und erhalten. Das Volk muß jede Eifersucht beseitigen, die durch Namen erzeugt, oder durch
Handlungen widerlegt wird. Es muß mit andern
Elementen, als denjenigen, welche in England die
königliche Macht konstituiren, die ihres jetzigen Königs befestigen, und ihr eine hinlängliche Kraft verleihen, um Frankreich zu retten, wenn es bedroht
werden dürfte.

Die königliche Gewalt ist jetzt in Frankreich durchaus in der Verwaltung. Diese ist und soll künftighin die alleinige vollstreckende Macht sein. Sie muß
ein Netz bilden, das des Königreichs ganze Oberfläche
umfasse, das durch die Minister, die Präfekten, die
Maires unmittelbar zur Erreichung des von dem Gesetze bestimmten Nationalwillens gelange.

Patriotische Schriftsteller, die auf das freie Frankreich das System örtlichen Widerstandes unwandelbar
gemacht, worin in allen Monarchien die Freiheit
allein bestand, haben den Wunsch ausgesprochen, daß
nicht allein die Munizipalräthe, sondern auch die Maires
von den Gemeinden ernannt, daß nicht allein die De-

partementsräthe, sondern auch die Präfekten von den
Departementen erwählt werden möchten, daß also der
König es mit einem Heere von Agenten zu thun
hätte, die er nicht ernannt, die er folglich auch nicht
absetzen könnte, und die nicht genöthigt wären, ihm
zu gehorchen.

Es wäre aber, unter den gegenwärtigen Umständen, um Frankreich, als Nation, um ihre Unabhängigkeit, um ihre Widerstandsmacht gegen fremde Angriffe geschehen, wenn dieser Wunsch jetzt in Au-
führung gebracht würde. Was sollte, nicht aus einem
König, sondern aus irgend einer Regierung werden,
die im Geheimen von der Pairie und der Aristokratie,
von der Magistratur und der Geistlichkeit angegriffen,
in ihren unmittelbaren Agenten statt des Gehorsams
nur Widerstand fände?

Den Deputirten der Nation steht die Verkündung
des nationellen Willens zu, der ein und derselbe für
das ganze Land, der durch alle nationellen Intelli-
genzen erleuchtet sein soll, der auf das Ganze, und
nicht auf einzelne Theile Bezug haben muß.

Den Erwählten der Städte und Departemente
steht, in den Kommunal- und Departementalräthen, die
Verkündung der Lokalbedürfnisse, die Bewachung der
Regierungsbeamten zu, um sie beständig in den Schranken der Gesetze zu erhalten, so wie die Kontrolle der
Comptabilität. Aber den Erwählten des Königs muß
überall, und ohne Beschränkung, die Vollstreckung seiner Befehle überlassen bleiben.

Der König ist an und für sich selbst der Erwählte
der Nation. Seine Stärke ist in der Nation und in
der öffentlichen Meinung. Um seine Popularität zu

vermehren, wird er ohne Zweifel bedacht sein, populäre Agenten zu wählen. Aber man muß nicht vergessen, daß diese Agenten die Vollstrecker des Willens
Aller, in Opposition mit dem der Lokalitäten, sind,
und daß diese Agenten in der That mehr und besser
die Nation vertreten, als die Dorf-Erwählten.

Wehe Frankreich, wenn das populäre Recht der
Gemeinde-Vertreter in Opposition mit dem populären Rechte der Vertreter der Nation kommen sollte.
Die Lokal-Interessen würden unaufhörlich das Natio-
nal-Interesse hemmen. Alle Vorurtheile würden vertreten sein, alle würden ihr Stimmrecht gegen die
Fortschritte der Vernunft geltend machen.

In einer Stadt würde die Munizipal-Autorität die
Maschinen verbrennen lassen. In einer andern würde
sie den Preis des Brods, oder den Lohn der Arbeiter bestimmen, oder den Transport des Getreides aus
einem Distrikt in einen andern verbieten. Hier würde
se die Protestanten oder die Juden ausschliessen, dort
würde sie sich den Finanz-Maßregeln widersetzen, oder
der allgemeinen Vertheidigung, die, wenn auch heil-
sam für die Nation, doch für ihre Oertlichkeit schädlich ist. Ueberall würde sie behaupten, das Volk
zu vertreten, im Namen des Volks zu handeln.
Sie würde immer und überall die Souveränität in
Anspruch nehmen, die wohl Frankreich im Ganzen,
aber nicht den einzelnen Theilen im Besondern gehört.

Als der Despotismus sich im Mittelpunkte befand,
waren die populären Munizipalitäten die alleinigen
Asyle der Freiheit, weil sie ein wenig die Maßregeln
der Gewalt milderten, die von ihr dennoch durch andere Agenten befördert werden konnten.

Im alten Frankreich waren die Munizipalitäten populär. Sie sind es noch jetzt in Neapel, in Spanien, in Portugal, in Rußland. In einem Lande, wo das Volk keinen Antheil an der öffentlichen Gewalt hat, gesteht man ihm zu, daß es sich verständige, um die Mittel zu finden, auf die am wenigsten kostspielige Weise zu gehorchen; und man muß Alles annehmen, was den ungestümen Gang des Despotismus auf irgend eine Weise hemmen kann.

Die Munizipalitäten sind ebenfalls populär in der Schweiz und in Holland, und es ist sehr bemerkenswerth, daß sie in dem einen wie in dem andern Lande die gesetzgebende Gewalt vollkommen gelähmt haben. Die souveränen Räthe der Schweizer = Kantone, und die Generalstaaten der vereinigten Provinzen versuchen selbst nicht Gesetze zu machen, weil sie die Unmöglichkeit kennen, über den örtlichen Widerstand zu triumphiren. Die Gemeinden haben diese beiden freien Länder verdammt, seit den Revolutionen, die ihre Freiheit begründeten, nicht einen Schritt vorwärts zu thun.

Es gibt keine andere Ursache für die Beibehaltung der Folter in dem reichen, aufgeklärten, protestantischen Kanton Neuenburg (Neuchâtel). Der König von Preussen schaffte sie endlich 1815 durch eine unkonstitutionelle Verordnung ab, indem sich im Staate nirgends die Macht fand, ein Gesetz zu geben.

Wünschen wir Frankreich Glück, daß es diesen beständigen Widerstand der einzelnen Theile gegen das Ganze, noch nicht durch eigene Erfahrung kennt. Seine Stärke hängt nicht allein ab von seiner krie-

gerischen Bevölkerung, und von dem Enthusiasmus,
der dieselbe beseelt: es braucht auch eine Regierung,
die stark sei in der öffentlichen Meinung, mächtig
durch die Stabilität und die Erfahrung ihrer Minister, durch das Vertrauen, und im Nothfall selbst
durch die Nachsicht ihrer Administrirten, durch die
offene, wenn auch nicht unbedingte Unterstützung der
wahrhaft freisinnigen Presse, während die eigentlich servile Presse sie unaufhörlich angreifen
wird.

Die französische Regierung muß einig sein in
ihrem Thun, wie in ihrem Lassen. Alle ihre Handlungen müssen rasch sein, aber nicht übereilt. Das
Räderwerk der administrativen Maschine muß sich
nicht stemmen gegen die Kraft, welches es in Bewegung setzt. Der wahre Kern der Bevölkerung, das,
was man gewöhnlich das Volk nennt, muß jetzt ministeriell sein, während die Aristokratie, die Gerichte und die katholische Geistlichkeit die Opposition bilden.

Begreift Frankreich nicht diese dringende Nothwendigkeit seiner Lage, wird es sich bald von den
unumschränkten Regierungen angegriffen sehen, und
wer kann behaupten, daß es, all' seiner Energie ungeachtet, obsiegend bleiben würde?

Die Insurrektion in Belgien.
Erster Artikel.

Das Königreich der Niederlande wurde 1814 aus Belgien (den ehemaligen österreichischen Niederlanden), aus Holland und dem Herzogthum Luxemburg gebildet. Seine gegenwärtige Bevölkerung beläuft sich auf 6,200,000 Einwohner, wovon ungefähr 1,950,000 Holländer, 150,000 Friesen, 300,000 Deutsche, 3,720,000 Wallonen oder Belgier und 80,000 Juden.

Von den christlichen Glaubensgenossen zählt man 1,900,000 Reformirte, 350,000 Lutheraner, 120,000 Mennoniten, 40,000 Remonstranten ꝛc., und 3 Mill. 710,000 Katholiken. Man entnimmt aus dieser Zahlenprozedur, daß die Belgier und Katholiken die Mehrheit der niederländischen Bevölkerung bilden.

Das Königreich der Niederlande besteht aus den unter Karl V vereinigten 17 Provinzen, jedoch mit einigen Veränderungen der Begrenzung und der innern Eintheilung. Folgendes sind die jetzigen Provinzen nach ihrer verfassungsmäßigen Rangordnung: 1. Nordbrabant (ehemals Staatsbrabant); 2. Südbrabant (ehemals Dyle-Departement); 3. Limburg (ehemals Niedermaas- und Roer-Depart.); 4. Geldern; 5. Lüttich (Liège, ehemals Ourthe-Depart.); 6. Ostflandern (ehemals Schelde-Depart.); 7. Westflandern (ehemals Lys-Depart.); 8. Hennegau (ehemals Jemappes-Depart.); 9. Holland; 10. Seeland; 11. Namur (ehemals Sambre- und Maas-Depart.); 12. Antwerpen (ehemals Depart. der beiden Nethen);

13. Utrecht; 14. Friesland; 15. Ober-Yssel; 16. Gröningen; 17. Drenthe.

Das eigentliche Belgien bildete unter der französischen Verwaltung, unter welcher es sich von 1794 bis 1814 (also 20 Jahre) befand, die 9 Departemente der Dyle, der Schelde, der Wälder, Jemappes, der Ourthe, der Lys, der Niedermaas, der beiden Nethen, und der Sambre und Maas. Es hat gegenwärtig eine Bevölkerung von ungefähr 3,800,000 Seelen, während der holländische Theil des Landes deren nur 2,400,000 hat. Belgien wird von Frankreich, von dem Herzogthum Luxemburg (ebenfalls zu dem Königreich der Niederlande gehörig), von den preussischen Rheinprovinzen, von Holland und von der Nordsee begrenzt.

Es gibt in Europa vielleicht nicht ein Land, das der Schauplatz längerer und heftigerer Unruhen und Revolutionen gewesen, als Belgien. Gedenken wir hier ihrer seit dem Mittelalter nur oberflächlich.

Gottfried Graf von Löwen wurde 1106 von Kaiser Heinrich V mit dem Herzogthum Nieder-Lothringen belehnt, und legte sich den Titel eines Herzogs von Brabant bei. Seitdem wurde dies Land als ein besonderer Staat betrachtet.

Einer der Nachfolger Gottfrieds, Heinrich II, gestand 1208 durch sein Testament den Landbewohnern große Freiheiten zu, welche seine Nachkommen beständig zu unterdrücken sich bemüheten. Das waren die Ursachen aller Gährungen und Unruhen, die oft so gewaltig, und selbst für die benachbarten Staaten so drohend wurden, daß die französischen Könige sich mehrmals in die innern Angelegenheiten Brabants zu

mischen sich berufen fühlten, bis sie sich endlich der
Oberherrlichkeit über dasselbe versicherten, welche
1363 wieder verloren ging.

Der König Johann gab dies wichtige Besitzthum
einem seiner Söhne als Apanage. Nach Karl des
Kühnen Tode hätte es wieder an Frankreich zurück-
fallen sollen. Aber durch die Vermählung der Tochter Karls, Maria von Burgund, mit dem Erzherzog
Maximilian, Sohn Kaiser Heinrichs III, ging es an
Oesterreich über.

Karl V, der aus diesem Zweige stammte, vereinigte die Niederlande mit der spanischen Monarchie.
Unter der Regierung seines Sohnes, Philipps II,
brach die niederländische Revolution aus, welche länger als 80 Jahre dauerte, und in Folge derselben
der nördliche Theil des Landes (Holland) seine Unabhängigkeit errang, während der südliche Theil (das
eigentliche Brabant oder heutige Belgien) unter der
Beherrschung Oesterreichs, zuerst des spanischen und
sodann des deutschen Zweiges, blieb.

Ludwig XIV eroberte Brabant und Flandern zu
verschiedenen Malen. Ludwig XV, dessen Armeen
von dem Marschall von Sachsen befehligt wurden,
unterwarf dies Land sich ebenfalls, gab es aber durch
den Frieden von Aachen wieder an Oesterreich zurück,
dem Belgien bis 1789 gehörte, wo es sich gegen Joseph II erhob. Sein Nachfolger, Leopold II, stellte
zwar die Ruhe wieder her; aber 1794 wurde das
Land von Frankreich erobert, und blieb bis 1814 vereinigt mit diesem.

Die Ursachen der neuesten Insurrektion, die in
ihrem Fortgange sich zu einer völlkommenen Revolu-

tion ausgebildet, lagen vorzüglich in der Obgewalt,
welche, unter dem Schutze der Regierung, die holländische Minderheit über die belgische Mehrheit sich angemaßt. Das Ministerium des Königs Wilhelm bestand nur aus Holländern, von denen besonders der
Justizminister van Maanen, durch seine despotischen
Maßregeln und seine politische Verfahrungsweise, den
Belgiern im höchsten Grade verhaßt war. Die meisten
Beamten in allen öffentlichen Verwaltungszweigen
waren ebenfalls Holländer, und kaum gestand man
den Belgiern einige untergeordnete Stellen zu.

Zu dieser Hauptursache, in welcher die Belgier
eine tiefe Demüthigung erblickten, gesellten sich noch
andere, die ihre Nationalität, und selbst ihre individuelle Freiheit verletzten. Die Regierung entzog
ihnen die Geschwornengerichte; sie beschränkte die
Freiheit des öffentlichen Unterrichts; sie gebot, daß
man vor Gericht und in allen öffentlichen Verhandlungen sich nur der holländischen Sprache bedienen
solle, die von 6 Millionen Einwohnern kaum 2 Millionen verstanden; sie veränderte das Wahlsystem,
und bemühete sich, es immer aristokratischer zu machen; sie besetzte die meisten Gerichtsstellen durch Menschen, die ihr unbedingt ergeben waren, und machte
dadurch die Gerechtigkeitspflege parteiisch; sie griff
selbst das Grundgesetz des Staats an, indem sie es
durch Kabinetsbefehle, Reskripte und Ministerial-
Kreisschreiben, zu Gunsten der öffentlichen Gewalt,
beeinträchtigte.

Solche Mißgriffe des Ministeriums konnten, der
allgemein bekannten Rechtschaffenheit, Herzensgüte
und Weisheit des Königs ungeachtet, keinen andern

als einen traurigen Eindruck in Belgien hervorbringen. Das schmerzliche Gefühl, welches anfänglich das Verfahren der Regierung erzeugt, wurde nach und nach Mißvergnügen, als man den Minister van Maanen mit Beharrlichkeit die öffentlichen Freiheiten befehden, und die Männer, welche sie zu vertheidigen unternommen, so lange verfolgen sah, bis endlich die neuesten Ereignisse in Frankreich das Zeichen auch zu materiellem Widerstand gaben.

Schon hatte das immer sich dunkler zusammenziehende Gewitter seit mehreren Tagen gedrohet, schon hatte der allgemeine Unwille zu Brüssel sich immer energischer verkündet, als am 25. August d. J., bei Gelegenheit der Vorbereitungen zu dem Geburtsfeste des Monarchen, die ersten Zuckungen der Empörung bemerkbar wurden.

Das Volk begab sich am Abend, nach Beendigung des Schauspiels, nach den Bureaux des National (der offiziellen Zeitung), und zerschlug die Fenster. Von dort zog sich die Menge nach der Wohnung des Haupt-Redakteurs des ministeriellen Blattes, Libry-Bagnano (der zu Lyon, einer Schriftverfälschung wegen, öffentlich ausgestellt und gebrandmarkt worden), und verheerte sie von Grund aus. Sodann durchzog das Volk die meisten Straßen, mit dem Geschrei: „Freiheit! Gerechtigkeit!" Um Mitternacht theilte sich der Haufen. Eine Abtheilung zerschlug die Fenster des Gerichtssaales, in welchem über de Potter, Thielemanns, Barthels und Van Reve (Redaktoren und Drucker patriotischer Tagesblätter) das Verbannungsurtheil ausgesprochen wurde. Eine andere zerstörte die Wohnung des Polizei=Direktors von Knyff.

Um ein Uhr Nachts hörte man die ersten Flinten-
schüsse, in Folge derselben der Zusammenlauf noch viel
stärker und tobender wurde. Die Masse wälzte sich
gegen den Palast van Maanens, auf dem Plaze du
Petit-Sablon, dem Gefängnisse des Petits-Carmes
gegenüber, in welchem de Potter und seine Freunde
verhaftet gewesen. In wenigen Minuten wurden die
Thüren des Palastes eingeschlagen, und das Innere
desselben vollkommen verwüstet. Die Truppen wollten zwar Einhalt thun; aber sie wurden entwaffnet,
und zum Rückzug gezwungen. Sodann zündete der
Pöbel das Gebäude an, welches beinahe ganz nieder-
brannte.

Nach diesen Exzessen wurden die Laden der Waffenschmiede geplündert, und am Morgen des 26. begann das Volk sich zu organisiren, um den Soldaten
mit Erfolg sich entgegenstellen zu können, die ihrerseits mehrere Straßen und Pläze besezten. Um sechs
Uhr Morgens begann das Gefecht, und auf beiden
Seiten floß Blut.

Als die Bürger von Brüssel diese Wendung der
Angelegenheiten sahen, erhoben sie sich, und traten
als Vermittler zwischen Soldaten und Volk. Bürgermeister und Schöppen der Stadt erließen eine Proklamation an ihre Mitbürger, um sie einzuladen, zur
Ruhe zurückzukehren.

Gegen Mittag war die Bürgergarde größtentheils
organisirt. Die Truppen besezten das königliche
Schloß, oder zogen sich in ihre Kasernen zurück. Um
drei Uhr Nachmittags weheten die alten Brabanter-
Farben (gelb, roth und schwarz) am Stadthause. In

der Nacht wurden alle zu der Illumination am Geburtstage des Königs erbaute Gerüste im Park niedergebrannt.

Den 27. ereigneten sich neue Zusammenläufe. Das
Volk schrie um Brod, Arbeit und Freiheit. Das Gewühl vermehrte sich von Minute zu Minute, doch kam
es nicht zu Thätlichkeiten. Auf Befehl der Obrigkeit wurde Brod in den Sektionen vertheilt. Die königlichen Wappen waren bereits überall verschwunden.
Die Truppen kampirten vor dem Schlosse. Sie schienen in gutem Einverständnisse mit den Bürgern zu
stehen, welche letztern den Pöbel, der nur auf Brandstiftung und Plünderung bedacht war, im Zaum zu
halten sich bemüheten. Der Freiherr Van der Linden-
Hooghvorst übernahm den Oberbefehl der Bürgergarde.

Indessen waren auch ähnliche Unruhen, wie zu
Brüssel, zu Löwen, zu Lüttich, zu Mons und an andern Orten ausgebrochen. Das Volk erhob sich überall
gegen die bestehende Ordnung der Dinge; die Orange-
Kokarde wurde bei Seite geworfen, und die von
Brabant aufgesteckt. Die Bürgergarde organisirte sich
ebenfalls in diesen Städten, um den Exzessen des Pöbels zuvorzukommen.

Zu Brüssel hielten sich am 28. Volk und Truppen
ziemlich ruhig, wenigstens wurden sie nicht handgemein. Ein Tagsbefehl und eine Proklamation des
Kommandanten Hooghvorst erzielten dies Resultat.
Eine Deputation sollte nach Haag geschickt werden,
um dem König eine Adresse zu überreichen, und um
eine Veränderung des bestehenden Regierungssystems,

so wie um eine ausserordentliche Zusammenberufung
der Generalstaaten zu bitten.

Am 29. erfuhr man, daß der König von den Ereignissen in Brüssel Nachricht erhalten, davon sehr
betrübt geworden, zugleich aber das Benehmen der
Bürgerschaft gelobt, und den Bedürfnissen des Staats
durch schnelle und zweckmäßige Maßregeln zu entsprechen geäussert habe. Die Ruhe in der Hauptstadt war
vollkommen wiederhergestellt, und ihre Bevölkerung
war vom besten Geiste beseelt. Beinahe in allen übrigen Städten Belgiens, vorzüglich in Brügge, Ath,
Ostende, Tongres ꝛc, hatten sich ähnliche Bewegungen,
wie in Brüssel, ereignet; doch war es in den meisten nicht zum Blutvergießen gekommen.

Den 30. erfuhr man, daß holländische Truppen
gegen Brüssel in Marsch seien, um die Rebellen
zu züchtigen. Dies Gerücht exaltirte die Gemüther,
und ohne das energische Benehmen der Bürger würde
die öffentliche Ruhe wieder kompromitirt worden sein.

In Holland herrschte eine große Erbitterung gegen
die Belgier, die man z. in der offiziellen Sprache der
Zeitungen, nur Räuber, Elende, Gesindel u. s. w.
nannte. Es schien, als wollten alle Holländer sich
erheben, um sich auf Belgien zu stürzen. Dies erste
Feuer des Unwillens legte sich jedoch bald. Leider
veranlaßte es einige übereilte Maßregeln, welche eine
anfänglich nur theilweise, durch weise Vorkehrungen
leicht zu beschwichtigende Insurrektion, in eine allgemeine Revolution verwandelten.

Den 31. August begab sich eine Kommission von
fünf Personen, bestehend aus dem Freiherrn Joseph
von Hooghvorst, dem Grafen Felix von Merode, Gen-

bebien, Friedrich von Secus und Palmaert Vater, zu den Prinzen Wilhelm und Friedrich nach Vilvorde, um denselben die Adresse der Bürgerschaft von Brüssel vorzulegen. Um 5 Uhr Abends war sie wieder zurück im Stadthause, und beschäftigt, eine Proklamation zu verfassen.

Bevor jedoch diese erschien, verbreitete sich das Gerücht, daß die Prinzen verlangt hätten, unbedingt mit ihren Truppen eingelassen zu werden, und daß sie zugleich befohlen, die Brabanterfarben zu beseitigen. Sogleich eilte die Menge gegen das Thor von Laeken, und auf die Boulevards, um den Einzug der Soldaten zu verhindern. Das Straßenpflaster wurde aufgerissen, Bäume wurden gefällt, und Barrikaden erbaut. Man war die ganze Nacht hindurch mit diesen Vertheidigungsmaßregeln beschäftigt. Gegen 7 Uhr Abends ging eine zweite Deputation nach Vilvorde, um die Prinzen zu vermögen, allein, und ohne Truppen, nach Brüssel zu kommen. Der Prinz von Oranien zeigte sich geneigt, diesem Wunsche zu entsprechen, und erschien bald nachher in Begleitung seines Generalstabes. Er war genöthigt, zu Fuß zu gehen, der Barrikaden wegen, die man in mehreren Straßen erbaut hatte. Durch eine Proklamation, im Namen des Königs, lud der Prinz am 1. September die Einwohner ein, zur Ruhe zurückzukehren. Er nannte zugleich eine Kommission zur Erhaltung der Ordnung und zur Sicherung des Eigenthums.

Dieser Maßregeln ungeachtet, blieb die Lage der Stadt immer noch sehr kritisch in den folgenden Tagen. Am 2. September kehrte die nach Haag gesen-

dete Deputation zurück. Das Resultat ihrer Mission
wurde nicht bekannt. Man erfuhr nur, daß der König sich geneigt erklärt, die Generalstaaten ausserordentlich zusammenzurufen, und ihrer Entscheidung
die verlangte Modifikation der Verfassung, so wie die
Frage über die Nothwendigkeit einer politischen Trennung Belgiens und Hollands vorzulegen.

Die holländischen Zeitungen äusserten, daß die
Deputationen von Brüssel und Lüttich nur nach Haag
gekommen seien, um den König in seinem eigenen Palaste zu verhöhnen. Sie fügten hinzu: „Es sei hiermit
den Abgesandten der Rebellen kund und zu wissen,
daß man nicht mit Verräthern unterhandeln wird,
und daß die erste Bedingung der Verzeihung und
Gnade unbedingte Unterwerfung ist." *)

Der Prinz von Oranien ertheilte am 3. September mehrere Audienzen, um sich selbst von dem
Zustand der Gemüther zu überzeugen. Die Rekla-
mationen der Belgier gelangten auf solche Weise
durch die verschiedensten Organe zu seinem Ohr, und
er schien allen große Aufmerksamkeit zu leihen. Die
von ihm ernannte Kommission berieth sich über die
Nothwendigkeit der politischen Trennung Belgiens
von Holland und entschied sie einstimmig. Auch
die zu Brüssel anwesenden Deputirten zu den Generalstaaten, die nach dem Schlosse berufen und zu
Rath gezogen worden, stimmten für diese Maßregel;
eben so der Generalstab der Bürgergarde und die Deputirten sämmtlicher Sektionen. Diese Entscheidung
war also nicht im mindesten zweifelhaft. Mehrere

*) M. f. Nederlandsche Gedachten vom 30. August.

Proklamationen wurden erlaſſen, in welchen der Prinz verſprach, allen ihm zu Gebote ſtehenden Einfluß aufzubieten, um die gewünſchten Modifikationen der Verfaſſung zu erzielen. Auch ſollten gleich nach ſeiner Abreiſe alle königlichen Truppen Brüſſel verlaſſen.

Eine tiefe Ruhe war am 4. an die Stelle der frühern Aufregung getreten. Man erwartete ein glückliches Reſultat von den Verſprechungen des Prinzen von Oranien, und das Wiederaufleben des Handels und der Induſtrie, die durch die letzten Ereigniſſe nicht wenig beeinträchtigt worden waren.

Indeſſen konzentrirten ſich die königlichen Truppen zu Vilvorde, einer kleinen Stadt von 3000 Einwohnern, 2½ Stunden nördlich von Brüſſel, auf der Straße nach Antwerpen. Dieſer Umſtand war nicht beſonders geeignet, die Gemüther zu beruhigen, und die Gährung, welche leicht durch Milde und Aufrichtigkeit hätte unterdrückt werden können, wurde aufs Neue genährt. Dies Zuſammenziehen der Truppen war um ſo unpolitiſcher, da die Belgier ausdrücklich erklärt hatten, daß ſie mehr als je auf die regierende Dynaſtie hielten, und daß ſie keinesweges geſonnen ſeien, weder die Rechte noch die Intereſſen derſelben zu beeinträchtigen.

Dadurch aber, daß die Regierung dieſe Zuſicherungen unbeachtet ließ, und nur darauf bedacht zu ſein ſchien, dem holländiſchen Nepotismus ſeine Uſurpationen über die Rechte Belgiens zu ſichern, reizte ſie die Gemüther abermals, und erhob ſolchergeſtalt durch ihr eigenes Verfahren die ganze Maſſe der belgiſchen Bevölkerung, welche ſich bis jetzt nur theilweiſe erklärt hatte, wie einen Mann gegen ſich.

Dinant, Menin, Verviers, Namur; Tirlemont, Charleroi, Philippeville und alle übrigen Städte machten nun
gemeinschaftliche Sache mit Brüssel, Lüttich; Löwen,
Mons ꝛc., in der Ueberzeugung, daß sie dieselben Interessen zu vertheidigen hätten.

Den 4. September Morgens kam der Prinz von
Oranien nach Haag, und hatte gleich nachher eine
lange Unterredung mit dem König, seinem Vater.
Der Justizminister van Maanen, der in verschiedenen
hohen Aemtern fünfunddreißig Jahre lang seinem Vaterlande gedient, begehrte seine Entlassung, und erhielt sie auf die ehrenvollste Weise.

Mehrere Deputirte der südlichen Provinzen zur
zweiten Kammer der Generalstaaten, die durch eine
königliche Proklamation vom 5. September zur ausserordentlichen Sitzung nach Haag berufen worden;
erklärten am 6., daß sie Willens seien, sich unverweilt dahin zu begeben, weshalb sie ihre Kollegen
einluden, sich ihnen anzuschließen. Man erfuhr an
demselben Tage, daß, laut einem Tagesbefehle des
Prinzen Friedrich, die zu Tervueren und Corten-
berg (in der Nähe von Brüssel) stationirten Truppen
Befehl erhalten, sich zurückzuziehen.

Den 7. begab sich eine Deputation von Brüssel
nach Vilvorde zu dem Prinzen Friedrich, um ihn zu
benachrichtigen, daß Belgien nur durch eine schnelle
und vollkommene politische Trennung von Holland be-
ruhigt werden könne; aber nicht dadurch, daß man
die Angelegenheiten in die Länge ziehe, und Zeit zu
gewinnen suche, um sodann nach den Umständen einen
Entschluß zu fassen.

Der Prinz antwortete ausweichend, gestand ein,

daß die Umstände sich immermehr verschürzten; aber
daß man eine vollkommene Entscheidung nur auf gesetzlichem Wege von den Generalstaaten erwarten dürfe.
Diese Erklärung schien geeignet, die Ruhe wiederherzustellen.

Die Sektionen von Brüssel versammelten sich am
8. September zur Ernennung eines Sicherheitsaus-
schusses, der, in Uebereinstimmung mit der von dem
Prinzen von Oranien eingesetzten Kommission oder
Regentschaft, unter dem Vorsitze des Herzogs von
Ursel, vorzüglich über folgende Gegenstände wachen
sollte: 1) Erhaltung der Rechte der regierenden Dynastie; 2) Sicherung des Prinzips der Trennung des
Norden und Süden; 3) Ergreifung der nothwendigen
Maßregeln im Interesse des Handels und der öffentlichen Ordnung.

Mit den besten Absichten, den freisinnigsten Grundsätzen und einer strengen Rechtschaffenheit war dennoch unter den obwaltenden Umständen die Lage des
Königs der Niederlande eine der kritischsten, nicht
allein seinem Volke, sondern auch den andern Mächten Europa's gegenüber. Welchen Entschluß er auch
fassen mochte, konnte er augenblicklich seine Verlegenheit nur vermehren, indem die Reizung der Gemüther,
sowohl in Holland als in Belgien, aufs Aeusserste
gesteigert war. Diese Schwierigkeit der Lage konnte
nur durch eine vollkommen freie und gründliche Erwägung der allgemeinen Interessen und der zu ihrer
Sicherung erforderlichen Vernunft-Maßregeln
gehoben werden.

Um diesen Zweck zu erreichen, mußte man aber
durchaus auf die Anwendbarmachung aller materiellen

Gewalt-Maßregeln verzichten, die, welchen Aus-
schlag sie auch geben mochten, nur verderblich für
Regierung und Volk werden konnten. Zum Ueberfluß konnten selbst die letzten Ereignisse in Frankreich
als Beispiele und als Beweisgründe dienen. — Leider verfuhr man in solchem Sinne nicht.

Die außerordentliche Sitzung der Generalstaaten
zu Haag wurde den 13. September durch eine Rede
des Königs eröffnet. Sr. Majestät bedauerte von Herzen die Störung des innern Friedens, und lud die
gesetzgebende Macht ein, der ausübenden Gewalt die
Mittel darzubieten, so schnell als möglich die Ruhe
wieder herzustellen. Der Monarch äußerte auch, daß
er allen rechtmäßigen Wünschen entsprechen, dem
Parteigeiste, den Leidenschaften und der Gewalt jedoch auf keinen Fall nachgeben werde. Er lud die
Versammlung ein, zu entscheiden, ob eine Veränderung der Verfassung, oder eine etwaige politische
Trennung Belgiens und Hollands nothwendig sei oder
nicht.

Diese Eröffnungsrede machte in ganz Belgien einen
unangenehmen Eindruck. Man fand sie nicht freimü-
thig, nicht bestimmt genug. Zu Brüssel wurden die
Sektionen zusammengerufen, um den belgischen Deputirten zu Haag Instruktionen über ihr ferneres Verhalten zu ertheilen. Zu Ath entwaffneten die Einwohner die Besatzung, und bemächtigten sich der Kanonen.

Die zweite Periode der Insurrektion begann. Man
votirte am 15. eine Adresse an die Deputirten, und
lud sie ein, falls dem Begehren Belgiens nicht unverzüglich entsprochen werde, Haag zu verlassen.

Eine zweite Adresse, von mehrern angesehenen Einwohnern von Brüssel, Lüttich, Löwen, Luxemburg, Namur, Mons, Neufchateau, Alost, St. - Trond, Charlerol, Roulers, Tirlemont, Jodoigne, Dinant, Thielt ic. ic. unterzeichnet, forderte die Deputirten auf, die immer mehr drohenden Gefahren eines Bürgerkrieges abzuwenden, und auf die unverzügliche Trennung des Süden und Norden zu dringen, indem ein solches Resultat allein die Gemüther zu beruhigen im Stande seyn könne.

Während dem setzte die zweite Kammer der Generalstaaten ihre Verhandlungen fort. Sowohl in als außer derselben wurden, gegen alle Politik und Vernunft, die belgischen Deputirten von den Holländern mit Schmähungen überhäuft, und selbst in ihrer persönlichen Sicherheit gefährdet. Der Freiher von Stassart, Deputirter von Namur, und de Gerlache von Lüttich wurden so verächtlich behandelt, daß der erste nicht länger bleiben zu dürfen glaubte und nach Namur zurückkehrte. In der Sitzung vom 15. forderte der holländische Deputirte Donker-Curtius die Regierung auf, „die Rebellen durch Gewalt zur Ruhe und zum Gehorsam zu zwingen.“ Diese unpolitische Einladung fand leider mehr als ein Echo, und wurde die eigentliche Veranlassung einer wirklichen Revolution.

Kaum erhielt man nämlich in Belgien Nachricht von dieser Rede und von den sich darauf beziehenden Absichten der Regierung zu Haag, so stellte man schon die Bildung einer provisorischen Regierung zu Brüssel in Rede, und hielt sich bereit, jeden Gewaltangriff mit den Waffen in der Hand zurückzuschlagen.

Eine dumpfe Gährung herrschte im Volke, beson-

ders in der untern Klasse der Bewohner Brüssels.
Um sie zu beschwichtigen, erließ die Sicherheits-Kom-
mission am 19. eine Proklamation, in welcher sie
das Betragen des Volks tadelte und alle Unruhestifter nach der ganzen Strenge der Militärgesetze zu bestrafen drohte.

Diese Bekanntmachung erregte große Erbitterung.
Ein ungeheurer Menschenhaufen wälzte sich nach dem
Stadthause, und verlangte Waffen. Nur die Gegenwart eines angesehenen Bürgers, des Advokaten Rogier,
und seine eindringenden Vorstellungen vermochten das
Volk zu besänftigen. In der Nacht wurde ein Mann
erschossen und zwei andere verwundet.

Am andern Morgen überfielen die Volkshaufen
mehrere Wachthäuser und entwaffneten die Bürger-
garden. Sie bemächtigten sich ebenfalls des Stadthauses, wo sie eine Menge Gewehre und Säbel fanden. Das Volk bewaffnete und organisirte sich am
20. und 21. Es wählte seine Anführer, vertheilte
unter sich die Bewachung der Stadt und beging keine
Exzessen mehr.

Zu Lüttich nahm die Besatzung der Zitadelle, den
Einwohnern gegenüber, eine feindliche Stellung. Die
Kanonen wurden gegen die Stadt gerichtet, und ein
junger Mann, Namens Wibrin, wurde erschossen.
Dies Begehen reizte den Unwillen der Bürger; sie
bemächtigten sich des Karthäuserforts und schnitten
der Zitadelle alle Zufuhr ab. Mons, Namur und
Tournay wurden in Belagerungszustand erklärt.

Den 21. erließ Prinz Friedrich in seinem Haupt-
quartier zu Antwerpen eine Proklamation, durch
welche er erklärte, daß er von dem König den Be-

fehl erhalten, die Aufrührer zur Ruhe zu bringen, weshalb er gegen Brüssel marschiren und sich dieser Stadt mit Güte oder mit Gewalt bemeistern werde.

Er erschien in der That am 22. mit ungefähr 10,000 Mann und 26 Stück Feld- und Belagerungsgeschütz vor der Hauptstadt Belgiens, verlangte im Namen des Königs mit seinen Truppen Einlaß und drohte im Weigerungsfalle, die ganze Strenge des Kriegsrechts gegen Brüssel anwendbar zu machen.

Aber dieses war bereit, jeden Angriff zurückzuschlagen. Von 1 Uhr Nachts hatte ununterbrochenes Sturmgeläut die Einwohner zu den Waffen gerufen. Alle Thore waren besetzt und verrammelt, besonders die von Schärbeck, von Löwen und von Laeken. Man schoß sich zu Schärbeck und Zelich bis gegen 6 Uhr Abends.

Der eigentliche Angriff gegen die Stadt begann den 23. um 8 Uhr Morgens. Die königlichen Truppen bemächtigten sich der Thore von Schärbeck und Löwen, und besetzten den Park *), wo sie sich verschanzten. Man schlug sich den 23. und 24. in mehrern Straßen, und die Zahl der Todten und Verwundeten auf beiden Seiten war beträchtlich. Während der Nacht ließ Prinz Friedrich die Stadt mit glühenden Kugeln beschießen, und mehrere Häuser gingen in Flammen auf. Auch Löwen wurde am 23. beschossen.

Den 24. bildete sich eine provisorische Regierungs-Kommission, bestehend aus folgenden Personen:

---

*) Eine öffentliche Promenade mit englischen Gartenanlagen.

Banderlinden-Hooghvorst, Rogier und Jolly, nebst den Sekretären de Coppens und Nicolay.

Den 25. Morgens begann das Gefecht zu Brüssel aufs neue, und das Feuer war eben so lebhaft, als die beiden Tage zuvor. Die königlichen Truppen zogen sich in das Maria-Magdalenen-Gehölz, und die Bürger bemächtigten sich eines Theils der Parks. Die provisorische Regierungs=Kommission lud den ehemaligen Adjutanten Mina's, Juan van Halen, ein, den Oberbefehl zu übernehmen, wozu er sich auch bereit erklärte.

Man schlug sich den 26. den ganzen Tag, in den Umgebungen des Parks. Das Volk bemächtigte sich aller umliegenden Häuser, und drängte die Truppen immer mehr zurück, die von Zeit zu Zeit Granaten und glühende Kugeln gegen die Stadt schleuderten. Eine Menge Freiwilliger von Lüttich, Löwen, Namur, Charleroi, Gosselies und andern Städten nahmen thätigen Antheil an dem Kampfe.

Endlich am 27. früh Morgens, überzeugte sich Prinz Friedrich, daß es unmöglich sei, der Stadt mit Gewalt sich zu bemächtigen. Er beschloß demnach ein Unternehmen aufzugeben, das man, in genauer Befolgung der Vorschriften der gesunden Vernunft und einer weisen Politik, nie hätte in Ausführung stellen sollen.

Gewalt ist nicht Recht; und wer vermeintliches Recht mit Gewalt erzwingen will, setzt sich der Gefahr aus, im unsichern Kampfe zu erliegen. Die Ereignisse von Paris und Brüssel beweisen das aufs Klarste. Sie gewähren den Regierungen, wie den Völkern, große beachtungswerthe Beispiele.

Nachdem die königlichen Truppen Brüssel geräumt hatten, konnte man erst die Verheerungen ermessen, welche ein viertägiges Gefecht im Innern einer großen, volkreichen Residenzstadt angerichtet hatte. Mehrere Häuser waren vollkommen niedergebrannt, andere waren mehr oder weniger von den Flammen oder vom Geschütz beschädigt. Die Alleen des Parks waren mit Blut besudelt, und von Leichen angefüllt. Bäume, Eisengitter, Statuen waren vom Kartätschenhagel zerschmettert. Der gewöhnlich von dem Prinzen Friedrich bewohnte Flügel des Schlosses, das Hôtel von Bellevue, und andere Gebäude, waren von dem Kugelregen halb zertrümmert. Die Brabanter Fahne wehete auf dem königlichen Schlosse.

Die provisorische Regierung wurde durch folgende Personen verstärkt: Graf Felix de Merode, Gendebien, Sylvan van de Weyher und Joseph Vanderlinden. Sie erließ zugleich ein Dekret, durch welches die Verbannten, de Potter, Thielemans, Barthels und de Neve, die sich in Frankreich befanden, zurückgerufen wurden. Der Verlust der königlichen Truppen wurde auf 2000 Mann angeschlagen. Sie zogen sich nach Vilvorde.

Den 27. langte de Potter zu Brüssel an. Er wurde in dieser Stadt wie zu Enghien, zu Ath, zu Hall ꝛc. als der erste und kräftigste Vertheidiger der Freiheiten Belgiens empfangen, und im Triumph getragen. Bald nachher wurde er zum Mitgliede der provisorischen Regierung ernannt, und bildete am 28. einen Zentral-Ausschuß, der aus ihm, dem Grafen Felix de Merode, dem Advokaten Rogier und Sylvan

van de Weyher bestand, und dem die oberste Leitung
der Angelegenheiten übertragen wurde.

Ath und Mons befolgten das Beispiel Brüssels.
Die königlichen Besatzungen dieser Festungen erhielten freien Abzug, nur die Offiziere blieben als Kriegs-
gefangene. Die Zitadelle von Namur kapitulirte den
2. Oktober, nachdem die Bürger Tags zuvor mit den
Truppen handgemein geworden. Auch die Festung
Philippeville ergab sich den Patrioten. Eben so Tour-
ney, nebst allen dazu gehörigen Forts, und die Festung
Marienburg. Prinz Friedrich zog sich mit seiner Armee über Mecheln nach Antwerpen zurück.

Die Generalstaaten zu Haag stimmten indessen für
eine Revision der Verfassung, und für die politische
Trennung Belgiens und Hollands. Ohne von dieser
Entscheidung, die alle früher geäußerte Wünsche vollkommen befriedigte, eine besondere Notiz zu nehmen,
erließ die provisorische Regierung zu Brüssel am 14.
Oktober folgende Erklärung:

„In Erwägung, daß es nothwendig ist, den künftigen Zustand Belgiens zu bestimmen, wird verfügt:

„Art. 1. Die gewaltsam von Holland losgerissenen
Provinzen Belgiens konstituiren fernerhin einen unabhängigen Staat.

„Art. 2. Der Zentral-Ausschuß hat so schnell
als möglich ein Konstitutionsprojekt zu entwerfen.

„Art. 3. Ein National-Kongreß, auf welchem die
Interessen der Provinzen vertreten seien, soll zusammengerufen werden. Er wird den belgischen Konsti-
tutions-Entwurf prüfen, ihn, wenn er es nothwendig
erachtet, modifiziren, und ihn, als endliche Konstitution, in ganz Belgien in Ausübung bringen.“

Auch zu Lüttich hatte sich indessen eine Provinzial-Regierung gebildet. Für die übrigen Provinzen wurden besondere Statthalter ernannt. Die Zitadelle von Lüttich und das Schloß von Dinant kapitulirten.

Unterm 5. erließ der Zentral-Ausschuß zu Brüssel eine Menge Verordnungen. Er ernannte eine Kommission zur Entwerfung der Konstitution, und eines neuen Wahlsystems, das äußerst populär sein sollte. Diese Kommission bestand aus van Meenen, de Gerlache, Tielemans, de Brouckere, Fabry, Ballin, Zoude und Thorn. Zugleich wurden alle Verfügungen und Verträge, die nicht unmittelbar von der provisorischen Regierung zu Brüssel ausgegangen, für null und nichtig erklärt. Die Besatzung von Charleroi kapitulirte.

Der Prinz von Oranien traf den 4. zu Antwerpen ein. Er erließ Tags darauf eine Proklamation, durch welche er ankündigte, daß der König, sein Vater, ihn zum zeitweisen Gouverneur der Theile der südlichen Provinzen ernannt habe, in welchen die rechtmäßige Gewalt noch anerkannt sei; daß er seine Residenz zu Antwerpen nehmen, und daß er alle Aussöhnungs- und Uebereinkunftsmittel befördern werde.

Der Staatsminister Herzog von Ursel, die Minister des Waaterstaat, der Industrie und der Kolonien, und des Innern, bildeten den Rath des Prinzen, nebst den Staatsräthen Anithan, van Toers, O'Sullivan de Graß, Dubois, Reyphins, d'Otrenge und Leclercq.

Indessen wurden die Angelegenheiten in Belgien immer verwickelter, der Gang der provisorischen Re-

gierung wurde immer bestimmter, die meisten Städte
und Provinzen erklärten sich für sie, und gehorchten
ihren Verordnungen. Die Gefahr wurde selbst für
Holland drohend. Der König beschloß deshalb abermals, die Waffen entscheiden zu lassen, weshalb er
unterm 7. Oktober zu Haag eine Proklamation erließ,
durch welche er seinen Entschluß verkündete, seiner
Rechte sich mit Gewalt zu versichern.

Hier beginnt eine neue Reihefolge von Ereignissen,
die wir in einem zweiten Artikel in Rede stellen
wollen.

Stellung der Parteien in England.
Letzter Aufsatz.

Lord Wellington und seine Politik. — Beiderseitiger Stand. —
Die allgemeinen Wahlen und ihre Folgen.

Als der Herzog von Wellington die Funktionen
eines Premier-Ministers (Premiership) annahm, waren
alle konstitutive Parteien der Regierung zersplittert
und unthätig. Er bezeugte mit jener Kälte, deren
er sich nie entnehmen kann, seine Abneigung für den
ihm angetragenen Posten, worüber man keineswegs
erstaunte, da er desselben nicht bedurfte, um reicher,
mächtiger und berühmter zu werden, als er es bereits war.

Indessen ließ er sich doch überreden, obgleich er
wußte, welche Last er auf sich nahm, ohne sich auf
irgend eine Partei stützen zu können. Das Land war
mehr als je getheilt. Wellingtons Freunde waren nur

in kleiner Zahl, und überdem sehr lau. Und doch
sollte er zahlreichen Gegnern die Spitze bieten, ohne
Wahrscheinlichkeit, vielleicht selbst ohne Hoffnung, die
Masse der sich darbietenden Schwierigkeiten beseitigen
zu können.

Wenige Menschen sind so sehr von allen Mitteln
entblößt, zu gefallen, als Lord Wellington. Einladen-
des Lächeln, schmeichlerische Versprechen, Höflings-
Verführung, alle diese Hilfsmittel, die den Minister
so wenig kosten, und den Nationen oft so theuer zu
stehen kommen, sind ihm durchaus fremd. Die Kälte
seines Humors, die Steifheit seiner Haltung, sind beinahe zum Sprichwort geworden. Die Unbeugsamkeit
seiner Ideen, so wie die Trockenheit seiner Sprache,
stehen mit seinem antigraziösen Aeussern in vollkommener Uebereinstimmung.

Es fehlt ihm an aller Gutmüthigkeit, um die Neigung des Volks für sich zu gewinnen, und an aller
Zierlichkeit der Manieren, um der Aristokratie zu gefallen. Jenes findet ihn düster und stolz; diese, deren
Eitelkeit er nicht schmeichelt, beschuldigt ihn der Anmaßlichkeit, ja selbst der Grobheit.

Als Mann von gesundem Verstande, hat Wellington über die Mängel seines Karakters, und über die
Gefahren, denen er dadurch sich aussetzen konnte, seine
Partei ergriffen. Er hat es nicht unternommen, weder
durch eine Koketterie, die man für erlaubt hält, jene
liberale Aristokratie zu gewinnen, die verführt zu sein
wünscht, noch sich zum Augendiener des Pöbels herabzuwürdigen.

Er hat sich eine durchaus neue, kühne, grade
Straße gebahnt, die vollkommen seinem persönlichen

Wesen und seinen militärischen Gewohnheiten entspricht. Das ist ihm bisher gelungen. Obgleich Ari-
stokrat, hat er sich dennoch nicht auf die Aristokratie
gestützt. Er hat die schreiendsten Mißbräuche abgestellt, ohne sich den Volksvertheidigern zu überlassen.

In dem Bewußtsein seiner Unzulänglichkeit, und
der wenigen Hilfsmittel, auf welche sein Ministerium
zählen durfte, hat er die Schwäche seiner Feinde ermessen, und an nichts verzweifelt.

Keine schimärische Ansichten, keine Illusionen,
kein panisches Schrecken; nichts Enthusiastisches, nichts
Glänzendes; aber auch nichts Ueberspanntes in seinem
mehr starken als geschmeidigen, mehr klaren als all-
umfassenden Verstandsvermögen. Ein gewöhnlicher
grader Sinn, eine genaue Kenntniß des alltäglichen
Lebens, das erhob ihn zu dem Gipfel seiner kriegerischen Triumphe. Dieselbe Eigenschaft hat ihn auch
den Gefahren der innern Politik Großbritanniens entnommen.

Man füge zu dem Allem noch eine große Gleichgültigkeit gegen alle Salon-Einflüsterungen und Vor-
zimmer-Klatschereien, eine starke Dosis Menschenver-
achtung, eine beharrliche Geduld, die über nichts erstaunt, und unwandelbar ihrem Zwecke zuschreitet,
ohne rechts oder links abzuweichen, ohne rückwärts
zu schreiten, ohne Hindernisse zu scheuen, ohne
auf irgend eine Ausflucht, oder einen Hinterhalt
bedacht zu sein.

Man berechne nun die Stärke dieser Beharrlichkeit, dieser Strenge, dieses ganz aus einem Stück ge-
gossenen Karakters, mitten inne zwischen furchtsamen
Anhängern und getheilten Gegnern.

Der Mann, den die Natur mit dieser seltsamen Idiosynkrasie begabte, regiert allein, und bietet allein dem Sturme Trotz.

Der einzige Lenker des Kabinets ist gegenwärtig Lord Wellington. Welche Menschen bemerkt man neben ihm? Sogenannte Anhänger, denen es eigentlich nur darum zu thun ist, der Gunst der Regierung sich zu versichern, aus welchen Elementen sie auch zusammengesetzt sei, und die sie nur grade so viel unterstützen, als sie für nothwendig erachten, um diese Gunst sich zu erhalten; für die es im Uebrigen aber sehr gleichgültig ist, wer sich an der Spitze des Kabinets befindet.

Nie hatte ein Ministerium weniger Lobredner und schwankendere Freunde, als das Wellingtons. Einige Mitglieder des Parlaments fürchten die Folgen seiner halbfreisinnigen Politik. Andere weigern sich, aus mehr als einem Betrachte, seine Maßregeln zu billigen.

Ein Baronet verlangte die Pairie, die er nicht erhält. Jener Sohn einer einflußreichen Familie bewirbt sich um eine Sinekur, die man ihm verweigert. Ein großer Herr bezieht den Gehalt eines hohen Amtes, ohne die Pflichten desselben zu erfüllen. Man erinnert ihn daran, und stolz schleudert er dem Minister seine Demission zu. Ein anderer möchte, daß man ihn bei allen wichtigen Veranlassungen zu Rath zöge, vorzüglich aber, daß man seinen Rath befolge. In der Unmöglichkeit, es dahin zu bringen, erklärt er sich endlich öffentlich gegen die Regierung.

Die englische Kirche, durch die Emanzipation der irländischen Katholiken verletzt, verbirgt auf das Sorg-

lange nicht allen Bedürfnissen der Nation und der Epoche entsprochen. Es befinden sich noch Personen in seinem Kabinette, denen es an Talent und an Popularität gebricht, die sich seit Langem als Anhänger der unumschränkten Gewalt, als hartnäckige Gegner der Zivilisation gezeigt, und die aus allen Kräften die Fortschritte des öffentlichen Geistes bestritten haben.

Dagegen hat er Großbritannien vor einer neuen Ueberschwemmung des Papiergeldes, und gegen die Rückkehr des alten Kreditsystems bewahrt *), das so nachtheilig für das Land gewesen. Endlich, will man sein Ministerium in wenigen Worten vertheidigen, braucht man nur die einfache Frage aufzustellen: „Welche Verwaltung hat in so kurzer Zeit wichtigere Verbesserungen in Ausführung gebracht?"

Die Gleichgültigkeit, welche Lord Wellington gegen die Umtriebe der Parteien gezeigt, die unaufhörlich in Zeitungen und im Parlamente die Regierung angreifen, ist ihm, zur Erlangung dieser Resultate, überaus nützlich gewesen. Er hat mit keiner derselben irgend einen Vertrag abgeschlossen. Er ist also keiner Erkenntlichkeit schuldig. Abwechselnd von den alten Whigs, von Lord Althorpe's Freunden, selbst von den Benthamisten unterstützt, deren Utopie allgemeiner Nützlichkeit die Gemüther zu den von dem Ministerium in Ausführung gestellten weniger heftigen Reformen vorbereitete, ist es ihm möglich geworden, viel Gutes zu thun. Oft hat er der Reihe nach Menschen von den entgegengesetztesten Meinungen und

---

*) Das Quarterly Review, und mehrere andere Journale, machen es der jetzigen Verwaltung zum Vorwurf, das alte Kreditsystem beseitigt zu haben.

Ansichten zu Bundesgenossen gehabt, und ihren Beistand mit Erfolg zum Besten gewendet.

Einige Personen sagen zwar, es liege mehr Schwäche und Unmacht, als Geschicklichkeit und Energie in diesem Verfahren eines Ministeriums, das nur durch die Trennung und die gegenseitige Befeindung der Parteien besteht. Man kann darauf antworten, daß diese Lage vorübergehend ist, und daß die Resultate, welche sie gegeben, sie rechtfertigen.

Weshalb sollte man auch den alten Zustand der Dinge zurückwünschen? Die Torys existiren nicht mehr, oder doch nur als ein Schatten. Darin aber ist nichts zu bedauern, denn die Torys haben sich immer als des Landes Erbfeinde gezeigt, gegen dessen Freiheiten und Rechte sie unaufhörlich konspirirten.

Die Whigs sind beinahe vollkommen aufgelöset. Das Volk hatte ihnen früher seine Interessen anvertraut. Sie thaten ihre Schuldigkeit auf eine so nachläßige Weise, daß endlich durch sie mehr kompromittirt als gewonnen wurde. All' ihr Bestreben zielte nur darauf hin, sich zu bereichern und einer immer größern Macht sich zu versichern, bis endlich das Mißtrauen gegen sie allgemein wurde.

Der Augenblick ist jetzt nahe, wo jeder sich berufen halten durfte, seine Angelegenheiten selbst zu verfechten, und wo die Autorität eines Namens, das Vorurtheil des sogenannten Besserverstehens, nicht mehr das öffentliche Vertrauen in Anspruch nehmen werden. Gehören solche Resultate nicht zu den bessern? ...

Zweimal hat ein Minister, dessen Scharfsinn die Umgestaltungen der britischen Politik vorausgesehen, in dieser Hinsicht seine Stimme erhoben. Peel sagte:

„Das gegenwärtige Ministerium hängt allein vom
Volke ab." Diese Worte bilden ein wirkliches Phänomen in der innern Politik Englands. Bis dahin
zielte das Streben der Minister darauf hin, nur vom
Thron abzuhängen. Sie haben jetzt erkannt, daß derjenige ihr Herr ist, gegen den sie verantwortlich sind,
und der sie besoldet.

Das ist in ihrer Gesammtmasse die neue Bewegung
der Parteien. Der Tod des Königs Georg IV, und
die allgemeine Neuwahl der Mitglieder des Unterhauses, welche eine Folge desselben gewesen, haben diese
bereits so ungewisse Atmosphäre noch mehr getrübt.
Seit Langem hat die Publizität die Mängel und Gebrechen des britischen Wahlsystems angedeutet.

Es ist ein spezieller Vortheil f r e i e r Nationen,
unaufhörlich durch Zeitungen und Zeitschriften von
den Mißbräuchen der Verwaltung oder der Institutionen unterrichtet zu werden.

Man hat keinen der Uebelstände verschwiegen,
welche die britischen Wahlen veranlassen. Man bemerke nur die Aeusserungen der Westminster Revue:
„Die Mitglieder des Parlaments, Geschöpfe der Habgier, Söhne der Verdorbenheit, drängen sich nur in
das Unterhaus, um dieselbe Verdorbenheit zu schützen
und zu pflegen, durch welche sie gewählt worden."

Man lese die Schriften der Torys: „Trägheit und
Albernheit haben sich verschworen, um England seine
National-Vertretung zu rauben. Jede Wahl ist das
Resultat eines schamlosen Vertrags, von der Gewohn-
heit bestätigt, von der Bestechlichkeit unterstützt. Die
Allgewalt des Unterhauses ist um so gefährlicher, da
die Wahl der Mitglieder durch Immoralität bestimmt

wird, und diese Wahl ist nichts mehr und nichts weniger, als eine wirkliche politische Simonie. Die un-
tauglichsten, oft die am wenigsten achtungswürdigen
Menschen triumphiren in diesem elenden Kampfe, und
sichern sich sodann unverschämt den Preis ihrer Entehrung zu.“

Untersuchen wir, in wie fern in dem feierlichen
Augenblicke einer vollständigen Neuwahl, und während
ein neuer Monarch den Thron besteigt, diese Angaben
wahr sind. Prüfen wir diese Mißbestände, die mit
so wenig Schonung angedeutet werden, und sehen
wir, ob die britische Nation in dieser Hinsicht einige
Verbesserungen zu erwarten hat.

Daß diese populäre Feierlichkeit mit einigen anscheinenden Exzessen begleitet sei; daß Wähler-Pro-
zessionen die Straßen durchziehen, schreiend und mit
Bändern geschmückt; daß der Pöbel darin eine er-
wünschte Gelegenheit finde, sich auf Kosten Anderer
zu betrinken, und gewaltigen Lärm zu machen, ohne
den Dazwischentritt der Polizeibeamten befürchten zu
müssen; daß Krämer und Handwerker sich freuen, ihre
Ale (dickes Bier) und andere Konsumtionsartikel zu
verkaufen, oder die zerschlagenen Fenster u. s. w. zu
erneuern; daß ein Wähler seinem Sohn ein Amt zuzusichern sucht; daß mehr als ein Kandidat ohne Talent, mehr als ein Wähler ohne Gewissen und ohne
feste Grundsätze sei: das Alles ist nicht Haupt-, sondern Nebensache.

Das vertretende System hat dem Allem ungeachtet
eine eigenthümliche, bewunderungswürdige Eigenschaft.
Es existirt nicht ohne Oeffentlichkeit, und

„Oeffentlichkeit" allein neutralisirt seine Mängel und Gebrechen, Sein Einfluß ist wirklich magisch. Dadurch, daß es die Verstöße enthüllt, verbessert es sie.

Wenn der Schützling eines sogenannten „verfaulten Fleckens" die parlamentarische Arena betritt, nöthigt ihn die Oeffentlichkeit seines Benehmens, über dasselbe zu wachen, um sich nicht allgemeiner Verachtung Preis zu geben.

Wären die Elemente des Unterhauses noch hundertmal verdorbener, als sie es bisher gewesen, würde doch die alleinige Wirkung der Oeffentlichkeit sie nöthigen, dem Lande nützlich zu werden. Mehr noch, die so oft gerügten Mißbräuche müssen endlich abgestellt werden. Die von den Bürgern beständig ausgeübte Bewachung würde allein im Stande sein, die am tiefsten gewurzelten Laster auszurotten.

Im Schatten des Despotismus erheben und verstärken sie sich schweigend. Bei einem freien Volke vernichten sie sich durch sich selbst. Eine fortschreitende Verbesserung findet in diesen so wohl organisirten Institutionen statt, wie in den chemischen Operationen, wo die rohen Stoffe sich von den edlern trennen, und von selbst zu Grunde gehen.

Man hat des Landes Angelegenheiten, schreienden Mißbräuchen zum Trotz, gedeihen sehen. Die meisten Mitglieder des Parlaments standen entweder im Solde des Ministeriums oder der Whigs-Partei. Welche Macht hat diesen Verstoß neutralisirt? Die Oeffentlichkeit allein.

Seit 20 Jahren haben tausend Publikationen eine vollständige, oft eine übertriebene Liste aller Gebrechen und Ungesetzlichkeiten der Wahlen in Großbri-

tannien gegeben. Ihre Andeutungen sind nicht verloren gegangen. Das Land hat endlich den Entschluß
gefaßt, die bezeichneten Mißbräuche abzustellen, wie
sich das in den letzten Wahlen ergeben, bei denen beinahe alle ministeriellen Kandidaten durchgefallen, während die meisten Deputirten Independenten, oder
solche Personen sind, die zu keiner Partei gehören.
Und diese Reform hat sich durch sich selbst gemacht,
ohne Gewalt, ohne heftige Aufregung. Worin liegt
die Ursach, wo nicht in der Wachsamkeit der englischen Nation, in ihrer unermüdlichen Thätigkeit bei
Allem, was ihr wahres inneres Wohl betrifft?

In diesem Lande ist unumschränkte Freiheit über
Alles, was seine Institutionen, seine Gesetzgebung betrifft, vorherrschend. Die Parteien deklamiren, die
Sekten peroriren. Jede Fraktion irgend einer Sekte
hat ihr öffentliches Organ. Das schwächste Individuum hat Stimmrecht im Kapitel.

Dadurch aber wird das Volk unterrichtet von Allem, was es zu wissen braucht, und seine tausend
Schildwachen sind nicht blos ausgestellt, um die Mük-
ken zu verscheuchen.

Wenn eine Nation sich nur im Chorus vernehmen
läßt, darf man sicher sein, daß sie ihrem Verderben
zuschreitet. Aber je getheilter die Stimmen sind, um
so rascher gestaltet sich das Urtheil der Masse, sobald
sie einmal genugsam erleuchtet worden.

Die National-Vertretung Großbritanniens ist freilich bisher nicht vollkommen befriedigend gewesen.
Man kennt die sprichwörtliche Erbärmlichkeit der verfaulten Flecken. Man weiß, wie die meisten Mitglieder des Unterhauses ihres Triumphs sich versichern.

Bestechung und Einfluß der Parteien sind noch in den Wahlen vorherrschend. Ein Mitglied wird ernannt, um das Ministerium zu unterstützen, ein anderes wird von der Opposition empfohlen.

Selten werden die wahren Gesinnungen der Wähler von ihren Gewählten wirklich vertreten. Die Reichen lassen sich durch die Hoffnung parlamentarischer Gunstbezeugungen irreleiten; die Aermern widerstehen nicht immer einer materiellen Verführung, die das Gesetz bedrohet, aber nie bestraft.

Man sieht des Lords Gemahlin sich um des Handwerkers Stimme bewerben, und ihre zarte Hand seine harte, von der Arbeit geschwärzte drücken. In einigen Grafschaften faßt man den Entschluß, zu gleicher Zeit die Hustings (Wahl-Bewerbungen), den ministeriellen und den populären Kandidaten zu verbannen. Die Wahl fällt dann gewöhnlich auf irgend ein wohlhabendes, aber unbedeutendes Individuum, das man in der technischen Sprache der Wahldebatten „den dritten Mann“ nennt. Dieser dritte Mann hat keine eigene Meinung, aber er hat Geld.

Es gibt Orte, in denen die beiden entgegengesetzten Faktionen sich gütlich verständigen, dergestalt, daß sie zu gleicher Zeit zwei Kandidaten der entgegengesetzten Meinungen ernennen, die nur ihrer Klicke, nicht aber den Interessen des Landes ergeben sind, und die in Folge eines solchen Kompromisses in das Parlament treten.

Man bemerke nun, welches das Resultat der allgemeinen Klagen ist. Alle Augen sind auf die Parlamentsglieder gerichtet, die als unregelmäßig erwählt bezeichnet worden. Diese Senatoren, deren Mandat so heftig bestritten wird, erreichen endlich ihren Zweck, und erlangen Sitz und Stimme im Unterhause.

Mit Erstaunen erblickt man eine ernste, umsichtsvolle, achtungswürdige Versammlung, deren Mitglieder ihre Pflicht so gut erfüllen, als die menschliche Schwachheit es irgend gestatten mag. Man entdeckt, daß dieser Redner, der augenscheinlich durch das Ministerium ernannt worden, daß jener andere, der seinen Titel gekauft, ihrem Vaterlande wesentliche Dienste leisten, Licht über die Debatten verbreiten, mit Wärme die Lokalinteressen ihrer Mitbürger vertheidigen, und sich den mühsamsten, wie den ersprießlichsten Nachforschungen unterziehen. Und das sind dieselben Männer, die man kurz zuvor für unwürdig erklärte....

Die Ursache dieser Umgestaltung haben wir bereits angedeutet. Sie liegt in dem öffentlichen Geiste Englands, in der Furcht vor dem Urtheil der Nation und vor der allgemeinen Verachtung; in der unbarmherzigen Rüge der Zeitungen, und in der wunderbaren Macht einer unbeschränkten Oeffentlichkeit. In diesem politischen Schmelztiegel scheiden sich alle Schlacken von dem edeln Metall.

Fassen wir jetzt diese Betrachtungen zusammen, und gewähren wir einen allgemeinen Ueberblick derselben.

Zwei Parteien, welche sich gegenseitig Schach bieten, die sich ohne Unterlaß gegenseitig beobachten und bekämpfen, sind seit 1688*) der doppelte Anziehungs-

---

*) Jahr der Thronbesteigung Wilhelms III, nach der ruhmwürdigen Revolution (glorious revolution), die Jakob II aus den drei Königreichen entfernte.

punkt gewesen, gegen den die verschiedenen Meinungen
Englands gerichtet waren.

Die Minister, welche sich auf die eine oder die
andere derselben stützten, oder alle beide zu gewinnen
suchten, verdankten ihre Erhaltung nur gegenseitigen
Zwisten oder Zugeständungen.

Diese Abtheilung existirt nicht mehr. Die beiden
Parteien sind zerstückelt und im Verfall. Die ganze in-
nere Politik Großbritanniens modifizirt sich unter dem
Einflusse dieser alleinigen aber wichtigen Thatsache.
Die öffentliche Verwaltung ist genöthigt, anderswo
eine Stütze zu suchen. Sie findet dieselbe im Volke.

Der Whigismus und der Torysmus entschieden
ehemals über die Wahlen. Um Stimmen zu erhalten,
konnte das Ministerium sich nicht seines eigenen Einflusses bedienen, sondern dessen der einen oder der andern Partei.

Jetzt suchen die Wähler, von den alten Banden
des Gehorsams und der Gewohnheit gegen ihren Klubb
frei, ihre Vertreter unter den Unabhängigen, die
ihnen von keiner Klicke aufgebürdet werden. Das ist
ein unschätzbarer Vortheil.

Die Menschen, welche auf eine schamlose Weise
ihren Sitz im Parlament erkauften, haben ihr Pa-
t'onatsrecht verloren, das, in Uebereinstimmung mit
ihren Argumenten ad crumenam, ihren Erfolg sicherte.
Die riesige Masse unterstützt sie nicht mehr, und sie
erkennen selbst, daß jede Hoffnung, in das Parlament zu gelangen, für sie verloren ist.

Was die Partei-Fraktionen anbelangt, die man
noch auf der Szene erblickt, so hüten sie sich, einen

Kandidaten zu unterstützen, der nicht reüssiren könnte, und den ihre persönlichen Kräfte nicht zu erheben vermögen. So entströmen die meisten und die entferntesten Wirkungen dieser alleinigen Thatsache der Auflösung der beiden entgegengesetzten Parteien, dem politischen Ableben der Whigs und der Torys.

Die parlamentarische Reform, die von den Mißvergnügten aller Schattirungen gefordert wird, die ökonomischen Reformen, welche die Althorpisten begehren, die Vervollkommnungen, welche die Vernünftigsten von den Benthamisten andeuten, werden unvermeidlich, vielleicht bald, in Ausführung gestellt werden, und zwar ohne Gewaltmaßregeln, ohne Katastrophen, durch die alleinige Stärke der britischen Institutionen, die solche Erneuerungen vergönnen und selbst gewissermaßen nothwendig machen.

Ferdinand der Vielgeliebte, oder ein Monat in Spanien.

Letzte Mittheilung.

Nach meiner Rückkehr in unsern Gasthof fand ich den armen O'Doherty in eine so tiefe Traurigkeit versenkt, daß ich nicht umhin konnte, ihm Trost zuzusprechen. Thränen hingen an seinen Wimpern, und schwere Seufzer hoben seine Brust. Ich konnte leicht errathen, daß die Vernichtung seiner patriotischen Hoffnungen und Spaniens unglückliches Schicksal nicht die alleinigen Ursachen seiner Verzweiflung waren. Ich sah, daß eine persönlichere Unruhe ihn beschäftigte.

„Haben Sie etwas für sich zu befürchten?“ fragte ich.

— Nein.

„Oder ist einer Ihrer Freunde umgekommen?“

— Noch nicht. Vernehmen Sie die Ursache meiner Verzweiflung. Mein bester Freund, Don Th... M..., Deputirter Andalusiens, ist so eben zum Tode verurtheilt worden, unter dem Vorgeben, daß er der Schuldigste von den Cortes sei. Das ist der eigene Ausdruck der königlichen Ordonnanz. Sein Verbrechen besteht darin, daß er den Antrag gemacht, den König des Throns verlustig zu erklären, wenn er sich weigerte, die Konstitution zu unterzeichnen.

„Aber Don Th... ist auf der Flucht. Er ist seit drei Tagen verschwunden, und ich zweifle nicht, daß er seinen Verfolgern bereits entgangen ist.“

— Sie irren sich. Man hat einen Preis auf sei=
nen Kopf gesetzt, und . . . . . geloben Sie mir Ver=
schwiegenheit.

„Sie brauchen Sie mir nicht zu empfehlen."

— Er hat Madrid noch nicht verlassen. Eine alte
Dienerin hat mich so eben von seinem Aufenthalts=
ort unterrichtet. Aber leider ist er dort nicht in Si=
cherheit; vielleicht morgen schon entdeckt. Dann ist
jede Rettung unmöglich. Was soll man unter solchen
Umständen beginnen? Don Th , . , ist mir doppelt
werth, zuerst als konstitutioneller Spanier, sodann
als Geächteter. Er beschwört mich, seine Flucht zu
begünstigen. Aber ich sehe kein Mittel, seinem Ver=
langen zu entsprechen. Sein Signalement ist in allen
Dörfern. Der wüthende Pöbel ist in allen Straßen . . . .
Ich würde alles opfern, was ich besitze, um ihn zu
retten; um so schmerzlicher ist es für mich, es nicht
zu können.

„Kann ich die alte Dienerin Ihres Freundes
sprechen?"

— Wozu kann Ihnen eine Unterhaltung mit die=
ser Frau nützen?

„Ich weiß es noch nicht. Aber auf jeden Fall
lassen Sie die Frau kommen. Ich wünsche sie zu
sehen."

Sie war in einem Kabinet neben uns, und er=
schien bald darauf. Ich trug noch meine Hoftleider.
Als die arme Frau mich erblickte, erschrack sie heftig.
Ihrer Meinung nach, war ich gekommen, um sie zu
verhaften. Sie warf sich mir zu Füßen und weinte
bitterlich. Ich beruhigte sie, legte meine Galaklei=

der ab, hüllte mich in einen braunen Mantel und
lud sie ein, mich zu Don Th ... M ... zu führen.

Wir durchritten die Straßen, in denen der blut-
gierige Pöbel sich drängte. Auf allen Seiten vernahmen wir die entsetzlichsten Verwünschungen gegen
die Cortes. Unserer persönlichen Sicherheit wegen
waren wir genöthigt, in ihr Geschrei einzustimmen.
Mein weißer Federbusch und mein britisches Aeußere
bahnten mir überall freien Weg.

Nach langem Umherschweifen durch enge und fin-
stere Gäßchen und Gänge, befanden wir uns endlich
vor einem alten, halbzerfallenen Hause. „Folgen Sie
mir, sagte die Alte, und besorgen Sie nichts.‟

Wir gingen eine ziemlich lange Treppe, in mehrern Absätzen, hinab. Unten angelangt, flüsterte
meine Begleiterin mir zu, ein wenig zu warten, wonach sie verschwand. Ich befand mich in der dicksten
Finsterniß, und war nicht im Stande, meine Hand
dicht vor den Augen zu sehen. Unter solchen Umständen hielt ich es für gerathen, auf meiner Hut
zu sein, weshalb ich einen langen türkischen Dolch
entblößte, den ich seit meinem Aufenthalt in Spanien
beständig trug. Er war zweischneidig und gegen die
Spitze ein wenig gebogen. Ein Stoß mit demselben
war tödtlich. Ich lehnte mich gegen die Mauer und
harrte der Dinge, die da kommen sollten.

Mehrere Minuten gingen auf solche Weise vorüber. Plötzlich vernahm ich ein Geräusch, und das
spanische Zeichen His! Hiu! durch welches man ein-
ladet, Acht zu geben, gelangte, mehrmals wiederholt, zu meinem Ohr.

Aqui! Aqui! rief ich. Nur hierher.

Die Alte tappte mir näher, ergriff meine linke Hand, die ich ihr dargeboten, während ich in der Rechten den Dolch hielt, und führte mich durch einen langen dunkeln Gang. Nach fünf oder sechs Minuten fühlte ich einen frischen Luftzug am Gesichte, und schloß daraus, daß wir uns einer Oeffnung näherten. In der That erblickte ich bald nachher den gestirnten Himmel.

Mitten in dem Hofraum, den wir betraten, standen zwei Männer. Sie näherten sich mir und redeten mich höflich an. Einer von ihnen öffnete eine Blendlaterne und leuchtete mir ins Gesicht. Ich hielt meinen Dolch bereit; aber in demselben Augenblicke beruhigte mich das Zeichen der Freimaurerei. Ich steckte den Dolch ein, und gab dem Fremden die brüderliche Umarmung, welche er erwiederte.

„Holen Sie unsern Freund!" sagte er zu seinem Gefährten, der sich sogleich entfernte. Er erschien bald nachher mit dem unglücklichen Th . . ., der bei meinem Anblick erschrack, denn ich war ihm gänzlich unbekannt, und er hatte seinen Freund O'Doherty erwartet. Indessen verständigten wir uns schnell, und trafen die nothwendigen Verabredungen für seine Flucht. Er sollte sich in dem Olivenwalde, eine Stunde ausserhalb dem St. Vinzenzthore, verbergen, wo ich ihn, eine Stunde nach Sonnen-Aufgang, in meinen Wagen aufnehmen wollte.

Sein Bruder, derjenige, welcher sich mir als Maurer zu erkennen gegeben, führte mich wieder aus dem Labyrinth, in welches die Alte mich geleitet. Er war Kapitän in der königlichen Garde. Ich erfuhr durch ihn, daß die Freimaurerei in Spanien sehr

verbreitet sei, und daß, der Galeeren- oder Todesstrafe ungeachtet, welche die Mitglieder derselben be-
drohe, beinahe alle ausgezeichneten und wohlhabenden Personen der Halbinsel zu ihr gehörten. Ich erinnerte mich in der That, in den spanischen Logen
den Kriegsminister, den General-Intendanten der Finanzen, mehrere General-Inspektoren, zwei Admirale
und selbst mehrere Mitglieder der Weltgeistlichkeit gesehen zu haben.

„Benditas sean sus obras (gesegnet seien Eure
Werke)", sagte die Alte zu mir am Sonnenthor, bis
wohin sie mich begleitete.

Ich hatte nicht einen Augenblick zu verlieren,
weshalb ich mich unverweilt zu dem Gesandten begab, den ich um meinen Paß bat, indem ich am andern Morgen mit Tagesanbruch abreisen wolle. Ich
erklärte, daß ich zwei Bedienten habe, von denen der
eine (Don Th... M...) Franzos sei. Ich wußte
nämlich durch O'Doherty, daß sein Freund mehrere
Jahre in Frankreich gewohnt, und die Sprache dieses
Landes geläufig spreche.

Ich weiß nicht, ob der Gesandte die Beweggründe
muthmaßte, um derentwillen ich so eilig einen Paß
verlangte, oder ob mein anderweitiges Benehmen
seinen Verdacht erweckte. Er ersuchte mich, bis den
andern Tag Mittags zu warten, um mir Depeschen
an Lord Wellington mitzugeben; aber da er meine
Verlegenheit bemerkte, ertheilte er sogleich den Befehl, den Paß auszufertigen. Er sagte nur bei Ueber-
reichung desselben: „Nehmen Sie sich in Acht. Wenn
der französische Kammerdiener, den Sie mit sich nehmen, eine der Regierung verdächtige Person wäre,

würden Sie sich und mich in eine sehr unangenehme Lage versetzen."

— Ich werde vorsichtig sein; das war meine ganze Antwort. Sodann eilte ich zu O'Doherty, den ich noch in tiefe Traurigkeit versenkt fand. Meine lange Abwesenheit hatte ihm kein günstiges Zeichen geschienen. Als ich ihm meinen Plan mittheilte, und ihn von den bereits getroffenen Maßregeln unterrichtete, tadelte er Alles, weil er das Gelingen für unmöglich hielt, und überließ sich von Neuem seiner Verzweiflung.

Ich durfte auf seine Mitwirkung nicht rechnen, und war genöthigt, Alles selbst zu besorgen. Die Nacht ging unter Einpacken und Anordnen vorüber. Ich konnte kaum eine Stunde, vollkommen angekleidet, mich der Ruhe überlassen. Um vier Uhr Morgens wurde ich durch den Glockenschall der Maulthiere und durch das Gerassel unserer alten Kutsche aus meinem Schlummer aufgeweckt. Gegen fünf Uhr nahm O'Doherty, den ich mit Mühe überredet hatte, Platz neben mir, und wir eilten im Galopp davon. In weniger als einer Viertelstunde waren wir am Thore, wo wir gezwungen Halt machen mußten.

Mein Paß deutete zwei Bedienten an, und ich hatte nur Dibby bei mir. Um die Gefahr zu beschwören, bediente ich mich eines ganz einfachen Mittels. Ich lehnte mich mit dem halben Körper zur Kutsche hinaus, um das Innere zu verbergen, hielt in der einen Hand den Paß, den ich wie eine Fahne bewegte, und in der andern einen Piaster nebst zwei Zigarren. Ein Unteroffizier erschien.

Inglez! Inglez, sennor capitan! (Engländer! Herr Hauptmann!) rief ich. Auf diese Weise schmeichelte

ich drei National-Leidenschaften zu gleicher Zeit, der
Rauchlust, der Habgier und dem Stolze des Kastilia-
ners, den ich für mehr zu halten schien, als er war.

— Bueno! bueno! (gut) entgegnete er, und
nahm mit einer dankenden Handbewegung die Zigarren und den Piaster. Er blickte selbst nicht auf den
Paß, wahrscheinlich weil er nicht lesen konnte.

Anda (vorwärts)! rief er dem Mayoral zu. Vaya
vuestra senoria con Dios (Gott behüte Euer Gnaden)!

Anda! rief auch ich, und wir eilten in einer
Staubwolke dem Olivenwäldchen zu. Mein Beglei-
ter, der bis dahin gezittert hatte, schöpfte jetzt freier
Athem.

Indessen waren noch nicht alle Gefahren überstanden. Was wird der Mayoral sagen, wenn er den
neuen Reisegefährten mitten auf der Landstraße erscheinen sieht?

Glücklicherweise war es derselbe Kutscher, der uns
nach Madrid gebracht. Ich wußte, daß man auf
seine Treue zählen könne. Aber nichts verbürgte seine
Verschwiegenheit, und die des Zagals. In Hinsicht
auf meinen Bedienten Dibby hatte ich nicht die mindeste Besorgniß. Um jedoch jedem Mißverständnisse
zuvorzukommen, hielt ich es für angemessen, ihn vollkommen in das Geheimniß einzuweihen.

Bei unserer Ankunft im Walde erblickten wir unter den Bäumen drei Männer, welche uns zu erwarten schienen. Ich gab das verabredete Zeichen, sie
beantworteten es, und gleich darauf näherte sich uns
Don Th., der, nachdem er von seinen Freunden Abschied genommen, auf dem Sitz neben dem Mayoral

Platz nahm, während Dibby sich zu dem Zagal verfügte.

Ich hatte den erstern benachrichtigt, daß unser neue Reisegefährte ein Franzose sei, der, um ohne Gefahr Spanien verlassen zu können, in meinen Dienst getreten, weshalb ich dem Mayoral hundert Piaster mehr, als ausbedungen worden, bezahlen wolle. Doch müsse er und sein Zagal verschwiegen sein, damit der Arme kein Hinderniß fände.

Alles ging gut bis dahin. Der Kutscher und sein Gehilfe hatten keinen Verdacht, und waren vergnügt über den sich darbietenden Gewinn. Aber Don Th..., der an alle Gemächlichkeiten der Opulenz gewöhnt war, befand sich auf seinem Sitze neben dem Mayoral in einer äusserst peinlichen Lage. Die Stöße des Wagens, bei dem ungleichen Galopp der Maulthiere, verursachten ihm heftige Schmerzen, während deren er sich nicht enthalten konnte, einige ächt spanische Flüche auszustoßen, was ihn leicht als eingebornen Kastilianer hätte verrathen können.

Hay! co... jo! schrie er mehrmals. Maldito sea este camino! (verflucht sei dieser Weg!) Glücklicherweise bemerkte er bald seine Uebereilung, und schimpfte nun auf Französisch mit einer Geläufigkeit und einer Betonung, wie man sie von einem Eingebornen der Ufer der Loire und Seine nicht besser hätte erwarten können.

Als wir endlich zu Buitrago, siebenzehn Stunden von Madrid, anlangten, konnte der arme Deputirte sich kaum auf den Beinen halten. Es war ihm unmöglich, die Treppe zum Wirthshause hinaufzusteigen,

und man mußte ihn auf sein Lager tragen, wo er
gewaltig stöhnte.

In der Küche, die zugleich unser Speisesaal war,
brannte ein Steinkohlenfeuer im Kamin. Der Wirth
(zugleich Posthalter), seine Frau, und ein bärtiger
Mönch, von schmutzigem und höchst gemeinem Aus-
sehen, bildeten unsere Gesellschaft. Wir hatten gewaltigen Hunger, weshalb jeder von uns Hand ans
Werk legte, während die Wirthsleute uns schaffen
ließen, Zuschauer blieben, und uns mit Fragen überhäuften.

„Ist der König zu Madrid angekommen?“ fragte
der Posthalter.

— Süßer Jesus! fügte seine Frau hinzu: haben
die Konstitutionellen Widerstand geleistet?

„Hat man sie gehängt?“ schrie der Mönch.

Ich wendete mich ab von dem Kochtopfe, in den
ich eine Flasche ranziges Oel, die einzige und unvermeidliche Beimischung aller spanischen Speisen, geleert, und machte meinen Zuhörern eine über alle
Maßen entsetzliche und fanatische Beschreibung der Begebenheiten, deren Zeuge ich Tags zuvor gewesen.

Alle Konstitutionellen, bis auf den letzten, waren
gehängt, gespießt, erschossen lu. s. w. Ich beschrieb
diese allgemeine Massaker, als wenn ich thätigen Antheil daran genommen hätten. Mit meiner eigenen
Hand hatte ich mehr als dreißig Liberales umgebracht.

— Bueno! sagte der Mönch, so muß man verfahren mit diesen verfluchten Freimaurern und Ketzern.

„Ha, rief die Frau, mit dem Ausdruck kanniba-
lischer Freude: Gott und die heiligste Jungfrau seien

gelobt. Alle diese Verbrecher sind also todt, todt! Unser absoluter König ist also gerächt!"

Der Posthalter beglückwünschte den Mönch, dieser umarmte alle Anwesenden in der Freude seines Herzens, und ertheilte ihnen den Segen. Es war eine Szene, deren haaremporsträubende Barbarei sich nicht beschreiben läßt.

Diese Glückwünsche, diese Freudenbezeugungen wurden plötzlich durch einen tiefen Seufzer unterbrochen, den Don Th... auf seinem Lager ausgestoßen. Er hatte Alles gehört, und war seiner Empfindungen nicht mehr Meister. Kaum vernahm die Wirthin diesen schmerzlichen Laut, so sprang sie wie eine Furie auf, ergriff ihr großes Küchenmesser, und schrie mit dem Ausdruck der Wildheit:

„Ha, hätte ich einen dieser verfluchten Konstitutionellen unter meinen Händen — wie er bluten, wie er sein Leben langsam aushauchen sollte!"....

Ich erschrack so heftig, daß ich im ersten Augenblicke nicht wußte, was ich thun oder lassen sollte. Sie trat mir mit emporgehaltenem Messer näher, und rief mir zu:

„Sagt mir doch, Herr Engländer! wer das Thier mit der blassen Fratze ist, das da auf der Matratze ausgestreckt liegt?... Könnte ich vermuthen, daß er der Konstitution wegen seufzt, seht ihr, ich würde nicht zögern, ein Wort unter vier Augen mit ihm zu sprechen, und ihr würdet bald des Elenden Leber in Euerm Tiegel erblicken."

— Bah, entgegnete ich so gelassen als möglich, es ist ein armer Hund von Franzos, ein Ausreisser, der in der englischen Armee Dienst genommen.

„Pöversito! (armer Teufel) sagte sie nun gelassen. Gebt ihm doch einen Teller Suppe."

Don Th. hätte lieber eine Zigarre geschmaucht; aber er mußte sich diesen Genuß versagen, der ihn unfehlbar verrathen hätte. Unter allen denkbaren Vermummungen, in allen Lagen, kann man den Spanier immer an zwei Wahrzeichen erkennen, die sicher nie täuschen. Sie bestehen in der Art und Weise, auf welche er einen gewissen Nationalfluch ausstößt, und in der Geschicklichkeit, mit welcher er seine Zigarre mit der Unterlippe hält.

Ich habe nur einen Fremden gekannt, der vollkommen dieses doppelte Wahrzeichen der spanischen Nationalität nachzuahmen im Stande war. Dieser Fremde war der Graf O'Reilly. Er verdankte seiner Nachahmungs-Fertigkeit die Rettung seines Lebens. Als Gouverneur von Madrid, wollte ihn der Pöbel während einem Aufstand ermorden. Er verkleidete sich als Schornsteinfeger, zündete seine Zigarre an, und gab sich, mitdem iberischen Lieblingsschwur auf den Lippen, so vollkommen das Ansehen eines Madrileno (Bewohners von Madrid) von der untersten Klasse, daß man ihn ohne Anstand entschlüpfen ließ.

Wir begaben uns endlich in unser schmutziges Schlafzimmer, wo Herren und Diener neben einander sich ausstreckten. Nichts ist gebräuchlicher in Spanien. Sterne, der die Bettvorhänge mit Nadeln zusteckte, um eine schöne Dame, mit welcher er in demselben Zimmer übernachten sollte, nicht zu inkommodiren, würde sich in dieser Hinsicht kein Erfindungspatent zugestanden haben, wenn er in der Halbinsel gereiset wäre. Von welchem Stande und von welchem

Geschlecht auch die Personen sein mögen, welche der
Zufall während der Nacht in den Wirthshäusern vereinigt, haben sie dennoch oft nur ein und dasselbe
Schlafgemach. Ein zerrissener Vorhang, oder ein
ausgebreitetes Kleidungsstück dienen als Scheidewand
zwischen den Gästen.

Wir bedienten uns dieser Mittel nicht. Der
Deputirte flehte nur um die Erlaubniß, eine Zigarre
zu rauchen, und kaum zog der Rauch derselben durch
den Mund, so kehrte auch seine Heiterkeit und Energie zurück.

Am andern Morgen wurden wir durch das Geschrei eines Ausrufers geweckt. Man denke sich unsere Angst, als wir sehr deutlich folgende Worte vernahmen: „Königliche Proklamation, durch welche
ein Preis auf die Köpfe von Don Thomas M. ꝛc.
gesetzt wird. Fünfzig schwere Piaster jedem treuen
Spanier, der einen dieser Verbrecher, welche die
Flucht ergriffen haben, der Gerechtigkeit überliefert;
u. s. w."

Ich kaufte eine dieser Proklamationen, die außerdem an allen Straßenecken angeschlagen wurden. Das
Signalement meines Begleiters war ziemlich genau.
Die königliche Ordonnanz erklärte jeden, der einem
der Verurtheilten Schutz angedeihen lassen, oder
seine Flucht begünstigen würde, des Hochverraths
schuldig.

Ich verglich Don Th. (oder wenn man will meinen Bedienten Franz Lebrun) mit dem von seinem
Aeußern entworfenen Portrait, und hatte Ursache, mich
ein wenig zu beruhigen. Er hatte seine sonst sehr
langen Haare, seine Augenbraunen und seinen Backen-

bart abgeschnitten, und da er überdem keine Brille
mehr trug, war er beinahe ganz unkenntlich geworden.
Ich sprach ihm Muth zu, und lud ihn vor Allem ein,
ja nicht zu seufzen, sondern vielmehr ein französisches
Liedchen zu trillern.

Dibby, der bei dieser Gelegenheit eben so viel
Takt als Umsicht zeigte, versorgte ihn mit allem
Nothwendigen, während ich mit O'Doherty mich in
die Küche begab, um zu frühstücken. Die Maulthiere
waren angeschirrt, und wir wollten eben aufbrechen,
als zwei mir bekannte Personen, die Herren Spurrier
und Pole, aus der Grafschaft Dorset, hereintraten.
Sie begaben sich ebenfalls nach Frankreich. Don
Th. stand neben mir. Spurrier, der ihn früher in
Andalusien gekannt, heftete einen forschenden Blick
auf ihn. Ein Wort, ein unbedacht ausgesprochener
Name konnte uns verrathen, alle unsere Hoffnungen
vernichten, und den Unglücklichen seinen Henkern überliefern. Spurrier wollte eben den Mund öffnen, als
ich ihn schnell unterbrach.

„Sie sehen hier einen armen Franzosen," sagte
ich, und deutete auf meinen Gefährten, „der sich
in Gefahr befindet, und den wir zu retten gelobt
haben. Nicht ein Wort, weder über seinen Rang
noch über seine Umstände. Sein Leben hängt davon ab."

— Schon gut, entgegnete der Andere. Er hatte
mich vollkommen begriffen. Zehn Tage später begeg-
neten wir uns wieder zu Bordeaux, und er gestand
mir, daß das Erstaunen, welches der Anblick des Don Th.
ihm verursacht, ihn alle Besinnung hatte verlieren
lassen, und daß er auf dem Punkte gewesen, ihn bei

seinem Namen anzureden, und über seine Metamorphose ihn zu befragen, wenn ich ihm nicht zuvorge-
kommen wäre.

So boten sich von Zeit zu Zeit uns neue Gefahren dar, doch kamen wir endlich ohne weitere Unruhen
nach Burgos. Dieß war die letzte Stadt, in welcher
wir einer strengen Untersuchung unterworfen wurden.
Es begann bereits finster zu werden, und wir saßen
hinterm Tische, als man uns den Platzmajor meldete,
der uns nach dem Stadthause begleiten sollte, wo wir
und unsere Bedienten vom Kopf bis zur Ferse inspi-
zirt werden sollten.

Don Th. saß neben mir. Ich gab ihm ein Zeichen, worauf er sich sogleich erhob, und sich hinter
O'Doherty's Stuhl stellte, um die Rolle eines Kammerdieners zu spielen. Dibby räumte sein Gedeck bei
Seite, und gab seinem Stuhle eine andere Richtung.
Ich erhob mich indessen, und ging dem Platzmajor
entgegen, den ich mit einer Menge zeremonieller Höf-
lichkeitsbezeugungen überhäufte, um ihn abzuhalten,
die Bestürzung der andern Personen zu bemerken.

„Setzen Sie sich, Sennor,“ sagte ich endlich,
indem ich ihn zu Don Th. Stuhl führte. „Und
Ihr,“ fügte ich, gegen diesen letzten und gegen Dibby
gewendet, hinzu. „geht!“

Gleich darauf füllte ich ihm ein Glas mit vor-
trefflichem Punsch, und bat ihn, mir Bescheid zu thun.
Er fand dies Getränk so sehr nach seinem Geschmack,
daß er drei Zigarren schmauchte, mit mir von England und Spanien sprach, und den eigentlichen Gegenstand seines Besuchs vollkommen aus den Augen
verlor. Endlich schien es ihm doch gerathen, sich daran

zu erinnern, und er ersuchte uns, mit unsern Leuten ihm zum Gouverneur zu folgen, wo die von Madrid erhaltenen Signalemente mit unserer Persönlichkeit verglichen werden sollten.

Während dieser Einladung lauschten Don Th. und Dibby an der Thür. Man kann sich des Flüchtlings Entsetzen denken, als er die drohende Gefahr so nahe über sich erblickte. Ich rief meine Bedienten: Georg! Franz!...

Nach Verlauf einer Minute erschien Dibby in Hemdärmeln, mit nackten Beinen, die baumwollene Schlafmütze in der Hand. Er trat nur zur Hälfte in das Zimmer und fragte wie schlaftrunken: „Was befehlen Sie?“

— Wo ist Lebrun?

„Lebreunn!“ entgegnete er, „Lebreunn schläft wie eine Ratte, und schnarcht wie eine Sägemühle. Soll ich ihn wecken?“

— So seid Ihr beide schon ausgekleidet?

„Wie Sie sehen. Wir sind so schrecklich müde, daß wir weder Hand noch Fuß bewegen können.“

— Sie sehen den Zustand meiner Leute, sagte ich zu dem Major. Die armen Teufel sind heute gewaltig gerüttelt worden; der Weg war so schlecht. Es würde grausam sein, sie ihrer Ruhe zu entreissen, um sie noch nach dem Stadthause spazieren zu schicken. Zudem haben Sie beide gesehen. Se. Exellenz erwarten uns. Mein Freund und ich, wir werden die Ehre haben, Sie zu begleiten.

Der Major war damit zufrieden. Wir leerten noch ein Glas, und machten uns sodann auf den Weg. Der Platz war mit Soldaten bedeckt, die neben ihren

Gewehren ruheten. Der Gouverneur, ein alter Kastilianer, mit weißem Haar und stolzer Miene,
empfing uns mit ernster Höflichkeit und pompöser Her-
ablassung.

Ich erzählte ihm der Länge nach meine Feldzüge
in der Halbinsel, den Zweck meiner gegenwärtigen
Reise, und die Geschichte meines Begleiters O'Doherty. Ein wenig Wahrheit, nebst vieler Dichtung,
bildeten den Stoff meiner Mittheilung, die dem alten
Krieger zu behagen schien, denn er hörte mein Geschwätz ruhig an, ohne mich ein einziges Mal zu
unterbrechen.

Endlich, nachdem er unsere Pässe gesehen, fragte
er auch nach meinen Bedienten. Ich erwiederte, daß
der Platzmajor sie gesehen, und daß sie jetzt in tiefem
Schlummer lägen, weil sie sehr ermüdet seien. Der
Gouverneur machte ein ernstes Gesicht und erhob
sich. Schon besorgte ich, er werde meine Ausflucht
nicht billigen; aber seine Worte beruhigten mich.

„Wenn ich mich bei dieser Gelegenheit von meinen
Instruktionen entferne, sagte er, so ist es nur, weil
Sie ein Cavallero (Kavalier) und ein Brite sind,
und weil ich Vertrauen in Ihre Worte setze. Den
mir zugekommenen Befehlen gemäß, soll ich alle Reisende selbst sehen. Ihre Eigenschaft als englischer
Offizier allein vergönnt mir, von dieser Strenge nach-
zulassen.“

Ich zog meine Zigarrenbüchse aus der Tasche und
bot sie ihm mit den Worten dar:

„Erzeigen Sie mir die Ehre, diese Kleinigkeit anzunehmen, als einen Beweis meiner Achtung für Ihr

Land, meiner Anhänglichkeit an Ferdinand den Vielgeliebten, und meines Hasses gegen alle konstitutionelle Verräther."

Der Gouverneur beantwortete diese royalistischen
Aeusserungen auf eine eben so originelle als energische Weise, die ich jedoch nicht wiederzugeben vermag.
Seine kurze Rede war ein zugleich lakonisches und
vielbedeutendes Lob, eine Huldigung des männlichen
Karakters der britischen Nation. Ja keinem andern
Lande drückt die Höflichkeit sich durch so wildpoeti-
sche Metaphern aus, als in Spanien, und dieser alleinige Zug ist für einen scharfen Beobachter genügend, das gegenwärtige Spanien, und den Zustand
seiner Sitten, zu karakterisiren.

— Ha, Sennor Inglez! rief der Gouverneur;
ich weiß sehr wohl, daß die Briten Männer sind.

Diese Gefahr, der wir mit Hilfe meiner Zigarren
und der Kaltblütigkeit Dibby's glücklich entgingen,
war für uns die letzte westlich von den Pyrenäen.
Der arme Deputirte nahm nun Platz neben O'Doherty
und mir. Seine Sicherheit erforderte nicht mehr,
daß er länger auf der Folterbank neben dem Mayoral
bleibe. Dieser und sein Zagal hatten sich nach und
nach für den unglücklichen Flüchtling interessirt, so
daß von ihrer Seite kein Verrath zu besorgen war.
Er setzte seine Brille auf, zündete eine Zigarre an,
und wurde wieder heiter und gefaßt.

So erreichten wir ohne fernern Anstoß das rechte
Ufer der Bidassoa. Don Th. M. warf einen Blick
nach seinem Vaterland, und nahm Abschied von ihm,
vielleicht auf immer. Mit einer durchaus spanischen

Heftigkeit drückte er eine Handvoll Erde an sein Herz, brach in einen Strom von Thränen aus, und rief: Adios! adios! patria infeliz! (Lebe wohl, unglückliches Vaterland!)

Merkwürdige Rechtshändel in Frankreich.

Am 28. Juli d. J., als die Bevölkerung von Paris zur Erhaltung ihrer Rechte ihr Blut vergoß, als die Hyäne der Tyrannei gegen ihre eigenen Angehörigen wüthete, entschied das Handelsgericht, unter dem Vorsitze des Präsidenten Ganneron, eine Streitsache von hoher Wichtigkeit, und beurkundete dadurch einen bewunderungswürdigen bürgerlichen Muth.

Man weiß, wie das Ministerium Polignac den Druck aller freisinnigen Zeitungen verboten, und wie der Polizeipräfekt Mangin dieses Verbot mit dem Beifügen bekannt gemacht, daß er durch seine Agenten die Pressen aller Buchdrucker werde zerschlagen lassen, welche nicht Gehorsam leisten würden. Er hielt Wort, und die Pressen der Zeitung „le Temps" wurden zerbrochen.

Unter solchen Umständen weigerte sich der Drucker des Courrier français, Gaultier-Laguionie, dem Verlangen der Redaktoren gedachter Zeitung zu entsprechen, und seine Pressen ferner herzugeben, indem er sich nicht der Gefahr aussetzen wollte, seine Offizin von den Vandalen Mangins und Konsorten verheert zu sehen. Er wurde deßhalb von den Redaktoren vor Gericht beschieden.

Es war Mittags. Man hörte überall mit Gewalt
den Generalmarsch schlagen, die Sturmglocken läu-
ten, den Kanonendonner brüllen. Schaaren bewaffneter Bürger drängten sich dem Siegesplatze und der
Montmartre-Straße zu. Die Nationalgarde erschien
in ihrer alten Uniform. Auf mehreren Thürmen wehete bereits die dreifarbige Fahne.

Der große Gerichtssaal war beinahe leer. Man
zählte kaum zwanzig Personen in demselben. Alle
Advokaten hatten die Waffen ergriffen. An Zuhörern
fehlte es durchaus. Nur die Richter, die Kläger,
der Verklagte und der Advokat Mérilhou waren gegenwärtig. Dieser letzte nahm das Wort, während
das Schießen in der Nähe des Gerichtspalastes sich
verdoppelte.

„Es handelt sich um eine äußerst einfache Sache,
sagte er. Ist Gaultier-Laguionie gehalten, seinem
Vertrage mit den Redaktoren des Courrier français
gemäß, diese Zeitung zu drucken, oder nicht? Bisher
hat er seine Verpflichtung getreu erfüllt. Aber seit
vorgestern verweigert er seine Pressen, wegen einer
angeblichen Ordonnanz vom 25. Juli, und eines Ge-
bots, von Seiten des Polizei-Präfekten Mangin.

„Diese Ordonnanz und dies Gebot sind ungesetzlich.
Jedermann weiß, daß bei uns ein Gesetz nicht durch
eine Ordonnanz abgeschafft werden kann. Unsinnige,
Minister genannt, haben es gewagt, die Charte mit
Füßen zu treten; ihre Strafe wird nicht lange aus-
bleiben.

„Ein ungesetzlicher Gedanke, eine unbegreifliche
Laune ist, ich weiß nicht in welchem Kopfe entstanden, und diese Laune hat die unförmlichen Ordon-

nanzen erzeugt, mit deren Hilfe man die Freiheit der Presse und die Deputirtenwahlen zu vernichten, eine neue Kammer zu bilden und die Konstitution des Landes zu übertreten sucht. Wir haben jedoch die Ueberzeugung, daß es in Frankreich nicht ein Gericht gibt, welches einem so wahnsinnigen Unternehmen die Stütze seiner Autorität leihen möchte."

Nach den Debatten zwischen dem Buchdrucker und dem Advokaten, fällte das Gericht folgendes Urtheil:

„In Betracht, daß, durch einen wörtlichen Vertrag, Gaultier-Laguionie sich verpflichtet hat, die Zeitung, betitelt Courrier français, zu drucken;

„daß er diesem Vertrag entsprechen muß, und vergebens sich auf ein Gebot des Polizei-Präfekten und eine Ordonnanz vom 25. d. M. stützt, indem diese Ordonnanz mit den Worten der Charte im Widerspruch steht, und deshalb keine Achtung verdient;

„verordnet das Gericht die genaue Beobachtung des Vertrages zwischen den Parteien, verurtheilt Gaultier-Laguionie, den Courrier français binnen vierundzwanzig Stunden zu drucken, und im Weigerungsfalle Kosten und Schadenersatz an Lapelouze und Chatelain zu zahlen, worüber ferner verfügt werden soll."

So entschieden Richter, die in der That dieses Namens würdig waren, indem sie nur dem Gesetze, und nicht dem Gebote einer brutalen Gewalt gehorchten.

Leider war ein solches Betragen nicht allgemein. Es gab königliche und Kassations-Gerichtshöfe, bei welchen die Agenten des Jesuitismus die Mehrheit bildeten, und die, wie das Gericht zu Aix, unter dem Vorsitz Desèze's, sogar Glückwünschungs-Adressen an Karl X richteten, der Ordonnanzen vom 25. Juli wegen.

Mehrere dieser Kongregationisten haben sich Gerechtigkeit widerfahren lassen, und ihren Abschied genommen. Andere, deren Gewissenlosigkeit allen Glauben übersteigt, haben schamlos dem neuen König Treue geschworen, unter dem innern Vorbehalt, ihn zu verrathen, wenn sich dazu eine günstige Gelegenheit darbieten dürfte.

Das Publikum hat diese letztern behandelt, wie sie es verdienen. Es hat sie öffentlich Meineidige, Verräther, hinterlistige Laurer u. s. w. genannt, und ihren Schwur mit Gezisch und höhnendem Geschrei begleitet.

So ist es jetzt mit einem großen Theil der Magistratur in Frankreich beschaffen. Oeffentliche Verachtung hat die meisten ihrer Mitglieder geschlagen, die sich zu gehorsamen Satelliten des Jesuitismus herabgewürdigt hatten.

Dieser Zustand der Dinge ist unleidlich; denn sobald der Angeklagte vor einem Richter erscheinen muß, der das allgemeine Zutrauen verloren, und den man als einen Agenten des Unsinns und der Gewissenlosigkeit betrachtet, ist es unmöglich, daß er seinen Ausspruch mit Ehrfurcht vernehmen, und nicht in Versuchung gerathen kann, dagegen zu protestiren. Dieser Fall hat sich in der That bereits zu Paris, in dem Prozesse der Volksfreunde, ereignet. Es ist vorauszusehen, daß Aehnliches sich noch mehrmals erneuern wird.

Während der großen Woche schienen alle Volksklassen nur mit der hohen Aufgabe der Sicherung ihrer Volksrechte beschäftigt. Zu Paris und in der

Umgegend wurde nicht ein einziges Verbrechen bis zum 17. August verübt. So sehr vermögen Enthusiasmus und Vaterlandsliebe den Menschen zu erheben, daß für niedrige Leidenschaften kein Raum mehr in seiner Seele bleibt. — Holen wir noch einige Prozesse nach, welche vor dieser merkwürdigen Periode verhandelt wurden.

Henriette Petit, eine junge Waise aus dem Findelhause zu Paris, von ausserordentlicher Schönheit und überraschendem Verstände, erschien vor dem Kriminalgericht zu Nevers, unter der Beschuldigung, die Frau Poteau zu Château-Chinon, bei welcher sie in Dienst gestanden hatte, vergiftet zu haben. Man hatte unter ihrer Wäsche ein Stück Grünspan gefunden, und vermuthete, daß dadurch die Krankheit der Frau Poteau veranlaßt worden, welche alle Symptome der Vergiftung darbot.

Es war am 6. Januar d. J. Abends 10 Uhr, als die Frau Poteau, welche bereits unpäßlich war, und das Bett hütete, zu trinken verlangte. Henriette reichte ihr eine Tasse Zuckerwasser. Jene stieß sie heftig zurück, rief nach Licht, prüfte das Wasser, und fragte mit Entsetzen, warum es grün sei?

Ihr Mann rief in demselben Augenblicke: „was ist grün?" sprang aus seinem Bette, und befahl Henrietten, die Tasse zu leeren, was sie auch unverweilt that. Die Kranke fiel gleich nachher in eine heftige Krisis, und verlangte, daß Henriette sich auf der Stelle entferne, was auch geschah.

Bald nachher wurde sie verhaftet. Ihrer Aussage nach habe der Mann der Kranken sich um ihre Gunst beworben, sei jedoch von ihr abgewiesen worden.

Einige Zeit nachher habe er sie gebeten, ihm Grünspan zu kaufen, weßhalb er ihr zwanzig Franken gegeben habe. Sie habe nicht gewußt, wozu man diese
Substanz gebrauchen könne, und also keinen Anstand
genommen, seinem Verlangen zu entsprechen, obgleich
es ihr aufgefallen sei, daß er ihr den Ueberrest des
Geldes zum Geschenk gemacht hat.

Dieser Aeußerung nach mochte es scheinen, daß
Poteau selbst den Gedanken gefaßt, seiner Frau sich
zu entledigen, um mit der schönen Henriette sich zu
verheirathen, und daß er, nachdem sein Unternehmen
fehlgeschlagen, den noch übrigen Grünspan unter des
Mädchens Wäsche verborgen. Da es jedoch an überzeugenden Beweisen in dieser Hinsicht fehlte, und
vielmehr aller Verdacht auf die unglückliche Henriette
sich konzentrirte, erschien sie allein auf der Verbrecher-
bank, und war allein durch eine Kapital-Verurtheilung
bedrohet.

Die Verwaltung des Findelhauses verließ ihre
Adoptivtochter nicht. Es wurde ihr ein geschickter Advokat gegeben, der sie mit so vieler Energie vertheidigte, daß sie von der Anklage vollkommen frei gesprochen wurde.

Ein Umstand trug vorzüglich dazu bei, den Ausspruch der Geschwornen zu motiviren. Nachdem Henriette sich aus Poteau's Hause hatte entfernen müssen,
wurde sie von einem gewissen Hobert, Aufseher über
die Findelkinder im Arrondissement Château-Chinon,
aufgenommen. Dieser zog den Sachwalter Gautrelet
zu Rathe, welcher es sich vor Allem angelegen sein
ließ, die Wahrheit zu entdecken. Er schilderte der
armen Henriette ihre Lage unter den dunkelsten Far-

ben, übertrieb den auf ihr haftenden Verdacht, äusserte, daß Alles gegen sie zeuge; und daß unfehlbar das Schaffot sie erwarte. Sodann sprach er von der Theilnahme, die ihre Jugend, ihre Schönheit ihm eingeflößt, und sagte heimlich, daß er sie noch retten könne, wenn sie sich flüchten wolle.

Mit stolzem Selbstgefühl lehnte Henriette diesen Antrag ab. Sie sagte, daß sie bleiben, sich Allem unterwerfen, und lieber schuldlos sterben, als den Schein der Flucht auf sich laden wolle. Alle ihre Antworten waren eben so einfach, als bestimmt, und man bemerkte nicht den geringsten Widerspruch in denselben.

Man hatte nächstdem auch erfahren, daß die Frau Poteau eines Tages zu ihrem Manne gesagt: „Elender! so muß das arme Mädchen doch deinetwegen das Schaffot besteigen." Zwar läugnete sie diese Aeusserung, aber ihr ganzes Benehmen ließ vermuthen, daß ihr Gatte wohl der wahre Schuldige sein könne.

***

Einen auffallenden Beweis von der Unzulänglichkeit und den Gebrechen der französischen Gesetzgebung gewährt ein Rechtshandel, von welchem wir nur das Resultat andeuten wollen.

Zwei Individuen, welche mit einander in einem Wirthshause getrunken, zanken sich beim Herausgehen. Vom Streit kommen sie zur Balgerei. Gleich darauf äussert der Eine, daß ihm drei Fünffrankenthaler fehlen, und daß der Andere sie ihm gestohlen . . . . .

Die Szene hat sich auf der Landstraße ereignet. Man findet die drei Thaler in des Angeklagten Tasche.

Er wird eines Diebstahls auf offener Landstraße schuldig erklärt, und deshalb auf Zeitlebens zur Galeerenstrafe verurtheilt. — —

Seit zwei Jahren hatte Thenoux, des Vatermordes und der Brandstiftung beschuldigt, sich der Gerechtigkeit entzogen. Er hatte unter den Agenten der öffentlichen Gewalt selbst Beschützer gefunden. Der Parteigeist bediente sich seiner als eines nützlichen Werkzeuges, und die gegen ihn ausgesendeten Gendarmen konnten sich seiner vie bemächtigen. Endlich wurde er in einem entlegenen Hause überrascht und eingebracht. Er war groß und von herkulischer Stärke. Ein schwarzer Bart bedeckte zur Hälfte sein Gesicht. Sein Blick war wild und drohend, und sein ganzes Wesen verrieth einen vollendeten Bösewicht. Solcher Menschen bedurfte die Gegenrevolution, um sie zu Vollstreckern ihrer Plane zu machen.

Der Notar Pailleret zu Trets, im Departement der Rhone-Mündungen, wurde zu Thenoux dem Vater gerufen, um einen Vertrag aufzunehmen, durch welchen dieser an seinen Sohn all sein Hab und Gut abtreten wollte. Der Notar bemerkte in des Greisen Haltung etwas Ungewöhnliches, Gezwungenes, und äusserte deshalb, daß er den Vertrag nur in seinem Bureau ausfertigen könne, weshalb Vater und Sohn sich dahin zu begeben hätten. Dort angekommen, sagte der erste zu dem Notar:

„Mein Sohn hat mich gehängt. Sehen Sie den tiefen Einschnitt des Stricks um meinen Hals. Er hat mir, so wie seiner Mutter, die Hände auf den Rücken gebunden, und wollte uns beide erwürgen,

wenn wir ihm nicht die Baſtide (das Gut) abtreten würden."

Der Notar benachrichtigte ſogleich den Friedens-
richter von dieſem Vorfall. Aber, bevor man ſich des
Verbrechers bemächtigen konnte, war er entſprungen.
Des Vaters Ausſage vor dem Richter lautete nach
dem Verbalprozeß folgendermaßen:

"Heute Morgen um acht Uhr iſt mein älteſter
Sohn wüthend in meine Baſtide getreten. Er hat
die Schlüſſel in ſeine Taſche geſteckt und zu mir ge-
ſagt: "Gib mir jetzt dein Gut." Auf meine Weige-
rung hat er mir die Hände auf den Rücken gebunden, eben ſo meiner Frau, weshalb er eigends Stricke
mitgebracht. Mit fürchterlichen Drohungen hat er
mich nun in ein anderes Zimmer geſtoßen, mich ſodann
mit Gewalt auf einen Stuhl geſtellt und mir einen
Strick um den Hals geſchlungen, der an einem Balken an der Decke befeſtigt war. In dieſer Stellung
zog er den Stuhl nach und nach unter meinen Füßen
hinweg, und rief mir zu: "Gib mir dein Gut, oder
ich laß dich hängen." Ich verſprach, was er wollte,
und er löſete den Strick wieder ab."

Einige Tage nachher fiel Thenony, Sohn, den
Notar Pailleret in der Straße an, verfolgte ihn bis
in ſein Haus und feuerte ein Piſtol gegen ihn ab.
Gleich nachher verſuchte er, eine dem Notar gehörige
Scheuer in Brand zu ſtecken.

Alle Zeugen, die gegen dieſen wüthenden Menſchen früher ausgeſagt hatten, widerriefen ſich vor
Gericht, ſo groß war das Entſetzen, welches er eingeflößt hatte. Der Maire von Trets und mehrere andere Perſonen, die, wie man erfahren, zur Kongre-

gation gehörten, wendeten sogar alles Mögliche an,
sein Begehen zu entschuldigen, und ihn als einen
Märtirer darzustellen.

Er wurde zu achtjähriger Zwangsarbeit verurtheilt.
Als der Ausspruch der Richter ihm vorgelesen wurde,
schlug er ein Schnippchen. Das Vertrauen in seine
Beschützer ließ ihn hoffen, daß man seiner bald bedürfen, und ihn deshalb unverzüglich in Freiheit
setzen werde. Die Begebenheiten im Juli haben einen
Strich durch seine Rechnung gezogen.

Der Marquis von B....., fünfunddreißig
Jahre alt, ehemaliger Offizier in der Kavallerie,
wohnte auf seinem Schlosse Curieu, in der Nähe von
Bourgoin, im Jsère-Departement. Er war ein großer
Jagdliebhaber, und blieb oft mehrere Tage lang in
seiner Meierei zu Monceau, wo er sich ein Zimmer
hatte einrichten lassen, und wo eine Magd, Namens
Genovefa Ginet, seine Küche besorgte.

Diese, mit welcher er in einem genauen Verhältnisse zu stehen schien, hatte auch noch einen andern
Anbeter, den jüngsten Sohn des Meiers, Johann
Liobard. Den Marquis schien das sehr zu verdrießen,
und er hatte mehrmals Drohungen gegen seinen Nebenbuhler ausgestoßen, worauf dieser jedoch nicht besonders achtete, obgleich Genovefa ihn und mehrere
andere Personen benachrichtigte, daß der Marquis
geschworen habe, ihm das Lebenslicht auszublasen.

Am 28. November v. J. kehrte B..... von der
Jagd zurück. Es war fünf Uhr Abends. Kaum hatte
er sein Zimmer betreten, so vernahm man einen
Schuß, und Johann, der in demselben Augenblicke

über den Hof ging, um Holz zu holen, stürzte, von
grobem Schrot getroffen, zu Boden. Er war an
der Hand und im Schenkel verletzt.

Sogleich eilten sein Vater, sein Bruder und eine
Magd herbei. Auch der Marquis erschien, nachdem
er seine Flinte bei Seite geworfen, fragte ängstlich,
ob Johann schwer verwundet sei, verwünschte seine
Unvorsichtigkeit, trug den Blutenden in sein eigenes
Zimmer, wo er ihn verband und an seinem Bette
wachte.

Johann behauptete, den Hahn des Gewehrs spannen und abdrücken gehört zu haben, während der
Marquis versicherte, daß er die Flinte auf den Tisch
geworfen habe, und daß sie auf solche Weise losge-
gangen sei. Alle Anwesende überhäuften ihn mit Beschuldigungen, und nöthigten ihn, sich zu entfernen.
Die Familie Liobard reichte eine Klage ein, und B.
wurde vor Gericht beschieden. Er verbarg sich, während seine Familie mit dem Verwundeten unterhandelte, der sich endlich, gegen eine Entschädigung von
3400 Franken, geneigt zeigte, die Klage zurückzunehmen.

Aber es war dazu nicht mehr Zeit, indem das
Gericht bereits eine genaue Untersuchung eingeleitet
hatte. Der Prozeß wurde also fortgesetzt. Die Liobard, vorzüglich Johann, unterstützten die Aussagen
des Marquis, der demnach nur der Unvorsichtigkeit
beschuldigt werden konnte, weshalb er, nach dem Artikel 320 des Strafgesetzbuches, zu einer sechstägigen
Haft, sechszehn Franken Buße und zur Bezahlung
aller Kosten verurtheilt wurde.

Der Prozeß der Minister Karls X, in Betreff
der verbrecherischen Ordonnanzen vom 25. Juli, durch
welche das Grundgesetz des Landes vernichtet wurde,
erregt ein so hohes Interesse, daß jede Andeutung,
welche auf diesen Gegenstand Bezug hat, beachtet zu
werden verdient.

In solcher Hinsicht ist auch die Zusammenkunft
wichtig, welche am 29. Juli um 9 Uhr Morgens
der General-Advokat Bayeux in den Tuilerien mit
dreien der Ex-Minister hatte.

Der gedachten Magistratsperson war nämlich am
28. um drei Uhr Morgens eine Depesche des Groß-
siegelbewahrers (Chantelauze) zugekommen, welche
eine von Polignac unterzeichnete königliche Ordonnanz enthielt, die Paris in Belagerungszustand erklärte. Er versuchte auf der Stelle mit den Ministern zu sprechen, um ihnen den Wahnsinn ihres
Begehens bemerkbar zu machen, konnte jedoch nicht
vor sie gelangen.

Am andern Morgen war er glücklicher. Er fand
die drei Minister Chantelauze, Peyronnet und Haus-
sez in dem Saale des Schloß-Gouverneurs de Glande-
vez. Die beiden ersten saßen auf einem Kanapee.
Sie schienen angekleidet die Nacht durchwacht zu
haben. Der dritte schritt im Saale auf und nieder.
Er war äußerst niedergeschlagen.

Chantelauze fragte den General-Advokaten, welches der Zustand von Paris sei?

„Bewunderungswürdig, entgegnete dieser. Muth,
Ruhe und Festigkeit zu gleicher Zeit.“

— Es sind wahrscheinlich die Föderirten, welche

ihre alte Organisation bewahrt haben, sagte Peyronnet.

„Es ist die ganze Bevölkerung, entgegnete Bayeux,
welche gegen Euch aufgestanden. Die Frauen tragen
das Straßenpflaster auf ihre Zimmer, um es den
Soldaten auf die Köpfe zu schleudern, während ihre
Männer sich in den Straßen tödten lassen. Es ist
ganz Frankreich, das von allen Seiten herbeieilt zur
Aufrechterhaltung der Gesetze, die Ihr verletzt habt.“

Die Minister deuteten durch einige Zeichen an,
daß sie die Wahrheit dieser Angabe bezweifelten.
Bayeux fügte nun hinzu, „daß vielleicht schon in
einer Stunde mehr als 6000 Bürger die Tuilerien
besetzen würden; daß den Ministern keine Hilfe mehr
übrig bleibe, indem der Kampf zu ungleich sei, nämlich die Feindseligkeiten einzustellen und abzureisen,
da schon die Linientruppen sich weigerten, auf das Volk
zu schießen, und viele Soldaten diesem letzten ihre
Kartuschen überliefert hätten.“

Nach diesen Worten ergriff Hauffes den General-
Advokaten am Arm, deutete durch das Fenster auf
die Bataillone der königlichen Garde und sagte: „Sie
haben wohl Recht, das sind unsere alleinigen Vertheidiger, und seit 24 Stunden haben sie nichts gegessen.“

Die Minister begaben sich in ein anderes Zimmer,
tranken Kaffee und sagten zu Bayeux, daß sie ihm
Befehle zustellen würden. Sie begaben sich nach dem
Bureau des Generalstaabes durch einen unterirdischen
Gang. Der General-Advokat begleitete sie. Er be-
merkte unterwegs, daß sich mehrere Gefangene in den
Kellern oder Kerkern befanden.

Bei dem Generalmajor angelangt, sah Bayeux dort noch die Minister Guernon-Ranville und Montbel, so wie den Herzog von Ragusa (Marschall Marmont). Er wiederholte ihnen Alles, was er den Andern bereits gesagt hatte, ohne durch seine Mittheilung irgend ein befriedigendes Resultat zu erzielen.

Einer der Minister fragte, um welche Stunde der König sie nach St. Cloud beschieden? — Um 11 Uhr, war die Antwort. — Der Befehl wurde ertheilt, die Kutschen sogleich nach dem Pont-Tournant zu schicken.

Chantelauze übergab Bayeux einen von dem Generalmajor unterzeichneten Befehl, durch welchen der königliche Gerichtshof von Paris im Tuilerienschlosse zusammenberufen wurde, und obschon er bemerkbar machte, daß dieser Befehl unausführbar sei, bestand Chantelauze dennoch darauf, daß er ohne Widerrede vollstreckt werden müsse.

Alle fernere Vorstellungen blieben fruchtlos. Als sich endlich der General-Advokat zurückziehen wollte, weigerte man sich, ihm einen Offizier zur Begleitung zu geben, und ließ ihn der Gefahr ausgesetzt, von den königlichen Truppen erschossen zu werden. Ein Bürger, der zum Fenster heraussah, und ein Parlementar hatten dies Schicksal, während er unversehrt seine Wohnung in der rue Traversière erreichte.

Also, aller Bitten und Vorstellungen einer ehrwürdigen Magistratsperson ungeachtet, und gewissermaßen seiner Versicherung zum Trotz, daß die Sache des Absolutismus verloren sei, bestanden die Minister dennoch darauf, daß das Gemetzel fortdauern müsse. Ihres Erachtens war noch nicht genug Blut geflossen, noch nicht genug Unheil vollbracht.

„Nehmet Euch in Acht,“ sagte am 27. Morgens der Polizei-Präfekt Mangin zu einem Advokaten; „man wird Alles massakriren, zusammenschießen, niedersäbeln, kanoniren, was nur irgend Widerstand leistet, Alles bis auf den letzten Mann, wenn es sein muß. Wir wissen, daß wir um unsere Köpfe spielen, und wir sind entschlossen, sie bis aufs Aeusserste zu vertheidigen.“

So sprach einer der feigen Vollstrecker jesuitischer Henkerbefehle am 27., und zwei Tage nachher war er auf der Flucht, um vermummt und unter falschem Namen Frankreich zu verlassen.

Streifereien durch Kamtschatka und Sibirien.

Zweite Mittheilung.

Je mehr die Reisenden in das Innere der Halbinsel Kamtschatka vordrangen, um so seltener wurde die Bevölkerung, und einige arme Jurten folgten auf die Häuser, welche sie bis dahin gesehen. Die Beschreibung, welche Dobell von diesen elenden Wohnungen macht, gleicht jener der armenischen Hütten, deren Xenophon in seinem Rückzuge der Zehntausend gedenkt.

„Um eine Jurta von dieser Art zu erbauen (denn sie sind an Form und Umfang verschieden), gräbt man ein viereckiges, fünf Fuß tiefes Loch, in welches man Pfähle steckt, die das ganze Gerüst tragen. Diese Pfähle sind gegen einander geneigt, um den Dachstuhl zu bilden, welcher im Innern durch Querbalken verbunden ist. Das Ganze wird sodann mit Stangen ausgefüllt, und diese werden dick mit Rasen belegt.

„In des Dachstuhls Mitte befindet sich ein viereckiges Loch, das zugleich als Thür und als Rauchfang dient. Man klettert zu denselben auf einem, in Leiterform zugerichteten Brette empor, das unter jedem Tritte nachgibt und zu brechen scheint. Außer diesem Mißbestand ist man noch der Gefahr ausgesetzt, in dem glühenden Rauche, der von dem Herde aufsteigt, sich zu versengen.

„Man läßt eine zweite Oeffnung, durch welche der Rauch, in dem Augenblicke wo man das Feuer

anzündet, hinausziehen kann, die man nach Willkühr
zu- oder aufthut, und die, wenn man warm haben
will, auf das Sorgfältigste verschlossen wird. Im
Winter möchte es in diesen Jurten ziemlich behag-
lich sein, würde man in ihnen nicht oft vom Rauch
gequält."

Kaum betritt man das Gebiet der Koriaken, so
verändert sich plötzlich die Szene. Man hat eine unübersehbare Ebene vor sich, die von einigen Nomaden-
völkern mit ihren Rennthierheerden durchirrt wird.
Der Reisende wird in diesen Steppen oft von Por-
gas, oder Schneestürmen überfallen, die gewöhnlich
äußerst gefährlich sind. Die Einwohner wissen aus
unfehlbaren Zeichen solche Stürme ein oder zwei Tage
vorauszusagen. Werden sie dennoch vom Sturm
überfallen, so überlassen sie ihre Heerden sich selbst,
die sodann mit großer Schnelligkeit der nächsten Jurta
zueilen. Dobell hatte ebenfalls Gelegenheit, einen
Porga zu beschreiben.

„Wüthend heulte der Sturm. Schwarze Wolken
wälzten sich über uns. Alle unsere Glieder zitterten
vor Frost, und unsere Zähne schlugen heftig gegen-
einander. Regen und Schnee hatten selbst die Parka
(Rennthierhaut) durchdrungen, welche unsere Kleider
und unser Gepäck bedeckte.

„Die Hunde des Toynne, die Schnauze in die
Höhe gereckt, bellten plötzlich sehr stark, und eilten
schnell davon. Wir flogen gewissermaßen über die
Ebene, von der freudigen Hoffnung beseelt, bald ein
schirmendes Obdach zu finden. Wir hatten uns nicht
geirrt. Nach zehn Minuten erreichten wir eine Jurta,
in der ein helles Feuer knisterte.

„Die Bewohner kamen uns entgegen, mit Stöcken
bewaffnet, um ihre Rennthiere gegen unsere Hunde
zu vertheidigen. Unsere Führer waren vom Frost
so erstarrt, daß sie kaum die Hunde zurückhalten konnten, sich auf die Heerde zu stürzen.

„Die Koriaken hatten schon aus weiter Ferne das
Gebell vernommen, und die Frauen waren beschäftigt,
ein junges Rennthier für unsere Mahlzeit zu bereiten. Nur mit Mühe entledigten wir uns des Schnees,
mit dem wir bedeckt waren. Gleich nach unserm Eintritt bot ich jedem der Anwesenden ein kleines Glas
Branntewein, wonach wir uns um das Feuer grup-
pirten, und unsere Blicke auf den großen Kessel
hefteten.

„Mein Wirth hatte eine Heerde von 300 Rennt-
thieren. Er war ein schöner Greis, und unser Besuch schien ihm viele Freude zu machen. Er bat uns,
auf Bärenhäuten Platz zu nehmen, und deutete mir
ein Lager von Rennthierfellen an, wo ich schlafen
sollte. Als das Fleisch gekocht war, legte er mir,
in einer hölzernen Schüssel, die fettesten Bissen, die
Zunge, das Herz und das Mark, vor. Als ich dies
letzte nicht roh essen mochte, wurde es auf der Stelle
gesotten, wobei man mir jedoch versicherte, daß es
roh viel besser sei, was ich auch in der That fand.

„Der alte Toynne lud mich ein, zu essen, ich ließ
ihn aber durch unsern Dollmetscher wissen, daß ich
nicht eher einen Bissen genießen werde, bis er und
die übrigen Mitglieder seiner Familie mit mir speiseten, worauf sie sogleich um mich her Platz nahmen.
Ich gab ihnen Schiffszwieback und Reismehl und
Jedem ein Glas Wotke. Mein Wirth aß nur wenig

Zwieback, dagegen verschlang er schnell hinter einander
fünf oder sechs Gläser Branntewein, ohne das Gesicht zu
verziehen. Nach der Mahlzeit wiederholte er seine
Libation.

„Ich vertheilte einige Glasperlen, Nähnadeln,
Messer und etwas Tabak unter die Familie. Indessen hatte der Sturm nachgelassen, und ich mich begab
ins Freie, um die Heerde zu besehen. Die Rennthiere
naheten sich ihren Hütern, welche sie vertraulich am
Kopfe liebkoseten. Mein Wirth zeigte mir seine Schlitten, und den ganzen Reichthum seiner Jurta. Meine
Aufmerksamkeit schien seine Eigenliebe nicht wenig zu
schmeicheln.

„Als wir in die Hütte zurückkehren wollten, stellten sich uns zwei Koriaken, von denen jeder ein Rennt-
thier hielt, in den Weg. Sie erhoben ihre Messer,
und stießen sie den armen Geschöpfen mit Gewalt in
den Leib. Diese stürzten leblos vor uns nieder. Der
alte Toynne wendete sich gegen uns, und sagte, daß
er uns diese Thier zum Geschenk mache. Ein besonderer Umstand vermehrte noch die Zahl der Opfer.
Es ergab sich nämlich, daß mein Dollmetscher mit
dem Eigenthümer der Jurta auf eine entfernte Weise
verwandt sei, weshalb auch er ein Rennthier erhielt.

„Unser Wirth hatte kein Geld, zur Bezahlung
seines Tributs, er ersuchte deshalb den Toynne von
Ewaschaka, der mich begleitete, ein Bündel Pelzwerk
dafür anzunehmen, wozu dieser sich bereit zeigte. Unser Handel, sagte er, wird nur tauschweise betrieben.
Wir haben kein Geld, und grämen uns darum nicht.
Wir haben gehört, daß das Geld hartherzig macht,
und Haß oder Neid gebiert, darum schätzen wir uns

glücklich, keinen genauen Begriff von seinem Werthe zu haben."

Auf seiner fortgesetzten Reise hatte Dobell Gelegenheit, den Muth und die Seelengröße eines koriakischen Fürsten zu bewundern. Ein gemeiner Koriak hatte nämlich über die Maßen getrunken, und seiner Sinne nicht mehr Meister, ergriff er ein großes Messer, mit welchem er den Fürsten zu durchbohren drohte. Er schrie ihm mehrmals zu: Komm heraus, Zachar! komm heraus, wenn Du es wagen darfst.

Dieser, welcher mit dem Reisenden Thee trank, erhob sich auf der Stelle, und trat unbewaffnet dem Wüthenden entgegen. Er warf sein Kleid von sich, entblößte seine Brust, und rief dem Koriaken zu: „Da bin ich, was willst Du von mir?" Der Trunkene erhob die Hand, ließ sie aber sogleich wieder sinken, und warf das Messer zur Erde. „Elender! schrie Zachar, Du hast Dich selbst gerettet. Noch einen Schritt näher, und ich hätte Dich zu Boden geworfen, und Dir Dein Messer ins Herz gepflanzt." Nach diesem Ereignisse leerte er seine Tasse Thee, und war so ruhig, als wenn sich nichts Außergewöhnliches ereignet hätte.

Dobell fragte ihn, wie er es hätte wagen können, sich unbewaffnet der blinden Wuth eines Betrunkenen auszusetzen? Zachar entgegnete lächelnd, daß er zwanzig solcher Wichte nicht fürchte. „Er hätte mich höchstens am Arm verwunden können, sagte er, bevor ich ihn niedergeworfen, und dann war es um ihn geschehen." — Die Natur schien Zachar zum Befehlen gebildet zu haben.

Die Koriaken scheiden sich in angesiedelte und in

umherirrende. Die ersten verlassen ihre Wohnungen nie. Sie werden weniger geachtet, als die Nomaden- oder Hirten-Koriaken. Beide Klassen sind gleich un- sauber. Sie essen oft im Frühjahr Fische, die im Herbst vorher in die Erde gescharrt worden, und die einen unausstehlichen Geruch verbreiten.

Ihr Leibgericht besteht in Beeren, über welche man Meerkalbfett gegossen. Alle, ohne Unterschied, haben eine große Vorliebe für den Branntewein. Auch ist der Gebrauch des Tabaks bei ihnen allgemein. Die Frauen stoßen ihn zu Pulver, und reiben sich damit das Zahnfleisch. Für einige Pfund Tabak erhält man Lebensmittel im Ueberfluß. Ein Koriak bat den Reisenden, ihm einen alten ledernen Tabaksbeutel zum Geschenk zu machen. Als er ihn erhalten, schnitt er ihn in kleine Stücke, und speisete ihn auf.

Die Koriaken zermalmen alle Renntthierknochen, um Mehl daraus zu machen. Sie vermischen dieses sodann mit Mark, Fleisch oder Fett, und geniessen es auf solche Weise. Der Geschmak ist in der That nicht übel, doch muß es frisch genossen werden, indem der Rauch es verdirbt.

Trunkenheit scheint für diese Menschen ein großer Genuß zu sein. Ein Vorsteher, der ein Pack Kauf= mannswaaren gegen Branntewein ausgetauscht hatte, trank so lange, bis er ohne Besinnung zu Boden stürzte, und in einen tiefen Schlaf verfiel. Kaum war er wieder erwacht, so wollte er einen zweiten Handel schliessen. Man hatte indessen den Wotke mit Wasser gemischt. Er trank und trank. Aber da er sich nicht schnell genug benebelt fühlte, gerieth er in Wuth, und verlangte, daß der Handel rückgängig gemacht wurde.

Die Messingnägel auf Dobell's Reisekoffer erregten in einem hohen Grade die Bewunderung der Koriaken, und wurden für sie eine unerschöpfliche Quelle der mannigfaltigsten Betrachtungen. Sie wetteten über ihre Zahl, und zählten sie mehrere hundert Male mit der größten Sorgfalt und Genauigkeit.

Die Karakter-Verschiedenheit zwischen den Koriaken und den Kamtschadalen ist sehr auffallend. Die Ersten sind stolz, unbeugsam, jähzornig und rachsüchtig. Die Andern sind im Gegentheil äusserst sanftmüthig und zuvorkommend. Es hält schwer, sie zum Zorn zu reizen.

Das Rennthier, das Pferd dieser Gegenden genannt, scheint viel mehr Aehnlichkeit mit dem Ochsen zu haben. Es erträgt keine lange Ermüdung, und erfordert viel Sorgfalt und Ruhe. Es fällt so oft im Schnee, daß man einem Hundegespann dem Vorzug gibt.

Die Hunde legen im Durchschnitt mit einem Schlitten (Kibitka) 40 bis 50 Werste (10 bis 12½ Stunden) in einem Tage zurück, wie lang auch die Reise sein mag. Sie können selbst doppelt so viel machen, wenn es nöthig ist. Aber sobald sie Bären oder Rennthiere wittern, eilen sie ihnen nach, ohne daß man im Stande ist, sie zurückzuhalten. Man füttert sie mit getrockneten Fischen. Uebrigens ertragen sie Hunger und Ermüdung leicht.

Der Weg wurde immer schwieriger, je weiter die Reisenden in das Land vordrangen. Sie verließen die bewohnten Theile Kamtschatka's, und betraten die

Wüste, welche diese Provinz von dem bewohnten Sibirien scheidet.

Es versteht sich von selbst, daß sie genöthigt waren, sich mit Lebensmitteln zu versehen, und alle möglichen Vorsichtsmaßregeln zu treffen, um nicht zu verirren. Dennoch wußten sie eines Tages nicht mehr, wohin sie sich wenden sollten. Sie befanden sich mitten in einem wilden Gebirg, östlich von der Halbinsel. Nur durch ihren Muth und ihre Beharrlichkeit entgingen sie einem beinahe gewissen Tode. Endlich erreichten sie einen Strom, dem sie 500 Werste (125 Stunden) weit folgten.

Nach Ueberstehung mannigfacher Abenteuer und Gefahren, gewannen sie einen bewohnten Distrikt, wo sie zuvorkommend aufgenommen und gastfreundschaftlich verpflegt wurden. Nach einigen Tagen fühlten sie sich gestärkt genug, um die Reise nach Ochotsk fortzusetzen, wo die Russen eine große Schiffswerft errichtet haben. Diese Stadt liegt am stillen Meere.

Von dort begab sich Dobell nach Yakutsk, Irkutsk, Tomsk und Tobolsk. Von dieser letzten Stadt aus berichtete er wenig Neues, und man kann gewissermaßen annehmen, daß sich hier seine Reise beendigt.

Ochotsk enthält 235 Häuser und 1400 Einwohner (Frauen und Kinder nicht inbegriffen). Die Stadt liegt auf einer Sandbank zwischen dem Meere und dem Ochotafluß, dessen Gewässer dasselbe Geräusch macht, wie ein Bienenschwarm vor seinem Korbe. Man kann unter den Häusern keine Keller graben, weil sie sich leicht mit Wasser anfüllen. Demungeachtet müssen sich die Einwohner täglich ihr Trinkwasser in Booten holen.

Die Lage der Stadt war äusserst kritisch. Man hat sie seitdem nach einem andern Orte versetzt. Alle Lebensmittel werden ihr auf Lastthieren zugeführt. Man sieht oft 13 oder 14 Pferde, unter der Leitung von zwei Männern, und mit Mehlsacken beladen, die man Sumas nennt. Diese Säcke bestehen aus frischen Fellen, die, sobald sie getrocknet sind, steinhart werden. Es kommen jährlich bei 30,000 Pferde nach Ochotsk, welche Mehl, Branntwein, Schiffs = Munition und Kaufmannswaaren herbeiführen.

Dobell begab sich von dort noch Yakutsk, einer 1012 Werste (228 Stunden) von Ochotsk entfernten Stadt. Unterweges kaufte er Milch und Butter, die er in einem Sack von Pferdsleder, Simmire genannt, aufbewahrte. Die Milch verwandelt sich, nachdem man einige Stunden zurückgelegt, von selbst in Butter, und diese wird von den Eingebornen nebst der Buttermilch, mit einer ungeheuern Menge Fleisch vermischt, gespeiset, oder vielmehr verschlungen. Ein Reisender, der seit mehreren Jahren zu Yakutsk wohnte, versicherte ihn, daß an einem Festtage jeder der anwesenden Gäste bei 30 Pfund Butter genossen habe.

Die Yakuten haben auch eine große Vorliebe für Pferdefleisch, und es geschieht oft, daß sie den Fremden während der Nacht ihre Pferde stehlen, sie schlachten und auf der Stelle verschlingen, so daß am nächsten Morgen nichts als die Knochen übrig bleiben.

Dobell beschreibt mit vieler Annehmlichkeit die reizenden Landschaften, welche sich ihm auf seinem Wege dargeboten, die malerischen Fels = und Waldparthien, die großen Landseen und ihre romantischen Ufer, den

raschen, brausenden Lauf der Berggewässer, und das
ruhige Schlängeln der Flüsse in der Ebene, durch
fette Wiesen, und zwischen hohen Pappelbäumen.

„Wir brachen am 1. August auf, erzählt er. Unser Führer hatte uns im Voraus benachrichtigt, daß
wir ein ziemlich hohes Gebirge zu übersteigen hätten,
daß wir zwei oder drei Tage lang in demselben verweilen, und daß wir oft zu Fuß würden gehen müssen.

„Die erste Bergkette, welche wir zu übersteigen
hatten, wird Kettodowan genannt, und gehört
zu den Sem-Kreptows, oder dem Siebengebirg. Sie
besteht, wie alle übrigen Berge derselben Kette, aus
Schieferfelsen, die wenig ausgebeutet werden, weil
der Transport zu kostspielig ist.

„Von dem Gipfel des Siebengebirgs gelangten
wir an die Ufer eines schönen Stroms, den die Tun-
gusen Kukuineck nennen. Man folgt seinem Laufe
auf einem schmalen Fußwege, den man kaum zu Pferde
betreten kann. Auf der einen Seite erheben sich hohe,
steilabgerissene Felsen, auf der andern öffnet sich ein
Abgrund, in welchem der Strom den Schlangenweg
durchbrauset, den er sich gegraben. Sein Gewässer
schäumt zwischen großen Felstrümmern, oder stürzt
sich in Kaskaden über dieselben, und verursacht ein
so gewaltiges Getöse, daß man keinen andern Laut
vernehmen kann. Ueberall zeigen sich unerwartete und
majestätische Gegenstände.

„Jenseits dem Sem-Kreptow hatten wir noch den
Unikanberg, den höchsten und steilsten Sibiriens,
zu übersteigen. Wir waren genöthigt, unsere Pferde
am Zügel zu führen, und mußten mehrmals vor Er-

müdung ruhen, bevor wir den Gipfel erreichten, auf
welchem wir alle Bergketten und die entferntern Thäler und Ebenen übersahen.

„Auf dem Hinabwege folgten wir dem Bette eines
Baches, und fanden am Fuße des Berges einen Sumpf,
in welchen unsere Pferde so tief versanken, daß wir
sie nur mit Mühe wieder herausziehen konnten.“

Eine Strecke weiterhin sahen die Reisenden mehrere am Abhange eines Hügels schön gelegene Jurten
von üppigen Triften umgeben. Sie erfuhren, daß sie
von einer Kolonie Verbannter bewohnt würden, denen
es an keinem zum Leben nothwendigen Gegenstande
gebreche. Diese Kolonisten oder Papellenzien
werden in Sibirien Neschschastemi luddie, oder unglückliche Völkerschaft, genannt. Die Regierung
schützt sie gegen jede Beleidigung, und bemüht sich,
durch zweckmäßige Maßregeln den moralischen Zustand
dieser Menschen zu verbessern, die größtentheils Verbrecher sind.

Die Yakuten führen ein ziemlich glückliches Hir-
tenleben. Ihre Jurten sind groß und bequem eingerichtet. Im Winter theilen sie dieselben mit ihren
Pferden und Kühen. Diese Wohnungen sind zur
Hälfte in, zur Hälfte über der Erde erbauet. Sie
bestehen aus dicht zusammengefügten Baumstämmen.
Das Dach ist mit Rasen und Mist bedeckt. Das Haus
hat nur ein oder zwei Fenster, welche sorgfältig verschlossen werden. Im Winter ersetzt ein flach geschnit-
tenes Stück Eis die Stelle der Glasscheibe. Dies
Hirtenvolk erzieht viel Pferde und Hornvieh. Aus
der Milch bereiten sie eine Art Branntwein, Komiss

genannt. Sie haben eine große Vorliebe für dies Getränk.

Die Stadt Yakutsk hat sich seit Dobells letztem Besuche bedeutend vergrößert. Sie hatte damals 270 Häuser, ungefähr hundert Jurten, 5 Kirchen, ein Kloster, und einen weitläufigen Palast, der von dem Gouverneur bewohnt wurde.

Der Thermometer von Réaumur steigt dort nie über 16 Grad; demungeachtet scheint die Hitze oft unerträglicher als in heißen Gegenden. Die vorzüglichsten Gemüse, welche man daselbst kultivirt, sind Kartoffeln, Kohl, Rüben, Möhren ꝛc. Gurken gedeihen nur in Mistbeeten.

Ueberall in der Umgebung der Stadt sieht man unzählige Viehheerden. Die Lena ist sehr fischreich; auf ihren Ufern wimmelt es von Wasservögeln. In den Wäldern fehlt es an Wildpret nicht.

Man bezieht viel Eisen und Salz aus der Provinz Yakutsk; eben so eine große Menge Talk, dessen die Einwohner von Süd-Sibirien sich statt der Glasscheiben bedienen. Die Fische sind sehr wohlfeil. Man zahlt für ein Pud (36 Pfund) zwischen 3 bis 4 rhein. Gulden.

„Nirgends, sagt Dobell, habe ich mehr und schönere Feldblumen gesehen, als in diesem Theile Sibiriens, und auf der ganzen Strecke von Ochotsk bis Yakutsk. Während der zwei oder drei Sommermonate gleicht dies Land einem Garten.“

Die Reisenden folgten dem Laufe der Lena, theils zu Pferd, theils in Schlitten; oft auf dem Eise des Stromes, nicht weniger als 2370 Werste (542 Stunden) weit. Diese ungeheure Strecke beträgt demun=

geachtet nicht ganz die Hälfte der vollkommenen Länge
der Lena, von ihrem Ausflusse aus dem Baikalsee,
bis zu ihrer Mündung in das Eismeer. Vom Bai-
kal bis Yakutsk nimmt sie 50 bis 60 Ströme in sich auf.

Von dieser Stadt bis Katschuk ist der Anblick
des Landes, das ausserordentlich fruchtbar scheint,
sehr angenehm. Auf seiner zweiten Reise, i. J. 1826,
bemerkte Dobell mit Vergnügen die raschen Fortschritte des Ackerbaues. Die meisten Berge waren
bis zu den Gipfeln kultivirt, und die Wälder lichteten sich immer mehr.

Die chinesischen Bedienten des Reisenden erstaunten nicht wenig, als sie in der Nähe von Irkutsk keinen Schnee mehr erblickten, und statt dessen eine ursprünglich chinesische Race fanden, der nichts als
Kleidung und Sprache China's fehlten, um wirkliche
Chinesen zu sein.

Irkutsk ist die Residenz des Gouverneurs der
Provinz gleiches Namens, so wie des ganzen südlichen Sibiriens. Die Bevölkerung der Stadt beläuft
sich auf 15,000 Seelen. Die Lebensmittel sind dort
sehr billig, und die europäischen Weine selbst werden
nicht besonders theuer bezahlt. Irkutsk ist wohl gelegen, sehr belebt und gut gebaut. Man genießt dort
alle Annehmlichkeiten des gesellschaftlichen Lebens,
was in einer Stadt im Innern Sibiriens auffallend
genug ist.

Unter den öffentlichen Gebäuden dieser Stadt bemerkt man vorzüglich das große aus Backsteinen erbaute Haus, in welchem die Verbannten wohnen.
Sie erhalten ausserdem noch ihre Nahrung und Kleidung. Sie allein arbeiten in der Tuchfabrik, und

scheinen ziemlich lustig und guter Dinge. Das Tuch wird aus Ziegen- und Kameelhaaren verfertigt. Jede Arschine desselben kostet der Regierung im Durchschnitt einen Rubel, und wird für zwei Rubel verkauft. Der reine Gewinn dieser Fabrikation wird auf die Unterhaltung der Krankenhäuser und anderer öffentlichen Anstalten verwendet.

Die Bewohner Sibiriens sind sehr gastfreundschaftlich. Sie fordern nie Geld von den Reisenden, und werden oft böse, wenn man sie für ihre Bewirthung bezahlen will. Die Szene verändert sich, sobald man das europäische Rußland betritt, und der Fremde kann gegen Uebertheuerung und Betrug nicht genug auf seiner Hut sein.

Tomsk ist 1500 Werste (375 Stunden) von Irkutsk und 4500 Werste (1125 Stunden) von Petersburg entfernt. Es hat ungefähr 10,000 Einwohner, und wird durch die Steppe Barbarinsky von Tobolsk getrennt.

In der Provinz Tobolsk gedeihen die meisten europäischen Gartengewächse, unter andern Melonen, Gurken, Kürbisse u. s. w., die man auf freiem Felde kultivirt. Die dortigen Papiermühlen und Saffian- oder Juchten-Fabriken sind rühmlich bekannt. Die Bevölkerung dieses Landes vermehrt sich zusehends.

Ekaterinenburg, die letzte bedeutende Stadt, welche der Reisende beschreibt, gehört zum Gouvernement Perm, obgleich sie sich noch im eigentlichen Sibirien befindet. Sie enthält verschiedene beträchtliche Manufakturen. Die Kunst, feine Steine zu schneiden, ist dort zu einer hohen Vollkommenheit ge-

diehen.   Man ahmt alte Kameen auf eine täuschende
Weise nach, besonders auf sibirischem Onyx.

.Ueberhaupt findet man in Sibirien viele Edelsteine,
unter andern gelbe und weiße Topase, Amethiste,
Saphire, Smaragde, Aquamarine, sehr schöne Kry-
stalle u: s. w.   Die meisten dieser Schätze werden nur
sehr unvollkommen ausgebeutet.   Dobell versichert, daß
man alle Mineralien und alle Versteinerungen in diesem Lande findet.

Aus dem Allem kann man die Schlußfolge ziehen,
daß Sibirien alle zur Erhaltung einer mächtigen und
reichen Nation erforderlichen Materialien in sich enthält.
Die Einwohner dieser Gegend sind groß, robust, scharf-
sinnig und sehr rechtschaffen.   Das Land ist einer aus-
gedehnten Kultur fähig.   Es ist mit prächtigen Wäldern bedeckt, und wird von einer Unzahl schiffbarer
Ströme bewässert, wozu sich noch viele große Seen
gesellen, die wirkliche innere Meere bilden.

Gegenwärtiger und früherer Zustand der Hölle und der Zauberei.

Letzter Artikel.

Man hat viel gesprochen über die vollkommene Uebereinstimmung in den Aussagen der Hexenmeister, selbst wenn sie getrennt befragt worden. Aber das Meiste in diesem Betrachte ist augenscheinlich übertrieben. Jene Uebereinstimmung existirt nur im Ganzen, nicht in den Einzelnheiten, und darin ist wahrlich nichts Erstaunliches.

Die Ideen, welche man sich über Hölle und Teufel, über den Ritus der Höllenfeste u. s. w. gemacht, mußten auch, nachdem sie einmal allgemein angenommen waren, den Visionen, von welchen jene Unglücklichen gequält wurden, einen gleichförmigen Anstrich geben, so daß nothwendigerweise eine große Uebereinstimmung in ihren Aussagen vorherrschend war.

Mehr noch, beinahe alle Geständnisse waren nur das Echo der Fragen des Inquisitors, und alle diese Fragen waren in dem Malleus angedeutet. Wie hätten nun die Antworten, die weiter nichts als einfache Bejahungen auf dieselben unveränderlichen Fragen waren, nicht gleichförmig sein sollen?

Die Resultate waren dagegen sehr verschieden, und manchmal komisch genug, wenn die Verhandlungen von Personen geleitet wurden, denen Sprengers Handbuch unbekannt war.

In der Prozedur von Linden, im J. 1699, ereignete es sich unter anderm, daß der Inquisitor, ein alter Soldat aus dem dreißigjährigen Kriege, statt

sich den Kopf mit den incubi, succubi und andern
gewöhnlichen Gegenständen des Verhörs zu zerbrechen,
von den Angeklagten wissen wollte, „welches die Generale, die Ober= und Unteroffiziere der höllischen
Geister seien?“ Auffallend genug erhielt er darauf
eben so klare und befriedigende Antworten, als jene,
deren Del Rio und Bodinus gedenken.

Im siebenzehnten Jahrhundert verbreiteten sich diese
Illusionen wie ansteckende Krankheiten. Kaum hatte
ein Milzsüchtiger sich über die Symptome seiner Krankheit beschwert, als fünfzig andere Personen sie ebenfalls zu verspüren vorgaben. In der bekannten Sache
von Moira verbreitete sich die Krankheit zuerst unter
den Kindern, die sich behext glaubten. Die Individuen, welche der Behexung beschuldigt wurden, gestanden freiwillig ihr Verbrechen, indem sie sich wei-
nend der Gerechtigkeit überantworteten.

Diese Prozedur gewährt das nec plus ultra aller
menschlichen Abgeschmacktheiten. Die Beschuldigten
erklärten, daß sie während der Nacht mit dem Teufel
auf dem Blokula, dem Tanzplatze Satans in Schweden (wie der Brocken in Deutschland), zusammenge-
troffen; daß sie auf Besenstielen, Bratenwendern,
Ziegenböcken u. s. w. dahin geritten; daß sie von
einem Priester des Teufels getauft worden; daß sie
sodann mit diesem Letztern zu Nacht gespeiset; daß sie
nachher getanzt, und daß, wenn Satan bei guter
Laune gewesen, er ihnen die Besenstiele zwischen den
Beinen hinweggezogen, und ihnen, unter großem Gelächter, Schläge auf die Schultern gegeben; endlich,
daß er sie manchmal mit Musik erlustigt habe, von

der er ein großer Liebhaber ist, wie solches die berühmte Kantate Tritini's beweiset.

Alle diese Unglücklichen bekannten, in fleischlicher Berührung mit dem Teufel gestanden zu haben. Dieser beinahe unveränderliche Zug in den Aussagen aller Hexen könnte Veranlassung zu interessanten medizinischen Betrachtungen geben. Mehrere von ihnen behaupteten sogar, Söhne oder Töchter vom Satan gehabt zu haben.

Der Teufel wurde eines Tages krank. Man ließ ihm zu Ader und setzte ihm Schröpfköpfe an. Dem ungeachtet schien er seinem Tode nahe, weshalb ein allgemeiner Jammer auf dem Blokula entstand.

Ist es nicht entsetzlich, daß ein Gericht, welches aus den unterrichtesten Bürgern Dalekarliens und aus mehrern Beauftragten von Stockholm bestand, in Folge solcher Aussagen, 62 Frauen und 15 Kinder zum Tode verurtheilen konnte?....

Der Doktor Hornock erzählt ihre Hinrichtung mit einer haarempörsträubenden Kaltblütigkeit. „Am 25. August", sagt er, „wo diese Elenden zum Tode befördert werden sollten, war das Wetter sehr schön, ein prächtiger Sonnenschein. Mehrere tausend Neugierige hatten sich eingefunden, um diesem Schauspiele beizuwohnen".

Dreißig Jahre vorher hatte man ein ähnliches Ereigniß in dem von der berühmten Antoinette Bourignon gestifteten Waisenhause zu Lille gesehen. Sie glaubte eines Tages einen Schwarm kleiner schwarzer Teufelchen über den Köpfen der jungen Mädchen im Studiersaale schweben zu sehen. Voll dieser Vision erschreckt, lud sie die armen Kinder ein, sich in Acht

zu nehmen. Sie behauptete auch, daß einmal ein
Dämon, dem sie sich von Jugend an ergeben, sie entführt habe.

In weniger als sechs Monaten hielten sich alle
Mädchen der Anstalt (es waren deren über fünfzig
an der Zahl) für behext. Sie behaupteten, daß der
Teufel sie während der Nacht besucht, und daß sie
mit ihm geschmauset und getanzt hätten.

Teufelaustreibungen aller Art waren eine Folge
dieser Geständnisse, bei welcher Gelegenheit die lebhaftesten Disputationen zwischen den Kapuzinern und
den Jesuiten Statt fanden. In Folge dieser Verhandlungen wurde die Bourignon der Zauberei beschuldigt, und mußte sich höchst glücklich schätzen, dem
Feuertode zu entgehen. So wurde diese Unsinnige
durch eine lange Todesangst für ihre eigene Narrheit
bestraft.

Die Dämonomanie exaltirt sich durch physische Ursachen, besonders durch Gehirnentzündungen. So wurden im J. 1669 die Waisenkinder zu Horn, in Holland, von denselben Zuckungen befallen, wie die zu
Moira. Glücklicherweise konnte man keines im Besondern der Hexerei verdächtigen.

Etwas Aehnliches ereignete sich auch ein Jahrhundert früher mit siebenzig Waisen zu Amsterdam. Man
beschuldigte mehrere Matrosen, sie behext zu haben.

Dieselben Hirnentzündungen spielten eine große
Rolle in dem Prozesse der armen Mädchen in Loudun,
der unglücklichen Opfer blutiger Hinrichtungen in
Neu-England im J. 1699, und in mehrern andern.
Das Geständniß der Kranken war hinlänglich, ihre
Verurtheilung zu veranlassen. Erst später, als die

medizinischen Kenntnisse allgemeiner geworden, und
sich mehr Licht über diesen Gegenstand verbreitet hatte,
sprach man mehrere Unglückliche frei, ihrer förmlichen und umständlichen Aussagen ungeachtet.

Aber wie viel Blut ward bereits in Europa vergossen, bevor man so weit gekommen, die Abgeschmacktheit der Magie zu erkennen! — Die Reformation,
die so viele Irrthümer beseitigte, schien diese traurige
Verirrung des menschlichen Geistes allein bestätigen
zu wollen.

Das kleinste Dorf hatte seine Spione, seine Ange-
ber, deren Gewerbe darin bestand, allen Zeichen eines
Vertrags mit dem Teufel nachzuspüren. Der geringste
Verdacht in dieser Hinsicht war genügend, einen Unglücklichen seinen Richtern und Henkern zu überliefern. Wollte man eines Feindes sich entledigen, war
es oft genügend, ein einziges Wort in diesen Löwen-
rachen zu werfen.

Die Prozesse Edelins, Urban Grandiers, des Marschalls d'Ancre in Frankreich, des Doktor Flät und
der Sidonia Banwork in Deutschland, so wie Peter
Albano's in Italien, beweisen, daß oft die Ankläger
selbst nicht an die Möglichkeit eines Verbrechens
glaubten, dessen sie ihre Feinde beschuldigten. Dergleichen Verhandlungen bereicherten jedoch die Richter, und wiesen dem Henker einen ausgezeichneten
Standpunkt in der Gesellschaft an. „Man sah ihn“,
sagt Lindon, „auf einem prächtigen Rosse reiten. Seine
Kleider waren mit Gold und Silber bedeckt, und
seine Frau verdunkelte durch den Luxus ihrer Gewänder selbst die Blüthe des Adels.“

Die zu Würzburg und Trier verübten Abscheulich-

ten beseitigten endlich die lange Verblendung der
Geister über die Fortschritte eines Unheils, das, wie
die Wolke des Propheten, sich anfänglich nur wie ein
schwarzer Punkt vom Horizonte gezeigt, bald aber die
Erde mit dem Entsetzen einer allgemeinen Finsterniß
geschlagen hatte.

So lange man die Opfer nur in den untersten
Volksklassen genommen, unter einigen Matronen oder
armen Fremdlingen, blieben diejenigen, welche die
Ansteckung des allgemeinen Volksaberglaubens verschont hatte, bloße Zuschauer, um sich nicht dem
Schicksal Edelins oder Flitts auszusetzen. Aber als
auch die höhern Stände einer noch barbarischen Gesellschaft sich davon erreicht sahen, als Adeliche, Magistratspersonen, Professoren, und selbst Aebte auf der
Folter verhört wurden, begann ihr persönliches Interesse sich mit der Vernunft gegen den Fanatismus
zu verschwören.

Die Bekanntmachung des Cautio criminalis, im
J. 1631, griff in Deutschland das System der In-
quisitoren auf eine entscheidende Weise an. Schon im
sechszehnten Jahrhundert hatten Ponzonibius, Wierus,
Peter Apponi und Reginald Scott es bestritten. Aber
ihre Werke wurden wenig bekannt, und das des Wierus, unter andern, war beinahe eben so abgeschmackt,
als die Lehrsätze, welche es widerlegen sollte. Es ist
bemerkenswerth, daß selbst nach der Reformation der
Jesuit Friedrich Spee, ein Westphale, der Erste war,
welcher diesen Gegenstand unter einem philosophischen
und vernünftigen Gesichtspunkt behandelte.

Die Darstellung dieser entsetzlichen Verhandlungen
machte einen so tiefen Eindruck auf Johann Phillipp

von Schönbrunn, Bischof von Würzburg, der später
Erzbischof und Kurfürst von Mainz wurde, daß er es
seine erste Sorge sein ließ, sie in seinem Kurfürsten-
thum abzuschaffen. Der Herzog von Braunschweig
und einige andere deutsche Fürsten, befolgten sein
Beispiel.

Bald nachher begann auch die noch größere Finsterniß in Schweden und Dänemark, und in einigen
Theilen des deutschen Reichs, sich zu heben. Friedrich Wilhelm, Kurfürst von Brandenburg, befahl unterm 4. November 1654. den Richtern der Anna Eller-
brock, dem von der Inquisition bis dahin befolgten
System zuwider, die Beschuldigte erst zu verhören,
bevor man sie auf die Folter spänne. Er verwarf
auch die Wasserprobe, als ungerecht und unmenschlich.

In dem Prozesse der Katharina Sempel von
Neuendorf, wurde die im Jahr 1671 über sie ausge-
sprochene Todesstrafe in eine lebenslängliche Haft verwandelt, was bis dahin unerhört gewesen.

Thomasius vertheidigte im J. 1701 öffentlich zu
Halle seine berühmte Thesis über das Verbrechen der
Zauberei. Dies Werk, das ihm fünfzig Jahre früher
nur die Märtirerkrone zugesichert hätte, wurde als
ein Echo der Vernunft und des öffentlichen Gewissens
mit allgemeinem Beifall aufgenommen. Thomasius
entlehnte den Keim seiner Argumente und seine Beispiele einem Buche des holländischen Pfarrers Bekker,
in Nachahmung des Traktats Van-Dalens über die
Orakel.

Demungeachtet wurde die Verfolgungswuth dadurch
noch nicht gänzlich vertilgt. Sie erneuerte sich im
J. 1739 zu Segedin in Ungarn, wo 13 Personen den

Flammen überliefert wurden. Die Abscheulichkeiten
dieses Prozesses waren der barbarischen Zeiten würdig.
Zehn Jahre später beschloß der Prozeß der Maria
Renata, zu Würzburg, diese lange Reihefolge von
Gerichtsmorden, welche die Annalen Bambergs be-
sudeln.

Was diese Verhandlung von allen frühern unterscheidet, war der Abscheu, den sie in Deutschland,
in Frankreich und in Italien erregte; denn Maria
war nicht eine Hexe, wie man behauptete, sondern
eine Bereiterin von Liebestränken, oder was der theo-
dosische Kodex eine Venefica nennt.

Jede Sache hat seine Zeit. Ausländische Philosophen, besonders Maffei, Tartarotti und Dell' Ossa,
wählten den Malleus maleficorum zum Text, und
griffen ihn mit so vielem Erfolg an, daß sie endlich
Deutschland von dem blinden Aberglauben befreiten,
der es so lange entehrte.

Mit Ausnahme des Kantons Glarus, wo noch im
J. 1786 eine angebliche Hexe verbrannt wurde, war
die Schweiz seit Langem nicht mehr der Schauplatz
solcher Hinrichtungen. Die letzte ereignete sich zu
Genf im J. 1652. Sebastian Michaelis behauptet,
daß das Gericht in dieser Stadt ein Geständniß in
diesem Betracht immer als unzulänglich betrachtet,
und die Zauberei nur dann bestraft habe, wenn sie
mit einem Verbrechen gegen Menschen oder Thiere
begleitet war. Vielleicht verhielt es sich im Anfang
also. Aber später wurde diese Regel beseitigt, denn
nirgends war die Verfolgungswuth heftiger, als zu
Genf, wo man ihr jedoch auch zuerst entsagte.

Die Unglückliche, welche in dieser Stadt verbrannt

wurde, hieß Michaela Chaudron. Ihrer Aussage
nach begegnete sie dem Teufel ausserhalb dem Cornavin-
thore. Er grüßte sie sehr höflich, umarmte sie, empfing ihre Huldigung, und drückte ihr auf die Ober-
lippe und auf die rechte Brust das Zeichen, mit welchem er alle ihm Angehörige zu begünstigen pflegt.
Dies Satanszeichen ist ein kleiner Stempel, der, nach
der Versicherung aller dämonographischen Rechtsgelehrten, die Haut fühllos macht.

Der Teufel befahl seiner neuen Genfer Favorite,
zwei junge Mädchen zu behexen. Sie gehorchte pünkt-
lich. Die Verwandten der beiden Besessenen verklagten sie. Diese wurden verhört und mit der Beschuldigten konfrontirt. Sie behaupteten, in gewissen Theilen ihres Körpers ein Zwicken und Jucken zu verspüren, wie wenn sich Ameisen dort eingenistet.

Man zog Aerzte (oder vielmehr Ignoranten, die
sich Aerzte nannten) zu Rath. Sie untersuchten die
beiden Mädchen, bei denen sich, während dieser Inspektion, besagtes Jucken und Zwicken verdoppelte. Sodann suchten sie bei der Hexe des Teufels Merkmal,
fanden es, und bohrten an dieser Stelle eine lange
Nadel ins Fleisch, wobei die Unglückliche ein großes
Geschrei ausstieß; Beweis, daß sie keineswegs fühllos war.

Man ließ es jedoch bei dieser ersten Marter nicht
bewenden. Die Richter verlangten eine vollkommene
Ueberzeugung, ob sie eine Hexe sei oder nicht. Die
Unglückliche wurde auf die Folter gespannt, und verlor auf derselben alles Bewußtsein. Während ihrer
Ohnmacht bohrten die Aerzte ihr abermals eine Nadel ins Fleisch. Sie schrie nicht, folglich war sie

fühllos? Dieser Beweis schien den Richtern so einleuchtend, daß sie die Arme ohne Weiteres zum Flam-
mentode verdammten. Da jedoch die Sitten sich schon
ein wenig zu mildern begannen, wurde sie zuerst gehängt und erwürgt und sodann verbrannt.

Das von Ludwig XIV. im Jahr 1682 erlassene
Edict beweiset, daß der Gesetzgeber nicht mehr an
Zauberei glaubte, weshalb auch nur die Anmaßung,
eine übernatürliche Macht zu besitzen, bestraft wurde.
Dieser erste Schritt auf dem Wege der Vernunft
war eine Antwort der französischen Regierung auf die
Protestation des Parlaments der Normandie, welches
in einem Hexenprozesse das Todesurtheil ausgesprochen,
und das von der eigenen nicht ratifizirt wurde.

Wir sind nicht der Meinung Huskissons, daß in England der Aberglaube zuletzt seine Scheiterhaufen ange-
züdet, und sie zuerst wieder ausgelöscht habe. Der
Beweis vom Gegentheil liegt in dem berüchtigten Prozesse Böllingbroke's und der Margaretha Jordan, deren Hexerei Shakspeare in seinem Heinrich VI. gedenkt, und deren auch die Statuten Heinrich's VIII.
Elisabeths und Jakob's I erwähnen.

Ein anderer Beweis ergibt sich aus den Verfolgungen Hopkins gegen die unglücklichen Bewohner
von Lincolnshire, von deren eingebildeten Verbrechen
Hudibras ein gräßliches Gemälde entwirft. Sie wurden zum Tode verurtheilt, theils weil sie sich nach
gesagt, theils weil sie am Tage und während der
Nacht auf den Feldern in der Stellung des Schmerzes auf Lumpen gesessen.

Was würde Huskisson zu der Liste der 3000 Opfer
gesagt haben, die während der Regierung des lan-

gen Parlaments hingerichtet wurden? Was hätte er zu den abgeschmackten Aussagen gemeint, in Folge derselben die Hexen von Warbois und die Unglücklichen von Lancashire der Treulosigkeit des feigen Robinson überantwortet wurden, und eines schrecklichen Todes starben? Jene Liste hat Zacharias Grey mit eigenen Augen gelesen. Diese letztere Schauderszene hat die dramatische Muse Heywoods und Shadwells verewigt.

Welch trauriges Beispiel gewährt uns der berühmte Hale, der Amy Dunny und Rosa Cullender im Jahr 1664 auf ein Zeugniß verurtheilte, über welches jetzt ein Kind mitleidig lächeln würde. In dem Prozesse Wenhams, im J. 1711, legte der Oberrichter Powell den Geschwornen die Frage vor: „ob der Angeklagte schuldig sei, mit dem Teufel, unter der Gestalt einer Katze, Gemeinschaft gehabt zu haben?" Die Antwort war bejahend. Man begnügte sich, die Achseln zu zucken. Der Verurtheilte wurde begnadigt.

Dieses Beispiels ungerechnet, wurden, fünf Jahre später, Mistriß Hicks und ihre neunjährige Tochter zu Huntingdon gehängt, weil sie ihre Seele an Satan verkauft, und ein Gewitter veranlaßt, indem sie ihre Strümpfe ausgezogen, um sie zu waschen.

Dieser letzte Gerichtsmord beschließt die Liste derjenigen, welche im Betracht der Zauberei in England verübt wurden. Mit dem Jahre 1766 verschwanden die Verfügungen über ein so abgeschmacktes, eingebildetes Verbrechen aus dem britischen Strafgesetze. Eine neue Verordnung bestimmte öffentliche Ausstellung und Gefängnißstrafe gegen alle diejenigen, welche sich für Teufelsbeschwörer u. s. w. ausgeben würden.

Zwei Rechtshändel in den Jahren 1809 und 1827 bewiesen, daß der Glaube an Hexerei auf dem Lande noch nicht ganz ausgerottet ist.

Barrington, in seinen Bemerkungen über das zwanzigste Statut Heinrichs VI, schlägt die Zahl der Opfer dieser abscheulichen Anklagen auf nicht weniger als 30,000 an.

In keiner Gegend vielleicht war der Aberglaube empörender und blutgieriger, als in Schottland. Der wilde Anblick der Landschaft, die malerischen Berge, die verschiedenen, oft schrecklichen Phänomene, mit denen die Natur Auge und Einbildungskraft der Einwohner unter einem bald lachenden, bald düstern, von Ungewittern umlagerten Himmel schlägt; die Einsamkeit ihres Hirtenlebens, ihre geheimnißvollen Nachtwachen in tiefen Höhlen; ihre Sitten, ihre Gebräuche, ihr träumerisches und enthusiastisches Gemüth: Alles begünstigte eine Verblendung, die sie bald zum Fanatismus führen mußte.

Im Alterthum wurden die Natur-Phänomene von dem Volke als göttliche Offenbarungen betrachtet. Zeigte sich ein Meteor, ein Nordlicht: man hielt es für in der Luft streitende Reiter. Auf den Gipfeln der Berge sah man Todtenfackeln sich bewegen. Gerippe tanzten bei königlichen Hochzeitlagern. Gespenster mischten sich in alle Gesellschaften und verbreiteten ein allgemeines Entsetzen.

Später zeigten sich die Nachtmännchen und Nachtweibchen mit einer Zuversicht, welche die Leichtgläubigkeit bestrickte. Gräßliche Stimmen, furchtbarer als des Donners Gekrach, beschieden entartete Priester vor Gottes Gericht. Die Annalen des 13. Jahrhunderts gedenken der Thaten dreier Zauberer, des Thomas von Hersildune's, Michel Scotts und Lord Soulis. Der Ruf des zweiten ist selbst bis nach Italien gelangt, und Dante stellte ihn, in seiner Hölle, zwischen Benatto, dem Astrologen von Monte Felto und den Parmesaner Asdente. *)

Vor der Reformation wurde die öffentliche Ruhe durch diesen Aberglauben wenig oder gar nicht gestört. Einige Menschen, die sich für Zauberer ausgaben, und durch ihre sogenannté übernatürliche Macht Schrecken zu verbreiten sich bemühten, wurden zwar streng bestraft; aber man hatte noch nicht an Teufelaustreibung durch Feuer gedacht.

Michel Scott und Thomas von Hersildune lebten und starben ruhig. Das tragische Ende des Tirannen Soulis war weniger eine Folge seiner angeblichen Zaubereien, als der Abscheulichkeiten, die ihm von dem Dämon der Grausamkeit eingegeben wurden, und deren Vollstreckung er Helfershelfern anvertraute, die seiner würdig waren.

Bis zur Regierung Maria's kennt man keinen eigentlichen Zauberei-Prozeß. In dem der unglücklichen Gräfin von Glammis, die 1536 hingerichtet wurde, weil sie den König Jakob V. zu vergiften unternommen hatte, wurde nur deshalb die Anklage der Hexerei in Rede gestellt, um das Volk gegen eine

---

*) Quell' altro che nei fianchi è cosi poco
  Michele Scotto fu, che veramente
  Delle magiche frodi seppe il giuoco.
  (Canto XX.)

Frau zu erbittern, deren Geist und Schönheit im
Stande waren, zu ihren Gunsten einzunehmen.

Die Reformation veranlaßte eine traurige Umwälzung in der Volksmeinung, in Hinsicht auf die
Magie. Der Glaube an übernatürliche Mächte wurde
allgemein, und Satans Reich gewann eine große
Ausdehnung. Das Schwert der Gerechtigkeit ersetzte
die Waffe der Ueberredung, und Moses Worte, die
jeden falschen Propheten des Todes würdig erklärten, wurden die Basis des 73. Akts des neunten Parlaments Maria's von Schottland, nach welchem jeder Zauberer, oder Jeder, welcher mit demselben in
genauer Verbindung gestanden, zum Tode verurtheilt
wurde.

Unter Jakobs VI Regierung wurden mehrere aus-
gezeichnete Personen der Magie beschuldigt, unter
andern Lady Buccleugh, die Gräfinnen von Athol
und Huntly, die Gemahlin des Kanzlers Arran, Lady
Kerr, die Gräfin von Lothian und die von Angus,
Enkelin der Lady Glammis. Selbst der berühmte
Knox wurde von den Gegnern der Reformation als
Hexenmeister bezeichnet.

Unter der Regierung Karls I, von 1625 bis 1640,
bemerkt man in den Gerichtsannalen Schottlands
acht Hexenprozesse, in denen nur ein einziges Individuum freigesprochen wurde.

Die Herrschaft der Puritaner verstärkte den Aberglauben des Volks, statt ihn zu heben. Die allgemeine Versammlung gebot 1640 jedem Pfarrer, eine
Liste von allen Zauberern in seiner Gemeinde zu entwerfen, und sie ohne Erbarmen der Gerechtigkeit zu

überliefern. Diese Verordnungen wurden bis 1649 erneuert. Ein Jahr nach Karls I Hinrichtung wurden durch eine Parlaments-Verfügung alle diejenigen, welche bei Hexen oder Hexenmeistern sich Raths erholt, zu denselben Strafen verurtheilt, wie diese.

Die Priester zeigten bei diesen Verfolgungen einen unermüdlichen Eifer. Die von blindem Fanatismus einem gräßlichen Tode überantworteten Opfer wurden zuerst von ihnen verhört, und sodann auf ihr Gutachten der Folter übergeben, wobei sie die Unglücklichen mit Nadeln stachen, um zu sehen, ob sich bei ihnen noch irgend eine Empfindung des Schmerzes äussere.

Im ersten Jahre der Restauration in England (1661) wurden zwanzig Zauberer allein in Schottland verurtheilt und hingerichtet. Die Zahl derjenigen, welche in den sogenannten Schwitzkammern umkamen, kann nicht genau angegeben werden; sie war auf jeden Fall sehr bedeutend.

Im folgenden Jahre (1662) begann sich dieser Volkswahnsinn ein wenig zu legen, und man hörte von keinem Hexen-Prozesse sprechen. Sodann erneuerte sich der Anfall, und 1678 wurden zehn Frauen, in Folge ihrer eigenen Aussagen, zum Tode verurtheilt. Mehrere dieser Unglücklichen, welche sich 1680 in den Gefängnissen befanden, wurden wieder in Freiheit gesetzt. Demungeachtet erschienen 1697 abermals zwanzig der Zauberei Beschuldigte vor Gericht. Unter ihnen befanden sich ein vierzehnjähriges Mädchen und ein zwölfjähriger Knabe. Beinahe alle wurden verurtheilt; aber nur fünf wurden hingerichtet.

Das letzte Urtheil in dieſem Betrachte war das vom 3. Mai 1708 gegen Elſet Rule, dem man eine Backe verbrannte, und der ſodann auf immer aus Schottland verbannt wurde.

Noch immer behauptet der Fanatismus ſeine trau‐ rige Herrſchaft in unſerm Europa, zwar unter mil‐ dern Formen; aber noch mit derſelben Beharrlichkeit, wie in frühern Jahrhunderten. *) Nur ein allge‐ mein verbreiteter Unterricht iſt im Stande, ihn voll‐ kommen zu beſeitigen. Hoffen wir, daß in Kurzem das Reich der Vernunft, auch für die untern Stände, endlich beginnen werde.

*) M. ſ. den Aufſatz: „Ein moraliſches Memento unſrer Zeit", im fünften Bande, S. 192 u. ſ. f. des laufenden Jahrgang dieſes Werkes.

Oberfläche, Bevölkerung und bebau-
tes Land der verschiedenen Staaten
und Gebiete der nordamerikanischen
Union.

Am 25. Februar 1828 ernannte die vertretende
Kammer der nordamerikanischen Vereinstaaten eine
Kommission, um zu untersuchen, ob es schicklicher
sei, jährlich den verschiedenen Staaten, verhältnißmäßig nach ihrer Vertretung in der Kammer,
die von dem Verkauf der öffentlichen, dem ganzen
Bunde gehörigen Ländereien herrührenden Summen,
nach Abzug der nothwendigen Ausgaben, zukommen
zu lassen.

Ein Jahr nachher, am 25. Februar 1829, theilte
Herr Stevenson, Abgeordneter von Pensylvanien,
im Namen der Kommission, einen Bericht mit, der
um so interessanter ist, da man ihn als offiziell betrachten kann, und in welchem Folgendes festgestellt
wurde:

Die verschiedenen Staate und Gebiete der nordamerikanischen Union haben eine Oberfläche von
597,195,166 Acres (Morgen). Das öffentliche, noch
unbebaute Land, welches dem Bunde gemeinsam gehört, und über das er verfügen kann, hat eine Oberfläche von 1,062,672,698 Acres. Die Gesammtober-
fläche hat also 1,659,867,864 Acres *)

---

*) Man kann diese Landoberfläche in drei besondere Theile
scheiden: 1) die Ländereien, deren die erstеn Kolonisten sich bemächtigt, oder die sie von den Indiern bis
1783 gekauft haben; 2) die Ländereien, welche die Nord-

Die Bevölkerung der vereinigten Staaten belief sich 1800 auf 5,319,762 Seelen, und 1820 auf 9,637,999. 1830 kann man sie schätzen auf 13,000,000 Seelen, und 1860 auf 32,000,000.

Der Berichterstatter schloß im Namen der Kommission, nach einer interessanten Entwickelung wichtiger Thatsachen, „daß der Netto-Ertrag des Verkaufs der öffentlichen Ländereien des Bundes, und nicht diese selbst, wie einige Personen verlangt, jährlich unter die verschiedenen Staaten vertheilt werde."

Nach dem Befreiungskriege waren die Grenzen der meisten Staaten noch sehr unbestimmt, und mehrere derselben suchten ihre Ansprüche auf die noch unbebauten Ländereien westlich, jenseits der großen Gebirgskette, geltend zu machen. Die Conföderation trat nun vermittelnd auf, und verlangte von den verschiedenen Staaten die Abtretung der Oberherrherrlichkeit über jene steitigen Ländereien, sowohl um die Eintracht vollkommen wieder herzustellen, und die Staaten alle durch die Bande eines gemeinsamen Eigenthums noch fester zu verbinden, als um durch den allmäligen Verkauf dieser Ländereien die durch den Krieg verursachten Schulden zu bezahlen.

Dieser weise Vorschlag wurde angenommen. Ein Staat nach dem andern verzichtete auf seine Ansprüche in Betreff des Landes, westlich von den Apa-

---

amerikaner erobert, oder von Frankreich, Spanien und den Eingebornen seit 1782 gekauft haben, oder auf welche die Ansprüche der letzten erloschen sind; 3) die Ländereien, welche im gegenwärtigen Augenblick von den Nordamerikanern bewohnt werden, und auf welche die Eingebornen noch Rechte haben.

laschen und östlich vom Mississipi, welches das reichste und am besten bewässerte Thal Amerika's bildet.

Die Souveränität und das Eigenthumsrecht von Luisiana und Florida, die allein schon, ihrer Ausdehnung nach, ein großes Reich bilden würden, sind seitdem, durch den Ankauf der Union von Frankreich und Spanien, der Nationaldomäne beigefügt worden.

Diese letzte besteht gegenwärtig aus drei Klassen:

1) Ländereien, welche von mehreren der alten Staaten der Bundesregierung und der gegenwärtigen Regierung der Vereinstaaten abgetreten worden;

2) Ländereien, welche von Frankreich durch den Pariser-Vertrag vom 30. April 1803 gewonnen worden;

3) Ländereien, welche Spanien durch den zu Washington am 22. Februar 1819 geschlossenen Vertrag abgetreten.

I. Der zu der ersten Klasse gehörige Theil der öffentlichen Ländereien, welche den vereinigten Staaten vor Annahme der gegenwärtigen Konstitution abgetreten worden, bildet, was man damals das nordwestliche Gebiet (north western territory) nannte, und das jetzt die Staaten Ohio (Oheio), Indiana und Illinois, so wie die Gebiete Michigan und Nordwest oder Huron (nord-west or Huron territory) begreift.

Diese ganze ungeheure Strecke wurde ganz von dem Staate Virginien, und nur zum Theil von denen von Neu-York, Massachussets und Konnektikut in Anspruch genommen, in Folge ihrer verschiedenen Charten oder Konzessionen von Seiten Großbritanniens.

Die Rechte Virginiens schienen am besten begründet; die der drei andern Staaten waren sehr schwankend.

Wie dem auch sei, alle legten sich nach und nach das Opfer auf, und traten ihre Rechte und Ansprüche an jenes Land der Union ab, Neu-York am 1. März 1781, Virginien 1784, Massachussets am 19. April 1785 und Konnektikut theilweis 1785 und vollkommen am 30. Mai 1800.

Diese Abtretungen beliefen sich auf nicht weniger als 165 Millionen Acres oder Morgen. Am 9. August 1787 trat auch Süd-Karolina ein großes Gebiet ab, das ihm jedoch wieder zurückgegeben wurde.

Nach Annahme der gegenwärtigen Konstitution überließ der Staat Nord-Karolina am 25. Februar 1790 der nordamerikanischen Union jenen ganzen Theil seines westlichen Gebiets, der jetzt den Staat Tennessee bildet, und der 26½ Millionen Acres umfaßte.

Am 14. April 1802 trat der Staat Georgien den Vereinstaaten den Theil der gegenwärtigen Staaten Mississipi und Alabama ab, der nördlich vom 31. Breitegrade sich befindet.

II. Durch den Pariser-Vertrag vom 30. April 1803 überließ Frankreich, für eine Summe von 11,250,000 Dollare (28,125,000 rhein. Gulden), den vereinigten Staaten die Kolonie oder Provinz Luisiana, deren Grenzen im Augenblicke der Abtretung noch schwankend und unbestimmt waren.

Aber durch den zu London, am 31. Oktober 1818, zwischen den vereinigten Staaten und Großbritannien abgeschlossenen Traktat, wurde die nördliche Grenze unterm 49. Breitegrade von der alten Grenze der Union bis zum stillen Meere bestimmt; und durch den zu Washington, am 22. Februar 1819, zwischen den vereinigten Staaten und Spanien abgeschlossenen Vertrag begann die westliche Grenze bei der Mündung der Mobile, und zog sich von dort, längs dem westlichen Ufer dieses Stroms, bis zum 32. Grade nördlicher Breite. Von diesem Punkte wurde eine Linie in gerader Richtung gegen Norden gezogen bis zum Rothstrom, von wo sie dem Laufe desselben bis 100 Grade westlicher Länge von Greenwich, oder bis zum 33. Grade westlicher Länge von Washington folgte. Von dort zog man eine andere Linie in gerader Richtung nach Norden bis zum Arkansas. Die Grenze folgte sodann dem südlichen Ufer dieses Flusses bis zu seiner Quelle unterm 42. Grade nördlicher Breite, und von dort in gerader Richtung, unter demselben Breitegrade, bis zum stillen Meere.

Man kam auch durch denselben Vertrag überein, daß, wenn die Quelle des Arkansas nördlich oder südlich vom 42. Grade sich befinde, man in gerader Richtung bis zu dieser Linie die Grenze zu ziehen habe, um die übrigen Bestimmungen nicht zu verändern.

Die durch diesen Kauf der Union zugewendeten Ländereien umfassen ungefähr 850 Millionen Acres, welche gegenwärtig die Staaten Luisiana und Missuri, nebst dem Arkansas-Gebiet, bilden, so wie die 750 Millionen Acres, welche sich nördlich und westlich von diesen befinden.

III. Die von Spanien durch den Vertrag von Washington, vom 22. Februar 1819, erworbenen Ländereien, sind unter den Namen Ost- und West-Florida bekännt. Die vereinigten Staaten bezahlten dafür 5 Millionen Dollare (12½ Millionen rhein.

Gulden), und entledigten Spanien von allen Forderungen, welche ihre Bürger gegen diese Macht noch anhängig machen konnten. Die Ausdehnung des durch diesen Vertrag erhaltenen Landes beläuft sich über 40 Millionen Acres, welche jetzt das Gebiet Florida und einen Theil der Staaten Alabama, Mississipi und Luisiana bilden.

Die drei nachstehenden Tabellen, welche dem Berichte der obgedachten Kommission beigefügt waren (mithin o f f i z i e l l e Aktenstücke), stellen in Zahlen die Einzelnheiten und Resultate dieses Berichtes dar.

Menge der Acres (Morgen) Landes inner den Grenzen jedes Staates und jedes Gebiets vereinzelt betrachtet, so wie der Theil desselben, welcher eigenthümlich dem Bunde gehört.

Staat oder Gebiet.	Zahl der Acres Landes		
	in jedem Staate oder Gebiete.	gehörend den Vereinstaaten am 30. Juni 1828, auf welche d. Ansprüche der Indier erloschen waren.	gehörend den Vereinstaaten in jedem Staate und Gebiete, auf welche die Ansprüche der Indier am 30. Juni 1828 noch nicht erloschen waren.
Maine	20,480,000	„	„
Massachussets	4,992,000	„	„
Neu-Hampshire	5,939,000	„	„
Vermont . . .	6,536,000	„	„
Rhode-Island	870,400	„	
Konnektitut .	2,991,360	„	„
Neu-York . .	29,440,000	„	„
Neu-Jersey .	4,416,000	„	„
Pensylvanien	28,280,000	„	„
Delaware . . .	1,323,520	„	„
Maryland . .	6,912,000	„	„
Dstr. Kolumbia	64,000	„	
Virginien . .	40,960,000	„	
Nord-Karolina	28,032,000	„	
Süd-Karolina	19,251,200	„	„
Georgien . . .	37,120,000	„	„
	237,607,680		

Staat oder Gebiet.	Zahl der Acres Landes		
	in jedem Staate oder Gebiete.	gehörend den Vereinstaaten am 30. Juni 1828, auf welche die Ansprüche der Indier erloschen waren.	gehörend den Vereinstaaten in jedem Staate und Gebiete, auf welche die Ansprüche der Indier am 30. Juni 1828 noch nicht erloschen waren.
	237,607,680	„	„
Kentucky . . .	24,960,000	„	„
Tennessee . . .	26,432,000	3,000,000	„
Mississipi . . .	31,074,234	11,514,518	16,885,000
Indiana	22,459,669	12,308,455	5,335,632
Ohio	24,810,246	4,984,348	409,501
Luisiana . . .	31,463,040	25,364,198	„
Illinois	35,941,902	23,575,300	6,424,640
Halbins. Michigan	24,939,870	16,393,420	7,378,400
id. Arkansas	28,899,520	26,770,941	„
Missuri	39,119,019	35,263,541	„
Halbins. Florida . . .	35,286,760	29,728,300	4,032,640
Alabama . . .	34,001,226	19,76,9679	9,519,066
	597,195,166	205,672,968	49,985,639
Geb. Huron*)	56,804,834	„	56,804,834
Großes westliches Gebiet**)	750,000,000	„	750,000,000
	1,404,000,000	„	856,790,473
Gebiet, auf welches die Ansprüche der Indianer erloschen sind			205,672,698
Zahl der Acres, welche wirklich der Union gehören			1,062,463,171

*) Das Huron-Gebiet ist westlich vom Michiganfee und östlich vom Mississipi.

**) Das große westliche Gebiet erstreckt sich vom Mississipi bis zum stillen Meere.

Bevölkerung der vereinigten Staaten. *)

Staaten u. Gebiete.	1800	1820	Angeschlagen für	
			1830	1860
Maine	151,719	298,335	420,000	800,000
Maffachuffets	422,845	523,287	580,000	700,000
Neu-Hampshire	183,858	244,161	300,000	440,000
Vermont	154,465	235,764	280,000	490,000
Rhode-Island	69,122	83,059	90,000	110,000
Konnektifut	151,002	275,248	290,000	330,000
Neu-York	586,150	1,372,812	2,000,000	3,060,000
Neu-Jerfey	211,149	277,575	330,000	414,000
Penfylvanien	602,543	1,049,458	1,390,000	2,300,000
Delaware	64,273	72,749	80,000	90,000
Maryland	349,692	407,350	450,000	600,000
Diftr. Kolumbia	14,093	33,039	50,000	100,000
Virginien	886,149	1,065,366	1,180,000	1,900,000
Nord-Karolina	478,103	638,829	720,000	1,120,000
Süd-Karolina	345,591	502,741	600,000	1,000,000
Georgien	162,686	340,989	410,000	900,000
Kentucky	220,959	564,317	650,000	1,000,000
Tenneffee	105,602	422,643	600,000	1,100,000
Miffiffipi	8,850	75,448	130,000	1,000,000
Indiana	5,640	147,178	400,000	1,300,000
Ohio	45,365	581,434	1,000,000	1,900,000
Luifiana	„	153,407	300,000	980,000
Illinois	„	55,211	130,000	1,180,000
Halbinf. Michigan	„	8,896	35,000	1,000,000
id. Arkanfas	„	14,246	35,000	730,000
Miffuri	„	66,586	130,000	1,220,000
Halbinf. Florida**)	„	„	40,000	300,000
Alabama	„	127,910	380,000	1,490,000
	5,319,762	9,637,999	13,000,000	27,654,000
Gebiet Huron	„	„	„	346,000
Groß. Weft-Gebiet	„	„	„	4,000,000
				32,000,000

*) Die Vermehrung ift zu 35 Prozent für 10 Jahre ange-
schlagen. Aufferdem wird die Bevölkerung der weftlichen
Theile durch die der öftlichen verftärkt.

**) Die großen Sümpfe und die Sandhügel Florida's verhin-
dern eine rasche Vermehrung der Volksmenge.

Oberfläche in englischen Quadratmeilen, und Bevölkerung der verschiedenen Staaten der Union auf **eine** Quadratmeile.

Staaten und Gebiete.	Zahl der Quadratmeilen jedes Staates oder Gebietes.	Anschlag der Bevölkerung auf eine Quadratmeile	
		1830.	1860.
Maine	32,000	13	25
Massachussets . . .	7,800	74	90
Neu-Hampshire .	9,280	32	48
Vermont	10,212	27 ½	48
Rhode-Island . .	1,360	66	80
Konnektikut . . .	4,674	62	70
Neu-York	46,000	43	66 ½
Neu-Jersey	6,900	48	60
Pensylvanien . . .	43,950	32	52
Delaware	2,068	39	45
Maryland	10,800	41	46
Distr. Kolumbia	100	500	1000
Virginien	64,000	18 ½	30
Nord-Karolina . .	3,800	16	26
Süd-Karolina . .	30,080	20	33
Georgien	58,000	7	15½
Kentucky	39,000	15½	28
Tennessee	41,300	14½	27
Mississippi	46,358	3	21½
Indiana	35,100	11 ½	37
Ohio	38,800	25½	49
Luisiana	49,000	6	20
Illinois	56,000	2⅓	21
Halbins. Michigan	39,000	1	26
id. Arkansas	45,300	1	16
Missuri	61,000	2	20
Florida	54,500	1	5 ½
Alabama	53,100	7	28
	929,482		

Georgiſche Prophezeihungen für jeden Tag des Monats.

Die nachſtehenden, ſonderbaren Andeutungen bilden den Anhang eines merkwürdigen georgiſchen Manuſkripts, welches ein ſchönes epiſches Gedicht, betitelt: „der Menſch mit der Tiegerhaut", enthält. Es befindet ſich in der königlichen Bibliothek zu Paris, unter dem Buchſtaben E. Man bemerkt in dieſen Vorausſagungen ein auffallendes Gemiſch chriſtlicher und jüdiſcher Glaubensmeinungen.

I. H. S.
Genauer und wahrhafter Mondskalender.

I. Tag des Mondes. Gut pflanzen, ſäen, einrichten, Holz fällen und reiſen. Heut hat Noa die Hand gelegt an den Bau der Arche, und Moſes hat die Israeliten aus der Gefangenſchaft geführt, und die Engel haben „der Mutter Gottes geboten", zu reiſen. Wer heut das Licht der Welt erblickt, wird ſtark und glücklich ſein. Wer krank wird, wird geneſen. Das Verlorne wird ſich wiederfinden. Die Träume ſind gut und glücklich.

II. Tag. Glücklicher Tag zum Säen, Pflanzen, Einrichten und Holzfällen. Uebel für die Thiere. Heut hat Ken (Kain) ſeinen Bruder Abel erſchlagen. Wer heut geboren iſt, wird ausſchweifend ſein. Lebt der Kranke zehn Tage, wird er geneſen. Sache, die heut verloren, wird heut ſich wiederfinden. Geſtohlene Sache wird wiedererſtattet. Der Traum wird in drei Tagen erfüllt ſein.

III. Tag. Erfolg in Allem. Der heut Geborene

wird kriegerisch sein. Heut erschlug Dawith (David)
den Goliath, und das Kreuz des Erlösers wurde zu
Elusrem (Jerusalem) gefunden. Der Kranke wird
genesen. Das Verlorne wird sich wiederfinden. Das
Gestohlene wird zurückerstattet. Die Träume sind
nicht gut.

IV. Tag. Unglücklich. Säe und pflanze nicht;
mache auch keinen Tausch. An diesem Tage verbrannte
Anbukathonh-Sowra (Nebukadnezar), Fürst von Ba-
bel, die Schüler. Wer heut geboren wird, geräth
ins Feuer, ins Wasser, oder ins Unglück. Das Verlorne ist verloren, das Gestohlene bleibt gestohlen.
Der Kranke, welcher zehn Tage überlebt, wird genesen. Die Träume sind glücklich.

V. Tag. Glücklich. Nowen (Noa) beendete die
Arche, und begab sich in dieselbe, mit allen Thieren.
Verheirathet den Jüngling, kauft den Sklaven. Ar-
beitet, aber schwöret nicht und laßt nicht schwören.
Macht Euch nicht auf den Weg, dafür ist der Tag
nicht gut. Mit dem Kranken geht es schlimmer;
aber endlich wird er genesen. Verlorne Sache wird
nur mit großer Mühe wiedergefunden. Von Deinem
Traum sprich zu Niemand.

VI. Tag. Glücklich zum Handel, auch zum Reisen, und zum Einziehen in ein neues Haus. Wer
heut das Licht der Welt erblickt, wird lange leben,
und einst ein wackerer Kurde (Straßenräuber) werden.
Glücklicher Tag zum Heirathen für junge Leute.
Heut gab der Heiland den Aposteln ihre Mission, und
sendete sie aus, allen Heiden das Evangelium zu
predigen. Schwöre nicht. Wer seine Krankheit fünf
Tage übersteht, wird genesen. In fünf Tagen, oder

im Laufe des Jahres, wird der Traum in Erfüllung
gehen.

VII. Tag. Nicht glücklich. Adam wurde, wie ein
Hallunke, aus dem Paradies getrieben. Jage oder
handle nicht. Donnert es, wird die Erde überschwemmt.
Unglücklicher Tag für Alles. Was man verliert, bleibt
wohl verloren. Geb' nicht zu deiner Frau. Der
Kranke wird schlimmer; aber er kommt davon. Traum
ist schlecht und geht in Erfüllung; aber nur wenn du
viel betest.

VIII. Tag. Glücklich. Heut wurde das Licht ge-
schieden von der Finsterniß, und die Zungen (Spra-
chen) bildeten sich. Heut wurde auch Mthoz (vielleicht
Moses) geboren. Glücklicher Tag zum Handeltreiben,
Pflanzen und Reisen. Der heut Geborne wird viel
bauen; aber er wird häßlich und widersprechend sein.
Verlornes wird nur schwer wiedergefunden. Der
Kranke wird genesen. Die Träume sind gut.

IX. Tag. Glücklich zum Reisen, Handeltreiben;
schlimm für alles Uebrige. Der heut Geborne wird
arm bleiben, aber sein Unglück muthig tragen. Verlorne Sache wird wieder gefunden. Der Kranke wird
schlimmer, aber er geneset. Die Träume sind gut.

X. Tag. Moses bringt die Gesetztafeln und zer-
bricht sie. Unglücklicher Tag zum Reisen und Handeln, zum Leihen und Borgen. Man findet das Verlorne nicht wieder. Der Dieb wird gehängt, der
Kranke stirbt. Heute wurden die unschuldigen Kindlein zu Bethalen (Bethlehem) erwürgt. Die Träume
sind nichts nutz.

XI. Tag. Die kinderlose Anna flehete den Herrn
an, und wurde Mutter Samowels (Samuels). Es

ist gut zu beten und zu bauen, auszubessern, zu pflanzen, zu reisen und zu handeln. Verlornes wird wieder gefunden. Gestohlenes wird nicht zurückerstattet. Die Träume sind gut.

XII. Tag. Geburt des Judas. Reise nicht, handle nicht. Der heut Geborne wird reich. Er wird hochgeachtet und befördert von den Fürsten. Die Träume sind übel.

XIII. Tag. Unternimm nichts. Elusarem wurde heut erobert. Wer heut geboren wird, bleibt arm. Der Kranke stirbt, die Träume sind schlecht.

XIV. Tag. Uanna (Jonas), der Prophet, wurde von einem Fisch verschlungen. Glücklicher Tag zum Reisen; doch traue dem Wasser nicht. Gut zum Begründen, sich zu verheirathen und Alles zu thun. Der Kranke verändert den Ort, thut gut daran. Verlornes bleibt verloren. Die Träume sind glücklich.

XV. Tag. Kariste (Christus) sprach mit Abarama (Abraham), wohnte bei ihm, und zwang den Teufel zum Schweigen. Gut säen, pflanzen, und heirathen. Der heut Geborne fürchtet den Salpeter. Der Kranke geneset. Gehe nicht in den Krieg, begründe nichts. Die Träume sind gut.

XVI. Tag. Gib wohl Acht auf Alles, was du thust. Empfang' und leiste keinen Eid. Wer heut geboren wird, ist angesehen bei den Großen, und wird Aemter und Würden erhalten. Glücklicher Tag zum Reisen. Borge nichts; begründe nichts. Die Träume sind nicht gut.

XVII. Tag. Glücklich. Christus zähmte die Hölle. Kaufe und verkaufe nichts; borge und leihe nichts. Geh' nicht zu Deiner Frau. Der heut Geborne is

glücklich. Verlornes wird wiedergefunden. Die Träume
sind übel.

XVIII. Tag. Glücklich. An diesem Tage gab
Abarama seinen Sohn Sahka (Isak) dem Allmäch-
tigen. Glücklicher Tag zum Bauen, zum Reisen,
zum Heirathen. Der heut Geborne wird von der
Welt nicht geliebt. Heute wurden die Seelen des
Geschlechts Adams durch Kariste aus dem Orte der
Qual erlöset. Die Träume sind gut.

XIX. Tag. Der Herr erschien Mose. Glücklicher
Tag zum Reisen und zum Beten. Wer heut das Licht
der Welt erblickt, wird glücklich sein. Verlornes
findet sich wieder. Traue den Träumen nicht.

XX. Tag. Sahka betete für seinen Sohn Ja-
kopb (Jakob). Heute ist jedes Gebet gut (sic!).
Vortheilhafter Tag zum Säen, und um zu seinen
Obern zu gehen. Der Kranke geneset. Der Traum
geht in einem Monat in Erfüllung.

XXI. Tag. Glücklich zum Reisen, Handeln, Begründen und Heirathen. Der heut Geborne wird
glücklich sein, und Gott wird ihn lieben. Dein Traum
wird heute selbst in Erfüllung gehen.

XXII. Tag. Glücklich. Geburtstag des schönen
Yoseb (Joseph). Heut gelingt Alles. Man kann
säen und zu Schiff spazieren fahren. Der Kranke
kommt davon. Gehe nicht in's Wirthshaus. Schicke
Dein Pferd in's Grüne. Gestohlenes Gut kommt
nicht wieder. Wer heut geboren wird, ist glücklich
in Zukunft, von Gott geliebt, beneidet von den
Armen. Die Träume sind nichts nuz.

XXIII. Tag. Allgemein glücklich. Geburt des
Bane's (?). Günstig für Alles: um sich zu verhei-

rathen, um sich ins Bett zu legen, um zu säen, Handel zu treiben, zu begründen und zu jagen. Gestohlene oder verlorne Sachen werden sich wieder finden; aber der Zustand der Kranken wird sich verschlimmern. Wer heut geboren wird liebt, das Geld. Wer in entferntem Lande krank ist, wird, falls er geneset, noch vierzig Jahre leben; aber endlich von den Wölfen zerrissen werden. Die Träume taugen nichts.

XXIV. Tag. Geburt Pharwans (Pharao's). Schlimmer Tag. Gib auf all Dein Thun und Lassen wohl Acht. Der Kranke stirbt. Findet man Blut, wird es schwer sein, es abzuwenden. Gestohlenes bleibt gestohlen. Der heut Geborne wird geistreich und weise sein. Er wird durch eine „Feder" sterben. Ueble Träume.

XXV. Tag. Unglücklich. Wer schwört (oder flucht), wird sterben. Der Kranke wird schlimmer. Gute Jagd. Wer heut geboren ist, wird zänkisch und ein unerträglicher Schwätzer sein. Ueberlebt er einen Tag, einen Monat, oder ein Jahr, wird er lange leben. Die Träume sind schlecht.

XXVI. Tag. Moses hat das Meer durchschnitten. Deine Gebote werden von dem Herrn erfüllt. Verheirathe Dich; reise. Der heut Geborne ist erlöset. Verlorne Sachen werden nicht wiedergefunden. Im Laufe des Jahres wird Dein Traum erfüllt.

XXVII. Tag. Glücklich. Alles gelingt, Handel, Begründung, Reisen, Kredit. Der Kranke geneset. Es ist gut, heut geboren zu werden. Aber die Träume taugen nichts.

XXVIII. Tag. Abarama opferte seinen Sohn

dem Herrn. Gut reisen und handeln. Der heut
Geborne wird lange leben. Die Träume sind nicht gut.

XXIX. Tag. Die Isarelier (Israeliten) betraten heut das gelobte Land. Alle Deine Untc:nehmun-
gen werden gelingen. Es ist der Tag der Erlösung.
Die Kranken werden genesen. Reisen, Handel, Heirathen sind glücklich. Verlornes wird wieder gefunden. Der heut Geborne wird, seines guten Karakters
wegen, von den Menschen geliebt. Er wird sechszig
Jahre alt werden.

XXX. Tag. Geburt des Propheten Samowel.
Erfolg aller Unternehmungen. Verlorne Sachen finden sich wieder. Der Kranke kommt davon. In Hei-
rath und Reise wird man glücklich sein. Wer an
diesem Tage in rechtmäßiger Ehe geboren wird, wird
sich bereichern und hochmüthig sein. Ueberlebt er acht
Tage, einen Monat, oder ein Jahr, wird er bis achtzig gehen. Die Träume werden im Laufe des Jahrs
sich erklären.

Bruchstück aus einer am 29. Juli 1830 in den Tuilerien gefundenen Handschrift.

An dem Tage, wo das Schicksal Frankreichs entschieden wurde, wo die Energie des Pariservolkes durch seine **Einigkeit** die Satelliten der Tirannei vertrieb, wo es den Palast eines meineidigen Fürsten erstürmte und seinen Thron umstürzte: an diesem Tage fand ein Typograph, Namens **Noguès**, in einem Zimmer des königlichen Schlosses, eine Handschrift, deren er sich als alleinige Beute bemächtigte, in der Voraussetzung, daß sie nicht ohne besonderes Interesse sein könne.

Er hatte sich nicht geirrt. Die in Rede stehende Handschrift war eine Art Nachahmung des berüchtigten Werkes Machiavels „vom Fürsten (de principe)", betreffend die Regierungs-Verhältnisse der Bourbonen, dem französischen Volke, seiner Charte und seinen Rechten gegenüber; eine Art Traktat über die Mittel und Wege, deren man sich bedienen müsse, um allmälig zur unumschränkten und willkührlichen Gewalt zu gelangen; ein jesuitisch-politisches Vademecum für Karl X und seine Nachfolger, zur Begründung einer oligarchisch-theokratischen Monarchie.

Dies Manuskript ist keineswegs apokryphisch, wie man vielleicht vermuthen könnte. Es trägt den Stempel der Authenzität. Uebrigens liegt es bei dem Buchhändler Levavasseur, im Palais-Royal, der den Verlag desselben übernommen, zu Jedermanns Einsicht offen.*) Es ist in grünen Maroquin eingebunden,

---

*) Jetzt ist es einem Notar zur Aufbewahrung anvertraut.

und mit dem ehemaligen königlichen Wappen verſehen. Sein Inhalt verbreitet ein helles Licht über
die Abſichten und Plane der Bourbonen. Theilen
wir ein Specimen aus der Dedikation deſſelben an
„Seine königliche Hoheit den gnädigſten Herrn Dauphin" mit.

.....„ Aber um unſer Uebergewicht über das
eine und das andere Element zu ſichern, muß man
in unſerer Mitte die Keime der Zwietracht erſticken,
welche die Grundſätze der Revolution in ihr noch
nähren. Man muß mit ſtarker Hand alle die Inſtitutionen ſchlagen, die ſie erzeugen und die ſie fortpflanzen. Man muß ſich beſtändig erinnern, daß unſere Feinde, in der Beſorgniß, daß ihre Macht in beiden Indien ihnen entgehe, den Plan faßten, Frankreichs Macht zu erſchüttern, und daß ſie, mit Hilfe
ihrer Agenten und ihres Geldes, es dahin brachten,
die arbeitenden und handeltreibenden Klaſſen zu
Paris zu erheben, die bald der Gewalt ſich bemächtigten.

„Man überredete Ludwig XVI, daß dieſe inſur-
girten Klaſſen das franzöſiſche Volk ſeien, und daß,
da ſie die Nation vertreten, man Alles f ü r ſ i e und
d u r c h ſ i e thun müſſe.

„Man vergaß, daß das wahre Volk in allen Ländern die Klaſſe der Eigenthümer iſt, weil die, welche
den Boden beſitzen, und die eine Dynaſtie gewählt
haben, um das Königreich zu regieren, am meiſten
intereſſirt ſind bei ſeinem Wohlergehen, und tauſend
Mittel kennen, ihn zu erhalten, zu heben, und das
Land zu bereichern.

„Wir haben geſehen, welche Folge trauriger Ka-

taſtrophen nothwendigerweiſe dieſem Umſturze der
Grundſätze entfloſſen, und wie dies angebliche ſou-
veräne Volk das Opfer ſeiner uſurpirten Autorität
geworden iſt.

„Nach 25 Jahren der Anarchie und des Despotismus, hat man in Frankreich die Ordnung durch
eine Charte und eine National-Vertretung, die keine
pacta conventa, wie die alte Konſtitution, ſind, wie-
derherzuſtellen geglaubt. Man hat geglaubt, daß die
Vervollkommnung des geſellſchaftlichen Syſtems in dem
Gleichgewicht der Gewalten beſtehe.

„Aber was hat dieſes Gleichgewicht bisher erzeugt? Streitigkeiten, Befeindungen in den feſtgeſtell-
ten Gewalten; Unruhen, Zerſplitterungen in der Ge-
ſellſchaft; ein durchaus ſchwankendes Syſtem in der
Regierung, und dies Schwanken, das nur dazu gedient, ihre Schwäche zu beurkunden, hat den politi-
ſchen Körper mit einer immerwährenden Unpäßlichkeit geſchlagen, deſſen Erhalter und deſſen Erzeugniß
Egoismus und Habgier ſind.

„Man will Aemter, Ehre, Reichthum, Macht, und
wenn man das Alles erhalten, glaubt man es ſich
nur bewahren zu können, indem man bald ſchmeichelt,
bald drohet; indem man, die Einen nach den Andern,
alle Diejenigen erhöhet oder erniedrigt, welche dieſelben Anmaßungen, man möchte beinahe ſagen, dieſelben Rechte haben. Die, welche verungnadet, ge-
ſtürzt ſind, werden durch eine andere Partei erſetzt,
die auf dieſelbe Weiſe handelt und fällt.

„Die National-Vertretung, wie ſie jetzt beſtehet,
iſt dem Genie, den Sitten, dem Karakter einer leicht-
ſinnigen, unruhigen Nation, wie die unſrige, gradezu

entgegengesetzt. Sie ist der Verwendung der physischen Kräfte Frankreichs schädlich. Sie ist gefährlich für ein Volk, bei dem die Sprechsucht ein Bedürfniß ist, und das sich leichter durch Phrasen, als durch Gründe verführen und hinreissen läßt.

„Sie ist gefährlich für den König selbst, der, mit einer Armee von 200,000 Mann, seine Sache und seine Rechte von Advokaten vertheidigen läßt. Bayonette erhalten die Königswürde, Redner stürzen die Throne. Das Volk wird immer mehr Redner haben, als der König, und diese Volksredner, unterstützt von Denen, welche sie als Deputirte gewählt, sind mächtig genug, um das Volk zu erheben.

„Die Verantwortlichkeit der Minister ist nichts als ein eitles Wort in unsern Institutionen. Der König ist der höchste Verwalter; seine Minister sind nur seine Sekretäre.

„Bei uns bürden die Minister, welche sich für verantwortlich halten, dem Könige ihren Willen auf. Sie sind einig unter sich für ihre Privat=Interessen. Sie disputiren, um diese Uebereinstimmung zu verbergen. Sie ertheilen den Deputirten, die sie unterstützen, Aemter.

„Der König, der sie unterstützt sieht, wagt es nicht, sie zu verändern, oder wenn er sie verändert, bewahrt er sie vor jeder gerichtlichen Verfolgung, indem er sie zur Pairswürde erhebt.

„So ist die Belohnung einer schlechten Verwaltung ungeschickten oder pflichtvergessenen Ministern in der ersten Kammer zugesichert. Seit eilf Jahren verlangt man beständig diese Verantwortlichkeit, die keine andere Wirkung hat, als die Schwäche unserer Ge-

setze und unserer Regierung zu beurkunden, die man
eine höchst mangelhafte Direktorial-Oligarchie nennen
könnte.

„Wenn unsere Regierung kein anderes Gebrechen
hätte, als das, durch die bestimmte Wahlabgabe (Cens)
die Autorität in die Hände. Derjenigen überzutragen,
welche sich durch Plünderung des öffentlichen Scha-
zes und durch Beraubung der alten Eigenthümer bereichert, würde es immer eine Quelle unzuberechnen-
der Uebel sein, indem man Achtung und Auszeichnung
in dem durch entehrende Mittel erworbenen Reichthum
bestehen läßt.

„Denn jedes Individuum, das durch Diebstahl
oder Betrug ein Eigenthum erworben, und auf solche
Weise die bestimmte Wahlabgabe entrichten kann, wird
in der Gesellschaft diese Auszeichnung geltend machen.
Sein Wahltitel ist Ursach, daß die Anzettler aller
Kabalen sich um seine Mitwirkung bewerben.

„Diese Wahlabgabe macht alle Franzosen egoistisch
und geldgierig, weil man nur in dem Maße Verdienst hat, als man reich ist. Sie nährt die Sittenverderbung in der Gesellschaft, und versetzt endlich
den politischen Körper in den Zustand einer vollkommenen Auflösung. Aehnlichen Ursachen hatte die römische Republik ihren Verfall zuzuschreiben.

„Wenn wenigstens die Gesetze, dieser Auszeichnung
der Wahlabgabe den Glanz der alten adelichen Familien entgegengestellt; wenn sie in die Pairskammer die
Nachkömmen Derjenigen gerufen, die ihr Blut für
die Erhaltung der Monarchie und für den Ruhm des
Monarchen vergossen, würde die beständige Erinnerung alter Dienste als Gegengewicht dieser neuen

Auszeichnung gedient haben, die oft nur vom Wucher, vom Betrug, oder von Lieferungen, die höchst nachtheilig für den Staat gewesen, herrührt.

„In jedem monarchischen Staate erkennt man drei Gewalten: den König, der herrscht; die Geistlichkeit, welche religiöse Tugenden und Gehorsam gegen den König lehrt; den Adel, dem die Sorge anvertraut ist, die beiden ersten zu vertheidigen.

„Der Adel befehligt in allen Königreichen die Armeen. Das sind die drei nothwendigen und nützlichen Gewalten. Das sind die drei wahren Stützen der Länder, deren Verwaltung aus Ständen (états) bestehet, die aus den Haupteigenthümern gebildet worden.

„Der König ist der natürliche Beschützer und Vertheidiger der großen Volksmasse. Geistlichkeit und Adel müssen sich verstehen, und verstanden sich in Frankreich mit dem König.

„Es gab Zeiten des Mißverständnisses und der Zwietracht. Aber die Uebereinstimmung wurde bald wieder hergestellt durch die Nothwendigkeit und durch das Interesse Aller. Diese Nothwendigkeit, dies gemeinschaftliche Interesse erzeugten das Gleichgewicht zwischen den drei Gewalten; d. h. durch die Macht der Dinge kehrte Alles zur Ordnung zurück, und der politische Körper verfolgte seinen natürlichen Gang.

„Ich wünsche von Herzen, gnädigster Herr! so wie die neun Zehntel Frankreichs, daß der König herrsche wie seine Vorfahren, und daß statt einer Volksvertretung, wie die bestehende, er durch eine Versammlung von Deputirten, erwählt unter den alten Provinz-Administratoren, die einen königlichen Verwaltungsrath bilden würden, unterstützt werde.

„Ein Theil dieser Deputirten würde, durch das Loos bezeichnet, dem Finanzminister als Adjunkten dienen.

„Nach der alten Konstitution, deren ich in meiner Denkschrift erwähne, würden drei Klassen Wähler, die Geistlichkeit, welche Grundbesitzer geworden, die adelichen Eigenthümer, der Handel und die Landeigenthümer, welche 1200 Franken Grundsteuer bezahlen, und unter denen sich Kaufleute und Manufakturisten befinden könnten, zur Ernennung dieser Deputirten-Versammlung zu berufen sein.

„Der Entwurf eines Departemental- und Kommunal-Gesetzes, welches den Kammern vorgelegt werden soll, ist auf solche Grundsätze nicht begründet. Es ist ein Verwaltungssystem, von der Partei erdacht, die seit Langem die Konstitution der vereinten Staaten eingeführt sehen möchte. Es bereitete uns von Weitem einen Bürgerkrieg vor.

„Das Schwanken der Gewalten kann nicht bestehen. Die zahlreichste Klasse wird endlich das Uebergewicht gewinnen, und die königliche Autorität wird nicht mehr stark genug sein, um die von unsern Feinden besoldeten ehrgeizigen Oppositionen zu besiegen. Denn die Folgerung dieser Oppositionen ist in dem Volksspruche enthalten: „Packe Dich, damit ich Deinen Platz einnehme.“

„Schon bereitet man im Nord-Departement sich vor, die revolutionäre Partei durch Waffengewalt zu vernichten, „wenn es so weit kommt,“ sagen

die Royaliften, d. h., wenn der in Rede ftehende
Geſetz = Entwurf angenommen wird, und wenn man
es verſucht, ihn in Ausführung zu ſtellen. . . . . .

„Aber die ewige Vorſicht wird den guten Fran-
zoſen zu Hilfe kommen, und die königliche Autorität,
welche ſie beſchäftigt, wird eine traurige Rückwirkung verhindern.

„Dadurch, daß man der Regierung von Frankreich ihre urſprüngliche Einfachheit wiedergibt, indem man ſie von dieſem Troß (cohue) von Advokaten und Rednern befreiet, welcher die Geſchmeidig-
keit ihrer Bewegung verhindert, indem man alle Ehr-
geizige und Intriganten beſeitigt, die durch ihre
Kabalen und ihre Umtriebe die Kraft der Regierung
vermindern, und Hoffnung laſſen, unſere Unruhen zu
erneuern, weil ſie ſeit der Reſtauration Theil genommen an der ſchlechten Verwaltung der Finanzen, würde
der König ohne Zweifel auch auf die Mittel bedacht
ſein, die Grundſteuer um die Hälfte herabzuſetzen.

„Um dieſen Zweck zu erreichen, der in dem Herzen Se. Majeſtät iſt, wie er der ſehnlichſte Wunſch
aller Derjenigen iſt, welche die wahren Intereſſen
Frankreichs kennen, iſt es genügend, ein großes Begehen der Gerechtigkeit zu konſtituiren, indem man
jene ungeheuern Güter der Geiſtlichkeit, welche die
Revolution ſo ſkandalvoll uſurpirt hat, ihrer erſten
Beſtimmung wiedergibt.

„Erfahrung hat zur Genüge bewieſen, daß die
Spoliation dieſer Güter die Stütze der Revolution
war, und daß ſie eine Folge der Immoralität und
der Verdorbenheit geweſen, welche die revolutionären
Lehr - und Grundſätze fortgepflanzt haben.

„Die Güter der Geistlichkeit gehören den Armen und den Militärpersonen, welche ihre Beköstigung in den Abteien fanden, und die man „Oblate" nannte. Durch ihre Zurückgabe würde der König die Existenz der Geistlichkeit sichern, die alsdann nicht mehr vom Staate besoldet zu werden brauchte; er würde den Zustand der verabschiedeten Soldaten verbessern, deren gegenwärtiges Gnadengehalt unzulänglich ist; er würde endlich die Gründung von Bettelhäusern (maisons de mendicité) begünstigen, in welchen man die Armen arbeiten lassen könnte.

„Auf solche Weise würden diese Güter der Bestimmung wiedergegeben, welche die Stifter derselben im Auge hatten. Denn alle Stiftungen der geistlichen Güter in den Niederlanden besagten, daß ein Drittel der vermachten Güter zur Unterstützung der leidenden Menschheit verwendet werden solle....

„Die nach langem Dienste besser besoldeten Militärpersonen würden nicht genöthigt sein, einen traurigen Zufluchtsort in Häusern zu suchen, wo sie sich weder verheirathen, noch dem Ackerbau und den Künsten nützlich sein können.*)

„Ich würde mich äusserst glücklich schätzen, wenn ich zu dieser Vertheilung des Eigenthums der Geistlichkeit, und zu einer gerechten Rückgabe dieser geraubten Güter beitragen könnte. Ich würde mit Freude sehen, daß sie nicht mehr Menschen gehören, die sich

---

*) Der Verfasser, welcher in Bezahlung der ihm schuldig gewesenen Summen die zwei Drittel in Kirchengütern erhalten, ist bereit, sie zurückzuerstatten, wenn Se. Majestät darüber verfügen will.

betrügerischer Mittel bedienen, um sie sich zuzuwenden, und die sie für eine geringere Summe, als die der jährlichen Pacht, erhalten.

„Es gibt mehrere dieser Ankäufer, die Millionäre geworden sind. Es gibt deren zu Paris, die von 10 bis 30 und 40 Millionen besitzen. Diese sogenannten Eigenthümer geben wenig aus. Sie ertheilen in den Departementen keine Almosen. Sie bemühen sich nur, ihr Vermögen beständig zu vermehren.

„Ganz Frankreich, diese Plünderer allein ausgenommen, würde mit Vergnügen dies große Begehen der Rückerstattung sehen. Es würde den Monarchen segnen, der es in Ausführung gebracht, und die zukünftigen Jahrhunderte würden seinen Namen verherrlichen.

„Zu den Armenhäusern, die in allen Arrondissements-Hauptorten für die Kranken gegründet worden sind, könnte man noch Findelhäuser stiften. Die darin erzogenen Kinder würden zur Disposition des Königs stehen, und könnten, in einem Alter von zehn Jahren, Landleuten übergeben werden.

„Man würde nicht mehr jedes Jahr drei bis viertausend Menschen, von verschiedenen Handwerken, nach den Vereinstaaten oder nach dem Norden Europa's auswandern sehen. Der gedeihliche Zustand Frankreichs würde ihm im Gegentheil die Fremden zuführen. Die Abgaben würden um die Hälfte vermindert werden. Man würde eine Kriegskasse bilden, was in einem Augenblick der Krisis die größten Vortheile gewähren müßte.

„Kann man sich schmeicheln, daß die gegenwärtige Regierung Frankreichs immer in den nothwendi-

gen Grenzen sich erhalten könne? Werden unsere Feinde
nicht eines Tages zu den Vertretern sprechen: „Sa-
get zu dem, der Euch schickt, daß das Volk sich be-
rathet.... "

„Je länger man zögert, Frankreich auf den Fuß
der am besten verwalteten Staaten zu stellen, jemehr wird man den Katastrophen sich aussetzen, die
bereits Statt gefunden.   Sie werden sich unumgänglich erneuern, mit allen den verhängnißvollen Mitteln
des Schwankens und der Verdorbenheit, mit 50,000
Advokaten, eben so vielen Prokuratoren, eben so vielen Schreibern, und jener Menge von Aerzten und
Wundärzten, die von revolutionären Grundsätzen durchdrungen sind; vorzüglich mit Feinden, die beständig
darauf bedacht sind, unsere politische Genesung zu
verhindern, und die gern Beauftragte in unsere Häfen schicken möchten, wie ich sie zu Dünkirchen gesehen, als ich 1767 in Dienst trat.

„Die Jugend, die jetzt die Milch der republikanischen Grundsätze einsaugt, welche die Rechtsgelehrten
ihm darbieten, und die keine anderen vollkommenen Regierungen sieht, als die Amerika's, wird sich
von Tag zu Tag vermehren, in dem Maße, als die
Zeugen der Revolution verschwinden.   Nichts kann
sie alsdann verhindern, sich den von unsern Feinden
besoldeten Aufrührern zu überlassen.

„Was kann aus Frankreich werden mit seiner demokratischen Konstitution, ohne den Konkurs der drei
Gewalten, ohne große Eigenthümer?...."

XI. 1830.

Prinz Leopold, und sein Benehmen gegen Griechenland.

Erste Mittheilung.

Als die Verzichtleistung des Prinzen Leopold auf die Souveränität Griechenlands öffentlich bekannt wurde, war die Meinung über die Aufrichtigkeit der offiziellen Beweggründe dieser Entscheidung getheilt.

Durch den Edelmuth der Beweggründe, vielleicht auch durch den Ruf der Dahingebung für Griechenland, welchen der Prinz sich erworben, verführt, fanden die einen sie höchst einfach und natürlich; während die Andern im Gegentheil, von der Krankheit des Königs von England betroffen, oder besser von des Prinzen Karakter, und von dem Gang der Unterhandlungen unterrichtet, in ihr nur einen glücklich ersonnenen Vorwand erblickten, um Europa durchaus persönliche Beweggründe zu verbergen.

Eben so getheilt war die Meinung auch über den innern Werth dieser Beweggründe, über deren zwei Hauptursachen sich anscheinend sich nichts Bestimmtes beibringen ließ, und die folglich unentschieden bleiben mußten. Stellen wir sie in nähere Betrachtung.

Die erste Ursache ist bereits historisch geworden. Ob der Prinz in der That aus den von ihm angegebenen Beweggründen abgedankt, oder nicht, thut wenig zur Sache. Wahr oder falsch, sind diese Beweggründe die alleinigen, welche er anzugeben gewagt; sie sind also auch die einzigen, die einen politischen Werth haben können.

Es verhält fich nicht alfo mit der zweiten Urfache.
Sie betrifft die höchften Intereffen Griechenlands.
Denn, waren die von dem Prinzen angegebenen Beweggründe von der Art, daß fie feinen Entfchluß ver-
anlaffen mußten, ergibt fich daraus, daß ein Mann
von Ehre die Souveränität Griechenlands unter den
Bedingungen des Protokolls nicht annehmen könne,
und alsdann von zwei Dingen das Eine:

entweder müßte man verzweifeln, einen Souverän
für den neuen Staat zu finden; was feine innere Ein-
richtung indefinitiv verzögern würde;

oder man müßte fich entfchliessen, dies Protokoll
zu verwerfen; was Alles, felbft die Unabhängigkeit, von Neuem aufs Spiel ftellen würde.

Unfere Meinung über diefe beiden Punkte ift feft-
geftellt. Wir glauben über den einen, daß wenn die
Souveränität Griechenlands, unter den Bedingungen
des Protokolls, mit Ehre abgelehnt, fie nicht minder mit Ehre angenommen werden konnte. Wir
glauben über den andern Punkt, daß wenn die offiziellen Beweggründe der Abdankung einen Einfluß auf
des Prinzen Entfchluß hatten, es dennoch außer allem
Zweifel ift, daß andere mächtigere, aber durchaus
perfönliche, ihn beftimmten.

Das einzige Mittel, die wahren Beweggründe zu
durchdringen, welche den Entfchluß des Prinzen veranlaßten, befteht darin, fein Betragen feit dem Beginn
der Unterhandlungen zu prüfen.

Dies Benehmen ift kein Geheimniß mehr. Sein
Briefwechfel mit Lord Aberdeen*), welcher den Par-

*) Der britifche Minifter der auswärtigen Angelegenheiten.

lamente vorgelegt worden, unterrichtet uns davon
Tag für Tag. Man entnimmt aus demselben, was
der Prinz beim Beginn dieser Angelegenheit gedacht,
und durch welche, aufeinander gefolgte Revolutionen
seine Meinung bis zur Entwickelung gelangt ist. Gehen wir davon eine flüchtige Uebersicht.

Des Prinzen Korrespondenz mit Lord Aberdeen,
und mit den Bevollmächtigten der beiden andern
Mächte, begann zu Ende Januar 1830, in dem Augenblicke, wo der englische Minister ihm auf vertraute Weise die Entschlüsse der Mächte, in Bezug
auf Griechenland, mittheilte, so wie die Wahl,
welche sie hinsichtlich seiner, als Souverän desselben,
getroffen. Sie beendet sich mit der Ablehnungsakte
des Prinzen vom 21. Mai d. J.

Um die Begebenheiten dieses Briefwechsels genau
zu begreifen, muß man sich erinnern, welches, zu der
Zeit, wo sie begann, die Lage der verschiedenen inter-
essirten Parteien war.

Unter den zahlreichen Kandidaten für die Souveränität Griechenlands, war Prinz Leopold keiner der
unthätigsten. Sein ganzes Betragen beweist, daß er
auf das Gelingen dieses Plans ein großes Gewicht
legte.

Es ergibt sich nun durch sich selbst, daß, wenn man
lebhaft eine Sache wünscht, man sich davon eine befriedigende Idee gemacht. Einerseits also hatte der
Prinz sich Rechnung ablegen müssen über die Königswürde, um welche er sich bewarb, und anderseits war
das Resultat dieser Prüfung wahrscheinlich befriedigend ausgefallen.

Auf welche Angaben nun war diese Prüfung be-

gründet? Auf diplomatische Akten, vorzüglich auf das
Protokoll vom 22. März 1829, die neueste von allen.

Unter andern Dispositionen entschied dieses Protokoll, in welchem die Basis des künftigen Schicksals
Griechenlands aufgestellt war, zwei Gegenstände: der
erste, daß Griechenland abhängig von den Türken,
und gegen dieselben tributpflichtig bleiben solle; der
zweite, daß Samos und Kandia nicht zu seinem Gebiete gehören würden. Hinsichtlich der Kontinentalgrenze wurde die Frage gar nicht berührt.

Alles schien anzudeuten, daß man an dieses Protokoll sich halten werde. Es war vollkommen in dem
Sinne des Vertrags von London, vom 6. Juli 1827;
auch war es durch den zehnten Artikel dessen von Adrianopel bestätigt, der seine Annahme der Pforte aufer-
legte. Dieser letzte Vertrag war selbst noch weiter
gegangen, indem er als Kontinentalgrenze die Linie
von dem Meerbusen von Arta zu dem von Volo bestimmte.

Das war also Alles, worauf Prinz Leopold rechnen durfte, und was er gewissermaßen im Voraus,
durch seine eifrigen Bewerbungen, angenommen.

Das neue Protokoll, welches man ihm Ende Januars mittheilte, entfernte sich in zwei Punkten von
diesen Bedingungen. Es beschränkte die Landgrenze,
aber es befreite zugleich Griechenland von der Vasal-
lenschaft und von dem Tribut.

Diese letzte Abänderung war ein großer Gewinn.
Konnte man nun noch irgend einen Einwurf von
Seiten des Prinzen erwarten, so war es allein in
Betracht der Kontinentalgrenze, die das Protokoll
zum Nachtheil Griechenlands modifizirte. Solches

war der Zustand der Dinge, in Bezug auf den
Prinzen.

England seinerseits hatte bei dieser Unterhandlung
drei Gegenstände im Auge: die Ausschließung von
Kandia und Samos, die, in den Händen einer thätigen und freien Macht, für seinen Handel im mittelländischen Meere gefährlich werden konnten; die Beschränkung der Landgrenze, um die jonischen Inseln
von einer zu unmittelbaren Berührung mit dem unabhängigen Griechenland zu bewahren; endlich die
Ernennung des Prinzen Leopold, seines Kandidaten.

Es hatte die Ausschließung von Samos und Kandia durch das Protokoll vom 22. März erhalten. Es
erzielte auch die Beschränkung der Grenzlinie, dem
Vertrag von Adrianopel zum Trotz. Und, in Erfüllung aller seiner Wünsche, wurde sein Kandidat von
den übrigen Mächten angenommen. Seine Politik
hatte nichts zur Erhebung des Prinzen Leopold unterlassen. Es konnte seine Erkenntlichkeit nicht bezweifeln, und bezweifelte sie in der That nicht.

Was Frankreich und Rußland anbelangt, so läßt
sich nicht genau bestimmen, durch welche Grundsätze
sie bei dieser Unterhandlung geleitet wurden. Alles
war bloß nach den Interessen Englands bestimmt.
Der Wunsch, Griechenland zu pazifiziren, schien ihr
einziger Beweggrund zu sein.

Uebrigens stellten die drei Mächte nicht in Rede,
daß es ihnen ausschließlich zustehe, dieses Landes Schicksal zu ordnen, und wenn man den Eifer der Bewerber um seine Souverainität in Betrachtung stellen
wollte, durften sie wohl glauben, daß, welches auch
der bezeichnete Fürst sei, er sich glücklich schätzen

werde, sein Königreich, wie es immerhin beschaffen
sein möge, anzunehmen.

Es ergibt sich aus dem Allem, daß in dem Augen=
blicke, wo sie dem Prinzen Leopold ihre Entschlüsse
mittheilten, die drei Mächte seinerseits nicht den
mindesten Einwurf erwarteten *), und England we=
niger noch, als die beiden andern; daß der Prinz,
da er die Souveränität Griechenlands unter bes=
sern Bedingungen erhielt, als er selbst begehrte, kei=
nen triftigen Einwurf machen konnte, ohne sich mit
sich selbst in Widerspruch zu stellen; endlich, daß,
wenn dies Recht ihm bis zu einem gewissen Grade
geblieben, er es vernunftgemäß nur im Betreff der
Kontinentalgrenze geltend machen konnte, bei welcher
man sich von den Versprechungen des Vertrags von
Adrianopel entfernt hatte.

So standen die Dinge in dem Augenblicke, als
der Briefwechsel begann, von dem wir unsern Lesern
einen Ueberblick versprochen haben. Man wird sehen,
wie sehr die Ereignisse alle Voraussetzungen wider=
legten, alle Berechnungen vereitelten, und durch
welche Verschürzung von Inkonsequenzen und Wider=
sprechungen der Prinz die Unterhandlung zu einer Ent=
wickelung führte, die deshalb nur die Zuschauer so
sehr überraschte, weil es unmöglich war, sie voraus=
zusehen.

Alles schien anfänglich die Stipulationen der Be=
vollmächtigten zu bestätigen, und als Lord Aberdeen

*) M. s. den Aufsatz: „Die neugriechische Monarchie“ im fünf=
ten Band, S. 122 u. f. dieses Jahrgangs der Bibliothek.

in den letzten Tagen des Januars seiner Mission sich
entledigte, mischte sich kein Einwurf von Seiten des
Prinzen seinen Erkenntlichkeits-Bezeugungen bei.

Aber die Illusion dauerte nur vierundzwanzig
Stunden. Am nächsten Tage nach dieser Zusammenkunft begegnete Lord Aberdeen dem Prinzen Leopold,
und erhielt von ihm die wörtliche Erklärung, daß die
Souveränität Griechenlands nicht annehmbar sei,
wenn die Insel Kandia von den Besitzungen des neuen
Staats ausgeschlossen werde.

Keine Forderung war unerwarteter. Sie vereinte
in sich Alles, was den Stolz und die Reigungen Lord
Aberdeens verletzen und seine diplomatischen Ideen
verwirren mußte. Die Bevollmächtigten hatten sich
eingebildet, daß Griechenlands Schicksal allein von
ihren Berathungen abhänge, und nun erlaubte sich
der begünstigte Kandidat, Einwendungen zu machen
und Forderungen aufzustellen . . . . .

Die britische Politik hatte die ganze Gewandtheit
der Diplomatik erschöpft, um einen ihren Interessen
ergebenen Prinzen auf den griechischen Thron zu erheben, und nun wendete dieser Prinz gegen sie selbst
die Vortheile seiner Ernennung, und machte sich eine
Waffe daraus, um sie gerade in dem anzugreifen,
was ihr am meisten am Herzen lag, die Ausschlies-
sung der Insel Kandia.

Kein anderer Theil des griechischen Gebiets war
gleich vom Beginn der Unterhandlungen ausdrückli-
cher von den neuen Staaten ausgeschlossen worden,
als eben diese Insel. Der Prinz hatte also, da er
um die Souveränität Griechenlands sich bewarb, dieser Ausschließung ungeachtet, sie für annehmbar ge-

halten. Er stellte sich nun in offenen Widerspruch
mit seinem frühern Benehmen, indem er die Hinzu-
fügung dieser Insel als Bedingung seiner Annahme
aufstellte.

Lord Aberdeens Antwort bezeugt den Unwillen,
welche diese Erklärung ihm verursacht. Der Vorwurf der Undankbarkeit konnte in ihr nicht geltend
gemacht werden; aber er verkündet sich überall in
Ton und Form.

Dagegen erspart der Minister dem Prinzen nicht
die Auseinandersetzung seiner Inkonsequenz. Diese
Demonstration ist streng, und läßt keine Antwort zu.
Aberdeen beendet sein Schreiben mit der Erklärung:
„daß jede von dem Prinzen, hinsichtlich seiner Annahme, aufgestellte Bedingung, vorzüglich die der
Vereinigung von Kandia mit Griechenland, als eine
Ablehnung betrachtet, und alle Folgen derselben haben werde.“

Wäre des Prinzen Forderung auf eine wirkliche
Ueberzeugung begründet gewesen, würde er, dieser
Alternative ungeachtet, darauf bestanden haben. Er
würde selbst noch darauf bestanden haben, wäre es
ihm nur darum zu thun gewesen, die Unterhandlung
abzubrechen.

Solches aber war sein Benehmen nicht. Seine
Antwort beurkundet aufs Klarste seine Unentschlossenheit und das Verlangen, Zeit zu gewinnen. Da
er nicht gänzlich abbrechen wollte, gab er Kandia
auf, weil er sich überzeugen konnte, daß England
diese Insel ihm nie zugestehen würde. Aber da er
auch nicht annehmen wollte, und da er angenommen
haben würde, wenn er von seinem frühern Begehren

abgeſtänden, vertheidigte er nur fein Einwurfsrecht, das der Miniſter ihm ſtreitig gemacht hatte.

„Wenn er bis dahin“, ſagte er zu Lord Aberdeen, „keine Einwendung gegen die Grundlagen der Stipulationen gemacht habe, war es nur, weil dieſe Grundlagen ihm nicht offiziell mitgetheilt worden waren; doch habe er immer vorausgeſetzt, daß man dies Recht ihm laſſen werde, und daß er ſich zurückziehen könne, wenn die aufgeſtellten Bedingungen ihm nicht entſprechend ſchienen.“

Wäre es nicht in Englands Intereſſen geweſen, eine Angelegenheit zu beendigen, in welcher ſeine Politik ſo viele Zugeſtändniſſe und Vortheile gewonnen hatte, würde Lord Aberdeen wahrſcheinlich in ſeiner Erklärung beharrt, und dem Prinzen geradezu das von ihm geforderte Recht verweigert haben. Aber England war durch ſeine Intereſſen zu ſehr gebunden, um eine entſcheidende Partei zu ergreifen, und dazu auch die beiden andern Mächte zu vermögen.

Lord Aberdeen antwortete alſo dem neuen Souverän, „daß, obgleich die Mächte die von ihnen bezeichneten Grundlagen als definitiv betrachten, ſie demungeachtet geneigt ſeien, ihm über die Verfügungen des Protokolls alle zuläſſigen Erklärungen zu geben.“

Das hieß, die Sache zugeſtehen, indem man das Wort veränderte. Der Prinz begriff das vollkommen, und benutzte ſogleich das Recht, Bedingungen aufzuſtellen.

Das waren die Begebenheiten, welche auf die dem Prinzen gemachte vertraute Mittheilung über die Entſchlüſſe der Mächte folgten. Er forderte nun die offizielle Mittheilung. Sie erfolgte den 3. Februar, und dieser Tag war das Datum des von den Bevollmächtigten im Januar festgestellten Protokolls.

Prinz Leopold nahm sich Zeit, über die Vortheile und über die Mißbestände der ihm angebotenen Souveränität nachzudenken. Erst am 11. Februar, nachdem er Alles reiflich geprüft, und eine Menge Briefe mit Aberdeen gewechselt hatte, übergab er ihm das Resultat seiner Betrachtungen.

Durch die Note von diesem Tage stellte er für seine Annahme folgende Bedingungen auf:

1) die Mächte garantiren Griechenland förmlich gegen jede fremde Invasion;

2) sie haben von dem Sultan, zu Gunsten der Griechen von Samos und Kandia, eine Ordnung der Dinge zu erhalten, die sie in Zukunft gegen jede Bedrückung sichere;

3) statt die Kontinentalgrenze durch eine vom Aspropotamos zu den Quellen des Sperchius gezogene Linie zu bestimmen, wird sie dem Apropotamos entgegengehen bis zur Kette des Berges Oeta, und von da der Wasserscheide dieser Kette bis zum östlichen Meere folgen;

4) die Mächte werden Griechenland die ihm unumgänglich nothwendige Geldunterstützung zukommen lassen;

5) sie werden endlich zur Verfügung des Prinzen ein hinlängliches Truppenkorps stellen, um bis zur Bildung eines Nationalheeres die Ordnung zu erhalten.

Es ergibt sich aus diesen Bedingungen, daß der Prinz am 11. Februar den Besitz der Insel Kandia

nicht mehr als unumgänglich nothwendig für Griechenlands Existenz erachtete, und daß er die durch
den Vertrag von Adrianopel bestimmte Grenze zu
seinem Heile nicht für durchaus erforderlich hielt.
Denn zwischen dieser Grenze und der von ihm bezeichneten befindet sich das ganze Gebiet westlich vom
Aspropotamos.

Es scheint, daß während den zehn Tagen nach
Einreichung dieses Ultimatums der Prinz für die Annahme geneigt war, was durch seine Bereitwilligkeit
in den deshalb Statt gefundenen Unterhandlungen bewiesen wird.

Von den fünf von ihm gemachten Bedingungen
stellten sich dreien keine besondere Schwierigkeiten
entgegen. Die Garantie gegen jeden Angriff war
schon in den früheren Stipulationen. Es war dem-
nächst klar, daß die Mächte, welche Griechenland
konstituiren wollten, ihm nicht den nothwendigen Beistand zu seiner Organisation verweigern konnten, und
dahin gehörten die Garantie einer Anleihe, und die
Verlängerung des Verweilens der französischen Truppen in Griechenland während einem Jahre, oder
länger.

Aber sie lehnten geradezu die beiden Hauptbedingungen der Note ab. Sie erklärten über Samos und
Kandia, daß sie allen ihren Einfluß aufbieten würden,
um den Sultan zu vermögen, den Einwohnern dieser
Inseln zu verzeihen, daß sie jedoch keinesweges irgend ein Verwaltungssystem, in Bezug auf diese
Inseln, ihm vorschreiben könnten. Sie erklärten,
hinsichtlich der Kontinentalgrenze, daß ihre Bestimmung

genommen sei, und daß sie von derselben nie ablassen würden. Solches war das Ultimatum der Mächte.

Nahm der Prinz diese Bedingungen an, so verzichtete er vollkommen auf jede Ausdehnung der Kontinentalgrenze und auf die Beifügung der Inseln Samos und Kandia. Er nahm Griechenland, wie man es ihm dargeboten, und begnügte sich mit einigen Truppen zur Erhaltung der Ordnung, mit einigem Geld, um sie zu besolden, und mit der Garantie der Mächte zur Sicherung seiner Unabhängigkeit. Mit einem Worte, er nahm ganz einfach das Protokoll an, wie es ihm am 3. Februar vorgelegt worden. Denn die Garantie befand sich in demselben, und Geld und Truppen gehörten zu dieser Garantie. Nahm der Prinz diese Bedingungen an, so beseitigte er alle Einwendungen, und fügte sich in Alles, was die Mächte ihm vorgeschrieben.

Und, sollte man es denken, er nahm Alles an, und unterzeichnete am 23. Februar die ihm vorgeschriebenen Bedingungen auf offizielle Weise.

Wer hätte nun nicht glauben sollen, daß die Unterhandlungen beendet seien? Lord Aberdeen und seine Kollegen waren davon überzeugt. Sie erwarteten nur noch die Annahme der Pforte, um den offiziellen Beschluß zu verfassen. Aber sie hatten sich geirrt.

Man weiß nicht, welche Ereignisse vom 23. Februar zum 7. März des Prinzen Gesinnungen verändern konnten. An diesem letzten Tage richtete er an Lord Aberdeen einen der sonderbarsten Briefe, deren die Geschichte der Diplomatik gedenkt.

Durch diesen Brief benachrichtigte der Prinz den

Minister, daß seine Annahme vom 23. Februar nichts
gewesen, „als ein Zeichen seiner Bereitwilligkeit, so
viel als möglich dem Wunsche der hohen Mächte zu
entsprechen, indem er die Angelegenheiten unter der
Form gelassen, die ihnen am angenehmsten gewesen
wäre; aber daß er im Grunde sich immer vorbehalten habe, auf seine Note vom 11. Februar sich zu
berufen, welche seine wahren Ansichten enthalte, und
an den Sinn derselben er, hinsichtlich der Deutung des
Akts vom 23., appellire." Er erneuerte sodann alle
seine Forderungen in Bezug auf die Kontinentalgrenze.

Man kann sich leicht Lord Aberdeens Stimmung
bei Erhaltung eines solchen Briefes denken. Indem
der Prinz sich auf seine Note vom 11. zur Deutung
des Protokolls vom 23. bezog, setzte er sein Ultimatum, das man unbeachtet gelassen, und auf welches
er verzichtet hatte, an die Stelle dessen der Mächte,
das er angenommen und feierlich unterzeichnet hatte.

Durch dies Betragen stellte er Alles wieder in
Rede. Graf Aberdeen verlor dabei die Geduld. Er
antwortete den 15. März, „daß es unmöglich sei,
mit einem Manne zu unterhandeln, der seine offiziellen Erklärungen nicht als Verpflichtungen betrachte,
und der gegen diese offiziellen Erklärungen frühere,
nicht offizielle Briefe geltend mache; daß, wenn der
Prinz auf solche Weise verfahren wolle, es viel einfacher sei, unmittelbar die Unterhandlungen abzubrechen; daß er ihn folglich einlade, wohl nachzudenken, ob es nicht am gerathensten sei, seinen Brief
zurückzunehmen, den er (Lord Aberdeen) als nicht

erhalten betrachten, und den er den andern Bevollmächtigten noch nicht mittheilen wolle."

Nach einem solchen Briefe mußte man in der
begangenen Inkonsequenz beharren, oder eine zweite
begehen, indem man die erste widerrief.

Der Prinz ergriff diese letzte Partei, die gewiß
nicht die am wenigsten demüthigende war. Den 17.
März forderte er seinen Brief zurück, und knüpfte
die Unterhandlung wieder da an, wo der Akt vom
23. Februar sie gelassen. Er reduzirte alle seine Forderungen auf eine einzige, nämlich, daß die Summe
der versprochenen Anleihe auf sechszig Millionen festgestellt werde.

Die Antwort auf diesen, nach der befremdenden
Epistel vom 7. März, so bescheidenen Antrag ließ sich
nicht lange erwarten. Lord Aberdeen fühlte sich verletzt, und des Prinzen Benehmen machte ihn nicht
zur Nachgiebigkeit geneigt. Er benachrichtigte ihn
also, „daß Alles, was England thun könne, darin
bestehe, ein Anleihen von 12 ½ MillionenFranken
zu garantiren, wodurch das GesammtAnleihen nur
auf 37 Millionen gesteigert wurde."

Der in diesem Briefe vorherrschende Ton beleidigte
den Prinzen, und gab ihm seinen Stolz wieder. Den
25. März schrieb er an Lord Aberdeen, daß, da er
bisher in allen Punkten nachgegeben (was vollkommene Wahrheit war), er keinesweges geneigt sei, sich
auch in diesen letzten zu fügen. Er sei entschlossen,
und wenn er die 60 Millionen nicht erhalte, verzichte er auf den Thron Griechenlands.

Aberdeen entgegnete an demselben Tage, daß
Englands Entschluß nicht minder fest sei, als der

des Prinzen; daß es ihm 12½ Millionen Franken garantire, und nicht mehr; aber daß vielleicht die beiden andern Mächte sich geneigt zeigen könnten, die von Sr. Durchlaucht geforderten 60 Millionen voll zu machen.

Diese Beharrlichkeit auf beiden Seiten schien den Schluß der Unterhandlung indefinitiv zu vertagen. Sei es, daß der Prinz die Angelegenheit unter diesem Gesichtspunkte betrachtet, oder daß er Gründe hatte, um Zeit zu gewinnen, er faßte den Entschluß, sich auf einige Zeit aus England zu entfernen, und den 4. April reisete er nach Paris.

Während seiner Abwesenheit, die vierundzwanzig Tage dauerte, blieb Alles schwebend. Sein merkwürdiger Briefwechsel mit Lord Aberdeen begann erst am 29. April, dem Tage vor seiner Ankunft zu London, wieder.

Bis hierher haben wir Aberdeen die „schöne Rolle" in dieser Unterhandlung spielen sehen. Sein Betragen ist das eines Staatsmannes, der sein vollkommen festgestelltes Ziel hat, und der sicher und konsequent demselben zuschreitet ohne andere Zugeständungen, als die, welche unumgänglich nothwendig zu seiner Erreichung sind.

Seine Sprache ist ehrfurchtsvoll, aber fest und und bestimmt. Ist er dem Prinzen, als solchem, Achtung schuldig, so vergißt er darüber seine eigene Würde nicht. Er weiß gemessen streng zu sein, jedesmal, wenn die Umstände es erfordern.

Das Benehmen des Prinzen dagegen ist ein Gewebe von Inkonsequenzen. Man bemerkt, daß er oft nicht weiß, was er will, und daß, je nachdem er gegen die eine oder die andere Partei sich neigt, er sich entweder zu tief herabläßt, oder zu hoch sich erhebt, ohne einen richtigen Mittelweg zu verfolgen, weder in seinen Zugeständungen, noch in seinen Forderungen, wodurch er sich selbst verdammt, immerwährend sich zu widerrufen.

Aber vom 29. April an verändern sich die Rollen. Der Prinz verfolgt so fest und gerade seinen Zweck, als seine früher begangenen Fehler es ihm erlauben, und da er weiß, was er will, ist seine Sprache entschieden und laut. Es ist nun an Lord Aberdeen, sich zu widerrufen, sich in die Umstände zu fügen. Bei allem dem bleibt er konsequent, und handelt im Interesse seiner Entwürfe. Aber er ist jetzt der Schwächere, und seine Sprache wird eben so geschmeidig, als sie bis dahin klar und würdig gewesen.

Wir behalten diese zweite Epoche der Unterhandlung einer andern Mittheilung vor.

Algier und die französische Expedition.

Vierter Artikel.*)

Die despotische Gewalt, welche vor Kurzem noch auf Frankreich lastete, existirt nicht mehr. Von Stolz und Wahnsinn irregeleitet, hat sie sich selbst gestürzt. So lange geachtet und gehorcht, als sie in den Schranken der Gesetze verweilte, hat die Nation sie zerbrochen, als sie des Meineids, der Treulosigkeit, der Uebertretung der Gesetze sich schuldig gemacht. Frankreich ist erlöset von seinem Joche, und ganz Europa athmet freier.

Welches aber wird, unter den obwaltenden Umständen, das künftige Schicksal Algiers sein?

Man weiß, daß nicht allein das Hauptnest der See-räuberei gefallen, sondern daß auch die übrigen Pro-vinzen der Regentschaft der französischen Expedition sich unterworfen. Eine vollständige Räumung dieser Eroberung von Seiten der Franzosen, ist auf kein Fall denkbar, so sehr das britische Kabinet darauf auch bestehen mag. Es ist im Gegentheil viel wahrschein-licher, daß Frankreich sich mit England über den Be-sitz dieses Landes verständigen, und daß auf solche Weise dies politische Problem sich zu beiderseitiger Befriedigung lösen werde.

Nach und nach hebt sich der Schleier, welcher bis-her die Absichten Karls X, in Hinsicht auf Algier, verhüllte. Man lieset in mehreren französischen Zei-

---

*) M. f. die frühern Artikel im fünften und sechsten Bande dieses Jahrgangs der Bibliothek.

tungen folgendes Schreiben aus Rom, vom 29. Juli
d. J., dessen Authentizität wir jedoch nicht verbürgen
mögen:

„Die päbstliche Regierung hat von einigen französischen Bischöfen, zu Anfang dieses Monats, eine
Mittheilung erhalten, deren Wichtigkeit sie wo möglich noch zu erhöhen sucht.

„In einer von dem Kardinal de Latil (ehemali-
gem Beichtvater Karls X), dem Erzbischof von Paris,
de Quélen, und dem Bischof von Hermopolis (Frays-
sinous), welche sich die Vertreter der Geistlichkeit
Frankreichs nennen, an den Pabst Pius VIII gerichteten Depesche, beeilen sich die Genannten, Se. Heiligkeit im Namen Sr. allerchristlichsten Majestät zu benachrichtigen, daß seine Armee den 13. und 14. Juni
glücklich auf der Küste von Algier gelandet; daß sie
in mehreren Gefechten siegreich geblieben, und die
arabischen Truppen, so wie die Soldaten des Dey's
von Algier zerstreuet hat.

„Von dem Wunsche beseelt, daß die Triumphe
der französischen Armee zu dem möglichst größten
Ruhme der Christenheit gereichen mögen, wird Se.
allerchristlichste Majestät, um entscheidende Maßregeln
hinsichtlich seiner Eroberung in Afrika zu bestimmen,
erwarten, welches über diesen Punkt der Wunsch Sr.
Heiligkeit sei, und welches die Niederlassungen sein
möchten, die auf diesem fremden Boden der katholischen Religion am nützlichsten sein dürften.

„Der älteste Sohn der Kirche bietet, von diesem
Tage an, dem Stellvertreter Jesu Christi, und der
Kirche des heiligen Petrus zu Rom, alles das Land
dar, welches auf dem afrikanischen Boden von seinen

Waffen unterworfen wird. Die französischen Bischöfe beschwören deshalb den Pabst, sogleich einen Legaten a latere, mit hinlänglichen Instruktionen und Vollmachten versehen, zur Expeditionsarmee zu schicken, um sich mit dem Obergeneral über die zu treffenden Anordnungen zu verständigen, damit die römische Kirche die möglichst größten Vortheile von diesem Kriege gewinne.

„Um ihrem Begehen ein noch größeres Verdienst zu geben, um die hohe Frömmigkeit Karls X in das hellste Licht zu stellen, und um den Glanz der Regierung dieses Monarchen recht hervorzuheben, theilen die französischen Legaten eine lange Liste von allen den Geschenken und Legaten an geistliche Stiftungen mit, welche, seit Se. Majestät den Thron von Frankreich und Navarra einnimmt, an die todte Hand gekommen sind.

„Jedes der fünf Jahre seiner Regierung, von 1824 bis 1829, hat an Gaben der Frömmigkeit fünf Millionen Franken erzeugt, und die sechs bereits verflossenen Monate von 1830 haben ebenfalls der Kirche fünf Millionen abgeworfen; im Ganzen also 30 Millionen.

„Die vorhergegangenen Regierungen bieten keine so glücklichen Resultate dar.

„Die neun letzten Lebensjahre der Regierung Ludwigs XVIII haben der todten Hand nur zwölf Millionen Franken zugewendet.

„Die dreizehn Jahre der kaiserlichen Verwaltung, obgleich man gesagt, daß sie Altar und Thron wieder erhoben, hat an frommen Legaten doch nur zwei Millionen erzeugt.

„Eure Heiligkeit wird durch die Tabelle, welche wir Ihr vorlegen, entnehmen (sagen schließlich die französischen Prälaten), daß Karl X durch seine frommen Gaben bald diejenigen aller der Könige übertreffen wird, welche die Kirche auf das Reichlichste bedacht haben.

„Aber sein frommer Eifer und die Freigebigkeit der Rechtgläubigen werden beständig durch den Widerstand gehemmt, den freche Schriften und alle Verirrungen der periodischen Presse seiner Regierung in den Weg legen. Es scheint deshalb der Kirche von Frankreich nothwendig, daß der allgemeine Vater der Gläubigen, durch die Orakel seiner Weisheit, den König Karl X bestimme, der Frechheit einen Zaum anzulegen, und die verhindernden Gesetze wiederherzustellen, welche sein erlauchter Bruder so weislich der Nation anlegte."

Wir zweifeln an der Aechtheit dieses Aktenstückes, das wahrscheinlich nur eine Satire auf die gestürzte Regierung ist. Es scheint uns unglaublich, daß die ärgste Stupidität sich so weit verirren könne, ein durch französische Tapferkeit und mit französischem Gelde erobertes Land, das an Größe kaum hinter Frankreich zurücksteht, und das es an Fruchtbarkeit bei weitem übertrifft, an die todte Hand zu übergeben. Denn Alles was der römische Unsinn berührt, ist mit Verderben geschlagen, und so zu sagen todt.

Wir weigern uns also, der Voraussetzung, daß Karl X Algier habe an Rom abtreten wollen, Glauben beizumessen, obgleich sie, nach der eigenen Aeußerung dieses unglücklichen, irregeleiteten Fürsten: „daß die Expedition gegen Algier zum möglichst größ-

ten Ruhme und Nutzen der Christenheit gereichen
solle *)," nicht ganz grundlos scheinen möchte.

Wie dem auch sei, so kann diese Konzeption jetzt
nicht mehr in Rede gestellt werden. Andere Entwürfe
müssen jetzt das französische Kabinet beschäftigen, insofern es nicht will, daß dies Unternehmen en pointe
endige.

Es hat deshalb auch bereits kräftige Maßregeln
getroffen. Der General Bourmont, dem wir gern
alle Gerechtigkeit widerfahren lassen, weil es uns nicht
um Beförderung eines Partei-Interesses, sondern um
einfache Wahrheit zu thun ist, hatte anfänglich die
ihm anvertraute Expedition nicht übel geleitet, wovon
die rasche Einnahme von Algier den Beweis gibt.
Aber als man den Schatz in der Kassauba (dem
Schlosse des Dey's) entdeckt hatte, und er sich gewissermaßen als Ober-Intendant desselben betrachtete, vernachläßigte er seine eigentliche Mission, und überließ sich nur dem Geldgeschäfte, bei welchem er und
seine nächste Umgebung, behauptet man, nicht zu kurz
gekommen.

Während dieser Nebenbeschäftigung, die bald zur
Hauptsache wurde, vernachläßigten der Obergeneral
und sein Stab die Armee auf eine so beispiellose
Weise, daß sie in kurzer Zeit vollkommen demoralisirt
wurde. Die Offiziere fanden in Algier ein zweites
Capua, die Soldaten ein zweites Sizilien. Die ersten
schwelgten, die andern darbten. Araber, Türken, Ku-
lulis, Kabylen, Barbern, Mauren ꝛc. überfielen sie
von allen Seiten, beunruhigten, ermordeten sie

---

*) Rede bei Eröffnung der Kammern zu Ende 1829.

nicht allein ausser der Stadt, sondern sogar in derselben.

Der General ging selbst in eine Falle, welche die muselmännische Treulosigkeit ihm gelegt hatte. Einige sogenannte „große Herren", welche an der Expedition als Liebhaber Theil genommen, kamen auf den Gedanken, einen Ausflug gegen die erste Kette des Atlas zu machen, um sich das Ansehen zu geben, als sei es ihnen darum zu thun, in wissenschaftlicher und politischer Hinsicht das Land genauer kennen zu lernen, im Grunde aber nur, weil sie anfingen sich zu langweilen, und weil sie, zur Erhaltung ihrer Gesundheit, eine kleine Zerstreuung für nothwendig erachteten.

Um ihrem Wunsche zu entsprechen, ließ sich der General Bourmont von dem Häuptling der Araberhorde Musa-Halil einladen, ihm einen Besuch abzustatten. Mit der ganzen altfranzösischen Unvorsichtigkeit des Jahrhunderts Ludwigs XV. machte sich sodann die Truppe der fils de famille, in Begleitung von einigen hundert Soldaten, auf den Weg gegen Bugayube. Sie schritt dem Haratschflüßchen entgegen, das vom Atlas herabkommt, sich südöstlich von Algier in das mittelländische Meer ergießt, und an dessen Ufer das alte Tigisis gelegen war.

So lange die Karavane in der Ebene Metigia sich befand, hatte sie nur mit der Sonnengluth zu kämpfen. Aber kaum betrat sie die gebirgige Region, kaum sah sie sich in Engpässe verstrickt, so wurde sie von mehreren Kabylen-Schwärmen überfallen, die ihr den Rückweg versperrten, und gesonnen zu sein schienen, ihr den Garaus zu machen.

Die jeunes gens de naissance fanden diese Reception sehr déplacirt. Sie hatten sich imaginirt, zu Musa-Halil Personen comme-il-faut zu sehen, und fanden sich nun nicht wenig désappointirt, es mit Menschen zu thun zu haben, die keine Idee von dem savoir-vivre zu haben schienen, und deren Conduite nicht allein blamable, sondern selbst horrible und inouiet war.

Das Gerathenste unter so bewandten Umständen schien ihnen, Reißaus zu nehmen, und da sie alle beritten waren, gelangten sie größtentheils sain et sauf nach Algier, während ihre Eskorte, die zu Fuß war, beinahe gänzlich massakrirt wurde. Nach dieser Escapade hielten sie sich coi, und verlangten von Bourmont nicht mehr ähnliche parties de plaisir, sondern begnügten sich mit dem jeu du Général.

Aus diesem alleinigen Zuge kann man entnehmen, daß die Affairen dort gewissermaßen en famille verhandelt wurden. Der General, von seinen Söhnen, Verwandten, amis et protégés, umringt, erinnerte sich an das Liedchen: où peut-on être mieux, qu'au sein de sa famille, und bedachte sich und die Seinigen reichlich. War es zu verwundern, daß er, über diese persönliche Sorgfalt, die für seine Armee aus den Augen verlor?

So standen die Angelegenheiten zu Algier, als die französische Nation Karl X und seine Familie des Throns verlustig erklärte, und den Herzog von Orleans zum konstitutionellen König der Franzosen ausrief.

Die neue Regierung konnte auf keinen Fall den

General Bourmont an der Spitze einer Armee von 30,000 Mann, wenn gleich jenseits dem mittelländischen Meere, lassen. Aber sie durfte seine Ersetzung auch nicht übereilen, und mußte den Begebenheiten Zeit lassen, reif zu werden.

Sie benachrichtigte deshalb den General Bourmont zuerst von der Abdankung Karls X und seines Sohns, des Herzogs von Angoulême, so wie von der Ernennung des Herzogs von Orleans zum General-Lieutenant des Königreichs. Sie ertheilte ihm zugleich den Befehl, die weiße Kokarde durch die dreifarbige zu ersetzen. Alle diese Benachrichtigungen gelangten zu gleicher Zeit an den Kommandanten der Flotte, Admiral Duperré, der nächstdem noch in seinem Posten bestätigt wurde, und geheime Instruktionen erhielt. Flotte und Landarmee vernahmen die Neugestaltung Frankreichs mit unbeschreiblichem Enthusiasmus.

Bald nachher wurde der General Clausel zum Oberbefehlshaber der Armee zu Algier ernannt. Seine Abreise verzögerte sich bis gegen Ende August, wonach er ohne Anstand nach Algier gelangte, und die Armee von der Thronbesteigung Ludwig Philipps I benachrichtigte.

Der General Bourmont nahm Abschied von den Truppen, schiffte sich nach Majorka ein, und begab sich von dort nach Madrid, zu Ferdinand VII, der ihm den Oberbefehl seiner Armee an den Pyrenäen übertrug. So kann dieser Mann, der 1815, kurz vor der Schlacht von Waterloo, zu den Engländern überging, abermals in den Fall kommen, Frankreich zu bekriegen.

Die energischen und umsichtsvollen Maßregeln, welche der General Clausel unmittelbar nach seiner Ankunft ergriff, stellten das Vertrauen der Armee wieder her, indem sie zugleich ihren physischen und moralischen Zustand verbesserten.

Er erließ eine Proklamation an die Einwohner von Algier, und an die Araber, Mauren und Kabylen in der Umgegend, in welcher er ihnen Schutz, Frieden, Gerechtigkeit versprach, in so fern sie dieser drei Wohlthaten sich würdig bezeugen würden. Da er jedoch wußte, daß er es mit Barbaren zu thun hatte, suchte er sie zugleich durch Furcht im Zaum zu halten, indem er sie benachrichtigte, daß für jeden ermordeten Franzosen vier bis zwölf Eingeborne hingerichtet werden sollten.

Diese Drohung fruchtete, und die lange gefährdete Sicherheit kehrte wieder. Die Beys von Tittery, Konstantina und Oran, die sich gegen den General Bourmont aufgelehnt hatten, unterwarfen sich aufs Neue, und erkannten sich als Vasallen Frankreichs.

Der General Clausel bildete ein arabisches Armeekorps, dessen er sich zur Erhaltung der Ordnung im Innern des Landes bediente, und das er, seiner Aeußerung nach, leicht bis auf 25,000 Mann steigern könnte. Er ließ Oran und Bugia besetzen, und die Küste in der Nähe von Algier befestigen.

Im Innern dieser Stadt selbst wurden große Veränderungen vorgenommen. Eine Menge Häuser wurden niedergerissen, um die Stadt durch einige breite Straßen zu durchschneiden, in welchen die Artillerie

manövriren könne, was in den frühern engen Gäßchen, in denen kaum zwei Personen zu Pferde neben-
einander vorüberreiten konnten, unmöglich war.

Die Zahl der Einwanderer aus Frankreich, den
Balearen und aus Korsika, war sehr bedeutend. Bald
entstanden, wie auf einen Zauberschlag, eine Menge
Gasthöfe, Wirths- und Kaffeehäuser, von denen meh-
rere mit Billards ꝛc. versehen waren. In der neuen
Hauptstraße glaubte man sich in einer französischen
Stadt zu befinden.

Der General Clausel organisirte auch eine regelmäßige Munizipal-Verwaltung, ein Geschworenenge-
richt, einen königlichen Gerichtshof, und mehrere
andere zweckmäßige Anstalten. Die Eingebornen,
welche anfänglich über alle diese Neuerungen murr-
ten, und sich selbst thätlich dagegen auflehnten, fügen
sich jetzt allmälig in die neue Ordnung der Dinge,
in dem Maße, als sie die Zweckmäßigkeit derselben
kennen lernen.

Nach dem Allem darf man wohl voraussetzen,
daß die neue französische Regierung nicht gesonnen ist,
gänzlich auf Algier zu verzichten, obschon man äussert, daß man einen Drittel, oder vielleicht die Hälfte
der Okkupationsarmee nach Frankreich senden wolle,
nachdem die Flotte schon größtentheils dahin zurückgekehrt ist.

Diese Maßregel würde im Gegentheil beweisen,
daß man keinesweges gesonnen ist, Algier gänzlich zu
räumen, sondern vielmehr, daß man 15,000 bis 20,000
Mann zu seiner Besatzung für genügend hält. Sie
würde zugleich beweisen, daß man für jetzt auf eine

vollkommene Eroberung der ganzen ehemaligen Regentschaft verzichtet, und daß man sich mit einer angeblich vier- oder fünfjährigen Okkupation der
Hauptstadt, und der nächsten Umgebung desselben,
begnügen will.

Dieser Entschluß des französischen Kabinets, oder
vielmehr diese Stipulation zwischen denen von London
und Paris, würde jedoch nur provisorisch sein.
Er würde so lange dauern, bis die Umstände einen
definitiven Vertrag zwischen England und Frankreich,
in Bezug auf die Nordküste Afrika's, vergönnen.

Diese Voraussetzung wird durch das innige Ver-
ständniß bekräftigt, welches zwischen den Regierungen
der beiden ehemals nebenbuhlerischen Länder, nicht allein
in Bezug auf Algier, sondern auch auf Belgien, und auf
alle jetzt in Rede gestellten politischen Fragen, zu herrschen scheint. Kein Zweifel, daß es bei irgend einer
großen Bewegung, wie bei einer möglichen Revolution
in der iberischen, oder in der subalpinischen Halbinsel,
durch ein Offensiv- und Defensiv-Bündniß sich offen-
bären könnte, insofern die Ereignisse es nothwendig
machen.

Was Algier anbelangt, so scheinen die Kabinette
von London und Paris vollkommen übereinverstanden.
Es handelt sich, wie gesagt, in dem gegenwärtigen
Augenblicke nur um die militärische Besetzung Algiers,
(und vielleicht auch Orans und Bugia's) durch einen
Theil der französischen Expeditions-Armee. Das
Schicksal des übrigen Theils der Regentschaft bleibt
noch unentschieden.

Wahrscheinlich wird die Uebergabe Kandia's, von

Seite des Sultans an den Pascha von Aegypten, die, wie sich kaum bezweifeln läßt, von den britischen und französischen Gesandten zu Konstantinopel übereinstimmend empfohlen worden, als das sicherste Mittel, die Vereinigung dieser Insel mit Griechenland zu verhindern, bald eine neue politische Frage aufwerfen.

Was man dem Sultan nicht nehmen konnte, ohne mit ihm in Krieg zu gerathen, kann man wohl dem Pascha von Aegypten verweigern, von dem man wenig zu befürchten hat. Eine Expedition dieses letztern gegen die große und reiche Insel, welche jetzt gewissermaßen unabhängig ist, die Erinnerung der von Ibrahim Pascha auf Morea verübten Gräuel, werden dazu die Veranlassung geben.

Man wird jetzt, wo das Genie des Jesuitismus in Frankreich nicht mehr beherrschend ist, eine allgemeine Ausrottung der griechischen Christen auf Kandia nicht mit kaltem Blute ansehen. Die noch in Morea befindliche französische Armee, von einer englischen Flotte unterstützt, wird als Vermittlerin auftreten, die Insel besetzen, die Aegypter von derselben entfernen, und sie endlich England überlassen, das schon seit Langem begierig auf dieses für seinen Handel mit der Levante vortrefflich gelegene Eiland spekulirt, welches zugleich die Nilmündungen, Syrien, Kleinasien, Konstantinopel und Griechenland bewacht.

Für diesen Freundschaftsdienst, und nächstdem für den etwaigen Besitz von Tunis und Tripolis, oder wenigstens einiger festen Plätze auf ihren Küsten, wird das britische Kabinet Frankreich den ungeschmälerten

Besitz des Königreichs Algier überlassen, welches ohne
Zweifel in jeder Hinsicht die vortheilhafteste Erwer-
bung für Frankreich sein würde. *)

Erinnerungen aus Italien. **)

Rom, in Bezug auf die neapolitanische Revolution im Jahr 1820.

Italien ist nicht untheilnehmend; es schlummert
nicht. Italien wacht, mit halbgeöffnetem Auge die
Begebenheiten unserer Tage beobachtend. Die Geister
spekuliren, die Gemüther arbeiten; eine bessere Zukunft scheint nahe, scheint unvermeidlich. Neben
den physischen Vulkanen bilden sich moralische. Ein
Stoß des verborgenen Feuers, und Alles, Alles steht
in Flammen.

Seit länger als einem Jahrhundert hat Frankreichs Geschick beinahe ohne Unterbrechung einen entscheidenden Einfluß auf Italiens politischen Zustand
ausgeübt. Es bietet ihm jetzt das Beispiel einer ruhm-
vollen Emanzipation dar....

Mögen die italischen Fürsten, so oft benachrichtigt,
so oft zurückgesunken in alte Irrthümer, der Zeit

---

*) M. s. die frühern Artikel, besonders den ersten, im fünf-
ten Bande, und den dritten, im sechsten Bande der
Bibliothek d. J., in welchen die großten Vortheile, welche
Frankreich von dem Besitz Algiers beziehen kann, näher an-
gedeutet sind.
**) Man sehe frühere ähnliche Aufsätze im ersten und zweiten
Jahrgang, und im dritten Bande des laufenden Jahrgangs
der Bibliothek.

Bedürfnisse endlich erkennen, sie endlich befriedigen. Mögen sie sich beeilen, diese letzte, entscheidende Lektion zu benutzen. Noch steht es in ihrer Macht. Alle Freunde des Friedens, der Ordnung, der Gesetzlichkeit erkennen, daß dringend nothwendig gewordene Zugeständungen, von Seiten der Fürsten gegen die Völker, das einzige Mittel sind, ganz Europa vor einer allgemeinen Erschütterung, einem allgemeinen Umsturze zu bewahren.

Die Politik des Kabinettes zu Wien, und wahrscheinlich auch die mehrerer anderer Mächte, betrachtet die Angelegenheiten Italiens aus einem verschiedenen Gesichtspunkte. Ein Lager von 30,000 Mann, unter dem Befehle des Generals Frimont, wird zu Mailand gebildet, um Piemont zu beobachten, ein anderes von 50,000 Mann, unter dem Befehle des Generals Walmoden, scheint gegen Neapel und den Kirchenstaat gerichtet zu sein. Walmoden besucht alle Festungen Italiens. Die Polizei in Toskana wird unter Leitung des Herzogs von Modena gestellt. . . . Wohin muß ein solcher Zustand der Dinge führen? — Jedermann weiß es.

Während dem Ausbruche der neapolitanischen Revolution, am 2. Juli 1820, zu Nola, befand ich mich zu Rom. Es schien mir nicht uninteressant, den Contre-coup dieser Insurrektion in einer von Priestern regierten Stadt zu beobachten, die gegen die Invasion neuer Ideen durch die eifrige Scheinfrömmigkeit und das stationäre Genie einer katholischen Bevölkerung genügend vertheidigt zu sein schien.

Ich mag es nicht unternehmen, die Thatsachen weder zu erzählen noch zu beurtheilen, welche wäh-

rend den neun Monaten, wo Neapel ein Parlament
und einen öffentlichen Redestuhl hatte, seine Geschichte bilden. Sie sind übrigens hinlänglich bekannt.

Wichtiger ist es, zu beweisen, daß diese anscheinend aus spanischen Grundsätzen entstandene Revolution die rechtmäßige Tochter des italienischen Geistes
gewesen, jenes Geistes der Unabhängigkeit, der Reform, der Nationalität, der in der Halbinsel gährte,
bevor er zu Neapel sich beurkundete, und der seitdem
ganz Italien erfüllte, bis seine Explosion zu Turin
Statt fand.

Mitten in dieser gewissermaßen gleichförmigen Aufregung, zeigte sich Rom theilweis abgeschieden durch
seine Konstitution, seine Sitten, durch eine furcht-
same, beinahe erzwungene Sympathie. Bei allem
dem war der italienische Geist dennoch der vorherrschende, nur unter einer andern Form.

Man hat sich gewöhnt, in den unumschränkten
Regierungen nichts zu beachten, als ihre eigenthümliche Organisation, ihre vereinzelte Handlungsweise,
unabhängig von der von ihnen beherrschten Gesellschaft. Die Völker sind da nur Nebensache.

So versteht man gewöhnlich unter Rom blos den
Pabst, oder höchstens den Pabst und das „heilige"
Kollegium. Man begreift, daß eine beschränkte Diplomatik mit solcher Idee sich begnügen könne. Aber
für die gesunde Vernunft ist Rom nicht allein unter
dem päbstlichen Traghimmel, oder in den Sälen des
Vatikans.

Man bemerkt eine Gesellschaft auch unter dieser
Reliefgröße; ein Volk, das außer dieser offiziellen

Thätigkeit der Gewalt lebt und sich bewegt, spiritus intus alit.

Man muß nicht ungerecht sein gegen die Römer. Enterbte Nachkommen der Weltbeherrscher, haben sie eine Volks-Physionomie bewahrt, während alle Ueberreste ihrer Größe um sie her beinahe gänzlich verschwunden sind. Sie bewahren noch den Stempel ihrer hohen und gesellschaftlichen Bestimmung, obgleich zur Hälfte durch Zeit und Knechtschaft verwischt. Mit einem Worte, man findet in ihnen die Elemente einer Nation, obgleich diese Elemente zerstreut und geschwächt sind.

Man weiß, daß der Pabst der unumschränkteste Monarch auf Erden ist. Er trägt den Zepter und die dreifache Krone zu gleicher Zeit. Er hält sich also für dreimal mehr, als der größte Kaiser oder König, der nur eine einfache Krone hat. Als Fürst schlägt er in dieser Welt, als Priester rettet er in der andern. Kaum ist er erwählt, so betet man ihn an; man küßt ihm die Füße, man wirft sich vor seiner Kutsche in den Staub.

Dieser hohen Stellung ungeachtet, oder vielleicht gerade ihretwegen, sind wenige Päbste große Fürsten gewesen. Nichts hat sie vorbereitet für den Posten, den sie einnehmen. Bevor sie Könige wurden, waren sie Höflinge. Das Gewerbe dieser letzten ist überhaupt zu Rom das vortheilhafteste, weil es ihnen die Hoffnung läßt, ihre Gebieter zu ersetzen. Um diese Ehre zu erlangen, braucht man sie keineswegs zu verdienen; man muß sie erschleichen.

Pius VII regierte im Jahr 1820 zu Rom. Als Priester, als Bischof von Imola, war er eifrer Re-

publikaner; als Pabst widerrief er die Bulle Ganga-
nelli's, und stellte das Institut der Jesuiten wieder
her. Aehnlich einigen deutschen Demagogen, die ihr
„dreißig oder dreiunddreißig" brüllten, und später
sich zu Verfechtern der Aristokratie, des Ultramontanismus und der Seelenverkäuferei, in Schrift und
Rede, machten.

Der französische Einfluß erhob Pius VII auf den
päbstlichen Thron. Seine Erkenntlichkeit wurde durch
die Stürme der Zeit geschwächt, doch blieb er persönlich immer Frankreich ergeben. Aber, er regierte
persönlich nicht, am wenigsten zu der Zeit, als die
neapolitanische Revolution ausbrach. Die Leitung
der öffentlichen Angelegenheiten war seinem ersten
Minister, dem Kardinal Gonfalvi, einem der einflußreichsten und ausgezeichnetsten Mitglieder der hohen Geistlichkeit, überlassen.

Die hohe Geistlichkeit, in deren Händen Macht,
Würden und öffentliches Einkommen konzentrirt sind,
bildet eine von den übrigen Ständen durchaus geschiedene Klasse, die so kompakt in ihren Privilegien,
so durchaus einig in ihrem Willen ist, sie zu erhalten, daß, betrachtet man sie auch genau, man nicht
leicht die verwundbare Stelle einer solchen Macht entdecken kann.

Aber ohne der Herrschaft zu gedenken, welche die
Religion in der Hauptstadt des Katholizismus über
die Geister ausübt, beruhet der Despotismus der römischen Prälaten, von imposanter Kraft unterstützt,
noch auf einer andern Basis.

Man findet bei den dirigirenden Ministern der
päbstlichen Politik viel Unterrichtung, Aufklärung

(wenn auch nicht die des Jahrhunderts) und diplomatische Umsicht, wie sich das bei den neuesten Begebenheiten in Frankreichs, und bei der Anerkennung Ludwig Philipps I, von Seiten des päbstlichen Stuhls, offenbart. Mehrere Prälaten reden die Sprache Cicero's mit einer Reinheit der Betonung und des Styls, des Jahrhunderts Augusts würdig. Einigen fehlt es an wirklicher Beredsamkeit nicht, und des Joches ungeachtet, mit welchem sie den menschlichen Geist belasten, ist ihre Muße der Bewegung der neuern Literatur nicht so fremd, als man gewöhnlich glaubt.*)

Man kann sich leicht denken, welches die Haltung dieses Theiles der römischen Geistlichkeit, beim Beginn einer so benachbarten, so plötzlichen und so heftigen Krisis war. Der Vesus, in Roms Mitte versetzt, Flammen und Lava ausspeiend, würde weniger Schrecken verursacht haben.

Alle auf Gewalt begründete Regierungen kennen keine von Vernunft vorgeschriebene Gesetze. Sie handeln übereilt, unbesonnen, weil es ihnen an Kaltblütigkeit gebricht, die Begebenheiten zu studieren, sie zu würdigen. Sie sind Ankläger und Richter zugleich in derselben Angelegenheit. Statt sich auf die eigenthümliche Mission der Obrigkeit zu beschränken, veranlassen sie Gewaltmaßregeln, nähren sie Unruhe, Parteihaß, geheime Umtriebe.

___

*) Man kennt die Arbeiten Angelo Mai's, Oberaufseher des Vatikans und einer der Hausprälaten des Pabsts. Ihm verdankt man unter andern die Entdeckung der verloren geglaubten Bücher der „Republik Cicero's", und die Nachforschungen über die Palimpsesten. Ueber diese letzten sehe man die Aufsätze: Manuskripte und Tachygraphie der Alten." im 10. und 11. Bande des Jahrgangs 1829 dieses Werkes.

So verfuhr auch die päbstliche Regierung. Ohne alle Veranlassung ergriff sie die Offensive. Die Polizei riß ihre Argusaugen auf, die jedoch, sagte Pasquino, „in der That mehr denen eines abgestochenen Kalbes ähnlich waren."

Der Diario di Roma (er war bescheiden genug, sich nicht Diario d'Italia zu nennen), die einzige matte, zensirte und verifizirte Zeitung des Kirchenstaats, der Vertraute der theokratischen Oligarchie, unter strenger Verantwortlichkeit eines Mitgliedes der Geistlichkeit, füllte seine Kolumnen mit Proklamationen, in dem Style mystischer Konferenzen, unterstützt von Kommentaren über alle möglichen in Ausführung zu stellenden zuvorkommenden Masregeln, über Proskriptionen nach den Kathegorien des Absolutismus, in denen eine sinnreiche Treulosigkeit sich bemühete, die Carbonari mit den Briganten (Assassini) zu verwechseln, und das gerade in einer Zeit, wo diese letzten sich ausserordentlich vermehrt hatten. Durch diese macchiavellistische Verwirrung hoffte man einen allgemeinen Abscheu gegen die kühnen politischen Sektirer zu erregen, die einen Redestuhl zu Neapel aufgeschlagen, und die, allem Anschein nach, damals noch keine Mitglieder im Kirchenstaat hatten. Denn der Aufstand am 4. Juli, zu Ponte-Corvo und zu Benevento, zwei unbedeutenden vom Königreich Neapel umschlossenen, aber zu Rom gehörigen, Fürstenthümern, konnte nur als ein Appendix der neapolitanischen Revolution betrachtet werden, und der Tumult von Ancarnano, am 5. Februar 1821, war im eigentlichen Sinne nichts als die Invasion einiger neapolitanischen Insurgenten, die beinahe in dem-

selben Augenblicke durch den päbstlichen Legaten von
Ascoli zurückgeschlagen wurden. Die Regierung machte
dies letzte Ereigniß mit vielem Pomp bekannt, als
Zeichen des guten Geistes ihrer Unterthanen.

Demungeachtet gährten die Grundsätze der Insurrektion von Nola in allen Klassen, und in einigen
mit einer Gewalt, die einen nahen Ausbruch vermuthen ließ. An der Spitze dieser Klassen befand sich
— die niedere Geistlichkeit. . . .

Durch eine beinahe einzige Ausnahme in der Geschichte der priesterlichen Kasten, ist die untere Geistlichkeit Roms vollkommen in ihren Interessen, Neigungen, und selbst in ihren Lehrsätzen, von der hohen Geistlichkeit geschieden.

Diese letztere hat sich, durch ihren politischen Einfluß, alle materiellen Vortheile der Gewalt zugesichert, während die erste in ihrer asketischen Einsamkeit sich zur Armuth, zur Entbehrung aller Genüsse
des gesellschaftlichen Lebens, zur strengen Ausübung
der quälenden Vorschriften eines Kultus verdammt
sieht, der mehr auf gymnastische Uebungen, auf kaba-
listische Zeichen und auf Geistestödtung berechnet zu
sein scheint, als auf Erhebung der Seele zu ihrem
Schöpfer.

Unter einer stolzen Oligarchie von Ihresglei-
chen (indem der letzte Priester dieselben Rechte und
dieselben Ansprüche auf die dreifache Krone hat,
wie der erste) seufzend, hatte die untere Geistlichkeit seit Langem darauf gesonnen, wenn auch nicht
die frühere Gleichheit in der christlichen Kirche wiederherzustellen, doch einen größern politischen Einfluß

zu gewinnen; mit einem Worte, Theil zu nehmen an
der Regierung der Kirche.

In andern Ländern beschränken sich die Bürger,
welche Mißbrauch der Gewalt oder das Gesetz mit
politischer Unmacht schlagen, auf eine gewerbsame
Thätigkeit, oder sie begnügen sich mit den Genüssen
des Familienlebens. Aber der katholische Priester hat
keine Familie. Er hat keinen Beruf, als den, das
Volk in den von der Kirche vorgeschriebenen Gebräuchen zu erhalten, und während der Langeweile, welche
diese Maschinenaufgabe ihm gibt, findet er keine andere Zerstreuung, als in ehrgeizigen oder in wollü-
stigen Gedanken und Planen.

Ungeduld, Eifersucht gegen jede überlegene Macht,
der Neid, mit welchem die untere Geistlichkeit die
Wunder des bischöflichen Luxus betrachtet, lassen ihr
in Italien, besonders zu Rom, keine Ruhe. Aus
diesem Grunde auch ist keine Klasse der römischen Gesellschaft den Entwürfen und Hoffnungen des peninsu-
larischen Radikalismus geneigter, als die untere Geistlichkeit; denn nirgends findet man lebendigere Elemente einer Republik, als hier.

Während dem Bestehen der konstitutionellen Regierung zu Neapel, wurde ein dortiges Journal, die
Minerva, obgleich es in den päpstlichen Staaten
verboten war, dennoch viel gelesen, am meisten aber
von der untern Geistlichkeit, die ein Mittel fand, die
engherzige und zänkische Orthodoxie des Ultramontanismus in Uebereinstimmung mit den fruchtbaren und
freisinnigen Ideen des Jahrhunderts zu stellen.

Das Benehmen des römischen Adels, während der

kritischen Periode von 1820, bildete mit dem der untern Geistlichkeit einen auffallenden Kontrast.

Vollkommen verzichtend auf alle ehrgeizigen Ansprüche, untheilnehmend bei den blutigen Zwisten der Könige und Völker, kennt er kein höheres Vergnügen, als auf dem Corso spazieren zu fahren. Es fehlt dem römischen Adel nicht an wirklich edelmüthigem Instinkt, an geläutertem Geschmack, an einer gewissen Grandezza, selbst in seiner Verweichlichung. Aber durch die unheilbare Eifersucht der hohen Geistlichkeit aus der Politik verbannt, weiß er, daß er nur in Folge schrecklicher Szenen, bei deren Andenken seine Einbildungskraft erbebt, einigen Einfluß erringen könnte, und lieber verweilt er in seiner Unthätigkeit, die wenigstens zugleich Ruhe ist, und durch die niedrigste Kriecherei und Schmeichelei, von Seiten seiner Untergebenen, verschönert wird.

Die römischen Adelichen sind reich. Sie besitzen beinahe allein das ganze fruchtbare Gelände, das sich von Siena bis Perugia, und von Perugia bis Rom und Terracina erstreckt. Sie haben prächtige Paläste, eine reichbesetzte, obgleich wenig kostspielige Tafel, schöne Livreen, Kutschen und Pferde; und obgleich sie sich mit dem Allem etwas beengt fühlen, in der ungleichen, schlechtgepflasterten Straße des Corso, obgleich das Land ihnen im Sommer keine angenehme Zufluchtsstätte darbietet, indem es von Räubern und vom Fieber verheert wird, scheint ihnen dies leere Dasein doch ziemlich angenehm. Sie verließen einen großen Theil desselben mit der Siesta, die übrige Zeit vergnügen sie sich, wie die Kinder, mit Kleinigkeiten.

Das Echo der neapolitanischen Revolution erfüllte

die Säle des römischen Adels, ohne sie zu bewegen. Ich sehe noch Verachtung und Mitleiden auf allen diesen blassen Gesichtern sich malen, bei den verschiedenen Ereignissen der Insurrektion, und bei deren schnellen Beendigung durch den österreichischen Dazwischentritt.

Und warum sollte man es nicht sagen? Es war ein unabwendbares Unglück dieser ephemeren Revolution, zu gleicher Zeit unter der materiellen Gewalt und unter der Lächerlichkeit zu erliegen; zu gleicher Zeit dem Schwerte Frimonts und den Terzetten Pasquino's sich überantwortet zu sehen.

Die untere Volksklasse zu Rom erklärte sich anfänglich nicht gegen die neapolitanische Revolution. Diese Klasse befindet sich in einem großen Elende. Sie gewinnt nichts von dem Zölibat der Priester, als eine rasche Vermehrung. Mit Kindern und Abgaben überladen, ohne Unterstützung von Seiten der Regierung, die weder Ackerbau noch Industrie befördert, unbeweglich und arbeitslos in einer großen Stadt, in welcher der Handel unbedeutend ist, wo große Schätze unfruchtbar in Eisenkasten schlummern, wo der Luxus einiger Familien nur die Kaufleute von Livorno und Marseille bereichert; endlich, um das Gemälde vollständig zu machen, von Fiebern (der Mal'aria) gequält, die oft länger als ein Drittel des Jahres in den Vorstädten herrschend sind, ist die Bevölkerung Roma's dennoch in ihrem Karakter so tief nicht gesunken, als man vermuthen sollte.

Von Natur ehrlich, menschlich, brav, kann man dieser Klasse gute Soldaten entnehmen: die römische Legion unter Bonaparte hat das bewiesen. An ihrem

häuslichen Herde ist sie lebhaft, eifrig in ihrem Enthusiasmus für das Gute wie für das Schlechte.

Es gibt in der Physiognomie dieses gefallenen Volkes noch etwas Titanenhaftes, ein Gemisch moralischer Größe und wilder Leidenschaft, patriotischen
Stolzes und sklavischer Geduld, spöttischer Feinheit
und rohen Aberglaubens, ruhigen Ernstes und läppi-
scher Sorglosigkeit.

Jetzt, wie früher, bedarf es nur panem und cir-
censes, seiner Lumpen und seines religiösen Prun-
kes, seiner Armuth und des Luxus der Großen. Die
Neugier zu Rom ist nicht, wie zu Paris, eine müßige
Gafferei, sondern eine Leidenschaft, die man befriedigen muß, wenn man nicht blutige Szenen veranlassen will. Bei einer Hungersnoth würde die Regierung sich größern Gefahren aussetzen, wollte sie die
Marionetten des Palazzo fiano mit Unthätigkeit schlagen, als liesse sie die Oefen der Bäcker erkalten.

Bei der Restauration Pius VII, i. J. 1814, hatten die untern Volksklassen den Entschluß gefaßt, alle
Personen, welche in französischen Diensten gestanden,
ohne Gnade zu ermorden. Man konnte sie von diesem
Vorsatze nur dadurch abwenden, indem man zu Ehren der Wiedererhebung des päbstlichen Thrones
mehrtägige öffentliche Feste anstellte. Drei- oder vierhundert Individuen konnten auf solche Weise allein
gerettet werden.

Man beschuldigt zu absprechend alle südlichen Völker der Untheilnahme, wo nicht gar der Barbarei.
Man bedenkt nicht, daß ihre ursprüngliche Energie
unter dem Joche schlechter, verderblicher Institutionen
vernichtet worden; daß sie Alles in dem engen Kreis

bürgerlicher Unfähigkeit gefangen hält, die den Karakter herabwürdigt, und häuslichen Mangels, der
das Gemüth auf die peinlichste aller moralischen Foltern spannt.

Man behauptet, daß des Himmels Schönheit gegen
physische Leiden fühllos mache. Man streitet sogar
diesen gewaltigen Racen, welche die alte Welt sich
unterworfen und die neue entdeckt haben, alle Energie, alle Beharrlichkeit ab. Man glaubt ihr Loos
auf Erden in einer Diogenestonne, und auf einer
von der Sonne erwärmten Stelle gefunden zu haben.

Die meisten dieser Augaben sind eben so unrichtig
als ungerecht. Man verwechselt die Unthätigkeit, zu
welcher der absolute Mangel an Industrie diese Volksklasse verdammt, mit dem Laster der Trägheit. Der
Arme fühlt, daß er arbeiten kann, er fühlt selbst das
Bedürfniß zu arbeiten; aber was soll er schaffen,
wo sich ihm keine Gelegenheit zu nützlicher und ab-
träglicher Thätigkeit darbietet? Die Natur allein vermag ihn nicht über alle seine Entbehrungen zu trösten.

Ein Kastilianer, der sich im Sonnenschein wärmt,
ein Trasteveriner*), der ruhig seine zerfallende Hütte
und das Gehölz auf dem Grat des Janiculus betrachtet, sind ohne Zweifel glückliche Sterbliche. Aber
wenn es ihnen an Brod gebricht, wenn ihr durchlö-
chertes Dach sie nicht mehr gegen Regen und Wind
schützt, wenn ihr Elend mit ihrer Familie wächst,
was helfen ihnen da Berg und Gehölz, Reichthum und Glanz der Natur, des Himmels Klarheit,
das Rauschen der Kaskatellen, und alle jene uner-

---

*) Bewohner einer Vorstadt Roms, dem Tiber, trans Tiberim.

schöpflichen Thema's der Georgiken, gar schön auf
dem Papier, aber nur zu oft entstellt durch eisernes
Unglück und unheilbares Elend?

Man wird sich jetzt nicht mehr wundern, daß die
Neuerungen, welche 1820 das Königreich Neapel bewegten, mit größerer Sympathie von den untern,
als von den höhern Ständen zu Rom, beobachtet
wurden. Man verspürte sehr erkenntlich den elektri-
schen Schlag. Aber da das römische Volk von Natur
nicht besonders geschwätzig ist, kompromittirte es
sich nicht.

Pasquino erließ seine Manifeste, um die man sich
in dem Rathe des Monte-Cavallo wenig oder nicht
bekümmerte. Und in der That hatte man von Seite
der armen Bevölkerung Roms nichts zu besorgen.
Sie würde sich wohl ein wenig mehr Freiheit und
Wohlstand wünschen; aber wenn sie diese Güter durch
den Verlust des Pabsts erkaufen müßte, würde sie
gern Freiheit und Wohlstand fahren lassen.

Blinder, unbedingter Gehorsam gegen das kirch-
liche Oberhaupt ist den Römern der untern Stände
zur Gewohnheit geworden. Er ist bei ihnen eine Tradition, ein Volksglaube, der kein Raisonnement zuläßt.

Die Mittelklasse allein hat noch einige Neigung
zur Unabhängigkeit, und ihre Opposition gegen die
päbstliche Regierung ist systematisch. Sie nährt beständig jene drohenden Theorien, die der französische
Einfluß während der Revolution erzeugt, und welche
die Unterwerfung Italiens unter Frankreichs Herrschaft entwickelt hat.

Diese Klasse umfaßt alle unterrichteten und wirklich aufgeklärten Personen, sowohl in den Gerichten,

als auf den Kathedern, im Handel und in den Künst-
lerwerkstätten. Hier erhält, verstärkt sich der Geist
der Freiheit, das Genie einer religiösen und politischen
Reform. Darum auch ist die päpstliche Regierung
gegen diesen Mittelstand so feindlich gesinnt, darum
auch macht sie ihm bei jeder Gelegenheit ihre uner-
bittliche Strenge fühlbar, während sie die untern
Klassen verschont, und bei ihren Vergehen die Augen
zudrückt.

Bei dem ersten Gerücht von dem Ausbruche der
Revolution zu Neapel, ergriff, wie gesagt, die Regierung zu Rom höchst unpolitische Maßregeln, die, weil
sie provozirend waren, leicht ernstliche Unruhen hätten
nach sich ziehen können. Indessen beschäftigten sich
die Klubbs, die politischen Gesellschaften ganz im
Geheimen mit den bereits erworbenen und den noch
bevorstehenden Resultaten dieser Neugestaltung. Nach
und nach verständigten sie sich, und nun entstand die
gegen die päbstliche Macht so drohende, so unvertilg-
bare Verschwörung des Carboranismus, die noch
jetzt nicht vollkommen unterdrückt ist.

Die Logen (vendite) bestanden größtentheils aus
Elementen des Mittelstandes. Die höchsten Angelegenheiten wurden in denselben verhandelt, mit jener
raschen, energischen Beredsamkeit, von welcher der
öffentliche Redestuhl zu Neapel Beispiel und Muster
aufgestellt hat.

Als die österreichischen Kohorten an den Thoren
Roms erschienen, als sie ihre Zelte auf der Ebene
und auf den Hügeln diesseits dem Ponte-Molle auf-
schlugen, wurde ihr Lager von den meisten Fremden
besucht, die sich zu Rom befanden. Die Römer

selbst würdigten nicht, ihre Stadt zu verlassen, um Menschen zu sehen, die sie als Barbaren betrachteten. Die Truppen defilirten nicht durch die Stadt, sondern sie umgingen sie am 28. Februar und 1. März, um nach Tivoli, Frascati und Albano zu marschiren.

Bald nachher wurde ein Unglücklicher zum Tode verurtheilt. Der Prozeß war, wie gewöhnlich, im Geheimen verhandelt worden. Aber man erfuhr, daß er ein Carbonaro sei, und daß er sich geweigert habe, seine Mitgenossen anzugeben, wodurch er sich hätte das Leben retten können.

Eine gewaltige Gährung entstand darüber im Volke. Mitleiden, Furcht, Erbitterung, Schreck bemächtigte sich der Gemüther. Man wagte es nicht, den Verurtheilten zu retten, und doch protestirte das Gewissen Aller gegen seine Hinrichtung.

Die päbstliche Politik fand ein Mittel, in des Volkes Stimmung eine Diversion zu machen. Man verbreitete an dem Hinrichtungstage das Gerücht, daß der Verurtheilte sich weigere, mit der Kirche sich zu versöhnen, und die Vergebung seiner Sünden zu empfangen.

Sogleich erfüllte das Volk alle Kirchen, warf sich nieder in den Staub, rutschte hintereinander auf den Knien, machte Gelübde jeder Art, und blieb drei Stunden lang beschäftigt mit Hersagung aller möglichen Gebete, hundertmaliger Abspinnung seiner Rosenkränze u. s. w., um den Himmel zu bewegen, des Carbonaro's Herz zu wenden:

Zu ihrer ersten Lüge gesellte die „päbstliche Gerechtigkeit“ noch eine Grausamkeit. Sie ließ verkünden, daß der verstockte Sünder, aller Gebete und

Vorstellungen ungeachtet, sich nicht bekehren, und daß er ohne Absolution sterben wolle.

Damit der Unglückliche diese Angabe aber nicht widerrufen könne, steckte man ihm eine Klammer in den Mund, die seine Zunge gefesselt hielt, und es ihm unmöglich machte, zu sprechen. So wurde er hingerichtet. Die ganze römische Miliz war auf den Beinen, sowohl am Tage, als während der Nacht. Am Abend waren alle Spaziergänge leer. Der Schleier des Todes schien die ganze Stadt zu überdecken.

Auf solche Weise beurkundete sich zu Rom die Rückwirkung der Begebenheiten zu Neapel, verschiedenartig empfunden, je nach den Meinungen und Interessen eines Jeden. Die Wünsche der Mehrheit des Mittelstandes mußten unerfüllt bleiben, weil sie die Grenzen der Möglichkeit überschritten. Er forderte zu v i e l, um irgend etwas erhalten zu können, glücklich genug, nicht auch seinen Theil zu den 300 Millionen Franken bezahlen zu müssen, welche Oesterreich in den Jahren 1815 und 1821 von den Einwohnern des Königreichs Neapel sich bezahlen ließ.

Frankreich in den Jahren 1829 und 1830.

Nach Lady Morgan.

Ein Werk, reich, pikant an Inhalt, von hohem Interesse für die Zeitereignisse, deren Ursachen, deren Entwickelung es andeutet, von Anekdoten, karakteristischen Zügen, individuellen Bildern wimmelnd, besonders beachtungswerth unter dem Gesichtspunkte politischer Moral und dramatischer Verschürzung, ist so eben in England und Frankreich zu gleicher Zeit erschienen. Wir legen unsern Lesern einige gedrängte Auszüge aus diesem Werke vor, die wir für wichtig genug halten.

Notre-Dame-de-Calais.

O, welche köstliche Ueberströmung angenehmer Empfindungen!... Um derselben theilhaftig zu werden, bot ein römischer Kaiser, in seiner Macht Vollgenuß, große Belohnungen dar; doch bot er sie umsonst. Will man ein sicheres Rezept, sie zu erlangen? Man höre.

Für eine bestimmte Zeit lasse man sich in einem recht unglücklichen Lande nieder, und widme alle persönliche Neigungen seinen Interessen, alle eigenthümliche Talente seiner Sache. Man ziehe sich die Verfolgung einer Partei zu, ohne des Schutzes der andern sich zu versichern. Man fühle sich ermüdet von unaufhörlichen Reden über längst erschöpfte Gegen-

stände. Man empfinde Ekel bei Anwendbarmachung
des Wortes „Ordnung" auf den individuellen Ehrgeiz der Parteien. Man sei entrüstet oder skandali-
sirt, je nach dem vorherrschenden Humor, über klein-
liche Intriguen, halbzivilisirte Ansichten; — und
wenn der Horizont am dunkelsten ist, wenn der Sturm
am heftigsten wüthet, wenn das Schiff, auf dem
Punkte, den Hafen zu berühren, plötzlich zwischen
Klippen geschleudert wird, ohne Hoffnung, auf irgend eine Weise es zu retten! .... Alsdann auf ein
Floß, auf ein Brett sich werfen, ein fremdes Gestade, wenn man kann, erreichen, unter einem andern Volke, unter andern Gesetzen leben — welch ein
Glück!

Aber der Uebergang muß rasch, der Kontrast muß
auffallend, Gegend, Szene, Klima müssen durchaus
neu, entgegengesetzt sein. Der immer blaue Himmel,
die balsamische Luft einer südlichen Region müssen
den stechenden Nordhauch, die Frühlingsnebel einer
rauhen Zone ersetzen.

Mit einem Worte, man verlasse Irland in seiner
traurigsten Jahreszeit, in seinem übelsten Wetter,
um sich nach Frankreich zu begeben in der unter diesem Doppelbetrachte günstigen Zeit, wenn Natur und
Volk frisch erneuert den glücklichsten Anblick gewähren. Man wird (probatum est) dies neue Vergnügen genießen, für welches kaiserliche Freigebigkeit
umsonst einen Preis ausgesetzt hat.

Ich empfinde jetzt diese Ueberströmung angenehmer
Gefühle in dem ersten Freudeausbruch über meine
Flucht aus Irland und meine Ankunft zu Calais,

das ich köstlich finde. Ich spreche, wie man leicht
denken kann, nur von äussern Gegenständen.

. Um von der Mauth nach unserm Wirthshause uns
zu begeben, mußten wir der Fluth der weiblichen Bevölkerung entgegenschwimmen, die in entgegengesetzter
Richtung strömte. Statt sie, wie ehemals, zu bekämpfen, ließen wir uns jetzt weislicher von ihr fort-
reißen, und gelangten mit ihr zur Kirche U. l. F.
von Calais.

: Die Vesperglocke ertönte, die Vesperhymne hatte
begonnen, die Vespertoilette war vollkommen, durchaus einförmig. Alle diese hübschen Wallfahrerinnen
hatten eine und dieselbe Tracht, blaue Bänder, ein
schwarzes Mäntelchen, französische Tournure, kurze
Röckchen, den Kopf in die Höhe geworfen, das Meß-
buch in der Hand und den Rosenkranz am Arm. Alle
trottirten mit lautem Geschwätz; die kleinen Kinder
selbst sprachen französisch, zum größten Erstaunen
einiger Personen unserer Gesellschaft, wie ehemals
das des Doktor Johnson. Aber es war Französisch
„ohne ein einziges Wörtchen von Gott." *) Nichts
Anti-Devoteres, als Ansehen und Haltung dieser De-
voten.

Die Abteikirche U. l. F. von Calais war bis zum
Chor von einer weiblichen Kongregation angefüllt,
die bald kam, bald ging, um überall Weihwasser her-
umzureichen, wobei die Finger eine eben so untheil-
nehmende Rolle spielten, als die Blicke.

Die höhere Klasse der Versammlung, gelassener,

. *) Sévigné.

wie sie es überall sein muß, hatte sich der Stühle
bemächtigt, auf denen die Damen sich sanft wiegten,
wobei sie ihren lockten Köpfchen eine leichte Seiten-
bewegung gaben, und ihre sprühenden Blicke umherschweifen ließen, die sich der Reihe nach auf alle Gegenstände hefteten, ausgenommen auf das Buch in
ihren Händen.

Der Gasthof.

Beim ersten Blick auf unser Hotel rief ich: „Wie
das Französisch ist!"... Der Hof mit seinem Spa-
lier, seinen Weinranken; die Küche im Erdgeschoß
mit ihrem glänzenden Kochgeschirr, das durch die
rothen Geranien am offenen Fenster schimmerte; die
schwarzen Augen und die weißen Mützen im Innern,
die zahlreichen Thüren und die Trümmer einer alten
Dilligence mit ihren durchschnittenen Stricken in der
Remise.

Auch der Wirth mit heiterm Gesichte, mit mili-
tärischem Anstand, und die zierliche Wirthin mit dem
Benehmen einer wohl erzogenen Dame. Denn in
Frankreich sind alle Männer Herren, alle Frauen
Damen, Dank der allgemeinen Höflichkeit einer der
Hauptzüge des Nationalkarakters.

Das war mein erster Eindruck. Der zweite veranlaßte
den Ausruf: „Wie das Englisch ist!" Kein mit
Sand geschwerter, unreinlicher Fußboden mehr.
Ueberall englische Tapeten, englisches Geschirr, eng-
lische Damaste. Der alte Maschtte, die ehemals als
Tisch und als Bett dienen konnte, war, wie der
Ueberrest des Geräths, durch zierliche Möbeln im eng-
lischen Geschmack ersetzt.

Der Wirth selbst sprach englisch zu unserm Bedienten in der klassischen Mundart von Land-lane oder vom goldenen Kreuz. Der Aufwärter rief: Coming up, statt: L'on y va! und der Thee, die Maffins *) waren Talbots zu Shrewsbury würdig.

Barriere von Villette.

Wie, Paris nicht durch das St. Dionysthor betreten, alle unsere alten Verbindungen zerrissen, jede Reminiszenz, jeden originellen Eindruck unmöglich machen! „Ach lieber Gott!" sagte der geistreiche Vicomte von Ségur bei Gelegenheit der revolutionären Beseitigung der petits soupers, „man hat mir mein Paris verdorben."

Die Barriere von Villette war für uns Reisende zu Lande und zu Wasser eine terra incognita. Die Straße Karls X., neu von einem Ende zum andern, gleicht einem Bruchstücke von Regent street, übersendet von dem berühmten Baumeister Nash, als ein Muster bürgerlicher Architektur eines freien Landes. Die Häuser sind nicht zu groß für eine Familie. Es sind Wohnungen des konstitutionellen Bürgerstandes, und nicht die alten Hotels der despotischen Regierung, groß, unbequem, wie die Karavanserais des Orients, und wie diese bestimmt, Fürsten und Bettler unter demselben Dache zu beherbergen, mit allen von Privilegien und nicht von Rechten gebildeten Zwischenstufen.

Und sogar Trottoirs, um Leben und Gliedmaßen der bescheidenen Fußgänger zu sichern; und die durch

---

*) Kleine auf beiden Seiten geröstete Brodschnittchen.

eine Straße, auf welcher drei Wagen neben einander fahren können, getrennt werden. Es ist nicht mehr Paris, wie Voltaire es Friedrich dem Großen schilderte, zu einer Zeit, wo Leben und Gliedmaßen des Volks für nichts gerechnet wurden. Es ist noch weniger das Paris des schönen Jahrhunderts Ludwigs XIV, wo die Begegnung zweier Kutschen in den Winkelgäßchen blutige Schlägereien veranlaßte, bei denen gewöhnlich eine oder mehrere Personen auf dem Platze blieben. *)

Die Kutschen aller Art haben sich bedeutend vermehrt. Ihre Form ist neu, sonderbar, komisch; es sind wahre bewegliche Häuser: Omnibus, Dames-Blanches, Citadines rollen in allen Richtungen mit ihren Passagieren. Diese großen Maschinen sind reinlich, bequem. Ihre Kutscher haben das gute Ansehen der Mitglieder des „Peitschenklubs", und leichte, gutgekleidete Lakeien, die an der offenen Kutschenthür zu hängen scheinen, sind immer bereit, den Aus- und Einsteigenden behilflich zu sein, wobei sie nie unterlassen, irgend einen Scherz, irgend ein Bon mot anzubringen, wie der Compère unsers Polichinells.

Diese Straßen-Diligencen sind in beständiger Bewegung. Sie berühren alle Stadtviertel, und transportiren die Pariser von einer Barriere zur andern.

---

*) Im Januar 1654 stießen die Kutschen des Herzogs von Epernon und des Herrn von Tilladet gegen einander. Die Pagen und Lakeien des Herzogs wollten den Kutscher des letzten umbringen. Tilladet wollte sie daran verhindern und seinen Bedienten retten. Er wurde durch des Herzogs Lakeien ermordet. (Esprit von Gui Patin.)

Man fährt in ihnen um die geringe Summe, die kein Arbeiter dem Bettler verweigert, und erspart dadurch seine Mühe, ist man ermüdet, und seine Zeit, wenn man Geschäfte hat.

Welche Umgestaltung in dem physischen und moralischen Zustande des Landes seit Heinrichs III Regierung, wo ein sinnreiches Individuum, das seinem Jahrhunderte weit voran war, eine Art Wagen, Coche geheißen, erfand, mit welchem man den tiefen Koth in den Gassen durchschnitt.

Bei dieser Erfindung entstand ein allgemeines Murren unter den Freunden der gesellschaftlichen Ordnung. Gewöhnt, das Volk bis an die Knie im Schlamm waten, und den Adel zu Hofe auf Pferden oder Maulthieren reiten zu sehen, riefen sie die Weisheit ihrer Vorfahren an gegen diese Neuerung. Präsidenten und Räthe des Parlaments überreichten dem Könige Bittschriften und Vorstellungen, um ihn zu vermögen, den Gebrauch solcher Maschinen in der Stadt zu verbieten *)

Der König ließ ihrem Begehren Gerechtigkeit widerfahren; und das Sonderbarste dabei ist, daß das Edikt, welches den Gebrauch der Kutschen verbot, in der That im Interesse der Menschheit war; denn die meisten Straßen der Hauptstadt Frankreichs, selbst bis zu den Zeiten Ludwigs XIV, waren so eng, daß die Wagen nicht ohne Gefahr in ihnen zirkuliren konnten, mit der alleinigen Ausnahme der damals neuen Stadtviertel.

---

*) De ne donner dispense à personne, et de défendre l'usage des coches en cette ville.

Heinrich IV hatte nur einen Wagen (den unsterblichen mon carrosse), den er manchmal seiner Frau lieh; der brave Mann! Sein Nebenbuhler und Günstling Bassompierre wird für den Erfinder der Kutschenfenster gehalten. Eine solche Equipage war damals ein Zeichen des Reichthums, übertriebener Verschwendung und beinahe ein königliches Vorrecht.

Diese materiellen Bequemlichkeiten, denen man sich nicht leicht entwöhnen kann, flößen dem, der sie genießt, ein gewisses Gefühl der persönlichen Würde des Menschen und seines innern Werthes ein, das dem Despotismus unübersteigliche Hindernisse entgegenstellt.

Nur der Mensch, der Alles entbehrt, der elende, unwissende Mensch, konstituirt den rohen Stoff der unbeschränkten Gewalt. Die Allgemeinheit der Bequemlichkeiten der Zivilisation mit dem entnervenden Luxus, mit der Konzentrirung des Reichthums zu verwechseln, und sie als eine Ursache des Verfalls und der Knechtschaft in einem Staate anzudeuten, ist ein Irrthum, den das geringste Nachdenken beseitigen muß. Die Vorstadt St. Germain sollte diesen Punkt genauer beobachten.

Die Rivolistraße.

Als unsere Kutsche zur Porte cochère des Hôtel de la Terrasse hereinfuhr, trat mir unsere Ankunft in dem alten Hôtel d'Orléans, in der rue des Petits-Augustins, wieder ins Gedächtniß. Es liegt eine fast hundertjährige Verschiedenheit in den Umständen, die wir damals und jetzt zu beobachten Gelegenheit hatten. Die alte aristokratische Vorstadt ist nicht minder von dem glänzenden Stadtviertel der Tuilerien verschieden, wie ihre respektiven Bewohner.

Ich erinnere mich noch, daß, indem wir in den gepflasterten Hof des Hôtel d'Orléans einfuhren, ich einen alten Gentleman bemerkte, der in dem Schatten eines Weingeländers saß. Er schien mir ein Spezimen der restaurirten Emigration, mit seinen weißen, wohlgepuderten und à l'oiseau royal frisirten Haaren, mit seinen türkischen Pantoffeln und seinem Schlafrock à grand ramage.

Moralisch schien er mir eben so gothische Grundsätze zu verkünden, als seine Toilette. In seiner Hand ruhete eine royalistische Zeitung (wenigstens war sie es damals), das Journal des Débats. Nachdem er uns im Vorüberfahren begrüßt hatte, überantwortete er uns, durch eine beschützende Handbewegung, der Sorgfalt Peters, des Fußbodenwichsers (frotteur).

Ich hielt diese ehrwürdige Person für den Ueberrest irgend eines Herzogs oder Pairs der alten Schule; aber der frotteur (den man hätte für einen Operntänzer halten können) benachrichtigte mich, daß dieser Monsieur unser Bourgeois, d. h. der Hausherr, sei.

Bei der Inspektion der Zimmer, welche unserer Wahl überlassen blieben, öffnete Peter mit Geräusch die beiden Flügelthüren eines Saals, wie wenn er eine Herzogin anzumelden habe; und nachdem er die Fensterladen geöffnet, die wahrscheinlich seit der Zeit wo die Zimmer zum letzten Male bewohnt gewesen, verschlossen geblieben, rief er mit innerer Genugthuung: „Voilà le salon de Madame!"

Es war ein großes, trauriges Gemach. Des Fuß-
bodens Kälte wurde durch keinen Teppich vermindert.
Ein Regiment Grenadierstühle stand längs den Wän-
den, mit gothischen Verzierungen überladen. Zwei
Zeremonie-Bergèren, zu beiden Seiten des Kamins,
das einer Felshöhle nicht unähnlich war, matte Spiegel, Kronenleuchter, an denen jedes der zitternden
Glasstücke die Größe eines Sechslivresthalers hatte,
eine unbehilfliche Stutzuhr, und ein Tisch, auf welchem das Edikt von Nantes unterzeichnet sein konnte,
(wenigstens war er seiner Form nach aus jener Zeit,
und es schien mir nicht unmöglich, daß er im Kabinette der Frau von Maintenon figurirt habe), bildeten alle Möbeln jenes Vignetten-Tipus, den man auf
den alten Ausgaben der Werke Marmontels erblickt.

Ich seufzte, zuckte die Achseln, und verlangte eine
Kammerfrau, um mich in die Schlafzimmer zu führen. Peter öffnete eine andere Flügelthür, und zeigte
uns einen vollständigen Bienenkorb von Zimmern,
deren jedes ein kleines Feldbett enthielt.

„Aber ich sehe keine Toilette!" sagte ich. Dieser
ziemlich unpassend einem Putztische beigelegte Name
war nicht in Peters Wörterbuche. Ich erklärte
mich genauer, worauf er mir einen alten, mit Staub
bedeckten Spiegel über dem Kamin zeigte, ein großes, auf altfränkische Weise gesticktes Nadelkissen, das
an einem Armleuchter hing, sodann, auf der Marmor-
platte einer ungeheuern Kommode, eine kleine Salat-
schüssel von Fayence und eine Flasche, in der sich ein
Schoppen Wasser befinden mochte.

„Voilà", sagte er, „Alles was Madam zu ihrer
Toilette braucht."

Endlich forderte ich einen Teppich.

„Einen Teppich, seigneur Dieu! rief er, einen Teppich, um dies schöne Parquet zu bedecken! Wissen Sie, Madame, warum die Engländer sich der Teppiche bedienen? Weil sie keine Parquets haben."

— Gebt Ihr mir keinen Teppich, entgegnete ich, kann ich nicht bei Euch bleiben.

„Das ist etwas Anderes!" sagte er, und entfernte sich wie der Wind.   Einen Augenblick nachher erschien er wieder mit einer alten Tapete, eine Liebes-szene zwischen Telemach und Eucharis darstellend, die, nachdem sie bei hundert Frohnleichnamsfesten geprangt haben mochte, nun mir dienen sollte.

„Voilà," sagte Peter, indem er seinen staubigen Schatz ausbreitete, „voilà, Madame, votre affaire."

Um die eiskalten Gemächer ein wenig zu erwärmen, verlangte ich Feuer.   Peter riß seine schwarzen Augen gewaltig auf, und seine Blicke schienen zu sagen: „Feuer, im April, wenn die Sonne so warm in den Hof scheint?" — Nach einer Pause stotterte er: „Es ist kein Funken im ganzen Hôtel."

— Gleichviel, entgegnete ich: verschafft Euch einen Funken anderswo.

„Das ist nicht meine Sache," sagte er, „dafür hat Ihr valet de place (Lohnbedienter) zu sorgen."

Dieser, der sich uns bereits vorgestellt hatte, entrollte nun eine so lange Liste, als die der Geliebten Don Juan's, von den zu unserer Erwärmung nothwendigen Materialien, als da ist: Kohlen, Feuersteine, Stahl, Schwamm, Schwefelhölzer, Reisbündel, Holz 2c. 2c. 2c.

„Auf solche Weise, sagte ich, werden wir wohl erst in acht Tagen Feuer haben.“

— Pardonnez-moi, rief der Lohnbediente, morgen kann Alles bereit sein.

Kurz, wir fanden, daß unser Hôtel garni in der That dégarni von Allem sei, was ein Brite, als zu seiner persönlichen Bequemlichkeit nothwendig, zu betrachten gewohnt ist, und daß wir ungefähr auf dieselbe Weise logirt seien, wie in einem spanischen Wirthshause, das als Totalsumme aller natürlichen und künstlichen Artikel, nur Sonnenschein und ein Obdach darbietet.

So verhielten sich die Sachen bei unserer Ankunft i. J. 1816. Und nun das Gegenstück. Bei unserer Ankunft im Hôtel i. J. 1829, wurden wir von einem zuvorkommenden Wirth, einer beinahe getreuen Kopie der englischen, empfangen. Er trug einen schwarzen Rock, und war überhaupt sehr schicklich gekleidet.

Ich spähete mit den Augen nach Peter, dem frotteur, oder irgend einem Haushofmeister dieser Art, und sah mich statt dessen von einem Schwarm leichtfüßiger, schmucker Kammermädchen umringt, die ich ohne ihre Pariser Betonung und ihre französischen Schürzen, für dienstbare Wesen des Ship, zu Dovres, gehalten haben würde.

Die Zimmer, zu welchen wir durch den Wirth und seine Gehilfen geführt wurden, waren wirkliche so wohlverschlossene Schachteln, als ein chinesischer Koffer. In jedem Kamin knisterte ein helles Feuer. Ueberall waren Fußteppiche, bewegliche Stühle, glänzende Spiegel, halsbrechende Tabourets, mit einem

Worte, alle diese konfortabeln Kleinigkeiten, alle die unbequemen Bequemlichkeiten meines Kabinets von Kildare street.

Erste Tage zu Paris. Alte Freunde.

Jahre, Stunden sind nicht genaue Maßstabe von des menschlichen Lebens Dauer. Ein langes Dasein genießt, wer jeden Augenblick desselben zu benutzen versteht, wer sich gewissermaßen leben fühlt. Solch ein Leben besteht aus starken, raschen, wechselnden Empfindungen, Erzeugung dauerhafter Eindrücke, Kombination fruchtbarer Ideen, ein Leben, wo die Gefühle ihre Frische bewahren, mit Hilfe der Erinnerung, wo die Einbildungskraft unaufhörlich durch eine Reihefolge von Bildern wach erhalten wird; ein Leben, das, indem es uns des Daseins Wohlthaten oder seine Last fühlen läßt, uns immer die Ueberzeugung von unserm Sein gewährt.

Alles, was nicht das ist, ist nichts; oder vielmehr, es ist des Lebens roher Stoff, der kultivirt, auf intellektuelle Gegenstände hingeleitet werden muß; es ist die Kohle oder die Austerschale, identisch mit dem Diamant und der Perle, denen jedoch jener Glanz, jene Glätte fehlen, welchem sie ihren Werth verdanken.

Die Summe von Empfindungen und Ideen, welche wir in dem kurzen Zeitraum, seit unserer Ankunft zu Paris empfangen haben, wiegt wenigstens zwanzig Jahre eines gewöhnlichen Daseins auf.

Am Morgen nach meiner Ankunft nahm ich mein altes Visitenbuch von 1818, um darin die Adresse meiner Freunde und Bekannten zu suchen, und ihnen

Billete oder Karten, nach dem Gebrauch von Paris,
zu schicken.

Der erste Name, den ich auf dieser Liste erblickte,
verursachte mir dasselbe Leben, denselben Schmerz,
den ich empfand, als ich das schwarze Siegel des
Briefes erbrach, in welchem man mir den unerwar-
teten Tod dessen, der ihn trug, meldete.

Die erste Hand, welche gewöhnlich unsere Rückkehr nach Frankreich begrüßte, war die Denon's; das
erste Lächeln, das uns die Versicherung eines freundschaftlichen Empfangs gab, war das Denon's.... Andere
Hände haben sich diesmal uns entgegengestreckt, ein
anderes Lächeln hat dasselbe Wohlwollen bezeugt.
Aber wir werden das Seinige nicht mehr sehen. ...

Der alt-französische Karakter, in seiner liebens-
würdigsten Form, hatte sich in Denon's Person erhalten. Höflichkeit, Güte, Freimüthigkeit, heiterer
Sinn, heller Verstand machten nicht nur seine Gesellschaft eben so angenehm als unterrichtend, sie machten ihn auch zu dem besten, dem zuvorkommendsten
der Freunde. Seine sprühende, reiche Unterhaltung
war ein Buch, in welchem die Menschen sonderbare
Dinge lesen konnten.

Page, Gesandter, Gentilhomme de la chambre
Ludwigs XV, Freund Voltaire's, Vertrauter Napo-
léons, Reisender und Geschichtschreiber des neuern
Aegyptens, Direktor des Museums zu Paris, als
Paris das Museum der Welt war; der Reihe nach
Hofmann, Diplomat, Schriftsteller, Künstler, Alter-
thumsforscher, hatte er alle Prüfungen der größten
gesellschaftlichen Umgestaltungen überstanden, ohne

seine ursprünglichen Grundsätze zu verändern, ohne
sein jugendlich lebhaftes Gefühl zu verlieren.

Denon hatte alle diese Verdienste. Aber hätte er
sie nicht alle, hätte er selbst nicht ein einziges besessen, er würde immer noch ein großes in meinen
Augen haben. Er gefiel mir, und ich gefiel ihm.
Dieselben Narrheiten reizten uns zum Lachen, dieselben Verbrechen empörten uns. Es bestand zwischen
uns jene Sympathie, die, der Verschiedenheit des
Alters und Talents ungeachtet, zwischen dem Ernsten
und dem Leichtsinnigen jene so schnell zu knüpfenden,
so schwer zu trennenden Bande bilden kann. Als ich
mit meiner Feder diesen historischen, geliebten Namen
durchstrich, war es, als werfe ich Erde auf meines
Freundes Grab.

Altes und neues Paris.

Man muß v i e l gesehen haben, in dieser großen
Hauptstadt, um zu glauben, E t w a s gesehen zu haben. Ein Fremder muß sich lange begnügen, die
Oberfläche zu beobachten, bevor Zeit und Gelegenheit
ihm die Mittel darbieten, tiefer einzudringen und
die Elemente zu zergliedern.

Heute haben meine verschiedenen kleinen Geschäfte,
meine gesellschaftlichen Pflichten, mein Vergnügen,
mit Hilfe Pariser Miethspferde (die ihre Geduld, in
Ertragung aller Mühseligkeiten, beinahe den Dampfmaschinen gleichstellt), mich fast in alle Winkel von
Paris geführt.

Köstliche Stadt! Jedes Haus ist ein Denkmal,
jedes Stadtviertel hat seine Annalen, die Steine
selbst, wie die Roms, sind eine inkorporirte Geschichte.

Die Straßennamen deuten die verschiedenen Epochen an; die Zeiten, wo Frömmelei das Menschengeschlecht vernichtete, und die, in welchen Philosophen für sein Wohlergehen arbeiteten.

In den engen Gäßchen, in den düstern Gebäuden der alten Stadtviertel, bieten sich unendliche Gegenstände des Nachdenkens dar. Fieber, Pest, plötzlicher Tod scheinen über diesen schmutzigen, dem Luftzuge versperrten Punkten, zu schweben.

Man kann nicht ohne Entsetzen die getreuen Beschreibungen von dem alten Paris durchblättern *). Die alleinige Uebersicht dieser Oertlichkeiten verräth einen sowohl in moralischer als in physischer Hinsicht höchst traurigen Zustand.

Die Straße Malvoisin führt zu der Straße Coupegorge, zur Vallée de misère, zur Straße Videgousset. Alle diese Namen beweisen den Mangel an Sicherheit, das Elend eines barbarischen und undisziplinirten Volkes.

Als Paris im Ganzen war, was jetzt noch seine alten Stadtviertel sind, wurden alle möglichen Gewaltthätigkeiten öffentlich in den Straßen verübt.

„Es ist befremdend," sagte der naive Estoile, Geschichtschreiber Heinrichs IV, „daß in einer Stadt, wie Paris, ungestraft so viele Abscheulichkeiten und Räubereien verübt werden, als in einem großen Walde."

---

*) Enge Winkelgäßchen, wie man sie jetzt noch in den ältesten Stadttheilen sieht, besonders die nördlich von Notre-Dame, mit Ausnahme der öffentlichen Gebäude mit elenden Hutten besetzt, ohne Straßenpflaster, voller Unsauberkeit, nie' gereinigt, schlammig, ungesund im höchsten Grade u. s. w. (M. s. Dulaure.)

Bis zu Ende des siebenzehnten Jahrhunderts gab es regelmäßig organisirte Räuberbanden zu Paris, deren Mitglieder gewöhnlich eine Larve trugen, die Vorübergehenden auf offener Straße anfielen, bestahlen und erdolchten; die am hellen Tage die Häuser und die Schiffe auf der Seine plünderten, unter den Fenstern des königlichen Palastes, und die sich in die Schlupfwinkel in den Vorstädten zurückzogen, ohne auf irgend eine Weise von der Obrigkeit beunruhigt zu werden. Eine solche Bande war die unter dem Namen der mauvais garçons (bösen Buben) bekannte. Sie bietet ein Beispiel triumphirender Raubgier dar*), das die Fürsten, statt es zu bestrafen, vielmehr nachzuahmen sich bemüheten.

In den hellen, geräumigen Straßen des neuern Paris ist es nicht so leicht, ein Verbrechen zu begehen. Die Hoffnung, ungestraft zu bleiben, hat sich vermindert. Die Wohlthaten der neuern Philosophie zeigen sich nicht minder in Vernichtung der physischen Ursachen des Verbrechens, durch die Verbesserung des Volkszustandes, die es verbrecherischen Versuchungen enthebt, als in der Vervollkommnung mehr zum Schutze der ruhigen Mitglieder der Gesellschaft berechneter Gesetze, gegen Gewalt und Ungerechtigkeit großer und kleiner Ruhestörer.

Unter den Verbesserungen, von denen ich auf mei-

---

*) Den 12. August 1659 beklagte sich der General-Prokurator beim Parlament, daß Soldaten, die von des Königs Armee entlaufen, sich mit Landstreichern verbunden und nach Paris begeben, wo sie, in Uebereinstimmung mit den gewöhnlichen Dieben dieser Stadt, Raubereien bei Tag und Nacht verübten. (Register des Parlaments.)

ner Wanderung durch Paris betroffen wurde, bemerkte
ich, daß die meisten mehr zum Vortheile des Volks,
als der Privilegirten waren.*) Alle Straßen sind er-
weitert, oder gänzlich niedergerissen worden; überall
werden neue von hinlänglicher Breite aufgeführt.
Säulengänge schützen gegen Regen und Sonne, Durch-
gänge erleichtern die Verbindungen, Fußwege zu beiden Seiten befinden sich in den neuen Straßen, und
mangeln nur noch in den alten.**)

Unter Heinrich III befand sich auf der Stelle, wo
sich jetzt die Rivolistraße erhebt, eines der reichsten
Klöster des mächtigen Kapuzinerordens.***) Als gegen
Ende des sechszehnten Jahrhunderts die Fortschritte
der reinen Lehre des Evangeliums die intriganten
Höfe von Rom und Spanien beunruhigten, beschlossen
sie die Kohorten der Apostel und Diener des Katholizismus zu verstärken, durch die Stiftung eines Ordens, der auf des Volkes Gewissen denselben Einfluß
gewinnen könne, wie die aufgeklärtern und listigern
Jesuiten über die der Aristokratie und der europäischen Monarchen ausübten.

---

*) Eine sehr vollständige und mit vieler Umsicht von dem Gra-
fen Chabrol verfaßte Denkschrift, über die in Paris möglichen Verbesserungen und Verschönerungen, die nach und
nach in Ausführung gebracht werden sollen, verdient eine
besondere Aufmerksamkeit. Die Oberfläche der Straßen soll
dadurch um 396,481 Quadratmeter, die der Quais um
21,516, und die der Plätze um 16,012 vermehrt werden.

**) Man hat den Eigenthümern in den alten Straßen drei
Jahre zugestanden, um Trottoirs anzulegen, wozu, in den
beiden ersten Jahren, die Stadt einen Theil der Kosten über-
nimmt.

***) Ganz in seiner Nähe war auch ein Kloster der Feuillans,
von dem eine der Tuilerien-Terrassen den Namen erhalten hat.

Der abergläubige, ausschweifende Heinrich III, der sich zugleich allen Lastern, und allen Abgeschmacktheiten der Frömmelei überließ, wurde dies Werkzeug zur Ausführung der Plane des Vatikans und des Eskurials, deren Folge endlich seine eigene Ermordung, durch einen ihrer Agenten, war.

Der auf diese Weise in Frankreich eingeführte Kapuzinerorden wurde reich begabt, und unter des Königs besondern Schutz und Sicherung gestellt.

„Ihr in der St. Honoré-Straße gelegenes Kloster erstreckte sich, mit seinen Höfen, seinen Gärten und seiner Kirche, bis zu den Mauern des königlichen Palastes der Tuilerien, und bildete das prächtigste aller Kapuzinerklöster im ganzen Königreiche. Hundert und zwanzig Mönche lebten, mit ihren Dienern, darin wie Fürsten, und ihre despotische Regierung war ausser dem Bereich der Gesetze und des Souveräns. Der Verbrauch für ihren Tisch, der durch ihre eigenen Bücher beurkundet wird, übersteigt allen Glauben, und ihre „Einsammler", die täglich alle Straßen von Paris brandschatzten, und bei allen Bürgern Almosen erpreßten, erhoben von der Industrie der Stadt eine ungeheure Kontribution."

Die Macht dieser Mönche, und die Finsterniß, in der sie ihre Verbrechen ausbrüteten, wurden durch die ersten Lichtspenden der Aufklärung erhellt und angegriffen, deren voller Glanz endlich alle alten Irrthümer und Betrügereien verscheuchte.

Die Laster und die skandalvollen Zänkereien der schmutzigen Väter veranlaßten 1761 eine gerichtliche Untersuchung. Die einmal erweckte Aufmerksamkeit der Nation führte bald zu andern Nachforschungen, und es kamen durch die Verhandlung Abscheulichkeiten ans Licht, deren Voraussetzung man für Mährchen gehalten haben würde. Erwiesene Verbrechen, entschleierte Gräuelszenen jeder Art, machten dies Haus zum Gegenstand einer allgemeinen Verachtung.

Vergleicht man den Anblick der gegenwärtigen Szene mit den scheußlichen „Oublietten" und den „Vade in pace"*), die ehemals vielleicht an der Stelle des zierlichen Toilettenkabinets sich befanden, in welchem ich diese Noten niederschreibe, so ist der Kontrast so auffallend, so schauderhaft, daß Gefühl und Einbildungskraft sich in die täuschende Voraussetzung zu hüllen bemühen, diese entsetzlichen Dinge hätten n i e existirt.

Leider läßt die Geschichte darüber nicht den mindesten Zweifel, und wenn die gottlosen Wünsche einer unsinnigen Faktion einmal noch die frères anges der Kapuziner zurückführen könnten, würde dieses Boudoir vielleicht abermals ein in pace werden, in welchen eine gegen Kirche und Staat rebellische Tochter, wie ich, ihre Auflehnung gegen die orthodoxen Maximen der gesellschaftlichen Ordnung büßen dürfte, wie ich dieselbe Sünde in dem Carcero duro der ministeriellen Zeitungen gebüßt habe.

———

*) Vade in pace war die Formel einer empörenden Heuchelei, deren sich die Kapuziner bedienten, um Abschied von den Unglücklichen zu nehmen, die sie lebendig einmauern ließen, insofern sie sich gegen die Statuten ihres Ordens vergangen hatten.

Der General Lafayette.

Liest man die freche, lügnerische Schilderung, welche das Quarterly Review*) von dem General Lafayette, in der Kritik meines „Frankreich" entworfen, hat man Mühe zu glauben, daß ein solches Gewebe von Verleumdungen, welche die Geschichte und so viel zeitgenössische Zeugen widerlegen, je dem englischen Publikum hat dargeboten werden können, seine Schwäche zu mißbrauchen, seine Unkenntniß der europäischen Meinung zu beschimpfen.

Und doch ist dies das Bild des Abgotts zweier großen Nationen, des Freundes Washington's, Jefferson's, Fox's und La Rochefoucauld's; dessen, der von Napoleon geachtet, von Karl X gelobt wurde; des am meisten seiner Tugenden wegen berühmten Mannes seines Jahrhunderts und seines Landes, des konsequentesten politischen Karakters der alten und neuen Geschichte; dies Bild, das durchaus falsch aufgefaßt und von dem besoldeten Organ der Regierung eben so falsch gezeichnet wurde, und das ohne weitere Prüfung von dem britischen Volke als wahr und ächt aufgenommen worden.

Von welchem Schlamm von Knechtschaft, Vorurtheil, Narrheit und gemeiner Selbstgenüglichkeit

---

*) „Die Hauptgötter ihrer Verehrung sind vorzüglich der eitle, schwache, anmaßlich schwatzerische Lafayette; der, nachdem er, um seine Eitelkeit zu befriedigen, den König beschimpft, und den Thron umgestürzt hatte, feig vor dem Sturm entfloh, den er erregt, und der nur in den öffentlichen Angelegenheiten wieder auftrat, um auf Bonaparte's Maifelde Platz zu nehmen." (Quarterly Review, über „Frankreich." April 1817.)

hat sich England seit dieser noch so nahen Zeit befreiet, wo dergleichen Dinge öffentlich gesagt, und wo
ihre Verfasser von einem hinters Licht geführten Publikum belohnt und unterstützt werden konnten.

Der General Lafayette wurde den 6. September
1757 in Auvergne geboren, und erhielt seine Erziehung in dem Kollegium Duplessis, zu Paris. In seinem siebenzehnten Jahre vermählte er sich mit der
Tochter des verstorbenen Herzogs von Noailles, Enkelin des großen, vortrefflichen Kanzlers d'Aguesseau.

Sein Vermögen war beträchtlich, sein Rang einer
der ersten in Europa. Er war mit den angesehensten
Personen des französischen Hofes verwandt. Sein
individueller Karakter, sein offenes, liebenswürdiges,
wohlwollendes Benehmen, sicherten ihm über die Menschen eine große Herrschaft zu, und gaben ihm schon
früh einen ausserordentlichen Einfluß auf die Gesellschaften, in deren Mitte er lebte.

Um diese Zeit war es, als seine Gedanken und
Gefühle dem Kampfe der englischen Kolonien gegen
ihr Mutterland sich zuwendeten. Nichts war weniger geeignet, einen Menschen, der nur persönlichen
Ehrgeiz zu befriedigen sich bemühet, anzuziehen, als
die Lage der Vereinstaaten in diesem Augenblicke.
Ihre Armee war geschlagen, ihr Kredit in Europa
war vollkommen vernichtet, und ihre Beauftragten,
denen Lafayette beharrlich seine Dienste antrug,
waren genöthigt, ihm zu gestehen, daß sie nicht im
Stande seien, ihm schickliche Transportmittel darzubieten.

„In dem Fall, entgegnete er, werde ich selbst ein
Schiff kaufen und ausrüsten." Er that, wie er ge-

sagt, und sein Schiff wurde in den nächsten spanischen Hafen geschickt, um es außer dem Bereich der französischen Regierung zu stellen. Er war schon auf dem Wege, sich einzuschiffen, als sein Unternehmen bekannt wurde. Die Wirkung davon war größer, als man hätte glauben sollen.

Auf Begehren des englischen Gesandten, ertheilte man den Befehl, ihn zu verhaften, und die lettre de cachet erreichte ihn zu Bordeaux, wo er angehalten wurde. Mit Hilfe einiger Freunde entkam er als Kurier verkleidet, und erreichte die Grenze drei oder vier Stunden vor Denen, die ihm nachgesetzt waren.

Die Sensation, welche sein Erscheinen in den vereinigten Staaten verursachte, war noch größer, als die, welche seine Abreise von Europa erregte. Dies Ereigniß wird immer als eines der wichtigsten, der entscheidendsten dieses Krieges betrachtet werden, und nur wer es gesehen, kann sich einen genauen Begriff von dem Schwunge machen, den ein solcher Umstand den Hoffnungen eines Volkes gab, das durch mehrere Niederlagen beinahe allen Muth verloren hatte.

Unmittelbar nach seiner Ankunft wurde ihm eine Befehlshaberstelle in der amerikanischen Armee angeboten, die er jedoch mit großer Bescheidenheit ablehnte. Während seiner ganzen Dienstzeit schien er nichts anderes im Auge zu haben, als die Sache der Freiheit aus allen Kräften, aber vollkommen uneigennützig, zu unterstützen.

Er kleidete und bewaffnete ein Armeekorps auf seine Kosten, und trat sodann als Freiwilliger, ohne

Sold, in ein anderes. Durch eine Bestimmung des Kongresses, im Juli 1777, wurde er zum General-major ernannt. Im September desselben Jahres wurde er zu Brandywine verwundet. 1778 befand er sich an der Spitze einer Division, und nachdem ihm der Kongreß öffentlich seinen Dank bezeugt hatte, schiffte er sich 1779 zu Boston ein, um nach Frank-reich zurückzukehren, wo er jetzt Amerika wichtigere Dienste leisten zu können glaubte.

Er kam den 12. Februar zu Versailles an, und hatte an demselben Tage eine lange Konferenz mit dem ersten Minister Maurepas. Aber es wurde ihm nicht erlaubt, sich dem König vorzustellen, zur Strafe, daß er Frankreich ohne Erlaubniß verlassen hatte. Man gab ihm sogar den Befehl, seine Ver-wandten nicht zu besuchen; da er jedoch, durch seine Geburt und seine Vermählung, beinahe mit dem ganzen Hofe verwandt war, fehlte es i h m an Be-suchen nicht.

Durch seine Betreibung wurde der damals nur entworfene Vertrag zwischen Amerika und Frankreich beschleunigt, und zu Gunsten des ersten abgeschlossen. Lafayette arbeitete unaufhörlich darauf hin, von sei-ner Regierung eine Flotte und Truppen zu erhal-ten. Als er es so weit gebracht, und gewiß sein konnte, den Grafen von Rochambeau bald nachfolgen zu sehen, überschiffte er abermals den Ozean, und gelangte 1780 zur amerikanischen Armee.

Er theilte dem Obergeneral die wichtigen Neuig-keiten mit, welche er brachte, und übernahm den Be-fehl eines Infanteriekorps von 2000 Mann, das er größtentheils auf seine Kosten ausrüstete, und das durch seine vortreffliche Disziplin ein wirkliches Musterkorps wurde.

Sein Eilmarsch nach Virginien (nachdem er auf
eigenen Kredit 2000 Guineen geborgt, um die ersten
Bedürfnisse der Truppen zu bestreiten), die Befreiung
von Richmond, sein Feldzug gegen Cornwallis, endlich die Belagerung von York-Town, die Erstürmung
und Einnahme dieses Platzes im Oktober 1781, sind
Beweise seiner kriegerischen Talente und seiner Dahingebung für die vereinigten Staaten.

Der Kongreß hatte schon mehrmals öffentlich seine
Dienste anerkannt. Aber als Lafayette im November
1781 nach Frankreich zurückkehren wollte, faßte jener
einen Beschluß, in welchem, neben andern ehrenvollen
Ausdrücken, gesagt wurde, „daß die amerikanischen
Gesandten in der Fremde sich mit ihm über ihres
Landes Interessen zu berathen hätten." Dies Zeichen
eines seltenen Vertrauens bewies, welche hohe Achtung er genoß.

Ein glänzender Ruf war ihm in Frankreich vorausgegangen. Die Sache Amerika's war in diesem
Lande populär geworden. Man drängte sich um den
Vertheidiger derselben in den Straßen, auf den Spaziergängen, und während seiner Reise nach dem südlichen Frankreich, wo er ein Landgut hatte, erwiesen
ihm die Städte, durch welche er kam, bürgerliche
Ehrenbezeugungen. Die Feste, welche ihm zu Ehren
zu Orleans gegeben wurden, dauerten eine ganze Woche.

Während dem bat er der Regierung beständig
die politische Nothwendigkeit vorgestellt, neue Truppen nach Amerika zu senden, und der General Graf
d'Estaing erhielt endlich den Befehl, sich nach den

vereinigten Staaten einzuschiffen, sobald Lafayette mit
ihm abreisen könne. Neunundvierzig Schiffe und 20,000
Mann konzentrirten sich zu diesem Zwecke zu Cadix,
als der Friede die Expedition überflüssig machte. Dies
große Ereigniß wurde Frankreich durch einen Brief
Lafayette's, datirt von Cadix den 5. Februar 1783,
verkündet.

Auf Washingtons dringende Einladung überschiffte
Lafayette 1784 nochmals das atlantische Meer. Aber
er verweilte nur kurze Zeit in Amerika, und als er
es zum dritten Male, und, wie er glaubte, auf immer
verließ, ernannte der Kongreß eine Deputation, bestehend aus einem Mitgliede von jedem Staate, die
im Namen des ganzen Landes feierlichen Abschied von
ihm nehmen, und ihn versichern sollte, „daß die amerikanische Union nie aufhören werde, ihn zu lieben,
zu ehren, für seinen Ruhm, sein Glück sich zu in-
teressiren, ihn überall mit ihren innigsten Wünschen
zu begleiten."

Es wurde ausserdem noch beschlossen, daß der Kongreß einen Brief an den allerchristlichsten König schreiben solle, um seine hohe ihm Achtung für Lafayette's
Verdienste und Talente zu bezeugen, und ihn Sr.
Majestät ganz besonders zu empfehlen.

Der General Lafayette verweilte 1785 einige Zeit
in Preussen, um Friedrichs des Großen Truppen zu
sehen. Er wurde von diesem Monarchen auf eine sehr
ehrenvolle Weise aufgenommen. Aber die großen Begebenheiten, welche in Frankreich sich zu gestalten
begannen, riefen ihn bald dahin zurück.

Ohne Erfolg bemühte er sich mit Malesherbes,
den protestantischen Franzosen ihre bürgerlichen Rechte

wieder zuzusichern. Seine Stimme war die erste, welche sich in seinem Lande gegen den Sklavenhandel erhob, und von nun an verwendete er bedeutende Summen zur Freikaufung mehrerer Negersklaven, die er schicklich unterrichten ließ, um sie vollkommen zu emanzipiren.

Im Februar 1787 wurde die Versammlung der Notabeln eröffnet, und Lafayette gewährte, durch seinen Einfluß, ihren Verhandlungen einen zu jener Zeit eben so ausserordentlichen als kühnen Reformationskarakter. Er schlug vor, die Abschaffung der Verhaftsbriefe (lettres de cachet) zu verlangen, und begehrte (zum ersten Male wurde dies Wort, das Wahrzeichen eines so wichtigen Schrittes gegen eine regelmäßig deliberirende Regierung, in Frankreich ausgesprochen) die Zusammenberufung der Volksvertreter.

Er zeichnete sich nicht weniger aus in den 1789 versammelten Generalstaaten, die sodann von Neuem, unter dem Namen der National-Versammlung, zusammenberufen wurde. Die „Erklärung der Rechte", welche von ihr angenommen worden, um dem König zur Annahme vorgelegt zu werden, war von ihm redigirt.

Am 14. Juli, in dem Augenblicke, wo das Volk die Bastille erstürmte, machte er eine Motion über die Verantwortlichkeit der Minister, welche dekretirt wurde. Auf solche Weise stellte er eines der wichtigsten Elemente der repräsentativen Verfassung fest. Zwei Tage nachher wurde er zum Kommandanten der Nationalgarde von Paris ernannt.

Dieser militärische Oberbefehl, so wie sein unbe-

XI. 1830. 10

ſchränkter perſönlicher Einfluß, brachten ihn zu gleicher Zeit in Berührung mit dem Hofe, dem König
und dem Volke, wodurch ſeine Stellung eben ſo zart
als ſchwierig wurde. Alles neigte ſich zur Unordnung,
zur Gewaltthätigkeit. Der Vorſtadtpöbel (damals die
entarteſte Klaſſe in ganz Frankreich) bewaffnete ſich
in der Abſicht, nach Verſailles zu gehen, und den
König zu zwingen, ſeine Reſidenz künftighin in Paris
zu nehmen.

Die Nationalgarde wollte dieſe wilde Menge begleiten. Aber Lafayette widerſetzte ſich ihrem Ent-
ſchluſſe, obgleich er von der Munizipalität gutgeheißen
worden. Erſt als er mehr denn 150,000 Perſonen
beiderlei Geſchlechts mit Waffen und ſelbſt mit Kanonen nach Verſailles eilen ſah, bewilligte er den Befehl, zu marſchiren, und begab ſich auf ſeinen Poſten,
der unter den obwaltenden Umſtänden die größten Gefahren darbot.

Er kam zu Verſailles um 10 Uhr Abends an, nach
Ueberſtehung unglaublicher Mühſeligkeiten, ſowohl zu
Paris als auf dem Wege, um den wüthenden Haufen
im Zaum zu halten.

„Der Marquis von Lafayette‟, ſagt Frau von
Stael, „betrat endlich das Schloß, ging durch das
Zimmer, in welchem wir uns befanden, und begab
ſich zum König. Er ſchien ſehr ruhig; Niemand hat
ihn je anders geſehen. Er verlangte die Erlaubniß
zur Beſetzung der Poſten im Innern des Schloſſes,
um deſſelben Sicherheit zu garantiren. Man geſtand
ihm jedoch nur die äußern zu.‟

Lafayette war alſo auch nur für dieſe verantwortlich, und für nicht mehr. Er erfüllte ſeine Pflicht

mit einer Treue, welche die Umstände eben so schwer
als gefährlich machten. Zwischen 2 und 3 Uhr begab
sich die königliche Familie zur Ruhe. Auch Lafayette
entschlief, auf's Aeusserste erschöpft von des Tages
Mühseligkeiten.

Um halb 5 Uhr drang der Pöbel in den Palast,
durch einen finstern Gang, den man von innen offen
gelassen, und der nicht in dem Theile unter Lafayette's Obhut sich befand. Kaum war der General
davon unterrichtet, so warf er sich mit der Nationalgarde dem Volke entgegen, beschützte die Gardes-du-
corps, und rettete dem Könige und seiner Familie
das Leben.

Als es Tag geworden, drängte sich die wüthende
Menge in den großen Marmorhof, und verlangte mit
wildem Geschrei, daß der König sich nach Paris be-
gebe, und daß die Königin auf dem Altan erscheine.
Der König erklärte, daß er die Absicht habe, sich
nach seiner Hauptstadt zu begeben. Aber Lafayette
fürchtete für die Königin. Er fragte sie, ob sie gesonnen sei, ihrem Gemahl zu folgen? Auf ihre bejahende Antwort beschwor er sie, sich zuerst mit ihm
auf dem Altan zu zeigen. Nach einiger Zögerung
willigte sie ein.

Als Beide erschienen, machte es das Geschrei der
Menge unmöglich, sich verständlich zu machen. Man
mußte also zu den Augen sprechen. Lafayette begnügte
sich, gegen die Königin sich zu wenden, und ihr die
Hand zu küssen. Dies Zeichen wurde vom Volke verstanden, und es rief: „Es lebe die Königin! Es lebe
der General!“ Maria Antoinette kam unverletzt nach
Paris.

An demselben Tage wurde der Jakobinerklubb eröffnet, gegen den sich Lafayette auf der Stelle erklärte.
Mit Hilfe des Maire von Paris, Bailly, gründete
er einen andern Klubb, um dem Einflusse des erstern
das Gleichgewicht zu halten.

Der Sieg blieb beinahe zwei Jahre lang unentschieden zwischen den durch diese beiden Gesellschaften
vertretenen Parteien. Indessen versetzte der obwal-
tende Kampf den General in eine sehr gefährliche
Lage. Er war genöthigt, die Jakobiner zurückzustoßen, ohne sich dem Despotismus zu nähern, und
man muß gestehen, daß er eine so schwere Aufgabe
lösete, ohne weder sein Urtheil noch seine Grundsätze
zu kompromittiren.

Am 20. Juni 1790 wurde der unerwartete Vorschlag, den Adel abzuschaffen, der Nationalversamm-
lung vorgelegt. Seinen Grundsätzen getreu, erhob
sich Lafayette, um ihn zu unterstützen, und von nun
an verzichtete er auf seinen Marquistitel, den er seitdem nie wieder angenommen hat.

Am 14. Juli 1790, dem Jahrestage der Bastille-
Erstürmung, wurde die Annahme der Konstitution auf
dem Marsfelde gefeiert. Der General hatte an diesem Tage vier Millionen Menschen, die durch 14,000
Deputirte der Nationalgarden vertreten wurden, unter seinem Befehl. Er schwur Treue der Konstitution,
zum Heil des Volks, auf dem in der Mitte der Arena
errichteten Altar. Nie sah man ein feierlicheres,
prachtvolleres Schauspiel. Nie vielleicht genoß ein
Mann in einem so hohen Grade des Volkes Vertrauen,
als Lafayette, in der erhabenen Rolle, die er in dieser ausserordentlichen Szene spielte.

Indessen wuchs der Einfluß der Jakobiner von Tag zu Tag. Des Hofes Falschheit, die feindliche Stellung der fremden Mächte, Alles vereinigte sich, um die Konstitution zu verhindern, feste Wurzeln zu schlagen.

Unter mehrern Unvorsichtigkeiten, die endlich des Königs Popularität vernichteten, beging er auch die, einen Priester zum Beichtvater zu nehmen, der die Konstitution nicht beschworen. Er wollte auch seine Vorbereitungen zum Osterfeste zu St. Cloud begehen. Aber Volk und Nationalgarde versperrten ihm den Weg, und Lafayette, der bei der ersten Nachricht von der Gefahr herbeieilte, sagte zum König: „Wenn Eure Majestät Ihr Gewissen betheiligt glaubt, eine solche Partei ergreifen zu müssen, werden wir, wenn es sein muß, Ihnen um jeden Preis dazu behilflich sein."

Der Monarch zögerte, und beschloß endlich, zu Paris zu bleiben. Seinem Eide getreu, vertheidigte Lafayette des Königs Freiheit mit derselben Festigkeit, wie früher die des Volkes. Seine Lage war äußerst kritisch. Man bot ihm damals den Titel eines Connetable, oder den eines Generalissimus der Nationalgarden an. Aber er hielt es für entsprechender für des Staates Sicherheit, daß solche Stellen nicht existiren dürften. Nach der Auflösung der konstituirenden Versammlung legte er den Befehl nieder, und zog sich auf sein Landgut zurück.

Im April 1792 erklärte das österreichische Kabinet Frankreich den Krieg, und Lafayette übernahm den Oberbefehl einer der drei französischen Armeen.

Die Jakobiner arbeiteten während dem auf den

Umsturz der Konstitution. Die öffentliche Ordnung, auf welche Lafayette sich bei jeder Gelegenheit berufen, existirte nicht mehr. Unter solchen Umständen schrieb er mit einem Muth, den wenig Menschen gezeigt, einen Brief an die Versammlung, in welchem er auf das Bestimmteste die Jakobiner-Faktion anklagte, sich der höchsten Gewalt bemächtigen zu wollen, weßhalb er die konstituirten Autoritäten einlud, den von ihr veranlaßten Abscheulichkeiten Schranken zu setzen. Er fügte hinzu: „Der König muß geachtet werden; denn er ist mit der National-Majestät beauftragt. Er muß Minister wählen können, welche die Ketten keiner Faktion tragen, und gibt es Verräther, müssen sie umkommen, aber nur unter dem Schwerte der Gesetze."

Es gab nicht zwei Personen in Frankreich, die fähig gewesen wären, einen solchen Schritt zu wagen, und der General bedurfte seines ganzen ungeheuern Einflußes, um, bei Offenbarung solcher Meinungen, seines Kopfs versichert zu bleiben.

Seine Verhaftung wurde am 8. August in Vorschlag gebracht; aber zwei Drittel der Versammlung stimmten dagegen. Endlich gewannen die Jakobiner dennoch die Oberhand. Lafayette konnte nicht mehr mit Sicherheit zu Paris bleiben, und begab sich zu seiner Armee, die er von derselben Pest angesteckt fand, welche zu Paris wüthete. Er überzeugte sich bald, daß er nicht ohne Gefahr seinen Posten behaupten könne. Den 17. August entschloß er sich, Frankreich zu verlassen, in Begleitung einiger Offiziere seines Generalstabes, wie Alexander von Lameth, Latour-Maubourg und Bureau de Passy.

In derselben Nacht wurde er mit seinen Beglei-
tern durch eine österreichische Streifwache angehalten,
und auf das Unwürdigste behandelt. Man übergab
sie zuerst den Preussen, indem die Festungen derselben
am nächsten gelegen waren. Aber später, als Preussen seinen Separatfrieden schloß, wurden sie wieder
an Oesterreich überliefert, und in die feuchten und
ungesunden Kerker nach Olmütz abgeführt.

Unter den Qualen, mit welchen eine niedrige
Rachsucht den edeln Lafayette heimsuchte, zeichnet
sich die Erklärung aus, „daß er die Mauern seines
Gefängnisses nie verlassen, daß er keinerlei Nachricht
erhalten werde, weder von Begebenheiten noch von
Personen; daß sein Name in der Zitadelle selbst unbekannt bleibe, und daß man in den Berichten an den
Hof ihn durch eine Nummer bezeichne; endlich, daß
er nie etwas von seiner Familie oder von seinen Un-
glücksgefährten erfahren solle.“

Seine Leiden überstiegen oft seine Kräfte, und der
Mangel an Luft, die Feuchtigkeit und Ungesundheit
seines Gefängnisses führten ihn mehr als einmal an
des Grabes Rand. Zu gleicher Zeit wurden seine
Güter in Frankreich konfiszirt, seine Gemahlin wurde
eingekerkert, und die Fayettisten, wie man die
Anhänger der Konstitution von 1791 nannte, wurden
hingerichtet.

Man bemerkt unter denjenigen, die sich am meisten bemühten, Nachrichten über Lafayette's Schicksal zu erhalten, den Grafen Lally-Tolendal,
der damals als Ausgewanderter zu London wohnte,
und den Doktor Erich Bollmann, einen Hanno-
veraner, dessen abenteuerlicher Geist ihn veranlaßte,

den Ort der Gefangenschaft des Generals zu erspä-
hen; und ihn wo möglich aus derselben zu befreien.

Die erste Reise, welche er in dieser Absicht nach
Deutschland unternahm, hatte keinen Erfolg. Aber
Lafayette's Freunde ließen sich nicht so leicht entmu-
thigen. Im Juni 1794 kehrte Bollmann nach Deutschland zurück, und begann aufs Neue seine Nachfor-
forschungen. Mit bewunderungswürdiger Ausdauer und
Geschicklichkeit folgte er den Spuren der Gefangenen
aus Preußen bis nach Olmütz. Sodann theilte er ihnen
seinen Befreiungsplan mit, und erhielt ihre Antworten.

Nach einem mehrmonatlichen Zwischenraum beschloß man, Lafayette während einem seiner Spaziergänge, die man ihm seiner Gesundheit halber zugestanden, zu befreien. Francis Huger, ein junger
Amerikaner, der damals von ungefähr in Oesterreich
sich befand, nahm Theil an diesem Unternehmen. Da
aber die Befreier und der Gefangene sich nicht persönlich kannten, kam man überein, dadurch, daß
man den Hut abnehmen und sich die Stirn abwischen
werde, sich gegenseitig zu erkennen.

Nachdem Bollmann und Huger den Tag erfahren,
an welchem Lafayette seinen Spaziergang machen
werde, schickten sie ihren Wagen nach dem Dorfe
Hoff, in einer Entfernung von ungefähr sieben Stunden, auf dem Wege, den sie verfolgen wollten, und
begaben sich zu Pferde an den Ort ihres Unternehmens.

Eine Kutsche, in welcher, wie sie vermutheten,
sich der Gefangene befand, verließ die Zitadelle. Die
beiden Freunde ritten langsam neben ihr hin, und
gaben das verabredete Zeichen, das auf gleiche Weise
erwiedert wurde.

Nach einer halben Stunde verließ die Kutsche die große Straße, und fuhr auf einem Seitenwege nach einer offenen Ebene, wo Lafayette ausstieg, um sich in Begleitung eines Offiziers zu ergehen. Bollmann und der Amerikaner warfen sich auf diesen, der nach kurzem Widerstand der Zitadelle zueilte, um Lärm zu machen.

Während der Balgerei mit dem Offizier war eins ihrer Pferde entsprungen, und Lafayette war genöthigt, allein zu stehen, nachdem Huger ihm auf Englisch zugerufen, sich nach Hoff zu begeben. Der General glaubte aber, man sage, er solle eilen, fortgehen (go off), weshalb er den ersten besten Weg einschlug, und ihn so lange verfolgte, als sein Pferd ihn tragen konnte. Er wurde zu Jägersdorf als verdächtig angehalten und zwei Tage nachher durch einen Offizier von Olmütz erkannt.

Seine Freunde, nicht minder unglücklich als er, wurden einzeln verhaftet, ohne daß Einer des Andern Schicksal kannte. Huger wurde gefesselt in einen sechs Fuß hohen Kerker geworfen, in welchem er nur Wasser und Brod erhielt. Alle sechs Stunden wurden Gefängniß und Ketten untersucht. Alle flehentliche Bitten, seiner Mutter in Amerika nur die Worte zu schreiben: „Ich lebe,“ blieben fruchtlos.

Endlich nach dreimonatlicher Frist begann der Prozeß der beiden Gefangenen, die auf des Grafen Metrowsky Verwendung nur zu vierzehntägiger Haft verurtheilt wurden, wonach man sie in Freiheit setzte. Wenige Stunden nach ihrer Abreise von Olmütz kam der Befehl von Wien, ihren Prozeß abermals zu beginnen. Glücklicherweise waren sie schon ihren Verfolgern entgangen.

Die Motion des Generals Fitz-Patrick im Jahr
1796, in Betreff einer Nachforschung über Lafayette's
Schicksal, veranlaßte in dem Unterhause des Parlaments Debatten, in denen das Benehmen der österreichischen Regierung in helles Licht gestellt wurde.
Aber Pitts Mehrheit behielt die Oberhand. Die Motion wurde beseitigt, und erregte wahrscheinlich keine
besondere Theilnahme im Volke.

Dagegen blieben die Amerikaner nicht unthätig.
Der unsterbliche Washington konnte nicht gleichgül-
tiger Zuschauer der Leiden seines Freundes bleiben.
Der Brief, den er an Kaiser Franz richtete, und
in dem er die Freilassung des Befreiers Amerika's
forderte, ist ein unvergängliches Denkmal zu seinem
Ruhme . . . . .

Erst den 25. August 1797 wurden Lafayette und
seine Familie, auf Bonaparte's ausdrückliches Verlangen, in Freiheit gestellt. Des Generals Gemahlin und seine Töchter hatten seine Gefangenschaft
während zweiundzwanzig Monaten getheilt. Er selbst
hatte sich fünf Jahre in Haft befunden. Die Gesundheit seiner Gattin konnte nie vollkommen wiederhergestellt werden, obgleich sie erst einige Jahre nach
der Freilassung starb.

Frankreich war in dem Augenblicke noch zu heftig
bewegt, als daß Lafayette mit Sicherheit hätte dahin zurückkehren können, um so mehr, da das Di-
rektorium nicht einmal die Sentenz widerrufen, welche
die Jakobiner gegen ihn geschleudert. Sein Exil
erreichte erst nach dem 18. Brumaire ein Ende. Er begab
sich nun nach seinem kleinen Landgute La Grange, dreizehn Stunden von Paris, das er seitdem immer bewohnt.

Zwischen Napoleon und Lafayette konnte keine Uebereinstimmung der Meinungen und politischen Ansichten bestehen. Der letzte stimmte gegen das lebenslängliche Konsulat, und schrieb deshalb einen Brief an Bonaparte. Von diesem Augenblick waren alle Verbindungen zwischen ihnen unterbrochen. Napoleon weigerte sich sogar, Georg Washington La Fayette und Lasteyrie, Sohn und Schwiegersohn des Generals, zu befördern, obgleich sie in der Armee sich ausgezeichnet hatten. Er durchstrich ihre Namen auf der Promotionsliste, und sagte: „Diese Lafayette sind immer auf meinem Wege."

Die Restauration der Bourbonen im Jahr 1814 veränderte Lafayette's Lage nicht. Er erschien einmal bei Hofe, und wurde gut aufgenommen. Aber da die Regierung seinen Ansichten nicht entsprach, besuchte er die Tuilerien nicht mehr.

Nach Napoleons Rückkehr im Jahr 1815 protestirte er gegen die additionelle Akte, und wurde von demselben Wahlkollegium, das seine Protestation empfangen, zum Deputirten ernannt. Napoleon wünschte sich seines Einflusses zu bedienen, und bot ihm den ersten Platz an in der neuen Pairskammer, die er ernennen wollte. Lafayette lehnte dies Anerbieten ab. Er sah Napoleon erst bei Eröffnung der Kammern, am 7. Juli.

„Wir haben uns seit länger als zwölf Jahren nicht gesehen, General!" sagte Napoleon. Lafayette blieb kalt, zurückhaltend. All sein Streben ging dahin, die Kammer zu vermögen, sich als eine wirkliche Vertretung der französischen Nation, und nicht als ein Napoleon ergebener Klubb, zu zeigen.

Nach der Schlacht von Waterloo hatte dieser letzte den Entschluß gefaßt, die Kammer aufzulösen, und sich die Diktorialgewalt beizulegen. Regnault von Saint-Jean-d'Angely, einer seiner Räthe, der diese Gewaltmaßregel nicht billigte, unterrichtete Lafayette, daß in zwei Stunden der gesetzgebende Körper nicht mehr bestehen werde.

Kaum war die Sitzung eröffnet, als der General mit demselben Muth, mit derselben Dahingebung, wie vor der National-Versammlung im Jahr 1792, zum ersten Male seit zwanzig Jahren wieder den Rede-stuhl bestieg, und eine gedrängte, aber energische Rede hielt, die sein Tod gewesen wäre, hätte er nicht auf den Beistand der Kammer, an die er sie richtete, rechnen können. Das Resultat derselben war, daß die Kammer sich in Permanenz, und jeden Versuch, sie aufzulösen, als Hochverrath erklärte.

Bei der zweiten Abdankung Napoleons, die bald auf dies Ereigniß folgte, hatte man den Plan, La-fayette an die Spitze der Angelegenheiten zu stellen, indem er am meisten das Vertrauen des Volks, und insbesondere der Nationalgarde, hatte, die sich in Masse erheben sollte. Aber eine Szene unwürdiger Intriguen hatte bereits begonnen, und man ernannte eine provisorische Regierung, deren Hauptmaßregel darin bestand, den General mit einer Deputation zu den alliirten Mächten zu schicken, um Frankreichs Invasion zu verhindern.

Diese Gesandtschaft hatte keinen Erfolg, wie die-jenigen, welche sie erdacht, gehofft und vorausgese-hen hatten. Die fremden Truppen kamen nach Paris, und die vertretende Regierung wurde abgeschafft.

Mehrere Deputirte versammelten sich indessen bei Lafayette, unterzeichneten eine förmliche Protestation und begaben sich ruhig in ihre Wohnungen.

Das Beispiel unerschütterlicher, politischer Rechtschaffenheit, welches das ganze Leben dieses großen, vortrefflichen Mannes darbietet, und sein moralischer Einfluß auf alle Gesellschaften, können der öffentlichen Nachahmung nicht genug empfohlen werden.

Die Geschichte Lafayette's, und er selbst, gehören nicht Frankreich allein, sondern allen zivilisirten Nationen. Seit dem Augenblicke, wo der Eindruck, den dieser berühmte Mann auf mich gemacht hat, die Ausfälle des Quarterly Review veranlaßte, ist Lafayette zweimal durch die nicht erkaufte Stimme der öffentlichen Meinung in die Deputirtenkammer gerufen worden.

Sein Geist, der durch den Gebrauch wie ein feines Goldstück noch glänzender geworden, hat sich in allen Gelegenheiten gezeigt, wo die Freiheit seiner Dienste bedurfte, und zwar mit einer Energie, welche selbst die seiner ersten Jugend übertrifft. Er hat allen Angriffen gegen die Preßfreiheit *) und

---

*) „Das Licht, welches die Buchdruckerkunst über das menschliche Geschlecht verbreitet, hat den Zustand der Welt beinahe vollkommen umgestaltet. Indessen hat dieses Licht doch nur den Mittelstand in Europa durchdrungen. Die Könige und die untersten Stände, beide gleich unwissend, haben kaum seine ersten Strahlen bemerkt. Es verbreitet sich aber immer mehr, und so lange die Buchdruckerkunst bestehen wird, kann es eben so wenig erlöschen, als die Sonne rückwärts schreiten kann. Ein erster Versuch in Wiedererlangung des Rechts, sich selbst zu regieren, wird fehlschlagen, vielleicht noch ein zweiter, ein dritter. Aber wenn eine un-

gegen die Wahl-Integrität mit derselben Festigkeit
widerstanden, die er im Beginn seiner edeln Laufbahn beurkundete.

Sein Eifer in Erfüllung seiner Pflichten als Deputirter ist eben so beharrlich, als wenn das Alter
weder seinen Körper noch seinen Geist schwächen
könnte. Auffer der Kammer ist sein Einfluß vielleicht
noch auffallender. Er ist in der That der Mittelpunkt,
um welchen sich die ganze freisinnige Opposition bewegt, der Führer, dem Jugend und reifes Alter mit
gleichem Vertrauen, mit gleicher Zuneigung ihre
Blicke zuwenden.

Er erlangt diesen Einfluß nicht dadurch, daß er
der Menge schmeichelt, oder sich irgend einer Uebertreibung überläßt. Man kann selbst nicht sagen, daß
er das Resultat jener unwiderstehlichen Talente ist,
die man manchmal mit Redlichkeit und Beurthei-
lungskraft vereinigt sieht.

Er hat nicht die hinreissende Beredsamkeit Mira-
beau's, nicht Cannings Glanz, nicht Neckers finan-

terrichtetere Generation auftritt, wird das Bedürfniß immer dringender, und ein vierter oder fünfter Versuch muß
endlich gelingen. In Frankreich ist das erste Streben dieser
Art von Robespierre unterdrückt worden, das zweite von
Bonaparte, das dritte von Ludwig XVIII und seinen heiligen Alliirten. Ein viertes wird ohne Zweifel sich ereignen; denn ganz Europa (Rußland ausgenommen) ist von
dem Geiste bürgerlicher Freiheit durchdrungen, und man
wird überall eine mehr oder weniger vollkommene vertretende Regierung erlangen." (Korrespondenz Jeffersons.) —
Diese Stelle beweiset den Werth der politischen Behar-
lichkeit und der Dienste, welche Lafaytte der Menschheit
geleistet, indem er die verschiedenen Epochen des Liberalismus verbunden, und der Freiheit heiliges Feuer zu einer
andern Generation übergetragen.

zielle Geschicklichkeit, nicht Romilly's und Benthams politische Philosophie.

Seine überredende Macht ist die Stärke der gesunden Vernunft und der persönlichen Ueberzeugung, die Klarheit seiner Ansichten, und die Energie, mit welcher er sie darstellt. Mit einem Worte, sie ist die Stärke der Redlichkeit, der öffentlichen und Privattugend; und wenn in den Stürmen der Leidenschaften, mitten in dem revolutionären Wirbel, diese Stärke nur zu oft durch imposantere Eigenschaften, durch einen entscheidendern Willen besiegt worden, bemerkt man dennoch, zur Ehre der menschlichen Natur, daß das mächtigste Werkzeug zur Erregung des Publikums, zur Erzielung nützlicher Zwecke, eine erprobte Redlichkeit ist, vereint mit einer Beständigkeit, auf welche das Volk lange zur Vertheidigung seiner Rechte gezählt hat.

Acht Jahre nach der Erscheinung des Artikels im Quarterly Review, der Lafayette als einen eiteln, geschwätzigen Greis darstellt, nahm er 1825 die Einladung an, noch einmal die neue Welt zu besuchen, welche das Volk der nordamerikanischen U n i o n an ihn richtete.

Es waren leider nicht Franklin, nicht Washington mehr, die ihn baten, das Land wiederzusehen, zu dessen Glück und zu dessen Größe sie so mächtig beigetragen. In dem Laufe eines halben Jahrhunderts hatten schon mehrere Generationen die Früchte ihrer Arbeiten genossen. Aber die Erkenntlichkeit gegen Lafayette war ein Nationalerbe, von den Amerikanern jedes Alters fortgesetzt und sorgsam erhalten. Der G a s t d e r N a t i o n wurde von den Söhnen und

Enkeln empfangen, wie der Befreier von den Vätern
aufgenommen wurde, als er kam, um ihre Gefahren
zu theilen, und ihre Triumphe vorzubereiten. *)

Die Geschichte, in allen ihren pomphaften Sieges-
Darstellungen, von denen Cäsars bis zu den unver-
gleichlichen Eroberungen Napoleons, bietet nichts
dar, was der einfachen Schilderung der Reise Lafayette's in Amerika gleichgestellt werden könnte. Alle
Organe der freisinnigen Meinung auf beiden Erdhälf-
ten haben ein glänzendes Zeugniß abgelegt von den

*) „Er ist im wörtlichen Sinne des Worts der Gast der Na-
tion. Aber man muß nicht vergessen, daß diese Nation aus
einer andern Generation besteht, als die, welche er ehemals
unterstützte; und wir wünschen uns zu diesem Umstande
Glück. Wir wünschen uns Glück, mit den Tausenden, die
sich überall auf seinem Wege ihm zudrangen, den Tribut
unserer Dankbarkeit, unserer Verehrung Demjenigen darbringen zu können, der mit unsern Vätern für unser Heil gelitten. Aber wir wünschen uns mehr noch Glück über den
moralischen Einfluß, den seine Gegenwart unumgänglich auf
uns erzeugt wird, als Individuen und als Volk; denn
das Schauspiel, welches sich unsern Blicken darbietet, ist
kein gewöhnliches. Es ist uns vergönnt, einen Mann zu
sehen, der mit der alleinigen Kraft der Grundsätze, mit einfacher aber fester Integrität, mit Würde die beiden Extre-
mitäten des Glücks durchschritten hat; einen Mann, der,
nachdem er eine entscheidende Rolle in den beiden größten
Revolutionen der neuern Zeit gespielt, rein und unbefleckt
aus ihnen hervorgegangen ist; einen Mann, der im Wohlergehen, wie im Mißgeschick, sich zu dem Lehrsatz der öffentlichen Freiheit in beiden Welten bekannte, und der denselben
Ton, denselben Anstand, dieselbe vertrauungsvolle Offenheit
auf den Trümmern der Bastille, auf dem Marsfelde, in den
Kerkern zu Olmütz und unter dem Despotismus Bonaparte's
bewahrt hat." (North american Review)

hohen Ehrenbezeugungen, die ihm dort zu Theil geworden.*)

Seine Rückkehr nach seinem Vaterlande und zu seiner Familie, war von demselben Triumphen begleitet.**) Seitdem hat jeder Tag seines Lebens seinen Ruf und die Erhabenheit seiner gesellschaftlichen Stellung vermehrt. Jedesmal, wo er im Publikum erschienen ist, in Freude oder in Leid, bei der Beerdigung seines Freundes Foy, oder bei den Festen der französischen und amerikanischen Unabhängigkeit, die so oft in der Hauptstadt der europäischen Zivilisation gefeiert wurden, ist er von seiner Ehrengarde, der Jugend Frankreichs umringt, aufgetreten, und mit dem Beifallgeschrei einer wirklich nationellen Liebe und Bewunderung begrüßt worden.

*) Jefferson, in einem Briefe an seinen Freund Kosciusko, in welchem er seine gewöhnlichen Beschäftigungen schildert, sagt: „Eine meiner Beschäftigungen, und die nicht am wenigsten angenehmste, besteht darin, die Studien der Jünglinge zu leiten, welche sich über dieselben bei mir Raths erholen. Sie wohnen im benachbarten Dorfe, benutzen meine Bibliothek und meine Fingerzeige, und bilden zum Theil meine Gesellschaft. Ich bemühe mich, ihre Wahl in ihrer Lektüre auf den Hauptgegenstand aller Wissenschaften zu lenken, auf die Freiheit und das Glück der Menschen; damit sie in dem Alter, wo sie in ihres Landes Regierung treten, dieses alleinige Ziel jeder wirklich legitimen Regierung nie aus den Augen verlieren." — Das Alterthum hat nichts, was diesem Gemälde eines von den Geschäften zurückgezogenen Staatsmannes zur Seite gestellt werden könnte, der das aufwachsende Geschlecht vorbereitet, würdig die Aufgabe einer National-Regierung zu erfüllen. Wann werden wir in Europa etwas Aehnliches sehen?

**) Levasseur (Lafayette's Sekretär) hat eine höchst interessante Beschreibung von des Generals Reise in Amerika herausgegeben, die auch in deutscher Sprache erschienen ist.

Das Bemerkenswertheste in der neuesten ausländischen Literatur.

Schweiz.

Histoire de la Nation Suisse, par H. Zschokke; traduite de l'Allemand par Ch. Monnard. Zweite Ausgabe. Aarau 1830. Bei Sauerländer.

Istoria della Suizzera. — Geschichte des Schweizervolks, von Heinrich Zschokke. Uebersetzt nach der zweiten Ausgabe des deutschen Originalwerkes, von Stefano Franscini. Lugano, 1829 und 1830. Bei Ruggia und Comp.

Es läßt sich nichts mehr sagen zum Lobe dieses Werks. Die Geschichte des Schweizervolkes ist eben so bekannt und geschätzt in Frankreich, als in Deutschland und in der Schweiz. Sie verbreitet sich jetzt auch in Italien, und wir erfahren so eben, daß in Kurzem eine Bearbeitung derselben in englischer Sprache zu London erscheinen wird.

Die französische Uebersetzung ist korrekt und gediegen. Der Styl ist zugleich energisch und wohltönend, klar und gedrängt. Der Uebersetzer, Professor Monnard zu Lausanne, hat die zweite Ausgabe auf das Sorgfältigste durchgesehen und verbessert. Der Preis dieses recht eigentlichen Volksbuches ist von dem Verleger äußerst niedrig angeschlagen, obgleich Druck und Papier nichts zu wünschen übrig lassen.

Die italienische Uebersetzung ist von dem bereits rühmlich bekannten Verfasser der Statistica della Suizzera (Statistik der Schweiz, von welcher bei H. R.

Sauerländer zu Aarau eine deutsche Bearbeitung, von Hagnauer, erschienen ist) aus reiner Vaterlandsliebe unternommen, und mit eben so großer Umsicht als Präzision ausgeführt. Sein Styl steht hinter jener der französischen Uebersetzung in nichts zurück. Er ist eben so gewandt als besonnen, eben so energisch als klar.

Die Uebertragung kann in Bezug auf mehrere Stellen frei genannt werden. Franscini hat begriffen, daß er zu den Bewohnern der italienischen Schweiz oft anders sprechen müsse, als Zschokke zu denen der deutschen und Monnard zu denen der französischen.

Indessen verliert er den wahren Geist des Verfassers nie aus den Augen, und wenn er einige Stellen abkürzt, so entwickelt er dagegen andere, die mehr zur Einbildungskraft der italischen Race sprechen. Auf solche Weise wird die Geschichte des Schweizervolkes für die Bürger des Kantons Tessin ein geschichtliches Noth- und Hilfsbuch werden, aus welchem sie sich manigfachen Raths erholen können.

I t a l i e n.

Saggio di lettere sulla Suizzera. — Versuch von Briefen über die Schweiz: Der Kanton Graubünden. Mailand, 1829. Bei Stella.

La Suizzera considerata, ect. — Die Schweiz in Betracht ihrer malerischen Schönheiten, ihrer Geschichte, ihrer Gesetze und ihrer Sitten. Briefe von Tullio Dandolo. — Auch unter dem Titel: Reise in der westlichen Schweiz. Mailand, 1829.

Diese beiden Werke sind nicht ohne besonderes Interesse. Auffallend genug hat bisher kein Italie-

ner über die Schweiz geschrieben; denn Franscini,
von dem wir eine Statistik dieses Landes in italienische Sprache haben, ist ein Schweizer. Eine, Italien
im Norden begrenzende Republik war ihm unbekann-
ter, als England, Frankreich, Deutschland ꝛc. Diese
Gleichgültigkeit gegen ein Nachbarland lag nicht allein in der Verschiedenheit der Sprache, sondern vielmehr darin, daß die Italiener sich die Schweiz als
ein sehr kaltes, unwirthbares Land, als eine Art
Sibirien dachten, weshalb sie nur von äusserst wenigen unterrichteten Reisenden besucht wurde, von denen
wahrscheinlich keiner im Stande war, seine Gefühle
und Ansichten dem Druck zu übergeben.

Dandolo ist der erste, welcher es unternommen,
und in dieser Hinsicht nicht allein verdient sein Begehen Lob. Seine Beschreibungen, die noch Manches
zu wünschen übrig lassen, sind auf jeden Fall geeignet, die Italiener bekannter zu machen mit der Schweiz,
mit ihren Sitten, Gebräuchen und Gesetzen, mit ihren
bald imposanten, bald reizenden Naturszenen, mit
ihrer Geschichte und ihren Verfassungen.

Dandolo's Werke, wir hoffen es, werden viele ge-
bildete Italiener veranlassen, das Land zwischen den
Alpen und dem Jura zu besuchen, weniger um wie
kosmopolitische Heuschrecken es zu überfallen, gleich
den Briten, als mit philosophischer Bedächtlichkeit es
zu studiren.

Mannichfaltigkeiten.

Neue Verbindungsmittel zwischen England und Ostindien.

Seit Langem beschäftigte sich die britische Regierung mit dem Entwurf eines kürzern Kommunikationsweges zwischen England und Ostindien, als der um das Vorgebirg der guten Hoffnung. Das rothe Meer schien dazu am entsprechendsten. Man konnte auf demselben bis nach Suez gelangen, von dort die Depeschen über Land nach Alexandria schicken, und sie endlich über Malta und Gibraltar gelangen lassen. Eben so auch umgekehrt von London nach Kalkutta.

Man hat in diesem Betrachte ganz neuerdings einen Versuch angestellt. Ein Dampfschiff mit zwei Maschinen, von 160 Pferde Kraft, hat die Strecke von Bombai bis Suez in 21 Tagen zurückgelegt. Ein Kurier brachte sodann die Depeschen in 4 Tagen über Kairo nach Alexandria. Sie kamen von dort über Malta in 8 Tagen nach Gibraltar, und von diesem letzten Orte in 7 Tagen nach London. Man erhielt also die Nachrichten aus Indien in 40 Tagen, und durfte hoffen, diese Zeit noch zu verkürzen.

Leider hat dieser erste Versuch bedeutende Kosten verursacht. Man hat Steinkohlen-Niederlagen zu Aden, Dgidda, Moka und Kosseir gegründet; da man aber das Brennmaterial dahinschiffen mußte, kam jede Tonne desselben auf 6 Pfund Sterling zu stehen, was, da die Maschinen jeden Tag 11 Tonnen verbrauchten, eine tägliche Ausgabe von 66 Pfd. Ster. (792 rhein. Gulden) allein für diesen Artikel machte. Gleich nach seiner Ankunft zu Suez kehrte das Schiff wieder nach Bombay zurück.

Der Pascha von Aegypten schien diesen neu eröffneten Verbindungsweg durch seine Staaten nicht gern zu sehen, und man durfte deshalb nicht voraussetzen, ihn auf die Länge

Inhalt des eilften Bandes.

Catalonien in malerischer, architektonischer und antiquarischer Beziehung dargestellt, auf 30 Blättern gestochen von H. W. Eberhard. Royal=Folio. Text von Heinr. Schäfer. in 4. kartonn. 5 Thlr. oder 9 fl.

Das allgemeine und lebhafte Interesse für die Länder= und Völkerkunde, und der Mangel einer Ethnographie, welche durch eine zweckmäßige Auswahl und Behandlungsweise des seit einigen Jahrzehnten zu einer außerordentlichen Fülle angewachsenen Stoffes den gesteigerten Forderungen der Zeit Genüge leisten könnte, haben die genannten Herausgeber bewogen, zur gemeinschaftlichen Bearbeitung eines mit Abbildungen reichlich ausgestatteten Werkes, das den höheren Zeitbedürfnissen zu entsprechen beabsichtigt, sich zu vereinigen. Ihr Plan ist: die alterthümlichen, geschichtlichen und architektonischen Denkmale, so wie die charakteristischen Eigenthümlichkeiten der Völker, und die Naturschönheiten und Merkwürdigkeiten ihrer Länder zu beschreiben, und in Abbildungen, die den gebildeten Kunstsinn ansprechen, zu veranschaulichen. Von der Aufnahme und Unterstützung des Publikums wird es abhängen, ob nach und nach die merkwürdigsten Länder und Völker auf gleiche Weise dargestellt erscheinen können.

Italia in hundert und einem Ständchen, von einem Morgenländer. gr. 8. geh. 1 Thlr. 18 gr. oder 3 fl.

Der geneigte Leser wird in der Darstellung und dem Talent des Verfassers die Feder eines als Dichter und Gelehrten rühmlichst bekannten Schriftstellers leicht erkennen. Der Verleger hat sich aus dieser Rücksicht bestimmt, dem Werk eine schöne Ausstattung zu geben.

Scott, W., Geschichte von Schottland. Aus dem Engl. übers. von Fr. Vogel. 1r Bd. 1ste u. 2te Abtheil. gr. 12. 1 Thlr. 8 gr. od. 2 fl. 24 kr. (Das Ganze wird aus 2 Bänden bestehen.)

Wagner, G. W. D., statistisch = topographisch = historische Beschreibung des Großherzogthums Hessen in 4 Bänden. 1r bis 3r Bd. gr. 8. 3 Thlr. oder 5 fl. 15 kr.

Zur Geschichte unserer Zeit. Eine Sammlung von Denkwürdigkeiten über Ereignisse der drei letzten Decennien. 17r bis 22r Theil. 8. geh. Jeder Theil à 6 gr. oder 27 kr. (Die früheren 16 Theile in 8 Bänden sind noch à 4 Thlr. oder 7 fl. 12 kr. zu haben.)

———

Von der „Bibliothek der neuesten Weltkunde" erscheint mit Anfang eines jeden Monats ein Theil von 200 bis 250 Seiten. Sein Inhalt wird das Neueste und Denkwürdigste aus dem ganzen Reiche der Weltbegebenheiten umfassen, und überhaupt das in Rede und Betrachtung stellen, was bei allen zivilisirten Völkern der Erde ein allgemeines, höheres Interesse erregen kann.

Der Inhalt eines jeden Theils wird unter folgenden Hauptrubriken begriffen sein:

Erwägende Philosophie. — Prüfende Moral. — Geschichte im ausgedehntesten Begriff. — Reisen und geographische Mittheilungen. — Sitten und Gebräuche aller Völker der Erde. — Religion. — Fortschritte der Zivilisation. — Politik. — Staatswissenschaft und Staatswirthschaft. — Erfindungen und Entdeckungen. — Statistik. — Naturgeschichte. — Wissenschaft im Allgemeinen. — Biographien. — Literatur. — Kritik. — Wissenschaftliche und andere Notizen mannigfaltigen Inhalts.

Herausgeber und Verleger haben die erforderlichen Maßregeln getroffen, auch ihre Verbindungen auf solche Weise eingeleitet, daß alle Mittheilungen des In- und Auslandes mit aller möglichen Beförderung ihnen zukommen, so daß sie mit Anfang jeden Monats einen neuen Theil des Denkwürdigsten erscheinen lassen werden. Jeder Aufsatz von allgemeinem Interesse soll sogleich vollständig mitgetheilt, und nicht abgebrochen werden.

Die ganze Sammlung eines Jahrgangs besteht demnach aus zwölf Theilen, für die man sich überhaupt mit 12 fl. oder 8 thlr. jährlich abonnirt, folglich ist jeder Theil um den ungemein billigen Preis à 1 fl. angeschlagen; einzelne Theile werden nicht besonders erlassen, sondern man abonnirt sich für die jährliche Sammlung von 12 Theilen durch Vorausbezahlung bei allen Buchhandlungen und Postämtern von ganz Deutschland und der Schweiz.

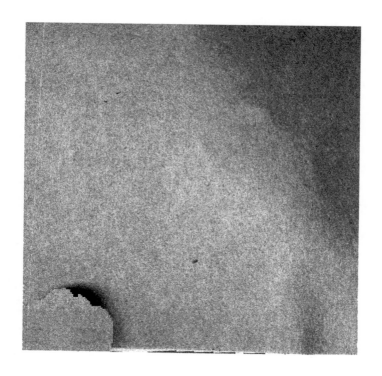

Bibliothek

der

Neuesten Weltkunde.

———

Herausgegeben

von Malten.

———

Zwölfter Theil.

Aarau 1830.
Bei Heinrich Remigius Sauerländer.

Die fortwährende Theilnahme eines großen und gebildeten Publikums muntert zur thätigen Fortsetzung dieser Bibliothek auf, denn sie ward mit allgemeinem Beifall auch im verwichenen Jahre gelesen; sie wird mit steigendem Interesse ferner sich erheben. Mit strenger Wahrheitsliebe wird sie nur das Geschehene erwägen. Ihre unwandelbare Tendenz ist allein auf das wahrhaft Nützliche und Gute berechnet; immer wird sie auch fortan nur dem Gründlichen, dem Positiven, dem anerkannt Wahren ihren Inhalt widmen; immer wird sie ihre reichste Belohnung in der gerechten Anerkennung ihrer Leser suchen und finden. — Der erste Theil der vierten Jahresfolge wird unverweilt Anfangs Januar 1831 erscheinen, und in allen bekannten Buchhandlungen ehestens zu haben sein. Der Preis für jeden Jahrgang von zwölf Theilen bleibt unverändert à 12 fl. oder 8 Thlr. festgesetzt. Von den Jahren 1828, 1829 und 1830 ist noch ein kleiner Vorrath vollständig zu haben, und man beliebe sich mit Bestellungen dafür an die bekannten Buchhandlungen von ganz Deutschland und der Schweiz zu wenden. Auch die möglichste Billigkeit des Preises von dieser zeitgemäßen Bibliothek ist allenthalben anerkannt, und derselbe wird für jeden Theil von fünfzehn Bogen zu 15 Batzen, oder 1 fl. oder 16 gr. auch fernerhin festgesetzt bleiben.

———

In

Bibliothek

der

Neuesten Weltkunde.

Geschichtliche Uebersicht der denkwürdigsten Ereignisse bei allen Völkern der
Erde, ihrem literarischen, politischen und
sittlichen Leben.

Herausgegeben
von Malten.

Zwölfter Theil.

Aarau 1830.
Bei Heinrich Remigius Sauerländer.

Die Neubildung des Unterhauses des britischen Parlaments.

Nicht in Frankreich allein macht der Zeitgeist Riesenschritte, auch in England entwickelt die Volksvernunft sich immer mehr. Das Bedürfniß nothwendiger Reformen wird immer fühlbarer, immer dringender. Auf allen Seiten verlangt man Gesetzesläuterung, Rückkehr zum Urprinzip aller Macht, Befestigung der Eintracht zwischen Regierung und Volk, durch ein gesetzmäßiges, friedliches Uebereinkommen, durch gegenseitige Zugestehung, eben so entfernt vom Despotismus, als von Anarchie. Die Neugestaltung des britischen Parlaments hat das aufs Klarste bewiesen.

Wir haben in dem Artikel: „Stellung der Parteien in England" (im 10. und 11. Band dieses Jahrgangs), angedeutet, aus welchen Elementen das Unterhaus des britischen Parlaments zusammengesetzt war. Dies Unterhaus existirt nicht mehr. Der Tod Georgs IV hat es aufgelöset; es ist jetzt durchaus neu gebildet worden.

Eine allgemeine Wahl ist in Großbritannien noch nicht, was sie nach der Theorie der Konstitution dieses Landes eigentlich sein sollte. Ihre Resultate beurkunden nicht immer die Meinung der Wähler. Bestechungen, Intriguen jeder Art sind bei diesem großen Akt der Volks-Souveränität vorherrschend. Die Wirkungen, welche dadurch erzeugt werden, beweisen wenig oder nichts. Mehr liegt daran, die Ur-

fachen, welche fie hervorgebracht, kennen zu lernen.
Man muß hinauffteigen bis zu ihnen.

Eine Wahl, bei welcher mehrere Bewerber auftreten, ift nur im Stande, bei einem unpartheiifchen
Zufchauer Abfcheu zu erregen. Die Unwiffenheit zeigt
fich da in ihrer ganzen Häßlichkeit, die Albernheit
mit ihrer ganzen Aufgeblafenheit, die Beftechlichkeit
mit ihrer ganzen Schamlofigkeit, jede niedrige Leiden-
fchaft in ihrer ganzen Ausfchweifung und Blöße.
Egoismus, Lift, Eitelkeit treten unverfchleiert auf.
Wer mag noch in dem Allem ein Fünkchen Vaterlandsliebe erblicken?

Und dennoch ift fie der Beweggrund von dem
Allem. Man blafe den fchmutzigen Schaum weg, und
man wird den klaren Born wieder erblicken, der zur
Erhaltung des öffentlichen Wohlergehens quillt.

Alle Verftandeskräfte find mächtig erregt; der
Patriotismus erwacht. Es gibt mehr als ein Land,
wo, unter dem Anfchein der Ruhe und Ordnung,
Alles gefellfchaftlicher Tod, moralifche Verfumpfung,
legislative Willkühr ift. Solche Länder find um ihren fcheinbaren Frieden nicht zu beneiden. Sie haben
nur ein fehr unvollftändiges, ein politifches und mo-
ralifches Polypenleben, und kennen keinen der höheren
Genüffe, welche die volle Ausübung der Menfchen-
kraft und der Menfchenwürde gewähren.

In einem Staate, wie England, find die Gebrechen nicht verborgen, fondern auf der Oberfläche,
während fein Heil und fein Leben in den Tiefen der
gefellfchaftlichen Organifation ruhen. Man verweile
nicht bei diefem Tumult von einigen Tagen, bei diefem Drama des Pöbels, bei diefer Prahlerei der

Unordnung. Man dringe weiter vor, und prüfe, was darauf folgt, was sich daraus ergibt.

Und in diesem Drama selbst, welches Leben, wie viel Leidenschaftlichkeit, welche Bewegung, wie viel Theilnahme! Des Armen Herz hüpft vor Wonne. Auch er hat sein Viertelstündchen der Macht und Wichtigkeit! Der Handelsmann kehrt seinen täglichen Geschäften den Rücken, und seine Gedanken erheben sich zu einer größeren Sphäre. Mehr als ein Jüngling in England kannte den Enthusiasmus der Vaterlandsliebe früher, als den der Liebe oder der Ehre. Welche reiche Aussaat von großen, schaffenden, erhebenden Gesinnungen! Wahrlich, Nationen, die sie nicht kennen, sind in mehr als einer Hinsicht bemitleidenswerth!

Die letzten Neuwahlen der Mitglieder des englischen Unterhauses bieten ein Interesse dar, das von keinen der früheren Wahlen in einem so hohen Grade in Anspruch genommen werden konnte. Sie bezeichnen wichtige Umgestaltungen. Eine durchaus friedliche Revolution hat auch in England stattgefunden.

Während den vier Jahren des letzten Parlaments haben sich nicht allein die Meinungen der Regierten, sondern auch der Regierenden, durchaus verändert. Kurz vorher stellte die Regierung noch allen Forderungen des Volks einen ehernen Willen entgegen, und die Speichellecker der Autorität spotteten verächtlich über das Streben der Opposition.

Zwei Partheien schieden die Nation: die der Minister, bestehend aus ihren Kreaturen, aus Gunstbewerbern, aus der Masse derjenigen, die jede Neuerung fürchten, und die aus Gewohnheit oder Bequem-

lichkeit alles Bestehende achten, wäre es auch noch so
schlecht; und die Partei, welche das Wohlergehen Aller
der Ruhe und Opulenz Einiger nicht aufopfern wollte.

Diese letzte Partei hatte schon sehr viele Schattir-
rungen. Aber alle waren darin einverstanden, daß
bald die Stunde schlagen müsse, wo der Knechtschaft Bestehen, unter der Freiheit Formen, auf immer verschwinden müsse. Alle wünschten, nach einem
größeren oder kleineren Maßstabe, des Landes Institutionen nach den Bedürfnissen, dem Verlangen und
der Zivilisation der Zeit sich läutern zu sehen.

Ihr Streben blieb ohne Erfolg, weil es zersplittert, weil es nicht übereinstimmend war. Alle Ver-
besserungs-Anträge, von Einzelnen gemacht, wurden
stolz zurückgewiesen. Die Vertreter der Masse und
ihrer Wünsche schadeten ihrer Sache, indem sie sich
nicht verständigten, indem sie nicht übereinstimmend
forderten, was keine Gewalt einer allgemein beurkundeten Meinung zu versagen im Stande ist.

Die Verschürzung der inneren Verhältnisse des
britischen Kabinets war gewissermaßen ganz anti-na-
tional. Ein solcher Zustand der Dinge konnte nicht
von Dauer sein. Aber Niemand wagte es, den verhängnißvollen Knoten zu lösen, bis endlich Lord Wellington ihn durchhieb.

Ohne sich in die Abstraktionen der Theorien zu verirren, ohne vielleicht die Rechte und Pflichten der
Völker und ihrer Beherrscher in nähere Beachtung
zu stellen, hat er, als Mann von gesundem Verstande,
eingesehen, daß man den Anforderungen der Zeit nicht
lange, und immer nur mit Gefahr, widerstehen könne.
Er bemerkte, daß Englands Institutionen vollkommen

zu Grunde gehen müßten, wenn der Zeitgeist mit ihnen kämpfe, ohne sie durchdringen zu können.

Sein Entschluß war bald gefaßt. Er machte sich selbst zum Werkmeister der allmäligen Umgestaltung. So war es ihm möglich, sie zu bestimmen, und mit der ihm eigenthümlichen Energie und Geradheit sie in Ausführung zu bringen, ohne das Land zu erschüttern, ohne irgend eine Rückwirkung zu erzeugen.

Ohne Zögerung, ohne Hinterhalt, ohne Skrupel, hat er als wirklicher Staatsmann, als Minister seine Pflicht erfüllt. Er hat, als guter General, seine Stellung genommen, rasch, aber besonnen, ohne sich zuvorkommen oder überflügeln zu lassen. Die Gefahr war da; er sah sie.... Seine Bestimmung war schnell, sicher, entscheidend.

Die Klarheit seines Geistes, die von keiner Selbstgenüglichkeit, keiner Froscheitelkeit, keinem Vorurtheil, keiner Bestechlichkeit getrübt wird, die Beharrlichkeit eines Mannes, der nie schwankenden Systemen gehuldigt, und dessen Handlungen immer geometrisch gewesen, kamen ihm bei dieser Gelegenheit gut zu statten. Sein höchst einfacher Karakter, sein gerader Sinn, sein entschlossener Wille führten ihn ohne irgend einen Umschweif zum Ziele.

Von diesem Augenblick ist des Volkes Wohlergehen der offene Zweck der Regierung geworden. Alle von Unwissenheit, Vorurtheil und halb verstecktem Böswillen diktirte Deklamationen sind aus den ministeriellen Reden verbannt. Man stellt das Positive in Betrachtung, und prüft es streng, unparteiisch, unter den verschiedenartigsten Gesichtspunkten. So gelangt man sicher und ohne Anstand zum Wahren,

zum Reellen. Die Grundsätze des Besserwollens, die
Resultate des Besserwerdens bilden sich immer mehr
aus, und deuten den Weg an, den man fernerhin zu
verfolgen hat. ·

Die letzten Neuwahlen finden die alten Stellungen
verändert. Regierung, Volk, Parteien erkennen nicht
mehr ihre früheren. Der Schrei: „nieder mit dem
Papismus!" war der Parteien Losungswort. Desselben jetzt beraubt, durch die Emanzipation der Katholiken, was bleibt ihnen, um ihren verlornen Talisman zu ersetzen? Des alten Englands äußere Form
besteht noch fort; aber seine eigentlichen Lebens-Elemente haben sich umgestaltet.

Welche neue Interessen-Abtheilungen mußten sich
nun bilden? Wie konnten sie sich gruppiren? Unter
welchen Beziehungen, von welcher Seite sollten sie
den Angriff beginnen? —

Es waren zwei halbaufgeriebene, durcheinander
geworfene Armeen, bereit, sich neu zu organisiren.
Ein solches Schauspiel war der höchsten Aufmerksamkeit werth.

Nicht minder interessante Besonderheiten vereinigten sich mit diesen allgemein interessanten Beweggründen. Die ostindische Gesellschaft, deren Dasein und
Opulenz auf dem Spiele gestanden, und die neue
Gefahren voraussehen mußte, bemühete sich, Stützen
im Unterhause zu gewinnen.

Stellen wir diese Umstände, die von großer Wichtigkeit in der Geschichte der neuesten Wahlen sind,
näher in Rede.

Die Vertretung der Grafschaften in England
ist fast immer die Frucht eines Kampfes zwischen zwei

reichen Familien. Die der Flecken deutet besser
noch den Zustand der Meinung und die politische
Tendenz der Wähler an.

Für die Familien, die sich um die Grafschafts-
wahlen streiten, haben Betrachtungen des öffentlichen
Interesses wenig oder keinen Werth. Das Interesse
ihres Hochmuths ist für sie Alles. Oft wird ein solcher Streit durch einen gütlichen Vertrag beendet,
wodurch die Grafschaften in die Lage der „verschlos-
senen Flecken (close boroughs)" versetzt werden;
weil jede Zulassung äußerer Meinungen untersagt ist,
und dieselben Menschen, in kleiner Zahl, immer das
Wahlrecht ausüben.

Demungeachtet ist die Volksmacht, im Verein mit
dem Zeitgeiste, auch bis zu den Grafschafts-Vertre-
tungen gedrungen. Dies Anzeichen verdient hohe
Beachtung.

In der großen und wichtigen Grafschaft Devon-
shire ist ein durch seine Tory-Meinungen und Grundsätze bekannter Mann (Bastard) durchgefallen, und
Lord Ebrington, ein beredter Vertheidiger der öffentlichen Freiheiten, ist an seine Stelle getreten.

In Cambridgeshire hat das Haupt der Aristokratie,
der Herzog von Rutland, umsonst sich bemüht, seinen
Verwandten, Lord Manners, ins Parlament zu
bringen; ein Unabhängiger, Hr. Adeane, ist erwählt worden.

Der eifrigste Gegner aller neuen Ideen, der bekannte Oberst Jolliffe, ist ebensowohl, wie sein
Nebenmann, Holme Sumner, durchgefallen. Der
freisinnige Kandidat Briscoe ist ernannt worden.

Derselbe Fall hat auch in Norfolkshire und in der

Grafschaft Midlesex sich ereignet. Ein wahrhaft nützlicher, aber bescheidener Mann, ein unermüdlicher
Arbeiter, Hume, hat in dieser letztern den Sieg er-
rungen; eine Wahl, durch welche die Fortschritte der
Aufklärung bei den Wählern auf das Augenscheinlichste beurkundet werden; denn es gibt kaum weniger hervorleuchtende, aber nothwendigere Fähigkeiten,
als die Hume's.

Die Wahl der Grafschaft Essex ist sonderbar gewesen. Seit undenklichen Zeiten hatte diese Grafschaft den Gebrauch, zwei Mitglieder ins Parlament
zu schicken, die zu den beiden entgegengesetzten Mei-
nungsschattirungen gehörten. Sie hoffte, auf solche
Weise das Gleichgewicht zu begründen, während sie
in der That durch ein solches System die Vertretung
vernichtete. Man würde jetzt zum ersten Male zwei
freisinnige Kandidaten ernannt haben, und man zeigte
sich dazu sehr geneigt, hätte einer derselben, Wellesley, sich besser benommen. Aber seine albernen
Deklamationen, selbst mit Herausforderungen begleitet,
entzogen ihm alles Vertrauen, und sein Gegner wurde
gewählt, obgleich noch 2300 Wähler, die wenigstens
in ihm einen Anhänger der Parlaments-Reform erblickten, für ihn stimmten.

Die erste aller Grafschaften Großbritanniens an
Ausdehnung, Einfluß und Reichthum, Yorkshire, hat
weder einen Millionär, noch ein Mitglied der Aristokratie, noch einen mit Versprechungen verschwenderischen Tribun gewählt, sondern einen schlichten Bürger, ohne Vermögen, ohne Aemter, ohne Unterstützung
von Seiten der Regierung, und noch dazu der Provinz, die er im Unterhause zu vertreten hat, durchaus

fremd; den Advokaten **Brougham.** Er ist unter allgemeinem Beifallgeschrei erwählt worden. Sein Titel: „unermüdlicher Vertheidiger der Rechte der Menschheit", hat genügend geschienen.

Die Wähler haben in ihm nicht das Haupt einer Opposition erblickt, sondern den weisen, umsichtsvollen Bekämpfer bestehender Mißbräuche, durch welche mehr, als durch des Volkes Forderungen, die Institutionen Großbritanniens, wie jedes freien Landes, bedroht werden.....

Die Flecken ihrerseits, deren nomadische Wähler nicht Mitglieder der städtischen Zünfte sind, und die das Recht haben, ihrer Abwesenheit und der geringen Uebereinstimmung ihrer Ideen und Gewohnheiten mit denen der Einwohner ungeachtet, dort zu stimmen, so können sie, welches auch die Resultate ihrer Wahlen sein mögen, nur dazu dienen, den Zustand der Meinung anzudeuten.

Diese über das ganze Königreich zerstreueten Wähler kennen weder die Bedürfnisse, noch die Beschwerden des Fleckens, dessen Vertretung ihnen anvertraut ist. Sie begeben sich nur dahin, um zu stimmen, sich zu berauschen und sich zu vergnügen, unbekümmert um alle übrigen Interessen. Alles macht sie geneigt, ihre Stimmen zu verkaufen, um so mehr, da sie Niemand näher bewacht.

Maldon, Flecken in der Grafschaft Essex, bietet ein auffallendes Beispiel dieses Mißbrauchs dar. Die Bewohner dieses Ortes, ungefähr zweitausend an der Zahl, besitzen eine alte Charte, die ihnen das Recht zugesteht, zu Wählern diejenigen Bürger Englands zu ernennen, welche sie dadurch besonders ehren wollen.

Die Wahl wurde 1826 hartnäckig bestritten, weil man mehr als zweihundert neuen Wählern, die von allen Seiten herbeigeeilt waren, die Franchise (das Wahlrecht) von Maldon gegeben. Die beiden Parteien kämpften vierzehn Tage lang um den Sieg, indem beständig neue Wähler anlangten. Die Wahl kostete den Kandidaten mehr als 40,000 Pfund Sterling (460,000 rh. ln. Gulden).

Da, nach den Statuten derselben Charte, die Tochter eines Wählers dem Manne, mit welchem sie sich verheirathet, Stimmrecht gibt, so wurden in aller Eile mehrere eheliche Verbindungen abgeschlossen, um die Masse der Stimmen zu vermehren, und oft erst nach der Vermählung entdeckte man, daß die Braut das vorgebliche Recht nicht gehabt.

In Politik, wie in Geschichte, kann man wahrlich nichts Abgeschmackteres finden, als einen solchen Zustand der Dinge. Es ist zu wünschen, daß er je eher je lieber abgestellt werde.

In einer kleinen Stadt, in welcher derselbe lächerliche Gebrauch vorherrschend ist, haben die Szenen des in Rede stehenden Drama's ganz neuerdings ein noch höheres Interesse erregt. Es war zu Bridgenorth, diesem malerischen Orte, dessen weiße Häuser, von Felsen umschlossen, und von dem Severnflüßchen bespült, die wilde Schönheit der Gegend erhöben.

Die vorzüglichsten Schauspieler waren einerseits die Monopol-Inhaber der ostindischen Kompagnie, und anderseits die großen Manufaktur-Eigenthümer der Zentral-Grafschaften. Der wirkliche Gegenstand des Kampfes war des Handels Freiheit oder Beschränkung.

Richard Arkwright wurde von der Bank und
der Kompagnie unterſtützt. Große Summen wurden
verſchwendet, und der Sekretär des Lord-Kanzlers
wurde ihm als Adjutant beigegeben. Sein Reichthum, ſeine Liebenswürdigkeit, ſein Name *), ſeine
Talente und ſeine geſellſchaftliche Stellung, ließen
ihm einen günſtigen Erfolg hoffen.

Seine Gegner waren Whitmore d'Apley,
Haupt einer alten Familie, Beſitzer eines prächtigen
Landgutes, nahe bei der Stadt, und durch ſeine der
abſoluten Gewalt einigermaßen geneigte Meinung bekannt; und William Woolriche Whitmore, Verwandter dieſes Letztern, aber zu einem andern Fami-
lienzweige gehörend. Er war lange Mitglied des
Parlaments, und bekannt als der eifrigſte und ge-
ſchickteſte Vertheidiger der Handelsfreiheit. Seine
Beweisgründe hatten die Vorurtheile des Unterhauſes
erſchüttert, und der Reform der Handelsgeſetze Bahn
gebrochen.

Ihm zu Gunſten verſtändigten ſich die Manufak-
turiſten von Kidderminſter, und die Eiſen-Fabrikan-
ten der Grafſchaften Salop und Stafford **), die,
obgleich reich und mächtig, doch nicht vertreten ſind,
und deren Intereſſen kein Organ im Unterhauſe haben. Sie bezahlten alle Koſten der Wahl, auch

*) Er iſt ein Sohn des berühmten Mechanikus Arkwright,
welcher der engliſchen Induſtrie große Dienſte geleiſtet.
**) Mehrere große Manufakturſtädte haben bis jetzt noch keine
Vertreter im Parlament, z. B. Birmingham, obgleich es
180,000 Einwohner hat. Die Urſach davon liegt darin, daß
ſie, als das Geſetz gegeben worden, entweder noch nicht
exiſtirten, oder zu unbedeutend waren, um auf Vertretung
Anſpruch machen zu können.

Liverpool trug dazu bei, und die alleinige Handels-
kammer von Glasgow gab 500 Pfund Sterling
(6000 rh. Gulden).

Zudem leiteten sie den Kampf mit so großer Geschicklichkeit, daß Arkwright, alles Kredits der zwei
riesigen Körper ungeachtet, von denen er unterstützt
wurde, sich schon am dritten Tage zurückziehen, und
seinen Gegnern das Schlachtfeld überlassen mußte.
Auch Whitmore d'Apley wurde nur mit seinem Verwandten gewählt, nachdem er feierlich versprochen,
die Handelsfreiheit in der Kammer zu vertheidigen.

Diese von dem Kandidaten des Monopols erlittene
Niederlage beweiset, daß eine so schreiende Ungerechtigkeit nicht länger bestehen kann, und bald beseitigt
werden dürfte.

Die Vertretung von London, von Westminster und
der beiden Universitäten (Oxford und Cambridge) ist
dieselbe geblieben. Southwark hat, statt Calvert,
Harris ernannt, der vor Freude gestorben ist, so
daß wahrscheinlich der erste, über den man sich nicht
zu beklagen hat, dennoch wieder gewählt werden
möchte.

Zu Newmark hat Sadler, ein talentvoller, von
dem Herzog von Newcastle unterstützter Mann, und
einer der besten Advokaten, den Volks-Kandidaten
Wilde zu bekämpfen gehabt, und ihn nur mit vieler Mühe besiegt.

Dagegen haben die Volks-Kandidaten zu Shrewsbury, Colchester, Norwich, Abingdon und Newcastle
unter Lynn, triumphirt. Zu Bedford hat eine einzige Stimme, die des Maire, den liberalen Kandidaten, Lord Russell, beseitigt.

An vielen andern Orten haben politische Interessen keinen Einfluß auf die Wahlen ausgeübt, und
sie sind, was sie immer waren, persönlichen Rücksich-
ten untergeordnet geblieben.

Zu Reading, wo seit zweiundzwanzig Jahren immer die Whigs-Kandidaten gewählt worden, hat man
diesmal dem der Torys den Vorzug zugestanden. Die
Ursache davon war, daß der erste, der Doktor Lu-
shington, den meisten Wählern unbekannt war,
während sein Gegner, Russell von Swallowsfeld,
einen großen Einfluß auf sie ausübte. Demungeachtet
hatte er nur fünfzehn Stimmen mehr für sich.

Wirft man endlich einen allgemeinen Blick über
die letzten Neuwahlen in England, so überzeugt man
sich, daß die Rechte des Volks täglich neue Vertheidiger gewinnen; daß sich täglich nur Gegner der
Handels-Knechtschaft erheben. Kein Kandidat wird
ernannt, der nicht feierlich gelobt, für die Verminderung der Abgaben, für die Verbesserung der Institutionen zu wirken; ein Beispiel, das man überall
nachahmen sollte. Es gibt nicht einen einzigen, der
es wagen möchte, als Vertheidiger der bestehenden
Mißbräuche aufzutreten. Er würde mit allgemeinem
Gezisch begrüßt werden. Unter allen, welche das
Monopol der ostindischen Kompagnie ins Parlament
befördert, hat nicht einer seine geheimen Absichten
einzugestehen gewagt.

Die alten Deklamationen gegen den revolutionären
Geist sind verstummt. Man hört keine Sophismen
mehr zu Gunsten der Unduldsamkeit, und gegen die
angeblichen Usurpationen der katholischen Emanzipation.
Alles hat sich verwandelt. Diese Mittel, die vor

zwanzig Jahren sehr zweckmäßig scheinen mochten,
haben jetzt ihren ganzen Werth verloren. Die Meinungen bekämpfen sich immer noch; aber nicht mehr
mit jener blinden Wuth, die früher ihre Bewegungen
bestimmte. Man spricht nicht mehr vom Despotismus
mit der Erbitterung bebender Sklaven, nicht mehr
von Empörung der Völker mit dem Entsetzen gestürz-
ter Gebieter. . . . .

Der öffentliche, der Volksgeist, gewinnt augenscheinlich überall an Aufklärung, an Scharfsinn,
an Urtheilskraft. Er erlangt an Stärke, was er an
Vorurtheil verliert. Seine Macht ist in seiner Weisheit. Eine je größere Kenntniß der politischen Verhältnisse er gewinnt, um so energischer, aber zugleich auch um so gemäßigter wird er.

Mit einem Worte: ist das Resultat der letzten
Neuwahl des Unterhauses des britischen Parlaments
dem Ministerium günstig?

Nein, wenn das Ministerium sich gegen das
Volk erklärt. Ja, wenn es seinen Forderungen entspricht, und mit ihm fortschreitet.

Die Regierung hat viele Stimmen verloren; sie
wird mehr noch verlieren, bei jeder neuen Wahl.
In England wie in Frankreich, wie überall, muß
das Vorurtheil vor der Aufklärung weichen. Die Bahn
ist gebrochen. Die Abstellung der Mißbräuche ist
unvermeidlich.

Entstehung, Fortschritte und Verfall des holländischen Handels.

Die Geschichte Hollands, oder der sieben vereinigten Provinzen, beweiset auffallender, als die jeder neuern Nation, die ausserordentlichen Resultate, welche ein Staat durch den Geist wohlverstandener Oekonomie und Thätigkeit gewinnen kann. Sie gewährt zugleich die zweckmäßigsten Mittel zur Erweckung dieses Geistes.

Die Holländer, welche sich dem Anschein nach unter den am wenigsten günstigen Umständen befanden, um Reichthümer zu schaffen und aufzuhäufen, überstiegen durch Beharrlichkeit, eines nach dem andern, alle Hindernisse, und ruheten nicht eher, bis sie aus ihrem Sumpfwinkel den Mittelpunkt des europäischen Handels gemacht, bis sie ein Handels-Patriziat gestiftet, das hinter der feudalen Aristokratie nicht zurückstand, und bis in allen Völkerklassen ein erfreulicher Wohlstand vorherrschend war.

Keine Nation hat eine merkwürdigere Laufbahn durchschritten; die Annalen keiner verdienen ein sorgfältigeres Studium. Aus ihnen entnimmt man am augenscheinlichsten, wie ein Volk an Größe und Opulenz wachsen kann, wenn es einer rechtschaffenen, weisen Verwaltung sich zu versichern weiß.

Die physischen Umstände, in welche die Holländer sich versetzt sahen, von Sümpfen und unfruchtbaren Sandbänken umringt, welche von den sie durchschneidenden großen Strömen zeitweis überschwemmt, oder

von des Ozeans Wellen überdeckt wurden, nöthigten
sie frühzeitig, Dämme zu erbauen, in Fischfang und
Schifffahrt die Hilfsmittel zu suchen, welche der
Ackerbau ihnen versagte.

Das duris urgens in rebus egestas trug bei zur
Entwickelung ihrer Industrie, und gab ihnen den
Muth, die größten Unternehmungen nicht allein zu
beginnen, sondern auch sie zu vollenden.

Sie mußten die meisten ihrer Bedürfnisse aus der
Fremde beziehen; der Handel war solchergestalt für
sie eine Nothwendigkeit. Schon Cäsar schildert die
Bataver als ein Seevolk, das sich hauptsächlich mit
Fischfang beschäftigt. Alle Kronikenschreiber des Mittel-
alters gedenken ihrer Seereisen und zahlreichen Flotten.

Die Stiftung der Hansa schreibt sich von 1241
her. Mehrere holländische Städte wurden gleich anfänglich in diesen Bund aufgenommen. Philipp von
Burgund schrieb 1477 an den Pabst, daß Holland und
Seeland reiche, von einem muthigen Volke bewohnte
Inseln seien, und daß dies Volk nie seinen Nachbärn
unterwürfig gewesen, und daß es in allen Meeren
großen Handel treibe.

Die Entdeckung der Härings-Einsalzung, die man
um Mitte des fünfzehnten Jahrhunderts einem gewissen Beuckels verdankt, hat vielleicht am meisten
zur Bereicherung Hollands beigetragen. Zu einer
Zeit, wo man noch sehr streng auf Fasten hielt,
mußte ein Industriezweig, wie der Häringsverkauf,
ungeheure Vortheile abwerfen. Als Karl V im Jahr
1536 nach Biervliet kam, unterließ er nicht, Beuckels
Grab zu besuchen, und verordnete, daß man auf demselben ein Denkmal errichte.

Sehr lange hatten die Holländer das ausschließliche Monopol des Häringsfangs. Johann de Witt schätzte, daß zu seiner Zeit wenigstens ein Fünftel der Bevölkerung davon lebe. Es gab damals 3000 Schiffe, allein an der Küste Hollands, und 1600 an der Küste Großbritanniens, aber holländischen Eigenthümern gehörig, die ausschließlich zum Häringsfang bestimmt waren, während 800 andere, von 60 bis 150 Tonnen Last, auf den Kabeljaufang ausgingen. Die Holländer hatten im Ganzen 6400 Fahrzeuge, bemannt mit 112,000 Matrosen, welche zu diesem Geschäfte gebraucht wurden. Fügt man dazu noch die Schiffsarbeiter, die Netzeverfertiger, die Salzbereiter 2c., welche alle vom Häringsfang lebten, so findet man eine Hauptzahl von 450,000 Individuen.

De Witt sagt, daß zu seiner Zeit Holland 10,000 Segel und 168,000 Matrosen hatte, denen ihr Land jedoch weder Materialien, noch Lebensmittel, noch Kaufmannswaaren darbieten konnte. Aus diesem Grunde gestanden die Holländer auch ohne Hehl, daß Größe, Reichthum und Macht der vereinigten Provinzen allein dem Häringsfang zugeschrieben werden müssen, und es ist bei ihnen ein Volkssproch, daß Amsterdam auf „Häringsköpfen" erbauet worden.

Es würde uns zu weit führen, wollten wir umständlicher die Ursachen in Rede stellen, welche den Aufstand und die Unabhängigkeit der vereinten Provinzen veranlaßten. Sagen wir nur, daß dieses Landes Regierung, von der Zeit wo es einige Wichtigkeit erlangte, frei war.

Die Grafen von Holland, wie die von Flandern, hatten nur eine beschränkte Macht. Adel, Geistlich-

keit und alle Zünfte der Städte erlangten nach und
nach einen großen Theil der Autorität.   Die oberste
Gewalt befand sich in den Händen der Staaten, die
sich so oft berathen konnten, als sie es für nothwendig
erachteten, und ohne deren Zustimmung keine Steuer
erhoben, kein Krieg erklärt, kein Friede geschlossen
werden konnte.   Die Vorrechte der Grafen waren also
mehr denen von Wahlmagistraten in Republiken ähnlich, als denen von Erbmagistraten in Monarchien.

Dies Regierungssystem, die daraus entsprießende
Sicherheit, und die Freiheit, welche es der Industrie
und Geistesthätigkeit ließ, trug unstreitig am meisten
dazu bei, daß Flandern in Kurzem das reichste und
handeltreibendste Land von ganz Europa wurde.

Unter der milden und konstitutionellen Regierung
ihrer eigenen Fürsten, genossen diese Provinzen mehrere Jahrhunderte lang ein seltenes Glück, bis sie,
nach Erlöschung der männlichen Linie, durch Heirathen und Verträge dem Hause Burgund anheim
fielen.

Auch unter diesen Souveränen bewahrten sie ihre
alten Privilegien, und wurden nach den von ihren
Vertretern gegebenen Gesetzen regiert.   Abgaben und
öffentliche Lasten vermehrten sich zwar; aber da ihr
Handel und ihre Opulenz in einem noch größeren
Verhältnisse zugenommen, unterzogen sie sich, wenn
auch nicht ohne Murren, doch ohne Unruhe, ihren
neuen Verpflichtungen.

Die Oberherrlichkeit der Niederlande ging 1477
von Burgund auf Habsburg über, durch die Vermählung der einzigen Tochter Karls des Kühnen, letzten
Herzogs von Burgund, mit Maximilian, der später

deutscher Kaiser wurde. Sein Enkel Karl V, geboren in den Niederlanden, war den Bewohnern derselben wohlgeneigt. Er behandelte sie ziemlich gut,
achtete ihre Freiheiten, und obgleich er, bei einzelnen Veranlassungen, sein Recht über die konstitutionellen Schranken ausdehnte, fand er im Ganzen doch
wenig Widerstand.

Es war nicht mehr derselbe Fall unter seinem
Sohn und Nachfolger Philipp II. Die Reformation
hatte in den Niederlanden große Fortschritte gemacht.
Um sie gänzlich zu unterdrücken, errichtete dieser dü-
stere, frömmelnde Fürst Gerichtshöfe, die wenig von
der Inquisition verschieden waren, und die alle der
Ketzerei beschuldigte Personen auf eine entsetzliche
Weise zu Tode marterten.

Eine starke Armee, größtentheils aus Italienern und
Spaniern bestehend, wurde nach den Provinzen geschickt.
Der Oberbefehl wurde dem berüchtigten Herzog von
Alba übertragen, dessen Aberglaube und Wildheit hin-
ter denen seines Gebieters in nichts zurückstanden.

Seine Absicht ging nicht allein dahin, die reformirte Religion vollkommen auszurotten, er wollte
auch die Regierung so despotisch machen, als es die
Kastiliens war. Die Grausamkeiten, deren er sich
zur Erreichung dieses Zweckes schuldig machte, erweckten einen Geist des Widerstandes, den Spaniens
ganze Macht nicht zu bezähmen im Stande war. Nur
in Flandern behielten die Spanier die Obergewalt,
während Holland, und alle nördliche Provinzen ihre
Unabhängigkeit sich zu versichern wußten.

Nie hatte ein Kampf mit anscheinend ungleichern
Mitteln begonnen. Die spanische Monarchie war da-

mals unstreitig die mächtigste Europa's. Ihre Hilfsmittel waren ihren großen Unternehmungen angemessen. Sie hatte tapfere, zahlreiche Armeen, und in
Alba, Farnese und Spinola Generale, die den kriegerischen Ruhm aller Zeitalter begründet haben würden.

Die Holländer konnten dieser furchtbaren Armee
nur ihren Haß der Tirannei, ihren unbesiegbaren
Muth, ihre Ausdauer, die Vortheile, welche ihres
Landes eigenthümlicher Zustand gewährte, entgegen-
stellen, so wie die Unerschrockenheit Wilhelms von
Oranien, und die Tugenden seines Sohnes.

Durch eine ausserordentliche Aneinanderkettung
von Ereignissen war dieser blutige Kampf mit Spanien, statt dem Handel Hollands nachtheilig zu sein,
vielmehr eine der Hauptursachen seines Gedeihens.

Brügge war, bis zu einem gewissen Zeitpunkte,
der erste Handelsplatz der Niederlande. Es war der
Mittelpunkt aller Seeverbindungen zwischen dem Nor-
den und Süden Europa's. Aber in Folge der von
Kaiser Friedrich III gegen diese Stadt ausgeübten
Rache, deren Bürger seinen Sohn Maximilian ge-
fangen gehalten, ging der Handel allmälig nach
Antwerpen über, und zu Ende der Unruhen war dies
letzte die handeltreibendste und reichste Stadt unsers
Festlandes geworden.

Guichardin gedenkt, in seiner Beschreibung der
Niederlande, umständlich des blühenden Zustandes
Antwerpens im Jahr 1560. Armuyden, auf der
Insel Walchern, war der Punkt, wo die für diese
Stadt bestimmten Schiffe anlegten, deren oft 500
an einem Tage kamen oder gingen. 10 000 Wagen
wurden ununterbrochen zum Transport der daselbst

ausgeladenen Waaren gebraucht. Einige hundert Kutschen schafften die Reisenden von dem einen Orte zum andern, und 500 Karossen dienten allein der reichern Klasse.

Es gab damals zu Antwerpen 92 Fischhändler und nur 78 Metzger; dagegen aber 124 Goldschmiede, die zugleich Geldwechsler und Bankiers waren. Die Stadt hatte 13,509 Häuser und über 100,000 Einwohner. Mehrere derselben waren sehr reich, und einer von ihnen, Fugger, hinterließ nicht weniger als sechs Millionen Kronen. Karl V nahm oft seine Zuflucht zu der Börse und zu dem Kredit dieses reichen Kaufmannes, den er „seinen guten Freund" nannte, und der eines Tages, als der Monarch ihn mit seinem Besuch beehrte, auf einem Scheiterhaufen von Zimmetholz alle Schuldverschreibungen desselben verbrannte.

Der Handel dieser Stadt wurde zu Grunde gerichtet, als sie 1585 in die Gewalt der Spanier fiel. Die Kapitulation war für die Bürger ziemlich günstig; aber ihr Haß gegen die Spanier war so groß, daß die reichsten sich in Amsterdam, Middelburg und in anderen Städten niederließen, wo sie die Unabhängigkeit und Sicherheit zu finden hofften, die sie von ihren Siegern nicht erwarten durften.

Um die Wichtigkeit von Antwerpen noch mehr zu vermindern, erbauten die Holländer einige Forts, um die dahin bestimmten Schiffe zurückzuhalten. Sie versenkten selbst mehrere mit Steinen beladene große Fahrzeuge, um die Beschiffung der Schelde zu erschweren. Auf solche Weise wurde der ganze Handel der Niederlande nach Holland versetzt.

Der vortheilhafteste Verkehr für Antwerpen war
der mit Portugal, von wo es alle Kolonialwaaren
bezog, die sodann von holländischen Kaufleuten zu
London, längs dem baltischen Meere, und selbst
im Innern Deutschlands verkauft wurden.

Als Philipp sich Portugals bemeistert hatte, bestand eine seiner ersten Maßregeln darin, allen Handel zwischen seinen neugewonnenen Unterthanen und
denen der Niederlande, die sich gegen ihn empört,
zu verhindern. Aber diese Maßregel war ihm noch
viel schädlicher, als jede andere; denn die Holländer
begaben sich nun selbst nach Ostindien, um das Vorgebirg der guten Hoffnung (nachdem sie vergeblich
eine nordwestliche Durchfahrt, längs den Küsten Ka-
nada's, gesucht), und verschafften sich dort unmittelbar die Waaren, welche sie früher von zweiter
Hand gekauft. Die erste holländische Flotte, welche
sich 1594 nach Indostan begab, stand unter dem Befehle Hutmanns.

Die Portugiesen, durch einen langen Frieden ver-
weichlicht, den Eingebornen durch ihre Bekehrungssucht, ihren Fanatismus und ihre Treulosigkeit im
höchsten Grade verhaßt, stellten der batavischen Armee
nur geringen Widerstand entgegen. Die Engländer
erschienen beinahe zu gleicher Zeit im östlichen Ozean,
und das portugiesische Reich in Indien, von diesen
beiden Nationen angegriffen, stürzte noch schneller,
als es sich erhoben hatte.

Philipp II ärntete nichts, als die Schande, alle
Handelsvortheile der Halbinsel, durch seine unsinnige
Politik, gerade Denjenigen zuzuwenden, die er durch

abscheuliche Verfolgungen sich zu unversöhnlichen
Frieden gemacht.

Die holländisch-ostindische Gesellschaft wurde 1602
gegründet, und dem nachtheiligen Einflusse derselben
ungeachtet, gewann der Handel Indiens bald eine
große Ausdehnung. Schiffe, eben sowohl zum Kriege
als zum Handel ausgerüstet, durchkreuzten die Meere
in allen Richtungen, und brachten die Erzeugnisse aller
Länder nach den vereinigten Provinzen.

Amboyna und die Molukken wurden den Portugiesen abgenommen. Die Holländer hatten Fakto-
reien und kleine Festungen von Bassora, an der Mündung des Tigris, bis nach Japan. Auf mehreren
Punkten, vorzüglich zu Zeylon, auf den Küsten von
Malabar und Koromandel, waren sie sogar Beherrscher. Batavia, auf der schönen Insel Jawa, die
sie größtentheils erobert, war ihres Handels Mittelpunkt in Indien. Die Lage der Stadt war ungesund;
aber ihr Hafen war vortrefflich. Sie beherrschte
überdem den ganzen östlichen Archipel. 1650 gründeten die Holländer eine Kolonie auf dem Vorgebirg
der guten Hoffnung, dessen Besitz die unvorsichtigen
Portugiesen vernachlässigt hatten.

Der holländische Handel gewann eine sehr große
Wichtigkeit, besonders zu Ende des sechszehnten und
zu Anfang des siebenzehnten Jahrhunderts. Der
starken Bevölkerung des Landes und der natürlichen
Unfruchtbarkeit desselben wegen, war es genöthigt,
beinahe all' sein Getreide vom Auslande zu beziehen,
besonders von den Gestaden des baltischen Meeres.
Auch Bauholz, Eisen, Hanf, Theer, und mehrere

XII.   2

andere Artikel wurden aus der Fremde geholt. Die
Holländer hatten demungeachtet immer einen so großen
Getreide = Vorrath, daß sie in theuern Zeiten davon
an ihre Nachbarn verkaufen konnten. Sir Walter
Raleigh sagt, daß eine einjährige Hungersnoth, in
irgend einem Theile Europa's, Holland auf sieben
Jahre bereicherte.

Die Bank von Amsterdam wurde 1609 gegründet.
Der Hauptzweck dieser Anstalt war, den vielfachen
Mißbeständen vorzubeugen, welche sich aus dem Umlauf aller möglichen, in dieser großen Stadt aus
allen Theilen der Erde eingebrachten Geldsorten ergaben. Die Kaufleute übergaben solch Geld, oder
Gold = und Silberstangen der Bank, und erhielten
dafür, in den Büchern derselben, einen Kredit von
gleichem Werthe. Die gegenseitigen Zahlungen wurden dann nur übergeschrieben. Diese Anstalt stand in
hohem Flor bis zur französischen Invasion i. J. 1795.

Die Holländer bildeten 1621 auch eine westindische
Kompagnie, welche in dem kurzen Zeitraum von fünfzehn Jahren den größten Theil Brasiliens eroberte,
800 Kriegs = und Handelsschiffe ausrüstete (was eine
Ausgabe von 99 Millionen holländischer Gulden verursachte), und den Portugiesen und Spaniern 545
Schiffe abnahm, die ungefähr eben so viel werth sein
mochten.

Diese glänzenden Erfolge aber veranlaßten zu
gleicher Zeit auch des Unternehmens Verfall. Ueber
den See = Triumphen vernachläßigte die Kompagnie,
sich den vollständigen Besitz Brasiliens zuzusichern,
und selbst die bereits eroberten Provinzen in gehörigen
Vertheidigungsstand zu setzen.

Nachdem die Portugiesen 1640 das spanische Joch abgeworfen, trafen sie schnell die nothwendigen Vorkehrungen, um auch ihre Besitzungen in Südamerika wieder zu gewinnen. Prinz Moriz von Nassau, der bisher holländischer Generalkapitän Brasiliens gewesen, wurde 1644 abgerufen, und durch unfähige Nachfolger ersetzt. Die Portugiesen benutzten diesen Umstand und bemächtigten sich Brasiliens, das die Holländer endlich 1654 wieder aufgeben mußten. Dadurch wurde die westindische Gesellschaft zu Grunde gerichtet und 1674 aufgelöset. Eine andere, deren Privilegien lange nicht so ausgedehnt waren, konstituirte sich bald nachher.

Zwischen 1651 und 1672, während den französischen Angriffen, erlangte der Handel Hollands seine größte Ausdehnung. Er umfaßte nicht nur ganz Europa, sondern auch die übrigen Erdtheile. Der Werth aller auf holländischen Schiffen jährlich transportirten Waaren überstieg die Summe von 500 Millionen rheinischer Gulden.

Auffallend genug scheint diese Nation allen übrigen in Hinsicht auf die innere gesellschaftliche Oekonomie vorangeschritten zu sein, wenigstens bestanden bei ihr schon im sechszehnten Jahrhundert Versicherungen der Kaufmannsgüter gegen Unglücksfälle auf dem Meere, während die Lebensversicherungen verboten waren.

In Hinsicht auf die Vertheilung der Handels-Industrie, hatte man es in Holland weiter gebracht, als in irgend einer andern Gegend. Nicht allein Kaufleute, sondern auch ganze Städte, betrieben ausschließlich nur einen Handelszweig. Middelburg hatte den Weinhandel; Fließingen den mit Westindien; Saardam hatte nur Schiffswersten; Sluys nur Häringsfänger.

Sir William Petty (der Vater der Statistik) schätzte 1690 die Tonnenzahl aller Seemächte Europa's auf zwei Millionen, die ihm zufolge also vertheilt war: England 500,000; Frankreich 100,000; Hamburg, Dänemark, Schweden und Danzig 250,000; Spanien, Portugal und Italien 250,000; die sieben vereinten Provinzen 900,000; folglich beinahe eben so viel, als das ganze übrige Europa. England und einige andere Mächte scheinen selbst noch viel zu hoch angeschlagen.

Man kann daraus schließen, daß im siebenzehnten Jahrhundert Holland allein mehr Handel trieb, als die übrigen europäischen Staaten, obgleich es nicht im Stande war, ein einziges seiner eigenen Landes-Produkte auszuführen. Sein Wohlstand war nur ein Resultat der Industrie, der Sparsamkeit, des glücklichen Zusammentreffens günstiger Umstände.

Nachdem durch den Frieden von Aachen beendeten Kriege richtete sich die Aufmerksamkeit der holländischen Regierung vorzüglich auf den Zustand der Handelsmarine, und auf den äussern Handel der Republik. Beide waren seit Anfang des Jahrhunderts in Verfall gerathen, und aller Patrioten eifrigstes Streben zielte darauf hin, ihnen wieder den alten Flor zu verleihen. Um aller nützlichen Ansichten sich zu versichern, stellte der Statthuder Wilhelm IV folgende Fragen auf:

1) Welches war der frühere Zustand des Handels?

2) Ist es wahr, daß er in Verfall gerathen, und welches sind die Mittel, ihn zu heben?

Alle unterrichteten Kaufleute wurden eingeladen, diese Fragen zu beantworten, und, da sie das größte Interesse dabei hatten, ermangelte keiner, seine Ansichten und Plane anzudeuten. Die Antworten waren übereinstimmend in den Hauptpunkten, nur verschieden in einigen Nebensachen. Man verfaßte daraus eine allgemeine Uebersicht, die noch jetzt als ein wichtiges Aktenstück betrachtet werden kann, indem die meisten der darin enthaltenen Ansichten nicht allein auf Holland, sondern auch auf andere Gegenden anwendbar gemacht werden können.

Zudem sind sie, wie man sich leicht denken kann, nicht auf Hypothesen oder schwankende Theorien begründet, sondern auf reife, praktische Erfahrung, auf positive Thatsachen und persönliche Beobachtungen. Der erste und allgemeinste Gedanke in diesen Ansichten war: Beseitigt alle Hindernisse, welche der Freiheit des Handels sich entgegenstellen; macht sie unumschränkt, gewährt ihr alle nur denkbaren Begünstigungen, sie wird Euch hundertfach dafür belohnen. Möchte diese große Wahrheit in mehr als einem Lande reiflich beachtet werden. Man hat zahlreiche Bemerkungen über die Ursachen des Verfalls des holländischen Handels aufgestellt. Es gibt, nach uns, dieser Ursachen nur zwei:

Die natürliche Zunahme des Handels und der Marine der übrigen Nationen.

Die drückenden Abgaben, welche auf Holland lasteten.

Während der Periode der höchsten Flor der Re-

publik waren England, Frankreich und Spanien durch
bürgerliche und religiöse Unruhen, oder durch Ero-
berungsplane beschäftigt, und aus diesen Gründen
nicht im Stande, ihre Sorgfalt auf den Handel zu
verwenden, oder mit einem so gewerbsamen Volke,
wie die Holländer, in Konkurrenz zu treten.

Aber nach der Minderjährigkeit Ludwigs XIV,
und nachdem Krommell in England festen Fuß gefaßt,
wurden die innern Gährungen in diesem Lande, wie
in Frankreich, beschwichtigt, und beide Länder konnten nun ihre Hilfsmittel und ihren Unternehmungs-
geist geltend machen.   Die natürliche Tendenz beider
Nationen wurde durch ihre Regierungen unterstützt,
die schon lange den Reichthum und den Einfluß der
vereinten Provinzen beneideten.

Zu diesem Zweck erließ das englische Parlament
1651 die bekannte Schifffahrtsakte, durch welche die
Holländer von dem Transporthandel Großbritanniens
ausgeschlossen wurden. 1564 erschien der große französische von Colbert bearbeitete Tarif, durch welchen
Handel und Marine Frankreichs auf Kosten jener der
Republik begünstigt wurden.

Indessen scheinen diese beiden Maßregeln doch
nicht ganz den Einfluß ausgeübt zu haben, den man
ihnen gewöhnlich zuschreibt. Sie haben höchstens das
Resultat beschleunigt, das auch ohne sie Statt gefunden haben würde.

Die Fortschritte der andern Nationen auf des
Handels Bahn, mußten nothwendigerweise Holland eine
gleiche Masse seiner Vortheile rauben. Fortschritte
und Verfall wurden überdem noch durch die drückenden Abgaben im Innern der Republik beschleunigt.

Man muß jedoch bemerken, daß diese Lasten nicht der Regierung zugeschrieben werden konnten, indem die`strengste Sparsamkeit bei allen Ausgaben vorherrschend war. Aber die Kosten, welche die Kriege gegen Spanien, Frankreich und England veranlaßten, waren ungeheuer, und es gab kein Mittel, sie zu vermindern. Um sie zu bestreiten, war man genöthigt, eine Abgabe zu legen, zuerst auf das Getreide, sodann auf das Mehl, und endlich auf das Brot, dergestalt, daß derselbe Artikel von drei verschiedenen Steuern betroffen wurde. Es gab auch Abgaben auf das Einkommen, auf Vermächtnisse, auf Felder, Häuser, Luxusartikel u. s. w.

Sir William Temple sagt, daß zu seiner Zeit ein Gericht Fische, auf holländische Weise zubereitet, dreißig verschiedene Abgaben entrichtete. Es war ein Volkssprichwort, daß man jeden Fisch einmal dem Verkäufer und sechsmal dem Schatze bezahle. Die Schwere dieser Abgaben war dem Handel nachtheiliger als alle übrigen Umstände. Also, wie viele Mühe man sich auch geben mochte, ihn wieder zu heben, blieb er doch immer mit einer bald mehr bald minder schweren Lethargie geschlagen.

Ein anderer Umstand, durch welchen der fremde Handel gehoben, und der Hollands herabgedrückt wurde, war, daß die Kapitalisten dieses letztern, die im Innern kaum zwei oder drei Prozent Netto gewinnen konnten, ihr Geld fremden Regierungen liehen.

Es ist unmöglich, genau die Summen zu bestimmen, welche vor der französischen Revolution auf solche Weise ausgeliefert waren, oder welche die verschiedenen europäischen Staaten jetzt noch den Holländern schuldig sind; aber so viel ist gewiß, daß sie sehr bedeutend waren.

Einer auf ziemlich zuverläßige Angaben begründeten Berechnung zufolge, die wir vor Augen haben, beläuft sich die von holländischen Kapitalisten mehrern Regierungen (der Frankreichs nicht inbegriffen) geliehenen Summen auf 73 Millionen Pfund Sterling (876 Mill. rhein. Gulden).

Nach dem Verfasser des „Reichthums Hollands" betrugen die an Frankreich und England vor 1778 geliehenen Summen 60 Mill. Pfd. Sterl. (720 Mill. rhein. Gld.).

Außer diesen Darleihen an Regierungen streckten die Holländer auch Privatleuten bedeutende Summen vor, sobald sie ihnen hinlängliche Sicherheit darbieten konnten. Die Rückzahlung des Kapitals setzte den Eigenthümer oft in große Verlegenheit, indem er nicht wußte, wo er sein Geld fernerhin sicher anlegen könne.

Das Monopolsystem, dem der ostindische Handel unterworfen wurde, war auch eine Ursache seines Verfalls. Ohne dies Monopol würde er eine große Ausdehnung und Wichtigkeit in Südasien erlangt haben. Leider waren die Ansichten der Direktoren der Kompagnie eben so beschränkt, als die unserer heutigen Finanzmänner. Sie wollten nicht einen großen Handel mit kleinen Vortheilen, sondern einen kleinen Handel mit großen Vortheilen. Und um dies letzte Resultat zu erzielen, glaubten sie nicht genug Hinderniße dem unumschränkt freien Verkehr entgegen stellen zu können.

Ihre Beschränktheit ging so weit, daß, um den

hohen Preis der Gewürznelken zu erhalten, sie alle
Bäume, welche diese erzeugten, ausrotten ließen, ausgenommen zu Amboyna, ihrer Hauptniederlage. Sie
schlossen sogar einen Vertrag mit den benachbarten
Fürsten, und vermochten sie, durch reiche Geschenke,
alle Gewürznelkenbäume zu vernichten.

Diese Ausrottung begann 1631; und was beinahe
unglaublich ist, der Vertrag besteht immer noch. Jedes Jahr, im Frühjahr, besucht eine holländische
Flotte alle Inseln in den Umgebungen der Kolonie, und vernichtet alle Gewürznelkenbäume, welche
die wohlthätige Natur im Laufe des Jahres mit un-
besiegbarer Kraft erzeugt. Die Eingebornen stellen
sich oft mit den Waffen in der Hand diesen Vandalen
neuer Art entgegen, und es vergeht nicht ein Jahr,
wo dieser unsinnigen und abscheulichen Verheerungen
wegen nicht mehrere Menschen das Leben verlieren.

In Folge solcher barbarischen Kombinationen ist
das Gewürzland in eine große Meierei verwandelt,
deren rechtmäßige Eigenthümer von einer christlichen
Regierung, die sie doch beschützen sollte, ärger als
Sklaven, ja ärger als das Vieh behandelt werden.
Menschliche Bosheit hat nie eine wahnsinnigere Maßregel erdacht, eine Maßregel, die mit aller Gewerb-
samkeit, mit dem öffentlichen Wohl, und selbst mit
der Moralität in einem auffallenden Widerspruch
stünde, als diese, die einem zivilisirten Volke zu um
so größerer Schande gereicht, da es hartnäckig darin
beharrt.

Dasselbe System wird auch in Hinsicht auf die
Spezereien befolgt, die ausschließlich aus den Molukken kommen. Ein nothwendiges Resultat dieses

Verfahrens ist, daß ein Handel. der ein ganzes Land beschäftigen und bereichern könnte, jetzt nur mit den Kapitalien von sechs oder sieben Kaufleuten betrieben wird, welche dieses Monopol noch ausschließlich besitzen.

Das Kapital der holländisch-ostindischen Kompagnie stieg auf ungefähr 542,000 Pfd. Sterl. (6,504.000 rhein. Guld.), geschieden in überträgliche Aktien, von 3000,000 jede. Sie gewann ungeheure Vortheile Die jährlichen Dividenden beliefen sich anfänglich auf 36, 1616 auf 75, und 1716 auf 62½ Prozent. Der Werth einer Aktie war 26,000 Gulden, also achtmal ihr ursprünglicher Werth. Die Dividenden sanken wieder allmälig, und 1796 betrugen sie anscheinend 12 Prozent, waren aber in Wirklichkeit noch weit geringer.

Die ostindische Kompagnie kannte keine andere Handelspolitik, als die Konkurrenz unmöglich zu machen, und das Monopol gewisser Artikel sich ausschließlich zuzueignen. So bemächtigte sie sich des Pfeffers, und verkaufte ihn einige Jahre um 100 Proz. theurer, als die Portugiesen. Dieser einzige Artikel gewährte ihr ungeheure Vortheile.

Man hat berechnet, daß wenn die Kompagnie nach weniger beschränkten Ansichten gehandelt, sie ein Kapital von 150 Millionen Gulden hätte anlegen, und folglich bei weitem mehr hätte gewinnen können. Von den 10,000 Schiffen der Republik brauchte die Kompagnie jährlich nur zwischen 10 und 16. Während dem ganzen Zeitraum von 1641 bis 1730, wo der Handel im höchsten Flor stand, erhielt sie nur 1621 Schiffe aus Indien, was im Durchschnitt für jedes Jahr 14 macht.

Man kann nicht begreifen, wie ein Vol. das in Hinsicht auf den Handel so aufgeklärt war, ein so schreienden Mißbrauch dulden konnte, und wie t. Generalstaaten nicht bemerkten, wie schädlich das Monopol für das allgemeine Interesse sei. Statt die Kompagnie abzuschaffen, betrachtete man sie im Gegentheil als eine der Hauptstützen der Republik, der sie in der That im Anfang einige direkte Dienste geleistet. Auch erhielt sie sich immer ohne den Beistand des Schatzes. Demungeachtet war ihr Bestehen dem Lande in mehr als einer Hinsicht, besonders aber in der des Monopols, äusserst nachtheilig.

Das Kapital der Kompagnie war nur unter sechs der vorzüglichsten Städte vertheilt. Jede derselben hatte einen aus fünfundsechszig Mitgliedern bestehenden Ausschuß, an dessen Spitze sich ein Direktor befand, der einen sehr beträchtlichen Gehalt bezog. Ein aus den verschiedenen Ausschüssen gewähltes Bureau von siebenzehn Personen hatte die oberste Leitung der Angelegenheiten, und versammelte sich abwechselnd zu Amsterdam und zu Middelburg, während sechs Jahren in dem ersten, und während zwei in dem letzten.

So oft die holländische Verwaltungsbehörde über irgend einen Industrie- oder Handelszweig ihre Bestimmungen aufzustellen für nothwendig erachtete, war dieser Dazwischentritt immer nachtheilig, wie z. B. beim Häringsfang, der nur am 24. Juni, fünf Minuten nach Mitternacht, begonnen werden durfte, wenn selbst der Häringszug schon früher vorüberging. Man verhinderte überdem die Fischer, auf irgend eine Verbesserung bedacht zu sein, indem man ihnen ein System als allgemeine Regel vorschrieb.

Aller dieser Fehler ungeachtet, befolgte die holländische Regierung dennoch eine bei weitem freisinnigere Politik, als irgend eine andere Nation. Die Folge davon war, daß ein von Natur armes, unfruchtbares, den Ueberschwemmungen und vielen andern Unfällen ausgesetztes Land sich sehr stark bevölkerte, und mehr als zwei Millionen Einwohner hatte; daß es mit Erfolg lange und schwere Kriege gegen mächtige Monarchien führte, und daß es, nachdem es ungeheure Summen für seine Dämme und andere öffentliche Werke ausgegeben, dennoch im Stande war, über hundert Millionen Pfund Sterling (1200 Millionen rhein. Gulden) fremden Nationen zu leihen.

Holland erzeugt wenig Getreide, und doch ist es beständig im Ueberfluß damit versehen, so daß es nicht allein für sich genug hat, sondern auch seine Nachbarn damit versorgen kann. Die Natur hat ihm Eisen und Bauholz versagt, und doch findet man nirgends mehr Materialien zum Schiffbau, als eben dort. Es hat keinen Flachs, es zahlt keine Prämien für Wollenerzeugung; demungeachtet hat es große Fabriken, in welchen diese beiden Artikel verarbeitet werden. Obgleich der Wein vom Auslande eingeführt wird, ist sein Verbrauch doch weniger lästigen Verordnungen unterworfen, als in Weinländern. Seine Städte sind immer noch die Märkte der Spezereien und des morgenländischen Kaffees, so wie aller Produkte der Erde. Also überall, wo Freiheit und Industrie vorherrschend sind,

Omnis fert omnia tellus.

Selbst jetzt, des Verfalls seines Handels ungeachtet, ist Holland noch die reichste Gegend in Europa. Sein gegenwärtiger, so wie sein früherer Zustand b..,ssen, daß ein freies Regierungssystem, so wie die L..,tigung jeder Beschränkung, alle Hindernisse besiegen, und wie ein Oekonomist gesagt: „Sumpflachen in fette Weiden verwandeln, nackte Felsen mit üppigem Grün bekleiden, und Wüsteneien mit duftenden Blumen schmücken können."*)

*) Zu den Ursachen des Verfalls des holländischen Handels gehört auch die Zunahme der öffentlichen Schuld, die einen fiktiven Kredit schuf, aber im Grunde die Hilfsquellen des Landes erschöpfte. In der alleinigen Provinz Holland war der Zustand dieser drückenden Schuld folgender:

	Zinsen.	Holl. Guld.
Zu Anfang der Unruhen, i. J. 1562		78,100.
In der Epoche der Union von Utrecht, i. J. 1579		117,000.
Vor Ludwigs XIV Invasion, i. J. 1671		5,509,519.
Beim Frieden von Nimwegen, i. J. 1678		7,107,128.
Beim Frieden von Ryswick, i. J. 1697		8,545,309.
Im Jahr 1710		13,475,029.
Beim Frieden von Aachen, i. J. 1750		14,910,874.
Beim Beginn der französischen Revolution, im Jahr 1789		14,948,822.
Im Jahre 1791		18,276,015.

Diese Zunahme wäre noch stärker gewesen ohne die erzwungene Herabsetzung der Zinsen. Die erste wurde von Johann de Witt vorgenommen, und von fünf auf vier Prozent vermindert. 1795 wurden die Zinsen der Provinz Holland um fünf Millionen Gulden herabgesetzt, eine Maßregel, die nichts war, als ein verschleierter Bankerott. Demungeachtet überstiegen 1804 die Zinsen vierundzwanzig Millionen, und alles Strebens der Regierung ungeachtet, das Defizit durch neue Abgaben zu decken, wurde ein zweiter Bankerott nothwenig. Selbst in der neuesten Zeit ist diese ungeheure Schuld eine der Ursachen der belgischen Revolution geworden, indem, um die Zinsen zu bezahlen, die Niederländer mit schweren Abgaben belastet waren.

Skizzen aus „Frankreich in den Jahren 1829 und 1830. Von Lady Morgan."

Die Kongregation.

Der Jesuitismus im religiösen Sinne, mit Bezug auf einen Mönchsorden, ist nichts als ein Name in Frankreich. Er ergötzt einige „alte Weiber beiderlei Geschlechts"; er beschäftigt einige junge Personen, die zu den Brüderschaften des heiligen Herzens, oder zu einem der Klöster gehören, welche sich unter Leitung der Schüler Loyola's befinden.

Aber der Jesuitismus, betrachtet als das sinnreichste und gefährlichste System, welches, sowohl in der ältern als neuern Zeit, in der Politik befolgt worden, sucht immer noch festen Fuß zu fassen in der Gesellschaft, mit der ganzen Hartnäckigkeit und Ausdauer, die ihn karakterisiren.

Die Wiedererstehung dieses Systems offenbarte sich auf eine augenscheinliche Weise vor etwa zehn Jahren. Seitdem haben sich zwei Grundsätze die Leitung der öffentlichen Meinung und der Regierung getheilt.

Der eine offen, gesetzmäßig, konstitutionell, ohne Zweifel, wie die ganze Menschheit, nicht von jedem Irrthum frei; aber durch Wortkampf, Preßfreiheit, die Gewohnheit der vertretenden Regierung aufgeklärt.

Der andere betrügerisch, fanatisch, intriguirend, durchaus falsch, und wie Alles, was sich auf Hinterlist stützt, im Finstern sich erfreuend, weil sein Begeben schlecht und verderblich ist. *)

*) Wir haben dieselbe Ansicht im ersten Theil des Jahrgangs 1830 ausgesprochen. M. f. den Aufsatz: „Der Kampf des absoluten und des vernunftigen Systems."

Die erste Partei besteht nur aus der Raisenener Masse, die unter dem alten Regiment mit zus getreten wurde, die feudale Knechtschaft gefesselt hies. die als tiers-état (dritter Stand) verachtet, lächerlich gemacht, beschimpft wurde; jene Masse, welche wahrhaft nützliche Menschen umfaßt, die Gewerbe oder Handel treiben, sich mit der Literatur und den Wissenschaften beschäftigen, und die ehemals in den Territorial-Katalogen unter dem Vieh eingeschrieben waren, welches den Besitzungen der Aristokratie Werth verlieh. Diese Partei wird in Frankreich „konstitutionell" genannt.

Die Gegenpartei, auf die alten Hebel der Jesuitenmaschine gestützt, wie sie unter Ludwig XIV bestand, bemüht sich, Europa in seinen früheren Zustand zurückzustoßen, den Thron zu kompromittiren, den sie unterstützen will, und das Volk, das sie zu unterrichten vorgibt, hinters Licht zu führen; diese Partei wird von der Kongregation geleitet.

Die Kongregation ist eine Art geheime Gesellschaft, welche sich aus den Ueberresten der Ultras von 1815 und 1816 bildete, und die sich nach und nach durch den Heerhaufen des Anhangs der Ministerien, der Präfekten, Maires, Bischöfe, Pfarrer ꝛc. rekrutirte.

Diese beiden an Zahlen-, an politischer und moralischer Stärke so ungleichen Parteien stießen am auffallendsten gegen einander in der Deputirtenkammer.

Die Kongregation, verstärkt durch königliche Gunst, herrschte anfänglich durch eine Mehrheit von dreihundert Ventrus (Magen-Deputirten), oder Affiliés (Zugewandten), die durch Aemter, Würden, Gnadengehalte und den Einfluß Villèle's unterstützt wurden.

...e Nation, die ihrerſeits ſich nur durch die Un-
...echlichkeit der Wähler und die Energie der linken
Seite der Kammern unterſtützt ſah, wurde oft geſchlagen, ohne jedoch den Muth zu verlieren. Nach fünf
Jahren wurde die Stärke der öffentlichen Meinung
vorherrſchend, und die Kongregation wich zurück.
Villèle fiel nicht unter dem Privatdolch, wie ein Miniſter zu den Zeiten Richelieus, ſondern die öffentliche Stimme erklärte ſich gegen ihn, und er kann
nicht mehr der Gewalt ſich bemächtigen, ohne eine
Sturmglocke zu berühren, welche die Nation benach-
richtige, daß es Zeit ſei, zur Vertheidigung ihrer
Rechte ſich zu erheben.

Aber wenn Frankreich, auf ſolche Weiſe aufgefordert, gezwungen werden könnte, ſich zu vertheidigen,
wenn die Narrheit, die Schwäche, der Fanatismus
der Kongregation den Monarchen auf die Klippe der
Staatsſtreiche ſtießen, dann halte er Poſtpferde bereit, und ſende einen Kurier ab, um ſeine Wohnung
zu Hartwell oder zu Gent zu beſtellen*); glücklich
genug, wenn er nicht, wie Makbeth, gezwungen iſt,
zu ſagen:

„There is no flying hence, nor tarrying here!“
Ich kann von hier nicht flieh'n, und kann nicht bleiben.

Der proteſtantiſche Pabſt.

Iſt es nicht befremdend, daß Jeder die Andern
zwingen will, zu denken wie er, und zwar über Gegenſtände, die ohne Zweifel zweifelhaft bleiben
werden bis an der Zeiten Ende! Befremdender noch

---

*) Dieſe Prophezeihung iſt vollkommen eingetroffen.

ist der unzubeschwichtigende Wunsch, Sympathie zu erregen, woraus jene Tendenz entsteht, die so viele blutige und wüthende Antipathien erzeugt. Die Menschen wünschen sich Gefährten in ihren religiösen Glaubensmeinungen, wie die Kinder in der Finsterniß begleitet zu sein wünschen, im Gefühl der Gefahr und ihrer Schwäche. Sie bedürfen der Stütze nicht so lange sie im hellen Lichte der Wissenschaft wandeln.

Unter zwanzigtausend Meinungen über religiöse Gegenstände will man nur eine einzige als wahr anerkennen, während jede den andern nicht minder eifrig ist, sich durch Verfolgung oder wenigstens durch Verschreiung derjenigen festzustellen, deren Karakter, oder Geist, oder Lage, oder Erziehung sie auf eine andere Weise denken lassen . . . .

Frankreich ist nicht das Land des Methodismus; der Volkskarakter macht es für einen dauernden Enthusiasmus nicht geneigt. Nur bei einigen Protestanten hohen Ranges hat er sich mit Hilfe der Opterniar-Politik und des deutschen Mystizismus eingenistet. Ich habe Benjamin Constant's Buch „über die Religionen“ nicht gelesen; aber man hat mir versichert, daß er einem mystischen Methodismus sich zuneige, und gewissermaßen unter die kleinen Propheten der Sekte gestellt werden könne. . . . . —

Ad vocem religiöse Sekten, darf ich nicht den Großpriester einer andern Lehre vergessen, das Haupt der aufgeklärten und freisinnigen Protestanten Frankreichs, den protestantischen Pabst, Marron . . . . . .

Ich wußte nicht, ob Alter und des Lebens Beschwerden diesen vortrefflichen Mann seit der Zeit, wo ich ihn zum letzten Male bei Miß Williams ge-

sehen, verschont hatten. Ich wartete, daß sein Name zufällig in der Unterhaltung genannt werde, und ich
auf solche Weise erfahre, was ich zu wissen wünschte,
aber was ich zu fragen besorgte.

Doch wohin flüchtet sich die Tugend, und zwar
der größern Sonderbarkeit wegen, im achtzigsten Lebensjahre! — Auf einem Ball in der Bourbonstraße,
suchte ich einen Zufluchtsort gegen Hitze und Gewühl
in einem hübschen Putzzimmer, wo ich, auf dem Punkte
auf den ersten besten Divan mich zu werfen, beinahe
einem bejahrten Manne in die Arme gefallen wäre,
der in einem Winkel hinter der Thür saß. Es war
der protestantische Pabst, wie ich ihn gelassen, wie
wenn man ihn unter einer Glasglocke aufbewahrt
hätte. Unser gegenseitiges Erkennen war augenblicklich, heiter und herzlich.

„Ich bin absichtlich hiehergekommen, um Sie zu
sehen!“ sagte er. „Ich wartete nur, bis der Kreis,
der Sie umschloß, sich geöffnet habe würde.“

— Tausend Meilen hätt’ ich gemacht, um Sie
zu sehen! entgegnete ich. Aber nie hätt’ ich gehofft,
Eure Unfehlbarkeit in einem Ballsaal zu finden.

„Warum nicht?“ rief er lebhaft. „Sie sehen, ich
verletze keineswegs den Anstand; ich tanze nicht.“

— Und könnten Sie tanzen, so hoff’ ich, würden
Sie mit mir beginnen.

„Das versprech ich Ihnen!“ sagte er.

Für einige Augenblicke vergaßen wir nun die
Welt und sprachen über die verschiedenartigsten Dinge.
Unter anderm sagte ich zu ihm:

— Ich habe letzthin Ihren Namen in einem kleinen Erinnerungsbuche angeführt, das jetzt zu London

gedruckt wird. Ich habe nämlich gesagt, daß Bonaparte Ihnen den Namen eines Pabsts der Protestanten gegeben. Hoffentlich habe ich mich nicht geirrt.

„Verzeihung, Sie haben sich geirrt," entgegnete
er. „Nicht Bonaparte, sondern Pius VII hat mir
diesen Titel gegeben. Ich will Ihnen die Veranlassung erzählen. Von jeher von der Sucht besessen,
lateinische Verse zu machen, schrieb ich, bei Gelegenheit der Vermählung Napoleons, eine Ode in der
Sprache Cicero's, mit der ich ziemlich zufrieden war.
Mein Verhältniß zu Sr. Heiligkeit war sehr gut, und
da Pius VII selbst ein Stück von Poet war,*) überschickte ich ihm mein Machwerk in einem Briefe, der
keinen besonders priesterlichen Anstrich hatte. Nachdem er den einen und die andere gelesen, überreichte
er mein Schreiben dem Abbé Testa mit feierlichem
Blicke, und mit dem Worten: „Ein wichtiges Aktenstück, Padre! der Brief eines Pabstes an einen andern Pabst." — Testa riß gewaltig die Augen auf,
und wußte nicht was das sagen sollte. „Ja, ja,
sagte Se. Heiligkeit, eine Epistel des protestantischen
Pabsts an den katholischen Pabst."

— Pius VII, rief ich, war ein liebenswürdiger
Mann, nicht einmal zu gedenken, daß er auch ein
schöner Mann war. Das Eine war wohl des Andern
werth.

---

*) Während feinem Aufenthalt zu Paris, schrieb Pius VII.
(dem allgemeinen Gerücht zufolge) zwei an Marron gerichtete Zeilen. Sie lauteten folgendermaßen:

Vertueux protestant! que je souffre à vous voir!
Tirer Marron du feu*) n'est pas en mon pouvoir.

*) Anspielung auf das Sprichwort: tirer les marrons du feu, (die
Kastanien aus dem Feuer holen.)

„Er war nichts weniger als bigott,“ sagte der
Präsident des reformirten Konsistoriums, „und hatte
überdem noch viele liebenswürdige Eigenschaften.
Während seiner Gefangenschaft zu Wahre erhielt der
Oberst M*** den Pabst betreffende sehr strenge Befehle. Er bemühte sich, sie zu mildern, so viel
in seiner Macht stand, und, ohne seine Pflicht zu
verletzen.

„Der Pabst empfand tief dies edle Betragen.
Aber aus Besorgniß, seinem Wohlthäter zu schaden,
wagte er es nicht, ihm seinen Dank zu bezeugen.
Kurz vor seinem Hinscheiden ließ er ihn zu sich rufen
und gab ihm einen prächtigen silbernen Kelch, mit
der Bitte, diesen als ein Andenken zu bewahren. Der
Oberst dankte auf das Lebhafteste, lehnte jedoch dies
kostbare Geschenk ab, mit den Worten: „Wahrscheinlich weiß Eure Heiligkeit nicht, daß sie diesen Kelch
einem Ketzer geben will. Ich gehöre zu der Kirche
von Genf.“ — Was thut das? entgegnete der Pabst
ziemlich lebhaft. Er schloß sodann seine sterbenden
Augen, und sügte mit schwacher Stimme hinzu:
„Sind wir nicht alle Kinder eines und desselben
Vaters?“ —

O ihr frömmelnden Katholiken und Protestanten,
mystische Methodisten und intrigante Jesuiten, warum habt ihr nicht von meinem Pabst diese den röm-
schen Pabst betreffende Anekdote erzählen gehört?
Warum habt ihr nicht dies schöne, ehrwürdige Gesicht sich beseelen gesehen, das ein Gefühl aussprach,
welches in so vollkommener Uebereinstimmung mit allem
den seinigen, mit seinem Glauben, mit seinen Meinungen stand?

Aber Sektirer können nie Christen werden. Man kann Proselyten machen, eine Sekte bekehren, eine andere zur Abschwörung veranlassen, ohne daß deshalb die Bekehrten sich um einen Schritt Demjenigen nähern, dessen Lehre „Liebe" ist. Ihr Mund predigt nur Ausschließung, ihr Herz wird nur vom Herrschsucht erfüllt. Das ist der eigentliche Umtrieb jeder Sekte, welchen Namen sie immerhin sich beilegen mag.

Oeffentliche Meinung im Jahr 1829.

Seit 1816 hat ein neues Geschlecht die Weltszene betreten. Andere Gesinnungen, andere Interessen üben jetzt ihren Einfluß auf die öffentlichen Angelegenheiten aus. Die 1816 vollendete Revolution hatte die einflußreichen Klassen aufgelöset, und ihre eingewurzeltsten Vorurtheile verletzt. Demüthigungen jeder Art waren der französischen Nation zu Theil geworden. Ihr Gebiet war von fremden Armeen besetzt, und ein mörderischer Feldzug hatte ihren Boden verheert. Die in der Hauptstadt versammelten europäischen Souveräne hatten ihr eine zweimal ausgestoßene Dynastie aufgezwungen. Die Kaiser-Regierung, welche eine geringe Zahl Jahre bereits mit Interessen und Zuneigungen umringt hatte, war gestürzt.

Der ausgewanderte Adel kehrte triumphirend zurück, mit seinen alten, in Frankreich längst vergessenen Vorurtheilen, die er abermals geltend machen wollte. Die öffentliche Meinung erhob sich gegen ihn, und der Wortkampf begann. Hundert verschiedene Bruchstücke von Faktionen, welche die Revolu-

tion erzeugt, Republikaner, Jakobiner, Royalisten,
Bonapartisten schwammen auf der Gesellschaft Ober=
fläche, und bemüheten sich, die Regierung zu lenken
in ihrem Sinne, während die Massen, welche in=
stinktartig fühlten, daß ihre höchsten Interessen auf
dem Spiele standen, sich zwecklos bewegten, und
mit Ungeduld den Schwung der Begebenheiten er=
warteten.

Dieser Schwung wurde bald gegeben. Die Bour=
bonen, obgleich sie ihren Thron dem Prinz=Regenten
von England verdankten, und auf eine Million frem=
der Bayonette sich stützten, waren dennoch zu schwach,
um es zu versuchen, den Despotismus Ludwigs XIV
in seiner ganzen Integrität wiederherzustellen. Sie
begriffen, daß große Zugestehungen nothwendig seien,
um Frankreich seine neue Lage erträglich zu machen.

Die Charte wurde von Ludwig XVIII gegeben,
und von den Alliirten gutgeheißen. Eine Regierungs=
form, an welcher das Volk Antheil nahm, wurde,
obgleich sie dem Monarchen=Kongresse und der restau=
rirten Dynastie zuwider war, dennoch für unumgäng=
lich nothwendig erachtet, nicht allein, um Frankreich
über seine Umstände zu trösten, und es mit der von
Fremden aufgezwungenen regierenden Familie zu ver=
söhnen, sondern vorzüglich um die Geister zu beschäf=
tigen, ohne den Monarchen in zu unmittelbare Berüh=
rung mit dem Volke zu bringen.....

Von dem Augenblicke der Zugestehung der Charte an,
wurde dem öffentlichen Geiste eine andere Tendenz
angewiesen. Die Preßfreiheit, obgleich beschränkt,
entwickelte dennoch gesunde politische Doktrinen, und
die Debatten der Kammern gaben ihr einen prakti=

schen Werth, der alle Klassen interessirte, sie zu studiren, alle Talente, so wie des Landes ganze Energie
erweckte, um das Problem der konstitutionellen Kräfte
zu lösen.

Es gibt kein elenderes, kein unmöglicheres System, als das, auf despotische Weise mit Hilfe einer
Charte regieren zu wollen. Vielleicht nahm Ludwig XVIII an den Verschwörungen gegen sein eigenes Werk nicht thätigen Antheil; aber es ist erwiesen, daß diese Verschwörungen von jeher bestanden.
Er war überdem zu vorsichtig, um sich noch einmal
den Gefahren der Rückwirkung und einem möglichen
abermaligen Exil auszusetzen.

Aber die Emigrirten hatten solche Skrupel nicht.
Die Ereignisse, welche dem Könige seine Krone zu-
ruckgegeben, hatten ihnen nur wenige Vortheile zugewendet. Die Restauration hatte ihnen weder ihre
konfiszirten Güter zurückgegeben, noch irgend ein Privilegium im Staate zugestanden. Ihre Armuth
schien ihnen um so unerträglicher, wenn sie dieselbe
mit ihrer Opulenz vor der Revolution verglichen.

Zu diesem Mißvergnugen gesellte sich bei ihnen eine
vollkommene Unbekanntschaft mit dem Zeit- und Volks-
geiste. Schwach an Zahl, aber voller Vertrauen auf
ihren Einfluß und Rang, hielten sie die Einflüsterungen der Eitelkeit für die der Vernunft. Sie glaubten die Mehrzahl zu bilden, weil sie am lautesten
sprachen. Sie sahen nur ihre Wünsche und Bedürfnisse, nicht die der Nation. Die Aufklärung, die
Widerstandsmittel derselben schienen ihnen nur lächerlich oder verächtlich. In ihren Augen war die Zugestehung der Charte eine Herabwürdigung der könig-

lichen Gewalt; eine Verwerfung aller Regierungs-
Grundsätze, und vorzüglich ein Hinderniß zur Wiedererlangung ihrer alten Privilegien.

Mit solchen unverhohlenen Gesinnungen von Seiten
der alten Aristokratie, mußte Frankreich die Gefähr-
dung seiner neuen Freiheiten und Rechte befürchten.
Es mußte besorgen, daß über lang oder kurz, unter
einem schwachen Monarchen, Alles wieder in Rede
gestellt werde, worüber die Revolution längst entschieden hatte. Das System der Kasten, der Privilegien,
der öffentlichen Staatsberaubung durch unersättliche
Höflinge und Priester, bedrohte das Land aufs neue,
mit all seinem Unsinn und seinem Elend.

Aber nicht in Frankreich allein, sondern in ganz
Europa war das Prinzip der Feudalität in Mißkre-
dit gerathen. Der mehr verbreitete Unterricht hatte
überall dem Menschen ein richtiges Gefühl seines persönlichen Werthes gegeben. Handel und Industrie
hatten zu gleicher Zeit eine für den Staat nützlichere, durch ihre Gesinnungen volksthümlichere Aristokratie geschaffen, die dem Einflusse der Grundbesitzer das Gleichgewicht halten konnte. Die französische Pairskammer selbst hatte nichts Aristokratisches, als
ihren Namen.

Um ihre Unpopularität noch zu vermehren, schlossen Emigration und Hof ein Schutz- und Trutzbünd-
niß mit dem Jesuitismus, dessen eigenthümliche Aufgabe bekanntlich darin besteht, grade denen am meh-
sten zu schaden, die Ihm am nützlichsten gewesen.

Ueberdem war das römisch-katholische Etablissement in Frankreich abgenutzt, und mußte durch einen

letzten Versuch desselben sich als Werkzeug zur Wiedereroberung der absoluten Gewalt zu bedienen, vollkommen in Verfall gerathen. Ein System, das nicht nur alle Irrthümer und längstverworfenen Aberglauben durch lächerliche Hilfsmittel, wie Mirakel, Teufelaustreibungen ɾc., festzustellen sich bemühte, das ausserdem noch den Geldbeutel, die Gewissen und alle erlaubte Vergnügungen angriff, konnte nichts anderes als Verachtung, Furcht und Haß sich zuziehen. Man vermied und verspottete die Priester, und man verabscheute die Ultra-Royalisten.

In ihrem blinden Eifer glaubte diese letzten, daß ihr Wille, „zu hintergehen und zu herrschen", bej dem Volke eine übereinstimmende Neigung finden werde, hintergangen und beherrscht zu sein. Sie glaubten, es sei zu diesem Zwecke hinlänglich, eine Armee gut abgerichteter Missionäre, mit Kreuzen wie Schiffsmaste, Prediger mit Stentorstimmen und einschmeichelnde Intriganten auszusenden, den Präfekten und Maires zu gebieten, mit ihrem Beispiel voranzugehen: um ganz Frankreich zu vermögen, vor diesen Aposteln das Knie zu beugen; wonach man „pour l'amour du ciel" ungescheut alle Mißbräuche des alten Regiments wiederherstellen könne.

Ein solcher Plan konnte wohl in Belgien gelingen, wo eine unförmliche hölzerne Puppe so große Ehrfurcht einflößt, als der Jupiter des Phidias. Aber im neunzehnten Jahrhundert, und in Frankreich, von einem so albernen Verfahren günstigen Erfolg erwarten, — hieß sich selbst einen Strich durch die Rechnung ziehen. In den entfernten Provinzen beugte

XII.   3

man sich murrend unter das Joch des Jesuitismus, und einzelne Szenen bewiesen, daß man es keineswegs geduldig trage, während man zu Paris, in den übrigen großen Städten, und in der Nähe derselben, alle diese Winkelzüge der ultramontanischen und absoluten Gewalt öffentlich verspottete.

Die Einführung der Jesuiten in den niedern und höhern Unterricht, verletzte die Nation noch mehr, und der unaufhörliche Widerspruch zwischen ihren Lehren und den Kenntnissen des Jahrhunderts, gaben bald die Ueberzeugung, daß es um nichts weniger zu thun sei, als um den Umsturz aller bürgerlichen und religiösen Freiheit.

Der in der größten Mehrheit des französischen Volkes vorherrschende Unglaube ist ein unmittelbares Werk der römisch-katholischen Geistlichkeit. Die außerordentlichen Reichthümer und das in jeder Hinsicht ausschweifende Leben der Prälaten, die Intriguen der Mönche, der schmutzige Geiz, die Abgeschmacktheit der Lehre, die Hartnäckigkeit, mit welcher die einen und die andern die große Masse in Maschinenkultus und in entehrendem Aberglauben festzuhalten sich bemühten, besonders aber die unmenschlichen Prozesse gegen Calas und Labarre, führten das Publikum zum Nachdenken, und ließen es Voltaire und die übrigen philosophischen Schriftsteller nicht allein eifrig, sondern selbst mit Vorliebe lesen.

Die freisinnige oder liberale Partei in Frankreich ist lange durchaus falsch dargestellt worden, als hinstrebend auf eine neue allgemeine Umwälzung, auf die Wiedererzeugung der revolutionären Gewaltthätigkeiten. Aber das Vergangene kehrt in der Politik

nicht wieder, und die Republik Robespierre's ist eben
so moralisch unmöglich in Frankreich, als der
Despotismus Ludwigs XIV.

Die brutale Unwissenheit, die Wuth der Sans-
culottes, waren die Resultate einer verdorbenen, oder
vielmehr einer durchaus vernachläßigten Volkserziehung.
Die Jakobiner entnahmen ihre Unmoralität den stin-
kenden Verderbungskanälen, welche die Regierung
selbst gegraben. —

Die natürliche Neigung der Völker, in ihrem
gegenwärtigen Geisteszustande, ist, zu erbauen, und
nicht zu zerstören; zu befestigen, zu verstärken, und
nicht umzustürzen. Aber sie wollen nicht, daß das
bisher erkannte Mangelhafte und Schlechte auch fernerhin unveränderlich beibehalten werde. Das allein
verlangen sie.

Die von Ludwig XVIII gegebene Charte bot anfänglich eine Art Kompromiß zwischen den verschiedenen Meinungen dar. Aber man erkannte zugleich,
daß was durch absolute Autorität, durch den Willen
eines Despoten zugestanden worden, auch durch denselben Willen modifizirt, untergraben, vernichtet
werden konnte, und wie Benjamin Constant das sehr
richtig bemerkte, „die Widerrufung des Edikts von
Nantes konnte in dieser Hinsicht als drohendes Beispiel dienen."

Kaum war diese Wahrheit ausgesprochen, als die
ultra-royalistischen Zeitungen, und die rechte Seite
der Kammern sich derselben bemächtigten, und ohne
Scheu zur Verletzung der Charte anreizten. Alles
Streben der Absolutisten zielte darauf hin, den König
zur Auflösung der Deputirten-Kammer zu bewegen,

und durch eine Ordonnanz (insofern er es noch für
angemessen halte) ein Wahlgesetz zu bestimmen, durch
welches die Ernennung der Deputirten von ihm aus-
gehe, dergestalt, daß die untere Kammer nichts sei,
als eine Art Einregistrirungshof.

Von den ersten Augenblicken des Regiments der
Charte, boten die Emigranten Alles auf, sie in ein
Werkzeug der Tirannei zu verwandeln, und die
Schranken zu beseitigen, welche durch diese den An-
maßungen ihres Ehrgeizes entgegengestellt wurde.

In den Augen einer unduldsamen Geistlichkeit,
und eines hochmüthigen, absoluten Adels, ist jede
Meinungsfreiheit ein Verbrechen. Zudem hatte Napoleons eifersüchtiger Despotismus den Grundstein zu
dem ihrigen gelegt, und sie konnten daraus am besten
die Mittel entnehmen, welche ihre Zwecke zu befördern im Stande waren. So war die Preßfreiheit
ein immerwährender Gegenstand der Anfeindung einerseits, und der Vertheidigung andererseits.

Die Leitung der Nationalerziehung wurde nicht
minder hartnäckig zwischen den Ultras und den Liberalen bestritten. Mit wirklich teuflischer Bosheit,
die glücklicherweise für die Menschheit vereint war
mit einer eben so großen Unwissenheit als Ungeschicklichkeit, setzte die Emigrantenpartei Himmel und Erde
in Bewegung, um den Volksgeist herabzuwürdigen,
zu fesseln, weshalb sie die Jugenderziehung Priestern
oder Laien anvertraute, deren Lehren nur passive
Knechtschaft und empörenden Aberglauben betrafen *).

---

*) Ein Beispiel, welches leider auch in sogenannten „freien"
und protestantischen oder paritätischen Staaten befolgt worden. Exempla sunt odiosa! . . . .

Die Regierung in den meisten christlichen Gesellschaften hat sich das Vorrecht angemaßt, die Schulen unter ihre unmittelbare Leitung zu stellen, um desto besser unter dem Vorwand einer „zweckmäßigen Unterrichtung" den Geist der Jugend nach ihrem Gutdünken, und im Interesse ihrer Absichten zuzustutzen.

Es ist leicht erweislich, daß diese Maßregel weder nützlich noch gerecht ist von Seite der Regierung, und daß sie im Gegentheil der Gesellschaft den größten Schaden verursacht. Das Verfahren der Regierung in Frankreich hat das aufs Augenscheinlichste bewiesen, und die offene Wiedereinsetzung der Jesuiten, welche unter dem alten Regiment auf immer vertrieben worden, beurkundet, daß man einen festgestellten Plan befolge, um die Menschheit auf eine recht systematische Weise herabzuwürdigen und zu verderben.

Die französischen Jesuiten, an und für sich selbst, sind als politische Agenten nur durch andere Fanatiker- und Betrüger-Korporationen furchtbar, die in ihrem Namen geleitet werden, oder durch geheime Verpflichtungen mit ihnen verbunden sind. Oeffentliche Beamten, Menschen aller Stände, bilden diese Verbrüderungen, überdecken das ganze Land mit dem Netze der Spionirung, und konstituiren auf solche Weise ein öffentliches Unheil, das nur durch die Weisheit und Festigkeit rechtschaffener Menschen einigermaßen beschränkt werden kann.

Der Jesuitismus, wie er in Frankreich besteht, ist weniger eine religiöse, als eine politische Maschine. Die Mitglieder des Ordens suchen sich in

der That der Gewalt zu bemächtigen, um zur Ausdehnung der römischen Kirche beizutragen. Aber
kurzröckige Verbrüderungen betrachten die Religion
und sich selbst nur als Werkzeuge zur Erlangung politischer Zwecke. In diesem Betrachte auch hat sich
die allgemeine Aufmerksamkeit mit den Jesuiten beschäftigt.

Unter einem so mächtigen, so beschützten System,
eröffnete dieser Orden dem Ehrgeize des jungen Frankreichs eine beinahe eben so verführerische Laufbahn,
als die der Waffen unter Napoleon. Eine bedeutende
Zahl Jünglinge, mit feuriger Einbildungskraft und
großer Leidenschaftlichkeit, schwur zu den Fahnen von
Mont-Rouge und St. Acheuil, und hätte mit der
Zeit höchst gefährlich für die Gesellschaft werden
können.

Die Gegen-Revolutionirer, auf ihren leicht errungenen Einfluß sich stützend, schritten unter dem Ministerium Villèle's unaufhaltsam der Vollbringung ihrer
ausschweifendsten Pläne zu. Aber da sie, wie immer,
über den wirklichen Volksgeist in vollkommener Unwissenheit sich befanden, erlitten sie in demselben Augenblicke, wo sie ihres Sieges sich gewiß glaubten,
eine vollkommene Niederlage. Hof, Emigration, Jesuiten, Minister, alle wichen vor der drohenden Opposition. Der Abgrund einer neuen Revolution öffnete
sich unter dem Thron, und Villèle wurde in denselben gestürzt, um als unwillkührlicher Curtius ihn zu
verschließen.

Die Festigkeit der Deputirten, und des Volkes
Energie, bewahrten Frankreich noch einmal vor den
Gewaltstreichen der Ultras. Das Ministerium Villèle

wurde auf immer durch den ihm von der Deputirten=
kammer ertheilten Namen des „kläglichen" gebrandmarkt.

. Ein anderes, freisinnigeres Kabinet trat an seine
Stelle.   Die Jesuiten wurden eines Theils ihres
direkten Einflusses. auf die Volkserziehung beraubt.
Die Presse war weniger gelähmt, und neue Gesetze
sicherten die Wahlfreiheit.   Zu gleicher Zeit gewann
auch die Industrie einen großen Schwung.   Die Regierung bewegte sich, von ihren frühern Fesseln frei,
und übte einen nur wohlthätigen Einfluß aus auf das
Land, während die Deputirten sich ausserordentlich
gemäßigt zeigten.

In diesem Augenblicke, wo die konstitutionelle
Monarchie am tiefsten in den nationalen Gewohnheiten und Neigungen Wurzel gefaßt zu haben schien,
wo die politischen Diskussionen dergestalt in Abnahme
gekommen, daß man sich in den Sälen beinahe ausschließlich mit der Literatur beschäftigte; in demselben
Augenblicke verabschiedete Karl X das Ministerium
Martignac, das, obgleich keineswegs liberal, dennoch
zu populär für die Tuilerien war, und übertrug seinem Günstling Polignac das Präsidium eines neuen
Ministerraths, dessen augenscheinliche Bestimmung
war, die aristokratisch-theokratische Gegenrevolution,
mit allen ihren Folgerungen, in Ausführung zu
bringen.

Diese Handlung war im höchsten Grade unpolitisch.
Sie verrieth den Gebrauch, den man künftighin von
der Gewalt zu machen gesonnen sei. Sie gab der
Nation das Zeichen, auf ihrer Hut zu sein, wofern
sie nicht alle ihre durch die Revolution errungenen
Rechte und Freiheiten verlieren wolle.

Unter ähnlichen Umständen, und beinahe auf gleiche Weise, veranlaßte das Ministerium von 1814 und 1815 Napoleons Rückkehr von Elba. Die Ultra-Faktion verfolgte 1819 dieselben Gegenstände, von denselben Leidenschaften bewegt, und ihre Angriffe gegen die Freiheit hatten eine ähnliche Niederlage zur Folge. Ein gleiches Schicksal traf Villèle's Verwaltung. Welches kann nun das des Ministeriums Polignac sein? . . . .

Es ist um so weniger ersprießlich, sich in Voraussetzungen über die Resultate dieses Kampfes, den der Hof eben so unklug als verrätherisch gegen die Nation begonnen, einzulassen, als die Frage entschieden sein könnte, bevor der Druck dieser Blätter vollendet ist *).

Aber welches auch des Kampfes Ausgang sei, die künftige Bestimmung Frankreichs ist gesichert, durch das gesunde Urtheil, durch den Patriotismus der Nation, durch die Fortschritte der politischen Kenntnisse, durch die allgemeine Festigkeit und Mäßigung. Jeder Tag vermehrt des Volkes Stärke und schwächt die der Klike, welche für ausschließliche Privilegien und ungesetzlichen Despotismus streitet.

Es ist eine für Europa sehr trostreiche Wahrheit, daß Frankreich immer ein freies Land sein und bleiben wird. Man kann das durch eine unumgängliche Entnehmung der Ursachen und Wirkungen vorausbestimmen.

---

*) Diese Voraussetzung ist Wort für Wort eingetroffen.

Frohnleichnamsfest 1829.

Die ganze letzte Woche über waren die Straßen von vorbereitenden Prozessionen zum Frohnleichnamsfeste angefüllt. Sie bestanden aus jungen vom Kopf bis zur Ferse weißgekleideten Mädchen, deren Gesicht zur Hälfte durch weiße Schleier verhüllt war. Die Knaben trugen weiße Armschleifen, wie für einen Dorfball.

Die Prozessionen sind immer zahlreicher an Frauen wie an Männern. Jeder Pfarrsprengel hat seine Bande junger Mädchen, welche je zwei und zwei, im heißen Sonnenschein wie bei plötzlichen Regengüssen, unter Anführung eines jungen Priesters die Straßen durchwandern.

Die meisten Mädchen aller Stände, welche auf solche Weise gewissermaßen zur Schau herumgeführt werden, was für sie nur unangenehm und beschwerlich sein kann, erschienen bei der großen Prozession des Frohnleichnamsfestes.

Ich bemerkte unter ihnen Fräulein von B***, die in einer englischen Familie die Erziehung einer Britin von Stande erhält, und deren Mutter in der Welt eine besondere Auszeichnung genießt, weil sie zur Gesellschaft der Tuilerien gehört. Ich machte über diesen Umstand meine Bemerkung gegen Frau von T***, die mit dem gewöhnlichen que voulez-vous? entgegnete: „Sie wünscht zu den Bällen der Herzogin von Berry eingeladen zu werden."

— Aber was haben die Bälle des Pavillon Marsan mit einer Prozession gemein? rief ich verwundert. Die Antwort war:

„Ich stellte letzthin einer meiner Freundinnen vor (die im Geheimen über die Scheinheiligkeit [cagoterie] des Hofes lacht), daß sie Unrecht habe, ihre Töchter also zur Schau herumführen zu lassen. Ich erhielt dieselbe Antwort, welche ich Ihnen gegeben, mit dem Beifügen, daß die Dauphine der närrischen Berry nicht erlaube, zu ihren Bällen Mädchen einzuladen, die nicht auf das Strengste alle äußern Formen der Religion beobachten."

— Auf diese Weise, sagte ich, ist ein Beichtzettel die beste Empfehlung zu einer Balleinladung, und der Weg zu den Hoffesten führt durch die Kirche?

„Wie Sie sagen!" entgegnete lachend Frau von T***.

Es war spät in der Nacht, als wir von einer Abendgesellschaft beim Baron Cuvier, im Jardin-des-Plantes, nach Hause zurückkehrten. Wir fanden in den Umgebungen des Pont-Neuf, auf dem Quai-des-Orfèvres ꝛc., eine Menge Arbeiter, die beim Schein der Lampen Triumphbogen und Altäre erbauten, und Bilder der Jungfrau neben Büsten des Königs aufstellten.

Zwischen diesen Vorrüstungen zum Frohnleichnamsfeste, und der Gesellschaft, die wir im Pflanzengarten verlassen, war der Raum mehrerer Jahrhunderte.

Am andern Morgen früh erhielten wir Billete für den Altar der Säulenhalle des Louvre, von wo man am besten die königliche Prozession sehen konnte.

Der ganze Weg vom Gitter der Tuilerien war mit Blumen und Tapeten geschmückt, und zu beiden

Seiten mit Soldaten besetzt. Zuschauer aus allen Ständen drängten sich hinter diesen letzten, die nur solche Personen passiren ließen, welche Billete vorzeigen konnten.

Die Säulenhalle auf der Ostseite des Louvre ist der französischen Baukunst Triumph, und wurde von Perrault mit Erfolg ausgeführt. Die Aussicht von ihrem Altan ist eine der schönsten, welche eine europäische Hauptstadt darbieten mag. Zur Rechten die Seine, die Thürme, Döme und Gebäude verschiedener Epochen und Architekturstyle, endlich der Pont-Neuf und der Pont-des-Arts, beide ihre Zeit karakterisirend; dem Louvre gegenüber, auf der andern Seite des Platzes, die Kirche Saint-Germain-l'Auxerrois, eines der graphischsten Muster gothischer Baukunst, und eines der ausdruckvollsten Denkmale der kirchlichen Macht in Frankreich.

In den ersten Jahrhunderten der Barbarei gegründet, und in ihrer gegenseitigen Form neu aufgeführt, während der Herrschaft der Kirche im Jahr 1423, war ihr Alter in voller Uebereinstimmung mit der Zeremonie, die man in ihr beging. Die Bildsäulen Childeberts und Ultrogothes bewachen noch den Eingang, durch den Karl X und die Herzogin von Angoulème eine Stunde vorher sich in das Innere begeben. Ueber dem Eingang, auf einem mit Tapeten geschmückten Altan, saßen Damen in Hofkleidung. Ein großer Raum vor der Kirche wurde von Soldaten umschlossen, hinter welchen sich das Volk bewegte. Das Ganze hatte den Anstrich eines alten Turniers oder Karussels.

Nachdem der sogenannte Gottesdienst in der Kirche

beendet war, erschien das Gefolge von Hof- und
Kirch-Thürhütern, Wacht-Offizieren, Priestern und
andern dramatischen Personen, alle in seltsamer Kleidung. Die Glocke erschallte (wie am Abend der Bluthochzeit), die Fahnen wurden geschwungen, die
Kreuze erhöhet; Hymnen und Hosannas erfüllten die
Luft mit langgehaltenen Tönen.

Brüderschaften und andere Vereine entquollen der
Kirche in langen Strömen, zu beiden Seiten durch
einen Damm von Bajonetten in ihrem Thalwege gehalten. Nach ihnen kamen Mädchen und Knaben,
Hofbeamte und Lakeien, sodann die Geistlichkeit mit
den Bischöfen. Gleich darauf erschien der Traghimmel, unter dem sich das „heilige Sakrament“ befand.
Der Baldachin wurde von Personen hohen Standes
getragen, die über ihr heuchlerisches Begeben, über
ihre Speichelleckerei im Geiste des Tages, nicht im
mindesten erröthten.

Unmittelbar hinter dem Traghimmel schritt der
König, neben ihm sein Sohn, der Dauphin, von den
Großwürdeträgern seines Hauses begleitet, die Herzogin von Angoulême im Hofkleide und mit Diaman-
ten bedeckt. Zwei Damen trugen ihr die Schleppe.
Die Herzogin von Berry mit ihren Damen, ebenfalls
sehr geschmückt, schloß den Zug der königlichen Familie. Ihrer leichten Schuhe wegen konnte sie nur
mit Mühe auf dem schlüpfrigen Steinpflaster gehen.

Um diesen Zug noch näher zu sehen, verließ ich die
Galerie, und begab mich in den Hof des Louvre. Ich
schritt neben dem König einher, nur durch die Sol-
datenreihe von ihm getrennt. Ermüdung, Langeweile waren in den Zügen aller Mitglieder der könig-

lichen Familie zu lesen, während Gleichgültigkeit oder
Spott auf denen der Zuschauer sich zeigten.

Die Schauspieler dieser Prunkszene waren seit
acht Uhr Morgens en évidence. Sie waren mit
ihrem zahlreichen Gefolge und einer Menge Neugie-
riger im Innern der Kirche, mitten in dem Rauche
der Kerzen und des Räucherpulvers eingesperrt gewesen. Jetzt wurden sie, langsam fortschreitend, abwechselnd vom Regen durchnäßt oder von der Juli-
Sonne verbrannt.

Wir verließen sie, als sie, längs dem Quai zurück-
kehrend, Frankreich im neunzehnten Jahrhundert
dies Muster ihrer Verstandeskräfte gaben, während
sie sich einbildeten, in einem solchen Begeben ein
unfehlbares Mittel entdeckt zu haben, die Neigung
des Volks und den Schutz des Himmels sich zuzuwenden.

Dieselbe Zeremonie wird auch in allen übrigen
Pfarrsprengeln beobachtet, mit dem Unterschied, daß
die Maires, die Präfekten und die übrigen Autoritäten dort König und Hof ersetzen.

Glänzende Ruhealtäre waren in allen Theilen der
Stadt errichtet. Die Straßen, durch welche die Prozessionen zogen, waren mit Tapeten geschmückt und
mit Blumen überstreuet. Der Ruhealtar am Finanz-
ministerium, neben unserm Gasthofe, war sehr schön.
Alle Arkaden der Rivolistraße, welche zu diesem Ge-
bände gehörten, waren prachtvoll verziert.

Merkwürdige Rechtshändel in Frankreich.

Die letzte politische Umgestaltung in Frankreich
hat uns die meisten „öffentlichen Menschen" in diesem
Lande, so wie ihre Kombinationen und deren Zweck,
im wahren Lichte gezeigt. Viele Personen, die früher
eine hohe politische Achtung genossen, haben sie verloren, andere haben sie vermehrt; während der ganze
Anhang des Jesuitismus von den Ex-Excellenzen,
bis zu den Ex-Stiefelputzern der Ex-Kongregation,
vulgo kurzröckiges Institut genannt, mit allgemeiner
und wohlverdienter Verachtung geschlagen ist.

Zu diesen Ex-Aktionären der Ex-Camera obscura
Ignaz Loyola's und Kompagnie gehörten (nebst bei-
nahe allen ihren Kollegen) auch der Präfekt und der
Bischof von Perpignan, im Departement der östlichen
Pyrenäen.

Dies Departement, gelegen an einer der Extre-
mitäten Frankreichs, hart an der Grenze Spaniens,
enthält mehrere feste Plätze und schien nach den großen
Ereignissen im Juli d. J., seiner großen Entfernung
von Paris, und der bekannten Gesinnungen seiner
weltlichen und geistlichen Administration wegen, ganz
geeignet, ein Zufluchtsort der Anarchie und des Bürgerkrieges zu werden.

An der Administration fehlte es nicht (wie man
gleich sehen wird), daß es so weit hätte kommen
können. Aber die gesunde Vernunft und der patriotische Sinn der Einwohner vereitelten in dieser Hinsicht alle Versuche der geistlichen wie der weltlichen
Behörden.

Die verbrecherischen Ordonnanzen vom 25. Juli waren zu Perpignan angekommen, und wurden mit großem Geräusch bekannt gemacht. Der Präfekt, Baron Romain, ließ sie an allen Straßenecken anschlagen, und mit Trompetenschall verkünden. Der Bischof seinerseits gab allen Pfarrern seiner Diözese den Befehl, sie von den Kanzeln herab zu verkünden, und sie als die glücklichsten und erfolgreichsten Verordnungen anzudeuten, welche die königliche Weisheit jemals erlassen.

Die Freunde der Ordnung, der Ruhe, der Gesetzlichkeit schwiegen bestürzt. Die bei weitem größte Mehrheit der Bevölkerung fühlte instinktartig, daß es den schwülstigen Anpreisungen der Ordonnanzen, von Kanzel und Katheder, keinen Glauben beizumessen habe, und daß dahinter wohl eine Maßregel verborgen sei, die den Verlust seiner Freiheiten zur Folge haben könne. Nur die Kongregationisten triumphirten, und schrien Jedermann in die Ohren, daß Karl X erst jetzt wirklich König sei, nachdem er durch einen Staatsstreich die Deputirtenkammer zugleich mit der Charte beseitigt habe.

Indessen verfaßte der Präfekt eine Verbannungsliste, in welcher die freisinnigsten, folglich die angesehensten und reichsten Bewohner des Departements figurirten. Man erfuhr, daß er nur einen Wink von Paris erwarte, um alle Personen, deren Namen sich auf dieser Liste befanden, verhaften, einkerkern und vor ein Prevotalgericht stellen zu lassen. Die Mitglieder des Wahlausschusses sollten vorzüglich die ganze Strenge der Willkühr empfinden.

Damit noch nicht zufrieden, erließ der Bischof ein

Kreisschreiben, durch welches er die Rechtgläubigen
aufforderte, sich gegen die Feinde der Religion und
des Königs im Innern zu erheben, und keinen derselben zu verschonen, indem des Himmels und der
Menschen Geduld erschöpft sei, und man ihnen endlich den Garaus spielen müsse. — Glücklicherweise erregte diese kannibalische Aufforderung nur verächtlichen
Unwillen gegen ihren Urheber, ohne thätliche Exzessen
zu veranlassen.

Während dem blieb drei Tage lang der Kurier
von Paris aus. Eine große Unruhe bemächtigte sich
aller Stände und aller Parteien. Man wußte nur
durch Briefe aus den Umgebungen von Paris, daß
die Bevölkerung dieser Stadt sich gegen die Ordonnanzen aufgelehnt, und daß es zum Blutvergießen
gekommen; aber man wußte nicht, wer den Sieg er-
rungen.

Unter solchen Umständen vermehrte die Stellung,
welche der Präfekt und der Bischof angenommen, die
allgemeine Besorgniß. Sie schienen nur auf ein Zeichen zu warten, um in ihrem Bereich die achtungs-
werthesten Bürger zu verfolgen, einzukerkern, vielleicht dem Schafott zu überliefern.

Endlich verkündete der Telegraph den Ausgang
der Ereignisse in der Hauptstadt, die Flucht Karls X,
und des Herzogs von Orleans Ernennung zum General-Lieutenant des Königreichs. Eine Freude, die an
Trunkenheit grenzte, ersetzte auf einmal die Niedergeschlagenheit des Volks, und man wünschte sich zu
der Neugestaltung der Dinge Glück. An allen öffentlichen Gebäuden verschwand die weiße Fahne, und
die dreifarbige erschien an ihrer Stelle.

Bei alledem waren der Präfekt und der Bischof nicht ruhig. Ihr Gewissen klagte sie an, und sie glaubten ihre Sicherheit zu Perpignan gefährdet. In der That bildeten sich starke Volkshaufen vor ihren Wohnungen, und heftige Drohungen wurden gegen sie ausgestoßen. Aber die angesehensten Einwohner wollten nicht, daß der Triumph der gerechten Sache durch irgend einen Exzeß befleckt werde. Sie begaben sich zu dem Präfekten, und boten ihm die Mittel dar, sich schnell und ohne Gefahr zu entfernen. Es verdient als ein interessantes Zeichen der politischen Wiedergeburt Frankreichs bemerkt zu werden, daß gerade die Personen, welche auf der Proscriptionsliste des Präfekten obenan figurirten, seine Flucht begünstigten. In einer Hauptmanns-Uniform verließ er Perpignan um neun Uhr Abends, und eilte ohne zu rasten nach Katalonien, wo er von seinem Freund, dem Grafen d'Espagne, mit offenen Armen empfangen wurde. Gleich und gleich gesellt sich gern!

Auch der Bischof hatte sich entfernt, ohne irgend eine Benachrichtigung abzuwarten, und kehrte erst nach vierzehn Tagen zurück, nachdem er sich überzeugt, daß die „Revolutionäre" sich ganz friedfertig und human benahmen.

Der Bürgerstand hatte beschlossen, weder von dem Gehen noch von dem Kommen des Prälaten die mindeste Notiz zu nehmen. Aber die untern Volksstände stimmten diesem Entschlusse nicht bei. Ein ungeheurer Menschenhaufe versammelte sich um neun Uhr Abends vor dem bischöflichen Palaste. Zuerst wurden die Fenster unter beständigem Pfeifen und Zischen eingeworfen; sodann erhob sich das allgemeine Geschrei: „Nie-

der mit den Jesuiten! nieder mit den Kongregationisten!
nieder mit den Feinden Frankreichs und der öffentlichen Ordnung!" Das Getümmel wurde immer gewaltiger, immer drohender. Weder die Polizei-Kom-
missäre, noch die Nationalgarde, noch die angesehensten Bürger, welche sich in die Menge mischten, um
sie zur Ruhe zu bringen, vermochten sie zu zerstreuen.
Erst nach zehn Uhr legte sich der größte Unwille, und
die Nacht ging ruhig vorüber.

Aber es war nur ein Waffenstillstand. Das Volk
wollte den Bischof um jeden Preis zwingen, die Stadt
zu verlassen. Der Zusammenlauf war noch viel stärker, noch viel lärmender und drohender als Tags zuvor.
Man konnte voraussehen, daß es zu Exzessen kommen
werde.

Um diese zu verhindern, begab sich der Kommandant der Nationalgarde, Major Sicart, zu dem Prälaten, und benachrichtigte ihn, daß man seine Entfernung für seine eigene Sicherheit am gerathensten
halte, und daß die Nationalgarde seine Abreise schützen
werde. Der Bischof, der beinahe sprachlos war vor
Angst, entschloß sich auf der Stelle, die Stadt zu
verlassen. Er reisete um fünf Uhr Abends ab, und
die Ruhe war nun, wie durch einen Zauberschlag,
wiederhergestellt.

Man erfuhr bald nachher, daß der Bischof gesonn-
nen sei, eine Klage in alter Form gegen die Einwohner von Perpignan einzureichen, die ihn, seines
Erachtens, "seiner Funktionen und der damit verbundenen Pflichten wegen, beleidigt." — Besser belehrt,
hat er jedoch geschwiegen, und Frankreich einen neuen
Skandal erspart.

Ein Sachse, Namens Nordheim, hatte 1823 das französische Bürgerrecht erworben, und zu Lyon eine Spezial-Handelsschule gegründet, in welcher zugleich die meisten europäischen Sprachen gelehrt wurden. Diese Anstalt hatte vielen Erfolg und mehrere Handelshäuser Lyons verdankten ihm sehr geschickte Commis.

Der Jesuitismus, dem alle intellektuellen und moralischen Fortschritte ein Gräuel sind, hatte Nordheims Handelsschule längst exkommunizirt, und lauerte nur auf eine Gelegenheit, sie gänzlich zu unterdrücken. Endlich, im April d. J., behauptete der Rektor der Akademie zu Lyon, Abbé Mazure, ein bekannter sehr eifriger Jesuit, daß Nordheims Institut die sogenannte Universitäts = Entschädigung zu bezahlen habe, und daß es, im Weigerungsfalle, geschlossen werden solle.

Nordheim kam ein bei dem Minister des öffentlichen Unterrichts. Dieser entschied, daß er die Entschädigung zu zahlen habe. Zu gleicher Zeit erhielt aber der Rektor von demselben Minister den Befehl, Nordheims Schule zu schliessen, selbst wenn er die bestimmte Entschädigung zahlen wolle, sobald er katholische Schüler aufnehme, indem er Protestant sei. Ungeachtet nun Nordheim bezahlte, und sich den über seine Anstalt verhängten tirannischen Verfügungen unterzog, wurden ihm doch unaufhörlich neue Schikanen erweckt, so daß er auf dem Punkte war, vollkommen zu Grunde gerichtet zu werden.

Man sieht, welches, im Größten wie im Kleinsten, das Streben dieser Menschen war, die Frankreich in die Nacht der Unwissenheit, des Aberglaubens und der Barbarei zurückzustürzen sich bemüheten. — Unter

der neuen Regierung ist Nordheim autorisirt worden,
seine Handelsschule ohne irgend eine Beschränkung zu
halten, und ohne die sogenannte Entschädigung zu zahlen.

Den 11. April, am Ostertage, feierte der Pfarrer
von Blansac, im Charente-Departement, die Messe.
Die Kirche war gedrängt voll. Einige Jünglinge
bildeten eine Gruppe. Ein Hut lag auf dem Stuhle
neben ihnen. Der Küster Toussaint=Foucher (der zu=
gleich Steuer-Einnehmer war) forderte fünf Zentimen
für den Stuhl, auf welchem der Hut lag. Man wei=
gerte sich, seinem Verlangen zu entsprechen. Sogleich
bemächtigte er sich des Huts. Der Eigenthümer for=
derte ihn zurück, und statt an diesen sich zu wenden,
verlangte der Küster von einem gewissen Detoc, ihn
zu bezahlen.

Nach einigen Hin- und Herreden ergriff der Erste
den Letzten am Kragen, rief ihm zu, daß er ihm
zeigen wolle, was ein Küster sei, versetzte ihm meh=
rere Stöße gegen die Brust, und warf ihn endlich
zum Tempel hinaus. So im Kleinsten wie im Größ=
ten beurkundete sich, vor der letzten Neugestaltung
Frankreichs, die Sucht der römischen Klerisei und
ihrer Lakeien, über das Volk zu gebieten, und es, im
Widersetzungsfalle, selbst persönlich zu mißhandeln.

Detoc, von seinen Freunden aufgefordert, reichte
am andern Tage seine Klage gegen den Küster bei
dem königlichen Prokurator zu Angoulême ein. Der
Prozeß wurde den 11. Mai verhandelt. Zwölf Zeugen
beschuldigten den Küster; viere, nämlich des Pfarrers
Köchin, die eines andern Mitgliedes der Kirche, ein
Miethsmann des Verklagten und einer seiner persön-

lichen Schuldner, bemühten sich im Gegentheil, den Kläger zu inkulpiren.

Das Gericht von Angoulême entschied, zur großen Freude aller Frömmler, „daß, wenn man auch dem Küster einiges Unrecht zuschreiben könne, er dennoch nur in Ausübung der kirchlichen Polizei gegen Detoc verfahren, weshalb die Klage dieses Letztern unstatthaft sei, und er die Hälfte der Kosten zu bezahlen habe.“

Detoc appellirte an den königlichen Gerichtshof zu Bordeaux, der sich am 26. August mit dieser Sache beschäftigte. Die äussern Angelegenheiten hatten eine andere Gestalt gewonnen, und man bemerkte ihre Rückwirkung selbst in der Entscheidung des Gerichts.

Dieses erklärte, „daß, wenn dem Küster auch die Polizei in der Kirche zustehe, er dennoch keineswegs berechtigt sei, Hand an Jemand zu legen und ihn zu mißhandeln; daß es erwiesen sei, wie er Detoc am Kragen ergriffen, ihm mehrere Stöße gegen die Brust versetzt, und endlich zur Kirche hinausgeworfen; daß also alles Unrecht sich auf seiner Seite befinde, weshalb der Ausspruch des Gerichts von Angoulême zu kassiren, und der Küster zu sechszig Franken Schadenersatz gegen den Mißhandelten zu verurtheilen sei.“

Man erfährt jetzt nach und nach, daß die Ereignisse der letzten Revolution an einigen Orten mehr oder weniger ernsthafte Szenen veranlaßt haben, die auf das Klarste beweisen, wie überall in ganz Frankreich das Volk von demselben Geiste beseelt war, und wie man dem Himmel nicht genug danken kann, daß die politische Frage zu Paris so schnell und befriedigend entschieden worden, weil ausserdem auf mehr als einem Punkte Ströme Bluts geflossen sein würden. ·

Es war am 7. August, als die Einwohner von Ustou, in der Nähe von St. Girons, im Arrière-Departement, verlangten, daß die dreifarbige Fahne aufgesteckt werde, die bereits seit zwei Tagen in der benachbarten Stadt wehete.

Der Maire, Hr. de Pointis, ehemaliger Herr des Orts, mit dem er einen dreihundertjährigen Prozeß führte, und der bald wieder den Vollgenuß seiner Macht zu erlangen gehofft, weigerte sich, ihrem Verlangen zu entsprechen. Dadurch entstand eine große Gährung in der Gemeinde; doch wurde die Ruhe bis zum 14. nicht gestört, wo der Adjunkt des Maire den Vorstellungen des Munizipalraths nachgab, und die dreifarbige ·Fahne auf der Mairie aufpflanzen ließ. Gleich nachher versammelte sich die Gemeinde. Man beschloß, eine Deputation an den Maire zu schicken, und ihn einzuladen, seine Demission zu nehmen.

Bis dahin blieb Alles in der Ordnung. Der Friede würde nicht gestört worden sein, hätte der Maire seine Lage, so wie die Verschärzung der Begebenheiten begriffen, und den Bitten der Deputation entsprochen. Statt dem entgegnete er, daß er Maire sei, und es so lange bleiben wolle, bis die Regierung einen andern ernannt habe. Er fügte hinzu, daß er sich auf seinem Posten zu behaupten wissen werde. Diese Antwort, vorzüglich die letzte Phrase derselben, war ganz geeignet, die Erbitterung der Gemeinde zu vermehren. Sie kam zum Ausbruch, als man am andern Tage, nach Beendigung der Messe, vor dem Gemeindehause sieben Gendarmen, die Mauthbrigade von Seiz und

die von Ustou, alle vollständig bewaffnet, erblickte,
und erfuhr, daß sie auf des Maire Befehl sich eingefunden hatten.

Die Einwohner, in der Voraussetzung, daß dieser
mit Hilfe der bewaffneten Macht eine Art Gegenrevolution bewerkstelligen, und abermals die weiße Fahne
aufpflanzen wolle, waren nicht mehr Meister ihrer
Wuth. Sie begaben sich in Masse nach de Pointis
Schlosse, und verlangten den Maire zu sprechen; da
aber Niemand antwortete, sprengten sie die große
Eisenthür, drangen in das Innere des Gebäudes,
und in weniger als zwei Stunden war Alles zerschlagen und verheert. Das ganze Schloß glich einer Ruine.

Um Mitternacht ging eine zum Schlosse gehörige
Scheune in Flammen auf, und alles Bestreben des
Adjunkten Siregand, sie zu retten, war vergeblich.
Am nächsten Morgen war Alles wieder zur Ruhe und
Ordnung zurückgekehrt.

De Pointis verklagte die Gemeinde, dieser Zerstörung wegen, und verlangte Entschädigung. Seinem
Anschlage zufolge belief sich der ihm verursachte Schaden auf die Summe von 30,000 Franken. Die Sache
wurde am 25. August vor dem Gericht zu St. Gisors
verhandelt. Die Gemeinde wurde verurtheilt, an ihren gewesenen Maire für den an seinem Eigenthum
ihm zugefügten Schaden 24,000 Franken zu bezahlen,
und ausserdem noch eine Strafe von 12,000 Franken
zu entrichten.

Aehnliche Unruhen haben sich auch zu Amiens und
an mehrern andern Orten in den verschiedenen Theilen Frankreichs ereignet. Die Ursache derselben war
überall ein grenzenloser, beinahe wüthender Haß gegen

die Jesuiten und ihre Anhänger, denen das Volk
nicht mit Unrecht die Leiden der letzten Jahre und
die moralische und politische Herabwürdigung Frankreichs zuschrieb.

Die untere Klasse der Bevölkerung Amiens rottirte
sich in der Nacht vom 31. August zum 1. September
zusammen, um, dem allgemeinen Geschrei zufolge,
allen lang- und kurzröckigen Jesuiten den Garaus zu
spielen. Schon einige Wochen früher hatten dieselben Volkshaufen sich arger Exzessen gegen das nahe-
gelegene Jesuitennest St. Acheuil schuldig gemacht.
Um ähnlichen Unfug zu verhindern, wurde sogleich
die bewaffnete Macht aufgeboten; mehrere der Rädels-
führer wurden verhaftet, und erschienen zwölf Stunden nachher vor Gericht. Vier derselben wurden zu
neunmonatlicher Haft verurtheilt, und fünf andere
freigesprochen.

Die neue Eidesleistung der verschiedenen königlichen
Gerichtshöfe, überhaupt der Magistratspersonen, welche
sich als eifrige Anhänger des absoluten Systems gezeigt, das vor einigen Monaten noch auf Frankreich
lastete, hat Veranlassung zu mehrern sehr beklagenswerthen Szenen gegeben. Es ist traurig im höchsten
Grade, wenn diejenigen, welche die legislative Wahrheit erhalten und verwalten sollen, durch ihr Betragen eine Zielscheibe des öffentlichen Hohnes werden.
Ein solcher Zustand der Dinge ist die eigentliche Basis
der Anarchie. Denn wenn die Organe der Gerechtigkeit nicht mehr Ehrfurcht einflößen, steht die Ruhe
der Staaten auf dem Spiel. Dieser Umstand wird

früher oder später eine Neubildung der Gerichtshöfe in Frankreich unumgänglich nothwendig machen.

Der Unwille der höhern und der Mittelstände gegen pflichtvergessene Richter, die, wie zu Aix (in Provence), Karl X Glück gewünscht zur Erlassung seiner Ordonnanzen vom 25. Juli, die ihn aufgefordert, nun mit Strenge zu verfahren, und auf die Unterstützung der Gerichte zu zählen, oder die, wie zu Poitiers, ihn eingeladen, der Omnipotenz seiner Rechte sich zu bedienen, und den Liberalismus auf immer zum Schweigen zu bringen; und die nun mit dreister Stirn erschienen, um dem neuen König der Franzosen und der modifizirten Charte Treue und Gehorsam zu schwören, wurde an mehr als einem Orte laut.

Zu Aix, zu Poitiers, zu Metz, zu Rouen, zu Toulouse, zu Caen, zu Angers, zu Toulon, und in vielen andern Städten, wurde der neue Schwur solcher Richter entweder mit Gemurmel oder mit Gezisch vom Publikum aufgenommen. An mehrern Orten nannten tausend Stimmen sie Heuchler, kurzröckige Jesuiten, Verräther, Meineidige u. s. w. Man drang in sie, nicht zu schwören, ihre Entlassung zu nehmen, sich zurückzuziehen, die Gerichtssäle nicht durch ihre Gegenwart zu verunreinigen......

Verhältnißmäßig wenige Präsidenten, Vizepräsidenten und Räthe beachteten die Stimme des öffentlichen Urtheils, und zogen sich zurück. Die größere Zahl, mit der ganzen Unverschämtheit, die den Jesuiten und ihren Schuhputzern in einem hohen Grade eigen ist, boten dem Sturm des allgemeinen Unwillens Trotz, und leisteten den neuen Schwur (versteht

sich, in Begleitung eines innern Gegenschwurs à la
Loyola) mit einer Keckheit, die Epoche machen wird
in den Annalen der Gerechtigkeitspflege. Die öffentliche Schamlosigkeit wurde nie und in keinem Lande
weiter getrieben.

———

Betrügerei, mit Hilfe religiöser Vorspiegelungen,
Sittenverderbung, unter dem Schleier des Mystizismus, Herabwürdigung der Nation durch pfäffische
Gleisnerei, durch Unduldsamkeit, Frömmelei, Fanatismus und Mönchsthums: das war die Hauptaufgabe
der jesuitischen Verwaltung in Frankreich. Daß unter solcher Aegide Schlechtigkeiten jeder Art wie Un-
kraut wuchern mußten, ergibt sich leicht. Auch fehlte
es darin in keiner Hinsicht, in keinem Theile des Landes. Nachstehender Rechtshandel stellt ein Beispiel
in Rede, von den Tausenden, welche nicht zur öffentlichen Kunde gelangt, oder die wenigstens nicht vor
Gericht verhandelt worden sind.

Die Frauen **Basnier** (40 Jahre alt) und **Ac-**
card (62 Jahre alt) gaben sich nicht geradezu für
Eigenthümerinnen der schwarzen und weißen Magie
aus, sondern, dem Zeitgeiste getreu, „für fromme
Personen", als welche sie in genauer Verbindung mit
einem beinahe übernatürlichen Wesen zu stehen behaupteten, welches sie den Beau Monsieur (den schönen
Herrn) nannten, der von noch höhern oder himmli-
schen Wesen seine Inspirationen erhalte, und sie ihnen
sodann gegen gleich baare Bezahlung mittheile.

Man hat, aller Nachforschung ungeachtet, nicht
genau erfahren können, wer eigentlich dieser Beau
Monsieur gewesen. Einige Zeugen, die ihn von fern

gesehen zu haben behaupten, bezeichnen ihn als einen jungen Geistlichen, als einen Jesuiten. Da sie jedoch nicht in direkter Berührung mit ihm gestanden, hat man ihre Aussagen unbeachtet gelassen.

Die beiden frommen Frauen schrieben diesem geheimnißvollen Wesen übernatürliche und unbegrenzte Kräfte zu, durch welche er den Menschen nützlich oder schädlich sein könne. Ihrer Behauptung nach erstreckte sich sein Einfluß nicht allein über die physischen Uebel, er konnte auch das Unglück abwenden, das Individuen, oder Familien, oder ganze Gemeinden bedrohte; er konnte die Jugend heilen von allen ihren Mängeln, Fehlern und Gebrechen, wie z. B. sie verhindern, die Wirths- und Kaffeehäuser zu besuchen, Billard oder Karten zu spielen, Kegel zu schieben, oder zu tanzen, zu schmauchen und zu zechen, den jungen Mädchen den Hof zu machen, und des Abends mit ihnen spazieren zu gehen u. s. w.; wogegen er ihnen Lust und Liebe zu frommen Uebungen, zur Abbetung des Rosenkranzes, zum Fasten, zu Kasteiungen, zur Beiwohnung der Messe, der Vesper, der Litaneien und anderer frommen Kyriellen einflößte.

Er hatte nächstdem auch die Macht, arme Seelen gegen gleich baare Bezahlung aus dem Fegfeuer zu erlösen, Himmelspässe auszustellen, und dem freigebigen Gläubigen alle Freuden des Paradieses zu versichern, wozu man sich auf dieselbe Weise assekurirte, wie gegen Hagelschaden, oder wie gegen Feuersgefahr. Der Profit des Versicherers war um so bedeutender, da an keine Rückzahlung zu denken war.

Mit einem Worte, die Wissenschaft dieses Ignazischen Tausendkünstlers erstreckte sich über Alles. Die

beiden Alberte und ihre Geheimnisse, Nostradamus
mit seiner Magie, Faust mit seinem Höllenzwang,
Souci mit seinem Aderlaßmännlein, Matthias Laens-
berg mit seiner Prophetengabe, waren neben ihm nur
winzige Gaukler, die sich ihm auf keinen Fall gleich-
stellen konnten.

Der Beau Monsieur wäre ein wirkliches Muster
von Uebernatürlichkeit gewesen, hätte er sich weniger
eigennützig, weniger habgierig gezeigt, und hätte er
seine prophetische Assa fœtida, oder seinen moralischen Merkur billiger losgeschlagen. Die Debatten
haben den merkwürdigen Tarif dieses Wunderthäters
à la Hohenlohe (lächerlichen und verachtungswerthen
Andenkens) produzirt, aus welchem wir unsern Lesern
nur einige Paragraphen mittheilen wollen, wonach
sie sich von dem Ganzen einen erbaulichen Begriff
machen können.

§. 7. Um eines nahen Verwandten, oder eines
Freundes Seele aus dem Fegfeuer zu erlösen, 700 Fr.

§. 21. Item, um einen jungen Knaben gegen ansteckende Krankheiten, oder andere Unannehmlichkeiten
zu bewahren, 600 Fr.

§. 25. Item, um ein junges Mägdlein vor der
Wassersucht oder anderweitigem Anschwellen des Lei-
bes zu behüten, 800 Fr.

§. 38. Item, um des Teufels Versuchungen abzuwenden und ein frommes Leben zu führen, 300 Fr.

§. 42. Item, um jewelche Krankheit radikal zu
heilen, mit Ausnahme der unter den §§. 21 und 25
gedachten, 400 Fr.

§. 43. Item, um allerlei Unheil abzuwenden, von

welchem ein Individuum, eine Familie oder eine ganze Gemeinde bedroht sein könnte, 200 bis 600 Fr.

§. 46. Um ein Unwetter abzuwenden, 100 Fr.

§. 47. Item, um Hagelschlag abzuwenden, 100 Fr.

§. 48. Item, um Heuschrecken und anderes Ungeziefer abzuwenden *) 100 Fr.

§. 56. Item, um einen Besessenen zu erledigen, 400 Fr.

Eine einfältige Frau hat sich auf diese Weise um 1900 Franken betrügen lassen, ohne, wie man sich leicht denken kann, davon den mindesten Vortheil zu ziehen. Andere haben in Folge ihrer Beschränktheit mehrere hundert Franken durch diese Vorspiegelungen verloren. Ein Individuum hat von 2000 Franken, welche es den Vermittlerinnen des Beau Monsieur gegeben, 1200 Fr. auf die Drohung zurück erhalten, daß es eine Klage einreichen wolle. Die bei weitem größere Zahl der Hintergangenen ist unbekannt geblieben, indem sie sich nicht noch obendrein dem öffentlichen Gelächter preis geben wollten.

Die Angeklagten begnügten sich, den größten Theil dieser Thatsachen zu läugnen. In Betreff auf mehrere andere behaupteten sie, daß das Geld ihnen von den klagenden Personen geliehen worden, nicht aber, daß sie dieselben darum betrügen wollten.

Dieser merkwürdige Prozeß ist am 19. September vor dem Zuchtpolizei-Gericht zu Caen verhandelt worden. Die Frau Vasnier wurde zu einjähriger, und die Frau Accard zu anderthalbjähriger Einsperrung, so wie beide zu Bezahlung aller Kosten verurtheilt.

*) Item, um geistliche Betrüger abzuwenden.... wie viel? —

Das Volk, welches sich in Masse eingefunden hatte, begleitete sie vom Gerichtssaale zum Gefängnisse mit Gezisch, Gelächter und untermischten energischen Verwünschungen gegen die Jesuiten und die Regierung Karls X.

———

Beschliessen wir mit einer Mord- und Brandstiftungsgeschichte. Baptist Ludwig H i a r d, 22 Jahre alt, stand seit nicht ganz einem Jahr in Dienst bei dem Landmann Jullien zu Grainville-sur-Ry. Man hatte bis dahin nicht Ursache gehabt, sich über ihn zu beschweren, als am 5. Juni d. J. ein gräßliches Ereigniß bewies, wessen er fähig sei. Leider zu spät erfuhr man, daß sein Vater auf Lebenszeit zur Galeerenstrafe verurtheilt worden, und daß er in seiner Familie, von Jugend auf, nur verderbliche Beispiele vor Augen gehabt hatte.

Am 5. Juni, um 6 Uhr Morgens, hatte sich Jullien entfernt, um den ganzen Tag abwesend zu bleiben. Gegen 10 Uhr begab sich seine Frau auf den Markt zu Ry, und Hiard blieb mit ihrer zwölfjährigen Tochter und dem zehnjährigen Viehhüter Loeu allein. Er aß zu Mittag mit den beiden Kindern, suchte sie mit Aepfelwein betrunken zu machen, was ihm jedoch nur bei dem Knaben gelang, während das Mädchen, obgleich erhitzt, dennoch ihrer Sinne Meister blieb.

Das Kind lag auf dem Bette, als es Hiard durch das Fenster in die Kammer steigen sah. Er begab sich in das Wohnzimmer der Aeltern, kehrte daraus zurück, erschien abermals, und bemühte sich, einen Schrank zu erbrechen. Josephine Jullien beobachtete das Alles, während Hiard sie in tiefen Schlaf versenkt glaubte. Als er wieder in ihre Kammer trat, sagte sie: „Ich habe recht wohl gehört, daß Ihr der Mutter Schrank erbrochen. Ihr könnt darauf rechnen, daß ich es ihr sagen werde."

Kaum hatte sie diese Worte ausgesprochen, als der Knecht auf sie zueilte, sie mit der einen Hand am Kopf ergriff, und mit der andern ihr sein Taschenmesser in den Hals stieß. Sodann band er sein Schnupftuch um die Wunde, und legte sie auf das Gesicht. Gleich nachher steckte er das Haus in Brand, um auf solche Weise jede Spur seines Verbrechens zu verwischen. Er hoffte, daß das Kind von den Flammen verzehrt, oder wenigstens ganz verunstaltet werden dürfte, so daß man nicht zu erkennen im Stande sei, daß es ermordet worden. Er hatte zu diesem Zweck sogar brennendes Stroh unter das Bett gelegt, aber es war schnell verbrannt, ohne zu zünden. Doch entdeckte man die Ueberreste desselben.

Gleich nach dem Ausbruch des Feuers hatte sich Hiard nach Ry begeben, ohne sich im Mindesten um die Rettung des Eigenthums seiner Herrschaft zu bekümmern. Er schrie der Frau Jullien zu: „Ach, lieber Gott! bei Euch zu Hause ist Alles verloren, Alles verbrannt." Die besorgte Mutter forschte zuerst nach ihrem Kinde. Hiard entgegnete: er wisse nicht, was aus demselben geworden sei.

Indessen hatte man das Feuer gelöscht, das keinen großen Schaden angerichtet. Die Nachbarn suchten das Mädchen, und fanden es endlich ausgestreckt auf ihrem Bette. Man trug es hinaus, und bemerkte nun erst, daß es mit Blut bedeckt war. Man sah die

tiefe, große Wunde am Halse, und konnte nicht mehr
zweifeln, daß es ermordet worden.

Nach einiger Zeit kam die arme Josephine wieder
zur Besinnung. Ihre Mutter fragte sie, wer sie so
grausam behandelt habe? Mit vieler Anstrengung be-
tonte sie den Namen Louis. „Welcher Louis?"
fragte die Mutter. — Unser Knecht, entgegnete sie.

Dieser wurde sogleich ergriffen, gebunden, und
einem herbeigeeilten Gendarmen überliefert.

Das Kind wurde wieder hergestellt, und erschien
als Zeuge vor Gericht. Hiard widersprach allen Aussagen desselben, wie sehr auch Alles, mit Einschluß
seines blutigen Taschenmessers und seines Schnupf-
tuches, gegen ihn zeugen mochte. Er veränderte endlich sein Vertheidigungssystem, und behauptete, daß
er Josephinen sein Messer geliehen, daß sie wahrscheinlich in der Betrunkenheit sich damit verwundet, und
daß sie sodann das Stroh angezündet habe, wodurch
die Feuersbrunst entstanden sei. Sein Schnupftuch
behauptete er der Frau Jullien einige Tage vorher
zum Waschen gegeben zu haben, und das Kind hätte
sich, ihm zufolge, desselben bedient, um seine Wunde
zu verbinden.

Die Unwahrscheinlichkeit dieser Fabel war so auffallend, daß sie die Geschwornen nicht einen Augenblick irre leiten konnte. Er wurde einstimmig eines
Mordversuchs und der Brandstiftung schuldig erklärt,
und demnach zum Tode verurtheilt.

Allgemeine Ueberficht der öffentlichen Gerechtigkeitsverwaltung in Frankreich, im Laufe des Jahrs 1828.

Nach offiziellen Aktenstücken.

Von den Kriminalgerichten (Affifen) find 6395 Rechtshändel entschieden worden, wovon 675 Kontumazfälle. Die Zahl der Angeklagten betrug 7396, wovon 776 kontumaz.

Verglichen mit 1827 bietet das Jahr 1828 434 Anklagen und 467 Angeklage mehr dar. Diese Vermehrung betrifft allein Verbrechen gegen das Eigenthum, während man in denen gegen Personen 18 Anklagen und 67 Angeklagte weniger zählt, als das Jahr vorher. Das Verhältniß der Verbrechen gegen Personen, das 1825 wie 29 zu 100, 1826 und 1827 wie 28 zu 100 war, belief fich 1828 nur wie 25 zu 100.

Das Verhältniß der Angeklagten gegen die Gesammtbevölkerung, das 1847 von 1 auf 4593 Seelen war, ift 1828 nur 1 auf 4307.

Das Departement der Creuse bietet fortwährend die wenigsten Verbrechen dar. Man findet dort 1828 nur 1 Angeklagten auf 11,497 Einwohner. Das der Charente hat 1 auf 8841, das der Unter-Seine 1 auf 2220, das von Korfika 1 auf 2127, und das der Seine (Paris) 1 auf 1167.

Bei 100 Anklagen findet man im Durchschnitt

129 Angeklagte. In den drei vorhergegangenen Jahren fand man deren 130, 131 und 132. Dergleichen Verbindungen zur Begehung der Verbrechen sind häufiger bei denen gegen Personen, als bei denen gegen das Eigenthum.

Die 7396 Angeklagten scheiden sich in 5970 Männer und in 1426 Weiber, was bei diesen letzten ein Verhältniß von 19 zu 100 gegen die ersten gibt. Es war in den Jahren 1826 und 1827 nur 18 zu 100. In den Verbrechen gegen Personen findet man nur 15 Weiber auf 100 Angeklagte und 21 auf 100 in den Verbrechen gegen das Eigenthum. Man bemerkt dasselbe Verhältniß auch in den beiden früheren Jahren.

Die Zahl der Angeklagten unter 16 Jahren, die 1827 nur 136 war, belief sich 1818 auf 143. Die der Angeklagten zwischen 16 und 21 Jahren, die nur 1032 war, erhob sich bis auf 1287. Folglich hat sich die Entartung der Jugend sehr vermehrt. 3994 Angeklagte waren unter 30 Jahren. Sie bilden $^{54}/_{100}$ der Gesammtsumme.

Von 6915 Angeklagten, über welche man genaue Aufschlüsse erhalten, waren 4068 nie verheirathet gewesen, und 2847 waren verheirathet oder verwittwet. Von den letzten hatten 2364 Kinder. Das Verhältniß der nie verheirathet gewesenen zu der Gesammtzahl der Angeklagten ist also wie 59 zu 100, nämlich in den Verbrechen gegen Personen wie 55, und in denen gegen das Eigenthum wie 60. Das Seine-Departement bietet 82 Unverheirathete auf 100 Angeklagte dar, und Korsika 48.

Die meisten. Angeklagten . (72 auf 100) gehören durch ihre Geburt und ihren Wohnort den Departementen, in welchen sie gerichtet wurden. 230 Angeklagte (3 auf 100) sind als Frankreich fremd erkannt worden.

In Bezug auf den Unterricht kann man die Angeklagten in vier Klassen scheiden. Die erste begreift 4166 Individuen von jedem Alter und Geschlecht, die durchaus weder lesen noch schreiben können. In der zweiten befinden sich die, welche entweder lesen, oder lesen und schreiben können, aber nur sehr unvollständig. Ihre Zahl beläuft sich auf 1858. In der dritten findet man 780 Personen, die lesen und schreiben können. Die vierte endlich zeigt uns 118 Individuen, die einen mehr oder minder sorgfältigen höhern Unterricht genossen haben. Diese Zahlen sprechen deutlicher als alle philosophische Abhandlungen, die man zu Gunsten eines vollkommenen Unterrichts und einer sorgfältigen Erziehung aufstellen könnte. Ueber 474 Angeklagte, (größtentheils kontumaz) fehlt es an hinlänglichen Andeutungen. Es ergibt sich aus dem Vorstehenden, daß von 100 Angeklagten nur 40 auf kürzere oder längere Zeit die Schulen besucht haben, während 60, oder die ⅗ sich in einer vollkommenen Unwissenheit befanden.

Dieses Verhältniß ist verschieden nach der Natur der Verbrechen, des Alters, des Geschlechts und der Oertlichkeit. In den Verbrechen gegen Personen konnten 43 Angeklagte auf 100 wenigstens lesen. Man findet deren nur 39 auf 100 in den Verbrechen gegen das Eigenthum; 49 auf 100 unter den

wegen Todtschlag Angeklagten; 45 unter den wegen
Ermordung; 44 unter den wegen Vergiftung; 43
unter den wegen Vatermord; 16 unter den wegen
Kindermord; 43 unter den wegen Verletzungen; 54
unter den wegen Mißhandlungen; 34 unter den wegen falschen Zeugnisses; 31 unter den wegen Rebellion; 43 unter den wegen Personen-Verfälschung
(Betrügerei unter angenommenen Namen); 80 unter
den wegen Schrift-Verfälschung; 92 unter den
wegen betrügerischem Bankerott; 34 unter den wegen Diebstahl jeder Art; 33 unter den wegen Brandstiftung.

Die verhältnißmäßige Zahl der Männer, welche lesen können, ist 44 zu 100, und die der Weiber
23 zu 100.

Unter den Angeklagten unter 21 Jahren findet
man nur 32 auf 100, die nicht lesen können, 41 unter denen zwischen 21 und 40 Jahren, und 43 unter
denen über 40 Jahre.

Die sieben Departemente, welche die meisten Angeklagten darbieten, die lesen können, sind die der Ar-
dennen, wo man 73 auf 100 zählt; die des Doubs
und des Unter-Rheins, 70; des Ober-Rheins, 69;
der Maas, 68; der Seine 67, und der Lozère, 60.

Die sieben Departemente, in denen man die wenigsten findet, sind die der Unter-Loire, mit 18 auf 100;
der Sarthe und Maine-et-Loire, 16; der Landes,
12; des Allier, 10; der Cher, 9, und der Côtes-
du-Nord (Nordküsten) 7.

In Korsika ist das Verhältniß der Angeklagten,
welche lesen können, wie 46 zu 100.

Von den 7396 Angeklagten sind 2845 freigesprochen und 4551 verurtheilt worden, nämlich:

zur Todesstrafe	114
zur Galeerenstrafe auf Lebenszeit . .	268
ib. auf längere oder kürzere Zeit	1142
zur Einkerkerung	1223
zum Schandpfahl	11
zur Verbannung	1
zu zeitweiser Einsperrung . . .	1739
Individuen unter 16 Jahren zu zeitweiser Einsperrung in Zuchthause . . .	53

Im Ganzen*): 4551

Von den 114 zum Tode Verurtheilten sind nur 75 hingerichtet worden. Ein Verurtheilter hat sich umgebracht in seinem Kerker. Die Strafe der Uebrigen ist durch des Königs Gnade in Zwangsarbeit auf Lebenszeit verwandelt worden.

Die verhältnißmäßige Zahl der Freisprechungen ist dieselbe, wie 1827. Auf 100 Angeklagte im ganzen

---

*) In den drei vorhergegangenen Jahren verhielten sich die Verurtheilungen folgendermaßen:

	1825	18 6	1828
Verurtheilte zum Tode . . .	134	150	109
zur Galeerenstrafe auf Lebenszeit	283	281	317
Zeitweis .	1052	1139	1062
zur Einkerkerung . . .	1160	1228	1223
zum Schandpfahl . .	6	5	5
zur Verbannung . . .	1	1	—
zur bürgerlichen Entehrung .	2	1	6
zu zeitweiser Einsperrung .	1342	1487	1446
Kinder unter 16 Jahren zur Einsperrung im Zuchthause . . .	57	56	68
Im Ganzen	4037	4348	236

Königreiche, sind 39 freigesprochen und 61 verurtheilt worden, nämlich 37 zu infamirenden und 24 zu korrektionellen Strafen.   Während den vier Jahren 1825, 26, 27 und 28 war das Verhältniß, überhaupt genommen, auf Hundert folgendes:

1. Verhältniß der Freigesprochenen.

Auf die Gesammtfumme der Angeklagten	. . . .	0,39 — 0,38 — 0,39 — 0,39
In den Verbrechen gegen Personen		0,54 — 0,49 — 0,50 — 0,53
id. gegen das Eigenthum		0,34 — 0,33 — 0,35 — 0,34

2. Zu infamirenden Strafen Verurtheilte.

Auf die Gesammtfumme der Angeklagten	. . . .	0,40 — 0,40 — 0,39 — 0,37
Verbrechen gegen Personen	. .	0,26 — 0,30 — 0,29 — 0,27
id. gegen das Eigenthum		0,45 — 0,44 — 0,43 — 0,41

3. Zu korrektionellen Strafen Verurtheilte.

Auf die Gesammtfumme der Angeklagten	. . . . . .	0,21 — 0,22 — 0,22 — 0,24
Verbrechen gegen Personen	. .	0,21 — 0,21 — 0,21 — 0,20
id. gegen das Eigenthum		0,21 — 0,23 — 0,22 — 0,25

Die Zahl der Freigesprochenen scheint sich auch nach der besonderen Lage der Angeklagten zu modifiziren.   Deshalb ist das Verhältniß der freigesprochenen Weiber immer etwas stärker als das der Männer. Bei den Angeklagten unter 30 Jahren findet man 36 Freigesprochene auf 100 Angeklagte während den letzten drei Jahren, und 40 — 42 bei denen über 30 Jahre.

Betrachtet man die Angeklagten in Hinsicht auf den Unterricht, so findet man 37 Freigesprochene auf 100 Angeklagte unter denen, die weder lesen noch schreiben konnten, 58 unter denen, die unvollständig zu lesen und zu schreiben vermochten, 44 unter denen, welche

vollkommen diese Kenntniſſe hatten, und 65 unter denen,
die einen höheren Unterricht erhalten haben.

Vor den Zuchtpolizeigerichten des Königreichs wurden, im Laufe deſſelben Jahres 1828, 116,459 Streitſachen verhandelt, in welchen 172,300 Angeklagte
figuriren.

Es gab in dieſem Jahre 971 Streitſachen und
1154 Angeklagte m e h r als 1827. Dieſe Vermehrung
betrifft vorzüglich Diebſtähle. Die Zahl der in ſol-
chem Betrachte anhängig gemachten Klagen übertrifft
die von 1827 um 793 und die der Angeklagten
um 1059.

Von der Geſammtſumme aller Angeklagten ſind
freigeſprochen worden: 26,112, oder ungefähr 15
auf 100.

146,188 Angeklagte ſind verurtheilt worden, nämlich:
zu mehr als einjähriger Einſperrung .   .   6,611
zu weniger   20,169
zu Geldſtrafen 119,398
Gewerbs-Unterſagung (ein Schiffs-
. Kapitän)   1
zur Forſt-Entſchädigung   .   .   .   9

                  Im Ganzen: 146,188

Das Verhältniß nach der Dauer der Einſperrung
war folgendes:
Verurtheilte zu weniger als ſechstägiger
       Einſperrung   3503
- zwiſchen 6 Tage und 1 Monat   .   5414
-    - 1 Monat u. 6 Monate ausſchließlich 9178
-    - 6 Monate und 1 Jahr   .   2074
                20,169

Transport 20,169

Verurtheilte zu einjähriger Einsperrung . 2,430

- zwischen 1 und 5 Jahre . . . 3,311

- zu fünfjähriger Einsperrung . . 722

- zwischen 5 und 10 Jahre . . . 101

- zu zehnjähriger Einsperrung . . 47

Im Ganzen: 26,780

342 Angeklagte beiderlei Geschlechts unter 16 Jahren, und 906 zwischen 16 und 21 Jahren sind zu einjähriger und mehr als einjähriger Einsperrung verurtheilt worden. 848 von der ersten und 2873 von der zweiten Klasse zu weniger als einjähriger Einsperrung.

Von 348 wegen Verletzung der Personen durch schnelles oder unvorsichtiges Fahren in 291 Prozessen Angeklagten, sind 93 freigesprochen und 255 verurtheilt worden. 127 dieser Rechtssachen (in denen 158 Angeklagte figurirten) wurden allein im Seine-Departement verhandelt.

Hinsichtlich der Preßvergehen zählt man 116 Prozesse und 162 Angeklagte. Davon wurden 72 freigesprochen, und 90 verurtheilt, nämlich: 28 allein zur Buße und 62 zur Haft und Buße.

Auf 5833 Rechtshändel ist appellirt worden, was wie 1827 den 27sten Theil aller in erster Instanz entschiedenen ausmacht. Auf 100 angegriffene Entscheidungen sind 54 bestätigt und 46 ganz oder theilweis verändert worden.

Die Zahl der rezidiv Angeklagten belief sich 1826 auf 756, 1827 auf 893, und 1828 auf 1182, nämlich 1009 Männer und 173 Weiber. Es verdient bemerkt zu werden, daß diese Vermehrung nur aus Individuen besteht, die früher zu korrektionellen Strafen verurtheilt worden sind.

Von sämmtlichen rezidiv Angeklagten hatten 905 nur eine Verurtheilung erduldet, als sie von neuem vor Gericht erschienen. 190 waren bereits zweimal verurtheilt worden, 64 dreimal, 13 viermal, 7 fünfmal, 2 sechsmal und einer siebenmal. Dieser Letzte wurde zum achtenmal zu zeitweiser Galeerenstrafe verurtheilt.

Die Neigung zum Diebstahl zeigt sich immer am meisten bei den freigewordenen Gefangenen. Auf 1182 rezidiv Angeklagte waren 835 bereits wegen Diebstahl bestraft worden.

Die Zuchtpolizeigerichte hatten 1828 über 3578 rezidiv Angeklagte, nämlich: 2790 Männer und 788 Weiber, zu urtheilen. Im Ganzen wurden 1828 4760 in Freiheit gesetzte Verurtheilte abermals verfolgt.

Vor den Polizeigerichten wurden 95,589 Streitsachen entschieden, in denen 132,167 Beschuldigte figurirten. Man zählte von den ersten 6756 und von den letzten 9152 mehr als 1827.

117 öffentliche Beamte wurden 1828 in 93 kriminal- oder zuchtpolizeilichen Prozessen belangt. Die Verfolgung wurde in Betreff auf 58 von den Behörden, auf 21 von dem König bewilligt, und in Betreff auf 38 verweigert. Von den 79 vor Gericht Beklagten wurden 50 freigesprochen und 27 verurtheilt, nämlich: 6 zu imfamirenden Strafen, 2 zur Ein-

sperrung für ein Jahr und mehr, 9 zu weniger als ein Jahr, 10 zur Buße. Ueber zwei ist noch kein Urtheil ausgesprochen.

———

Die Anstalt der Geschwornen besteht aus folgenden Elementen:

Wähler	88,108
Oeffentliche Beamten in unbesoldeten	
Aemtern	4,268
Offiziere außer Dienst	6,086
Doktoren und Lizenziaten . . .	3,867
Aerzte	3,530
Korrespondirende Mitglieder des Instituts	
und anderer gelehrten Gesellschaften .	408
Notaren	5,907
Steuerpflichtige unter 300 Franken .	3,547

Im Ganzen: 115,721

Prinz Leopold, und sein Benehmen gegen Griechenland.

Letzte Mittheilung.

Man hat gesehen, in welcher bestimmten stolzen Sprache Lord Aberdeen den Prinzen Leopold von dem unerschütterlichen Entschlusse Englands, hinsichtlich der Anleihe, benachrichtigte. Ein Monat war seitdem verflossen. Der Prinz war auf dem Rückwege von Paris nach London, als er den 29. April unterweges eine Depesche von Lord Aberdeen erhielt, durch welche ihn dieser auf die bringendste Weise benachrichtigte, daß, was am 29. März unmöglich gewesen, es jetzt nicht mehr sei, und daß er unverzüglich eine Mittheilung der Monarchen, hinsichtlich der Anleihe, erhalten solle, die ihn vollkommen befriedigen werde.

Der Prinz langte den 30. zu London an, und am nächsten Morgen kam ihm ein zweiter Brief von Lord Aberdeen zu, in welchem dieser für sich und den russischen und französischen Bevollmächtigten um die Erlaubniß bat, sich dem Prinzen vorzustellen, um ihn offiziell von der Zustimmung der drei Mächte, und der Garantie einer Anleihe von 60 Millionen zu unterrichten.

Prinz Leopold antwortete auf diese Ankündigung, „daß er bei den mündlichen Mittheilungen sich bisher zu übel befunden, um neue bewilligen zu können; daß, wenn die Bevollmächtigten ihm etwas zu sagen hätten, sie ihm schreiben sollten, und daß er von nun an keine andere Unterhandlungsweise zugestehen werde.“

Die Zeit, wo der Minister Bedingungen vorschreiben konnte, war vorüber. Er beeilte sich also,
dem Verlangen des Prinzen zu entsprechen, und
sandte ihm am 3. Mai schriftlich die offizielle Entscheidung der Mächte.

Es konnte jetzt scheinen, daß alle Entgegnungen
des Prinzen vollkommen erschöpft seien, und daß ihm
nichts übrig blieb, als anzunehmen. Den 17. März
hatte er förmlich erklärt, daß er hinsichtlich seiner Annahme nur eine einzige Bedingung aufstelle, welche
in der Anleihe von 60 Millionen bestand. Dies Verlangen war ihm jetzt zugestanden. Es blieb ihm also
kein Mittel, sich zu widersprechen, insofern er nicht
die Szene vom 7. März wiederholen wollte. Aber
wenn man etwas nicht will, fehlt es an guten oder
übeln Vorwänden nie. Des Prinzen Benehmen gab
dazu einen neuen Beleg.

Er ließ drei Tage vorübergehen, bevor er antwortete; das war seine erste Rache gegen Lord Aberdeen. Er überführte ihn nächstdem in seinem Briefe
der Inkonsequenz.

Was er den 17. März gefordert, und was man
am 18. und 25. desselben Monats für durchaus unzu-
läßlich erklärt hatten, gestand man ihm jetzt am 6. Mai
zu. Wollte man nachgeben, so verlohnte es sich nicht
der Mühe, den Prinzen durch ein stolzes Ablehnen
zu beleidigen, und ihn auf eine so einfache Zugestehung zwei Monate warten zu lassen.

Jetzt schien ihm diese Zugestehung nicht mehr hinlänglich. Die Bevollmächtigten hatten die Verwendung der Anleihe auf die Besoldung der Truppen beschränkt. Das war eine Bestimmung, welcher er sich

nicht unterziehen wollte.   Er fügte hinzu, daß wenn
sie nicht unmittelbar beseitigt werde, er entschlossen
sei, die Souveränität Griechenlands nicht anzunehmen.

Man gestand ihm auch dieses Verlangen zu.   Er
erhielt die offizielle Benachrichtigung davon Tags darauf.   Alles war somit beendet; doch nicht auf Seiten
des Prinzen.   Er ließ vier Tage vorüberstreichen, bevor er auf jene Benachrichtigung antwortete.

Die Bevollmächtigten hatten bestimmt, daß die
Zahlung der Anleihe in festgesetzten Terminen und
Epochen Statt finden solle.   In seinem Briefe vom
11. Mai fand der Prinz ein Mittel zu neuen Einwendungen.   Er verlangte auf absolute Weise, daß
diese Bedingung unterdrückt werde, und daß er das
Geld beziehen könne, wenn Griechenlands Bedürfnisse es nothwendig machten; auch daß er allein darüber zu verfügen habe.   Im Ablehnungsfalle weigerte
er sich, die Souveränität anzunehmen.

Es war unmöglich, die Bevollmächtigten mehr zu
demütigen.   Aber Englands Interesse machte sie geschmeidig.   Auch diese Bewilligung wurde gegeben,
und Lord Aberdeen benachrichtigte am 15. den Prinzen davon, nicht allein ohne die geringste Spur von
Unwillen merken zu lassen, sondern selbst in den zuvorkommendsten Ausdrücken.

Jetzt konnte der Prinz auf keinen Fall die Annahme verweigern.   Alles, was er gefordert, war ihm
zugestanden, und um das Maß voll zu machen, langte
auch die Annahme von Seite der Pforte an.   Aberdeen ermangelte nicht, ihn auf der Stelle davon zu
benachrichtigen.

Glücklicherweise entnahm ein unvorherzusehender Umstand den Prinzen seiner Verlegenheit. Er erhielt an demselben Tage (dem 15. Mai) zwei Briefe von Grafen Capodistrias, datirt vom 22. April, die man in allen Zeitungen gelesen. Der Inhalt dieser Briefe bot ihm einen schicklichen Vorwand zu einer Ablehnung dar, die er ausserdem auf keine Weise motiviren konnte.

Er verlor keinen Augenblick, übersandte diese beiden Briefe nebst einem dritten des Grafen Capodistrias, vom 2. April, an Lord Aberdeen, und wie Jemand, der besorgt, von neuen Schlingen umstrickt zu werden, beeilte er sich, zu erklären, daß diese Briefe den Zustand der Angelegenheit in seinen Augen durchaus verändert, und daß er sich nicht mehr durch Verpflichtungen gebunden betrachte, welche auf einer Hypothese beruheten, die von diesen Briefen gänzlich vernichtet werde.

Welches war nun diese Hypothese, auf die der Prinz sich bisher gestützt, und die durch des Präsidenten Briefe vernichtet wurde? —

Daß Griechenland sich den Bestimmungen der Mächte unterziehen werde?

Die Briefe bestätigten das.

Daß nicht allein Griechenland sich jenen Bestimmungen unterwerfen, sondern ihnen auch seine vollkommene Beistimmung geben werde?

Die Briefe zerstörten theilweise diese Voraussetzung. Aber wenn der Prinz vor Allem darauf gerechnet, hatte ihn bis dahin nichts verhindert, daraus auch eine Bedingung seiner eigenen Annahme zu machen; und er hatte es nicht gethan. Er konnte leicht

voraussehen, daß das griechische Volk einen Vertrag
nicht gern sehen werde, der sein natürliches Gebiet
zerstückelte, und einen Theil desselben, so wie eine
große Masse seiner Bevölkerung wieder dem türkischen
Joche überantwortete.

Demungeachtet findet man weder in des Prinzen
Briefwechsel, noch in seinen Noten, noch in seinem
Ultimatum irgend eine Spur, daß er um diese Beistimmung, von Seite der griechischen Nation, sich je
bekümmert. In seiner Note vom 11. Februar bemerkt man wohl eine Phrase, in welcher er verlangt,
„daß es Griechenland erlaubt sei, Einwendungen aufzustellen gegen seine Person."

Aber vorerst ist das nicht mehr dieselbe Frage,
und sodann macht er aus dieser Frage nicht eine
Bedingung seines Ultimatums. Es ist eine ganz einfache Bescheidenheits-Phrase, die der Prinz nie wiederholt, die keine Folge hatte, und die von den Bevollmächtigten gänzlich unbeachtet blieb.

Also von zwei Dingen das eine: entweder hatte
diese Bedingung sich dem Geiste des Prinzen nie dargeboten, und in dem Fall war er nicht aufrichtig,
wenn er versicherte, immer darauf gezählt zu haben;
oder sie hatte ihm, wenn auch bestehend, doch zu ge-
ringfügig geschienen, um ihn zu verhindern, die Souveränität Griechenlands anzunehmen. Auf jeden
Fall hatte er das Recht verloren, zu sagen, „daß er
darauf gezählt," und dieser neue Einwurf war
nichts, als eine neue Inkonsequenz.

Man würde es verzeihlich finden, wenn bei diesem
dritten und letzten Widerruf Lord Aberdeen alle Geduld verloren hätte. Aber ein Staatsmann versteht selbst

seine heftigsten Gesinnungen zu verbergen, wenn seines Landes Interesse es erheischt. Erstaunlicher, und nicht so leicht erklärlich, ist die Langmüthigkeit des russischen und französischen Bevollmächtigten, die kein unmittelbares Interesse bei der Erhebung eines britischen Prinzen auf den griechischen Thron hatten, und die demungeachtet das demuthsvolle System ihres Kollegen unterstützten.

Obgleich es augenscheinlich war, daß Prinz Leopold seine Wahl auf eine entscheidende Weise getroffen, wagten die Bevollmächtigten dennoch einen letzten Versuch. In einer unterm 17. Mai an ihn gerichteten Note unternahmen sie es, die Besorgnisse zu beseitigen, welche des Grafen Capodistrias Briefe dem Prinzen gegeben zu haben schienen, und deren Einfluß sie durch die offizielle Erklärung des Präsidenten und des griechischen Senats, zu vernichten suchen. Sie stellten ihnen die Briefe des Grafen selbst entgegen, aus denen sich ergab, „daß Griechenland des Prinzen Gegenwart und die ihm versprochenen Hilfsgelder am lebhaftesten wünsche."

Es hing also von dem Prinzen ab, den Griechen unmittelbar diese beiden Wohlthaten zu gewähren. In vierundzwanzig Stunden konnte er sich eine so starke Geldsumme verschaffen, als er wollte, und sodann aufbrechen.

Diese Gründe waren gut, und die Bevollmächtigten hatten sie, in ihrer Note, auf das vollständigste entwickelt. Lord Aberdeen ließ es dabei nicht bewenden. Er sandte am 28. dem Prinzen noch einen Brief, den er von dem britischen Agenten Dawkins, in Griechenland, erhalten, in welchem dieser versicherte, daß man des Prinzen Ankunft auf das Sehnsüchtigste erwarte.

Alle diese Mittel waren vergeblich. Prinz Leopold hatte seinen Entschluß gefaßt, und ließ sich in keine Unterhandlungen mehr verstricken. Den 21. richtete er seine offizielle Verzichtleistung an die Bevollmächtigten, und beendete dadurch diese Angelegenheit. London erfuhr am andern Morgen, und Europa einige Tage nachher, daß diese Souveränität, um welche so viele Personen sich beworben, von dem Erwählten der Mächte, von dem Kandidaten Englands, den man so vielfach beneidet, verschmähet werde.

Die Verzichtleistung des Prinzen wurde von allen Zeitungen Europa's verkündet, und Jedermann konnte die Art und Weise bemerken, auf welche man sie motivirte. Alle angegebenen Gründe ließen sich auf zwei reduziren.

Griechenland billigte die Maßregeln der Mächte nicht, und der Prinz konnte nicht annehmen, was Griechenland mißbilligte.

Man hatte die durch den Vertrag von Adrianopel bestimmte Grenze verworfen, und der Prinz konnte Griechenlands Souveränität ohne diese Grenze nicht annehmen.

Wir haben uns bereits über die Inkonsequenz des ersten dieser Beweggründe ausgesprochen. Die des zweiten ist nicht weniger auffallend. Zu keiner Zeit der Unterhandlungen hatte der Prinz diese Grenze gefordert.

Was hatte er Ende Jannars verlangt? Die Insel Kandia. — Was am 11. Februar? Die Grenze des

Oetaberges, von den Ufern des Aspropotamos zum östlichen Meere. — Was hatte er förmlich, zehn Tage nachher, angenommen? Die durch das Protokoll vom 3. Februar bestimmte Grenze. — Endlich, als er sich am 7. März widerrief, welche Linie hatte er aufs neue in Rede gestellt? Die des Oeta, wie am 11. Februar.

Man mag seine Korrespondenz mit Lord Aberdeen lesen und wiederlesen, nirgends findet man, daß er die bei weitem natürlichere und ausgedehntere Grenze fordert, welche durch den Vertrag von Adrianopel festgestellt worden ist. Und dennoch bot dieser Vertrag die zweckmäßigste Reklamationsbasis dar. Man darf wohl fragen, was England der Autorität einer mit Bewilligung der Pforte abgeschlossenen und von ihr unterzeichneten Transaktion hätte entgegenstellen können, insofern die Vollstreckung derselben mit Energie verlangt worden, um so mehr, da sie durch die geheimen Wünsche Frankreichs und Rußlands unterstützt war?

Wollte man antworten, der Prinz kannte die Wichtigkeit dieser Grenze nicht, und lernte erst durch die letzten Briefe Capodistrias sie kennen? Aber wurde diese Wichtigkeit nicht zur Genüge durch den Vertrag von Adrianopel bezeichnet? Aber war es nicht hinlänglich, einen Blick auf die Karte zu werfen, um davon sich zu überzeugen?

Konnte der für Griechenlands Thron Erwählte allein nicht wissen, wovon ganz Europa überzeugt war, daß, wenn man abstehe von dieser Grenze, man auf den Ruhm von Suli verzichte; daß man grade die Bevölkerungen, welche für Griechenlands Unabhän-

gigkeit das meiste Blut vergossen, wieder von ihm
ausstoße?

· Der Vorwand des Nichtwissens war also eben so
unhaltbar, als jener der Unmöglichkeit. Der Prinz
kannte die Wichtigkeit dieser Grenze, und da er sogar Kandia forderte, das doch durch frühere Verträge ausgeschlossen war, konnte das Recht der Forderung einer durch den Vertrag von Adrianopel festgestellten Grenze keine Frage mehr sein.

· Wenn also der Prinz diese Grenze nicht gefordert
im Gange der Unterhandlungen, so war es, weil er
diese nicht abbrechen, und sich mit England nicht in
Widerspruch stellen wollte. Und wenn er dagegen im
letzten Augenblicke diese Grenze als einen Verzicht-
leistungs-Beweggrund angegeben, hat er das Publikum getäuscht, indem er einem bloßen Vorwand
die Autorität einer Ursache verliehen.

Jetzt, wo wir des Prinzen Benehmen in dieser
Unterhandlung gesehen, suchen wir die Beweggründe
desselben zu entdecken. Bis zu Ende Januars bewarb
er sich eifrig, ohne Bedingungen aufzustellen, um den
griechischen Thron, und als er ihn unter bessern Bedingungen, als er hoffen durfte, erhalten, machte er
Ausflüchte, Zögerungen geltend, forderte, was er
nicht erhalten konnte, was er selbst das Recht nicht
hatte zu verlangen, wobei er sich bald verpflichtete,
bald widerrief, bald zu bescheiden, bald zu stolz sich
zeigte; aber immer inkonsequent, sowohl in Worten,
als im Benehmen.

· Dies Verfahren dauerte bis Anfang Aprils, wo
es plötzlich eine andere Gestalt annahm. Zuerst ver-
tagte der Prinz die Unterhandlung, indem er England

verließ. Er kehrte zu Ende desselben Monats zurück, um sie gänzlich abzubrechen. Er sprach laut und pochend, wie Jemand, der Streit sucht. Er häufte Forderung auf Forderung, und zeigte sich immer unbefriedigter, je mehr man ihm zugestand.

Endlich bietet sich ihm ein schicklicher Vorwand von Seite der griechischen Nation und ihres Präsidenten dar, obgleich dieser Vorwand aus zwei Gründen besteht, deren er sich nie bedient, und deren er sich auch jetzt nicht ohne Inkonsequenz bedienen konnte. Demungeachtet bemächtigte er sich derselben, und erklärte sie genügend, um seine Verzichtleistung darauf zu begründen.

Ein solches Benehmen mußte auf jeden Fall „Beweggründe" haben; doch scheinen es nicht die zu sein, welche der Prinz angegeben, nämlich: „die Sorgfalt für seine Ehre, und das Interesse Griechenlands."

Denn hätten diese Gründe sein Betragen bestimmt, würde es ganz anders gewesen sein. Er würde unmittelbar bemerkt haben, daß diese beiden Gründe sich in einen verschmolzen, und daß die Ehre dessen, der die Mission annahm, Griechenland zu retten, allein darin bestand, es wirklich zu retten.

Bevor er nun um diese Mission sich bewarb, oder wenigstens bevor er sie annahm, hätte er mit sich selbst über zwei Punkte einig sein müssen, die nothwendig waren, um Griechenland zu retten, und die er von den Mächten vielleicht hätte erhalten können. Hätte er sie nicht erhalten, dann würde er auch die Souveränität nicht haben annehmen dürfen.

Nach des Prinzen Benehmen darf man jedoch

schlieſſen, daß die von ihm angegebenen Beweggründe
ihn nicht wirklich geleitet haben; denn das Betragen
iſt gewöhnlich in vollkommener Uebereinſtimmung mit
den Beweggründen. Dies ergibt ſich von ſelbſt. Es
bleibt nur noch zu wiſſen übrig, welches des Prinzen
eigentliche Beweggründe in dieſer Sache geweſen?
Wir könnten ſie in das hellſte Licht ſtellen; wir wollen uns jedoch begnügen, ſie nur anzudeuten.

Man erſieht aus den engliſchen Zeitungen zu Anfang Aprils, daß die Geſundheit des Königs ſeit zwei
Monaten zwar immer ſchwankend geweſen, aber daß
ſie nie ſo große Veranlaſſung zu Beſorgniſſen gegeben,
als jetzt. Zählt man nun vom 1. April zwei Monate
zurück, ſo befindet man ſich zu Ende Januars, folglich in dem Zeitpunkte, wo der Prinz, nachdem er
erhalten, um was er ohne irgend eine Bedingung
ſeinerſeits ſich beworben, die Inſel Kandia forderte,
und den Bevollmächtigten der hohen Mächte nur
Schritt vor Schritt nachgab.

Bei dem Allem würde die Uebereinſtimmung dieſer beiden Ereigniſſe nur ein ſchwaches Licht auf den
in Rede ſtehenden Gegenſtand werfen, wenn wir ſie
nicht mit unwandelbarer Genauigkeit in allen wichtigen Kriſen des einen und des andern ſich wiedererzeugen ſähen.

Des Prinzen Entſchluß iſt ſchwankend, wie des
Königs Geſundheit, von Ende Januars, bis zum 1.
April. Man ſieht ihn, in demſelben Maße, als die
Konſtitution des Monarchen der Krankheit unterliegt,
oder ſie beſiegt, gegen Lord Aberdeen nachgeben, oder
ſich ihm widerſetzen.

Am erſten April verſchwindet die Ungewißheit

auf beiden Seiten. Der Zustand des Königs läßt keine Hoffnung, der Entschluß des Prinzen keine Ungewißheit mehr. Beide Begebenheiten schreiten gleichermaßen, die eine dem Tode, die andere der Abdankung entgegen, und wenn die Entscheidung des einen der des andern voranschritt, so war es nur, weil über des Königs fernere Lebensdauer keine Hoffnung mehr blieb.

Für jeden, der weiß, welche neue Aussichten des Königs Tod dem Ehrgeize des Prinzen in England eröffnete, bedarf es keiner weitern Erklärung. Unter diesem neuen Gesichtspunkte betrachtet, bietet sein Briefwechsel nichts Inkonsequentes mehr dar.

Nimmt man den Ehrgeiz als den vorherrschenden Beweggrund seines Betragens an, so begreift man leicht, daß vor Ende Januars, wo der König sich wohl befand, er sich ohne Bedingung um die Souveränität Griechenlands beworben; daß von Ende Januars bis Anfang Aprils, wo des Königs Krankheit noch keine entscheidende Krisis darbot, er Zeit zu gewinnen, und die Entscheidung zu entfernen sich bemüht; daß endlich am 1. April, wo für des Königs Wiederherstellung keine Hoffnung mehr blieb, er auf nichts anderes gesonnen, als unter irgend einem Vorwand die Unterhandlung abzubrechen. Auf solche Weise erklärt sich sein Benehmen sehr leicht.

Indessen war des Königs Krankheit nicht der alleinige Beweggrund von dem Benehmen des Prinzen, und man kann nicht behaupten, daß wenn die Gesundheit des Monarchen nicht angegriffen worden, sein Entschluß nie geschwankt haben würde.

Es ist äusserst selten, daß die Menschen sich durch

einen einfachen Beweggrund bestimmen lassen. Ihr Benehmen ergibt sich fast immer aus dem Zusammentreffen mehrerer Ursachen, die sie selbst oft nicht genau bestimmen können.

Hat man uns über den Karakter des Prinzen Leopold nicht getäuscht, so ist er weniger ehrgeizig, als Gewohnheitsmensch. Er liebt den Ruhm; aber mehr noch des Lebens Bequemlichkeiten. Er enthusiasmirt sich leicht für einen Gegenstand, der ihm ansprechend, befriedigend scheint; aber es gebricht ihm an Energie, die sich darbietenden Schwierigkeiten alle zu übersteigen, um zu desselben Besitz zu gelangen.

Nimmt man dieses Bild als wahr an, so begreift man, wie ihm die Souveränität Griechenlands, so lange er um dieselbe sich beworben, anlockend erschienen, während sie, nachdem er sie erlangt, ihm unter einem andern Gesichtspunkte, mit allen ihren Lasten und Mühen sich darbot. In Uebereinstimmung mit der Krankheit des Königs, konnte dieser Umstand wohl seinen Entschluß bestimmen.

Fügen wir noch hinzu, um vollkommen wahr und gerecht zu sein, daß Prinz Leopold nicht allein aus Herrschsucht um den griechischen Thron sich beworben. Seit Langem war seine Lage in England unerträglich. Sein Verhältniß zu dem König war so höchst gespannt, daß, um Georgs IV. Zustimmung zu seiner Kandidatur zu erhalten, Lord Wellington drohen mußte, seine Entlassung einzureichen.

Während also des Königs Krankheit eine bis dahin sehr ungewisse Hoffnung nährte, verlieh sie ihm zugleich die Aussicht auf ein angenehmeres Leben in

England, und auf das Ende innerer, unaufhörlicher Verdrießlichkeiten.

Betrachtet man nun an und für sich selbst, die von dem Prinzen Leopold als Beweggründe seiner Verzichtleistung angegebenen Thatsachen, so sieht man wohl, daß sie im Stande waren, die Voraussetzung einer ruhigen und angenehmen Souveränität zu stören; aber man entdeckt in ihnen nichts, was des Prinzen Angabe rechtfertigen konnte, daß, in so fern er annehme, seine Ehre kompromittirt sei.

Griechenland bezeugt unverhohlen, daß es mit den Bestimmungen der Mächte, hinsichtlich der Grenze, nicht zufrieden ist; aber es beschuldigt den Prinzen in dieser Hinsicht nicht. Es erklärt den Beweggrund seiner Unzufriedenheit, es stellt die übeln Folgen, welche sich daraus für seine Stärke und für seinen Wohlstand ergeber, ans Licht, aber es macht nicht ihn dafür verantwortlich. Der Prinz ist nicht der Gegenstand seiner Klagen; im Gegentheil, es ruft ihn zur Hilfe, es bewirbt sich um so eifriger um seine Gegenwart, da die Lage, in welcher es sich befindet, gefährlich ist.

Der Prinz täuscht sich also und urtheilt unrecht, wenn er von der Unzufriedenheit Griechenlands gegen die Mächte, auf die Unzufriedenheit Griechenlands gegen sich selbst schließt. Er raisonnirt noch übler, wenn er sich auf Griechenlands üble Lage stützt, um die Skrupel seines Ehrgefühls zu rechtfertigen. Es ist eine große Verschiedenheit zwischen einer unmöglichen und einer schwer zu erfüllenden Aufgabe. Die Ehre kann erheischen, daß man sich der ersten entziehe, nicht so aber der zweiten.

Es ist keinem Zweifel unterworfen, daß des Prinzen Aufgabe schwer war. Aber mit der Garantie der drei Mächte zur Beschützung Griechenlands im Aeussern, und mit 60 Millionen und einem Truppenkorps zur innern Organisation, war sie nicht „unmöglich.‟ Der Beweis davon liegt darin, daß mit weit geringen Hilfsmitteln der Graf Capodistrias sie löset.

Uebrigens scheinen die Kandidaten auf Griechenlands Thron bisher wenig begriffen zu haben, was wirklich Anziehendes in dem Posten ist, um den sie sich beworben. Sie haben nur einen Zepter, eine Krone, eine Souveränität gesehen. Die Ehre, König zu sein, der Ruhm, eine Dynastie zu begründen, das Vergnügen, Unterthanen, eine Armee, eine Flotte, einen Hof und Abgaben zu haben, schien sie am meisten zu verführen, und gerade das hat sie am meisten getäuscht; denn alles das hat in Griechenland das Anziehende nicht, was es an andern Orten gewährt.

Die Krone Griechenlands bot vielmehr dem Ehrgeize der Kandidaten einen andern Ruhm dar, der weit erhabener, aber auch schwerer zu begreifen war. Er bestand in der großen Aufgabe, ein Volk wieder zur Zivilisation zurückzuführen, das zuerst die Fackel derselben entzündet; eine durch Sklaverei, Elend und Unwissenheit entartete Bevölkerung in eine freie, aufgeklärte und blühende Nation zu verwandeln.

Sich nach Griechenland zu begeben, die Seele von diesen großen Gedanken erfüllt, von ganzem Herzen ergeben und zugleich verzichtend auf Alles, entschlossen, alle Schwierigkeiten der schrecklichen Lage des Landes zu überstehen, mit ihm zu dulden, arm zu sein mit ihm, mit einem Worte der Vater einer

unglücklichen und vielleicht undankbaren Nation zu
werden: das war eine traurige aber erhabene Miffion, die allein eine große Seele anziehen konnte.

Capodiſtrias hatte den Muth, diese Miffion anzunehmen. Es wäre ſchön geweſen, hätte der Prinz
ihm seinen Beiſtand geliehen, hätte er nach seinem
Beispiel, oder mit ihm gewirkt.

Auf solche Weise mußte man die Souveränität
Griechenlands begreifen, um ihrer würdig zu sein.
Aber Männer, von solchem Ehrgeiz beseelt, sind
äußerſt selten, besonders an Höfen.

Alle europäische Hoheiten, die keinen unmittelbaren Anspruch auf andere Throne geltend machen
konnten, haben sich erhoben, als von Ertheilung einer Krone die Rede war, und die Bevollmächtigten
in dieser Angelegenheit wurden mit unzähligen Vor-
ſtellungen behelligt. Alle beruhigten sich jedoch wieder, als sie erfuhren, dieser Thron sei unter einem
Zelte, und diese Souveränität ein Leben reich an
Mühseligkeiten und Entbehrungen jeder Art. Jetzt
sind alle diese Vorstellungen verstummt. Es ist der
günſtigſte Augenblick für Jemand, der den Ruhm und
nicht die Macht liebt, zu erscheinen. Zum ersten
Male kann man sich um ein Königreich bewerben,
ohne des Ehrgeizes sich zu verdächtigen.

Alles Vorurtheil bei Seite gestellt, darf man wohl
annehmen, daß Prinz Leopold der Mann nicht war,
deſſen Griechenland unter den jetzigen Umständen bedurfte, und in dieser Hinsicht war seine Verzichtlei-
ſtung für Hellas ein Glück. Hundertmal entsprechender
für dieses ist selbst die ungewisse Autorität eines Prä-

sidenten wie Capodistrias, als die unbestrittene Souveränität eines Hofkönigs.

Die Abdankung ist auch noch in dieser andern Hinsicht glücklich gewesen, daß sie gegen alle Erwartungen die definitive Entscheidung der griechischen Angelegenheit auf bessere Zeiten vertagt. Hoffen wir, daß sie zur vollkommenen Befriedigung Griechenlands und Europa's gelöset werden wird.

Frankreichs Gegenwart und wahrscheinliche Zukunft.

Letzter Artikel.

Gefährdet oder vernichtet Frankreich seine eigenthümliche Kraft nicht selbst, befestigt es vielmehr seine eigene Ordnung, seine Eintracht, seine Ruhe, seine Gesetzesstärke, so ist es unangreifbar. Es wird Friede haben im Innern wie im Aeussern, und bald dürfte alsdann die Stunde des Absolutismus geschlagen haben.

In dem ganzen westlichen Theile Europa's existirt ein rasches Fortschreiten der Vernunft, das unmöglich lange ein Verfahren ertragen kann, welches die Aufklärung zu beschränken, den Gedanken zu zügeln, mit dem Unterricht zu geizen sich berechtigt halten möchte.

Es gibt ein Fortschreiten der Menschenwürde, das den Nationen nicht mehr erlaubt, Gewalten sich zu unterwerfen, deren Zweck sie weder billigen noch begreifen können, und deren Ursprung sich auf Usurpation reduzirt.

Es gibt ein Fortschreiten der Moralität, das nicht mehr Willkühr an der Gerechtigkeit Stelle dulden kann, und dem Gewalt statt Recht ein Gräuel ist.

Es gibt endlich ein Fortschreiten des materiellen und beweglichen Reichthums, das sichere Garantien fordert, deren Nothwendigkeit die Opulenz des Grundeigenthums weniger verspürt. Ein Despot kann nicht die Felder seiner Unterthanen verschwenden. Konfiszirt er dieselben, ist er doch genöthigt, sie Andern zu überlassen, und der Nation Grundeigenthum bleibt ungefähr immer dasselbe. Aber der Handels-Reichthum ist für die Konsumtion bestimmt. Was die Regierung der Industrie entnimmt, sei es Geld oder Waaren, es kann sie vergeuden, und wenn ihrer Macht keine Grenzen gestellt werden, kann sie Alles nehmen, weil sie Alles auszugeben im Stande ist.

Ueberall nun, wo Entwickelung der Verstandeskraft, der Menschenwürde, der Moralität oder der Handels-Opulenz sich beurkundet, bemerkt man auch ein inneres, dringendes Bedürfniß konstitutioneller Freiheit und Garantie. Umsonst bemühete sich der heilige Bund, nach dem 1815 über Frankreich errungenen Siege, das System Metternichs in ganz Europa geltend zu machen. Umsonst wurden Vernunft, Menschenwürde und Rechtsgefühl angegriffen. Das Bedürfniß der Zivilisation war stärker, als alle dagegen gerichteten Umtriebe. Der Widerstand war beinahe überall derselbe. Die Vernunft lehnte sich überall auf gegen die materielle Gewalt, und der

Sieg von Paris hat auf das Klarste, Augenscheinlichste bewiesen, wie schwach der Despotismus, wie stark des Jahrhunderts Bedürfnisse, wie entscheidend der Völker Uebereinstimmung sind.

Es bleiben der besiegten Partei jetzt keine Hoffnungen, als in den Fehlern, welche Frankreich begehen könnte. Bleibt es würdig seiner selbst durch Ruhe, Eintracht, Ordnung, Gesetzmäßigkeit, so ist der Menschheit Sache in Europa auf immer gewonnen, und die des Despotismus auf immer verloren. Jemehr dieser letzte seine Gewalt, seinen Druck geltend zu machen sucht, um so mehr beschleunigt er seinen Sturz, um so schneller, um so mächtiger wird sich die Freiheit erheben.

Eine große, eine unsterbliche Lektion ist in den letzten Julitagen d. J. den Völkern gegeben worden. Sie sind dadurch zurückgewiesen auf sich selbst, auf ihre eigenthümliche Kraft, wäre es selbst im Kampfe mit disziplinirten Armeen.

Und auch diesen Armeen ist eine furchtbare Lektion gegeben worden. Für den Soldaten, den wahren Soldaten, ist der Tod weniger schrecklich, als Entehrung. Und im Kampfe mit dem Volke hat er sie gleichzeitig zu erwarten, wenn er dieses bekämpft, sobald es in Masse sich erhoben, und wenn er seine Fahne verläßt. Seine Lage ist schrecklich. Mögen die Regierungen ihn nie in eine solche Alternative versetzen. . . . .

Frankreichs Politik, seinen unter den gegenwärtigen Verhältnissen unumgänglichen Grundsätzen gemäß, untersagt ihm, sich in die Angelegenheiten seiner Nachbarn zu mischen, oder die Souveränität irgend einer Nation über sich selbst zu usurpiren. Es wird sich also gewiß keinen Dazwischentritt vergönnen. Aber es wird ihn eben so wenig andern Mächten erlauben.

Es ist jetzt allgemein erwiesen, nicht allein durch die neuesten Begebenheiten in Frankreich, sondern auch durch die in Belgien, in Deutschland und anderswo, daß einer neuen heiligen Allianz der Fürsten sich ein wahrhaft heiliger Bund der Völker entgegenstellen würde. Versucht man es abermals, gegenseitige Garantien der Usurpationen aufzustellen, wird Frankreich, werden die Nationen sich genöthigt sehen, eine gegenseitige Garantie der „Rechte" zu proklamiren.

Frankreich wird über Alles die Grundsätze der nationalen Unabhängigkeit achten. Aber seine unverhüllten Wünsche, sein offenes Streben, wie die aller Freunde der Würde und Moralität des Menschen, zielen auf Freiheit hin.

Frankreichs Interesse erheischt, daß bei allen seinen Nachbarn eine weise, ruhige, gesetzmäßige Freiheit vorherrschend sei. Denn nur mit solchergestalt wahrhaft freien Staaten, die keinen Hinterhalt aristokratischer Grundsätze haben, und auf deren Rechtschaffenheit es bauen darf, kann Frankreich feste Bündnisse schließen.

Es kann sich nun und nimmermehr auf die Versprechungen, die Verträge mit anders konstituirten Mächten verlassen. Denn bei dem ersten ihm zustoßenden Unfall würden sie sich erheben, und handeln gegen die neue Dynastie, wie sie früher sich gegen Napoleon betragen haben.

Frankreich ist mächtig jetzt durch seinen Enthusiasmus und unbesiegbar. Aber dieser Enthusiasmus muß ruhig, muß besonnen, muß umsichtig sein, wenn er nicht unfruchtbar verschäumen soll.

Ruhe ist ihm also nöthig über Alles, und in dieser Ruhe müssen die materiellen Kräfte sich Gleichgewicht halten. Europa seinerseits wird dieser Ruhe, welche es sehnlich wünscht, nicht früher theilhaftig werden, als bis alle Frankreich umgebende Staaten die von ihnen geforderten nationalen Regierungen besitzen.

Belgien hat sich zuerst erhoben, um Institutionen und Garantien zu erhalten, die ihm früher nur unvollständig zugestanden waren. In Hinsicht auf dieses Land hat Frankreich auch zum ersten Male das Prinzip des Nicht-Dazwischentrittes geltend gemacht. Es hat in diesem Fall seine Interessen, beinahe seine Rechte zum Opfer gebracht, um den Frieden zu erhalten.

Belgien, das gegen seinen Wunsch und durch fremde Gewalt mit Holland vereinigt worden, hat diese Vereinigung nie gern gesehen. Es ist keinem Zweifel unterworfen, daß die Belgier im Grunde des Herzens eine Vereinigung mit dem neuen Frankreich gewünscht haben.

Demungeachtet haben Frankreich und Belgien, aus Liebe zum Frieden, und um das europäische Gleichgewicht nicht zu gefährden, ihre gemeinschaftlichen Interessen dem höheren Prinzip der allgemeinen Ruhe untergeordnet.

Läßt man die Holländer und Belgier unter sich ihre Angelegenheiten schlichten, so ist es sehr wahrscheinlich, daß sie gegenseitig sich die Garantien gewähren, welche sie wünschen, und daß sie in Zukunft zwei Staaten unter demselben Zepter, wie Schweden und Norwegen, bilden werden, oder daß wenigstens dieselbe Familie beide beherrschen dürfte. Auf jeden Fall könnte ein bewaffneter Dazwischentritt nur unheilbringend sein.

Preussen, wie das ganze nördliche und westliche Deutschland, sind reif, vollkommen reif für des Volkes Rechte und Pflichten sichernde und bestimmende Institutionen. Die Fortschritte der Vernunft und der Menschenwürde, der Moralität und des beweglichen Reichthums, fordern dort Garantien, welche ohne Zweifel die Weisheit der Regierungen in Kurzem allgemein zugestehen wird.

Baiern, Würtemberg, Baden, Hessen=Darmstadt, Nassau haben bereits Konstitutionen, mangelhaft vielleicht, aber dennoch nicht im direkten Widerspruche mit den Bedürfnissen der Zeit. Ihre Gebrechen lassen sich auf gesetzlichem Wege, in voller Uebereinstimmung zwischen Fürst und Volk, beseitigen, und es steht zu erwarten, daß sie, in nächster Zukunft, beseitigt werden dürften.

Mehrere andere deutsche Staaten bestreben sich, dies Beispiel zu befolgen. Sachsen, Kurhessen, Braunschweig, Oldenburg, selbst Meklenburg, wo, zum Erstaunen aller zivilisirten Völker, bis jetzt noch das System der Leibeigenschaft bestand, arbeiten auf gleichzeitige Verbesserung ihres politischen und gesellschaftlichen Zustandes hin.

Ein herzerhebendes Beispiel, ein nachahmungswürdiges und auf jeden Fall nie genug zu empfehlendes

Beispiel gewährt Fürsten und Völkern der edle Bern-
hard Erich Freund, Herzog von Sachsen-Mei-
nungen. Er wendet sich unmittelbar an die Seinigen,
ermahnt sie zur Ruhe, zur Ordnung, zur Eintracht,
zur strengen Befolgung der Gesetze: er fordert sie zugleich auf, ihm ungesäumt ihre Wünsche auf dem
Ordnungswege vorzutragen, die, falls sie im Interesse
der Gesammtheit sind, er zu erfüllen nicht zögern
werde. — Das ist die Sprache eines wahren Vaters
seiner Angehörigen, eines wirklichen Menschenfreun-
des, und, im wahren Sinne des Wortes, eines
deutschen Fürsten.

Preussen scheint berufen, eine große Rolle zu
spielen. Kein Land hat gegründetere, sicherere Hoffnungen, in vollem Maße die Wohlthaten der Zivilisation zu genießen, ohne zuvor gewissermaßen genöthigt
zu sein, die Schreckenserfahrungen einer Revolution
zu machen. Der König hat ihm dem Zeitgeist ange-
messene Institutionen versprochen, und der König ist
Mann von Wort. Die Arbeiten, welche die Grund-
legung, die Vorbereitung und Prüfung derselben erforderte, waren schwer; aber sie nahen sich ihrem
ihrem Ende, und dürften bald in Ausführung gestellt
werden.

Die preussische Regierung ist immer fortgeschritten
mit der Zeit, mit der Nation. Sie hat auch ohne
geschriebene Garantien gehandelt, als wenn diese be-
ständen, und bei verschiedenen Anlässen, sowohl über
ihre politische Haushaltung, als über mancherlei moralische und Verwaltungsmaßregeln, hat sie öffentliche
Rechenschaft abgelegt.

Sie hat sich nie bemüht, die Entwickelung der

Verstandeskräfte zu beschränken. Sie hat nie die Gerechtigkeit gezwungen, parteiisch (folglich ungerecht) im Interesse der beherrschenden Gewalt zu sein. Sie hat im Gegentheil mit eben so großer Geschicklichkeit als Ausdauer alle ihr zu Gebote stehende materielle Kräfte zur Beförderung des allgemeinen Besten verwendet.

Alle regierende Familien Deutschlands, die nie geradezu, wie Karl X, gegen die lebendigen Interessen ihrer Angehörigen sich verschworen, die nie die Gesetze ihrer Länder mit Füßen getreten, sind ihren Völkern lieb und werth, und zwar von Vater auf Sohn. Eine Macht, die von Geburt und Alterthum sich herschreibt, ist dem Deutschen so zu sagen heilig. Er widmet ihr einen Kultus der Verehrung, den selbst verübte Ungerechtigkeiten nicht ganz aus seiner Seele vertilgen können.

Mit einem Worte, es existiren in Deutschland alle Elemente der Freiheit, der Ordnung, der Gesetzlichkeit, die aus ihm ein anderes England machen können, jedoch ohne die Mißbestände und Gebrechen der Verfassung dieses letztern.

Wie verschieden, wie schrecklich anderseits ist die Lage der pyrenäischen Halbinsel. Die Regierungen Ferdinands VII und Miguels können nicht Dauer haben, weil sie mit der Vernunft gradezu im Widerspruch stehen, weil sie Menschheit, Ehre, Ordnung, öffentliche Tugend verletzen. Früher oder später werden diese Regierungen nicht allmälig, oder durch ruhige, gesetzliche Uebereinkünfte modifizirt, sondern gewaltsam gestürzt werden. Ein solches unvermeid-

liches Schicksal liegt in ihrer eigenthümlichen Organisation.

Sie haben bisher ihre Gewalt auf eine Weise
mißbraucht, die alle Ausgleichung unmöglich macht.
Eine entsetzliche, blutige Rückwirkung wird dort alle
Schritte der nothwendigen Reform bezeichnen.

Die Nation, von welcher ein großer Theil noch
in tiefer Barbarei schmachtet, während ein anderer
aufgeklärt und unterrichtet ist, fühlt nicht übereinstimmend das Bedürfniß schützender Institutionen. Es
gibt noch ganze Bevölkerungen, die, in Folge priesterlicher Vorspiegelungen, die Wohlthäten der Aufklärung, der Freiheit, der Gesetzlichkeit eben so sehr
verabscheuen, als die Pest, und die nur Zeit und Erfahrung allmälig eines Bessern belehren können.

Aber Ferdinand und Miguel haben sich so raffinirt
treulos, so absolut übelwollend gezeigt, sie haben
Spanien und Portugal so vollkommen zu Grunde gerichtet, sie haben so sehr alle Existenzen bedroht, daß
ihre Unterthanen, wie verschiedener Meinung sie auch
sein mögen, dennoch vollkommen einverstanden sind in
dem Hasse, in der Verachtung ihrer Tirannen.

Sie werden, sie müssen fallen, sobald eine bewaffnete Hand sich gegen sie erhebt, und die Armee,
die sie Hungers sterben lassen, wird nicht zuletzt ge-
meinschäftliche Sache mit denen machen, die ihr keine
bessere Zukunft zusichern können.

Man behauptet, Ferdinand VII wolle Spanien,
aus eigenem Antriebe, eine monarchische Konstitution
geben. Was soll das heißen? Welche Eide könnte
er noch schwören, die er nicht schon gebrochen? Welche
Garantien könnte er gewähren, gegen die er nicht

schon im Voraus sich verschworen? Welches kann,
welches muß nun sein Schicksal sein, wenn er unterliegt?

Frankreich hat sich überzeugt und bewiesen, daß
jede freisinnige Konstitution mit dem ältesten Zweige
der Bourbonen unmöglich ist. Und doch war Karl X
ein Philosoph im Vergleich mit Ferdinand VII. Er
war redlich, freisinnig, gerecht, Mann von Wort,
menschlich, sparsam, gefühlvoll, scharfsichtig in Vergleich mit diesem — König von Spanien.

Könnte die spanische Nation einen Sohn des Königs der Franzosen auf ihren Thron erheben, würde
eine solche Wahl ihren Bedürfnissen vielleicht am
entsprechendsten sein. Aber die Frage ist, ob Ludwig
Philipp I eines seiner Kinder einer solchen Prüfung
preisgeben möchte.

Eine lange Anarchie ist, aller Wahrscheinlichkeit
nach, die Spanien und Portugal bevorstehende Zukunft.
Diese Anarchie wird sehr traurig, sie wird entsetzlich
sein; aber wenigstens wird sie Männer bilden, während die jetzt in der Halbinsel herrschende monarchisch-
theokratische Anarchie sie vernichtet. Jene muß die
Elemente bürgerlicher Gesellschaften wiedererzeugen,
welche diese alterirt und zerstört. Wenn diese Revolution vollendet ist, wird sie Frankreichs Ruhe auf
der Seite der Pyrenäen sichern, ohne ihm in Spanien einen nützlichen Bundesgenossen zu geben.

Wir brauchen, in Bezug auf Frankreichs Gegenwart und wahrscheinliche Zukunft, die entfernteren
Mächte, wie Rußland, Schweden und Dänemark,
nicht besonders in Rede zu stellen. Oesterreich selbst
steht mit ihm nicht in unmittelbarer Berührung, und

ist vielleicht durch seine innere Verwaltung gesichert genug, um von dem Einflusse des französischen Genies nichts zu besorgen zu haben.

Es ist möglich, daß das in den k. k. Erbstaaten vorherrschende System sich noch mehrere Jahre erhalte, daß der Gedanke in ihnen noch eine ganze Generation über in den vorgeschriebenen Schranken verharre, während er in allen benachbarten Ländern Riesenschritte macht. Ein solcher Zustand der Dinge ist gewissermaßen den vier Millionen eigentlicher Oesterreicher vollkommen entsprechend, die mit einer unläugbaren materiellen Opulenz, und einer fast ausschließlichen Sorgfalt für die Landwirthschaft, eine große Ehrfurcht für Privilegien und Privatrechte, überhaupt alles Bestehende, verbinden.

Die österreichischen Bauern sind zufrieden, österreichische Bauern zu sein. Sie verlangen nichts weiter, und man würde Unrecht haben, sie durch theoretische Vorspiegelungen ihrer materiellen Zufriedenheit zu entreißen. Ihre gnädigen Herren bleiben noch lieber und unbedingter gnädige Herren. Das begreift sich leicht. Der Ueberrest der Nation, der sogenannte Mittelstand, wird selten oder nie in Rede gestellt. Ahmen wir dies Beispiel nach, um so eher, da wir selbst über diesen Punkt nicht viel zu sagen haben möchten.

Der Fürst von Metternich hat bisher Europa nach Oesterreich und Böhmen beurtheilt. Seiner Voraussetzung zufolge hielten die übrigen Völker eben so wenig auf Freiheit, als die, welche er unmittelbar vor Augen hatte. Dieser Irrthum hat die furchtbaren Zuckungen der neuern Zeit veranlaßt. Wahrscheinlich

hat der Fürst jetzt die Ueberzeugung gewonnen, daß
es unmöglich sein würde, dem Menschengeschlecht noch
einmal das unschätzbare Gut der Freiheit durch das
Recht der Eroberung zu entreißen. Er scheint das
auch vollkommen begriffen zu haben, was durch sein
Streben zur Erhaltung des Friedens beurkundet wird.

Italien nähert sich einer Krisis, die früher oder
später eine ähnliche Explosion erzeugen wird, wie die
in Frankreich im Juli d. J. Die meisten Regierungen dieses Landes entsprechen weder den Bedürfnissen
der Zeit, noch der regierten Nationen. Unter dem
Schutze der österreichischen Waffen, haben sie bisher
mancherlei Mißbräuche und Ungerechtigkeiten zu erhalten sich bemüht.

Zu Neapel sind alle schirmenden Garantien, welche
der regierende König, als Prinz von Kalabrien, feierlich beschworen, mit einem Schlage vernichtet, alle
Reformen, alle Verbesserungen auf lange Zeit unmöglich geworden. Man hat die Vertheidiger der National-
rechte eingekerkert, verbannt, hingerichtet. Ein trauriges System hat alles Vertrauen, alle Gesetzmäßigkeit in dem unglücklichen Königreich beider Sizilien
vernichtet.

Schaudererregende Greuelszenen sind in diesem
Lande im Namen der Gerechtigkeit, im Namen der
Religion verübt worden. Der entsetzliche Prozeß
Mattei's ist bis jetzt nur unvollständig bekannt.
Aber bald dürften alle diese Verbrechen an das helle
Tageslicht befördert werden, und welches würde dann
die Rache eines, auf so barbarische Weise, seit meh-
reren Jahren, mißhandelten Volkes sein? Wer den

neapolitanischen Karakter kennt, erbebt bei dem bloßen Gedanken der Möglichkeit einer Reaktion.

Der krankhafte, hinfällige Zustand des regierenden Monarchen scheint uns ein wirkliches Erhaltungsmittel der neapolitanischen Bourbonen.*) Besteigt sein Sohn den Thron, frei von Verrath, gesteht er der lange hintergangenen Nation die Freiheit zu, welche so viele feierliche Schwüre ihr garantirt haben, dürfte es alsdann noch im Interesse Oesterreich sein, ihn daran zu verhindern?

Wir glauben es nicht, und zwar aus dem Grunde, weil wir nicht voraussehen, daß ein solches Unternehmen von Erfolg gekrönt sein, daß es im Gegentheil die eigene Sicherheit der dazwischentretenden Macht kompromittiren würde. Frankreich könnte eben so wenig einen solchen Schritt gegen Neapel als gegen Belgien dulden. Seine Heere würden abermals in den Ebenen der Lombardei erscheinen, und den österreichischen Armeen, welche man nach Neapel gesendet, wäre der Rückzug abgeschnitten.

Aber nicht in Neapel allein würde der Boden erbeben. Alle Regierungen der subalpinischen Halbinsel (mit alleiniger Ausnahme vielleicht jener von Toskana) haben mehr oder minder heftige Gährungen zu befürchten.

Das Streben des Herzogs von Modena ist bekannt. Sein Haß gegen alle Aufklärung und Wissenschaft, in dem Lande Muratori's und Tiraboschi's, hat die Modeneser in ihrem alten Rufe verletzt. Man denke sich den König von Sardinien als Beherrscher von Genf, und man kann sich einen Begriff machen von der Anhänglichkeit der Modeneser für ihren Herzog.

*) Der König ist bereits am 9. Nov. 1830 mit Tode abgegangen.

Ausserdem gibt es beinahe keine Familie in diesem Lande, die nicht auf die eine oder die andere Weise in einem oder mehreren ihrer Glieder verletzt worden.

Die Regierung des Vatikans hat sich, seit ihrer Restauration i. J. 1814, durch eine so zynische Nichtachtung aller Gesetze, aller Formen ausgezeichnet, und das mit einer Beharrlichkeit, die selbst neben der des Jesuiten=Musterkönigs in Portugal einzig in ihrer Art erscheint. Sie macht sich ein Spiel, eine Art Zeitvertreib daraus, alle Traditionen des Rechts, der Vernunft zu verspotten, die Urtheilssprüche der von ihr selbst eingesetzten Gerichte willkührlich zu alteriren, zu vernichten. Sie untersagt oder verordnet neue Prozeduren, vertagt die Entscheidungen von Generation zu Generation, entbindet das Eigenthum von hypothekarischen Verpflichtungen, kraft der Löse- und Bindeschlüssel, und das Alles ohne Ueberlegung, blos nach Gunst oder willkührlicher Laune.

Auch im Kirchenstaate gibt es vielleicht nicht eine angesehene Familie, von der nicht mehrere Mitglieder Verfolgungen ausgesetzt gewesen, nicht ein Vermögen, das nicht durch Habgier oder Rachsucht einer theokratischen Oligarchie bedroht worden.

Die piemontesischen Staaten, die mehr als alle übrigen Italiens der Fortschritte der Vernunft sich erfreuen, in denen die Erinnerungen einer freisinnigen Verwaltung noch frisch und lebendig sind, haben eine Gegenrevolution erduldet, die weder die fortschreitende Vervollkommnung, noch irgend eine Idee unsers Jahrhunderts verschont hat.

Die Ursache davon ergibt sich von selbst. Die Jesuiten haben alle Gewalt des Staats, der Kirche, des

öffentlichen Unterrichts an sich gerissen. Die Mittelstände bedrückende und demüthigende Vorrechte sind
dem Adel zugestanden worden. Zeitungen, Bücher,
überhaupt der gedruckte Gedanke, sind verpönt, und
werden auf den Grenzen von der Mauth als Contre-
bande konfiszirt; und die Verwaltung, welche die
menschliche Vernunft fürchtet, befragt sie selbst nicht
mehr.

. Ihr staatswirthschaftliches System, ihre Eingangs-
oder Ausgangs-Verbote sind in einem so hohen Grade
abgeschmackt, daß sie zum Lachen reizen dürften, be-
drückten sie nicht auf alle nur denkbare Weise nicht
allein die Nation, sondern auch die benachbarten
Staaten. Darum auch ist das Mißvergnügen, wenn
gleich bis jetzt geheim, dennoch allgemein. Ein Funke
in dieses nach allen Seiten offene Pulvermagazin, und
die Explosion ist unvermeidlich.

. Das sind die Nachbarn, welche Frankreich umringen; das sind die Völker, auf welche sein Beispiel
von jeher einen mächtigen Einfluß ausgeübt, auf die
es ihn auch künftighin ausüben wird, und die, allmälig für die Freiheit reifend, eben so sorgsam auf
des Friedens Erhaltung hinarbeiten werden, haben sie
erst der schützenden Institutionen sich versichert, mit
deren Hilfe Frankreich einer bisher nie gekannten
Größe, Aufklärung und Opulenz zustrebt.

Es gibt, den Gestaden Frankreichs gegenüber, ein
anderes mächtiges Volk, dessen wir noch nicht gedacht, und das man bisher immer als einen Nebenbuhler, als den Erbfeind der französischen Nation betrachtete, die es ihm nie verzeihen konnte, ihr zwei

mal die Bourbonen aufgedrungen zu haben; deren
endlichen und unwiderruflichen Sturz jenes Volk jetzt
aber mit seinem Beifallsgeschrei begleitet.

Ganz England hat mit Enthusiasmus seine Sympathie, seine Theilnahme bewiesen, als Frankreich
in den letzten Julitagen das Joch eines entehrenden
Despotismus abwarf, und zwar aus dem alleinigen
Grunde, weil dies Begeben schön und bewunderungswürdig, nicht weil es Großbritannien nützlich war.
Man konnte in diesem letzten Betrachte selbst das Gegentheil sagen. Es stört seine frühere Politik, und
verleihet seinen Allianzen, seinen Entwürfen eine sehr
bemerkliche Ungewißheit. Denn man kann es nicht
abläugnen, daß die englische Diplomatik, mit ungeheuern Kosten, den Zustand der Dinge herbeigeführt,
den das französische Volk jetzt auf immer beseitigt hat.

Alte Gewohnheiten, deren Ursprung, deren Beweggründe sich nicht leicht entdecken lassen, hatten
den Briten bisher Oesterreich als ihren unumgänglichen, als ihren vorzüglichsten Bundesgenossen betrachten lassen. Sie schienen also dem rückgängigen
System geneigt zu sein, während ihre Konstitution,
ihre Gesinnungen, ihre Wünsche, ihre Interessen sie
an das fortschreitende System banden.

Aus Achtung gegen England, und in dem Verlangen, seiner festen Allianz sich zu versichern, hat
Frankreich vermieden, sich auf irgend eine Weise in
die politischen Angelegenheiten der Niederlande zu
mischen. Aus denselben Beweggründen wird es auf
eine gleiche Weise sich auch gegen Italien benehmen,
so lange diese Länder sich selbst überlassen bleiben,

und eine andere Macht sie nicht in ihren innern Händeln mit einem bewaffneten Dazwischentritt bedroht.

Ein gleiches Interesse für den Frieden, die Freiheit, die Unabhängigkeit der Nationen kann die Vermittelung der beiden aufgeklärtesten Kabinette Europa's in einem hohen Grade wirksam machen. Je mehr sie die wahrscheinliche Bestimmung des menschlichen Geschlechts in reifliche Beachtung stellen, um so mehr werden sie sich überzeugen, daß ihre Interessen, wie ihre Wünsche, übereinstimmend sein müssen.

Reise nach den Goldgruben von Potosi.

Einer der neuesten britischen Reisenden in Südamerika, Namens Temple, gewesener Hauptmann in einem spanischen Dragoner-Regiment, beschreibt seine Irrfahrten auf eine eben so angenehme als unterrichtende Weise. Genaue Kenntniß der spanischen Sprache machte ihn bald mit den Sitten des Landes bekannt. Seine Andeutungen tragen den Stempel der Wahrheit und Unparteilichkeit.

Der Minenverein von Peru war, ihm zufolge, die 999ste Unternehmung des an Entwürfen jeder Art so reichen Jahres 1825. Temple wurde als Minen-Sekretär nach Potosi geschickt. Er verließ London mit dem Direktor des Unternehmens, Freiherrn von Zettritz, und einem jungen Mineralogen. Sie reiseten in in einer schönen Kutsche, mit der sie sich zu Portsmuth auf der Brick „Frölich" einschifften.   —

Bei ihrer Ankunft zu Buenos-Ayres. mußten ſie
ihre bequeme Karoſſe gegen eine. Galera, oder eine
Art Leiterwagen, vertauſchen. Zwei andere Fuhrwerke
wurden mit dem Gepäck beladen, und jeder Wagen
wurde von vier Pferden gezogen. Der Reiſende entwirft folgendes Bild von den Peones oder Poſtillonen,
die zugleich mit Schaufeln und Aexten verſehen waren, um den Weg zu bahnen, wo er unbefahrbar iſt.
„Dick behaarte Köpfe, ein durchlöcherter Hut auf
dem linken Ohr, in Lumpen zerfallende Kleider, und
lange Spornen an den nackten Ferſen. Mit beſtändig
geſchwungener Peitſche halten ſie ihre Pferde in Galopp auf Wagen, wo man in andern Ländern Hals
und Bein zu brechen beſorgen würde. Dabei haben
ſie ein ſo ſelbſtgenügliches Anſehen, und werfen ſo
ſtolze Blicke auf den Reiſenden, als erwarteten ſie,
daß er ſich in Lobeserhebungen über ihre Geſchicklich-
keit erſchöpfen ſolle.‟

Es iſt überflüſſig, den Diſtelwald zu beſchreiben,
der auf eine Strecke von mehr als dreißig Stunden
die Pampas oder Ebenen von Buenos-Ayres überdeckt.
Hinter demſelben folgen unüberſehbare Triften, auf
denen man nicht einen Stein, nicht einen Baum,
nicht einen Hügel bemerkt. Nur hier und da ſieht
man zahlreiche, den Gauchos (Hirten von ſpaniſcher
Abkunft) gehörige, Heerden, die von Zeit zu Zeit
den ermüdend-einförmigen Anblick dieſer fetten Weiden unterbrechen.

Die Reiſenden legten drei bis vier Stunden in
einer Stunde Zeit, und täglich ungefähr vierzig Stunden Weges zurück. Obgleich die Hitze bis auf neunzig

Grad Fahrenheit (sechsundzwanzig Grad Réaumur)
stieg, waren die Peonen dennoch nicht ermüdet.

Man rechnet von Buenos-Ayres bis Cordova hundert
und drei undachtzig Stunden. Die Entfernung würde
um ein Drittel weniger betragen, wären ordentliche
Wege angelegt. Aber darum hat sich die spanische
Regierung nie bekümmert. Sie war nur darauf bedacht, aus ihren Kolonien so viel Gold und Silber
als möglich zu beziehen.

Cordova befand sich ehemals unter Verwaltung
der Jesuiten, und selbst jetzt ist der Einfluß der Priester in dieser Stadt noch sehr groß. Die Inquisition
hatte hier alle Bücher verboten, mit Ausnahme der
gewöhnlichen römisch-katholischen Gebetbücher. Auch
seit der Beseitigung dieser Maßregel hat sich die Leser-
zahl nicht vermehrt, und Temple sah, auf einer Strecke
von zweihundert Stunden, nicht ein einziges Buch.
Die ehemalige Regierung stellte dem Unterricht alle
nur erdenkliche Hindernisse entgegen. Mehrere angesehene Einwohner von Venezuela bewarben sich bei
Karl IV um die Erlaubniß, ein Kollegium begründen zu dürfen; aber der Rath von Indien stellte Sr.
Majestät so eindringend die Mißbräuche vor, welche
die Unterrichtung Amerika's nach sich ziehen würde,
daß das Gesuch der Bittsteller ohne weiteres abgelehnt wurde.

Statt den Zustand der Kolonien zu verbessern,
bemühete sich die Regierung vielmehr, alle Verbindungen zwischen den Provinzen zu unterbrechen, um
sie zu verhindern, ihr gegenseitiges Elend zu vergleichen, und auf die Mittel zur Verminderung desselben
zu sinnen. Es gibt in Südamerika weder Wege,

noch Brücken, noch selbst Fähren, um über die Flüsse
zu setzen. Temple überschiffte den Santiago auf einer
Balsa.

„Dies sonderbare Fahrzeug, sagt er, besteht aus
einer getrockneten Ochsenhaut. Man bindet von den
vier Enden je zwei zusammen, wirft diese Haut in's
Wasser, setzt sich oder stellt sich hinein, und überläßt sich sodann der Fluth, die bis auf einen oder
anderthalb Zoll vom Rande der Balsa reicht. Ein
Peon stürzt sich nun in den Strom mit den Worten:
„Gnade uns!" und nachdem er den Reisenden gefragt: ob er bequem eingerichtet sei (esta vuestra
merced bien?), ergreift er die Haut und schwimmt
dem entgegengesetzten Ufer zu, das er gewöhnlich
ohne Unfall erreicht."

Auf solche Weise setzt man über die Ströme in
diesem Lande, bereits seit länger als 200 Jahren,
ohne auf ein anderes Mittel zu sinnen. So auch
wurde alles Gold und Silber von Peru nach Buenos-Ayres geschafft. Man hat nie daran gedacht,
Land-Straßen zu erbauen, oder den Pilcomayo schiffbar zu machen, der in Potosi entspringt, eben so
wenig als mehrere andere Flüsse, die aus Peru kommen, und sich in den Paraguay ergießen.

Die Stadt San Miguel del Tucuman liegt in
einer außerordentlich fruchtbaren Ebene, die Getreide,
Reis, Tabak, Zuckerrohr, Früchte und Gemüse jeder
Art in Ueberfluß erzeugt. Die fetten Weiden sind
mit zahlreichen Hornvieh-, Pferde- und Maulthier-
heerden überdeckt. Die sechs Stunden von der Stadt
entfernten Wälder liefern das beste Bauholz, und
haben viele seltene Holzarten. An den Abhängen

der Berge blühen Apfelsinen und Granatbäume. Die
Gipfel erzeugen die gewürzreichsten Kräuter.

Der Reisende kaufte zu San Miguel ein Paar
Stiefeln, die noch einfacher sind, als die Balsas.
Sie sind, außer der Sohle, von einem einzigen Stück.
Man löset nämlich von den Hinterbeinen eines Pfer-
des, auf eine Höhe von zwölf Zoll, das Fell ab,
schabt und trocknet es, indem man es von Zeit zu
Zeit über den Fuß zieht, um ihm die Form desselben
zu geben. Man nennt solche Stiefeln Bodas de potro.
Sie sind sehr leicht und so geschmeidig als ein Hand-
schuh. Die Pferde sind dort so häufig, daß die Kosten,
sie beschlagen zu lassen, bedeutender sind, als der
Preis des Pferdes.

Nichts läßt sich vergleichen mit der Gastfreundschaft der Bewohner dieser Provinz. Obgleich die
Revolution mehrere große Eigenthümer zu Grunde
gerichtet, stehen ihre Häuser doch immer den Reisenden geöffnet. Don Jose Torres hatte von 3000 Stück
Rindvieh nur noch acht Kühe übrig behalten; alle andern hatte der Krieg verschlungen. Indessen war
sein Silberreichthum noch sehr bedeutend. Seine
Gattin, obgleich jung und schön, war am Tage zu-
rückstoßend schmutzig, am Abend zur Tertulia oder
Versammlung aber sehr zierlich gekleidet.

Auch das Eigenthum des Marquis Otavi, der
aus allen Kräften die Sache der Unabhängigkeit unterstützte, wurde mehrmals geplündert. Er hatte vor
der Revolution über 30,000 Stück Hornvieh. Temple
fand ihn in einem durchaus nackten Saale, auf einer
hölzernen Bank hinter einem Tische sitzend. Als er
neben ihm Platz genommen, breitete ein Peon

ein schmutziges Tischtuch aus, ein anderer trug mehrere silberne Schüsseln auf. Die Mahlzeit bestand
aus einem Gericht von Hammelfleisch, Kartoffeln,
Zwiebeln und jamaischem Pfeffer, welches man Chupé
nennt, aus Coteletten und einem großen Silberbecher
voll — Wasser. Auf solche Weise beköstigen sich die
höchsten Stände in Peru.

Nur eine Wittwe zu Potosi, Namens Dona Ju-
liana, ihrer Wohlthätigkeit wegen la buena cristiana
(die gute Christin) genannt, machte davon eine Ausnahme. Temple war bei ihr eingeladen, und befand
sich in Gesellschaft mit einem Pfarrer und einem Do-
minikaner. Sie würden bei Tische bedient durch eine
Matrone, einen peruanischen Diener, drei Mägde
und eine schöne Negersklavin. Die Schüsseln wurden eine Stunde lang ohne Unterbrechung gewechselt. Alle Geräthe waren von massivem Silber. Mehrere Gerichte wurden für die Armen bei Seite gestellt, die sich jeden Tag um zwei Uhr Nachmittags
einfanden und reichlich beköstigt wurden. Es war
ein sonderbares Schauspiel für einen Europäer, alle
diese Bettler aus silbernen Schüsseln und mit silbernen Gabeln essen zu sehen, ohne daß man es für
nöthig erachtete, sie nur im mindesten zu bewachen.

Brod ist in dieser Gegend eine Seltenheit. Temple
bat eines Tages einen Adelichen, ihm ein Stückchen
zu geben. „Brod!" rief dieser mit dem Ausdruck der
Verwunderung, „Brod ist hier ein durchaus unbe-
kannter Luxusartikel." Dagegen trugen seine Frau
und seine Kinder Halsbänder von feinen Perlen, und
schöne Diamantringe.

Ueberhaupt schmachten die Bewohner dieses eben

so reichen als fruchtbaren Landes in großem Elend. Die meisten Häuser sind irländischen Erdhütten ähnlich, und mit Allem was in und an ihnen ist, nicht 20 Piaster (50 rhein. Gulden) werth. Die ganze Provinz Tucuman, vielleicht die herrlichste und ergiebigste Gegend der Erde, gleicht einer Wüste, in welcher sich nur hier und da einige Städte erheben. Der General Alvear war der vierte Reisende, dem Temple auf einer Strecke von 400 Stunden, seit seiner Abreise von Buenos-Ayres, begegnete. Nur fünf oder sechs Stunden von der Hauptstadt erblickt man einige zerstreute Hütten.

Satta ist 433 Stunden von Buenos-Ayres entfernt. Von dort aus kann man mit Fuhrwerken nicht weiter gelangen, und muß sich der Maulthiere bedienen. Temple erhielt die Nachricht, daß 38 Personen mit Provisionen jeder Art von England abgegangen, und daß sie zu Arcia, in Unter-Peru, landen sollten. Er nahm die Post, um 170 Stunden von Potosi mit der bolivianischen Regierung zu unterhandeln.

Seine Reise gewann nun einen andern Anstrich. Er hatte hohe, steile Berge zu überklimmen, und sah, außer den Posthäusern, keine menschliche Wohnungen mehr. Das tiefe Schweigen dieser einsamen Gegend wird nur durch der Guamacos wildes Geschrei unterbrochen. Man findet die ersten Thiere dieser Gattung, so wie das gelehrige Lama, das Lasten von 70 bis 80 Pfund trägt, nebst den Schaflameel und dem Alpaka, von derselben Race, auf dem Gebiet der alten Inkas. Nachstehende Stelle kann einen Begriff geben von den Schwierigkeiten, die man zu überstei-

gen hat, um von Buenos-Ayres nach Peru zu gelangen.

„Wir hatten Nachmittags den höchsten Berg zu
übersteigen, den ich je gesehen. Als wir zwei Stunden lang emporgestiegen waren, blieb das voranschrei-
tende Maulthier, das unser Gepäck trug, an der ge-
fährlichsten Stelle plötzlich stehen. Die Zeit verstrich;
es machte keine Anstalt, weiter zu gehen. Da der
Fußweg zu schmal war, um es abzuladen, mußten wir
entweder hier bleiben, oder das Thier in den Abgrund stürzen. Auf der einen Seite ragte ein über-
hängender Felsen empor, und bildete eine Art Höhle;
auf der andern öffnete sich eine tiefe Schlucht. Wäre
ein Reisender oder ein Kourier uns entgegengekom-
men, wir hätten weder vor- noch rückwärts gekonnt.
Schon neigte sich der Tag, als das Maulthier sich
wieder in Gang setzte. Es verschnaufte sich alle
hundert Schritte, so daß wir erst in zwei Stunden
den höchsten Uebergangspunkt erreichten. Ich hätte
gern absteigen mögen; aber der Felsen zur Rechten
und der Abgrund zur Linken machten es unmöglich.

Ein anderes Mal, beim Uebergang des Gebirgs
von Tarija, machte ein Maulthier einen falschen
Tritt, und rollte sogleich von Felsen zu Felsen der
Tiefe zu.

„In den Steigbügeln stehend, den Kopf auf meines Pferdes Ohren gesenkt, das vor Entsetzen am
ganzen Leibe zitterte, sah ich das arme Thier mit
immer größerer Schnelle dem Abgrunde zurollen, in
den es mit all' unsern Lebensmitteln verschwand.“

Einige Tage nachher verlor er ein schönes Pferd,
das er zu Potosi gekauft, und das im Galopp einer

Heerde wilder Rosse zueilte, welche es aus der Ferne gewittert. Es trug einen Mantelsack, in welchem sich, neben andern Gegenständen, hundert schwere Piaster befanden.

Die Postillone von Tucuman legen von Sonnenaufgang bis Untergang gewöhnlich 30 Stunden Weges zurück. Sie sind von mittlerem Wuchs, aber sehr stark. Ihre gewöhnliche Nahrung besteht in Mais und Kartoffeln, und wenn sie keine Chica (eine Art Bier, der Nektar der Indier) haben können, trinken sie reines Wasser. Mit der Verpflegung in den Posthäusern ist es übel bestellt.

„Bei meiner Ankunft auf der Post forderte ich zu essen. No hai sennor! (es ist nichts da, Herr!) sagte der Wirth. — „Wenigstens doch Kartoffeln." — No hai sennor! — „Oder Milch." — No hai sennor! — „Nun, zum Teufel, was habt Ihr denn?"— No hai nada sennor (nichts, gar nichts, nicht das Geringste)! — Man kann sich denken, wie ergötzlich das für einen hungrigen Reisenden ist. Die Worte: no hai nada, bezeugen das ganze Elend dieser armen Leute. Ihre zerlumpten Kleider, ihre traurigen Wohnungen geben übrigens davon den sprechendsten Beweis.

Zwei Tage nach dieser Unterhaltung wurden die Wege besser. Man näherte sich einer großen Stadt. Die Berge verloren nach und nach ihren wilden Anblick und der Reisende sah ganze Züge von Lama's und Eseln sich durchkreuzen. Sie gingen entweder mit Früchten, Gemüsen, Holz und Mehl beladen zur Stadt, oder sie kamen von daher. Indier, sowohl

Männer als Frauen, trugen Lebensmittel. Alles gewann ein belebtes, freundliches Anſehen.

Ein ungeheurer Spitzhügel, von dunkler Farbe,
zeigt ſich plötzlich. Es iſt der Potoſi. Die Stadt
deſſelben Namens liegt ungefähr eine halbe Stunde
vor ihm. Der Gipfel des Berges ragt bis auf 16,980
Fuß über den Ozean empor. Die Stadt liegt 2720
Fuß niedriger, alſo ungefähr auf derſelben Höhe, als
der Gipfel des Roſa, des höchſten Berges in den
Schweizeralpen, und nur 510 Fuß niedriger als der
des Mont-Blanc.

Temple hielt dieſe Stadt für den am höchſten gelegenen bewohnten Ort auf der Erde. Alexander
von Humboldt hatte früher als ſolchen die Meierei
Antiſana bezeichnet, die noch über tauſend Fuß niedriger liegt. Aber man weiß jetzt, daß alle Städte
an den Ufern der Sutledge, im Himalaya, bei 15,000
Fuß überm Meere erhaben ſind. Man weiß auch,
daß ſelbſt in der Kordillera der Anden der Schim-
boraſſo nicht der höchſte Berg iſt, ſondern der Illimani, der ſich, nach Pentlands Meſſungen, noch 350
Fuß (alſo bis auf 22,150 Fuß überm Meere) über
den erſten erhebt *).

Ein zweiter, aber viel kleinerer Spitzberg, von
den Indiern „das Kind des Potoſi” genannt, befindet ſich in der Nähe der Stadt, und iſt ebenfalls
metallreich.

Man hat mehr als 5000 Bocas minas (Minenöff-
nungen) in den großen Spitzhügel gegraben. Es iſt

---

*) M. ſ. Ueber die abſolute Höhe der vorzüglichſten Gipfel in
  der Kordillera der peruaniſchen Anden; III. Theil, S. 91
  u. ſ. dieſes Jahrgangs der Bibliothek.

nicht möglich, einen genauen Begriff zu geben von
diesen Minen. Seit ihrer Entdeckung bis auf den
heutigen Tag, hat man sie ohne bestimmte Regel, ohne
Umsicht ausgebeutet. Die meisten derselben kann man
nur auf allen Vieren kriechend besuchen.

Vor der Revolution waren 40 Ingenios (Labora-
torien oder Schmelzöfen) im Gang, die wöchentlich
im Durchschnitt 8000 Mark reines Silber lieferten.
Die Ausbeutung der Minen hat seitdem sehr gelitten.
Man hat die Maschinen zertrümmert und die Ingenios
geplündert. Die Minen selbst sind größtentheils mit
Wasser oder Schlamm angefüllt. Fast alle Eigenthümer sind genöthigt gewesen, sie zu verlassen. Gegenwärtig bestehen nur 15 Ingenios, die wöchentlich
höchstens 1500 Mark Silber liefern können.

Eine von dem Reisenden zu Potosi entdeckte Handschrift setzte ihn in den Stand, mehrere Irthümer
des Abbé Raynal und des Freiherrn von Humboldt
zu berichtigen. Es scheint danach, daß in dem Zeitraum von 1564 bis 1641 beständig 15,000 Indier in
den Minen Potosi's beschäftigt waren, und daß man
15,000 Lamas und eben so viel Esel zum Erztransport
brauchte.

Während Temple eine oder zwei Bocas minas,
mit Hilfe zweier Indianer, ausbeutete, denen er täglich zwei Schelling (1 rh. Gulden 12 Kr.) zahlte,
stellte Zettritz Nachforschungen an über die Minen
von Páns, südlich vom Titicacasee, welcher 80 Stunden im Umfange hat, und 12,760 Fuß überm Meere
ist. Man behauptet, daß bei Eroberung des Landes
durch die Spanier, die Peruaner eine ungeheure Menge
Gold und Silber darin versenkten, in Cuscro und

La Paz, die ganz in der Nähe liegen, waren in der That die Residenzen der Infas.

Im 17. Jahrhundert fand man, ungefähr eine Stunde von La Paz, auf offenem Felde einen Goldklumpen, für welchen der Vizekönig 11,269 Piaster (28,172 rh. Gulden) bezahlte, und den er als eine naturhistorische Seltenheit nach Madrid schickte, wo Ferdinand VII ihn jetzt wahrscheinlich eingeschmolzen haben wird, um seine Freiwilligen zu besolden. Man behauptet, daß dieser Goldklumpen durch einen Blitzstrahl vom Illimani, an dem sehr reiche Minen sind, losgerissen worden. Man findet auch in dem Titicacasee, der an seinem Fuße ist, viel gediegenes Gold. Seit man einige goldene Gefäße aus dem See gefischt, hat sich eine Gesellschaft gebildet, welche ihn abzuleiten und vollkommen trocken zu legen entschlossen ist.

Die allgemeine Lage der Schichten und die mineralogischen Karaktere der Höhen von Pasco, von denen die von Lancancota, ihres Reichthums wegen, die berühmteste ist, sind dieselben, wie die der Minen Mexiko's, Real del Monte's, Bolaņo's, Guanaxuata's, Ungarns und Siebenbürgens.

Der unglückliche Salcedo hatte eine Mine am Lancancota, die in einem Jahre einen Ertrag von anderthalb Millionen Pfund Sterling (18 Millionen rhein. Gulden) abwarf. Um sich seiner Schätze zu bemächtigen, beschuldigte ihn die Regierung, auf ächt türkische Weise, des Verraths und ließ ihn hinrichten.

Ein anderer Spanier, Don Rodrigo, der ebenfalls sehr reich war, hatte ein ähnliches Schicksal. Man beschuldigte ihn 1780 an der Verschwörung der Peruaner Theil genommen zu haben. Er wurde nach Buenos-Ayres geſchickt, wo er 20 Jahre im Kerker ſchmachtete. Er ſtarb beim Ausbruch der Revolution. Alle ſeine Hausgeräthe, ſelbſt die geringſten, (ſogar Tiſche und Brunnentröge) waren von maſſivem Silber. In zwei oder drei Häuſern zu Oruro fand man vor der Revolution eine ähnliche Opulenz.

Die Minen von Oruro ſind jetzt mit Waſſer angefüllt. Temple ſchätzt, daß es 20,000 Pfund Sterling koſten würde, ſie auszutrocknen. Er rechnet zugleich, daß alle Koſten durch eine achtmonatliche Ausbeutung vollkommen gedeckt ſein würden.

Die Stadt Potoſi liegt auf ſehr ungleichem Boden. Im Mittelpunkte iſt ein geräumiger Platz. Die vorzüglichſten Gebäude ſind das Stadthaus, die Schatzkammer, das Gefangenenhaus, und das zu Ehren Bolivar's errichtete National-Denkmal. Die Münze iſt nach einem regelmäßigen Plan erbaut, und hat 1,148,000 Piaſter (2,870,000 rhein. Gulden) gekoſtet. Sie iſt ſehr weitläufig. Die Straßen von Potoſi ſind beſſer unterhalten, als in irgend einer Stadt Südamerika's. Die meiſten Häuſer ſind weiß angeſtrichen und ziemlich freundlich im Aeußern, aber nackt, traurig und ſchmutzig im Innern.

Die großen Vorſtädte, welche ehemals von Indiern bewohnt wurden, ſind jetzt verödet, und zerfallen immer mehr. Bald werden ſie nur große Trümmerhaufen darſtellen.

Das Klima von Potoſi iſt eben ſo unangenehm als ungeſund. In Mitte des Tages wird man von der Sonnengluth erdrückt, während man im Schatten

oder während der Nacht es vor Kälte nicht ertragen
kann. Das Land, auf mehrere Stunden in die Runde,
gleicht einer Wüste.

Was gesellschaftliches Vergnügen anbelangt, so
ist es zu Potosi unbekannt. Man kann höchstens mit
zwei oder drei Familien Umgang haben, und besucht
man sie Abends, so ist es um Mate (amerikanischen
Thee) zu trinken, übles Guitarrenspiel zu hören und
auf alle Fragen die Antwort si sennor oder no sennor, zu erhalten. Männer und Frauen sind in Wol-
lenmäntel gewickelt, und sitzen längs der Wand auf
einer Holzbank.

Die Kleidung der peruanischen Kreolinnen hat
eine große Aehnlichkeit mit jener der Spanierinnen.
Besucht man sie des Mörgens, so findet man sie umwickelt mit einem alten Shwal, in schmutzigem
Nachtgewande, mit durchlöcherten Schuhen, und unordentlich herabhängendem, fettem Haar. Sie bringen in diesem Anzuge den größten Theil des Tages
zu, und hocken müßig in einem Winkel. Begegnet man
ihnen dagegen am Abend auf der Promenade, so ist es
unmöglich, sie wieder zu erkennen. Die Verwandlung
der Larve in einen schönen Schmetterling ist nicht
auffallender, als ihre Metamorphose. Durch verführerische Grazie und Zierlichkeit fesseln sie alle
Blicke.

Wenn gegen Ende der Mahlzeit der Wirth, oder
eine andere Person, dem Fremden zutrinkt, und ihm
dasselbe Glas darreicht, um den Rest zu leeren, so
wird das als ein Zeichen inniger Achtung und Freundschaft betrachtet. Man muß sich sehr hüten, das
Glas da abzuwischen, wo des Andern Mund es

berührte. Ein solches Begehen würde eine große Beschimpfung sein. Ist es eine Dame, die zugetrunken hat, muß man seine Lippen unmittelbar gegen den Punkt richten, der von den ihrigen noch feucht ist, und das Glas bis auf den letzten Tropfen leeren.

Die Eingebornen Peru's sind stark, gewandt und im Stande die größten Mühseligkeiten zu ertragen. Sie laufen sehr schnell und lange, haben eine große Vorliebe für Musik, aber nur wenige Instrumente. Die melancholische Stimme, mit der sie ihre Jarawis oder Romanzen singen, steht in voller Uebereinstimmung mit ihrem furchtsamen Blick, und ihrer traurigen, niedergeschlagenen Haltung. Ihr Tanz hat denselben Karakter.

Das ist eine unvermeidliche Folge des Elends und der Knechtschaft, in denen sie mehrere Jahrhunderte gelebt haben. Sie faßen leicht Zutrauen und Anneigung für Diejenigen, von denen sie mit Güte behandelt werden. Auf seiner Reise wurde Temple immer sehr zuvorkommend und herzlich aufgenommen von diesen armen Leuten. Die Revolution hat ihnen die Freiheit wiedergegeben; aber sie haben eben so sehr durch die letzten Kriege gelitten, als ihre Vorfahren zur Zeit der Eroberung ihres Landes.

Während des Reisenden Aufenthalt in diesem Lande, wurde es von allen Gräueln der Anarchie verheert. Bei seiner Abreise von Potosi erfuhr er, daß man eine Verschwörung entdeckt hatte. Ungefähr dreißig Personen wurden verhaftet, und ein armer Teufel, Namens Villanova, wurde auf dem großen Platze erschoffen. Er schrie unaufhörlich: viva Fer-

nando settimo! viva el rey absoluto! (Es lebe
Ferdinand VII! Es lebe der unumschränkte König!)

Ju einem Lande, wo es den Menschen an allem
Unterricht mangelt und wo sie den größten Theil ihres
Lebens in Müßiggang und mit Zigarrenrauchen zu-
bringen, kennen sie kein anderes Zerstreuungsmittel,
als sich in den Straßen oder Kaffeehäusern zu ver-
sammeln. Da gewöhnlich werden auch die Maßregeln
der Regierung in Rede gestellt, wobei sich die Köpfe
sehr oft erhitzen.

„Der oder jener hat ein Amt erhalten, das ich
mehr verdiene als er. Welch ein Mißbrauch, welche
Tirannei! Eine Revolution allein kann uns davon
befreien. Corriente, corriente (laßt uns laufen)!"

Schlägt das Komplott fehl, so flüchten sich die
Verschwornen entweder aufs Land, wo sie sich so
lange verborgen halten, bis ihr Unternehmen vergessen
ist, oder sie werden verhaftet, und einer oder zwei
werden erschossen, um ein Beispiel zu statuiren, wonach man die Andern in Freiheit setzt.

Wird dagegen die Verschwörung vom Erfolg gekrönt, so nehmen die Sieger die Stellen der Besiegten
ein. Eine Proklamation verheißt allgemeines Ver-
geben und Vergessen. Man gibt auf dem Cabildo
einen Ball, und Alles kehrt so lange zur Ordnung
und Ruhe zurück, bis andere Raucher sich wieder
verletzt glauben, und durch ihren beleidigten Ehrgeiz
neue durchaus ähnliche Szenen veranlassen.

Brief über die Kolonie armer Kinder auf dem Berge oberhalb Maykirch, zwei Stunden von Hofwyl.

In diesem, in französischer Sprache im Druck erschienenen Antwortschreiben, auf viele an Herrn von Fellenberg gerichtete Aufragen über die Arme-Kinder-Kolonie zu Maykirch (im Kanton Bern), sagt der würdige Stifter und Eigenthümer derselben unter anderm:

„Unsere Kolonisten sind auf dem Berge von May-kirch etablirt, wie Robinson Crusoe auf seiner Insel; auf wohl ausgesetztem, aber übel kultivirtem Boden. Hofwyl ist für sie das Schiff, aus welchem der erste Robinson das bezog, was er unmöglich selbst erzeugen konnte. Die neuen Robinsone haben auf ihrem Berge nur ein schützendes Dach gefunden, welches so eingerichtet war, daß es zu dem von ihnen selbst zu erbauenden Hause gebraucht werden konnte.

„Obgleich dieses Hauses Plan im Voraus entworfen war, schien die Erbauung desselben dennoch eben so ganz von der Erfindung der jungen Kolonisten, wie es das Produkt ihrer Arbeit ist. Deshalb auch haben sie eine ausserordentliche Vorliebe dafür. Das Etablissement eines vervollkommneten Ackerbaues, durch verschiedene Industriezweige bereichert, trägt dazu bei, unsern jungen Zöglingen einen vollständigen Kurs industrieller Entwickelung machen zu lassen....

„Die moralische und religiöse Erziehung unserer Adoptivkinder aber liegt uns am meisten am Herzen.

„Während man für die Unterhaltung unbemittelter Kinder sorgt, scheint man nur zu oft die Interessen vernachläßigt zu haben, welche die Gesellschaft einladen sollten, diese Kinder vor jeder Verderbung zu bewahren, und auf eine befriedigende Weise ebensowohl die Entwickelung ihrer moralischen, als ihrer industriellen Eigenschaften zu garantiren.

„Der Arme, der durch seine Arbeit nicht das Nothwendige zur Erhaltung seines Daseins erwerben kann, fällt ohne Zweifel der Gesellschaft zur Last. Ein Mensch ohne Moralität aber wird ihre Geißel, sobald er dadurch, daß er die Interessen derselben kompromittirt, irgend einen Vortheil zu finden glaubt....

Außer dem Elementarstudium der Naturgeschichte lernen die Zöglinge von Maykirch lesen, schreiben, zeichnen. Ihr Unterricht beschäftigt sie mit der biblischen Geschichte, mit der ihres schweizerischen Vaterlandes, mit der Erdbeschreibung. Sie üben sich im Kopf- und Handrechnen. In der Anschauung (Intuition) der Formen werden sie vorbereitet auf das Studium der Geometrie. Unterricht ist Belohnung ihrer Arbeit; er ist ihre Erholung. In einem gewissen Grade der Entwickelung werden sie nach den Anstalten zu Hofwyl versetzt....

„Wir machen uns keine Illusion über der Kindheit Bedürfnisse, und über die wichtigsten Interessen der Erziehung, auf welche wir hinstreben. Nicht dadurch, daß man des Lebens Schwierigkeiten zu sehr vermindert, versichert man Glück und Erfolg der Jugend, sondern indem man ihr lehrt, heitern Sinnes und frohen Muths diese Schwierigkeiten zu besiegen, macht man sie stark und zufrieden. Sie muß vorzüg-

lich lernen, Neigungen zu überwinden, die sie zum
Bösen führen können.. Sie muß ihre Leidenschaften
zu bemeistern wissen, um desto sicherer zu entwickeln,
was Gott der Menschheit irdisch Erhabenes zugestanden, den moralischen Willen und die Frömmigkeit...

„Eine Industrieschule, wie die von Hofwyl, kann
nicht wohl wieder erzeugt werden, weil die Umstände,
in denen Hofwyl sich befindet, sich nicht leicht wiederfinden. Aber mit Hilfe eines in dem vorgesetzten
Zwecke gebildeten guten Lehrers kann die landwirth-
schaftliche Schule von Maykirch überall sich wiedererzeugen, wo es übel kultivirte und wohlausgesetzte
Ländereien gibt, die bebauet werden können unter
der Leitung eines wohlthätigen Eigenthümers, dessen
aufgeklärte Philanthropie sich weder durch Illusionen
gutmüthiger Schwäche einwiegen, noch es bei halber
Vollbringung des Guten bewenden läßt.

„Die in Hinsicht auf das Vermögen mehr begünstigten Zöglinge (in dem Institut von Hofwyl) haben
ebenfalls sehr gewonnen, indem sie durch das Beispiel
der Kolonie von Maykirch den Erfolg kennen gelernt,
den die erzeugenden Eigenschaften unbemittelter Kinder, durch gute Leitung, und mit geringfügigem Beistand, erlangen können....

„Ich habe das Land, auf welchem die Kolonie
etablirt ist, 1816 gekauft. Sieben Jahre waren erforderlich, um die ersten Schwierigkeiten zu besiegen,
die, wie ich hoffe, sich anderswo nicht darbieten dürften. Bis heute habe ich ungefähr 3000 französische
Franken zum Grundkapital hinzugefügt, um das Etablissement der Kolonien zu vollenden. Aber der Grund-
werth der Anlage hat mehr als diesen Betrag gewon

uen, durch das daselbst erbaute Haus, und durch die
Fortschritte der Kultur ihrer Liegenschaften.

„Die Kolonie wächst allmälig. Sie soll mit der
Zeit bis auf dreißig Einwohner gesteigert werden.
Diese Zahl kann als Normal für eine Anstalt dieser
Art betrachtet werden.

„Der Holzschlag hat einen Theil des Kaufkapitals
gedeckt. Der Ueberrest kann nach und nach durch die
Verpflegungsgelder zurückgezahlt werden, welche künftighin für ein Drittel der Zöglinge zu entrichten sind,
die hier ihre Erziehung erhalten sollen. Bis jetzt ist
nur ein auf solche Weise aufgenommener Knabe
in der Kolonie, die übrigen Zöglinge sind auf meine
Kosten. Wir werden solchergestalt mit der Zeit ein
unabhängiges Asyl für unbemittelte Kinder erhalten.

„Jede Generation solcher Kinder, die nach dem
Plan erzogen worden, den ich durch ähnliche Kolonien, wie die der Linth und von Maykirch, verwirk-
licht sehen möchte, wird dem moralischen und industriellen Leben der Gesellschaften, zu deren Nutzen sie
gereichen müssen, einen neuen Schwung geben."

Das Phänomen der Luftspiegelung in Indien.

Nur während der kalten Jahreszeit ist die Luft-spiegelung sichtbar. Die Einwohner von Marowe nennen sie Si-kote, oder Luftschloß. In der großen östlichen Wüste wird sie von den Ziegenhirten und den Reisenden Schittram, oder Gemälde, ge-nannt, während man in den Eebenen von Schombul und Jomma ihr den Namen Dessasur, oder Wahr-zeichen des Nachtlagers, gibt.

Diese optische Täuschung ist schon im höchsten Alterthum beobachtet worden. Der Prophet Jesaias deutet darauf hin, indem er sagt: „Und die aus-getrocknete Erde wird sich in ein wirkliches Meer verwandeln."

Quintus Curtius beschreibt dies Phänomen in der sogdianischen Wüste folgendermaßen: „Auf eine Strecke von 400 Stadien findet man nicht einen Tropfen Wasser, und die vom Sande zurückgeworfenen Son-nenstrahlen verursachen im Sommer eine so gewaltige Hitze, daß nichts ihr widerstehen kann. Es erheben sich während dieser Zeit Dünste, die der Ebene den Anschein eines großen und tiefen Meeres geben."

Das ist die genaue Beschreibung des Schittrams der indischen Wüste. Aber der Sehrab und der Schittram, die eigentliche Spiegelung Jesaias, sind ganz verschieden von dem Phänomen, das man Si-kote oder Luftschloß nennt.

„Das erste Mal, als wir dies große Schauspiel erblickten, sagt ein Reisender, wurde unsere Aufmerk-samkeit durch eine ungeheure, dichte Dunstmasse ge-

feſſelt, die ſich au dem Saume des Horizontes zu erheben ſchien.   Dieſe Art Mauer wurde allmälig
immer durchſichtiger, und erlangte bald die Eigen-
ſchaft eines vergrößernden Spiegels.   Kleine Ge-
ſträuche verwandeln ſich in ihm in ungeheure Bäume.
Der Khyre, dieſer Pflanzenzwerg der Ebene, ſchien
zehnmal größer, als der rieſige Amli des Waldes.

„Ein Lichtſtrahl durchbrach die vor uns ſchwebende
Dunſtmaſſe, und wie wenn ein Zauberer ſie berührt
hätte mit ſeinem Stabe, ſtellte ſie plözlich eine Menge
Schlöſſer und zum Theil durch prächtig grüne Bäume
verborgene Thürme dar.

„Jede Lichtvermehrung erzeugte eine Veränderung in dem Schittram.   Die ungeheure Mauer ver-
wandelte ſich zuerſt in einen leichten durchſichtigen
in große Maſſen geſchiedenen Schleier.   Durch einen
derſelben erblickte man ein wirkliches Zyklopenſchloß,
welches endlich von der Sonne verzehrt wurde. Thürme, Häuſer, Bäume, Alles verſchwand gleich einem
Zauber Prospeross.

„Ich glaubte einige Zeit, daß die Natur des Bodens beitrage zur Erzeugung dieſer prächtigen Phänomene.   Durch ſorgfältige Beobachtung hatte ich bemerkt, daß der Schittram der Wüſte ſich vorzüglich
in den großen Ebenen zeigte, in denen ſehr häufig
der Sagi wächſt, eine alkaliſche Pflanze, aus welcher die Landesbewohner die Sode bereiten.   Aber
ich habe mich ſeitdem überzeugt, daß er auch an andern Orten entſteht, wo dieſe Pflanze nicht wächſt.
Es iſt jedoch möglich, daß die Salztheilchen, mit
denen dieſer Boden beſtändig bedeckt iſt, nicht wenig

dazu beitragen, die Wirkung dieser Täuschung zu vermehren.

„Die Verschiedenheit zwischen dem Sebrab oder Schittram und dem Si-kote oder Deſſaſur beſteht darin, daß dieſer letzte nur während der kalten Jahreszeit ſichtbar iſt, wenn die Dünſte in der Atmoſphäre nicht hoch ſteigen können, und daß die Wirkung der Wärme ſie erhebt, und den erſten erzeugt. Iſt die Sonnenwärme ſtark genug, ſo iſt ein gewöhnlicher Wind hinlänglich, um das Entſtehen dieſes Phänomens zu verhindern, das nie ſchöner iſt, als bei vollkommen ruhigem Wetter.

„Ich bemerkte dieſe Erſcheinung zum erſten Male in Jeypur, und keiner von denen, die mit mir waren, hatte ſie je in den britiſchen Beſitzungen geſehen. Wir erblickten plötzlich eine ſehr große Stadt, von Mauern und Baſteien umſchloſſen, und wir wollten unſern Führern durchaus keinen Glauben beimeſſen, daß es der Si-kote ſei, und daß alle dieſe Gegenſtände, die wir doch ſo deutlich unterſcheiden konnten, nur Luftſchlöſſer ſeien. Ich habe ſeitdem dies bewegliche Panorama nur noch einmal geſehen; aber ich kann verſichern, daß es unmöglich iſt, etwas Prachtvolleres ſich zu denken.

„Ich war zu Kotah und ging ſpazieren bei Sonnenaufgang auf der Terraſſe des Hauſes, in welchem ich wohnte. Meine Augen waren auf die niedrigen Berge geheftet, welche gegen Südoſt den Geſichtskreis beſchränken. Plötzlich ſah ich dieſe Höhen ſich erſchüttern, und raſch ſich übereinanderwälzend längs dem Horizont dahingleiten. Alle Bäume, alle Häuser hatten riesige Formen gewonnen. Alle Gegenstände ringsumher schienen wie bezaubert. Einige Minuten lang war ich bestürzt, dann schrieb ich es dem Schittram zu, der von der Sonne erhoben und verscheucht wurde, wodurch Alles in Bewegung zu gerathen schien.

„Aber obgleich dies Schauspiel neu und prachtvoll war, fehlte ihm doch der Glanz, von dem es gewöhnlich am Morgen umflossen ist, und den ich nur ein einziges Mal habe beobachten können. Es war zu Hissan, auf der Terrasse eines Hauses, mitten in den Ruinen des Schlosses Feroz, in einer großen Wüste, die allein von Löwen bewohnt wird.

„Ueber eine schwarze, aber dennoch einigermaßen durchsichtige Mauer, die den ganzen weiten Horizont umschlang, erhoben sich bei Sonnenaufgang die phantastischsten Gestalten. Hier zeigten sich Dome, bald vollständig, bald in Trümmer fallend, dort ein Thurm, weiterhin ein ungeheurer Bogen, ein Palast. Nach einigen Minuten verschwand das Alles, und wurde durch andere, nicht minder seltsame Gegenstände ersetzt. Man nennt diese Erscheinung in der dortigen Gegend die Stadt des Raja Hurchunda, eines während der indischen Heldenzeit berühmten Fürsten. Ein altes vier Stunden entferntes Schloß, Namens Aggaron, war der wirklich vorhandene Gegenstand, welcher durch den Luftspiegel in kolossalen und verschiedenartigen Formen meinen Blicken vorgezaubert wurde.

„Noch eine andere Verschiedenheit zwischen der Spiegelung und dem Si-kote besteht darin, daß in der ersten alle Gegenstände sich in horizontaler Linie darstellen, während sie in dem letzten sich in Pyrami-

denform zeigen. In diesem sind sie auch am deutlich-
sten kurz vor ihrem Verschwinden."

Monge hat eine philosophische Erklärung von
diesem Phänomen gegeben, und der Doktor Clarke
hat es sehr genau beschrieben in seiner Reise nach
Rosette. Der Effekt, welchen man bei Sonnenaufgang
in den Alpen bemerkt, vorzüglich auf dem Rigi und
auf anderen freistehenden Bergen, welche eine große
Aussicht darbieten, hat eine auffallende Aehnlichkeit
mit dem Schittram.

––––

Dampffuhrwerke in England.

Die neue Anwendbarmachung der Dampfkraft auf
die Fuhrwerke, gewinnt eine immer größere Ausdehnung. Die Gesellschaft, welche die Eisenbahn zwischen Manchester und Liverpool hat erbauen lassen,
setzte vor einiger Zeit einen Preis aus, von 500 Pfund
Sterling (6000 rhein. Gulden), welche dem besten
Dampfwagen zugestanden werden sollte.

Die Hauptbedingungen des Programmes waren:

1) Die zur Bewerbung dargebotenen Maschinen
sollten nicht über 12,000 Pfund schwer sein;

2) sie sollten stark genug sein, um auf eine
Strecke von 11 Stunden, außer dem ihnen nothwendigen Wasser- und Brennmaterialvorrath, mehrere
Wagen zu ziehen, deren Gewicht wenigstens dreimal
stärker sei, als das der Maschine;

3) sie sollten wenigstens 10 englische Meilen
(3⅓ Stunde) in einer Stunde Zeit zurücklegen;

4) der Druck des Dampfes in dem Keſſel ſolle nicht 50 Pfund auf jeden Quadratzoll überſteigen;

5). die Höhe des Wagens, von der Erde bis zur Spitze des Rauchfangs, ſolle nicht über 15 engliſche Fuß betragen;

6) die Maſchine ſolle ihren Rauch verbrennen.

Man wählte zur Preisbewerbung auf der neuen Eiſenbahn zwiſchen Liverpool und Mancheſter eine Strecke von ungefähr einer Stunde Länge, an einer Stelle, wo der Weg vollkommen eben war. Man richtete dieſen Raum dergeſtalt ein, daß die Wagen ohne Aufenthalt umwenden und zurückkehren konnten, um auf ſolche Weiſe die von dem Programm vorgeschriebene Strecke von 11 Stunden zurückzulegen.

Am 6. Oktober 1829, dem Tage der Preisbewerbung, hatten ſich eine Menge Gelehrte, Ingenieurs und andere Perſonen aus allen Theilen Englands auf der nach Liverpool führenden Straße verſammelt, um dieſen intereſſanten Verſuchen beizuwohnen, die 12 Tage lang dauerten.

Zehn Preisbewerber hatten ſich einſchreiben laſſen. Aber ſei es, daß die Maſchinen Einiger nicht hinläuglich ſchienen, oder noch nicht vollendet waren, es hatten ſich nur fünf derſelben eingefunden.

Die Ausdauernde, eine Maſchine Burſtall's, die durch den Transport etwas gelitten hatte, aber wieder ausgebeſſert worden, legte 5 Meilen (1⅔ Stunden) in einer Stunde Zeit zurück. Die Maſchine Ohne Gleichen war ſehr ſchwer, demungeachtet durchlief ſie 25 Meilen (8⅓ Stunden) in zwei Stunden Zeit. Ihre Schnelligkeit war ſelbſt bei einem theilweisen Versuche so groß, daß sie eine Strecke von einer Wegstunde in zwölf Minuten zurücklegte.

Die Maschine Braithwaite's und Eecrissons, die Neue, war sehr leicht und zierlich, und erregte in einem hohen Grade die Bewunderung der Zuschauer. Beim ersten Versuch war sie nur mit ihrem Wasser und Brennmaterial, so wie mit den zu ihrer Leitung erforderlichen Personen belastet. Sie durchlief 28 Meilen (9⅓ Stunden) in einer Stunde Zeit, und einmal sogar eine Stunde in fünf Minuten. Wäre die Straße zwischen Liverpool und Manchester beendigt gewesen, würde sie die eilf Stunden zwischen beiden Städten in einer Stunde Zeit zurückgelegt haben. Dieser großen Schnelle ungeachtet, war der Gang der Maschine gleichförmig, sicher und regelmäßig. Sie verbrannte vollkommen ihren Rauch, und man bemerkte keine Spur davon an der Oeffnung des Schlotes.

Man befestigte nun daran eine Last von 22,000 Pfund, die sie mit Leichtigkeit zog, indem sie noch 7 Stunden Wegs in einer Stunde Zeit zurücklegte. Später zog sie eine ungeheure Diligence, in und auf welcher sich 46 Personen befanden. Die Maschine durchlief die Strecke von einer Stunde in 6 Minuten. Die Schnelligkeit war so groß, daß die Personen, welche sich in der Diligence befanden, kaum die Gegenstände unterscheiden konnten, an denen sie vorüberflogen. Bei alledem war die Bewegung so sanft und regelmäßig, daß man in der Kutsche lesen und selbst schreiben konnte.

Eine andere Maschine, der Schwärmer, wurde von Robert Stephenson dargeboten. Sie war groß

Beobachtungen über das tägliche Wach- sen einiger Pflanzen.

Nach Professor Mayer.

Der Halm der zwiebelartigen Pflanzen, der auf seinem höchsten Punkte nur eine einzige Blume trägt, oder eine von einer Hülse umschlossene Blumengruppe, ist unstreitig das Organ, welches zu solchen Beobach- tungen am meisten geeignet ist, nicht allein weil diese Pflanzen schnell wachsen, sondern auch, weil die Zwie- bel eine feste Basis und die Hülse einen genau be- stimmten Endpunkt darbietet.

Indessen wußte Professor Mayer sehr wohl, daß er ein entscheidendes Resultat nur durch die Ver- gleichung sehr vieler, unter denselben Umständen ge- machten, Beobachtungen erhalten könne, und da es ihm nicht möglich war, eine hinlängliche Menge zwie- belartiger Pflanzen zu erhalten, beschloß er, seine Experienzen bei Graminäen (grasartigen Pflanzen) anzustellen; er wählte dazu die Gerste und den Weizen.

Er säete in Blumentöpfen Körner dieser beiden Gattungen, drei von jeder, in einen Topf. Er wählte sodann vier Töpfe jeden mit sechs Pflanzen ungefähr von gleicher Höhe. Diese Gefäße wurden in ein fest- verschlossenes Zimmer gestellt, welches man jeden Tag einmal, um 6 Uhr Morgens, durch einen großen Ka- chelofen heizte. Die Fensterladen wurden jeden Abend fest verschlossen, und jeden Morgen, bei Tagesanbruch, geöffnet. Ein am Fenster aufgehängter Thermometer von Réaumur, der sich in gleicher Höhe mit den Töpfen befand, deutete die Temperatur des Zimmers

an, und wurde bei der jedesmaligen Messung der
Pflanzen zu Rath gezogen.

Die am 11. März um 8 Uhr Morgens begonnenen
Beobachtungen würden bis zum 16. März, um dieselbe Stunde, fortgesetzt. Während diesem Zeitraum
von fünf Nächten und vier Stunden war das Wetter
im Allgemeinen bedeckt, aber mild. Die Sonne zeigte
sich nur am Morgen des 14. Die Luftwärme erhob
sich ausserhalb dem Zimmer nicht über + 4°. Im
Innern des Gemaches war sie im Durchschnitt + 15°,75
und variirte zwischen + 14°,00 und + 17°,50.

Um die Höhe der Pflanzen zu messen, bediente sich
Professor Mayer eines sogenannten französischen Kö-
nigsfußes (Pariser Fuß), der in Zolle, Linien und
Viertellinien getheilt war. Dies Instrument war mit
einer hinlänglich breiten Basis versehen, um auf die
Erde in den Töpfen gestützt zu werden, so nahe als
möglich an den Pflanzen, und immer an derselben
Stelle. Die Pflanzen wurden beständig in der gleichen
Ordnung und zu derselben Stunde gemessen.

Der Beobachter hat sich in sehr umständliche Erklärungen über seine Experienzen eingelassen. Sie
beweisen die ausserordentliche Genauigkeit, mit welcher er sie angestellt hat. Man darf ihnen also volles
Vertrauen schenken. Er gibt auch eine Tabelle, in
welcher er von zwei zu zwei Stunden die Totalhöhe
jeder Pflanze, von ihrer Basis bis zu ihrem höchsten
Punkte, andeutet. Diese Tabelle enthält 383 Beobachtungen, die in Zollen, Linien und Viertellinien
angezeigt worden.

Theilen wir nur die „allgemeinen Resultate" mit

welche Professor Mayer diesen Beobachtungen ent
nimmt:

1) Das Wachsen war überhaupt stärker während
den zwölf Stunden am Tage, als während den zwölf
Stunden der Nacht.

2) Es war stärker von 8 Uhr Morgens bis 2 Uhr
Nachmittags, als während den sechs andern Stunden.

3) Das Wachsen jeder Pflanze bot jeden Tag zwei
beschleunigte und zwei verzögerte Perioden dar. Die
erste Beschleunigungsperiode war zwischen 8 bis 10 Uhr
Morgens, und die zweite zwischen 12 und 4 Uhr.

Das Gesammtwachsthum eines Gerstenhalms, das
in 24 Stunden 11''' 76 war, ereignete sich in nachstehender Ordnung:

Von 8 bis 10 Uhr Morgens . .	1,27	⎫	
» 10 bis 12 » » . .	0,99	⎬	3,45
» 12 bis 2 Uhr Nachmittags .	1,19	⎭	
» 2 bis 4 » » .	1,30	⎫	
» 2 bis 6 » » .	0,79	⎬	2,97
» 6 bis 8 » » .	2,68	⎭	
von 8 Uhr Abends bis 8 Uhr Morgens			5,34
Im Ganzen:			11,76

Der merkwürdigste Umstand, den diese Beobachtungen und Berechnungen darbieten, ist ohne Zweifel
die abwechselnde Beschleunigung und Zögerung, die
sich dreimal täglich ereignet: Morgens, kurz nach
Mittag und am Abend, eben so wie der Rapport,
den man zwischen der Intensität jeder Beschleunigung
und der darauf folgenden Zögerung bemerkt.

Die größte Beschleunigung ereignet sich zwischen
12 und 4 Uhr Nachmittags. Gleich darauf folgt die
stärkste Verzögerung. Die geringste Beschleunigung

findet Statt zwischen 6 und 8 Uhr Abends, und die zwischen 8 und 10 Uhr darauf folgende Verzögerung ist kaum bemerklich.

Mit Recht wird die Hitze als Hauptbeförderung des regelmäßigen Wachsthums der Pflanzen betrachtet, und wir wissen, daß die Wärme einen regelmäßigen Gang verfolgt, in ihrer Vermehrung wie in ihrer Verminderung.

Die Feuchtigkeit dagegen, die den Pflanzen ebenfalls nothwendig ist, scheint keiner Regel unterworfen, weder für die Zeit noch für die Quantität.

Hinsichtlich des Lichtes bedürfen die Pflanzen eines hohen Intensitätsgrades derselben, um zu gewissen Perioden ihrer Entwickelung zu gelangen. Aber es ist ihnen weniger nothwendig zu ihrem Wachsthum an Höhe.

Es würde also wichtig sein, die periodischen Bewegungen des Wachsthums der jungen Pflanzen mit den Temperatur-Variationen des Zimmers zu vergleichen. Professor Mayer hat auch eine Tabelle über diese Variationen gegeben. Aber er hat keinen wichtigen Rapport zwischen den Veränderungen des Thermometers und denen des Wachsthums der jungen Pflanzen bemerkt.

Die Sekte der Verzückten in Frankreich.

Wir entnehmen einem von dem berühmten La
Condamine niedergeschriebenen Verbalprosse die
Schilderung einer Szene, in welcher die Religions-
schwärmerei des 18. Jahrhunderts sich ungefähr unter denselben Formen zeigt, unter welchen sie vor
einigen Jahren in einem Theile der Schweiz (zu
Wildenspuch, im Kanton Zürich) sich erneuerte.

.... Am Charfreitag, den 13. April 1759, um sechs Uhr
Morgens, begab ich mich zu der Person, welche der
Geschäftsträger von Bayreuth (zu Paris), Freiherr
von Gleichen, mir angedeutet hatte. Er hatte sich
die Bewilligung verschafft, Zeuge des Begehens der
Verzückten zu sein, eines Begehens, welches von
ihnen als ein Gott wohlgefälliges Werk betrachtet
wurde.

Der junge Advokat, der mich einführen sollte, hielt
mich für den Baron (den er nicht kannte). Er empfahl
mir, mit Ernst und Vorsicht mich zu benehmen, und
benachrichtigte mich unterwegs, daß ein gewisser La
Condamine, „den ich vielleicht kennte", sich vergeblich
bemühte, Zutritt in der Versammlung zu erhalten,
zu welcher wir uns begaben, und zwar aus dem
Grunde, weil besagter La Condamine, bei einer andern Gelegenheit, über das was wir sehen würden,
sich nicht mit genügender Ehrfurcht geäussert. Ich
versicherte meinen Begleiter, daß ich von dieser Lektion
meine Nutzanwendung machen, und mich auf eine
recht erbauliche Weise betragen werde.

Um halb sieben Uhr traten wir in die Wohnung

der Schwester Franziska, der Vorsteherin der Verzückten. Sie schien 55 Jahre alt. Seit 27 Jahren treibt sie ihr Gewerbe, und lebt von den Gaben, welche bethörte Leute ihr darbringen.

Man hatte mir gesagt, daß sie bereits 21 Male gekreuzigt worden. Aber diese Angabe war übertrieben. Sie hat eine ärmliche Wohnung, bestehend aus einem ziemlich großen Zimmer, in welchem ich nur Strohstühle erblickte, im zweiten Stock, hinten heraus, in einem häßlichen Hause, aber in einem der bewohntesten Stadtviertel von Paris.

Ich fand dort ungefähr zwanzig Personen, wovon neun Frauenzimmer von jedem Alter, wie wenig bemittelte Bürgerinnen oder Arbeiterinnen gekleidet, mit Einschluß der Eigenthümerin und einer zweiundzwanzigjährigen Proselytin, Namens Maria, die eine der Hauptrollen in der bevorstehenden Szene spielen sollte. Diese letzte schien unruhig und traurig. Sie hielt sich in einem Winkel des Zimmers.

Die übrigen Zuschauer waren Männer von jedem Alter und Stande, unter andern ein langer, kurzsichtiger Geistlicher, der eine hohlgeschliffene Brille trug. (Es war der Pater Guidi, vom Oratorium.) Ich erkannte auch einige andere Gesichter, die ich letzten Oktober, bei einer ähnlichen Versammlung in demselben Hause, gesehen. Uebrigens kannte ich Niemand genauer, mit Ausnahme des Herrn von Mérinvile, Rath beim Parlament.

Es kamen noch zwei oder drei Personen nach mir, unter andern zwei Ludwigsritter, die, wie man mich benachrichtigte, der Marquis von Latour-du-Pin, Brigadier in des Königs Armee, und der Musque-

tier-Offizier de Janson, waren. Wir waren in
Allem 24 Personen im Zimmer. Mehrere hatten Gebetbücher in den Händen und lasen Psalmen. Einige
knieten nach ihrem Eintritt nieder, und verrichteten
ein Gebet. Man machte mir auch einen Mann bemerkbar, der auf den Knien lag und in Thränen zerschmolz. Er heiße, sagte man, de Lafond St.
Jenne.

Mein Einführer stellte mich dem geistlichen Direktor vor. Er hieß Cottü, und war Sohn eines
Altekleiderhändlers der Hallen. Er war Priester des
Oratoriums zu Mans. Seit zwei Monaten hatte er
diese Kongregation verlassen. Schon seit zwei Jahren war er Franziska's Direktor und Unterstützer. Ich
erkannte bald, daß er derselbe sei, welcher eine ähnliche Versammlung, an dem gleichen Orte, vor sechs
Monaten präsidirte.

Er erkannte mich ebenfalls, und schien überrascht.
Bald nachher zog er meinen Begleiter bei Seite, und
unterhielt sich leise ihm. Ich habe seitdem erfahren,
daß er ihn gefragt, ob ich ich der Fremde sei, für
den man ein Amt gefordert? Der Andere entgegnete,
daß er mich nicht kenne, aber glaube, ich sei jener
Fremde. Ich gab mir das Ansehen, als bemerke ich
nicht, daß Aller Augen auf mich gerichtet waren.
Indessen beruhigte man sich wieder, und bewies mir
nun eine wirklich ausgezeichnete Aufmerksamkeit.

Erste Prüfungen der Schwester Franziska.

Franziska lag auf den Knien, mitten im Zimmer.
Sie war mit einem langen, schweren Zwillichhemde
bekleidet, das ihr über die Füße hinwegreichte, und

befand sich in einer Art Verzückung, während der
sie sehr häufig ein kleines Kruzifix küßte, das die
Reliquien des glückseligen Paris berührt haben sollte.

Der Direktor auf der einen, und ein Laie auf
der andern Seite, schlugen ihr auf Brust, Seiten
und Rücken mit einem Bündel ziemlich dicker Eisen-
ketten, das acht bis zehn Pfund wiegen mochte, wobei
sie beständig die Verzückte umkreiseten. Sodann legte
man ihr zwei dicke Holzscheite, das eine auf die Brust,
das andere gegen die Schultern, und versetzte ihr
mit diesen Scheiten schnell hintereinander ungefähr
60 Schläge, abwechselnd vorn und hinten.

Sie streckte sich auf dem Rücken aus, und der
Direktor trat ihr auf die Stirn, bald von der rechten
bald von der linken Seite. Ich bemerkte, daß er sie
mit der Mitte der Fußsohle berührte, und nie mit
der Ferse.

Man gibt dieser eben so unnützen als barbarischen
Behandlung den Namen „Hilfsleistungen." Sie sind
verschieden nach dem Bedürfniß und dem Verlangen
der Verzückten, und werden ihr nur auf ihr Begehr
ertheilt.

Ich ergriff ein Bleistift, um niederzuschreiben,
was ich gesehen. Man brachte mir Dinte und Feder,
und ich schrieb was folgt, in dem Maße als die Begebenheiten sich ereigneten.

Franziska's Kreuzigung.

Um sieben Uhr streckte sich Franziska auf ein zwei
Zoll dickes und 6½ Fuß langes hölzernes Kreuz, das
man auf den Boden gelegt hatte. Man band sie
mit breiten Salleisten daran fest, sowohl an den

Aermen, als an den Knien, und unter den Fußknö-
cheln. Darauf wusch man ihr die linke Hand mit
einer in Wasser getauchten Leinwand, die von dem
heiligen Paris herrühren soll. Ich bemerkte sehr genau die Narben an ihren Händen, die im vorigen Oktober noch ganz frisch, jetzt aber vollkommen verschlossen waren.

Man trocknete die linke Hand, nachdem man sie
abermals befeuchtet, und mit dem kleinen Pariskru-
zifix berührt. Sodann bohrte der Direktor mit vier
oder fünf Hammerschlägen einen viereckigen, 2 ½ Zoll
langen Eisennagel mitten durch die geöffnete Hand,
zwischen den beiden Knochen der Mittelhand, die mit
dem dritten und vierten Finger in Verbindung stehen.
Der Nagel drang mehrere Linien tief in das Holz,
wovon ich mich später durch genaue Prüfung überzeugte.

Nach einer Pause von zwei Minuten schlug derselbe Priester, auf gleiche Weise, einen Nagel auch
durch die rechte Hand, welche gleich nachher mit dem
Pariswasser befeuchtet wurde.

Franziska schien heftige Schmerzen zu verspüren,
besonders an der rechten Hand. Aber sie ließ keinen
Seufzer, kein Gewimmer vernehmen. Doch bewegte
sie sich ziemlich stark, und der Schmerz war auf ihrem Gesichte zu lesen. Man legte ihr mehrere Bücher und ein kleines Brett unter den Arm, um ihn
an mehreren Orten zu unterstützen. Man verfuhr auf
gleiche Weise mit dem Kopfe, und schob ihr einen
Muff unter den Rücken. Alle anwesenden Eingeweih-
ten behaupteten demungeachtet, daß die unglücklichen Opfer keine Schmerzen verspürten.

Man hatte lange zu thun, bevor man den Fuß-
tritt des Kreuzes losreissen konnte, um ihn da zu
befestigen, wo er nach Franziska's Größe sich befinden mußte, damit ihre Füße flach darauf stehen könnten.

Um halb acht Uhr nagelte man die beiden Füße
der Unglücklichen mit mehr als drei Zoll langen viereckigen Nägeln darauf fest. Es floß kein Blut aus
den Wunden an den Händen, dagegen aus einer an
den Füßen, obgleich nur in geringer Menge. Die
Nägel verschlossen die Wunden.

Um ¾ auf 8 Uhr erhob man den obern Theil des
Kreuzes auf eine Höhe von 3 oder 4 Fuß. Vier Personen hielten es auf diese Weise einige Zeit. Man
legte sodann das obere Ende auf einen Stuhl, während das untere den Boden berührte.

Fünf Minuten vor 8 Uhr lehnte man den obern
Theil des Kreuzes gegen die Wand, in einer Höhe
von 4 oder 4½ Fuß.

Die junge Schwester Maria gerieth nun in Verzückung. Ich werde ihrer besonders gedenken.

Um ¼ auf 9 Uhr wendete man Franziska's Kreuz
um, von oben nach unten, und neigte es, indem man
das untere Ende, in einer Höhe von 3 Fuß, gegen
die Mauer lehnte, während das Kopfende den Boden
berührte. Man kann danach schließen, wie stark auf
die Länge von 6½ Fuß die Neigung war.

Man ließ das Kreuz auf solche Weise eine Viertelstunde, aber man stellte es nicht aufrecht, den Kopf
nach unten, wie man mich versichert hatte. Während
dem las man mit lauter Stimme das Evangelium
St. Johannis, statt der Psalmen, welche man bisher
gelesen.

Um halb neun Uhr wurde das Kreuz flach auf den
Boden gelegt.   Man band die Salleisten ab, mit
denen Franziska's Körper umwickelt war, damit das
Gewicht desselben nicht allein auf den Nägeln in den
Händen ruhe, und unterstützte ihr Kopf und Rücken
mit Büchern.   Alles das geschah in dem Maße, als
sie es verlangte.

Man band ihr darauf eine Kette von Eisendrath,
mit ziemlich starken Spitzen, um die Stirn, als Versinnlichung der Dornenkrone.   Sie sprach mit vieler
Salbung, und man sagte mir, daß sie in bildlicher
Rede die Leiden der Kirche beklagte, und über die
Neigungen der Zuschauer deklamirte, von denen
mehrere, ihr zufolge, die Augen vor dem Lichte
verschlössen, während andere sie nur halb öffneten.

Um ¾ auf neun Uhr ließ sie das Kreuz erheben,
und das Kopfende gegen die Wand lehnen, in einer
Höhe von 4 oder 4½ Fuß.   In dieser Lage drückte
man ihr zwölf bloße Degen gegen die Brust, über
dem Gürtel, alle in derselben Höhe.   Ich sah mehrere derselben sich biegen, unter andern den Latour-
du-Pin's, der mich die sehr scharfe Spitze desselben
berühren ließ.   Ich weigerte mich, einer von denen
zu sein, welche dies Geschäft verrichteten.

Franziska sagte zu einem von ihnen, der mir ihre
Worte hinterbrachte: „Sie drücken zu stark.   Sehen
Sie nicht, daß ich meiner Hände mich nicht bedie-
nen kann!“

Gewöhnlich richtet die Verzückte die Degenspitzen
selbst gegen den Punkt, den sie berühren sollen, was
jetzt nicht möglich war, indem ihre Hände festgenagelt waren.

Man öffnete Franziska's Gewand auf der Brust. Außer ihrem in dicke Falten gelegten Zwillichkleide und ihrem Unterrock, hatte sie noch ein mehrfach zusammengeschlagenes Schnupftuch auf dem Leibe. Ich fühlte noch weiter, und fand darunter ein Gewebe von Eisendraht, das sie, wie man behauptete, zur Büßung trage. Es war mir nicht möglich, meine Untersuchung weiter auszudehnen.

Man nahm auch aus ihrer Tasche einen drei Finger breiten Gürtel von Pferdshaaren, einem Lastträgerseil ähnlich, mit welchem sie sich umspannte, um sich zu peinigen. Ich weiß nicht, ob dieser Gürtel stark genug ist, um eine dagegengestemmte Klinge zu biegen.

Während ich mich von Franziska entfernte, rief sie den Direktor, und sagte zu ihm: „Pater Timotheus, ich leide sehr; ich kann es nicht mehr ertragen. Reiben Sie mir die Hand." Er begnügte sich, mit seinem Finger leicht und langsam den Nagel in der rechten Hand zu umkreisen.

Von ¼ auf zehn bis zehn Uhr, also während ¾ Stunden, habe ich Franziska beinahe gänzlich aus den Augen verloren, weil meine ganze Aufmerksamkeit gegen Maria gerichtet war. Ich will jedoch ohne Unterbrechung alles die Erste Betreffende andeuten.

Um 9 Uhr 20 Minuten ließ sie das Kreuz flach auf den Boden legen. Zwanzig Minuten später ließ sie es wieder gegen die Mauer erheben. Um zehn Uhr erneuerte sich das erste Manöver. Man riß ihr die Nägel mit einer Zange aus den Händen. Der Schmerz ließ sie mit den Zähnen knirschen und am ganzen Leibe zittern. Aber sie stieß keinen Schrei aus.

Die Nägel, deren man sich bisher bediente, waren

sehr spitz und rund. Heute zum ersten Male hatte
man gewöhnliche viereckige Nägel genommen. Ich
verlangte einen derselben, um ihn aufzubewahren.
Die Hände, besonders die rechte, bluteten stark. Man
wusch sie mit gewöhnlichem Wasser. Franziska umarmte ihre Proselytin Maria, die auch von ihrem
Kreuz abgenommen worden, an welchem diese nicht
ganz eine halbe Stunde befestigt gewesen.

Um 10 Uhr 12 Minuten erhob man Franziska's
Kreuz. Ihre Füße waren noch daran festgenagelt.
Man lehnte es beinahe vollkommen aufrecht gegen die
Wand. Die Füße ruheten auf dem Tritt. Man
gab mir eine zweischneidige Messer- oder Dolchklinge
zu untersuchen, die an einem zwei bis drei Fuß langen
Stock befestigt war, und eine Art Lanze bildete, mit
welcher man ihr eine Wunde in die Seite beibringen
wollte, aus welcher sie, nach des Direktors Aeusserung, manchmal zwei Pinten Blut verliere.

Man trennte ihr Hemd auf, und entblößte die
linke Seite, gegen die vierte Rippe. Sie deutete
mit dem Finger die Stelle an, wo man sie zu durch-
stechen habe, wonach sie dieselbe mit dem Paris-Kru-
zifix rieb, und selbst die Lanze leitete, indem sie mit
der Spitze derselben hier und da sondirte. Es war
10 Uhr 25 Minuten.

Der Priester bohrte die Klinge, welche Franziska
beständig hielt, langsam in ihre Seite. Sie sagte
Amen, wonach er die Lanze zurückzog. Der Wunde
und Blutspur nach zu urtheilen, war die Klinge ungefähr 2½ bis 3 Linien tief ins Fleisch gedrungen.
Es floß nur wenig Blut aus der Wunde.

Zwei Minuten nachher verlangte Franziska zu trinken. Man gab ihr Weinessig mit Asche vermischt, was sie nach einigen Bekreuzungen verschlang.

Um 10 Uhr 35 Minuten legte man das Kreuz nieder. Sie war bereits länger als viertehalb Stunden an demselben befestigt. Man hatte viele Mühe, die Nägel mit einer Zange aus den Füßen zu reißen. Unser zwei waren dabei dem Priester behilflich. Herr von Latour-du-Pin begehrte einen dieser Nägel, der tiefer als fünf Linien in das Holz gedrungen war. Franziska verspürte dieselben Schmerzen wie bei Entnagelung der Hände. — Ich komme jetzt zur Schwester Maria.

— — —

Prüfungen der Schwester Maria.

Während der Direktor, den man Peter Timotheus nannte, Franziska's Hände festnagelte, betrachtete er die Schwester Maria, die in einem Winkel des Zimmers saß. Er nickte ihr zu, worauf sie weinte. Zwei Frauen sprachen ihr Muth ein. Der Priester näherte sich ihr, und suchte sie, wie man mir sagte, durch Stellen aus der Schrift zu begeistern.

Sie kniete nieder, betete, und begab sich in eine Nebenkammer, um ein Kleid wie Franziska anzulegen. Sodann kehrte sie zurück. Um acht Uhr schien sie in Verzückung zu gerathen, und streckte sich auf den Boden. Man trat ihr auf den Leib und auf die Stirne, wobei man von der einen Seite zur andern schritt. Sie kniete abermals, und man versetzte ihr

Schläge mit Hölzscheiten gegen den Magen und auf den Rücken, wonach sie niederstürzte und alle Besinnung zu verlieren schien.

Um 8 Uhr 40 Minuten war sie noch nicht zu sich gekommen. Sie hatte auf dem Mund ein kleines Kruzifix des glückseligen Paris. Man sagte mir, daß sie in diesem Zustande bis Sonntag, gegen drei Uhr Morgens, bleiben werde. Diese Aeusserung war jedoch nur eine Vorsichtsmaßregel. Man fürchtete nämlich, daß sie nicht den Muth haben werde, sich kreuzigen zu lassen.

————

Kreuzigung der Schwester Maria.

Um neun Uhr sprach der Priester der Schwester Maria zu, die bereits einmal gekreuzigt worden, und es nicht vergessen hatte. Ihre Narben sind kaum noch bemerkbar. Man legt sie auf das Kreuz. Sie weint und sagt, daß sie sich fürchtet. Demungeachtet läßt sie sich ohne Widerstand die Hände annageln. — Beim zweiten Fußnagel ruft sie: „Genug!" und man läßt den Nagel im Fleisch stecken, ohne den Fuß zu durchbohren. Die Nägel verschließen die Wunden, und man sieht kein Blut fließen.

Diese Maria oder Man ist zweiundzwanzig Jahre alt. Sie ist die Tochter eines Perrükenmachers, und leidet an hysterischen Zufällen.

Um 9 Uhr 25 Minuten neigte man das Kreuz, indem man es, auf eine Höhe von vier Fuß, gegen die Mauer lehnte. In dieser Lage bot man ihr ein Buch. Sie las die Passion St. Johannes, in französischer Sprache, mit lauter Stimme, und schien sich dadurch zu ermuthigen. Um ¾ auf zehn Uhr wurde ihre Stimme schwächer, ihre Augen erloschen, sie wurde blaß wie der Tod. und sagte: „Ich sterbe. Nehmt mich schnell ab."

Alle Anwesenden erschracken. Man riß ihr die Nägel aus den Füßen. Das Blut strömte. Man legte das Kreuz auf die Erde, und riß die Nägel aus den Händen. Unter dem Vorwand, daß sie die Kolik habe, führte man sie aus dem Zimmer. Sie war ungefähr 25 Minuten am Kreuz befestigt gewesen. Ich bemerkte, daß sie nicht, wie Franziska an das Kreuz gebunden worden, wahrscheinlich weil man diese Vorsichtsmaßregel für überflüssig erachtete, da das Kreuz nicht umgewendet, und das Unterste nicht nach oben gerichtet werden sollte.

Sechs Minuten vor zehn Uhr kam Maria wieder in das Zimmer. Man wusch ihr die Hände und Füße mit dem Wunderwasser des glückseligen Paris. Sie lachte, und schien viel zufriedener mit diesem Beistand, als mit den Hammerschlägen.

Um zehn Uhr begab sie sich zu Franziska, der man in diesem Augenblick die Nägel aus den Händen riß. Sie liebkoseten sich.

Man hat mich versichert, daß die meisten dieser armen Geschöpfe nur von ihrer Hände Arbeit leben, die wahrscheinlich durch solche Uebungen nicht befördert wird, und daß sie keine andere Gaben erhalten. Aber es ist keinem Zweifel unterworfen, daß mehrere Derjenigen, welche sie als Heilige betrachten, für ihre Bedürfnisse Sorge tragen. Franziska soll ungefähr 2000 Livres jährliches Einkommen haben. Vor zwei oder drei Jahren hat sie mit dem Pater Cottü

eine Reise nach Mans gemacht, wo sie ein Jahr geblieben, um eine kleine Kolonie Verzückter zu gründen.

Es verdient bemerkt zu werden, daß bis jetzt nur
Frauen und Mädchen sich dieser grausamen Operation
unterzogen. Man behauptet, um das Wunderbare der
Sache zu bescheinigen, daß die Opfer dabei nicht den
mindesten Schmerz leiden, und daß im Gegentheil
Alles, was man mit ihnen vornimmt, ihnen nur angenehme Empfindungen gewährt. Verhielte sich das
wirklich also, würde es ohne Zweifel ein großes
Wunder sein. Aber da ich mit eigenen Augen die
unverkennbarsten Zeichen eines lebhaften Schmerzes
gesehen, kann ich als das allein Wunderbare nur
den Muth und die Beharrlichkeit betrachten, welche
Fanatismus diesen Unglücklichen zu geben im Stande ist.

Anatomisches, physiologisches, hygiänisches und pathologisches Bildniß Napoleons.

Nach den Denkwürdigkeiten seines Kammerdieners Constant.

Nach der Rückkehr aus Aegypten war der Kaiser sehr mager und gelb. Seine Gesichtsfarbe hatte etwas Kupferartiges; seine Augen waren tiefliegend, und seine Formen wohlproportionirt, obgleich ein wenig hager. Sein Porträt in dem Gemälde: „eine Revue des ersten Konsuls auf dem Karusselplatz," von Horaz Vernet, ist sehr ähnlich.

Seine Stirn war sehr hoch und offen. Er hatte wenig Haare, vorzüglich an den Schläfen; aber sie waren sehr fein, sehr weich, und kastanienbraun. Seine schönen blauen Augen malten deutlich die verschiedenen Gefühle seiner Seele. Sie waren bald mild und liebkosend, bald streng und hart.

Sein Mund war schön. Die Lippen waren gleichförmig und ein wenig aneinandergedrängt, vorzüglich bei übler Laune. Obgleich seine Zähne nicht regelmäßig genannt werden konnten, waren sie doch gut und sehr weiß. Er beklagte sich nie darüber. Seine griechische Nase war schön. Er hatte einen ausserordentlich feinen Geruch.

Ueberhaupt war sein Gesicht im Ganzen regelmäßig, wohlgebildet, obgleich zu jener Zeit seine Magerkeit die Schönheit der Züge entstellte, und im Allgemeinen ihren Ausdruck wenig angenehm machte. Man hätte diese Züge, einen nach dem andern, beurtheilen müssen, um die vollkommene Regelmäßigkeit und Schönheit des Ganzen würdigen zu können.

Sein Kopf war stark und hatte einen Umfang von zweiundzwanzig Zoll. Er war etwas länger als breit, also ein wenig platt an den Schläfen. Napoleon war sehr empfindlich am Kopfe, weshalb ich seine Hüte wattiren ließ, und sie einige Tage in meinem Zimmer trug, bevor ich sie ihm gab. Seine Ohren waren klein und wohlgebildet. Der Kaiser war auch an den Füßen sehr empfindlich; weshalb ich seine Stiefeln und Schuhe von einem Bedienten der Garderobe, Namens Joseph, der denselben Fuß hatte, wie Napoleon, zuvor austreten ließ.

Er war 5 Fuß, 2 Zoll und 3 Linien groß. Sein Hals war etwas kurz, die Schultern zurückgedrängt, die Brust breit, wenig behaart; Schenkel und Bein wie in der Form gegossen. Seine Füße waren klein, die Zehen wohlgeordnet und ohne Hühneraugen oder Schwielen. Eben so vollkommen waren seine Aerme. Seine Hände konnten bewunderungswürdig genannt werden, und die Nägel seiner Finger verunzierten sie nicht, weshalb er auch eine gewisse Sorgfalt darauf verwendete, so wie auf seine ganze Person; aber Alles ohne Ziererei. Er nagte manchmal an den Nägeln, das war ein Zeichen der Ungeduld, oder strenger, geistiger Beschäftigung.

Später wurde er viel beleibter, ohne dadurch die Schönheit seiner Formen zu verlieren. Sein Ansehen war im Gegentheil gefälliger während dem Kaiserthum, als während dem Konsulat. Seine Haut war sehr weiß geworden, und seine Farbe belebt.

Hatte der Kaiser lange gearbeitet oder nachgedacht,

so litt er an einem ganz eigenen Krampf, einem nervösen Zucken, das er sein ganzes Leben bewahrte. Es bestand in einer oft wiederholten schnellen Erhebung der rechten Schulter, was mehrere Personen, welche diese Gewohnheit an ihm nicht kannten, manchmal für ein Zeichen des Mißvergnügens oder der Mißbilligung hielten, ohne entdecken zu können, worin sie es bei dem Gebieter versehen. Er seinerseits dachte nicht daran, und wiederholte dieselbe Bewegung schnell hinter einander, ohne sie im mindesten zu bemerken.

Ein merkwürdiger Umstand war noch der, daß Napoleon sein Herz nie schlagen fühlte. Er sagte das oft zu Corvisart (seinem ersten Arzt) und zu mir. Mehr als einmal ließ er uns die Hand auf seine Brust legen, um uns von diesem sonderbaren Phänomen zu überzeugen. Wir bemerkten nie die geringste Bewegung.

Der Kaiser aß sehr schnell. Kaum blieb er zwölf Minuten bei Tische. Hatte er genug gegessen, so erhob er sich, und begab sich in den Familiensaal. Die Kaiserin Josephine blieb gewöhnlich sitzen, und machte den übrigen Anwesenden ein Zeichen, sie nachzuahmen. Manchmal folgte sie jedoch ihrem Gemahl auf der Stelle, wonach die Palastdamen in ihren Zimmern speiseten, in denen man ihnen auftrug, was sie wünschten.

Eines Tages, als Prinz Eugen sich unmittelbar nach dem Kaiser vom Tisch erhob, wendete dieser sich um mit den Worten: „Aber Eugen, du hast nicht Zeit gehabt zu essen.“ — Bitt' um Verzeihung, ent-

gegnete der Prinz; ich habe schon im Voraus gespeiset.

Die übrigen Gäste mochten wohl finden, es sei
das keine üble Vorsichtsmaßregel. Dieser Zustand
der Dinge dauerte jedoch nur bis zum Konsulat;
denn von nun an speisete Napoleon mit seiner Gemahlin allein, und lud nur von Zeit zu Zeit irgend
eine Person seines Hofes ein. Er hatte damals schon
einen Hof.

Sein Frühstück genoß der Kaiser fast immer allein.
Es wurde auf einem kleinen Mahagonitisch aufge-
tragen. Er bediente sich dabei keiner Serviette.
Diese Mahlzeit dauerte kaum acht oder zehn Minuten.

Ich werde sogleich anzudeuten Gelegenheit haben,
welche üble Wirkung die Gewohnheit, zu schnell zu
essen, auf seine Gesundheit hatte. Außerdem, und
gerade der großen Uebereilung wegen, speisete er
nicht besonders sauber. Er bediente sich sehr häufig
seiner Finger, statt der Gabel, und selbst statt des
Löffels. Man stellte das Gericht, welches er am
liebsten aß, in seine Nähe. Ohne Umstände speisete
er nun auf die eben beschriebene Weise, tauchte sein
Brod in die Brühe, saugte es ab, und wiederholte
das mehrmals. Demungeachtet wurde die Schüssel
herumgegeben, und alle Gäste nahmen daraus. Einige
betrachteten das selbst als ein Mittel, dem Gebieter
den Hof zu machen.

Des Kaisers Leibgericht war ein Hühnerfrikassee,
welchem man seitdem den Namen: „Poulet à la
Marengo" gegeben. Er aß auch gern Bohnen, Lin-
sen, Coteletten, eine geröstete Hammelsbrust, oder ein
gebratenes Hühnchen. Gewöhnlich gab er den am

einfachsten zubereiteten Gerichten den Vorzug; dagegen war er schwierig in Hinsicht auf das Brod.

Es ist nicht wahr, daß er, wie man gesagt, einen
unmäßigen Kaffeeverbrauch gemacht. Er trank nur
eine Obertasse nach seinem Frühstück, und eine andere nach seinem Mittagsessen. Manchmal, wenn er
sehr beschäftigt war, geschah es jedoch, daß er, ohne
es zu bemerken, zwei Tassen hinter einander leerte.
In diesem Fall fühlte er sich jedoch stark bewegt,
und konnte nicht schlafen. Oft auch trank er seinen
Kaffee kalt, und ohne Zucker, oder zu stark gezuckert.

Um diesen Mißbestand zu vermeiden, übernahm es
Josephine, seinen Kaffee mit eigener Hand zuzubereiten. Maria Louise ahmte ihr darin nach. Wenn
der Kaiser vom Tische aufstand, und sich in den kleinen Saal begab, trug ihm ein Page, auf einem
starkvergoldeten silbernen Kaffeebrett, die Kaffeekanne,
die Zuckerdose und eine Tasse nach. Die Kaiserin
goß sodann den Kaffee in die Tasse, zuckerte ihn, versuchte ob er süß genug sei, und bot ihn dem Kaiser dar.

Napoleon trank nichts als Chambertin; aber selten ohne Wasser. Ueberhaupt liebte er den Wein
nicht, und kannte ihn schlecht. Ich erinnere mich,
daß er eines Tages, im Lager von Boulogne, mehrere
Offiziere zu Tische zog, und dem Marschall Augereau
ein Glas Wein reichen ließ, wobei er ihn mit einer
gewissen Zufriedenheit fragte, wie er ihn finde? Der
Marschall versuchte ihn auf die Art feiner Wein-
schmecker, schnalzte mit der Zunge, und sagte: „Es
gibt wohl noch bessern.“ Der Kaiser, der ohne
Zweifel eine ganz andere Antwort erwartete, be-

gnügte sich über des Marschalls Freimüthigkeit zu
lächeln.

Man hat so oft gesagt und wiederholt, daß Napoleon die größten Vorsichtsmaßregeln getroffen, um
nicht vergiftet zu werden, daß man diese Angabe
endlich für eine geschichtliche Wahrheit gehalten.
Aber es ist ein Mährchen, das in dieselbe Kathegorie
gehört, wie das von dem stich- und kugelfesten Panzer.

Der Kaiser war in diesem Betrachte im Gegentheil zu vertrauensvoll. Sein Frühstück wurde jeden
Morgen in ein offenes Vorzimmer gestellt, in welchem
sich alle Diejenigen befanden, denen er eine Privat-
audienz gewährte, und die dort oft mehrere Stunden
hinter einander warteten. Das Frühstück blieb eben
so lange stehen. Man suchte es warm zu halten,
bis er sein Kabinet verließ, um es zu genießen.

Das Mittagessen wurde in Körben aus der Küche
in die oberen Gemächer getragen. Nichts wäre leichter gewesen, als Gift in die Speisen zu streuen.
Demungeachtet kennt man keine Spur, daß die dienstthuenden Leute es je unternommen, Napoleon zu
vergiften. Ihre Anhänglichkeit und Treue ließ selbst
den Gedanken daran nicht zu.

Die Gewohnheit, mit großer Hast zu essen,
verursachte manchmal dem Kaiser heftige Magen-
krämpfe, die gewöhnlich Erbrechungen zur Folge
hatten. Eines Tages benachrichtigte mich einer der
dienstthuenden Kammerdiener in aller Eil, daß der
Kaiser sich nach seinem Mittagessen übel befunden,
und sehr leide. Ich eilte in sein Zimmer, und fand
ihn der Länge nach auf dem Teppich ausgestreckt.

Das war seine Gewohnheit, sobald er sich unwohl fühlte.

Die Kaiserin war neben ihm, und hatte seinen Kopf auf ihren Knien. Er klagte und schmollte zu gleicher Zeit; denn er ertrug dies Uebel mit weniger Geduld, als tausend viel ernstere Zufälligkeiten in den Feldlagern, und der Held von Arcole, der sein Leben in hundert Schlachten gewagt, zeigte sich in solchen Augenblicken eben so weichlich als ungeduldig.

Die Kaiserin tröstete ihn, und sprach ihm Muth zu. Sie, die oft sehr heftige Kopfschmerzen hatte, würde gern das Uebel ihres Gemahls auf sich genommen haben, wäre es nur irgend möglich gewesen.

„Constant," sagte sie, als ich eintrat, „kommen Sie schnell, der Kaiser bedarf Ihrer. Machen Sie ihm Thee, und verlassen Sie ihn nicht, bevor er sich besser befindet."

Kaum hatte er drei Tassen Thee getrunken, so verminderte sich sein Uebel. Josephine hielt immer noch seinen Kopf auf ihren Knien, und liebkosete seine Stirn mit ihrer weißen, fleischigen Hand, oder rieb ihm die Brust.

„Befindest Du Dich jetzt besser?" fragte sie. „Willst Du Dich ein wenig niederlegen? Ich bleibe mit Constant an Deinem Bett." — Ich habe mehrmals ähnliche Szenen gesehen.

Weil ich einmal bei dem Kapitel der Krankheiten des Kaisers bin, will ich auch noch einige Worte über eine andere sagen, die, mit Ausnahme derjenigen, welche seinen Tod veranlaßte, seine schwerste war.

Bei der Belagerung von Toulon, als der Kaiser erst Artillerie-Oberst war, wurde ein Kanonier auf seinem Stücke getödtet.' Bonaparte ergriff sogleich den Stößel, und bediente einige Zeit die Kanone. Unglücklicherweise aber hatte der gebliebene Artillerist eine Krätze von der bösartigsten Gattung gehabt, und der Oberst wurde angesteckt. Er konnte erst nach mehreren Jahren sich davon befreien; und die Aerzte vermutheten, daß die üble Behandlung dieser Krankheit die Ursache seiner außerordentlichen Magerkeit und seiner gelben Gesichtsfarbe gewesen.

In den Tuilerien nahm er Schwefelbäder und trug ziemlich lange ein blasenziehendes Pflaster, welches er sich früher nicht hatte wollen auflegen lassen, weil er besorgte, es könne ihn im Nachdenken stören. Corvisart bestand lange auf ein Fontanell. Aber der Kaiser wollte sich seinen Arm nicht verunstalten und wies ihn bestimmt ab.

Bei derselben Belagerung von Toulon, bei welcher er vom Hauptmann zum Oberst befördert worden, erhielt er auch einen Bayonettstich in den linken Schenkel, dessen Narbe er mir mehrmals zeigte. Von der Wunde am Fuß, die er bei Regensburg erhalten, war keine Spur mehr bemerkbar.

Wir waren ungefähr 1200 Schritte von Regensburg entfernt. Der Kaiser sah die Oesterreicher auf allen Seiten fliehen, und glaubte, das Gefecht sei beendet. Man hatte sein Frühstück an dem Orte bereitet, den er vorher angedeutet. Er war auf dem Wege dahin, als er sich plötzlich gegen den Marschall Berthier umwendete, mit dem Ausruf: „Ich bin verwundet."

Der Schlag der Kugel war so stark, daß der Kaiser in sitzender Stellung fiel. Er war an der

Ferse verwundet. Nach dem Kaliber der Kugel konnte man schliessen, daß sie von einem Tiroler Schützen komme, dessen Waffe von der Stadt bis zu uns tragen mochte.

Man kann sich leicht denken, daß ein solches Ereigniß Besorgniß und Schrecken im Generalstabe verbreitete. Ein Adjutant holte mich. Als ich anlangte, fand ich den Wundarzt Ivan beschäftigt, dem Kaiser den Stiefel abzuschneiden. Ich war ihm beim Verbinden behilflich.

Obgleich der Schmerz noch sehr heftig war, befahl Napoleon doch, sogleich sein Pferd vorzuführen. Er schwang sich ohne Stiefel darauf, um den Feind nicht zu Athem kommen zu lassen, und seine Armee zu beruhigen, ritt im Galopp davon, und sein Generalstab hinter ihm her. In solchem Zustande besuchte er alle Linien. Wie man leicht denken kann, frühstückte man an diesem Tage nicht, sondern suchte sich sein Mittagsessen in Regensburg.

Der Kaiser hatte einen großen Widerwillen gegen alle Arzeneien, und nahm er solche, was jedoch nur äusserst selten geschah, so bestanden sie in, mit einem Ei, oder mit Cichorien, oder mit Weinsteinsalz versetztem Wasser. Corvisart hatte ihm empfohlen, jedes Getränk, das einen säuerlichen und unangenehmen Geschmack habe, auf der Stelle auszuspeien. Ich vermuthe, daß er diese Vorschrift in der Voraussetzung machte, man könne ihn vergiften.

Um welche Zeit der Kaiser auch schlafen gegangen war, ich trat immer zwischen sieben und acht Uhr Morgens in sein Zimmer. Seine ersten Fragen

waren unveränderlich, wie spät, und welches Wetter
es sei?

Manchmal beklagte er sich über sein übles Aus-
sehen. War dem also, so gestand ich es zu; wo nicht,
so widersprach ich. In dem letzten Fall faßte er mich
beim Ohr, und nannte mich lachend „Grosse bête,"
verlangte einen Spiegel, und gestand sodann, daß er
mich nur habe necken wollen, und daß er sich wohl
befinde.

Er nahm die Zeitungen, fragte nach den Namen
der Personen, welche im Vorzimmer warteten, sagte
mit wem er sprechen wolle, und unterhielt sich bald
mit dem Einen bald mit dem Andern.

Wenn Corvisart kam, trat er ohne Anmeldung
herein. Der Kaiser fand ein besonderes Wohlgefallen
daran, ihn über seine Kunst zu necken, von der er
behauptete, sie sei nur auf Vermuthungen begründet,
die Aerzte seien Marktschreier, und weiter nichts, 2c.
Zur Unterstützung seiner Angabe führte er mehrere
Beweise an, vorzüglich die seiner eigenen Erfahrung.

Der Doktor gab nie nach, wenn er Recht zu haben
glaubte, und die Unterhaltung dauerte fort, während
der Kaiser sich rasirte; denn ich hatte ihn gelehrt,
dies Geschäft selbst zu verrichten. Oft vergaß er,
daß er sich nur auf einer Seite rasirt hatte, und
wenn man ihn davon benachrichtigte, vollendete er
lachend die Operation.

Des Kaisers gewöhnlicher Wundarzt Ivan hatte
eben so gut, wie Corvisart, seinen Antheil an den
Kritiken und Schmähungen gegen seine Kunst. Diese
Diskussionen waren immer sehr belustigend! Napoleon war bei denselben eben so heiter als geschwätzig.

und wenn er keine wirkliche Beispiele zur Unterstützung seiner Gründe angeben konnte, erfand er solche,
weshalb man auch seinen Angaben nicht immer unbedingten Glauben beimaß.

Eines Tages kniff er, bei einer ähnlichen Unterhaltung, einen seiner Aerzte (ich glaube den Doktor
Hallé) so stark am Ohr, daß dieser heftig den Kopf
zurückzog, und rief: „Sie thun mir weh!“ Die Art,
auf welche diese Worte ausgesprochen wurden, beurkundete seine üble Laune, und von nun an waren
seine Ohren außer Gefahr. Der Kaiser hatte Respekt dafür.

Beim Aufstehen trank er gewöhnlich eine Tasse
Thee oder Orangenblätterwasser. Nahm er ein Bad, so
geschah es unmittelbar nachdem er das Bett verlassen
hatte. Während er im Wasser war, ließ er sich durch
einen Sekretär (bis 1804 von Bourienne) Depeschen und Zeitungen vorlesen. Nahm er kein Bad,
so setzte er sich ans Kamin und las selbst, oder ließ
sich vorlesen. Er diktirte dem Sekretär auf der
Stelle die Antworten und Bemerkungen, welche die
Vorlesung der Papiere veranlaßten. In dem Maße,
als er sie überflogen, warf er sie zu Boden. Der
Sekretär sammelte sie, und brachte sie in Ordnung,
wonach er sie in des Monarchen Privatkabinet trug.

Vor seiner vollständigen Ankleidung zog der Kaiser im Sommer eine Hose und einen Schlafrock von
weißem Piqué an, im Winter aber eine Hose und
einen Schlafrock von Mülton. Um den Kopf hatte
er ein auf der Stirn zusammengebundenes seidenes
Tuch, dessen hintere Zipfel den Nacken bedeckten. Er

band dieses Tuch, das ihn nicht zum besten kleidete, jeden Abend selbst um.

Verließ er das Bad, so bot man ihm ein anderes Tuch, denn das seine war, von der beständigen Bewegung im Waſſer, ganz durchnäßt. Waren die Depeschen geleſen, oder das Bad genommen, ſo ließ er ſich ankleiden. Anfänglich raſirte ich ihn, ſpäter that er es ſelbſt, wobei er gewöhnlich viel Seife verbrauchte, und den Schaum über den Spiegel verbreitete, welchen Ruſtan (ſein Mameluk) hielt.

Hatte ſich der Kaiſer raſirt, ſo wuſch er ſich Hände und Geſicht, und reinigte ſeine Nägel mit vieler Sorgfalt. Ich zog ihm nun ſein Flanell-Kamiſol und ſein Hemde aus, und rieb ihm den ganzen Obertheil des Körpers mit einer ſehr weichen Seidenbürſte. Sodann begoß ich ihn mit kölniſchem Waſſer, von dem er auf dieſe Weiſe einen ſtarken Gebrauch machte. Er hatte dieſe Geſundheits-Maßregel, die ihm ſehr wohl bekam, und die in der That vortrefflich iſt, im Morgenlande angenommen.

Nach allen dieſen Vorbereitungen zog ich ihm weißſeidene Strümpfe (er trug nie andere), mit leichten Socken von Flanell oder Kaſimir, Unterhoſen von ſehr feiner Leinwand oder Barchent an, und bald Hoſen von weißem Kaſimir, nebſt geſchmeidigen Reiterſtiefeln, bald eine feſtanliegende Hoſe von demſelben Stoff und derſelben Farbe, nebſt kleinen engliſchen Stiefeln, die nur bis zur Hälfte der Wade reichten. Sie waren mit kleinen, ſilbernen Spornen beſetzt, die nur einen halben Zoll lang waren. Alle ſeine Stiefeln waren mit ſolchen Spornen verſehen.

Ich bekleidete ihn darauf mit seiner Flanell-Unterjacke und seinem Hemd, mit einem dünnen Musselin-Halstuche, und einem schwarzseidenen Tuche darüber; endlich mit einer rundausgeschnittenen Weste von weißem Piqué, und entweder mit einer Jäger- oder einer Grenadier-Uniform, am häufigsten jedoch mit der ersten.

War sein Anzug vollendet, so überreichte man ihm ein Schnupftuch, seine Tabaksdose und eine andere kleine Dose von Schildkröte, die mit feingeschnittenem Süßholz angefüllt war.

Man bemerkt, nach dem eben Gesagten, daß der Kaiser sich von Kopf bis zu den Füßen ankleiden ließ. Er bot zu nichts die Hand, und ließ sich einknöpfen wie ein Kind, während er sich unausgesetzt mit seinen Regierungs-Angelegenheiten beschäftigte.

Ich habe vergessen zu sagen, daß er sich für seine Zähne kleiner Zahnstocher von Buchsbaum, und einer in Opiat getauchten Bürste bediente.

Auszug aus einem Briefe des italienischen Missionärs Bizzozero, über einen Theil Nordamerika's *).

Attakapas, den 15. September 1829.

Ich habe endlich meinen bisherigen Wohnort, in der Nähe von Benington, am rechten Ufer des St. Lorenzstroms, in Ober-Kanada, verlassen. Das Klima und die langen Winter waren höchst schädlich für meine Gesundheit. Ein ehemaliger Bewohner der lachenden und milden Arnothäler kann sich nicht leicht an die des Ontario gewöhnen.

Ich wohne jetzt in einem Lande, dessen Klima für mich viel heilsamer ist. Um dahin zu gelangen, wollte ich zuerst über Baltimore und das Meer mich nach dem mexikanischen Meerbusen und Neu-Orleans begeben. Aber die Erinnerung der Leiden auf meiner Ueberfahrt von Europa nach Amerika, hielt mich von einer zweiten Seereise ab. Ich beschloß demnach zu Lande nach Kolombia zu gehen, auf dem Ohio mich einzuschiffen, um von ihm in den Mississipi und endlich nach Neu-Orleans zu gelangen, wo ich über meine fernere Bestimmung unterrichtet werden sollte.

Den 5. Mai d. J. schiffte ich mich auf dem Ohio

---

*) Aus diesem Briefe eines römisch-katholischen Priesters kann man entnehmen, daß in dem, was wir in den frühern Jahrgängen dieses Werkes über den Zustand der nordamerikanischen Union gesagt, nichts übertrieben war. Audiatur et altera pars.

ein, der unstreitig einer der schönsten Ströme Nordamerika's ist. Er bewässert ein prächtiges Thal, welches ich auf einer Strecke von 375 Meilen (125
Stunden) zu bewundern Gelegenheit hatte. Das
Dampfschiff Quebek, auf welchem ich mich befand,
legte 6 Meilen (2 Stunden) in einer Stunde Zeit
zurück. Der Lauf des Stroms beträgt 4 Meilen
(1 ⅓ Stunden) in einer Stunde Zeit.

Die Schifffahrt, vorzüglich mit Dampfbooten, ist
auf den nordamerikanischen Strömen äusserst lebhaft,
und trägt nicht wenig zur Vermehrung der Bevölkerung und des Wohlstandes an ihren Gestaden bei.
Die Dampfschiffe sind mit allen möglichen Bequemlichkeiten versehen. Man findet in ihnen gute Küche,
erträgliche Betten, und Lesezimmer, in denen es an
englischen, französischen, nord- und südamerikanischen
Zeitungen, so wie an vielen interessanten Büchern
nicht fehlt.

Das ganze Ohiothal ist sehr stark bevölkert und
mit Gehöften, Eisenhämmern, Manufakturen u. s. w.
überdeckt. Das Land ist mit der grössten Sorgfalt
gebaut. So weit das Auge dringen kann, sieht man
nichts als Felder, und mit dem üppigsten Grün bekleidete Hügel, die reiche Erndten versprechen. Im
Westen und Süden bemerkt man auch Weinberge,
die den herrlichsten Anschein haben.

Zu Mingo, einem sehr schönen Dorfe, das man
wohl eine Stadt nennen könnte, und das am westlichen Abhang des Gebirges gelegen ist, welches das
Thal von der Meerküste scheidet, beutet man eine
unerschöpfliche Asphaltquelle aus, mit deren Oel
mehrere Städte versorgt werden, und dessen man sich

auch zum Schiffbau bedient. Ganz in der Nähe ist ein reiches Steinkohlenlager.

Ueberhaupt sind die Steinkohlen in Nordamerika sehr häufig, dergestalt, daß man für den Zentner nur einen französischen Franken bezahlt. Das Holz ist noch wohlfeiler. Aus diesem Grunde gibt es hier auch mehr Dampfschiffe, als in irgend einem Lande der Erde. Pittsburg, wo man die meisten erbaut, und wo die Hauptfabrik der Dampfmaschinen ist, befindet sich auf einem unerschöpflichen Steinkohlen-Lager.

Wir kamen auch an Weheling vorüber, einer ganz neuerdings erbaueten hübschen Stadt, die bereits über 5000 Einwohner hat. Fünfzehn Stunden unterhalb derselben bildet der Ohio einen sechs Stunden langen und eine Stunde breiten sehr reizenden See.

Wenige Stunden nachher legten wir bei Marietta an, der Hauptstadt des Ohiostaates, an der Mündung des Maskragham in den Ohio. Dieser Ort treibt großen Handel.

Man kann jetzt nicht 20 Meilen (7 Stunden) auf dem Ohio zurücklegen, ohne eine kleine Stadt, oder schöne Gehöfte zu sehen, deren Ansehen Wohlstand, Ordnung und Reinlichkeit verräth. Gallipolis, das 1792 von einer Kolonie französischer Emigranten am Einflusse des Sciotto gegründet wurde, so wie Chillicothea, Lexington, Louisville und besonders Cincinnati, sind jetzt schöne Städte, in denen der industrielle Wohlstand aufs höchste gestiegen ist.

Vor zwanzig Jahren bildete der Ohio bei Louisville noch einen Fall, der die Schifffahrt gefährlich machte. Seitdem hat man längs dem rechten Ufer des Flusses einen Kanal erbauet, durch den diese Unannehmlichkeit beseitigt ist.

Bevor sich der Ohio in den Mississippi ergießt, nimmt er mehrere schiffbare Ströme in sich auf. Alle werden von Dampfschiffen befahren, die sich meistentheils nach Neu-Orleans begeben, wohin sie die Landerzeugnisse, so wie die industriellen Produkte von Kentucki und aus allen westlichen Provinzen der Vereinstaaten bringen. Diese Erzeugnisse bestehen vorzüglich in Pelzwerk, aus Albany und dem nordwestlichen Theile Ober-Kanada's, in Groß- und Kleinvieh, Pöckelfleisch, Baumwolle, Flachs, Hanf, Mehl, Getreide, Mais, Indigo, Holz- und Steinkohlen, Bauholz u. s. w.

Man findet keine wilde Völkerstämme mehr, selbst nicht oberhalb der Zusammenströmung des Mississippi mit dem Ohio. Die Schwanesen, die Scherokesen, die Schikasen u. a. sind verschwunden. Nur von den zweiten gibt es noch einige Familien, die sich mit Viehzucht und der Indigokultur beschäftigen. Sie sind vollkommen zivilisirt, und die Männer sowohl als die Weiber sind auf europäische Weise, oder vielmehr wie die amerikanischen Kolonisten, gekleidet. Man unterscheidet sie nur durch ihren hohen Wuchs, durch ihr langes Haar und durch ihre braunrothe Haut *).

Der Eintritt des Ohio in den Mississippi ist außerordentlich imposant. Man glaubt einen großen See

*) M. s. den Aufsatz: „Zivilisation der Scherokees-Indianer," im vierten Theile, S. 107 u. f. des Jahrgangs 1830 dieses Werkes.

zu erblicken. Der Mississippi hat eine Tiefe von fünf-
undzwanzig Klaftern. Er ist der schönste Fluß auf
der Erde, denn er ist 800 Stunden lang. Sein
Lauf beträgt vier Meilen in einer Stunde. Er
durchströmt ungeheure Ebenen, die er alljährlich drei
Monate lang unter Wasser setzt, und ist der Nil
Amerika's.

Wir hatten zu unserer Linken die schönen Gegenden des alten Florida's, welche zu den am besten kultivirten der Vereinstaaten gehören, und zu unserer
Rechten jenes reiche Luisiana, das Frankreich, durch
den Vertrag von Basel, an die Union abgetreten:
Große Wälder auf der einen, unübersehbare Savannen oder Wiesen auf der andern Seite, begrenzen
den Fluß. In der Ferne sieht man prächtige Pflanzereien, die täglich durch neue vermehrt werden, wie
Neu-Madrid, die kleine Wiese, St. Franziskus,
Kastanienberg u. a., unter der Mündung des Jasu.

Den 25. Mai kamen wir nach Neu-Orleans, wo
ich die ferneren Befehle für meine Mission in Attakapas, 100 Stunden nordwestlich von der alten Hauptstadt Luisiana's, erhalten sollte.

Das Land von Jasu bis Neu-Orleans wurde
ehemals von der kriegerischen Natschez-Nation bewohnt, die sehr zahlreich war, und die Chateau-
briand beschrieben hat. Dies von den französischen
Statthaltern grausam verfolgte Volk ist jetzt beinahe
gänzlich ausgerottet. Es besteht nur noch aus einigen Familien, die an den Ufern des Alabama, unfern
einem der Arme des Mobileflusses, wohnen. Dieser aus
300 bis 400 Individuen bestehende Stamm hat alle
seine früheren Gebräuche bewahrt, und lebt nur vor.

Fischfang und Jagd. Selten kommen einige von
ihnen nach Neu-Orleans. Als die französischen
Flüchtlinge ihr Champ-d'Asyle an den Ufern der Mobile gegründet, traten die Natschez, nach einigen Feindseligkeiten, in freundschaftliche Verhältnisse mit ihnen,
und versorgten sie oft mit Lebensmitteln.

Man spricht nicht mehr von den ehemals so berühmten Nationen der Schaktas und der Muskongos.

Ich habe einen Monat lang zu Neu-Orleans gewohnt. Die Stadt liegt zur Linken des Flusses, ungefähr 40 Stunden von seiner Mündung in den
mexikanischen Meerbusen. Ich kann nicht besser die
Lage dieses Ortes vergleichen, als mit der von Ferrara, in Italien. Beide sind in einer sumpfigen
Ebene erbaut, und unter der Spiegelfläche eines
Stroms, durch ungeheure Dämme zurückgehalten,
deren Durchbruch die gänzliche Ueberschwemmung der
einen wie der andern veranlassen würde.

Der Po, welcher Ferrara bedrohet, ist etwas mehr
als eine Meile (20 Minuten) breit, und seine Dämme
sind 20 Klaftern (zu 2½ Fuß) oder 50 Fuß hoch.

Der Mississipi, bei Neu-Orleans, ist zehnmal
breiter als der Po, und seine Dämme sind auch viel
höher, dergestalt, daß bei hohem Wasserstand die
Schiffe über den Häusern zu schweben scheinen.

Das von den Franzosen im Jahr 1717 gegründete Neu-Orleans war eine Stadt von 5000 bis 6000
Seelen. Im Laufe eines Jahrhunderts ist ihre Bevölkerung bis über 80,000 gestiegen, ihrer äußerst ungesunden Lage zum Trotz. Man sieht in ihr viele
schöne aus Ziegeln erbaute Häuser von drei bis vier
Stockwerken, ziemlich breite und grade Straßen,

schöne Kirchen, ein hübsches Stadthaus, ein geräumiges Kollegium, und ein neues Straf = und Besserungshaus. Die meisten dieser öffentlichen Gebäude sind auf Kosten eines reichen spanischen Kaufmanns aufgeführt worden, der dazu 12 Millionen verwendete.

Rings um die Stadt, vorzüglich auf den Flußdämmen, sind reizende Spaziergänge, von denen man sehr malerische Aussichten hat. Es gibt zu Neu-Orleans drei Urselinerinnenklöster, in denen die meisten Nonnen Französinnen sind. Sie beschäftigen sich mit der Erziehung armer Mädchen, haben jedoch auch bezahlende Kostgängerinnen in bedeutender Menge. Ihre Novizen müssen sie aus Europa, aus den Antillen oder aus Brasilien kommen lassen, weil die Regierung ihnen nicht erlaubt, Nordamerikanerinnen einzukleiden.

Neu-Orleans treibt einen sehr großen Handel. Es ist der Stapelplatz aller Erzeugnisse der beiden Floridas, Virginiens, der Ohiostaaten, Luisiana's, und überhaupt aller Länder an den Gestaden des Mississipi, und an denen seiner Zuströmungen. Mehr als 1500 Schiffe und Dampfboote legen jährlich bei ihm an. Der Haupthandel des Innern mit dieser Stadt wird von den Bewohnern Kentucky's und Virginiens getrieben. Franzosen, und Unternehmer von Boston, Baltimore, Chesapeak rc., kaufen die meisten Produkte, wie Baumwolle, Indigo, Pelzwerk, Mehl u. s. w., um sie nach Frankreich, England, Deutschland und Italien auszuführen.

Jedermann in dieser Stadt, selbst die farbigen Leute, sprechen Französisch. Die englische Sprache ist weniger im Gebrauch, doch sind von drei Personen wenigstens zwei mit ihr vertraut.

Neu-Orleans gegenüber, am rechten Ufer des Mississipi, erhebt sich die neue Stadt Mac-Donough, eine gefährliche Nebenbuhlerin. Sie hat schon bei 10,000 Einwohner, und wird wahrscheinlich die Hauptstadt des Missuristaats werden, der sich längs dem Fluß erstreckt, von seiner Mündung bis nach Unter-Luisiana, und dessen Bevölkerung schon 60,000 Seelen übersteigt.

Den 20. Juni habe ich Neu-Orleans verlassen, um mich nach Attakapas zu begeben. Ich schiffte 180 Meilen (60 Stunden) weit dem Mississipi entgegen, und sodann dem Sabinastrom, 60 Meilen (20 Stunden) weit, durch weite und hohe Savannen, bis ich endlich am 28. den Ort meiner Bestimmung erreichte.

Die Attakapas, die noch kein Geograph umständlich beschrieben, sind große lachende Ebenen, ungefähr 100 Stunden nordwestlich von Neu-Orleans. Sie haben eine Oberfläche von mehr als 600 Quadratstunden, und sind, ihrer hohen Lage wegen, weder den Ueberschwemmungen des Mississipi noch seiner Zuströmungen ausgesetzt. Sie werden durch zerstreute Wälder geschmückt, und sind an mehreren Orten schon bebaut. Das Klima ist sehr gesund, und die Temperatur ist mild. Es ist ungefähr dasselbe Klima, wie das von Neapel.

Das ganze Land ist in reiche und vollkommen wohl besorgte Pflanzereien geschieden. Man bauet hier vorzüglich Getreide, ein wenig Reis und Baum-

wolle erster Qualität. Man kultivirt auch, und nicht
ohne Erfolg, Zuckerrohr und Indigo.

Was mich am meisten in Erstaunen gesetzt hat,
sind die großen Maulbeerpflanzungen und der Seidenbau, der bereits sehr beträchtlich ist. Ich habe
einige Augenblicke mich nach Italien versetzt geglaubt,
und die Illusion war um so größer, da die Seiden-
spinnerinnen meine Muttersprache redeten.

Erst seit ungefähr zehn Jahren hat man diesen
Industriezweig im südlichen Luisiana und in einigen
Theilen des südlichen Florida's eingeführt, und schon
sind die Maulbeerpflanzungen sehr ausgedehnt. Die
Kokonserndte beläuft sich auf mehr als 100,000 Rubbs
(250,000 Pfund). Man hat die Maulbeersetzlinge
aus China, und aus den Umgebungen von Novi, in
Piemont, kommen lassen. Von dorther hat man auch
die weißen und gelben Seidenwurmeier bezogen, aus
denen beinahe doppelt so große Kokons, als die italienischen, entstanden sind. Die Seide, welche sie
liefern, ist sehr schön und fest.

Die Seidenspinner sind aus Piemont und Neapel.
Ihre Spinnereien sind auf europäische Weise eingerichtet, werden aber durch Dampf in Bewegung gesetzt. Es gibt auch Mühlen zur Bearbeitung der
Seide, und ich zweifle nicht, daß die vereinigten
Staaten bald hinlänglich eigene Seide haben werden,
zum Verbrauch ihrer zahlreichen Stofffabriken, welche
sich beständig vermehren, zum größten Schaden derer
Europa's und vorzüglich der Stadt Lyon.

Jenseits dem reichen Landstrich von Attakapas,
gegen Nordwest, erhebt sich das Land allmälig gegen
den Fuß des Felsengebirgs. Es ist trocken, sandig,

unfruchtbar, wie die Steppen der Tatarei, und größtentheils unbewohnt.   Nur von Zeit zu Zeit wird es
von einigen Indianerhorden durchstreift.

Die Attakapas wurden ehemals von einer wilden
Nation bevölkert, deren Name sie als Menschenfresser
bezeichnet.   Das Land wurde 1770 von Franzosen
erobert, und die Einwohner wurden weit nach Norden,
oder jenseits dem Mississippi, zurückgedrängt.   Die
meisten der gegenwärtigen Bewohner dieser schönen
Ebenen sind französische Nachkömmlinge, einige Schweizer und eine ziemlich bedeutende Zahl Italiener. Die
ersten kultiviren vorzüglich Baumwolle, die Schweizer
Baumwolle und Getreide.   Die Italiener beschäftigen
sich mit dem Seidenbau.   Diese drei Industriezweige
sind sehr einträglich, und die Bevölkerung ist äusserst
wohlhabend.

Bei einigen Pflanzern habe ich auch Reben bemerkt, die einen Wein erzeugen, welcher dem von
Toskana nahe kommt.   Es ist vorauszusetzen, daß er
sich noch verbessern würde, wenn man ihn besser zu
behandeln wüßte.   Auch in Unter=Florida und im
Süden des Ohiostaats gibt es viele Weinpflanzungen.

Bei meiner Ankunft habe ich einige öffentliche
Schulen und mehrere Privatlehrer gefunden.   Indessen war der religiöse Unterricht noch ziemlich vernachläßigt.   Die katholische Religion ist noch die
der Mehrheit; aber ich fürchte, daß die Bibelgesell-
schaften bald den Triumph der Reformation herbeiführen dürften.   Das Volk ist durch den Eifer der
protestantischen Missionäre über manche Vorschriften
unserer Kirche schon zu sehr aufgeklärt, um daran
noch besonders zu halten.

Die bewohnte Erde im Vergleich mit dem britischen Reiche.

Nach Balbi.

Wir entnehmen dieser allgemeinen Uebersicht des berühmten Statistikers einige der interessantesten Parallelen.

Ausdehnung des ganzen Erdballs: 148,522,000 engl. Quadratmeilen. Eigentliche Erde: 37,673,000 QM. Der Ueberrest ist Wasser. Bevölkerung 737 Millionen.

Die fünf Erdtheile.

Asien	12,118,000 QM. u.	390 Millionen Seelen.
Amerika	11,146,000 =	39 =
Afrika	8,516,000 =	60 =
Australien	3,100,000 =	20,300,000
Europa	2,793,000 =	227,700,000

Russisches Reich	5,912,000 QM. u.	60,000,000 S.
Britisches Reich *)	4,470,000 =	142,180,000 =
Chinesisches Reich	4,060,000 =	170,000,000 =
Brasilian. Reich	2,313,000 =	5,000,000 =
Nordamerik. Union	1,570,000 =	12,600,000 =
Mexiko	1,242,000 =	7,500,000 =
Ottomann. Reich	1,078,000 =	25,000,000 =
Kolumbia	828,000 =	2,800,000 =
Portugiesisches Reich	430,000 =	5,607,000 =
Persien	350,000 =	9,000,000 =
Annan **)	270,000 =	14,000,000 =

*) In allen fünf Erdtheilen. Die Besitzungen der ostindischen Kompagnie umfassen 349,000 QM. und 80,800,000 Seelen.
**) In Asien.

Niederländ. Reich	252,000 QM. u.	15,562,000 E.
Spanisches Reich	214,000 -	17,988,000 -
Oesterreich. Reich	194,000 -	32,000,000 -
Französisches Reich	188,000 -	32,554,000 -
Japan	180,000 -	25,000,000 -
Marokko	130,000 -	4,500,000 -
Land der Fellaten *)	120,000 -	3,000,000 -
- Ashanten **)	100,000 -	3,000,000 -
Preussisches Reich	80,450 -	12,464,000 -

Einige der größten Städte der Erde im Vergleich mit London.

London (England), 1,350,000 Einwohner. Pecking (China), 1,300,000. Jeddo (Japan) 1,300,000. Paris (Frankreich), 890,000. Hangtscheu (China), 700,000. Benares (Ostindien), 630,000. Kalkutta (Ostindien), 600,000. Konstantinopel (Türkei) 600,000. Wutschang (China), 600,000. Kanton (China), 500,000. Nanking (China), 500,000. Kingtschin (China), 500,000. Madras (Ostindien), 462,000. St. Petersburg (Rußland), 410,000. Neapel (Italien), 364,000. Fokhan (China), 300,000. Patna (Ostindien), 300,000. Nang-Tschang (China), 300,000. Lucknow (Ostindien), 300,000. Wien (Oesterreich), 300,000. Moskau (Rußland), 300,000. Lissabon (Portugal), 260,000. Kairo (Aegypten), 260,000. Dublin (Irland), 227,000. Berlin (Preussen), 220,000. Amsterdam (Holland), 201,000. Madrid (Spanien), 201,000. Hyderabad (Ostindien), 200,000. Fou-

*) In Afrika.
**) Ibid.

tschen (China), 200,000. Jspahan (Persien), 200,0000. Alerpo (Syrien), 200,000. Mizrapur (Ostindien), 200,000. Fünfzig Städte zwischen 100,000 und 200,000 Einwohner.

Handels - Marine.

	Fahrzeuge zu	Tonnen Last.
Britisches Reich . .	22,288	2,365,462
England allein . .	15,841	1,958,716
Schottland . . .	2,961	272,003
Jrland	1,391	80,583
Jnsel Guernsey . .	79	7,298
„ Jersey . . .	142	13,756
„ Man . . .	287	7,451
Englische Kolonien .	3,657	224,183
Frankreich . . .	14,497	689,448
Nordamerik. Union .	16,000	1,423,111

Mäuthertrag im Jahr 1826.

Britisches Reich . .	20,582,944 Pf. Sterling.
Großbritannien . .	18,551,702
Jrland	2,031,222
Frankreich	4,204,895
Rußland	2,240,000
Niederlande	508,847
Baiern	177,160
Dänemark (1817) . .	169,250
Spanien (1803—7) .	1,026,218
Portugal (1815—19)	915,935
Vereinstaaten . . .	5,457,000
Mexiko	1,507,381
Kolumbia (1824) . .	835,135
Brasilien (1825—28)	1,431,800

Zivilliste.

Großbritannien (1826)	1,057,000 Pf. Sterling.	
Niederlande (1825) .	218,400	
Würtemberg (1826) .	103,708	
Hessen-Darmstadt (1826)	72,154	
Portugal (1822) . .	129,350	
Brasilien (1827) . .	257,800	
Frankreich (1826) . .	1,280,000	
Baiern (1826) . . .	258,430	
Baden (1826) . . .	95,317	
Schweden (1825) . .	127,337	
Spanien (1821) . . .	450,910	

Allgemeine statistische Uebersicht des britisches Reiches.

	Geogr. □M.	Einwohner.
England und Wales	43,678	11,977,663
Schottland . . .	23,498	2,093,000
Irland	23,000	6,802,000
Hannover . . .	11,125	1,550,000
Jonische Inseln .	754	176,000
Gebiet der ostindischen		
Kompagnie . .	349,000	80,800,000
Vasallen derselben .	485,000	32,800,000
Insel Zeylon . .	15,650	830,000
Neusüdwales . .	1,476,000	44,000
Vandiemensland .	19,800	16,000
Vorgebirg der guten		
Hoffnung . .	88,000	133,000
Guinea	22,000	30,000
Isle de France . .	1,800	97,000
Unter-Kanada . .	1,374,000	622,000
Ober-Kanada . .	75,200	280,600

	Geogr. □M.	Einwohner.
Neu-Braunschweig	21,600	78,700
Neu-Schottland	10,800	110,000
Prinz Eduard-Insel	1,580	8,000
Cap Breton-Insel	1,790	24,000
Insel Terre-Neuve	420,500	85,000
Bermuden	1,740	14,500
Bahama-Archipel	4,100	15,500
Jamaika	4,460	406,000
Inseln unter dem Winde	342	93,000
La Dominique	220	20,000
St. Luzia	170	17,000
Barbaden	176	100,000
Tobago	104	16,000
St. Vinzent	291	28,000
Trinité	1,250	50,000
Guyane	12,000	168,000

Von der Gesammtbevölkerung von England und
Wallis beschäftigen sich mit Ackerbau 847,957 Familien; mit Handel und in den Manufakturen 1,155,375 F.;
auf andere Weise 485,491 F.; im Ganzen 2,43,423 F.; —
Mitglieder des Parlaments zählt man 513. — Natio-
nal-Reichthum: jährl. Landeinkommen, nach der Grundsteuer von 1811: 29,476,356 Pf. St.; Werth der
Immobilien, welche 1815 Grundsteuer zahlten,
51,898,423 Pf. St.; Werth des Häusereinkommens
1823: 7,393,576 Pf. St. — Armuth. Zahl der
Armen 1815: 881,000 Individuen; Verhältniß der
Armen gegen die Bevölkerung 13,5; Armenunter-
stützung während den drei Jahren vor 1815: 6,129,844
Pf. St. — Unterricht. Zahl der Schulkinder 1818:

674,883; Verhältniß zur Bevölkerung 18. — Moralität. Jährlich Verhaftete im Durchschnitt nach 11 Jahren (von 1805 — 1815) 5634; nach 10 Jahren (von 1816 — 1825) 13,020. Im letzten Fall also 1 Verhafteter auf 921 Einwohner.

Statistische Aktenstücke über das Großherzogthum Toskana, das Herzogthum Lukka und den Kirchenstaat.

Großherzogthum Toskana.

I. Weltliche Geistlichkeit: Priester 7000; Laien 3000; zusammen 10,000. — Klostergeistlichkeit: begütert, Mönche 1150, Nonnen 4200; Bettelorden 1400; zusammen 6750. Mönchsklöster 95 (wovon 50 den Bettelorden zustehende); Nonnenklöster 67; zusammen 162. — Jährliches Einkommen der Welt-Geistlichkeit: 20 Erzbischöfe und Bischöfe 500,000 franz. Franken; Kapitel 180,000 Fr.; Pfründen 170,000 Fr.; 2414 Pfarreien.*) 800,000 Fr. — Einkommen der Kloster-Geistlichkeit 1,730,000 Fr. **).

II. Wohlthätigkeitsanstalten. Sie haben ein jährliches Einkommen von 1,280,000 Fr., wovon 600,000

---

*) Jede Diözese hat eine mittlere Bevölkerung von 35,000 Seelen, und jede Pfarrei von 479.

**) Vor der Auflösung der Klöster, im Jahr 1808, hatten sie ein jährliches Einkommen von 12 Millionen Franken. Nach mittlerer Schätzung hat jeder Mönch gegenwärtig 499 Fr. Vor 1808 hatte er 1437 Fr. jährlich.

Fr. unmittelbar für Krankenpflege, und der Ueberrest zu Unterstützungen ausgegeben werden. In den Findelhäusern befinden sich 1100 Kinder. Das Einkommen dieser Anstalten wird auf 570,000 Fr. angeschlagen. Es gibt 35 Spitäler, 12 Findelhäuser und 2 Irrenhäuser.

III. Oeffentliche Schuld. Unter Leopld I i. J. 1765: 72 Millionen Franken; i. J. 1789: 11 Millionen. Unter Ferdinand III i. J. 1798: 47 Millionen. Unter der Königin Maria Louise von Hetrurien i. J. 1806: 117 Millionen. Die Regierung verkaufte 1808 die Klostergüter und bezahlte die Schuld. Unter Ferdinand III i. J. 1817: 14 Millionen. Unter Leopold II i. J. 1829 gab es keine Landesschuld mehr.

IV. Oeffentliches Einkommen in verschiedenen Epochen.

	Jährl. Einkommen.	Jährl. Ausgabe.
Unter Leopold I i. J. 1789	8,900,000 Fr.	7,000,000 Fr.
Unter Ferdinand III i. J. 1798	11,000,000 —	7,000,000 —
Unter d. Königin Louise 1806	14,000,000 —	17,000,000 —

V. Einkommen im Jahr 1817. Direkte Abgaben (Grund- und Personensteuer), 3,600,000 Fr. Mauth 6 Millionen. Posten 300,000 Fr. Einregistrirung, Stempel und Hypotheken 1 Million. Lotterie 1 Million. Salz 2 Millionen. Tabak 700,000 Fr. Eisen-, Schwefel- und Alaynminen 1 Million. Krongüter 500,000 Fr. Im Ganzen 16,100,000 Fr.

Ausgabe i. J. 1817. Militärwesen 4,600,000 Fr. Gerechtigkeitspflege 2,600,000. Brücken und Landstraßen, öffentliche Bauten 2 Millionen. Welt- und Kloster-Geistlichkeit (Gnadengehalte u. s. w.) 600,000. Spitäler und Arme 1,300,000. Oeffentlicher Unterricht 650,000. Ministerien und Verwaltungsbehörden 1,100,000. Zivil-, Militär- und geistliche Pensionen 1,700,000. Zivilliste 240,000. Zinsen der Staatsschuld 280,000. Ausserordentliche Ausgaben 857,000. Steuererhebung 173,000. Im Ganzen 16 Millionen Franken. — Die Kommunalausgaben der 248 Gemeinden betragen vier Millionen Franken.

VI. Stärke der Landmacht, 5600 Mann. Die Kriegsflotte besteht aus drei Goëletten und zwei Kanonierboten.

VII. Man behauptet, daß die Masse des zirkulirenden Geldes sich im Großherzogthum auf 108 bis 120 Millionen Franken belaufe, und daß die jährliche Produktion auf 84 Millionen Franken steige.

VIII. Ritterorden. Der Verdienst- oder St. Josephorden zählt 152 Mitglieder, nämlich 34 Großkreuze, 29 Kommandanten und 89 Ritter. Der St. Stephansorden hat 700 Mitglieder.

Herzogthum Lukka.

Büdget für 1827. Einnahme. Direkte Abgaben (Grund- und Personensteuer), 396,000 Fr. Mauth und Stadtzoll zu Lukka, 500,000. Tabak, 245,000. Salz, 190,000. Einregistrirung und Stempel, 240,000. Post, 14 000. Lotterie, 30,000. Pulver, Salpeter u. s. f. 54,000. Im Ganzen, 1,669,000 Fr.

Ausgabe. Militair (mit Einschluß der Gendarmerie) 500,000 Fr. Gerechtigkeitspflege, 80,000. Finanzen, 354,000. Inneres, 120,000. Zinsen der Staatsschuld, 65,000. Zivilliste, 607,000. Im Ganzen, 1,726,000 Fr.

Die Kommunalausgaben betragen jährlich 12,000 Franken.

___

Kirchenstaat.

Bü dg et für 1818. Einnahme. Gründsteuer, 10 Millionen Franken. Mauth, 7,500,000. Stadtzoll zu Rom, 3 Millionen. Umzugssteuer (verpachtet), 6 Millionen. Salz und Tabak (verpachtet), 4,800,000. Einregistrirung und Stempel 5 Millionen. Lotterie, 3,500,000. Post, 600,000. Staatsgüter, 3 Millionen. Im Ganzen 43,400,000 Fr.

Ausgabe. Zinsen der Staatsschuld, 9 Millionen Fr. Militär, 7 Millionen. Polizei, 4,500,000. Gerechtigkeitspflege, 3,500,000. Inneres, 4 Millionen. Zivil=, Militär= und geistliche Pensionen, 3 Millionen. Zivilliste (päbstlicher Hof), 800,000. An Oesterreich 1817 bezahlte Schuld, 1,600,000. Ausserordentliche Ausgaben, 6,800,000. Im Ganzen 40,200,000 Fr.

Im letzten Jahrhundert beliefen sich die rein geistlichen Einkünfte jährlich auf 3½ Millionen Franken, jetzt nur noch auf 1½ Millionen. Sie waren folgendergestalt ertheilt: Für Heiraths-Dispensionen, 500,000 Fr. Für nicht=konsistorielle Benefizien, 1 Million. Für die Annaten (Konsistorial-Benefizien), 1 Million. Für die Breve und die Spogli, 1 Million. Im Ganzen 3½ Millionen.

Zeitungen und Zeitschriften in Polen.

Das jetzige Königreich Polen ist, wie man weiß, nur ein geringer Theil der ehemaligen Republik dieses Namens. Die Theile, welche zu Rußland, Oesterreich und Preußen geschlagen worden sind, haben eine viermal größere Volksmenge, als die kleine Parzelle, welche man jetzt mit dem Namen eines Königreichs dekorirt.

Auf eine Bevölkerung von 4,088,289 Seelen hat dieses letzte 37 Zeitungen und Zeitschriften (also eine auf 110,000 Einw.), welche folgende Titel haben:

1. Rocznik krolewskiego towarzystwa przyiaciol nauk warszawskiego. — Jahrbuch der königlichen Gesellschaft der Freunde der Wissenschaften zu Warschau. Alle sechs Monate erscheint ein Band in 8.

2. Pamientnik Naukowy etc. — Wissenschaftliche Denkschrift der Gesellschaft für die Elementarbücher. Alle drei Monate wird ein Oktavband ausgegeben.

3. Sylwan, dz'ennik lesny. — Sylwan, Wald- und Jagd-Zeitung. Redakteur Staatsrath Ludwig Plater. Alle drei Monate erscheint ein Heft.

4. Ceres, dziennik rolniczy. — Zeres, Ackerbauzeitung. Sie erscheint in unbestimmten Terminen, höchstens vier Hefte jährlich. Redakteur Flattt, Direktor des landwirthschaftlichen Instituts Marianont, bei Warschau.

5. Sandomierzanin. — Der Sandomirier. Zeitschrift für polnische Geschichtskunde, herausgegeben von Uiazdowsky. Dieses werthvolle Journal erscheint monatlich.

6. Temida polska. — Polnische Themis. Ju-
ristische Zeitschrift, herausgegeben von dem Professor
Hube zu Warschau. Sehr geschätzt. Monatlich.

7. Izys polska. — Polnische Isis. Zeitschrift
des Ackerbaues, der Künste und Handwerke. Herausgegeben von Anton Lelowsky. Ein sehr nützliches
Werk. Monatlich.

8. Slawianin. — Der Slawe. Zeitschrift der
Wissenschaften und Künste. Herausgegeben von dem
Professor Kitajewsky. Monatlich.

9. Pamientnick fizycznych matematycznych i
statystycznych umieientnosci, z zastosowaniem do
przemysla. — Denkschrift der physischen, mathematischen und statistischen Wissenschaften, mit Anwendung auf die Industrie. Monatschrift, herausgegeben
von den Professoren Pawlowicz und Janicki. Ein
vortreffliches Journal.

10. Pamientnick lekarski. — Medizinische Denkschrift. Monatlich herausgegeben von Karl Malcz.

11. Pamientnick Warszawski. — Warschauer
Denkschrift der Literatur, der Geschichte, der Staatswirthschaft und Philosophie gewidmet. Redigirt von
dem Professor Lach Szyrma. Sie erscheint monatlich und wird sehr stark gelesen.

12. Dziennick Praw. — Gesetzsammlung. Sie
ist offiziell und erscheint zwei- oder dreimal monatlich.

13. Kolumb, Dziennik Podrozy. — Kolumbus,
Journal der Reisen. Herausgegeben von Dembinsky.
Diese vortreffliche Zeitschrift erscheint monatlich. Sie
gibt häufig Auszüge aus unserer Bibliothek.

14. Dekameron polski. — Polnischer Demake-

ron, der Literatur gewidmet. Herausgegeben von Ordyniec. Erscheint alle zehn Tage.

15. Piast. Zeitschrift der Land- und Hauswirthschaft. Herausgegeben von Radwansky. Dies nutzliche Wochenblatt wird sehr stark gelesen.

16. Dziennik urzendowy Woiewodztwa Mazowieckiego. — Offizielle Zeitung der Woiwodschaft Masowien. Wöchentlich einmal.

17. Pamientnick dla plci pienkney. — Denkschrift für das schöne Geschlecht. Herausgegeben von Gaszynsky. Enthält oft recht gute Aufsätze und Gedichte.

18. Motyl. — Schmetterling. Wöchentliche Blätter für Literatur und Mode. Herausgegeben von dem Fürsten Lubecky.

19. Ziemomysl. Literarisches, historisches und biographisches Wochenblatt für Kinder. Herausgegeben von Chrucky. Sehr gut.

20. Rozmaitosci. — Literatische Miszellen. Sie erscheinen wöchentlich, als Beilage zur Warschauer Zeitung.

21. Gazeta polska. — Polnische Zeitung. Dies politische Blatt erscheint täglich, und ist sehr gut redigirt.

22. Dziennik powszechny. — Allgemeine Zeitung. Steht hinter obiger nicht viel zurück. Als Redakteur nennt sich Chlendawsky.

23. Gazeta warszawska. — Warschauer Zeitung. Die älteste von allen. Sie wird von Lebrün redigirt.

24. Gazeta korrespondenta warszawskiego. — Zeitung des Warschauer Korrespondenten. Redigirt von Wyzynsky.

25. Kuryer warszawski. — Warschauer Kurier. Er erscheint seit 1821 und wird stark gelesen. Redakteur ist Omuszewsky.

26. Kuryer polski. — Polnischer Kurier. Redigirt von Bronikowsky, Eichocky und Mochnacky.

27. Wiadomosci, Handlowe. — Handlungs-Neuigkeiten. Sie erscheinen täglich. Redakteur Grzymala.

28. Dziennik dla malych dzieci. — Zeitschrift für kleine Kinder. Herausgegeben von Jachowicz. Sie erscheint täglich.

29. Zeitung von Plock.   Erscheint zu Plock.

30.	— Podlachien.	—	Sielce.
31.	— Lublin.	—	Lublin.
32.	— Sandomir.	—	Radom.
33.	— Krakau.	—	Kielce.
34.	— Kalisch.	—	Kalisch.
35.	— Augustow.	—	Lomza.
36.	— Masowien.	—	Warschau.
37.	— Kinder-Magazin —		Pulawy.

Das Königreich Polen hat in der neuesten Zeit große Fortschritte in der Publizität gemacht. Zur Zeit der Auflösung des Großherzogthums Warschau (bestehend aus dem jetzigen Königreich Polen, dem Herzogthum Posen und Thorn und der Republik Krakau, mit 5½ Millionen Seelen) i. J. 1815, hatte dieses nur fünf Zeitungen und Zeitschriften, während das alleinige Königreich Polen jetzt deren 37 hat. Zudem hat sich auch der in den Zeitungen herrschende Geist ausserordentlich verbessert.

Auf eine Bevölkerung von 107,934 Seelen, hat

die Republik Krakau fünf Journale (also ein e auf 21,586 Individuen). Ihre Titel sind folgende:

1. Rocznik Towarzystwa Naukogewo. — Jahrbücher der literarischen Gesellschaft, vereinigt mit der Jagellonischen Universität. Alle sechs Monate erscheint ein Oktavband.

2. Rozmaitosci Naukowe. — Literarische und historische Miszellen. Sie erscheinen heftweis in 4., in unbestimmten Zeiträumen, sechs bis sieben Hefte jährlich. Herausgeber sind die Professoren Zalusky und Bandtkie. Dies Journal enthält sehr gute Aufsätze.

3. Gazeta Krakowska. — Krakauer Zeitung. Sie erscheint täglich und beschäftigt sich mit der Politik.

4. Goniec Krakowski. — Krakauer Kurier. Literarische Zeitschrift.

5. Dziennik ogrodniczy. — Zeitschrift der Gärtnerei. Herausgegeben von dem Präsidenten der Republik, Wodzicky.

Das russische Polen, bestehend aus den Gouvernements Wilna, Grodno, Minsk, Bialystock, Witepsk, Mohylow, Wolhynien, Podollen, Ukräne, Kiow und Kurland, hat eine Bevölkerung von 11,289,400 Einwohnern, und zwei Journale; also ein e für 5,644,550 Seelen. Diese beiden Journale sind:

1. Dziennik Wilenski. — Wilnaer Zeitschrift. Jeden Monat erscheint ein Band in 8. Man findet darin Aufsätze über Literatur, Geschichte, Wissenschaften, Ackerbau, Künste und Handwerke. Hauptredakteur ist Marcinowsky. Alle darin enthaltene

Artikel müssen vor dem Druck der Zensur=Kommission zu Petersburg vorgelegt werden.

2. Kuryer Litewsky. — Litthauischer Kurier. Diese politische Zeitung erscheint täglich, ebenfalls unter Zensur. Sie enthält nichts als Auszüge aus den Zeitungen von Warschau und Petersburg.

Das österreichische Polen hat eine Bevölkerung von 4,226,969 Seelen und vier Zeitschriften, oder eine für 1,056,742 Individuen. Ihre Titel sind folgende:

1. Czasopism Biblioteki narodowey Ossolinskich. — Zeitschrift der Ossolinskischen National-Bibliothek zu Lemberg. Ihre Tendenz ist durchaus historisch und bibliographisch. Sie wird herausgegeben von dem Fürsten Lubomirsky.

2. Haliczanin. — Der Gallizier. Literarische und philosophische Zeitschrift, wie die vorstehende in unbestimmten Zeiträumen erscheinend. Herausgegeben von Chlendowsky.

3. Gazetta Lwowska. — Lemberger Zeitung. Politik. Sie erscheint täglich.

4. Rozmaitosci Lwowskie. — Lemberger Miszellen. Literarisches Wochenblatt, gut redigirt, Beilage zu obiger.

Im preussischen Polen erscheint für 1,984,124 Einwohner nur eine Zeitung, die Gazeta Poznanka (Posener Zeitung), politischen Inhalts.

Die gesammten polnischen Länder haben also gegenwärtig, auf eine Bevölkerung von 21,696,416 Seelen, 49 Zeitungen und Zeitschriften, oder eine auf 442,784 Individuen.

Die Journale von Paris, in ihren ge-genwärtigen Verhältnissen.

Der Zustand der periodischen Presse ist, in unserer Zeit, der sichere Maßstab der Freiheit eines Volkes. Man kann offen den Satz aufstellen, ohne Widerlegung befürchten zu müssen, daß eine Nation nicht frei ist, wenn die Obrigkeit nach Gutdünken die Zensur auf den Ausspruch der öffentlichen Meinung anwendbar machen kann.

Ist die Presse unbeschränkt, oder läßt man ihr wenigstens eine gesetzliche Selbstständigkeit, so deuten Ton und Karakter der öffentlichen Blätter ziemlich genau des Volkes Gesinnungen, so wie den Grad des Vertrauens und der Harmonie zwischen ihm und seiner Regierung an.

Ist dagegen die Presse gelähmt, durch die auf ihr lastende eiserne Hand der Zensur, so darf man dreist annehmen, daß Vertrauen und Harmonie in den gegenseitigen Beziehungen zwischen Regierung und Volk nicht bestehen, und zwar aus dem einfachen Grunde, weil die erste dem letzten nicht erlauben zu können glaubt, seine Gesinnungen öffentlich auszusprechen.

Diese doppelte Thatsache beurkundet sich auf das Klarste überall. Man braucht nicht weit zu gehen, um davon die Ueberzeugung zu gewinnen.

Wo ausschließliche Theokratien, Aristokratien oder Oligarchien bestehen, kann es keine Preßfreiheit geben. Sie verletzen zu viele Interessen, sie usurpiren zu viele Gewalten, sie unterdrücken zu viele Rechte, um nicht befürchten zu müssen, ihre moralischen Gebrechen, ihre ungesetzlichen Anmaßungen, ihre politischen Spekulationen durch die freie Presse entschleiert zu sehen.

Wehe dem Lande, wo das individuelle oder kollektive Interesse einer Kaste Gesetzmäßigkeit, Ordnung, Ruhe, Eintracht, ja selbst Ehre und Sicherheit eines Volkes im Verborgenen kompromittiren kann, ohne daß die Organe der öffentlichen Meinung gegen solchen Hochverrath sich erheben dürfen.

Unter dem eisernen Despotismus Napoleons war die Presse in allen ihren Zweigen gezwungen, nicht allein ihre eigenen Meinungen zu verschweigen, sie war selbst genöthigt (wie noch jetzt in mehreren Ländern), die der Autorität zu verbreiten. Keine Begebenheit, keine Thatsache konnte durch die Zeitungen verkündet werden, wenn sie nicht vorher nach den eigenthümlichen Ansichten der Regierung zugestutzt und entstellt worden war. Daraus entstand eine gewisse Einseitigkeit, die Hand in Hand mit Betrug und Lüge einherschritt. Man erinnert sich noch der wahrhaft Münchhausischen Bulletins de la grande armée, deren Aufschneiderei an das Unglaubliche grenzte.

Nach dem Sturze des kaiserlichen Systems eigneten die Bourbonen diesen Theil der Gewalt sich nicht zu, und sie thaten sehr wohl daran. Zwar bemüheten sie sich einige Zeit, die „vorläufige Zensur" zu erhalten; aber ihr Streben in dieser Hinsicht war nur schwach, und die periodische Presse wurde ein Kampfplatz, auf dem die von der Restauration erzeugten Faktionen ihre Kräfte versuchen und das Horoskop ihrer künftigen Bestimmung sich stellen konnten.

Seitdem hat die periodische Literatur in Frankreich eine große Ausdehnung gewonnen, sowohl in materieller als intellektueller Hinsicht, wodurch eine verhältnißmäßige Entwickelung des öffentlichen Geistes beurkundet wird. Das Bedürfniß des Unterrichts, die Konzentrirung der Ansichten, und die zu ihrer Verkündung und Ausführung nothwendige Energie, vermehrten sich von Tag zu Tag.

Die am meisten gelesenen und verbreiteten Zeitungen sind gegenwärtig: der Constitutionnel, das Journal des Débats, der Courrier français, der National und die Quotidienne.

Nach ihm kommen der Moniteur, das Journal de Commerce, der Messager des Chambres, der Temps, der Globe, die Tribune des Départements, der Garde National, die Gazette de France und das Nouveau Journal de Paris. Die Révolution de 1830, der Indépendant, der Tocsin, der Patriote, l'Avenir und einige andere, sind nur wenig verbreitet. Der Pilote, der Drapeau-Blanc, die Nouvelle-France, der Universel, die Écho Français und der Apostolique von Jozon haben aufgehört zu erscheinen.

Zwei dieser Journale, die Quotidienne und die Gazette de France, sind ausschließlich der Vertheidigung und Verbreitung ultramontanisch-jesuitischer, und ultra-monarchisch-absoluter Grundsätze gewidmet. Die Zahl der Abonnenten auf die Gazette war, vor den Ereignissen im Juli, bedeutend. Seitdem hat sie sich um die Hälfte vermindert, während die der Quotidienne ungefähr dieselbe geblieben ist. Beide mögen jetzt 8000 (jede 4000) zahlende Abnehmer haben.

Die Gazette de France ist das eigentliche Organ
der Faktion Villèle, von deren Grundsätzen es ausschließlich beseelt wird. Es ist Jesuit, im ausgedehntesten Begriffe des Wortes, d.. h. Mephistopheles,
Cartouche und Contrafatto zu gleicher Zeit und in
gleichen Dosen.

Das Hauptsystem dieses Luziferblattes, dem keinerlei Schande fremd geblieben, das alle Scham seit Langem abgeschworen, und das von der öffentlichen Meinung mehr verachtet wird, als je etwas verachtet worden, bestand und besteht darin, alle Schattirungen zu
verwischen, welche den Zustand der politischen Parteien karakterisiren, und Alles in einem solchen Lichte
darzustellen, daß dadurch jede Angelegenheit, die mit
den Interessen der Faktion Villèle in Widerspruch
steht, so viel als möglich kompromittirt wird, müßte
selbst die Sicherheit des Staats dabei aufgeopfert
werden. Hauptredakteur dieses Blattes ist ein gewisser de Genoude, eigentlich Genou genannt, und
früher Kaffeewirth zu Grenoble. Er wird von den
Literatoren Lübis, Colnet und mehreren andern, wie
von Franchet, Frémilly, Dudon, Villèle, Berryer,
Madrolle ec. unterstützt.

Die Quotidienne befand sich lange unter Leitung
des Akademikers Michaud, der sich gegen Villèle erklärte, und deshalb seinen Platz als Vorleser des Königs verlor, den er bald nachher wieder erhielt. Die
ultra-royalistisch-ultramontanische Partei des Mémo-
rial Catholique kaufte nun diese Zeitung, deren Haupt-
Redakteur de Laurentie wurde, derselbe, welcher
die Gräuel der Pariser Bluthochzeit „des rigueurs salu-
taires (heilsame Strenge)“ nannte. Zu Anfang Au-

gusts 1830 wurde er durch de Brian ersetzt, der ganz von demselben Geiste durchdrungen ist.

Mehrere bekannte Personen, vorzüglich de Bonald, Lamennais, Cottü, Haller, der Restaurator, O'Mahony, de Couchy, der Doktor Recamier u. A. bereicherten die Quotidienne mit den Erzeugnissen ihrer anti-nationalen Gelehrsamkeit. Die letzten fünf, obgleich gegenwärtig in der Schweiz mit der Verfolgung anderer Zwecke beauftragt, nehmen noch immer thätigen Antheil an diesem Blatte, dessen Inhalt so zu sagen ihr politisches Glaubensbekenntniß enthält.

Alles in der Quotidienne ist Heuchelei, Unverschämtheit, Lüge, Hinterlist. Die gegenwärtige Regierung Frankreichs ist ihr in den Tod zuwider, weshalb ihr Hauptstreben darauf hinzielt, ihr so viel als möglich zu schaden, indem sie allarmirende Gerüchte ausstreut, oder den Haß der fremden Mächte aufregt, und unaufhörlich zum Bürgerkrieg oder zur Invasion reizt. In diesem Betrachte wird sie durch ihre Korrespondenten zu Freiburg und Solothurn, in der Schweiz, auf das Thätigste unterstützt.

Während die Quotidienne solchergestalt auf Krieg hinarbeitet, und der Galle der Emigranten beständig neuen Stoff darzubieten sich bemühet, sucht die noch treulosere Gazette de France, den Grundsätzen Villèle's und Consorten getreu, das gegenseitige Vertrauen in allen Ständen zu untergraben, einen Plan, den sie mit wirklich satanischer Geschicklichkeit verfolgt. Ihre frühere, nicht minder boshafte Opposition unter dem Ministerium Martignac war beinahe ausschließ-

lich gegen die Menschen, selten gegen ihre Maßregeln
gerichtet. Der angebliche Eigenthümer dieses Blattes,
Genoude, war unter Villèle Divisionschef im Ministerium. Er ist ausserdem noch durch seine Karrikaturen der Royalisten, zur Zeit der Restauration, bekannt.

Diese beiden Journale sind, mit dem von Lamennais redigirten „Avenir", die einzigen, welche jetzt
noch im Sinne der karlistisch-ultramontanischen Faktion geschrieben werden.

Der Constitutionnel hat von allen zu Paris erscheinenden Zeitungen die meisten Abonnenten, und
weithin die meisten Leser. Man rechnet von den ersten
fünfundzwanzigtausend und von den letzten vielleicht
zwei Millionen. Er wird in allen Kaffeehäusern,
Lesekabinetten 2c. gehalten. Mehrmals vor Gericht
verfolgt, und zu bedeutenden Strafen verurtheilt,
selbst mit gänzlicher Unterdrückung bedroht, war die
Redaktion unter dem Ministerium Polignac genöthigt,
sehr behutsam zu verfahren, um nicht das Interesse
des Unternehmens zu kompromittiren, wodurch das
Blatt einigermaßen seine Popularität verlor. Die
Aktien, welche ursprünglich dreitausend Franken ko-
steten, hatten bereits einen Werth von hunderttausend
Franken erlangt. Dumoulin, Jay, Etienne, Dupin u. A.
sind seine Haupt-Redaktoren, die von einer großen
Zahl junger Schriftsteller unterstützt werden.

Das Journal des Débats ist alle Epochen der Revolution durchgangen. Als Journal de l'Empire war
es, während dem Kaiserthum, das am meisten gele-
sene Blatt. Es wurde von Dussault, Geoffroy, Etienne,

Hoffmann, Auger, Félet u. A. redigirt. Etienne
hat es verlassen. Die meisten der übrigen Redaktoren
sind gestorben, und es hat jetzt nicht mehr denselben
Werth, als früher, obgleich es immer noch gut geschrieben ist.

Seit der Restauration i. J. 1814 war es roya-
listisch, und unterstützte alle Ministerien, bis zur Ver-
ungnadung seines Hauptpatrons Châteaubriand, wo
es sich zur Opposition gesellte, und von nun an die
jesuitische Verwaltung Billèle's und Polignac's unermüdlich angriff. Die Brüder Bertin, Villemain,
Salvandy, Guizot, Broglie, Royer-Collard, Fiévée,
Duvicquet, Castil-Blaze u. A. sind seine Haupt-Redaktoren.

Der Courrier Français, Organ Benjamin Constant's, Kératry's, de Pradt's, Mignet's, Cauchois-
Lemaire's, Chatelain's und anderer rühmlich bekannter
Schriftsteller, war unter Ludwig XVIII und Karl X
das freisinnigste und verfolgteste aller Oppositionsblätter.
Obgleich es jetzt von Zeit zu Zeit noch Opposition
bildet, unterstützt es doch die Regierung in den meisten ihrer Maßregeln. Es wird zu Paris sehr häufig,
in der Provinz und im Auslande aber seltener gelesen,
als der Constitutionnel und die Débats.

Der National und der Temps sind so zu sagen
Kinder des Constitutionnel, indem sie von ehemaligen
Aktien-Inhabern des letzten gegründet worden, und
unter ihren Redaktoren mehrere frühere desselben Jour-
nals zählen. Sie entstanden unter dem Ministerium
Polignac, zu der Zeit, wo der Constitutionnel, aus
den oben angedeuteten Gründen, vorsichtiger und zu-

rückhaltender wurde, weshalb diejenigen seiner Re-
daktören, welche nicht mehr offen ihre Meinung aussprechen konnten, sich zurückzogen. Unter ihnen zeichnen sich besonders aus: Thiers, Gaujal, Paulin,
Coste, Merilhou, Odilon-Barrot, Jsambert.

Der Messager des Chambres wird von jungen
bisher noch wenig bekannten Schriftstellern redigirt,
unter Verantwortlichkeit Mévil's. Er galt als halb-
offizielles Organ Martignac's, hat seitdem aber seine
Redaktion verändert, und vertheidigt jetzt die Interessen des linken Zentrums.

Das Journal de Commerce ist Lafitte und der
äussersten Linken ergeben. Es hat denselben entschiedenen Ton, dieselbe unwandelbar freisinnige Farbe,
wie der Courrier français. Es wird vorzüglich von
Bankiers, Kaufleuten, Geschäftsmännern, überhaupt
vom Handelsstande gelesen. Sein Hauptredakteur ist
Bert.

Der Globe wurde 1824 gestiftet, und war anfänglich nur philosophischen Diskussionen gewidmet; seit
1829 aber wurde er ein politisches, täglich erscheinen-
des Blatt, und verlor dadurch von seiner früheren
Solidität, obgleich er fortwährend zu keiner republikanischen oder bonapartistischen Partei gehörte. Unter
seinen früheren Mitarbeitern zeichneten sich besonders
aus: Jouffroy, de Reid, Damiron, Dubois, de Ré-
musat, Duchâtel, Duvergier de Hauranne Sohn,
Vitet, Dittmer, Cavé, Sainte-Beuve, Magnien,
Ampère, Trognon, Carrel, Desclozeaux, Lerminier,
Renouard und Bertrand. Die meisten von ihnen haben sich jetzt zurückgezogen. Leroux ist Hauptredakteur
dieser Zeitung.

Das Nouveau Journal de Paris beschäftigt sich, nächst den allgemeinen politischen Interessen, auch mit denen der Stadt Paris. Es ist durchaus freisinnig und ziemlich gut redigirt. — Die übrigen Zeitungen sind größtentheils in demselben Sinne verfaßt.

Unter den nicht politischen Journalen bemerkt man den Mercure du XIX siècle, die Revue Encyclopédique, die Revue Britannique, die Revue Germanique, die Revue de Paris, die Revue Française, die Revue des deux Mondes et Journal des Voyages, die Nouvelles Annales des Voyages, das Bulletin universel des Sciences, die Revue Protestante, eine große Zahl anderer wissenschaftlicher, literarischer, religiöser ꝛc. Journale, den Voleur, den Figaro, und eine Menge kleiner Theater-, Mode- und Literaturblätter, die keine besondere Erwähnung verdienen.

Das Bemerkenswertheste in der neuesten ausländischen Literatur.

Großbritannien.

The Friend of Australia; or a plan for exploring the interior ect. — Der Freund Australiens, oder Ausbeutungs- (Nachforschungs-) Plan des Innern des ganzen Kontinents von Neusüdwales. Von einem ehemaligen Offizier im Dienste der englisch-ostindischen Kompagnie. London, 1830. Bei Hurst.

Es ist auffallend genug, daß die Engländer so viele tausend Pfund Sterling ausgegeben, um das geographische Problem der Pole zu lösen, daß sie so viel Geld und so viele Reisende für das Innere Afrik'as aufgeopfert, und daß sie bis jetzt die Nachforschungen im Innern einer ihrer wichtigsten Kolonien durchaus vernachläßigt haben. Alles was man in England über Neusüdwales weiß, besteht darin, daß es ein Land ist, wohin man Verbrecher oder irländische Rebellen schafft, um sich ihrer zu entledigen; daß die Küste beinahe überall unfruchtbar und sandig ist; daß hohe Berge in einiger Entfernung sich erheben, und das Innere verschließen, aus welchem zu gewissen Zeiten glühende Winde wehen, woraus man geschlossen, daß sich dort große Wüsten befinden.

Diese letzte Voraussetzung scheint jedoch n'cht ganz richtig, und wird durch mehrere Thatsachen widerlegt, unter andern durch die plötzlich aus dem Innern herabströmenden Gewässer, welche häufig die Thäler und Niederungen überschwemmen, und die

nach zwei oder drei Tagen wieder verrinnen. Bis
jetzt sind selbst die Mündungen mehrerer Ströme des
Innern unbekannt, und die Andeutungen einiger Personen, welche auf Befehl der Regierung einen Theil
des Landes bereiset haben, sind noch sehr unvollständig, um so mehr, da es ihnen an den nothwendigen Mitteln gebrach, ihren Nachforschungen eine größere Ausdehnung zu geben, wie die Expeditionen Blaglands,
Wentworths, Lawsons, Oxley's, Kings und James-
fons das beweisen.

Der Verfasser des in Rede stehenden Werkes entwirft den Plan, die Nachforschungen zu gleicher Zeit
auf mehreren Punkten zu beginnen, und sie dergestalt
zu kombiniren, daß die Reisenden auf bestimmten
Punkten zusammentreffen, und von diesen aus immer
weiter vordringen könnten. Man müßte zu diesem
Zweck einen gemeinschaftlichen Mittelpunkt begründen,
und denselben mit allem Nothwendigen an Lebensmitteln, Kleidungsstücken, Werkzeugen und Munition
versehen.

Der Verfasser besorgt, daß Frankreich, von dessen
Seefahrern zuerst der Schwanstrom entdeckt worden,
und die bis auf zwanzig Stunden in das Innere des
Landes vorgedrungen, diesen Theil in Anspruch
nehmen könnte. Er verlangt, daß man unverweilt
das Land ausbeute, und es so genau als möglich be-
schreibe, damit man England den Besitz desselben nicht
mehr streitig mache, oder eine fremde Kolonie begründe, die des Handels von China, Indien und des
stillen Meeres sich bemächtigen könnte.

XII.   10

Military Reminiscences. — Militärische Reminiszenzen. Auszüge eines vierzig Jahre lang während einer Dienstzeit in Ostindien gehaltenen Tagebuches. Von dem Oberst James Welsh. London, 1830. Bei Smith, Elder und Komp.

Viele Menschen, selbst in England, das doch in beständiger Berührung mit Ostindien steht, erblicken in den Anbetern Brama's nur blinde Heiden, die, ohne alle Leidenschaftlichkeit, blos auf die thierischen Lebensgenüsse bedacht, sich dem Götzendienste und unsinnigen Träumereien überlassen.

Man glaubt allgemein, daß die ungeheure Bevölkerung des großen Landes zwischen dem Kap Komorin und dem Himalayagebirg dieselben Gesichts- und Karakterzüge hat, obschon sie aus eben so vielen Stämmen besteht, als die verschiedenen Nationen Europa's.

Die vielen Werke, welche bisher in England über Ostindien erschienen sind, haben nur wenig Licht verbreitet über des Landes wirklichen Zustand. Die Ursache davon ist, daß sie größtentheils von Menschen geschrieben worden, die ihrer Vorurtheile nicht Meister waren, und die in den sich ihnen darbietenden Thatsachen nicht Wahrheit, sondern vielmehr Bestätigung ihrer Irrthümer suchten, weshalb richtige und unparteiische Ansichten äusserst selten sind. Das vorliegende Buch macht, in mehrfacher Hinsicht, davon eine Ausnahme.

Der Oberst Welsh trat 1790 in Dienst der ostindischen Kompagnie, und befand sich vierzig Jahre lang in der Sepoy-Armee, die aus Eingebornen des Landes besteht. Er hatte während dieser langen Zeit Gelegenheit und Muße genug, die Karakter-Schatti-

rungen der fünf Hauptkasten zu beobachten, die eben
so auffallend in ihren Sitten, als in ihrer Religion
und in ihren Gebräuchen verschieden sind, und die
dennoch in ihrer Gesammtmasse ein bewunderungswürdiges Beispiel von. Disziplin und Harmonie darbieten.

Der Krieg von Polígar, der 1801 begonnen wurde,
ist in Europa beinahe gänzlich unbekannt, obgleich er
in mehr als einer Hinsicht die britische Politik in
Indien karakterisirt. Theilen wir darüber nur e i n e
Stelle aus dem Werke des Oberst Welsh mit. -

„Der Feind hielt nirgends stich. Man sendete
mehrere Kompagnien ab, um die Indus aus dem Ge-
sträuch und Gehölz zu treiben, in welches sie sich geworfen. Ich für mein Theil hatte das Unglück, daß
man mir in Verfolgung eines der Oberhäupter zuvor-
kam, auf dessen Kopf ein Preis gesetzt war, und der von
einer Partei unserer Verbündeten verwundet, und
kaum einige Schritte von uns gefangen gemacht wurde,
wodurch sie uns eine Belohnung von 10,000 Pagoden
oder 4000 Pfund Sterling (48,000 rhein. Gulden)
entzog. Einige Tage nachher wurden die beiden
Mordus (indische Fürsten) und ihre Familien, so wie
Katabonia Naig, Delawai Pilly und der stumme Bruder sämmtlich gefangen genommen und — g e h ä n g t,
mit Ausnahme Dora Suamy's , jüngster Sohn Schina
Mordu's und Delawai Pilly's, der, da er von minderer
Wichtigkeit war, nebst 70 Anhängern dieser Familie, auf
Lebenszeit nach der Prinz von Wales-Insel deportirt
ward. So wurde dieser Krieg beendet, der schon so viele
Menschen gekostet, und dessen Resultate weit entfernt
waren, ehrenvoll für die Ueberlebenden zu sein."

Rußland.

Ausserordentliche Sizung der kaiserlichen
Akademie der Wissenschaften zu St. Pe=
tersburg, zu Ehren des Freiherrn Alexander von
Humboldt, am 16. November 1829.

Alexander von Humboldt's Reisen bilden einige
der merkwürdigsten Seiten in der Geschichte der
Wissenschaften. Vergleicht man die Resultate seines
letzten Ausfluges in Nord-Asien, mit denen von Pallas in denselben Gegenden, so erstaunt man eben so
sehr über ihre Menge, als über ihre Gediegenheit.

Pallas hat, man kann es nicht bezweifeln, Alles
beschrieben, was er gesehen, Alles was er, nach
glaubwürdigen Zeugnissen, für begründet hielt. Seine
Reise dauerte mehrere Jahre; er hatte Zeit, das
Land unter mehrfachen Gesichtspunkten, und in verschiedenen Jahreszeiten kennen zu lernen.

Freilich war Pallas jung. Er war nicht so gut
unterstützt, als Humboldt, und zu der Zeit, wo er
Sibirien besuchte, hatten die Wissenschaften noch
nicht die großen Fortschritte gemacht, welche die
besser geleiteten Arbeiten eines halben Jahrhunderts
veranlassen mußten. Humboldt gibt einen sehr richtigen Begriff von diesen Fortschritten.

Führen wir den Theil seiner Rede an, die er in
der ausserordentlichen Sizung der kaiserlichen Akademie zu Petersburg hielt, und in welcher er derselben gedenkt:

„Während dem langen Raum, der meine beiden
Reisen trennt, hat die Gestalt der physischen Wissenschaften, besonders der Geognostik, der Chemie und

der elektro-magnetischen Theorie sich beträchtlich verändert. Neue Zurüstungen, ich möchte fast sagen neue Organe sind erdacht worden, um den Menschen in noch unmittelbarere Berührung mit den geheimnißvollen Kräften zu bringen, die das Werk der Schöpfung beleben, und deren ungleicher Kampf, deren anscheinende Zerstörungen ewigen Gesetzen unterworfen sind.

„Wenn die neuern Reisenden in weniger Zeit ihren Beobachtungen einen größeren Raum der Erdoberfläche unterziehen können, so verdanken sie diese ihnen gewordenen Vortheile der Bestimmtheit der mathematischen und physischen Wissenschaften, der Vervollkommnung der Methoden, der Kunst die Thatsachen zu gruppiren, und sich zu allgemeinen Betrachtungen zu erheben."

Er entwirft sodann von den Pflichten Derjenigen, die, wie er, auf Entdeckung der Thatsachen der Natur ausgehen, eine gedrängte Uebersicht; welche Pflichten, ihm zufolge, von allen Denen erfüllt worden, die ihm vorangegangen auf derselben Bahn, und deren Beispiel seinen Eifer in schwierigen Augenblicken gestählt. „Das ist", fügte er bescheiden hinzu, „die Quelle des schwachen Erfolgs einer Dahingebung, welche die Nachsicht der Akademie durch ihre Beistimmung zu vergrößern gewürdigt hat." Endlich zollte er seinen Reisegefährten Ehrenberg und Rose, so wie dem Kaiser Nikolaus, die Bezeugung eines wohlverdienten Dankes.

Der Präsident der Akademie, Uwarow, beantwortete diese Rede auf eine für den berühmten Reisenden eben so ehrenvolle als einfache Weise.

„Wünſchen wir uns Glück.", ſagte er unter andern, „über die Verſchürzung günſtiger Umſtände, die,
in der glänzendſten Epoche unſerer Geſchichte, uns
den Mann zugeführt, der am würdigſten war, ſie zu
ſchätzen. Wer, beſſer als er, könnte ſich Rechnung
ablegen von dieſer Uebereinſtimmung der phyſiſchen
und moraliſchen Kräfte, welche die großen Staaten
konſtituiren, und ſie allein befeſtigen?

„Mögen die verſchiedenartigen Szenen, die ſich
auf allen Seiten ihm dargeboten, nicht aus ſeinem
Gedächtniſſe entſchwinden. Möge er ſich lange an
ein Land erinnern, wo ſein Verdienſt gewürdigt,
ſeine Talente anerkannt, ſein Karakter verdienter-
maßen geſchätzt worden. Möge er ſeinen Landsleuten,
möge er Europa ſagen, daß er Rußland geſehen,
fortſchreitend auf der Bahn, die er ſelbſt verherrlicht.“

Kritik.

Bibliothek der wichtigsten neuern Geschichtswerke des Auslandes, in Uebersetzungen von einer Gesellschaft deutscher Gelehrten, unter Redaktion des Hofraths und Professors Pölitz. Leipzig, 1830. Hartlebens Verlagsexpedition.

Ein nützliches Unternehmen, der Beachtung und Unterstützung des Publikums werth. Bereits sind mehrere interessante Werke erschienen, wie „Malcol'ms Geschichte von Persien,“ nach dem Englischen bearbeitet von Dr. G. W. Becker; „Flassan's Wiener Kongreß,“ aus dem Französischen von Professor Herrmann; „Rizo Neroulos neueste Geschichte des neuern Griechenlandes,“ übersetzt von Prof. Dr. Eisenbarth; „Bignon's Geschichte von Frankreich, vom 18. Brumaire (November 1799) bis zum Frieden von Tilsit (Juli 1807),“ übersetzt von Prof. Hase.

Abwechselnd mit diesem letzten aus sechs Bänden bestehenden Werke erscheinen: „Raynouard's Geschichte des Munizipalrechts in Frankreich, unter der römischen Herrschaft und unter den drei Dynastien,“ deutsch bearbeitet vom Geh. Regierungsrath Emmermann; und „Browning's Geschichte der Hugenotten,“ aus dem Englischen von Dr. Herzog.

Die Bearbeitung der bereits ausgegebenen Lieferungen ist sorgfältig, korrekt und vollkommen dem Geiste der deutschen Sprache angemessen. Sie ist mit erläuternden Noten der Uebersetzer versehen, und entspricht vollkommen der Ankündigung der Verlagshandlung. Unter den gelehrten Theilnehmern zu diesem Zwecke, zeichnen sich besonders folgende aus: Hofrath und Professor Pölitz zu Leipzig, Herausgeber; Dr. Becker in Leipzig; Berly in Frankfurt a. M.; Prof. Böttiger in Erlangen; Prof. Dr. Eisenbach in Tübingen; Geh. Regierungsrath Emmermann in Wiesbaden; Prof. Hase in Leipzig; Prof. Herrmann in Dresden; Dr. Herzog in Jena; Rath Hoffmann in Zweibrücken; Prof. Kortüm in Basel; Prof. Schneller in Freiburg im Breisgau; Prof. Schubert in Königsberg; Prof. Stein in Berlin; Prof. Wachsmuth in Leipzig; Hofrath Weitzel in Wiesbaden.

Von solchen Männern kann man nur etwas Vorzügliches erwarten.

***

Cooper's sämmtliche Werke, 57 Bändchen. — Washington Irwing's sämmtliche Werke, 40 Bändchen. — Byron's sämmtliche Werke, herausgegeben von Dr. Adrian. 12 Theile. Alle bei J. D. Sauerländer in Frankfurt a. M.

Der thätige Verleger hat durch dies dreifache Unternehmen die deutsche Literatur mit den Geistesprodukten des ersten britischen Dichters der neuesten Zeit, und mit denen der vorzüglichsten nordamerikanischen Romantiker bereichert.

Es ist keinem Zweifel unterworfen, daß die Werke eines Genies, wie Lord Byron, auf eine poetische Uebertragung in unsere Sprache gegründeten Anspruch machen durften. Eine Sammlung, welche Alles umfasse, was aus dieser originellen, begeister-

ten Feder hervorgegangen, entsprach einem längst
gefühlten Bedürfnisse. Aber nicht **eines** Dichters
Kraft konnte einem solchen Unternehmen sich unterziehen, die Talente mehrerer mußten sich vereinigen,
um es mit wünschenswerther Schnelle in Ausführung
zu bringen. Darum schlossen sich dem Herausgeber,
Hrn. Professor Adrian, die Herren Dr. Bärmann,
Graf von Haugwitz, Theodor Hell, Prof. Kanne-
gießer, Legationsrath von Meyer, Prof. Wolff und
Andere an.

Die Bearbeitung ist der Aufgabe würdig, und
der Verleger seinerseits hat nichts unterlassen, das
Werk auf eine würdige Weise auszustatten.

Dasselbe läßt sich auch von den sämmtlichen Werken Cooper's und W. Irwing's sagen. Ihr Geist,
ihre Originalität, ihre Lebendigkeit des Kolorits und
der Begebenheiten ist zur Gnüge bekannt. Die
deutsche Bearbeitung hat ihnen nichts genommen von
ihrem ursprünglichen Reiz, und oft ihre Solidität
vermehrt.

Die 57 Bändchen der Werke Cooper's enthalten
folgende Erzählungen: Der Spion. — Der letzte
der Mohikaner. — Die Ansiedler. — Der Lootse. —
Lionel Lincoln. — Die Steppe (Prearie). — Der
rothe Freibeuter. Die Nordamerikaner. — Die Grenz-
bewohner, oder die Beweinte von Wish-Ton-Wish.

Washington Irwing's Werke bieten dar: Das
Skizzenbuch. — Erzählungen eines Reisenden. —
Bracebridge Hall. — Eingemachtes. — Die Geschichte des Lebens und der Reisen Christoph's Kolumbus. — Die Eroberung von Granada. — Humori-
stische Geschichte von Neu-York.

Kurzer Ueberblick der Stadt Basel und ihrer literarischen und philanthropischen Institute. Von Markus Lutz. Basel, 1830.

Die neue Fahrstraße über den untern Hauenstein, in den Kantonen Solothurn und Basel. Nebst einer Wegkarte. Von M. Lutz. Aarau, 1830.

Diese beiden kleinen Werke, von demselben verdienten Verfasser, sind von gleichem positiven Nutzen, in Hinsicht auf die betreffenden Gegenstände. Das erste ist eine kurze Uebersicht des Merkwürdigsten, was die Stadt Basel in topographischer und statistischer Hinsicht darbietet. Es deutet nächstdem auch die literarischen und philanthropischen Institute dieser Stadt an, welche ihr zu besonderer Ehre gereichen. Die 1459 gestiftete Universität hat bereits mannigfache Schicksale gehabt. Die öffentliche Bibliothek enthält 36,000 Bände, und ungefähr 4000 Handschriften (worunter mehrere griechische und römische) in 1500 Bänden. Unter denselben befinden sich die Aktenstücke zur Geschichte des Konzils von Basel, in 11 Folianten, und Briefe berühmter Männer, in 130 Foliobänden.

Das zweite Werkchen bietet eine genaue Beschreibung der großen Handelsstraße über den untern Hauenstein, in ihrem früheren und in ihrem gegenwärtigen Zustande, dar. Der alte Weg war steil, unbequem und im Ganzen zu schmal. Dennoch wurde er mit Frachtwagen befahren, welche jedoch eines starken Vorspanns bedurften. Die neue Straße hat eine Ansteigung von 5 Fuß auf 100, manchmal noch weniger, während die alte oft eine Senkung von 20 bis 24 Prozent darbot. Die Länge der

erstern beträgt im Kanton Basel, von dem Dorfe
Buckten bis auf den höchsten Punkt des Ueberganges
(2120 Fuß ü. M.) 7544 Meter, und im Kanton
Solothurn, von der Höhe bis zum Dorfe Trimbach,
5041 Meter. Sie ist überall 7 ½ Meter breit.
Ihre Erbauung (ohne den Betrag des Landankaufs)
hat auf der Solothurner Seite 176,027 Schweizerfranken, und auf der Baseler Seite 84,262 Schwfr.,
im Ganzen also 260,289 Schweizerfranken gekostet.

Die beigefügte von Franz Schwaller aufgenom-
mene und gezeichnete Karte ist richtig, deutlich und
ihrem Zwecke vollkommen entsprechend.

Mannichfaltigkeiten.

Berichtigung.

Nach einer offiziellen Erklärung im Moniteur ist der von mehrern französischen Zeitungen gegen den ehemaligen Obergeneral der Armee zu Algier, Marschall von Bourmont, verbreitete Argwohn, in Bezug auf den Schatz in der Kasauba (dem Palaste des Dey's) durchaus ungegründet.

Wir beeilen uns deshalb, den auf jene Angaben sich begründenden Irrthum unsers vierten Artikels: „Algier und die französische Expedition", im eilften Theile dieses Jahrgangs, nach obiger offiziellen Erklärung zu berichtigen.

Fügen wir noch hinzu, daß wir gegründete Ursache haben, die Aeusserung zu bezweifeln, der Marschall Bourmont werde den Oberbefehl der Armee Ferdinands VII, im Fall eines Krieges gegen Frankreich, übernehmen.

Statistische Parallele.

Nach einem zuverlässigen Vergleich befanden sich in den beiden Hauptstädten Englands und Frankreichs zu Ende 1828:

	zu London,	zu Paris
Gasthöfe, Wirthshäuser und Schenken	4092	2060
Kleidermacher (Meister)	2211	504
Gewürzhändler	1759	1375
Bäcker	4715	560
Schuh- und Stiefelmacher	1568	465
Zeughändler *)	1426	„
Metzger	1348	462
Aerzte, Wundärzte und Apotheker	1318	1394
Zimmerleute	1212	101
Käse-, Butter- und Eierhändler	1008	„
Advokaten, Prokuratoren und Rechtsgelehrte	3105	1126

*) Die Zahl der Zeughändler, so wie der Käse-, Butter- und Eierhändler zu Paris, läßt sich nicht genau bestimmen, weil sie gewöhnlich noch ein anderes Gewerbe nebenbei treiben.

Die Bevölkerung von London belief sich auf 1,200,000 Seelen, und die von Paris auf 890,431. Folglich gibt es

	zu London	zu Paris
Gasthöfe u. s. w.	1 auf 293¼ S.	1 auf 432¼ S.
Kleidermacher	1 „ 542 $\frac{19}{20}$	1 „ 1766 ⅗
Gewürzhändler	1 „ 682 ⅗	1 „ ·647 ⅔
Bäcker	1 „ 254½	1 „ 1590.
Schuhmacher	1 „ 771 ⅔	1 „ 1915
Zeughändler	1 „ 841½	„ „ „
Metzger	1 „ 890 ⅙	1 „ 1927 ¼ ·
Aerzte, u. s. w.	1 „ 910½	1 „ 638 ⅚
Zimmerleute . . .	1 „ 990 $\frac{1}{12}$	1 „ 8816
Käsehändler u. s. w. .	1 „ 1190 ⅖	„ „ „
Advokaten u. s. w. .	1 „ 386 ⅓	1 „ 790 ⅘

Ein einfaches Mittel, Obstbäume gegen die Verheerungen der Raupen und anderer Insekten zu schützen.

Ein aufgeklärter und unterrichteter Landwirth, Samuel Curtis, hat dies Mittel erdacht und bereits die belohnendsten Folgen davon gewonnen. Lassen wir ihn selbst sprechen:

„Mein Obstgarten, dem ich alle nur ersinnliche Sorgfalt gewidmet, und in welchem ich mehrere tausend Fruchtbäume gepflanzt hatte, befand sich seit einigen Jahren in einem krankhaften Zustande, der mich sehr betrübte. Kaum lockte die Frühlingssonne die ersten Blätter und Knospen hervor, so wurden sie von den Raupen verzehrt. Mitten im Sommer stellten meine Bäume das kläglichste Bild des Winters dar. Ich hatte weder Blüthen noch Früchte.

„Es war unumgänglich nothwendig, ein schnelles Mittel zu ersinnen, das auch im Großen anwendbar gemacht werden könne. Schon hatte ich erkannt, daß die Bespritzung mit Kalkwasser ziemlich entsprechend sei. Aber vielleicht waren meine Versuche theilweis unzulänglich, oder die Bespritzung war nicht allgemein, so daß mehrere Zweige davon nicht befeuchtet wurden: kurz diese Vorsichtsmaßregel blieb ohne Erfolg.

„Ich verzweifelte fast, meine Pflanzungen retten zu können, als mir der Gedanke beifiel, sie mit ungelöschtem, zu feinem Staub zerstoßenem Kalk zu bepudern. Ich ließ demnach eine Art Gießkanne machen, die der gewöhnlichen ziemlich ähnlich war, ausgenommen, daß sie einer großen Streusandbüchse sich zu nähern schien, und einen starken, halbrunden Henkel hatte, so daß man sie mit einer Hand bewegen und schwingen konnte.

„Dies Instrument war einen Fuß hoch, hatte sieben Zoll im Durchmesser, an dem von kleinen Löchern durchbrochenen Diskus jedoch nur vier Zoll. Das Gefäß kann aus zwei Theilen bestehen, von denen der eine zylindrisch, der andere zugespitzt sein muß, oder um verständlicher zu sein, so bildet das Ganze einen umgekehrten Kegel, der an der Basis sieben Zoll, und am Gipfel vier Zoll im Durchmesser hat.

„Der mit diesem Instrument vorgenommene Puder-Bespritzungs-Versuch erzeugte sofort eine Wirkung, die mir neue Hoffnung gab. Ich benutzte den Augenblick, wo die Blätter sich zu entfalten begannen, und ließ sie, zum größten Mißbehagen der Raupen, die sie nun nicht mehr zu berühren wagten, mit ungelöschtem Kalk bepudern.

„Mit einer Freude, die wahrlich der eines Generals, wenn er das Schlachtenglück auf seine Seite sich neigen sieht, in nichts zurückstand, bemerkte ich die eilende Flucht der Raupen, welche noch einige Lebenskraft hatten, über die Leichenhaufen ihrer bereits verschiedenen Brüder.

„Alle meine Bäume wurden auf solche Weise von dieser schädlichen Brut befreit, und in Kurzem gewannen sie Kraft und Leben wieder. Demungeachtet setzte ich meine Bepuderung von Zeit zu Zeit fort, und rottete die Raupen gänzlich aus. Meine Bäume schmückten sich mit den schönsten Blüthen, dem saftigsten Grün, den herrlichsten Früchten, und ich machte eine Erndte, über deren Reichthum und Güte ich selbst erstaunte, und die weder meine Dienstleute, noch meine Nachbarn begreifen konnten. Sie vermutheten beinahe, daß ich einen Vertrag mit dem Gottseibeiuns abgeschlossen habe.

„Noch eine Bemerkung. Damit der Kalkstaub seine wohlthätige Wirkung ganz hervorbringe, muß man ihn

auf die Zweige, Aeste und Blätter bald nach dem Falle
des Thaus oder nach einem Regen verbreiten. Die Operation gelingt noch besser, wenn man einen schwachen Wind
benutzen kann, dessen Zug den Staub überall verbreitet,
und den man so gut als möglich auffangen muß. Drei
Arbeiter sind hinlänglich, um in einem Tage zwei- oder
dreitausend Fuß Bäume zu bestreuen. Sie können den
Kalkstaub in einem Sacke mit sich nehmen und daraus ihre
Gefässe anfüllen. Es versteht sich von selbst, daß man
nicht zu warten braucht, bis die Blätter hervorbrechen,
und daß man die Operation gleich in den ersten Tagen des
Frühlings verrichten kann.

„Ich habe den Kalk auf meine Bäume kurz vor dem
Erscheinen der Blüthen streuen lassen, weil die Insekten,
welche die Früchte vernichten, um diese Zeit ihre Verheerungen beginnen, obgleich man sie erst später gewahr wird,
wenn es leider nicht mehr Zeit ist, sie zu verhindern. Selbst
wenn die Bäume in voller Blüthe stehen, werden eine oder
zwei Bestreuungen noch gute Dienste leisten. Für seine
Ausgabe aber wird man zehnfältig durch den herrlichen Anblick des Obstgartens und durch eine sichere, reichhaltige
Erndte belohnt werden.“

Bevölkerung einiger Städte und Gegenden Deutschlands.

Köln am Rhein hatte 1827 64,961 Einwohner, wovon
5458 Militärpersonen. Das gegenüberliegende Deutz hat
2272 Einw. — In demselben Jahre belief sich die Bevölkerung von Karlsruhe auf 19,520 Seelen, die von Leipzig
auf 37 000, und die von Stettin auf 27,569.

Das Großherzogthum Sachsen-Weimar-Eisenach hatte
zu Ende 1826 221,604 Einwohner in 13,219 Häusern. — In
demselben Jahre hatte der preussische Regierungsbezirk
Düsseldorf 652 823 Einwohner, wovon 400,338 Katholiken,
245 945 Evangelische, 861 Mennoniten, und 5679 Juden.

Revolutionen und Schlachten im Monat Juli.

Die neueste französische Revolution zu Ende Juli 1830 hat uns Veranlassung gegeben, eine Zusammenstellung anderer merkwürdiger Begebenheiten zu machen, welche in demselben Monat sich ereignet hatten.

Beginn der Revolution der vereinigten Staaten Nordamerika's, am 4. Juli 1775.

Den 14. Juli 1789 ereignete sich die erste merkwürdige Thatsache der französischen Revolution.

Die Revolution der vereinigten Provinzen begann im Juli 1581.

Zweite französische Revolution, den 27. Juli 1830.

Die durch die Union von Kalmar veranlaßte Revolution vereinte sich am 8. Juli 1397 auf Margarethe von Waldemars Haupt.

Katharina II entthronte am 9. Juli 1762 ihren Gemahl, Peter III, und begann ihre Regierung.

Kommen wir zu den entscheidenden Schlachten desselben Monats:

Schlacht von Allia, am 18. Juli, durch welche Rom beinahe gestürzt worden ist.

Schlacht von Tiberias, am 3. Juli, wodurch das Königreich Jerusalem in die Hände der Ungläubigen gerieth, und Lusignan entthront wurde.

Schlacht von Urigna, am 25. Juli, in Folge derselben die Mauren aus Portugal vertrieben wurden, und die Alphons I zum Herrn des Königreichs machte.

Schlacht von Boyne, am 21. Juli, die Jakobs II letzte Hoffnungen vernichtete, und dem Prinzen von Oranien den Besitz der Krone sicherte.

Schlacht von Pultawa, am 8. Juli, die Karls XII Macht vernichtete, und die Peters des Großen begründete.

Schlacht von Poitiers, am 22. Juli, durch welche Karl Martel Frankreich von dem drohenden mahomedanischen Joche befreite.

Schlacht bei Bouvines, am 27. Juli, die Philipp August seinen Thron und sein Königreich zusicherte.

Schlacht von Denain, am 25. Juli, gewonnen vom Marschall von Villars, zu Ende des Erbfolgekriegs.

Die Gefechte von Foronovo, Fleurus, Neerwinden und Laufeld fanden statt im Juli.

Condé und Turenne schlugen sich am 2. Juli an den Thoren von Paris und in der St. Antons-Vorstadt.

Bonaparte erstürmte Alexandria am 2. Juli.

Schlacht von Abukir, am 3. Juli; Schlacht bei den Pyramiden, am 25. Juli.

Schlacht von Wagram, am 24. Juli.

Eroberung von Algier zu Anfang Juli 1830.

Den 27. Juli 1790 wiegelten Robespierre und Marat die Bevölkerung von Paris gegen gegen die National-Versammlung und gegen den Hof auf. Robespierre und seine Kollegen wurden am 28. 1793 hingerichtet.

König Georgs IV Busenfreunde.

Unter den Günstlingen des verstorbenen Königs von England zeichneten sich besonders zwei Personen aus. Die erste derselben, Georg Hanger, später Lord Coleraine, war ein wirklicher Falstaff des 19. Jahrhunderts. Ihn Mylord zu nennen, war für ihn eine Art Beschimpfung, die er nicht ertragen konnte. Gegen Ende seines Daseins wurde sein Benehmen so gemein, daß der König ihn aus seiner Gegenwart verbannen mußte. Als Georg IV noch Prinz-Regent war, lud er sich bei ihm zum Mittagsessen ein. Hanger verlangte vierzehn Tage, um sich gehörig vorzubereiten und seinen hohen Gast nach Würden empfangen können. Er bewohnte ein kleines Häuschen auf der Straße von Hampstead. An dem bestimmten Tage begab sich der Prinz dahin, und mußte mit einer Hammelkotelette und zwei oder drei Kartoffeln vorlieb nehmen.

Die zweite Person war Heinrich Bates Dudley,

ein nichts weniger als „frommer" Priester, gewöhnlich
der geistliche Boxer genannt. Seine Originalität war eben
so gemein, und seine Unmoralität eben so hervorstechend,
als die Hanaers. Aber er war schlauer, und wenn dieser
sich regelmäßig jeden Abend in den Tavernen betrank, sodann dem König, mit einem dicken Knotenstock unterm
Arm und einem wie ein Strick um den Hals gebundenen
schwarzen Tuche, seinen Besuch abstattete, war er mehr
auf seiner Hut, um die Gunst seines gnädigen Gebieters
nicht zu verscherzen.

Er hatte in der Regel jeden Monat zwei oder drei Zwei-
kämpfe, der Boxereien nicht zu gedenken, die seine Reputation gemacht. Als Rektor von North-Farmbridge, in
der Grafschaft Essex, bekümmerte er sich um seine Pfarrgenossen wenig oder nicht, und brachte sein Leben zu London in Zerstreuungen zu, die mit seinem Stande in offenem Widerspruch waren. Er lebte in den Kulissen, arbeitete für das Theater, glänzte in allen Modezirkeln. Er
begründete auch den Morning Herald, den er für Leute
von gutem Ton bestimmte, und war Spieler von Profes-
sion. Man hat ihn sogar mit dem Schauspieler Parsons
in der Sakristei von Ely, wo er eine Präbende erhalten,
Whist spielen sehen. Als Baronet und Kanzler der Hauptkirche von Ferns, bewarb er sich um die Bischofswürde,
die ihm von Lord Grenville verweigert wurde, mit den
Worten: „Sie kennen St. Peters Worte: ein Bischof soll
nicht schlagen."

Aufhebung der Klöster in Guatemala.

Dekret. Der Bundeskongreß der Republik Zentral-
Amerika, in Betrachtung, daß die Mönche aus dem Staat
Guatemala aus Beweggründen vertrieben wurden, die
Klugheit und Gerechtigkeit gutheißen; daß sie in der That
das Gebiet der Republik geräumt; daß dieser Umstand die
Unterdrückung und Reform der Klöster zum Besten des
Staats begünstigt; daß die höchste Behörde für gut erach-
tet, darüber sich zu berathen, und daß der Kongreß wäh-

rend der gegenwärtigen Sitzung sich damit zu beschäftigen
hat; daß die Ursachen, welche die Vertreibung der Mönche
veranlaßt, in ihrer ganzen Stärke bestehen, um die Auflösung der Orden auszusprechen; daß diese Auflösung zu
Guatimala bereits begonnen, u. s. w.; hat der Kongreß
folgende Bestimmungen erlassen:

Art. 1. Die Nation erkennt keinen religiösen Orden,
und nimmt keinen solchen in sich auf. Alle bisher bestandenen sind und bleiben aufgelöset.

Art. 2. Die Bethlemiten (barmherzigen Brüder) allein
sind nicht begriffen in der allgemeinen von dem ersten Artikel ausgesprochenen Unterdrückung. Die gesetzgebende
Versammlung wird bestimmen, auf welche Weise, und inner welchen Schranken sie im Staate fortbestehen können.

Art. 3. Die Religiosen der aufgelöseten Orden können
als Weltgeistliche in der Republik leben, in so fern sie des
Vertrauens der Regierung sich nicht unwürdig machen.

Art. 4. In Zukunft gesteht die Nation keine feierliche
und immerwährende Gelübde der Nonnen mehr zu. Allein
ausgenommen sind nur die jetzt schon ausgesprochenen. Ihre
Klöster werden wie bisher fortbestehen. Frauen, welche
von nun an darin aufgenommen zu werden wünschen, können nur so lange darin bleiben, als sie wollen, und müssen in denselben auf ihre Kosten leben.

Dem Senat zu übergeben.

So geschehen zu Guatimala, den 6. September 1829.
Unterzeichnet: Urbano Ugarte, Präsident.

Francisco Flores, } Deputirte,
Francisco Bonavent, } Sekretäre.

Ausgefertigt und gesiegelt vom Senat, den 29. Sept. 1829.
Mariano Zerteno, Präsident.

Das letzte Erdbeben zu Lima.

Am 30. März 1828 lag der „Flatterhafte", ein Fahrzeug der britischen Marine, im Hafen von Callao vor Anker.
Die Luft war außerordentlich rein. Nur bemerkte man

gegen halb acht Uhr über der Rede ein kleines Gewölk. Gleich nachher vernahm man ein dumpfes Geräusch, dem entfernten Wirbeln einer Trommel ähnlich. Das Meer ging plötzlich hohl. Das Schiff wurde gewaltsam hin- und hergeschleudert, und das Wasser zischte ringsumher, als wäre man überall mit einem glühenden Eisen hinein-gefahren.

Eine große Menge kleiner Blasen, ohne Zweifel vom Gaz erzeugt, erschienen auf der Oberfläche, und der Geruch, den sie verbreiteten, war denen eines Sumpfes ähnlich.

In demselben Augenblicke hörte ich den Schrei: „Die Stadt! die Stadt!" Ich wendete mich gegen Lima, das von einer Staubwolke umhüllt war. Ueber derselben er-blickte man den Thurm der Garnisonskapelle. Er bewegte sich heftig einige Sekunden hin und her, zerbrach sodann und stürzte zusammen. Der große, steilabgerissene Felsen am östlichen Ende der Insel San-Lorenzo wurde in der Mitte gespalten. Eine etwa 30 Fuß im Durchmesser hal-tende Masse riß sich davon ab, und stürzte krachend ins Meer.

Auch die Hafendämme zerborsten. Eine dieser Oeffnun-gen war anderthalb Fuß breit. Viele Menschen verloren das Leben. Man nannte mir unter andern einen Priester, der in der Kirche vor der Bildsäule eines Heiligen kniete, und durch den Sturz derselben erschlagen wurde. Aber was ist diese schwache Andeutung von Thatsachen, gegen das schreckliche und erhabene Schauspiel, das ich vor Au-gen hatte!

Rachels Grab in Palästina.

Das Thal, oder vielmehr die traurige Ebene Rephidim, dehnt sich über eine Stunde weit aus, ohne dem von der Sonnengluth ermatteten Reisenden einen andern Ruhe-punkt darzubieten, als eine Art Karavanserai, in welchem die Araber der Wüste einkehren, das jedoch von dem Fremden sorgfältig vermieden wird.

Ein wenig weiterhin sind die Trümmer des Dorfes
Rama, von welchem nur noch einige Mauerüberreste vorhanden sind. Ganz in der Nähe sieht man das Grab Rachels[*]).

Alles in der Umgebung ist einsam und verödet. Man
sieht hier weder Palmen noch Cypressen, und doch regt dieses einfache Grabmal Erinnerungen an, und erzeugt ein
höheres Interesse, als die schönsten, mit allem Luxus der
Künste geschmückten Denkmäler. Gleichgültig geht der
Reisende an den Gräbern des Zacharias und des Absalon,
im Thale Josaphat, vorüber, und kaum wirft er einen
Blick auf die der Könige, in der Ebene des Jeremias.
Aber bei dem Anblick dessen Rachels führt ihn seine Einbildungskraft zur Wiege des jüdischen Volkes, und stellt
ihm die Bilder des grauesten Alterthums dar.

Die Türken haben beinahe alle Gräber der Personen
des alten Testaments sorgfältig bewahrt und geschmückt.
Eine Moschee erhebt sich über denen Davids und Salomo's.
Ein anderer großer und alter Tempel bedeckt die Grotte
Machpela, zu Hebron. Das Thal dieses Namens wird oft
von christlichen Wallfahrern durchstreift; aber es ist ihnen,
so wie den Juden, bei Todesstrafe verboten, die Höhle zu
betreten. Die Gräber der Patriarchen sollen noch sehr gut
in derselben zu erkennen sein. Sie sind alle in den Felsen gebauen. Das Grab Rachels ist offen, und die Höhle
ist im Innern vollkommen leer. Vor ihrem Eingange liegt
ein großer Stein, der sie ehemals verschlossen zu haben
scheint.

---

[*]) I Buch Mose, Kap. 25, Vers 10 — 20.

Druckfehler im eilften Band.

Seite 5. Zeile 2 v. o. statt: Der freihe Bund, l. der freche Bund.
„ 14. „ 5 v. u. st. unwandelbar, l. anwendbar.
„ 14. „ 4 v. u. st. assen Monarchien, l. alten Monarchien.
„ 15. „ 14 u. 15 v. u. st. nationellen, l. nationalen.
„ 23. „ 4 v. u. st. Van Reve, l. Van Neve.
„ 27. „ 6 v. u. st. er nannte, l. er ernannte.
„ 105. „ 2 v. o. st. Tritini's, l. Tartini's.
„ 133. „ 1 v. o. st. 233, l. 133.
„ 133. „ 9 v. u. st. Gebote, l. Gebete.
„ 179. „ 7 v. u. Note, hinter Oberaufseher, fehlt: der Bibliothek.
„ 186. „ 1 v. u. Note, hinter Roms, fehlt: jenseits.
„ 188. „ 13 v. u. st. Carboranismus, l. Carbonarismus.
„ 192. „ 8 v. u. st. günstigen, l. günstigsten.
„ 193. „ 11 v. u. st. das des Doktor, l. des Doktors.
„ 199. „ 11 v. o. st. schiein, l. schien.
„ 204. „ 4 v. o. st. Leben, l. Beben.
„ 208. „ 3 v. o. st. Alle Straßen, l. Alte Straßen.
„ 216. „ 11 v. u. st. hohe ihm Achtung, l. hohe Achtung ihm.
„ 228. „ 13 v. o. st. sein Tod, l. sein Todesurtheil.
„ 237. „ 10 v. o. hinter Gibraltar fehlt: nach London.
„ 1. „ 5 v. u. in der Anzeige des Umschlags, st. Frankfurt, l. Frankreich.

Inhalt des zwölften Bandes.

Mannichfaltigkeiten:

In der Wild'schen Buchhandlung in Naumburg ist
erschienen und bei H. R. Sauerländer in Aarau,
so wie in allen Buchhandlungen zu haben:

General Lafayette in Amerika, oder dessen Triumph-
zug durch Amerika in den Jahren 1824 und
1825. Beschrieben von A. Levasseur und aus
dem Französischen übersetzt von A. Levasseur
geb. Zeis.   2 Bde.   12 Fr. 6 Bz.

General Lafayette, der Held zweier Welttheile!

Schon bei dem Namen Lafayette schlägt das Herz
jedes Freundes der Menschheit höher! Denn kein andrer
erfüllt es mit so wohlthuenden Empfindungen, kein andrer
vermag schönere Erinnerungen zu wecken! Wir sehen
ihn, glühend für Freiheit und Menschenrechte, als Freiwilliger in den Reihen der Söhne Nordamerika's, wir
erblicken ihn später unter den heldenmüthigen Kriegern,
die der edle sechszehnte Ludwig den Kolonien gegen
ihre Dränger zu Hülfe sandte. Er kehrt in das Vaterland zurück, wird zum Mitglied der Notabeln erwählt
und zum Commandant der Hauptstadt (Paris) erhoben;
errichtet das wichtige Institut der Nationalgarde, führt die dreifarbige Cocarde
ein, läßt die Bastille schleifen, rettet am 6. Oktober
1789 die königl. Familie in Versailles, und verhindert
den Plan, ihn zum Oberbefehlshaber von Vier Millionen Nationalgarden von Frankreich zu machen u. s. w.

Wie in jener ewig denkwürdigen Epoche, so finden
wir ihn noch heute von denselben Gefühlen für ver-
nünftige bürgerliche Freiheit und unveräußerliche Menschenrechte beseelt, und der zweiundsiebenzigjährige
Greis steht mit jugendlicher Kraft und Begeisterung in
diesem Augenblicke an der Spitze der bewaffneten Macht
von Frankreich! Wie ihn vor wenig Wochen die Söhne
Frankreichs begrüßten, so thaten es in den Jahren
1824 und 1825 die Kinder des freien Amerika's! Und
eben wegen dieses rührenden Ausdrucks einer innigen
tiefgefühlten National-Dankbarkeit, wegen den mannichfachen herrlichen Aeußerungen der Gefeierten, welche
den vorurtheilsfreien Leser des angekündigten Werkes
so lebhaft ansprechen, ist die Lektüre desselben ein hoher
Genuß und macht es zur Zierde jeder Privat- und
Lesebibliothek.

genden Hauptrubriken begriffen sein:

Erwägende Philosophie. — Prüfende Moral. — Geschichte im ausgedehntesten Begriff. — Reisen und geographische Mittheilungen. — Sitten und Gebräuche aller Völker der Erde. — Religion. — Fortschritte der Zivilisation. — Politik. — Staatswissenschaft und Staatswirthschaft. — Erfindungen und Entdeckungen. — Statistik. — Naturgeschichte. — Wissenschaft im Allgemeinen. — Biographien. — Literatur. — Kritik. — Wissenschaftliche und andere Notizen mannigfaltigen Inhalts.

Herausgeber und Verleger haben die erforderlichen Maßregeln getroffen, auch ihre Verbindungen auf solche Weise eingeleitet, daß alle Mittheilungen des In- und Auslandes mit aller möglichen Beförderung ihnen zukommen, so daß sie mit Anfang jeden Monats einen neuen Theil des Denkwürdigsten erscheinen lassen werden. Jeder Aufsatz von allgemeinem Interesse soll sogleich vollständig mitgetheilt, und nicht abgebrochen werden.

Die ganze Sammlung eines Jahrgangs besteht demnach aus zwölf Theilen, für die man sich überhaupt mit 12 fl. oder 8 thlr. jährlich abonnirt, folglich ist jeder Theil um den ungemein billigen Preis à 1 fl. angeschlagen; einzelne Theile werden nicht besonders erlassen, sondern man abonnirt sich für die jährliche Sammlung von 12 Theilen durch Vorausbezahlung bei allen Buchhandlungen und Postämtern von ganz Deutschland und der Schweiz.

Lightning Source UK Ltd.
Milton Keynes UK
UKHW050153241118
332685UK00031B/2061/P